LA NATACION

CIENCIA Y TECNICA

HERAKLES

Colección HERAKLES

LA NATACION

CIENCIA Y TECNICA

James E. Counsilman

Contiene 128 ilustraciones
esquemáticas

Sexta edición

EDITORIAL HISPANO EUROPEA, S. A.

BARCELONA (ESPAÑA)

Título de la edición original: **The Science of Swimming.**

© de la traducción: **Jaime Perdigó.**

Depósito Legal: B. 38574-1990

ISBN: 84-255-0502-X

1.ª reimpresión: diciembre 1992

IMPRESO EN ESPAÑA — PRINTED IN SPAIN

LIMPERGRAF, S. A. - Carrer del Riu, 17 (Nave 3) - 08291 Ripollet

5

Este libro lo dedico a mi preparador, el difunto Ernst Vornbrock; a mi mujer, Marjorie; y a todos los muchachos que se han preparado conmigo.

Prefacio

La siguiente cita está tomada de la inscripción que hay en el salón de descanso del Science Building (Palacio de la Ciencia) de la Feria Mundial de Seattle del año 1962.

Para conocer al mundo que le rodea, un científico debe interrogar, observar, imaginar, experimentar y analizar.

Al interrogar — debe formular la pregunta precisa.

Al observar — debe distinguir entre lo importante y lo accesorio.

Al imaginar — puede proponer una solución (o hipótesis) viable pero debe estar dispuesto a abandonarla en cualquier momento.

Al realizar experiencias — debe elegir el instrumento adecuado o pedirlo prestado al equipo de trabajo de otras ramas de la ciencia.

Al analizar — con su mente y su imaginación el científico debe sacar las conclusiones de los datos que sus investigaciones le han revelado.

El preparador se debe preguntar: «¿Soy un científico?»

«¿Interrogo a los otros preparadores, a los atletas y a otros expertos?»

«¿Observo constantemente con objetividad, sopesando cada uno de los argumentos, o por el contrario me he acostumbrado a mirar pero sin enterarme de lo que veo?»

«Sin duda, intento hallar una respuesta válida a los problemas con que me enfrento. Cuando llego a una conclusión, ¿me muestro entonces inflexible o mantengo en todo momento mi mente abierta a nuevas sugerencias?»

«¿Realizo experimentos? ¿Utilizo cuando es posible instrumentos de otras ramas de la ciencia, tales como películas, o pruebas fisiológicas y sicológicas? ¿Realizo también pruebas de mi especialidad, como las de fuerza, flexibilidad y agilidad? Al realizar las pruebas ¿intento, dentro de límites razonables, introducir nuevas fórmulas, es decir, contracciones isométricas, y así sucesivamente?»

«Al analizar, ¿son lógicas las conclusiones a que llego, o se hallan matizadas por prejuicios, incompleta meditación, insuficiente perspectiva y falta de imaginación?»

El preparador corriente no siempre dispone de medios adecuados o de tiempo suficiente para examinar enteramente todas las cuestiones relacionadas con los temas que le interesan. A menudo está demasiado ocupado enseñando, preparando y cuidándose de detalles relacionados con su trabajo para poder dedicar tiempo a lecturas provechosas. Con todo, hay cuestiones que surgen en el curso de sus experiencias que estimulan su curiosidad. Siendo así que la curiosidad es el principio de todo verdadero saber, el preparador debe emplearla como medio de autoestímulo para su propia formación. El hombre, en su deseo de adquirir nuevos conocimientos, parece ajustarse a una norma que consta de tres frases: la primera es curiosidad, que se revela cuando se despierta el interés de la persona y cabe esperar empiece a observar las cosas con un cierto grado de objetividad; la segunda fase es de confusión, que aparece cuando una persona es incapaz de analizar la situación en forma inmediata y no halla respuesta plausible al problema o bien vislumbra varias respuestas; la tercera fase es la de la búsqueda de la respuesta o de un nuevo conocimiento. Esta fase, que nunca concluye, es la que mantiene al hombre siempre ocupado.

El científico auténtico es curioso. Es capaz de reconocer que el problema le desconcierta, y a menudo su desconcierto es lo que le estimula en la investigación de la verdad. En deportes el preparador inteligente y el atleta están siempre buscando nuevos caminos y mejorando los métodos. Tales individuos son los que hacen progresar nuestro deporte. Los otros, menos inspirados y menos creativos, adoptan las técnicas de los primeros.

Los progresos que el deporte de la natación haya efectuado en los últimos cien años sólo se echarán de ver en los próximos cien años. Llegaremos a saber por fin cómo debe entrenarse un nadador y cómo debe ejecutar mecánicamente sus movimientos. Nunca tendremos respuesta a todos los interrogantes, porque cuando averiguamos una cosa, se ofrecen a nuestra mirada nuevos problemas e interrogantes. No cesará la búsqueda de nuevos sistemas, dando ello tal vez paso a la posibilidad de realizar los 100 metros estilo libre en cuarenta segundos.

Este libro se escribe para llevar al preparador y al atleta a las dos primeras fases de su formación y quizá a adentrarse un poco en la tercera: o sea a estimular su curiosidad, a sentirse perplejo y a ayudarle un tanto en la búsqueda de nuevas técnicas.

Las secuencias de dibujos que se utilizan en este libro para mostrar los movimientos en cada caso, provienen de películas tomadas a varios poseedores de marcas mundiales. Se han introducido pequeñas modificaciones allí donde se observaban patentes errores en la buena mecánica de los movimientos. Los dibujos de frente que aparecen en las secuencias fueron sacados de fotografías tomadas a unos 90 cm. bajo la superficie del agua, a fin de que el batido, así como también las brazadas, puedan ser observados simultáneamente.

Deseo expresar mi gratitud a todos los atletas cuyos movimientos aparecen en este libro, así como a los preparadores y atletas que me prestaron su valiosa ayuda, particularmente en la redacción del Capítulo 14 sobre los planes de entrenamiento de algunos campeones. La razón principal de que nuestro deporte se haya desarrollado tan rápidamente estriba, precisamente, en que, tanto los preparadores como los atletas, intercambian con buena voluntad sus ideas y conocimientos. El único y verdadero «secreto» del éxito es un trabajo duro e inteligente, y este «secreto» se halla a la disposición de cualquiera.

Yo he sido criticado por sostener que el entrenamiento de nadadores debe ser *duro, penoso* e *implacable.* No obstante, creo que ningún éxito puede conseguirse fácilmente. Si así fuese no sería grandemente apreciado. Cuanto más duramente nos esforzamos para alcanzar una meta, de más valor nos resulta cuando finalmente es lograda. Lo cual no quiere decir que mis propósitos tiendan meramente a dificultar la consecución de la meta: el método propugnado de esfuerzo/adaptación continúa siendo el más eficiente que actualmente se conoce.

Ni todo nadador ni tampoco cada preparador puede llegar a ser un campeón. Con un esfuerzo inteligente y duro, cada uno puede sacar el máximo partido de sus posibilidades o de las de su equipo, y ésta es la regla por la que será juzgado, tanto por los demás como por sí mismo.

Mi propia imagen es más importante para mí
Que el concepto que merezco a mi vecino.

JAMES E. COUNSILMAN

Bloomington, Indiana

1

Principios mecánicos involucrados en la natación

El conocimiento de los movimientos mecánicos involucrados en la natación debe basarse en ciertos principios mecánicos claramente aplicables a ella. La mayor parte de ideas erróneas relacionadas con los movimientos mecánicos son consecuencia de un falso concepto o inadecuada aplicación de dichos principios o bien de un total menosprecio o falta de conocimiento de los mismos.

El conocimiento incompleto de estos principios generalmente da por resultado conceptos erróneos, tales como imaginar que el nadador puede, en el «crawl», en la mariposa y en espalda, tirar de sí mismo con el brazo estirado. Un total menosprecio de las reglas se demuestra en la siguiente declaración hecha por un preparador: «No hay que insistir en la mecánica de los movimientos. Cada vez que me ocupo de los movimientos de mis nadadores, éstos nadan más lentamente. Si los dejo solos, nadan más rápidos.» Esta declaración demuestra el importante principio de que una preparación defectuosa es peor que carecer de ella. Un nadador a menudo desarrollará mejor sus movimientos si se le deja solo que si es instruido inadecuadamente.

Un preparador o un nadador que deseen conocer solamente el «cómo» de los diversos movimientos y no el «porqué» de los mismos, está falto de curiosidad intelectual y, en el mejor de los casos, sólo puede aspirar a un trabajo de instrucción mediocre o a adquirir una mecánica de movimientos inadecuada. Un nadador no debe solamente emplear su cuerpo, sino también su intelecto; esto es lo que hace de la natación una actividad tan exigente y agradable. Gran parte de este libro estará dedicado a describir cómo se nadan los diversos estilos, pero en la misma proporción tratará del «porqué» de los mismos.

El nadador y el preparador deben saber no solamente lo que hay que hacer y, hasta cierto punto, cómo hacerlo, sino que deben también saber lo que no debe hacerse y por qué deben evitarse ciertos defectos mecánicos. A través de los capítulos relacionados con la mecánica de los movimientos se debatirán estos factores.

Sigue a continuación un examen de algunos de los principios mecánicos que son aplicables a los movimientos de natación. Un conocimiento de estos principios permitirá al lector comprender con más facilidad los cuatro capítulos siguientes.

RESISTENCIA Y PROPULSION

La velocidad de avance de un nadador en un momento determinado es el resultado de dos fuerzas. Una fuerza tiende a retenerle: tal es la «resistencia» (o rémora), producida por el agua que él tiene que empujar hacia fuera de su camino o arrastrar consigo. La fuerza que le impulsa hacia delante se llama «propulsión» y es creada por sus brazos y piernas.

Un nadador, a efectos de poder nadar más aprisa, tiene que efectuar una de las acciones siguientes: 1) reducir la resistencia, 2) incrementar la propulsión, o 3) realizar una combinación de ambos. Al estudiar la mecánica de los movimientos se debe intentar idear las técnicas adecuadas para llevarla a cabo. Probablemente los mayores perfeccionamientos en la mecánica de los movimientos de los últimos años ha consistido en la disminución de la resistencia. Como ejemplo, los nadadores de braza de pecho nadan ahora en una posición mucho más plana que en años anteriores; también crean menos resistencia al avance al efectuar una menor abertura de piernas.

El estudio de la puesta a punto está ampliamente relacionado con el tipo de entrenamiento que fisiológicamente permitirá al nadador mantener el nivel de propulsión más elevado posible y la mínima cantidad de resistencia a lo largo de la carrera. A me-

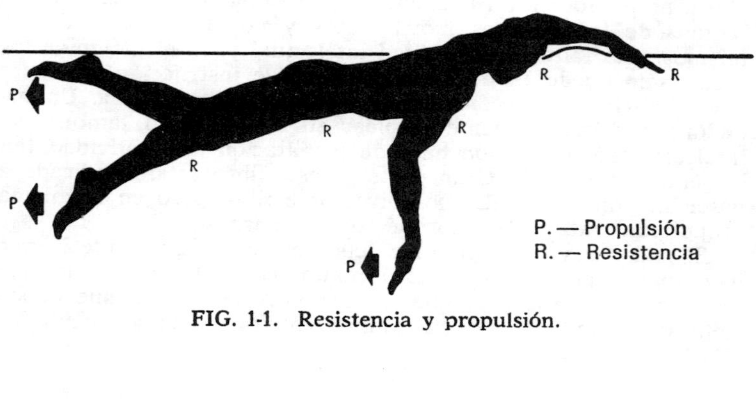

FIG. 1-1. Resistencia y propulsión.

dida que aumenta la fatiga durante una competición, el nadador es menos capaz de esforzarse y la posición de su cuerpo se torna menos aerodinámica. El estudio integral de la natación de competición pretende dar solución a estos problemas. Téngase esto presente mientras examinamos el «porqué» de los movimientos.

Resistencia

El estudio de la mecánica en los líquidos es complejo e implica muchos conceptos que requieren, para ser comprendidos, conocimientos de cálculo. Sin embargo, para este examen utilizaremos sólo términos sencillos.

Existen tres tipos de resistencia del agua: 1) resistencia frontal, 2) fricción corporal, y 3) aspiración posterior o resistencia de la estela.

1. La resistencia frontal es la oposición a marchar hacia delante que crea el agua directamente frente al nadador o en cualquier parte de su cuerpo. Está representada por flechas en la

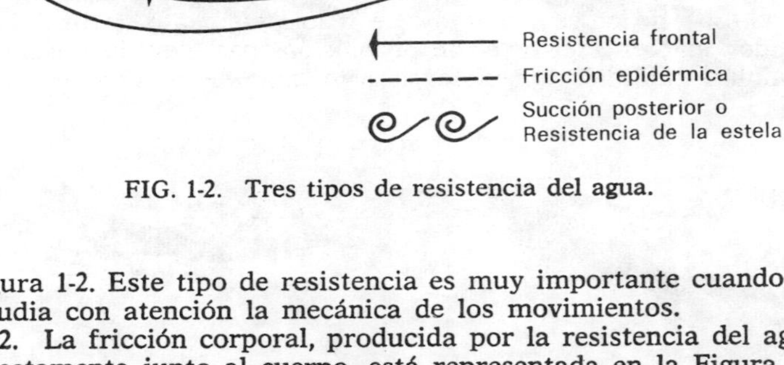

FIG. 1-2. Tres tipos de resistencia del agua.

Figura 1-2. Este tipo de resistencia es muy importante cuando se estudia con atención la mecánica de los movimientos.

2. La fricción corporal, producida por la resistencia del agua directamente junto al cuerpo, está representada en la Figura 1-2 por una línea seccionada. Aun cuando este tipo de resistencia es importante en aeroplanos, embarcaciones y objetos de elevada velocidad, es de menos trascendencia en la natación. Un grupo de nadadores ha considerado que, afeitándose el pelo de

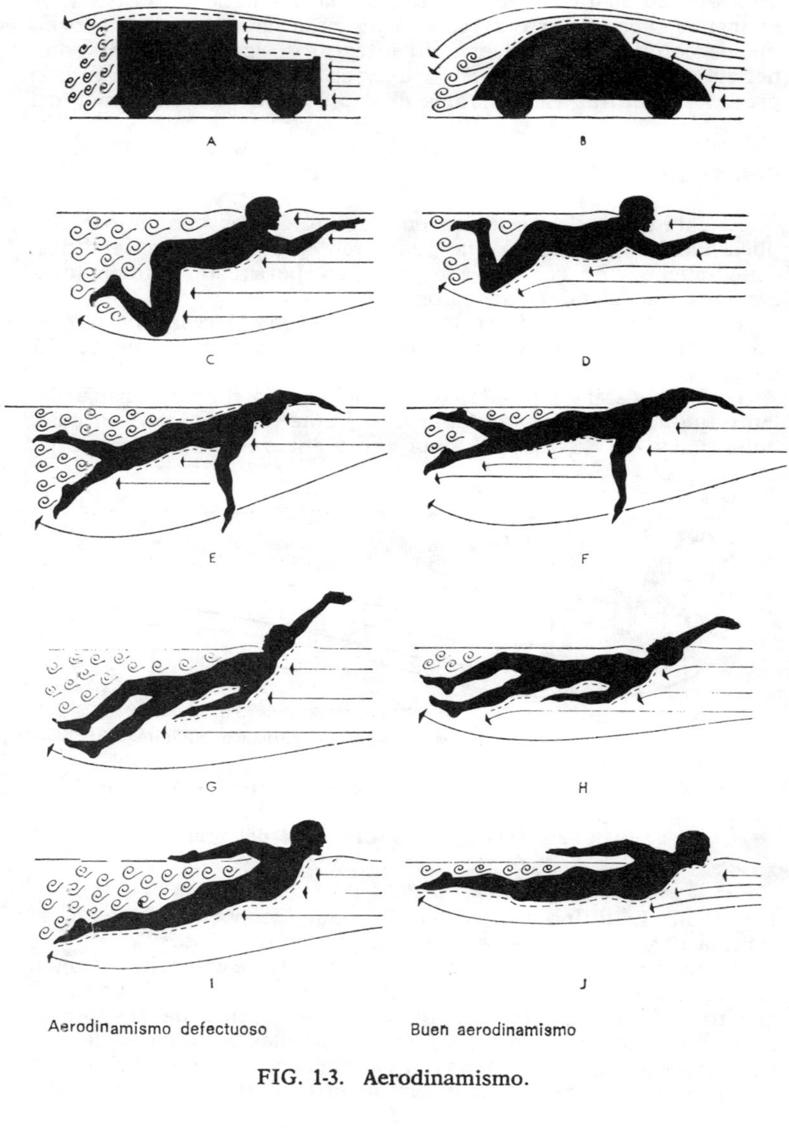

FIG. 1-3. Aerodinamismo.

las piernas, brazos y cuerpo, podrían menguar apreciablemente la resistencia corporal, aumentando de esta forma la velocidad del desplazamiento. No obstante, no existe evidencia válida que acredite esta teoría. La práctica común ha sido rasurar solamente el pelo de los brazos y piernas. No obstante, que nunca haya sido satisfactoriamente demostrado, es posible que rasurando el pelo de los brazos y de las piernas se incremente la sensibilidad del nadador al «tacto» o presión del agua y, en consecuencia, mejore su coordinación. Sin embargo, es más verosímil que cualquier mejora en el rendimiento, debida aparentemente al afeitado, sea imputable al progreso normal como consecuencia del entrenamiento o no sea más que un efecto sicológico causado en el nadador por esta operación.

3. El tercer tipo de resistencia es llamado aspiración posterior o resistencia de la estela, siendo producida por el agua, que no es capaz de llenar el hueco que queda detrás de las partes poco aerodinámicas del cuerpo, de manera que éste debe arrastrar consigo un cierto número de moléculas de agua. La aspiración posterior está representada en la Figura 1-2 por líneas espirales. En el diseño de embarcaciones, automóviles y aeroplanos, la aspiración posterior o resistencia del remolino es un tipo de resistencia importante. Los diseñadores han invertido mucho más tiempo en la búsqueda de la más efectiva línea aerodinámica posterior de estos vehículos que en el trazado de la parte anterior.

Los diseñadores pueden modificar la forma de un vehículo, pero es poco menos que imposible modificar la forma del cuerpo de un nadador, salvo lo poco que se logra con el régimen y desarrollo corporal. Sin embargo, la posición del cuerpo en el agua puede modificarse a fin de hacerla aerodinámicamente más eficiente y de este modo crear menor resistencia, especialmente en las partes anterior y posterior.

La Figura 1-3 muestra la posición en que debe colocarse el cuerpo en cuanto a crear mayores o menores sumas de resistencia. El cuerpo de un nadador puede también crear una mayor resistencia por causa de poseer un plano lateral poco aerodinámico. Por ejemplo, si las caderas y las piernas oscilan atrás y adelante, aumenta a su vez la resistencia frontal y la de la estela, y disminuye la velocidad del nadador.

Propulsión

La propulsión es la fuerza que impulsa al nadador hacia delante, y es creada por los brazos y algunas veces por las piernas del nadador. De hecho, es producida por la resistencia que las manos y pies originan cuando impelen el agua hacia atrás.

Un principio en el que frecuentemente debemos meditar al estudiar la mecánica de todos los movimientos es «La tercera Ley del Movimiento» de Newton, o la ley de la acción-reacción. Isaac Newton formuló esta ley hace más de 250 años, y ella establece que cada acción tiene una reacción igual y opuesta.

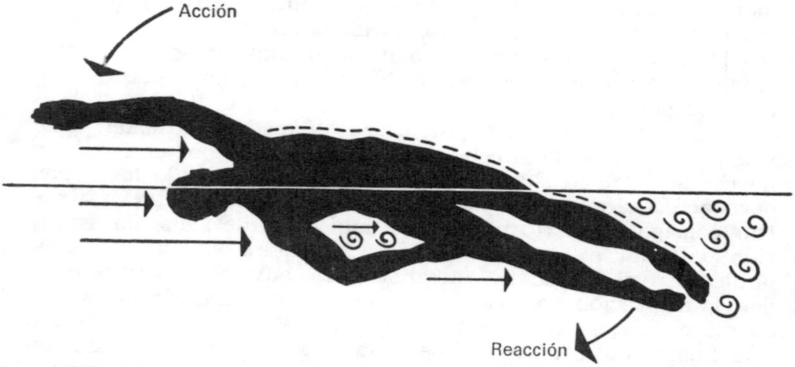

FIG. 1-4. Los movimientos de plano lateral del cuerpo del nadador incrementan la resistencia frontal y la de la estela del cuerpo

Por ejemplo, cuando un corredor va hacia delante, empuja el suelo hacia atrás y hacia abajo con su pierna trasera; la reacción consiste en empujarle a él hacia delante y hacia arriba con la misma intensidad de fuerza.

El mismo principio es válido en natación. Si un nadador, como en la Figura 1-5, impele con sus manos hacia atrás con una fuerza de 11 kg. y de 2 kg. con sus pies, la fuerza resultante, de 13 kg., es válida para empujarle hacia delante.

Se observará que en la Figura 1-5 se ha indicado una fuerza de batido de cinco libras. En realidad, dejamos esta cifra en entredicho. Esto trae a colación la función del batido en el «crawl» y en el estilo de espalda. Todos saben que una persona nada más rápidamente cuando utiliza el batido tan bien como los brazos. Es ello así porque el batido, 1) incrementa la propulsión, 2) reduce la resistencia, o 3) realiza ambas cosas a la vez. Investigaciones realizadas por el autor indican que, a elevada velocidad, el batido no

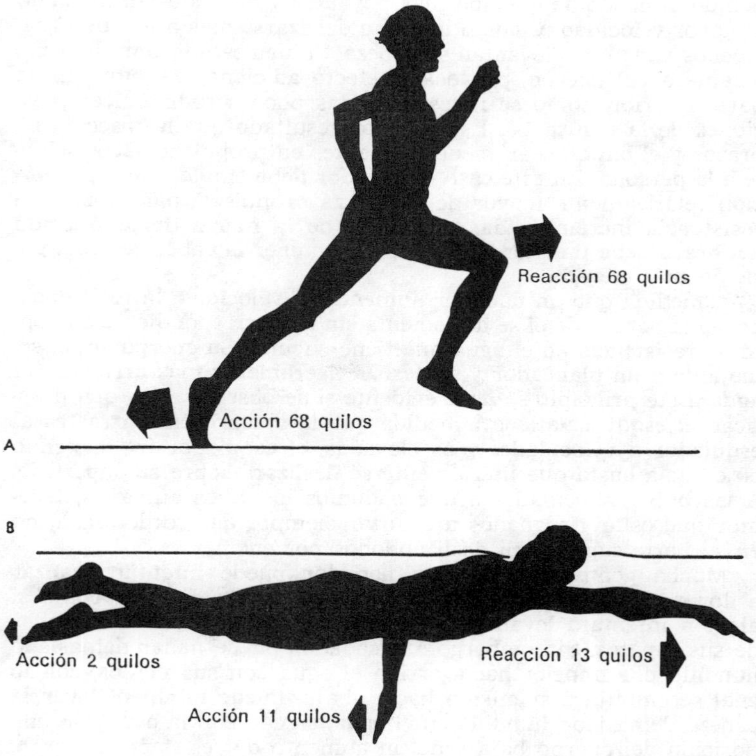

FIG. 1-5. Aplicación de la Tercera Ley del Movimiento de Newton

contribuye en nada a la propulsión creada por los brazos. Este tema será debatido con más amplitud en el Capítulo 2.

Newton definió que a cada acción corresponde una reacción igual y opuesta. En otras palabras, la reacción se produce precisamente en dirección opuesta o a 180 grados. Si un nadador impele el agua directamente hacia abajo, la reacción resultante le empuja a él directamente hacia arriba.

Si un nadador procura «elevarse» a flor de agua, tendrá poco éxito. Algunos nadadores se deslizan ligeramente más cerca de la superficie del agua que otros, pero probablemente ello sea debido al hecho de que son más boyantes y quizás están nadando a mayor velocidad. Cuando intentan deslizarse más a flor de agua, muchos nadadores levantan su cabeza. Si bien esto levanta la parte delantera del cuerpo, provoca el efecto adicional de sumergir la parte inferior, como se muestra en las poco aerodinámicas posiciones de la Figura 1-3. Esto da por resultado que la tracción de brazos y el batido sean menos eficientes en propulsar hacia delante a la persona. En este caso el nadador debe emplear una proporción relativamente mayor de su fuerza propulsiva para vencer la resistencia incrementada. Una parte de la fuerza de la tracción del brazo debe también aplicarse a mantener la cabeza en una posición más elevada.

A medida que un nadador aumenta su velocidad, la resistencia del agua debajo de él se incrementa sin un correspondiente aumento de resistencia en el agua que tiene encima. Su cuerpo actúa semejante a un planeador y se desliza ligeramente más arriba en el agua. Este principio se hace evidente si se observa a los que practican el esquí acuático. A medida que la embarcación arrastra al esquiador a velocidades más elevadas, el esquiador irá subiendo en el agua hasta que literalmente se deslizará sobre su superficie. A las bajas velocidades a que nadamos los seres humanos, tenemos que estar resignados a avanzar siempre dentro del agua, no en su parte superior ni deslizándonos por encima.

Mucha gente cree que un nadador puede intentar avanzar a flor de agua a fin de crear menor resistencia. Esto es como si alguien intentara levantarse a sí mismo tirando de los cordones de sus zapatos. Sin embargo, un nadador puede nadar demasiado hundido por impeler hacia arriba el agua con sus manos, con lo cual se empuja a sí mismo hacia abajo. Puede también llevar la cabeza demasiado hundida en el agua, siendo ello la causa de una posición del cuerpo baja y de un aumento de resistencia.

Por ejemplo, en la Figura 1-6 el diagrama demuestra cómo la fuerza aplicada por la mano tiende a impeler hacia arriba al nadador (esta fuerza actúa contra la gravedad). El resultado sería mu-

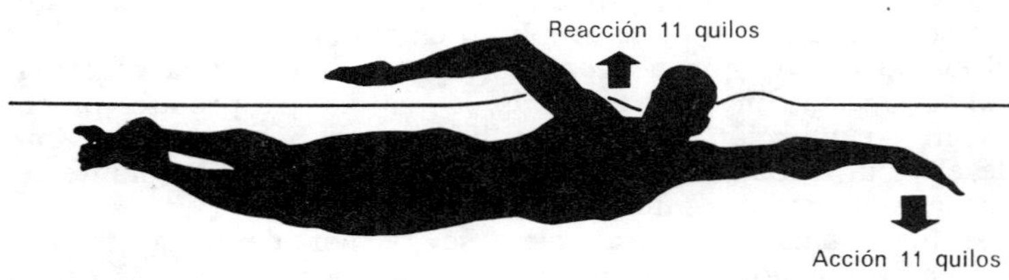

FIG. 1-6.

cho mejor si esta fuerza se aplicara en dirección hacia atrás, de manera que se utilizara en su casi totalidad para impulsar el nadador hacia delante.

TRACCIÓN. — Hay tres tipos de tracción con variaciones, los cuales pueden emplearse en los estilos de «crawl» o mariposa y que contribuyen en forma varia (de acuerdo con su efectividad) a la propulsión total del movimiento. Son: 1) tracción del brazo con el codo bajado, 2) tracción con el brazo estirado, y 3) tracción con la posición de brazo correcta.

1. La tracción con el codo del brazo abajo es el tipo más incompleto y proporciona al nadador muy poca propulsión hacia

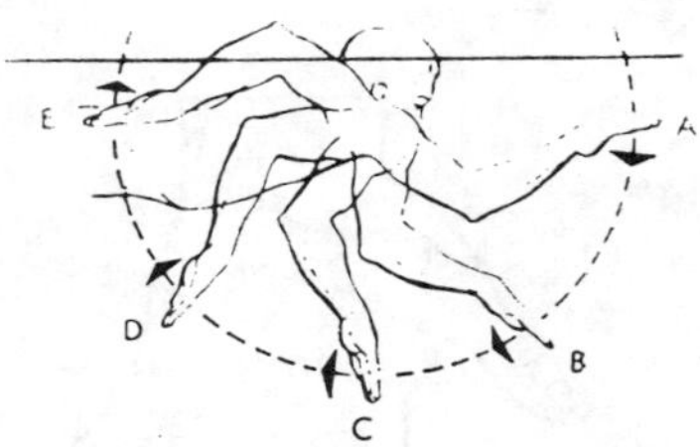

1. La tracción del codo bajado

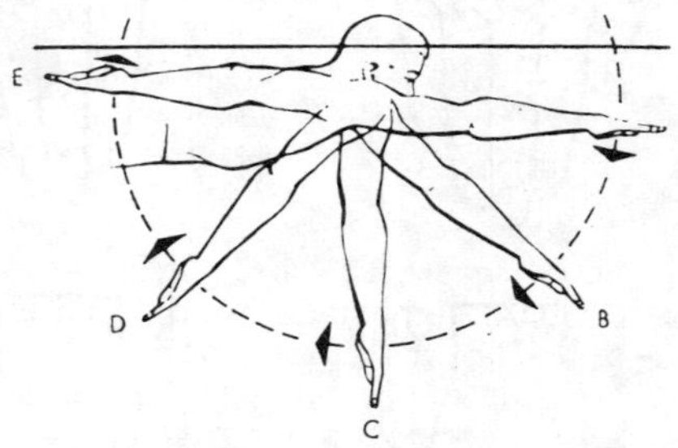

2. La tracción del brazo estirado

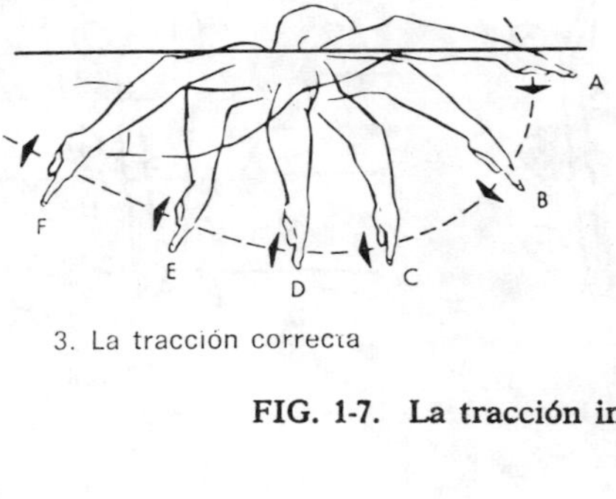

3. La tracción correcta

FIG. 1-7. La tracción influye en la propulsión

delante, puesto que es muy reducida la cantidad de agua que es impulsada hacia atrás. Es el tipo de movimiento que normalmente emplean los principiantes. Es aconsejable a menudo recomendar a los principiantes que no doblen los codos; a medida que el nadador incipiente aprende a no bajar el codo, puede empezar a darse impulso con la posición de brazo correcta.

2. La tracción con el brazo estirado es mejor que la tracción con el codo abajo, en especial en lo que concierne a eficacia, pero en los puntos A y B (ver Figura 1-7) la fuerza aplicada hacia abajo es demasiado grande, y en los puntos D y E la fuerza aplicada hacia arriba también es excesiva. Esto hace que el nadador tienda a ser impelido hacia arriba en los puntos A y B y hacia abajo cuando la mano está en la posición D y E.

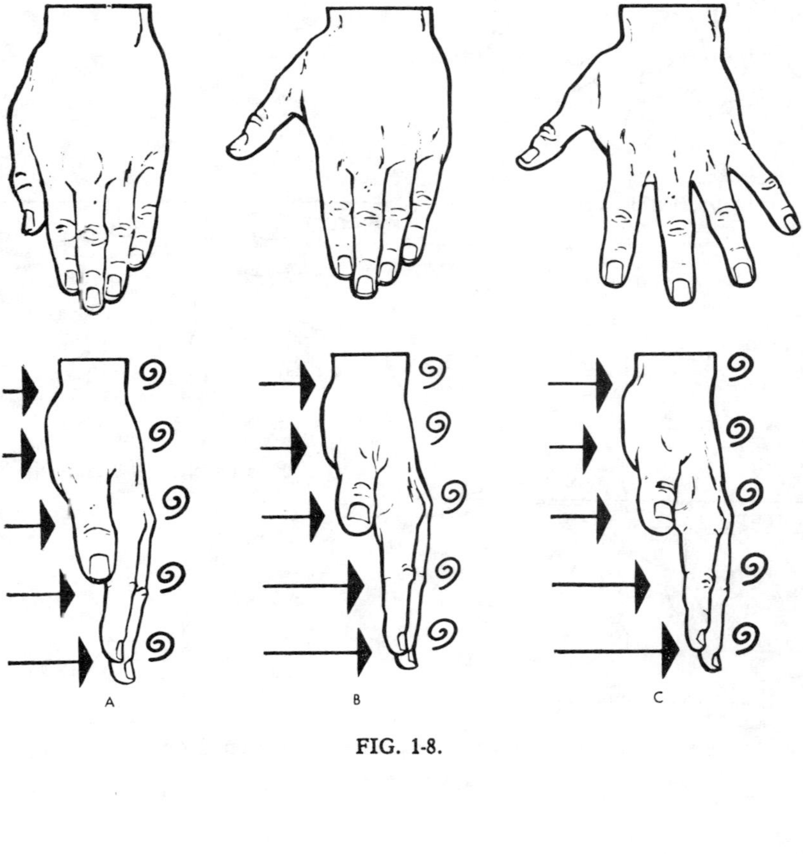

FIG. 1-8.

3. La mejor tracción es aquella que minimiza los componentes hacia arriba y hacia abajo de la tracción del brazo estirado y procura un impulso mayor hacia atrás; está representado por la Figura 1-7 como tracción correcta. Empieza como casi una tracción con el brazo estirado con la excepción que el codo está más elevado. El codo se dobla durante la tracción y, cuando ésta acaba, entonces se halla casi estirado. El movimiento del brazo se debatirá en el próximo capítulo en forma detallada. Se trata de un movimiento muy complejo que no puede describirse adecuadamente en cuatro frases.

Posición de la mano. — Siempre se suscita la pregunta: durante la tracción del brazo, ¿cómo debe mantenerse la mano con el fin de producir la mayor cantidad de propulsión? Esto fue estudiado

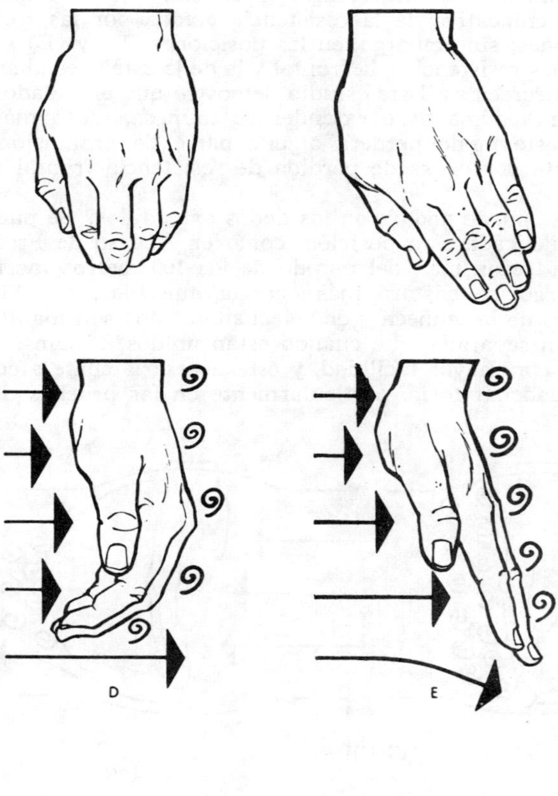

D E

por el autor hace ya una serie de años, y se sacaron modelos de yeso de la misma mano en posiciones variadas (Figura 1-8). Estos modelos fueron entonces ensayados en un túnel de viento a fin de ver qué cantidad de resistencia creaba cada posición de la mano. De esta manera pudo medirse la cantidad relativa de propulsión creada por cada posición.

Originalmente fueron estudiadas cinco posiciones de mano: (A) mano plana, con dedos y pulgar juntos; (B), mano plana, con los dedos juntos y el pulgar separado; (C) mano plana y los dedos separados; (D) mano ahuecada, con los dedos mantenidos unidos, y (E) mano plana, estando la muñeca y dedos ligeramente ladeados.

La resistencia creada por las varias posiciones de las manos fue en orden decreciente respecto al anotado más arriba, siendo la más importante la del primer lugar. Prácticamente no había una diferencia significativa de la resistencia creada por las tres primeras posiciones; sin embargo, en las posiciones (D) y (E) se observó que ambas resistencias, la frontal y la de la estela, estaban expresivamente decrecidas. Este estudio demostró que el nadador no debe ahuecar sus manos o extender su muñeca, tanto más cuanto que de este modo perderá alguna parte de propulsión, fundamentalmente por causa de pérdida de resistencia frontal y de la estela.

¿Por qué no se puede nadar con los dedos extendidos? Se puede y ha sido practicada esta posición, como en el caso de Fred Schmidt, antiguo recordman del mundo de los 100 metros mariposa. Sin embargo, se gastará más energía muscular, por los músculos flexores de la muñeca y dedos, cuando éstos son mantenidos en posición separada, que cuando están unidos. El cansancio sobrevendrá con mayor facilidad, y éste necesariamente afectará a la velocidad natatoria, particularmente en las pruebas de

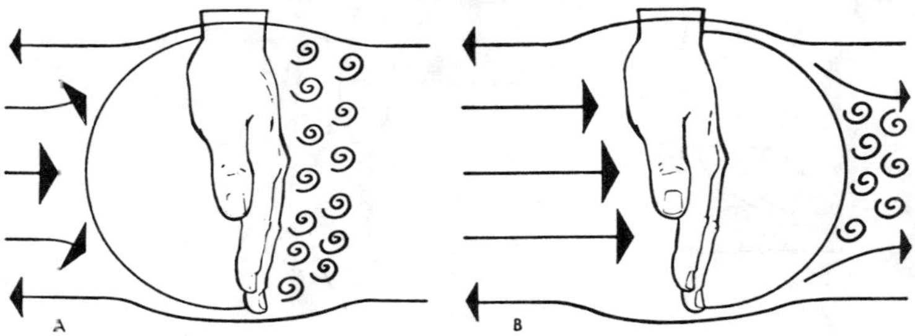

FIG. 1-9.

fondo. Para comprobarlo, separen ustedes sus dedos durante cinco minutos y percibirán una fatiga adicional. También es probable que la energía se gastará innecesariamente, si el nadador mantiene unidos sus dedos demasiado fuertemente.

Para complementar este estudio, el autor decidió averiguar cuál de las dos resistencias, si la frontal o la de la estela, era la que contribuía más a la rémora de la mano. La mano plana, con los dedos juntos, fue equipada con una media bola, frente a la línea recta del plano frontal (Figura 1-9, Posición [A]). En la segunda posición, la sección posterior de la mano fue provista de una media bola (Figura 1-9, Posición [B]). La primera posición (A) creó la resistencia mayor. Esto parece indicar que la resistencia de la estela es más importante que la resistencia frontal y que, por lo menos en teoría, deriva una propulsión mayor de la parte posterior de la mano que de la frontal.

Un nadador puede ensayar mientras nada diferentes posiciones de mano. Generalmente podrá notar la diferencia. Otra manera de ensayar esta teoría, aunque no esté recomendada por los profesores de conducción de automóviles, es la de que, mientras el vehículo está en marcha, se saque la mano al exterior a través de la ventanilla a fin de apreciar los varios grados de resistencia que crea la mano en las distintas posiciones.

Las investigaciones en el área de la mecánica de los líquidos indican que es posible que una mano con los dedos ligeramente abiertos pueda conseguir un poco más de tracción que una mano con los dedos juntos. Con respecto a las variaciones de menor importancia en la posición de los dedos, importa recordar el siguiente principio, el cual es de aplicación a todos los aspectos de la mecánica de los movimientos: *No subordinar los principios fundamentales a cuestiones de detalle.* Debe darse la prioridad a los principios básicos. En la cuestión de la posición de la mano para la tracción, lo fundamental es que esté plana, no ahuecada. El hecho de que el pulgar se mantenga separado, aparte de los

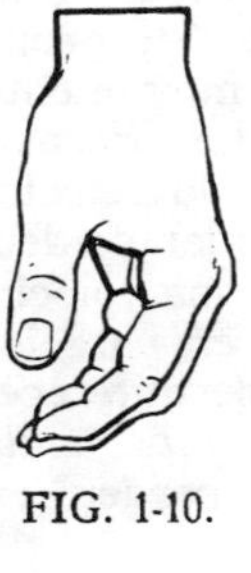

FIG. 1-10.

otros dedos, como se ve en la Figura 1-10, es cuestión de detalle secundario. La mano ahuecada disminuye considerablemente la tracción y el pulgar separado no la afecta en forma apreciable. Manténgase primero la mano plana y después, si se desea, corríjase la posición del pulgar.

El ejercitarse en subordinar los detalles secundarios a los principios fundamentales, tiene aplicación en todas las fases de la mecánica de los movimientos. Muchos de los que insisten en detalles intrascendentes, resultan de muy poca valía como maestros y preparadores, porque son incapaces de discernir entre aquello que es importante y lo de menor trascendencia. Esto ocurre a menudo cuando un nadador trata de imitar a un campeón o cuando un preparador intenta transmitir a un nadador sus opiniones acerca de los movimientos de este campeón. Puede observar solamente una imperfección o idiosincrasia en los movimientos del campeón y dejar de lado los principios fundamentales de su técnica. Debe recordarse que aun los mejores nadadores tienen defectos en sus movimientos. Que lo haga bien a despecho de estos defectos es, sin duda, debido a uno de estos dos factores: 1) su extremada habilidad, potencia o condiciones, que superan aquellos defectos, o 2) los defectos son tan mínimos que tienen poca consecuencia en la actuación. Aun suponiendo que así sea, no merece la pena, conscientemente, imitar el último caso.

UNIFORMIDAD EN LA APLICACION DE LA PROPULSION

Este principio podría también ser llamado «de la continuidad de movimiento». Una propulsión continuada resulta más eficaz para impulsar el cuerpo hacia delante que una fluctuante aplicación de fuerza. Esta es la razón por la que el «crawl» es más rápido que el estilo mariposa o la braza de pecho.

Hay quien pretende que el estilo mariposa podrá algún día superar en velocidad al «crawl». Esto no es probable, a pesar de que, durante la brazada de la mariposa, son ambos brazos los que traccionan, y hay más fuerza de propulsión total que en ningún momento del curso de los movimientos del «crawl». Cuando en la brazada de la mariposa los brazos recuperan, no contribuyen a la propulsión y disminuye la velocidad del nadador.

La mecánica de los movimientos debe intentar permitir al cuerpo moverse hacia delante a una velocidad tan uniforme como sea posible. En otras palabras, en natación debe evitarse el «para-y-avanza». Si un nadador se permite acelerar y decelerar en forma de «para-y-avanza», gran parte de la fuerza que emplea para vencer la resistencia del agua se perderá en superar la inercia. El precio que debe pagarse para acelerar es elevado, como puede comprenderse cuando uno intenta empujar un automóvil que está parado (Figura 1-11). Una vez vencida la inercia del vehículo y rodando ya éste hacia delante, se necesita menos fuerza para mantenerlo en movimiento que la que se había empleado para superar la inercia. Lo mismo es aplicable a la natación. En la medida de lo posible, la fuerza creada por los brazos y piernas debería ser empleada en superar la rémora creada por el agua y no destinarla a pagar el precio de la aceleración.

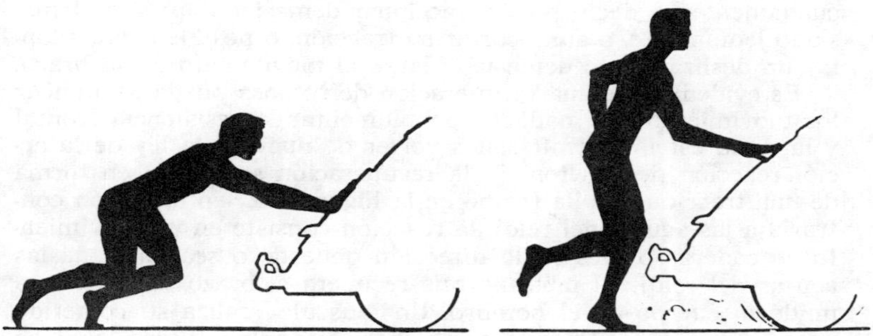

FIG. 1-11. El coste de superar la inercia

En el «crawl» y en el estilo de espalda esto puede realizarse empezando a traccionar un brazo antes o inmediatamente después de que el otro termina de impulsar, proporcionando los brazos una propulsión suave y constante de avance. En el estilo mariposa la tracción de los brazos empieza casi tan pronto como éstos entran en el agua; si se prolonga el deslizamiento de los brazos hacia delante sólo se logrará decelerar el cuerpo.

En la braza de pecho debe haber un ligero deslizamiento después que los brazos han sido extendidos hacia delante, ya que de este modo se aprovecha mejor el impulso desarrollado por el batido de las piernas. Este impulso favorece el deslizamiento horizontal del cuerpo, ofreciendo, por lo tanto, menos resistencia. Si el nadador se detiene demasiado en esa posición de deslizamiento, su impulsión hacia delante decrecerá demasiado, sus pies descenderán, y una vez más deberá pagar un precio excesivo para la aceleración.

LA LEY DE ACCION-REACCION APLICADA A LA RECUPERACION

Algunos preparadores sostienen que no les preocupa lo que ocurre fuera del agua, puesto que la fase propulsiva del movimiento tiene lugar bajo el agua. El mecanismo de recuperación de los brazos, que en tres de los cuatro estilos que examinamos se efectúa fuera del agua, repercute sobre la eficiencia y velocidad del nadador. Una recuperación inadecuada puede romper el ritmo de los movimientos del nadador y obligarle a traccionar inadecuadamente; es decir, puede traccionar demasiado aprisa o demasiado lentamente, o aún acortar su tracción, o posiblemente adoptar un deslizamiento demasiado largo al movimiento de su brazo.

Es evidente que una recuperación defectuosa puede perjudicar los movimientos del nadador por aumentar la resistencia frontal y la de la estela. Permítasenos volver de nuevo a la ley de la acción-reacción de Newton. Si la recuperación se realiza en forma de una tracción amplia (como en la Figura 1-12) en dirección contraria a las agujas del reloj, la reacción consiste en un movimiento de caderas o pies en la dirección opuesta, o sea en la de las agujas del reloj. El músculo que recupera el brazo también está unido al cuerpo en el hombro. Un músculo realiza su cometido por acortamiento. Cuando se acorta, ejerce una fuerza igual en cada extremo. Este movimiento lateral, producido por una recuperación muy amplia, puede ser demostrado teniendo al nadador

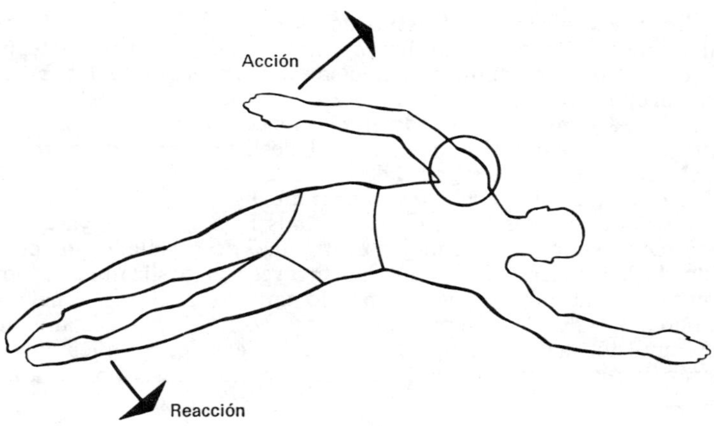

FIG. 1-12.

tendido en el agua y sosteniendo sus pies con un tubo de goma o tabla. Si se efectúa una recuperación amplia (tanto en espalda como en «crawl») su resultado será un movimiento de pies fácilmente observable en dirección opuesta (como aclara la Figura 1-12).

En el estilo de espalda los brazos pueden ser recuperados pasando por encima de la cabeza, con lo que se elimina casi completamente la reacción lateral del cuerpo. En el «crawl» la reacción lateral del cuerpo puede minimizarse reduciendo el radio de rotación del brazo que recupera, es decir, alzando el codo y recogiendo la mano, tal como se muestra en la ilustración (B) de la Figura 1-13. En el estilo mariposa la contorsión consi-

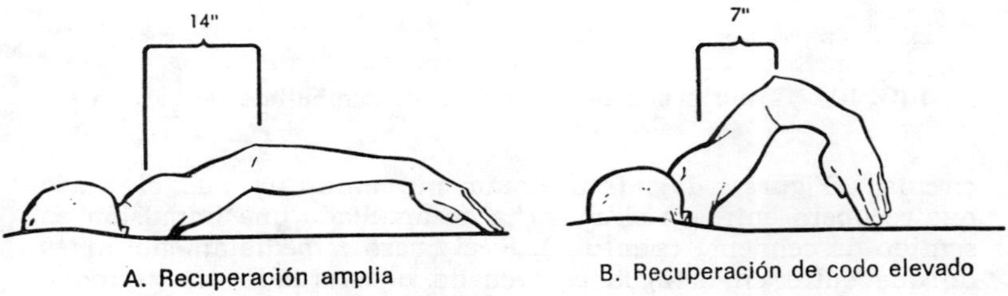

FIG. 1-13. Acortamiento del radio de rotación

guiente a la recuperación de un brazo queda anulada por el efecto idéntico suscitado por el otro brazo. De esta forma, en este estilo el movimiento lateral del cuerpo en general no es motivo de preocupación.

TRANSMISION DEL PRINCIPIO DE IMPULSION

Es muy fácil transmitir el impulso de una parte del cuerpo a otra o al cuerpo entero. Este principio se emplea en muchos movimientos que efectuamos dentro y fuera del agua. La impulsión desarrollada por el movimiento rotatorio de los brazos antes de que el nadador efectúe la zambullida de salida se transmite al cuerpo entero, ayudándole a conseguir una mayor distancia de arranque (ver Figura 1-14).

Este principio es también aplicable a la recuperación de los brazos en los estilos «crawl», mariposa y espalda. En espalda, los brazos desarrollan una impulsión en forma de movimiento

FIG. 1-14. Transmisión de la impulsión: zambullida de carrera

circular (Figura 1-15). Inmediatamente antes de que el brazo que recupera entre en el agua, ha desarrollado una impulsión en sentido descendente (punto A). Si el brazo inmediatamente antes de que entre en el agua es frenado o retardado en su movimiento (punto B), esta impulsión del brazo se transmite al cuerpo y empuja la parte superior del mismo y la cabeza hacia abajo (ilustración 1). Difícilmente se asiste a una carrera en estilo de espalda sin observar que la cabeza de algún que otro nadador se mueve a sacudidas arriba y abajo como resultado de este defecto. Para evitar este movimiento de sacudidas, el nadador de espalda debe, simplemente, permitir que el brazo continúe hasta dentro del agua con la impulsión desarrollada durante la recuperación. La resistencia del agua tenderá a disipar la mayor parte de ese impulso (ilustración 2).

En los estilos de «crawl» y mariposa el hacer más lenta la

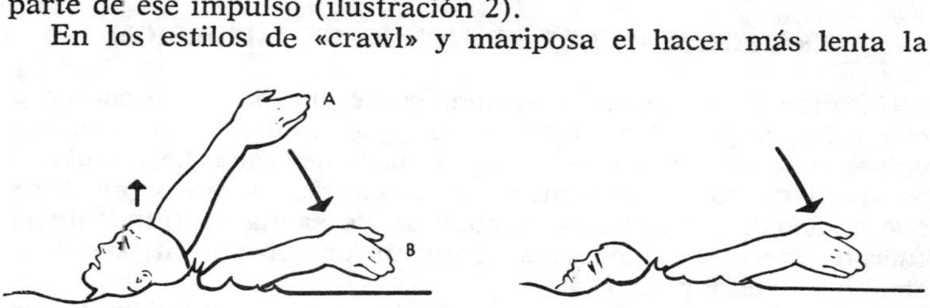

FIG. 1-15. Transmisión de la impulsión: recuperación de brazo en estilo de espalda

recuperación del brazo o brazos, inmediatamente antes que éstos entren en el agua, produce también efectos perjudiciales. Ello se debatirá en los próximos capítulos.

LA LEY TEORICA DEL CUADRADO

La resistencia que un cuerpo crea en el agua (o en cualquier fluido o gas) varía aproximadamente con el cuadrado de su velocidad. Para aclarar este extremo, utilicemos un aeroplano que vuele a 100 mph y que desarrolle 1.000 libras de resistencia. Cuando el aeroplano duplica su velocidad a 200 mph, su resistencia no se duplica simplemente, sino que resulta cuatro veces aumentada, o sea que pasa a 4.000 libras. Si la velocidad del aeroplano pasa a 300 mph, en este caso la resistencia aumenta nueve veces (Figura 1-16). Esta ley es también aplicable a la velo-

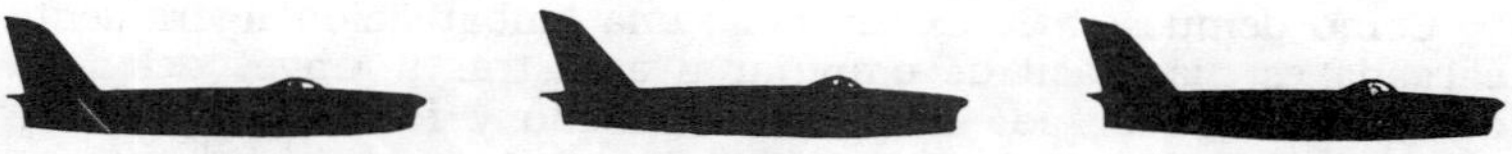

FIG. 1-16. Una aplicación de la Ley teórica del Cuadrado

cidad del nadador y a la resistencia que ofrece el agua. Una aplicación inmediata y práctica de esta ley a los movimientos de la natación se descubre en la velocidad con que el brazo que recupera entra en el agua.

Si alguien lanza su brazo al agua dos veces más velozmente que antes, crea una resistencia cuatro veces superior a la marcha hacia delante. Por consiguiente, una recuperación precipitada, romperá no solamente el ritmo, sino también, al aumentar la resistencia a la marcha hacia delante, tenderá a frenar al nadador y a hacerle ir más lento. ¿Qué debe determinar la velocidad de la recuperación? El nadador no puede tardar demasiado en meter su mano lentamente en el agua a fin de crear poca resistencia. La velocidad del brazo que recupera debe corresponder más o menos con la del brazo que tracciona. Normalmente irá un poco más de prisa, pero en forma apenas apreciable. Es difícil recuperar rápidamente con un brazo y, al mismo tiempo, traccionar firmemente con el otro. Un estrecho paralelismo entre la velocidad de tracción y la velocidad de recuperación es un factor importante para el ritmo.

Cuando un nadador dobla la velocidad de sus brazos a través del agua, cuadruplica la propulsión si emplea la misma mecánica de movimientos. Es una ley fisiológica que la pérdida de energía de un músculo aproximadamente se eleva al cubo de la velocidad de contracción del músculo. En otras palabras, cuando se dobla la velocidad del brazo que tracciona, el desgaste de energía aumenta ocho veces. De este modo, al tiempo que una tracción más rápida del brazo incrementa la propulsión, también incrementa en forma desproporcionada la pérdida de energía y el consumo de oxígeno. Esto explica por qué los nadadores que giran los brazos mientras nadan, frecuentemente se cansan pronto. También enseña por qué los concursos de medio fondo y de fondo requieren un ritmo más lento.

FLOTABILIDAD

Como demuestra la experiencia, una embarcación ligeramente cargada es más fácil de empujar o arrastrar a través del agua que otra muy cargada del mismo tamaño y forma. La primera desplaza menos agua y, por consiguiente flota más y crea menos resistencia, siendo también menor la inercia que hay que vencer.

Un nadador de complexión boyante, flota más que otro nadador de la misma corpulencia, pero de distinta naturaleza. Los nadadores varían en estructura del cuerpo, tamaño de la osamenta, desarrollo muscular, distribución de peso, cantidades relativas de tejidos adiposos, capacidad pulmonar, y así sucesivamente. Todos estos factores influyen en la flotabilidad del individuo y en la posición en que flota. Un muchacho con grandes huesos y pesada conformación flota menos en el agua que un nadador ligero, aunque probablemente tiene unos músculos más voluminosos para impulsarle a través del agua.

Hace unos pocos años nuestro equipo contaba con dos nadadores detentores de récords mundiales que eran unos ejemplos de ambos extremos de flotabilidad. Tom Stock, poseedor del récord del mundo en espalda, era tan boyante que podía flotar sobre su espalda en posición horizontal, mientras Chet Jastremski, poseedor del récord mundial en braza de pecho, no flotaba en ninguna posición.

2

El «crawl»

El capítulo anterior, en el que se trataba de la mecánica de los líquidos, contiene muchos principios directamente aplicables al estilo «crawl» de natación. Estos principios y los otros que figuran en este capítulo, se incluyen a fin de conseguir una comprensión mejor de lo que el nadador debe exactamente hacer, de por qué debe hacerlo y, en muchos casos, para que sepa exactamente lo que ya está haciendo. No cuento con que un nadador, después de leer este capítulo, vaya al agua y reflexione acerca de todos y cada uno de los pormenores mencionados aquí en un momento. Muchos de los movimientos mecánicos deseados se dan con facilidad en algunos nadadores, otros tienen que lograrlos gracias a un perfecto conocimiento de los mismos, a más de una buena preparación.

La buena mecánica de los movimientos a menudo se da en personas bien dotadas que no son conscientes de lo que realizan. A falta de un conocimiento de la mecánica de los movimientos, una persona puede intentar eliminar algún detalle de los mismos, tal un impulso lateral de los pies y que es deseable. Muchos conceptos erróneos relacionados con el método acertado de nadar el «crawl» son resultado de desconocer el motivo de que se ejecute un determinado movimiento.

POSICION DEL CUERPO

El gran perfeccionamiento de la técnica de los movimientos en el «crawl» en estos últimos años puede, en primer lugar, atribuirse más que a la mengua de resistencia creada por los nadadores, al aumento de propulsión hacia delante. Los 1.500 metros en menos de diecisiete minutos, que antaño constituían un sueño irrealizable, se están convirtiendo en algo vulgar, no debido a que nuestros nadadores sean mucho más desarrollados y más potentes que antes, sino a que están mejor adaptados y, lo que es aún más importante, a que nadan a través del agua con mucha menos resistencia.

Alineación horizontal del cuerpo

La posición del cuerpo en los movimientos del «crawl» debe ser tan aerodinámica y plana como sea posible, a la vez que permita que los pies, hundidos a suficiente profundidad en el agua, realicen un movimiento efectivo. Cualquier rémora adicional, proveniente de una posición del cuerpo defectuosa, mengua la velocidad del nadador. La creencia popular de que un nadador debe esforzarse en nadar bien a flor de agua y de este modo crear menos resistencia, ha conducido a muchos importantes problemas. El método más ampliamente aceptado, a pesar de lo poco correcto que resulta de conseguir esta posición, ha consistido en levantar la cabeza y alzar los hombros por encima del agua y arqueando la espalda. Esta posición «hidroplaneante» puede elevar la cabeza y los hombros, pero también obliga a arquear la espalda y a hundir excesivamente las caderas y las piernas en el agua, con lo cual se aumenta la resistencia o la rémora. Aquellos que abogan por este estilo dicen que el nadador debe batir más fuertemente para mantener sus piernas y caderas arriba. Importa recalcar que la energía del nadador debe ser aplicada a impulsarle hacia delante, no a levantarlo hacia la superficie del agua. Al hacer fuerza para levantarse uno mismo a flor de agua se lucha contra la gravedad.

Para medir la diferencia en rémora (resistencia negativa), con la cabeza mantenida en dos posiciones (posición A, en la cual la línea del agua rompe en el arranque de los cabellos de la frente, y la posición B en la que el agua rompe al nivel de las cejas) un nadador fue remolcado por el aparato que ilustra la Figura 2-6. La tensión creada en la sirga era registrada y medida. Las mediciones de rémora de la Figura 2-1 son el promedio de tres pruebas en cada posición, y muestran claramente que, en todas las velocidades medidas (entre 30 cm. por segundo y 2,10 m. por segundo), la posición A creaba menor resistencia que la posición B. A medida que el nadador era arrastrado a velocidades más elevadas, había menos diferencia. Desgraciadamente, no fue medida la rémora que ofrecía el cuerpo, si la cabeza se hallaba en una posición intermedia. Esta investigación sugiere que, cuando la cabeza es mantenida en la posición A, que muchos preparadores consideran un tanto alta, hay un significativo aumento en la rémora.

Una idea común, puesta de relieve por la siguiente declara-

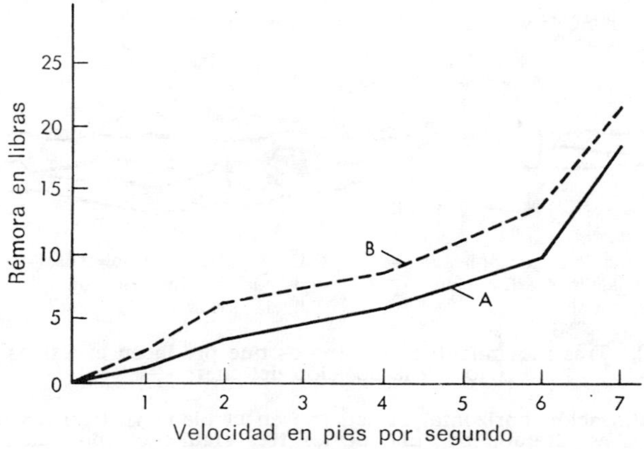

Posición A. Rémora creada por el sujeto con la cabeza mantenida en posición normal, con el nivel del agua en línea con los cabellos.
Posición B. Rémora creada por el sujeto con la cabeza mantenida elevada, con el nivel del agua en las cejas.

FIG. 2-1. Medición de la rémora con la cabeza en dos posiciones (Recuérdese que un pie equivale a 30 cms.)

ción, descubre otro error de análisis: «El nadador debe presionar el agua hacia abajo con sus manos al objeto de que pueda deslizarse a flor de agua». Esta manera de tratar de remontarse en el agua ha sido propugnada en distintas ocasiones para todos los estilos. En el caso del «crawl» se ha comprobado que hay que acentuar la presión hacia abajo del agua durante la primera parte del movimiento del brazo, para lograr de esta forma una posición elevada del cuerpo. Si este razonamiento fuese válido, una vez terminada la primera parte de su tracción, el nadador no tendría nada que le sustentara y descendería hasta que el otro brazo entrase en el agua e iniciase la presión hacia abajo. Esto tendría como resultado una constante oscilación del cuerpo hacia arriba y hacia abajo y un aumento de la resistencia total ofrecida por el nadador, además de una valiosa pérdida de energía. Es cierto que algunos individuos nadan en una posición más elevada que otros, debiendo aparentemente esta mayor elevación reducir la rémora o resistencia de estos nadadores. En el capítulo anterior he manifestado mi opinión de que esta posición elevada es el resultado de dos factores: flotabilidad y velocidad.

FIG. 2-2 Tres movimientos defectuosos que producen excesivos altibajos en la posición del cuerpo

La alineación horizontal del cuerpo en el plano vertical las más de las veces es alterada por uno de los tres siguientes movimientos defectuosos:

1. Cuando se levanta fuera del agua la cabeza para respirar, el resto del cuerpo se ve forzado hacia abajo. Cuando se baja la cabeza, el resto del cuerpo se eleva ligeramente.

2. Cuando la fuerza de la primera parte de la tracción se lleva demasiado hacia abajo, se produce un movimiento de subida durante aquella primera parte.

3. Si al término de la tracción el codo está estirado, hace que la fuerza del movimiento del brazo se dirija hacia arriba, resultando una fuerza que impulsa al cuerpo hacia el interior del agua.

Una persona poco huesuda, de estructura ligera, naturalmente flotará en posición más elevada que otra de gran osamenta y mucha musculatura. La diferencia en su flotabilidad se observa a partir de las posiciones en que flotan. Sería desatinado que un muchacho muy huesudo intentara deslizarse en la posición elevada de otro muchacho de huesos ligeros. El primero, naturalmente, se deslizará en una posición más hundida y creará una rémora mayor, pero, debido a la naturaleza de su físico, tendrá mucha más potencia muscular con la que traccionar su cuerpo a través del agua. Sin embargo, un nadador boyante tiene una determinada ventaja, especialmente en las pruebas de fondo, puesto que puede mantener sus piernas elevadas en posición aerodinámica sin necesidad de un fuerte batido. El segundo factor que permite a un nadador deslizarse a flor de agua es la velocidad a la que nada. Una lancha con planos deslizantes no navega

FIG. 2-3. Métodos para corregir los defectos mostrados en la Figura 2-2

más alta en el agua debido a la presión que ejerce hacia abajo; se eleva sobre los planos de la misma manera que lo hace un esquiador náutico. A medida que la embarcación va más aprisa, la presión bajo los planos aumenta y el nivel horizontal de la embarcación asciende a mayor altura.

La comparación de la embarcación de planos deslizantes con un nadador no constituye un fiel paralelo, pues el primer caso implica velocidades suficientemente elevadas que se traducen en una elevación de varios pies del centro de gravedad de la embarcación, mientras que la velocidad del nadador es sólo una fracción de la de la embarcación y el incremento de elevación se mide por centímetros o milímetros. Aun a velocidad máxima, el nadador nada en el agua, no en su superficie. Se dice que los peces y los delfines, cuando nadan dentro del agua, consiguen velocidades de 60 kpm. y aún superiores; la velocidad máxima que un ser humano puede alcanzar se sitúa alrededor de los 8 kpm. y en recorridos muy cortos (100 m. en 55-60″). Por lo tanto, para conseguir nadar más rápidamente, no se debe intentar elevarse lo más rápidamente posible en el agua, sino presentar el mínimo de rémora y aplicar la fuerza más eficazmente.

Obviamente, el nadador debe evitar que el cuerpo suba y baje excesivamente (ver Figura 2-2).

Para corregir los tres defectos que se ilustran en la Figura 2-2, el nadador debe: 1) girar la cabeza sobre su eje (nada de subirla y bajarla) y respirar por el lado, cerca de la base de la onda de la ola; 2) impeler las manos en dirección más hacia atrás que hacia abajo, y 3) doblar el codo y continuar intentando empujar el agua más hacia atrás que hacia arriba. La Figura 2-3 ilustra el movimiento mostrando estas correcciones.

Alineación lateral del cuerpo

Una buena alineación lateral del cuerpo resulta ser tan importante como la alineación horizontal para lograr la máxima eficiencia y velocidad. Puesto que cualquier movimiento lateral de una parte determinada del cuerpo produce un incremento de resistencia, deben evitarse excesivos movimientos en este plano. Un nadador cuya cabeza, hombros, caderas y pies oscilan excesivamente de uno a otro lado, se coloca a sí mismo en condición de desventaja. Un buen procedimiento para describir al nadador esta falta, es decirle que arrastra consigo la mitad del agua de su callejón, mientras que un nadador más eficiente no llega a desplazar la cuarta parte de la del callejón que le corresponde. Cuanto menor es la cantidad de agua que un nadador tiene que apartar de su camino o arrastrar, tanto mejor para él. Es conveniente que el preparador observe con frecuencia al nadador desde un punto situado en línea recta detrás de la espalda de éste y desde una altura de dos metros y medio a seis —o aún a mayor altura—, porque desde esta posición las oscilaciones laterales se hacen más evidentes. Películas tomadas desde estas posiciones mostrarán al nadador hasta qué punto realmente «culebrea».

Es importante comprobar que, si bien un nadador puede nadar en línea casi recta, sus movimientos para lograrlo son todos circulares o rotatorios o variaciones y combinaciones de ellos. Cuando un nadador está en el agua, se halla suspendido en un líquido, y cualquier movimiento circular de su brazo, sea en la recuperación, sea en la tracción, o en los movimientos de sus piernas, tenderán a producir una reacción que torcerá la alineación de su cuerpo hacia la dirección opuesta.

Cuando una persona está de pie en el suelo y en rápido movimiento levanta un brazo hacia un costado, los pies son empujados hacia la dirección opuesta. Esto es un ejemplo de la tercera ley del movimiento de Newton (acción-reacción), que fue expuesta en el Capítulo 1. El suelo sobre el que la persona se mantiene teóricamente es empujado lateralmente por los pies. De hecho, el suelo absorbe las reacciones del movimiento de los brazos. Si una persona da un salto y, al tiempo que está en el aire, hace girar también su brazo hacia el lado, sus pies se desplazarán en dirección opuesta a la del brazo.

Otra manera de demostrar esta acción es que el nadador sujete sus pies con un tubo de goma o neumático y se tienda en el agua cara abajo, con ambas manos a los lados. Entonces debe recuperar solamente un brazo con un amplio movimiento circular y observará que sus pies se desplazan hacia el lado opuesto. Este movimiento de pies puede reducirse modificando la recuperación del brazo, sustituyendo la brazada amplia por otra con el codo levantado y con la mano bajo la perpendicular del codo (Figura 1-13).

La alineación lateral del cuerpo puede también desbaratarse si se tracciona el brazo hasta rebasar por uno u otro lado una línea que corra vertical y directamente por debajo del centro de gravedad del cuerpo. Resultará que el sistema mejor de traccionar el brazo a través del agua será sobre una línea recta bajo el cuerpo del nadador. Como se mostrará, hay buenos nadadores que no lo hacen de esta forma, sino que traccionan en forma curva, a través y alrededor de esta línea central.

La flexión lateral, o inclinación de la cabeza fuera del eje de rotación longitudinal, es un movimiento frecuentemente realizado por el nadador cuando respira, que no solamente lanza la cabeza fuera de la alineación, sino que también afecta al resto del cuerpo. La Figura 2-4 muestra cómo este movimiento puede tener su reacción en el resto del cuerpo.

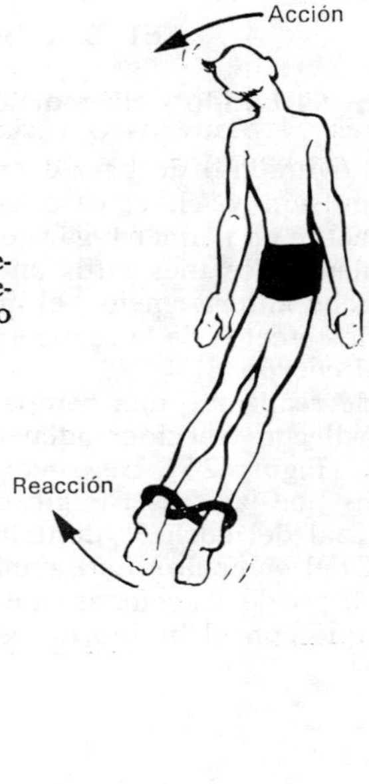

FIG. 2-4. Flexión lateral del cuello que produce desviación lateral de la alineación del cuerpo

Otra técnica de movimiento defectuosa que produce excesivo culebreo lateral, particularmente en los hombros, es reprimir o frenar la velocidad del brazo que recupera por medio de un esfuerzo muscular antes que la mano y el brazo entren en el agua. Cuando esto sucede, buena parte del impulso del brazo que recupera se transfiere a la parte superior del cuerpo y produce el movimiento lateral.

Por el precedente examen puede verse que son muchos los factores que pueden desbaratar la alineación o forma aerodinámica del cuerpo del nadador, y que preparador y nadador constantemente deben velar para reducir al mínimo estas oscilaciones del cuerpo. Como ha sido antes expuesto, este movimiento se hace más patente cuando el nadador nada alejándose o acercándose de frente al que observa.

Si es posible combinar simultáneamente una fuerza que tuerza la alineación del cuerpo en una dirección con otra fuerza que destruya la alineación en la dirección opuesta, se pueden anular la una a la otra y el cuerpo mantenerse en una posición relativamente recta. Un ejemplo de esta técnica lo da la Figura 2-8, en la cual la reacción a la recuperación del brazo en el sentido de las agujas del reloj lanza los pies fuera de la alineación en la dirección opuesta (contraria a las agujas del reloj), mientras que el batido del pie en dirección lateral mantiene las caderas y pies hacia dentro.

EL BATIDO ALETEADO

Función del batido. — Propulsión o estabilización

El movimiento de brazos en el «crawl» es la fuente principal de propulsión y, en el caso de muchos nadadores, la única. El batido actúa en primer lugar como estabilizador, y ello se consigue manteniendo los pies altos en una posición aerodinámica. Como se ha dicho anteriormente, el impulso lateral del batido sirve para anular los efectos de la recuperación del brazo que altera la alineación del cuerpo.

Puede realizarse una comparación entre el estilo «crawl» y un automóvil con tracción independiente en las ruedas delanteras y traseras (Figura 2-5). Las ruedas delanteras dan vueltas a 60 kph, mientras que las traseras giran a sólo 40 kph. ¿Cuál será la velocidad total del coche? ¿Contribuirán las ruedas traseras a la velocidad del vehículo? Este ejemplo es aplicable al caso del nadador, que puede traccionar con los brazos a través del agua más aprisa que con el batido de las piernas. En el ejemplo del auto-

Preguntas: 1. ¿Cuál será la velocidad del coche?
2. La potencia aplicada a las ruedas posteriores, ¿puede contribuir a la marcha hacia delante del coche?

Respuestas: 1. Aproximadamente entre 20 y 30 km/h, probablemente poco más o menos a 25 km/h.
2. No. Las ruedas posteriores son más una rémora que una fuerza propulsiva.

Pregunta: ¿Contribuyen las ruedas posteriores a la marcha hacia delante del coche?

Respuesta: Sí. Las ruedas posteriores giran más rápidamente que la carretera pasa bajo ellas.

FIG. 2-5. Demostración de cómo una fuerza menor puede cooperar con una fuerza mayor

móvil, las ruedas traseras no añaden nada a la velocidad del coche, sino que sirven más bien de rémora. Por esta razón la velocidad podrá ser inferior a 60 kph. Esta comparación no es enteramente exacta, puesto que los brazos y pies del nadador no tienen en el agua un valor o tipo de tracción similar al que los neumáticos tienen en la carretera; por lo tanto, se deslizan. Sería exacta si el coche rodara sobre una carretera helada y la velocidad hacia delante fuese sólo de 30 kph, mientras que la de las ruedas delanteras y traseras se situase en 60 y 30 kph, respectivamente. En este caso, las ruedas posteriores deberían girar más aprisa que su desplazamiento real sobre la carretera, pudiendo, por consiguiente, contribuir a la velocidad total del coche.

La duda de si el nadador obtiene alguna propulsión de su batido depende de si los pies pueden impeler el agua hacia atrás más aprisa que la tracción de los brazos a través de ella. Si a efectos de lograr esta velocidad, el nadador tiene que batir los pies tan enérgicamente como le es posible, ¿no estaría mejor emplear esta energía destinándola a traccionar con los brazos a través del agua y aplicar al batido solamente la necesaria para mantener la alineación del cuerpo?

Para comprobar si un nadador recibe alguna propulsión del batido, yo he empleado el aparato dibujado en la Figura 2-6, en el cual los sujetos eran remolcados hacia el mecanismo en posición deslizante y a diversas velocidades. Normalmente a velocidades más bajas de 1,50 m. por segundo, cuando el nadador batía con el máximo esfuerzo, la tensión de la cuerda decrecía.

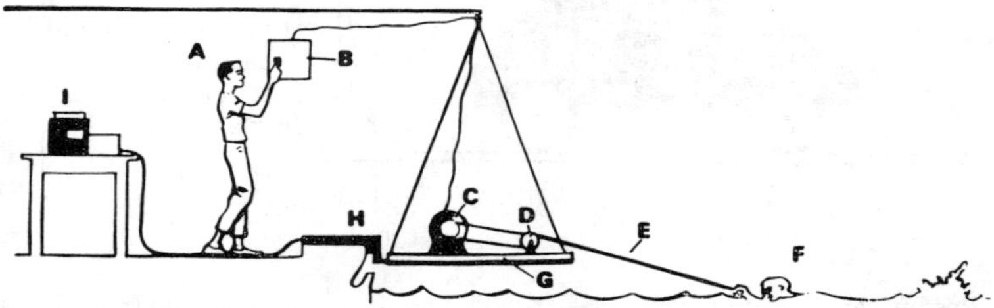

FIG. 2-6. Instalación utilizada para medir la eficacia del batido aleteado a varias velocidades

El operador (A) acciona un conmutador apartado (B) del motor (C). El motor hace marchar el eje (D) a varias velocidades según el tamaño de la polea. La cuerda remolcadora (E), arrollada alrededor del eje, arrastra al nadador (F) hacia la plataforma (G). La resistencia creada por el nadador ejerce una fuerza en la cuerda remolcadora que arrastra a la plataforma hacia el nadador. La plataforma está unida al borde de la piscina por viguetas tirantes graduadas (H). La fuerza en la cuerda remolcadora se mide por las viguetas tirantes graduadas y se registra en un contador electrónico (I).

Sin embargo, cuando el nadador era arrastrado a velocidades superiores a 1,50 m. por segundo, no tan sólo no contribuía en nada a la velocidad a que era arrastrado, sino que en algún caso, de hecho, creaba un aumento de rémora como resultado de su batido. Hay diferencias entre los individuos; el batido de algunos nadadores se hace inefectivo a 1,20 m. por segundo.

Este experimento, como la mayoría de ellos, presenta el inconveniente de que los datos pueden ser interpretados en diversos sentidos. Ningún nadador de «crawl» efectuando un trecho (por ejemplo los 1.500 m.) a un promedio de 1,30 m. o 1,40 m. por segundo, puede confiar que batirá los pies con toda la fuerza de que es capaz a todo lo largo de la distancia. La tendencia se dirige exactamente en sentido opuesto. Cuanto más larga es la distancia, menor es la intensidad que el nadador emplea en el batido. Decrece la intensidad por dos razones: 1) marcha a velocidad inferior y su cuerpo se desliza en el agua en posición ligeramente más baja, y en consecuencia no necesita batir tan fuertemente como cuando nada velozmente, y 2) el corazón del nadador puede solamente proporcionar una determinada sangre para activar los músculos. Si el nadador bate excesivamente fuerte, se canaliza demasiada sangre hacia los músculos de las piernas y hay menos sangre disponible para los que ejecutan el movimiento de los brazos, con el resultado que se fatigan más

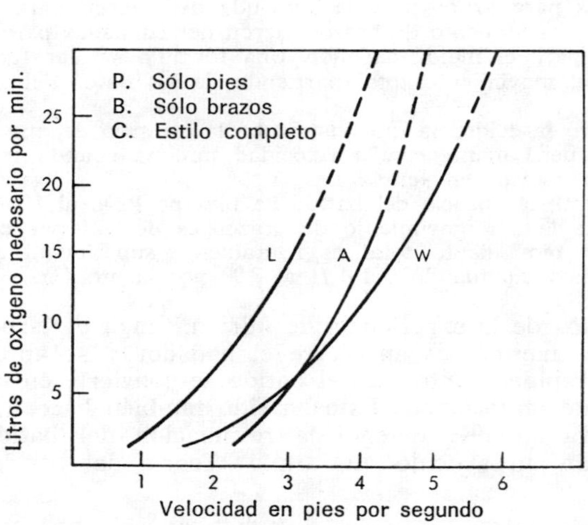

FIG. 2-7. Consumo de energía al nadar solamente con los pies, solamente con los brazos, y en el estilo completo

fácilmente. Durante largo tiempo he propugnado reducir la intensidad del batido, especialmente en las pruebas de fondo. Estos últimos años se han establecido récords mundiales de largas distancias por nadadores de batido reducido, algunos de ellos hasta el punto de dar dos golpes por cada ciclo de los brazos.

A medida que el nadador de «crawl» va más rápido, se eleva ligeramente en el agua. Si no aumenta el ritmo y esfuerzo de su batido, la parte frontal de su cuerpo se alzará y sus piernas se hundirán más aún en el agua. Por esta razón, algunos nadadores que en pruebas de fondo practican el batido de dos golpes (dos batidos por un ciclo de brazos), cuando se lanzan a nadar con rapidez lo hacen a un ritmo de seis.

Adrian, Singh y Karpovich establecieron el consumo de energía del batido de piernas, del movimiento de brazos y del movimiento total del estilo «crawl», partiendo de doce sujetos de ambos sexos. Sobre la base de sus datos, llegaron a la conclusión de que:

> El consumo de energía del batido de piernas es mayor que el de los movimientos de brazos y que el del total de los movimientos. El consumo de energía del movimiento de brazos nadando despacio es menor que el del movimiento total, pero se hace mayor que éste cuando la velocidad aumenta.
>
> Fórmulas para pronosticar la demanda de oxígeno para el batido de piernas y movimiento de brazos fueron determinadas para el grupo y también para el mejor nadador. Una fórmula similar fue establecida para el movimiento total partiendo de los datos del mejor nadador.
>
> Se obtuvo la evidencia que justificaba la creencia de que el batido de piernas debe mantenerse a velocidad mínima cuando se compite en los 1.500 metros en «crawl».
>
> En general, la eficacia del batido de pies no llega al 1 por ciento, al paso que la del movimiento de brazos es de 2,24 por ciento. La eficacia del movimiento total es ligeramente superior al citado en otros estudios, fluctuando del 1,71 al 3,99 por ciento (1).

Los datos de la experiencia de Adrian, Singh y Karpovich indican que cuanto más aprisa va el nadador y se aproxima al límite de rapidez, tanto más el batido se convierte en un factor de creciente importancia. Esta ha sido también hace tiempo mi opinión; ya en 1949 defendí la revaluación del batido en el «crawl». En un artículo que titulé «Teoría del batido aletea-

(1) El proyecto de investigación no publicado de Marlene Adrian, Mohan Singh y Peter Karpovich y la correspondencia con Peter Karpovich, Springfield College, Springfield, Mass., octubre 1965.

do» (2), sugerí que este tipo de batido constituía una fuerza más estabilizadora que propulsiva. El artículo levantó una oleada de protestas de parte de los que propugnaban el *batido pesado.*

Las discrepancias continúan en el día de hoy, pero, en mi opinión, el asunto fue zanjado por el éxito de los nadadores que practican el batido reducido. Tanto si dan dos como seis golpes de batido, nuestros grandes nadadores actuales no practican el batido amplio y pesado que previamente se defendía.

Un nadador puede batir demasiado, pero puede también hacerlo demasiado poco. El grado de esfuerzo que se necesita en el batido debe ser ensayado, y del análisis final el nadador podrá adoptar el método que le permita nadar más rápidamente. Sin duda esto variará, dentro de ciertos límites, con nadadores distintos y con las distancias que efectúan. Los que son grandes nadadores por naturaleza se ajustarán a esto inconscientemente; los otros necesitarán ser instruidos para desarrollar el compás adecuado.

Por el hecho de que en el estilo «crawl» el batido es utilizado como estabilizador y neutralizador, sin que actúe como fuerza propulsiva, no se debe deducir que sea preciso poner menos énfasis en la puesta a punto de las piernas a fuerza de trabajo. Los movimientos de las piernas son muy importantes y, a veces, muy vigorosos. Si no están preparadas convenientemente, se cansarán y serán menos efectivas en su papel de estabilizadoras, con lo cual permitirán a caderas y piernas hundirse demasiado y a ir lateralmente de un lado a otro, creando una resistencia indeseada. Si el batido es mecánicamente inefectivo y no impele al nadador con eficacia cuando realiza ejercicios con la tabla de batir piernas, ejecutará su trabajo menos eficientemente y puede incluso constituir una rémora adicional cuando está nadando.

Yo creo que es preciso tener un batido eficaz y que las piernas deben tener una buena puesta a punto. También recomiendo que el nadador bata mientras nada; no obstante, no creo que la propulsión sea la función principal del batido.

Acompasamiento del batido

Si la función principal del batido es la de estabilizador o neutralizador y para aerodinamizar el cuerpo, en tal caso, el coordinar el batido con el movimiento de brazos es muy importante. Si se permite que las caderas balanceen con los hombros y los

(2) James E. Counsilman, «Theory of the Flutter Kick», *Beach and Pool,* XXIV, núm. 6, junio 1949 (12).

pies, como se ha expuesto previamente, se hallan en buena posición para empujar lateralmente en el momento preciso.

Este empuje lateral se hace visible en películas tomadas bajo el agua a buenos nadadores. Con la práctica, una persona puede ejercitarse a distinguir este movimiento desde fuera del agua. En los primeros momentos de la recuperación del brazo, mientras el brazo es lanzado por el músculo deltoide en arco, hacia delante hay un movimiento de piernas en dirección opuesta. Por esta razón el nadador debe batir hacia fuera en la dirección opuesta al brazo que recupera a fin de neutralizar el efecto de la recuperación.

Otro punto importante para acompasar brazos y piernas tiene relación con el final de la tracción. A medida que el brazo termina su tracción, va empujando hacia atrás y hacia arriba. Este movimiento hará que las caderas se hundan más en el agua, si la percusión hacia abajo del batido no corresponde con este movimiento hacia arriba del brazo. Yo he estudiado películas de los movimientos bajo el agua de grandes campeones y, en cada caso, este peculiar acompasamiento ha sido evidente, tanto si están practicando batidos de dos como de seis percusiones.

En el estilo del «crawl» se utilizan varios tipos de batidos. El papel del batido de dos percusiones con el que se anula el retorcimiento de caderas y piernas en el momento de recuperación del brazo será debatido en primer lugar.

EL BATIDO DE DOS PERCUSIONES ATRAVESADAS, EN EL ESTILO «CRAWL». Esta variedad en el movimiento del «crawl» ha sido empleada por muchos grandes campeones, la mayoría de los cuales no sabían lo que estaban haciendo. Yo nunca he presenciado una competición de natación en la que no figuren algunos nadadores que no practiquen este batido.

En 1960 publiqué un artículo (3) en el que empezaba afirmando:

La dificultad para escribir un artículo de esta clase estriba en que mucha gente no lo lee con atención e interpreta al autor en forma incorrecta, en buen número de procedimientos que él puede anticipar. Primero, que es su intención preparar a todos los nadadores a emplear el batido horizontal y atravesado... Segundo, que muchos nadadores que están mejor adaptados al tipo de batido convencional tal vez intenten cambiar su batido con desventajosos resultados.

(3) James E. Counsilman, «The Cross-over Kick in the Crawl», *Junior Swimmer*, 1, núm. 11 (noviembre 1960), 6-7.

Como había predicho, fui mal interpretado y citado erróneamente. Mucha gente cree que yo recomendé este estilo a todos los nadadores de «crawl». La realidad es que mis equipos han venido practicando, con un mínimo del 10 % y un máximo del 30 %, este tipo de batido. La Figura 2-8 y la descripción que la acompaña representan y describen este tipo de movimiento de «crawl».

Si el nadador emplea este tipo de batido y nada bien, debe permitírsele continuar practicándolo. Como antes se ha dicho, algunos nadadores lo emplean cuando participan en pruebas de fondo, y cuando «nadan velozmente» usan el batido de seis percusiones.

El batido atravesado de dos percusiones es utilizado las más de las veces por nadadores de recuperación amplia y plana. Estos pueden emplear este tipo de recuperación porque están faltos de la suficiente flexibilidad de hombros que les permita hacerlo con los codos en alto. De ordinario, tienen amplios omóplatos, que restringen los movimientos de los brazos y de los hombros. La recuperación de brazo amplia y plana ocasiona un mayor movimiento lateral de las caderas, que puede ser anulado más efectivamente por un impulso plano y lateral de la pierna que por el impulso diagonal y hacia arriba empleado en el batido de seis percusiones. Tales nadadores pueden practicar ejercicios de dilatación de hombros para mejorar su flexibilidad con el fin de ser capaces de recuperar con un codo más elevado y con las manos más cerca del cuerpo, reduciendo de este modo el movimiento lateral.

Es virtualmente imposible remedar, en la tabla de ejercicios de piernas, el batido atravesado de dos percusiones. No obstante, el nadador que emplea esta clase de batido, puede preparar sus piernas batiéndolas por el mismo sistema que lo hacen los otros nadadores de «crawl»; es decir practicando en la tabla el batido aleteado convencional y también realizando cada día algunos batidos en estilo de espalda, a fin de fortalecer los músculos, abductor y aductor, de las piernas.

EL BATIDO RECTO A DOS PERCUSIONES EN EL «CRAWL». — Cuando el batido de dos percusiones se emplea por nadadores de «crawl», que también practican la recuperación con el codo en alto, no se precisa realizar un amplio impulso lateral de las piernas, como se ilustra en la Figura 2-8. En tales casos, la acción de la pierna es similar a la del batido de dos percusiones atravesadas, a excepción de que las piernas no se cruzan una por encima de la otra. Este tipo de nadador generalmente tiene unas piernas que relativamente flotan bien y no necesita batirlas fuertemente para

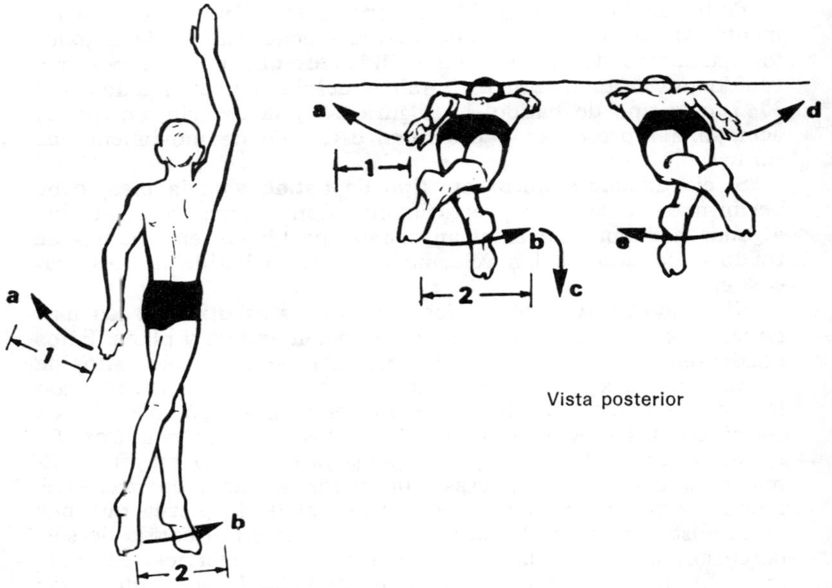

FIG. 2-8. El batido atravesado de dos percusiones, en el estilo «crawl»

En esta serie de dibujos se muestra la forma en que, en el estilo «crawl», el batido atravesado se acompasa con el movimiento de brazos. En las ilustraciones 1 y 2 el brazo izquierdo ha terminado su tracción y está listo para iniciar la recuperación (en el sentido de las agujas del reloj). En este mismo instante la pierna derecha se cruza por encima de la parte superior de la pierna izquierda y se halla a punto de impulsar horizontalmente en sentido contrario a la marcha de las agujas del reloj. Estas dos fuerzas contrarias se anulan la una a la otra, como previamente se mostró en la Figura 1-5.

El batido cubre la distancia (b) durante el tiempo en que el brazo cubre la distancia (a). Este acompasamiento es similar en todos los batidos atravesados. Después del impulso horizontal del batido, el pie se mueve hacia abajo (c) y el otro pie lo cruza por encima, como muestra el tercer dibujo. Cuando el brazo derecho termina su tracción y se halla presto para iniciar la recuperación (d), la pierna izquierda ya ha cruzado por encima de la derecha y está a punto de impulsar lateralmente (e).

mantenerlas altas y en posición horizontal. El batido de piernas y la acción traccionadora de los brazos están de tal manera sincronizados que el impulso hacia abajo de las piernas coincide con el impulso hacia arriba del brazo del mismo lado, al tiempo que acaba la tracción. De esta manera la tendencia del brazo a arrastrar este lado del cuerpo hacia abajo es anulada en gran parte por la tendencia a elevarlo por el impulso hacia abajo del batido de la pierna. Esta notable sincronización del impulso hacia abajo del batido con el impulso hacia arriba de los brazos también es perceptible en los tres tipos de movimientos de estilo «crawl» que se describen en este capítulo cuando se practican convenientemente.

Los nadadores que practican este tipo de movimiento normalmente consiguen el acompasamiento sin ningún esfuerzo consciente.

Puesto que el nadador de «crawl» de dos percusiones bate tan poco en cada ciclo de brazadas, parece algunas veces que se haya parado el movimiento de las piernas. Películas tomadas bajo el agua tanto de nadadores de batido de dos percusiones atravesadas como de dos percusiones rectas, muestran que en algunos nadadores las piernas siguen moviéndose en todo momento, pero tan ligeramente que parece que estén relajadas y meramente arrastrándose en las corrientes del agua; en otros, las piernas dan la impresión, a veces, de estar completamente paradas y de mantenerse más rígidas, sirviendo como timones para mantener al cuerpo en una alineación bien recta.

En 1965 Patty Caretto y Steve Krause emplearon en el «crawl» un batido de dos percusiones rectas cuando conquistaron sus récords mundiales de 1.500 metros estilo libre. El nadador fotografiado en la Figura 2-18 está practicando este movimiento.

EL BATIDO DE SEIS PERCUSIONES EN EL MOVIMIENTO DEL «CRAWL». — Muchos nadadores practican un batido de seis percusiones en el movimiento del «crawl». Hay ligeras variantes en el batido y en la forma en que es efectuado el impulso diagonal del pie. Algunos nadadores de «crawl» de batido de seis percusiones hacen uso de una suspensión y un arrastre de sus pies en cada tercer batido, en el punto del ciclo en que cada pie se halla al fondo. Este batido de «rémora» se emplea como timón para mantener recta la alineación del cuerpo. Ciertamente esta fuerza de rémora de los pies crea un incremento de resistencia, pero como compensación ejerce una provechosa influencia en la alineación del cuerpo. En la secuencia de dibujos de los movimientos del «crawl» que se ofrecen al final de este capítulo (Figura 2-25) el nadador practica un batido normal de seis percusiones, tal como es empleado por muchos nadadores de «crawl».

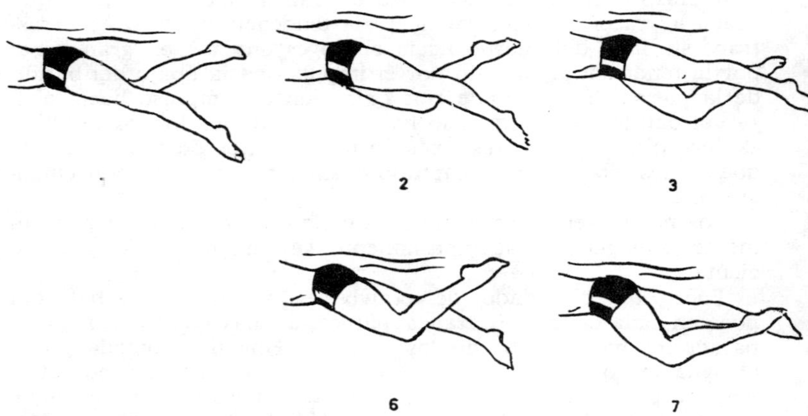

FIG. 2-9. La mecánica del batido aleteado

Esta serie de fotografías muestra la mecánica del batido aleteado tal como debe ejecutarse cuando el nadador practica ejercicios con el tablón de batir.

1. Los pies se hallan en su máxima separación (aproximadamente 45 centímetros). La pierna izquierda se halla al fondo y la derecha en la posición superior.

2. La pierna izquierda, sin doblarse por la rodilla, inicia su subida. Los nadadores deben recordar constantemente el batir hacia arriba con la pierna estirada, porque si la pierna se doblara por la rodilla al batir hacia arriba, crearía una fuerza negativa que tiraría del nadador hacia atrás. La pierna derecha inicia el batido hacia abajo, bajando la parte superior de la pierna y simultáneamente doblándola por la rodilla; esto hace que el pie permanezca casi en la misma posición que en el número 1.

3. La pierna izquierda continúa su camino hacia arriba, todavía sin flexión de la rodilla. La pierna derecha empieza a descender vigorosamente al ser forzada hacia abajo su parte superior. La rodilla empieza a extenderse y, a medida que el pie derecho pasa por el lado de la pierna izquierda, el empeine está en línea paralela con el tobillo del pie derecho.

4. La pierna izquierda, aproximándose a la cima de su batido, empieza a flexionar ligeramente, mientras que la pierna derecha está a punto de terminar el batido hacia abajo. La rodilla derecha se halla, de hecho, en el punto más profundo de su recorrido y desde él iniciará la subida, aun cuando el pie derecho continuará descendiendo.

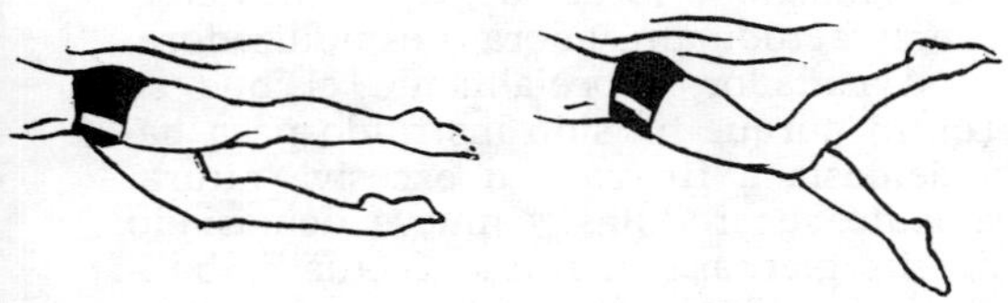

4 5

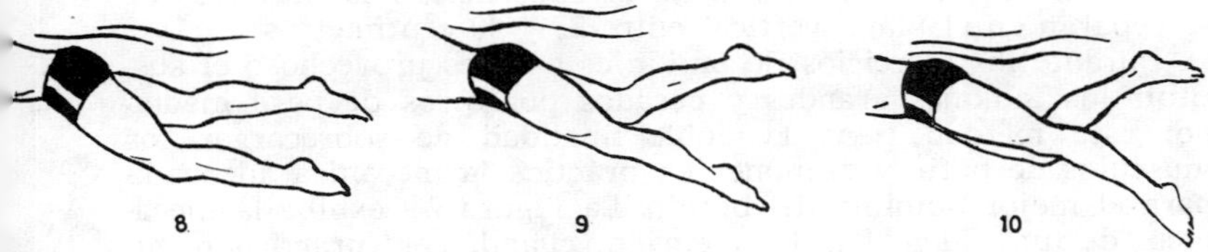

8 9 10

5. La parte superior de la pierna izquierda inicia su descenso y el pie izquierdo continúa hacia arriba. La pierna derecha se halla al fondo del batido con la rodilla totalmente extendida.

6. La pierna izquierda, con su rodilla al máximo de doblamiento, se halla a punto de iniciar su batido hacia abajo. La pierna derecha estirada por la rodilla inicia su batido hacia arriba.

7. La pierna izquierda se halla ahora en la fase propulsiva de su batido. La pierna derecha continúa su recuperación bien estirada.

8. La fase propulsiva de la pierna izquierda se halla ahora casi enteramente completada. La pierna derecha muestra una ligera flexión en la rodilla.

9. La pierna izquierda completa casi su extensión mientras que la flexión de la rodilla derecha aumenta.

10. Los pies se hallan nuevamente a su máxima separación y el ciclo del batido va a iniciarse de nuevo.

La mecánica del batido aleteado. — Un nadador cuando bate en la tabla lo hace de un modo distinto de cuando está nadando. El cuerpo del nadador se balancea cuando nada, pero permanece relativamente plano cuando bate con el tablón. Parece que es imposible el simular esta acción balanceante.

He dirigido mis esfuerzos siguiendo la general suposición de que, cuanto más eficaz es en propulsión el batido de un individuo en el tablón, permaneciendo igual todo lo demás, tanto más efectivo será su papel como fuerza aerodinamizadora y estabilizadora.

Demasiado a menudo el nadador, especialmente el que se inicia en competiciones (quizá porque ha sido instruido para hacerlo), bate el agua con demasiada fuerza y a excesiva altura. Tiende a doblar excesivamente sus rodillas y mueve demasiado poco la parte superior de sus piernas. Mientras efectúa el batido en el tablón, el nadador puede intentar mantener reducido a un mínimo el movimiento oscilatorio de los hombros. Los pies pueden no llegar a salir fuera del agua, pero sí revolverla mientras baten hacia arriba cerca de la superficie. Los pies tal vez se separen en el plano vertical entre 25 y 40 centímetros.

Durante los ejercicios de batido es a veces provechoso el sustituir los tablones grandes y pesados por otros de peso mediano; este método tiene la doble finalidad de sobrecargar los músculos de batir y de poner en práctica la mecánica adecuada para el mejor dominio del batido. La Figura 2-9 exhibe la mecánica de un buen batido aleteado cuando es practicado en ejercicios sobre tablón. Este batido es demasiado amplio para utilizarlo en combinación con los brazos.

Muchos nadadores baten con mayor eficacia con los dedos de los pies girados hacia dentro que con los pies con la punta recta hacia atrás. Sin embargo, ningún esfuerzo consciente puede hacerse para obligar a que los dedos *vengan adentro*. La torsión natural del fémur o el ángulo en que el hueso de la parte superior de la pierna está engastado en la ensambladura de la cadera determina el ángulo en que la parte superior de la pierna y, en consecuencia, el pie puedan ser retenidos. Si el nadador meramente *dobla la planta* o estira su pie hacia atrás, el grado para él conveniente de *dedos adentro* lo conseguirá con naturalidad.

EL MOVIMIENTO DE BRAZOS

La recuperación

El movimiento de brazos en el «crawl» puede ser dividido en la fases de tracción y recuperación. Para un preparador es un exceso de simplificación el manifestar: «Me tiene sin cuidado lo que los nadadores hacen fuera del agua; lo que cuenta es lo que hacen debajo de ella». Como hemos visto, una recuperación amplia puede producir excesivo movimiento de caderas y piernas. La recuperación del brazo empieza antes de que la tracción haya acabado. El codo del brazo que recupera se halla fuera del agua mientras la mano está aún debajo de ella impeliendo hacia atrás y hacia el exterior. Mientras el brazo se halla a mitad de camino de la entera tracción, debe cruzar la línea central del cuerpo. Durante la última fase de la tracción, el brazo debe impeler hacia atrás, afuera y hacia arriba en dirección al lado, a efectos de que el nadador tenga posibilidades de *redondearse* en su recuperación. El movimiento de redondearse conserva la impulsión desarrollada durante la última fase de la tracción. El nadador hace esto por la misma razón que un jugador de pelota-base, que golpea un doble, no corre en una línea recta a la primera base y luego gira en un cerrado ángulo de 90° a la izquierda para correr a la segunda base. Este jugador no quiere malgastar el impulso de su carrera a la primera base haciendo un tajante cambio de dirección; por tanto, *redondea* su carrera.

El codo debe salir del agua antes de iniciar el recorrido hacia arriba y hacia delante, con la mano siguiendo detrás. Las consecuencias que en la alineación del cuerpo produce la salida del brazo, amplia y horizontal, han sido ya expuestas.

Una manera común de recuperar el brazo ha consistido en dejar el codo casi fijo después de haberlo levantado y hacer girar la parte superior del brazo (Figura 2-10), a efectos de que la

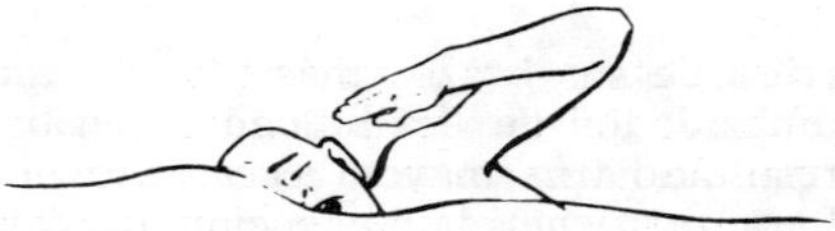

FIG. 2-10. Una recuperación incorrecta del brazo en el estilo «crawl»

mano pueda bascular hacia delante y pasar enfrente del codo antes de que éste pase el hombro. Normalmente la mano es entonces impulsada profundamente dentro del agua. Esta forma de recuperación de brazo la popularizaron los nadadores australianos. Aunque Murray Rose no la adoptó, otros prominentes australianos lo hicieron. Es mi opinión que esta recuperación produce una pérdida del impulso que el brazo adquirió en el curso final de la tracción e incrementa la cuantía del esfuerzo que deben realizar los músculos que recuperan al brazo.

Si todos los nadadores tuvieran una flexibilidad de hombros igual, las recuperaciones podrían ser similares. Siendo así que la flexibilidad de las articulaciones de los hombros varía de una persona a otra, se practican distintos sistemas de recuperación. En la Figura 2-11, el muchacho de la izquierda tiene una flexibilidad de hombros muy limitada. A efectos de recuperar su brazo y pasarlo por encima del agua sin arrastrarlo en ella, debe valerse de una rotación ligeramente mayor de su cuerpo y de un reco-

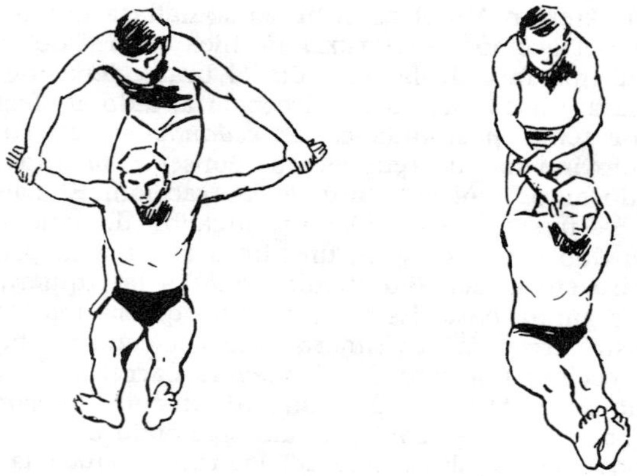

FIG. 2-11. Variación de la flexibilidad de los hombros de dos campeones

El muchacho de la izquierda tiene un bajo promedio de flexibilidad de hombros, mientras que el de la derecha tiene una flexibilidad superior a la media.

rrido de sus brazos más plano y amplio que los que necesitaría un nadador de flexibilidad superior. Naturalmente, esto da por resultado una mayor reacción o empuje lateral de sus piernas. Para mantener la alineación de éstas, un nadador de este tipo debe adoptar a menudo un batido atravesado de dos percusiones. También puede incrementar la flexibilidad de sus hombros por medio de ejercicios de dilatación; el aumento de flexibilidad le permitirá durante la recuperación alzar más arriba sus codos y llevar las manos más próximas al cuerpo.

En muchos casos la recuperación de los brazos puede ser un movimiento de relajación controlada. En el brazo y hombro no debe de haber tensión indebida; no obstante, el brazo debe estar suficientemente controlado para impedir que la fuerza centrífuga arrastre la mano hacia fuera y evite que el brazo caiga flojamente en forma incontrolada.

Investigaciones electromiográficas (4) de nadadores muestran que mientras se efectúa la primera parte de la recuperación, los

(4) Michio Ikai, Kihachi Ishii y Mitsumasa Miyashita, «An Electromyographic Study of Swimming», Laboratory for Physiologic Research in Physical Education, School of Education, University of Tokyo, Japan, *Research Journal of Physical Education*, 7, núm. 4 (abril 1964), 47-54.

músculos (en primer lugar los deltoides y trapecios *) se contraen vigorosamente para preparar el impulso de recuperación sobre el agua. Después de esta fase de contracción inicial, aquellos músculos disminuyen el grado de contracción; la impulsión desarrollada durante esta fase inicial parece ser casi suficiente para mover el brazo durante lo que queda de recuperación: ello se denomina a veces movimiento balístico modificado. Debe haber suficiente contracción para evitar que el brazo caiga desmayado, pero tampoco debe haber contracción prolongada y vigorosa de estos músculos, lo cual tendría como consecuencia cansarlos y consumir la energía que estaría mejor empleada arrastrando al nadador a través del agua. Creo que la recuperación de los brazos debe, en primer lugar, ser un movimiento balístico controlado, con suficiente tensión controlada ejercida por los músculos para lograr que los brazos ejecuten lo que el nadador quiere. El nadador que se queja de estar «con los hombros tirantes» probablemente ha ejercido demasiada tensión y cansado los músculos deltoides y trapecios hasta una fatiga extrema. Durante la segunda mitad de la recuperación debe practicarse una relajación consciente (que necesariamente sólo puede ser parcial si el nadador continúa en movimiento) si el nadador quiere superar la tensión.

La investigación japonesa, además de esto, ha averiguado que los nadadores preeminentes se sirven de sus músculos de recuperación con menos vigor y por un período de tiempo más corto que los de poco mérito (Figura 2-12). Los buenos nadadores también emplean tres de sus músculos depresores de brazos (dorsal ancho, interespinoso mayor y tríceps braquial) más larga y vigorosamente que los nadadores mediocres.

En el caso del nadador que debe emplear la recuperación amplia y plana, el movimiento puede ser aún más balístico, esto es, más de movimiento disparado, que permita a la fuerza centrífuga de la fase inicial de la recuperación llevar hacia delante al brazo.

En la primera fase de la recuperación, la mano debe ser llevada con la palma vuelta casi hacia atrás y ligeramente hacia arriba, y con la muñeca en posición relajada. Mientras la mano bascula hacia delante pasado el hombro, debe estar en línea con el codo. En este punto la mano debe empezar a avanzar el codo y, aunque la muñeca no se doble ni extienda, la palma debe empezar a mirar al agua. En este momento la pesantez acelerará

* *N. del T.* — Cada uno de los músculos triangulares que se extienden por la parte posterior del cuello y superior de la espalda desde la última vértebra cervical y todas las dorsales hasta los omóplatos.

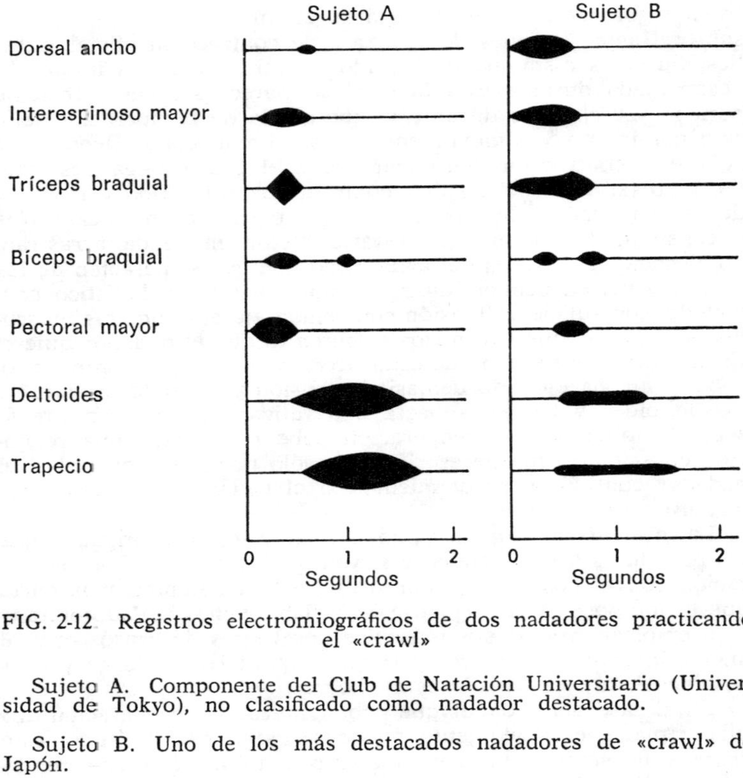

FIG. 2-12 Registros electromiográficos de dos nadadores practicando el «crawl»

Sujeto A. Componente del Club de Natación Universitario (Universidad de Tokyo), no clasificado como nadador destacado.

Sujeto B. Uno de los más destacados nadadores de «crawl» de Japón.

Las dos precedentes representaciones son diagramas del tipo de actividades musculares refundidas del registro original de los electromiogramas. La amplitud de estas figuras indica el grado de contracción de los músculos a medida que los proporcionaba el equipo electromiográfico. La línea horizontal (abscisa) muestra, en segundos, el inicio, la duración y el final de la contracción de cada músculo.

La diferencia en el tipo de contracción en los músculos de estos dos nadadores es manifiesta. El nadador de menos mérito (sujeto A) hace uso de mayor esfuerzo muscular para recuperar sus brazos, como lo evidencian las amplias contracciones de los músculos de recuperación de los brazos, los deltoides y trapecios. El mejor nadador emplea, en mayor amplitud que el nadador deficiente, tres de los músculos depresores de los brazos, con lo que consigue una tracción más firme y más potente. El dorsal ancho del mejor nadador se contrae al inicio de la tracción del brazo y el pectoral mayor entra en la depresión del brazo cuando la contracción del dorsal se halla medio completada. La secuencia de contracción de estos dos músculos se halla invertida en el nadador de menos mérito. En ambos nadadores, al completar la tracción del brazo, aproximadamente a seis décimas de segundo, hay una superposición de la contracción de los depresores de los brazos y de los músculos de recuperación de los mismos.

ligeramente el movimiento del brazo. El nadador debe estar atento a no acelerar la velocidad del movimiento de su brazo durante su recuperación producida por el esfuerzo muscular. Si la recuperación del brazo es precipitada, el ritmo del movimiento se desbarata y el nadador tiende, o bien a acelerar la tracción del brazo y bajar el codo, o bien a diferir el inicio de la tracción hasta que el brazo que recupera entra en el agua, y en consecuencia desarrolla un deslizamiento excesivo en la brazada. Es casi imposible recuperar un brazo aprisa y traccionar firmemente con el otro a la velocidad conveniente. Una recuperación precipitada crea también mayor resistencia y frena al nadador. La resistencia al avance hacia delante, que al entrar en el agua crea el brazo que recupera, varía aproximadamente con el cuadrado de la velocidad en que entra en ella. De este modo, cuando una persona dobla la velocidad en que entra en el agua el brazo que recupera, la resistencia al acance hacia delante aumenta cuatro veces.

La Figura 2-13 muestra unos dibujos tomados de una secuencia de fotografías de la recuperación del brazo de Don Schollander, con el codo en alto y la entrada normal alargada en el agua.

La tracción del brazo

LA ENTRADA DE LA MANO EN EL AGUA. — El codo debe estar ligeramente doblado cuando la mano entra en el agua; la mano penetra antes que el resto del brazo. La palma de la mano debe estar vuelta diagonalmente hacia abajo al tiempo que entra en el agua. Este tipo de entrada se llama *entrada alargada normal.*

La *entrada anticipada del brazo que recupera* fue en otro tiempo experimentada para lograr cierta ventaja sobre la *entrada normal alargada.* En esta recuperación la mano entra en el agua casi inmediatamente delante de la cabeza intentando asegurar al nadador una presa profunda con el codo alto. La dificultad se presenta cuando las películas tomadas bajo el agua revelan que los nadadores responden hundiendo sus manos demasiado profundamente e impeliéndolas hacia delante y hacia arriba, frecuentemente bajando el codo. La recuperación normal, como ha

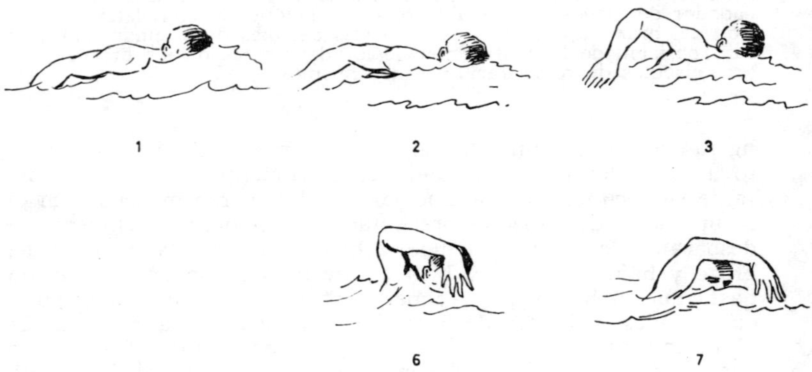

FIG. 2-13. Un braceo eficaz

Don Schollander, ganador de cuatro Medallas de Oro en los Juegos Olímpicos de 1964 y poseedor del récord del mundo de los 200 y de los 400 metros estilo libre, practica una recuperación con el codo alto y una entrada al agua de extensión normal. Don lleva la cabeza ligeramente más elevada que la mayoría de nadadores de «crawl».

sido descrita más arriba y que es ilustrada por la secuencia del movimiento de «crawl», es más recomendable que la que profundiza más o que la que sobrealarga.

La técnica más reciente que ha sido propugnada por muchos preparadores y nadadores es la que aconseja estirar o alargar la mano más allá cuando entra en el agua. Es cierto que tan pronto como la mano entra en el agua el codo debe estar casi completamente extendido, pero no debe haber elevación de la espalda por la rotación y movimiento hacia arriba del omóplato y de la clavícula (Figura 2-14). Este movimiento innecesario altera la alineación lateral del cuerpo del nadador y debilita su tracción. Para demostrar esto a un nadador, hágasele arrancar, tendido de espalda y con el brazo estirado, un peso que pueda apenas levantar. Se dará cuenta de que el mismo peso es más pesado o imposible de alzar en esta posición. Este principio es aplicable a todos los estilos de natación. Otro procedimiento eficaz de hacer comprensible este concepto a un nadador es explicarle que la elevación de los hombros (es más fácil para él comprender

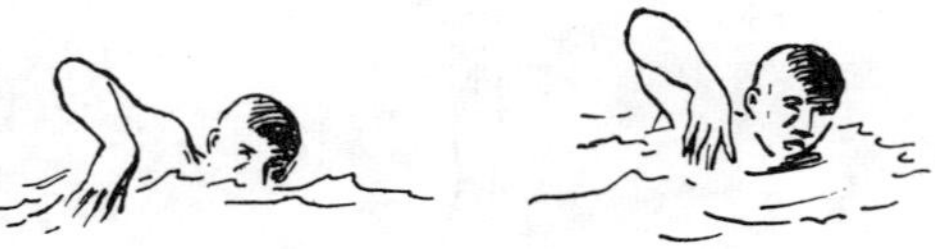

4 5

8 9 10

y percibir este movimiento, que cuando nos referimos a elevación y rotación de omóplatos) está prohibida excepto en las salidas de carreras y de virajes. El sistema más simple para que un nadador caiga en este defecto es que su preparador le repita continuamente la palabra *alarga*. Una vez que el codo del nadador se halla completamente extendido, la única forma de alargar o estirar su mano más hacia delante de su cuerpo es por medio de la elevación de los hombros. La palabra *alarga* está prohibida en nuestra piscina durante las sesiones de mecánica de movimientos.

Regularidad de aplicación de la fuerza propulsiva. — Una vez que el brazo está dentro del agua no debe prolongar demasiado el deslizamiento, sino que debe empezar a traccionar casi inmediatamente. La palabra *casi* es relativa y debe ser aclarada a la luz de la situación. Algunos nadadores dejan una mano extendida demasiado tiempo en la posición de deslizamiento y permiten a la otra mano que termine su tracción y recuperación antes de que la primera empiece a traccionar. Este tipo de movimiento ha sido llamado de *deslizamiento* o de *recogida*, y se popularizó después de los Juegos Olímpicos de 1932, cuando algunos observadores dedujeron que era este elemento del movimiento de los nadadores japoneses el que explicaba sus éxitos.

En este movimiento, un brazo es retenido delante en la posi-

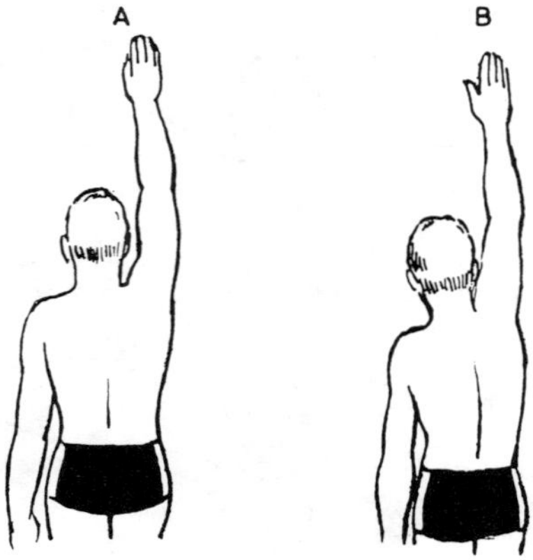

FIG. 2-14. Elevación del hombro

En la ilustración A el sujeto, durante la tracción del brazo, mantiene al hombro en la posición recomendada. En la ilustración B, el sujeto ha extendido hacia arriba y ha elevado su hombro y su omóplato. Esta posición debe evitarse en todos los estilos de natación.

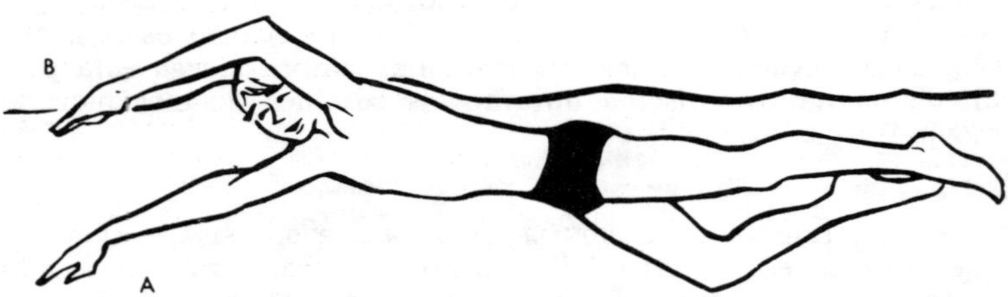

FIG. 2-15. El movimiento deslizante o de «recogida»

Este movimiento se popularizó a principios de 1930 y probablemente hizo retroceder veinte años al estilo «crawl». El argumento en que se apoyaba este movimiento era que un brazo (A) podía descansar mientras que el otro (B) trabajaba. El brazo A ha permanecido estacionado en una posición extendida o deslizante, mientras el B ha traccionado y recuperado. El brazo A no inicia su tracción hasta que el B recoge. Durante el tiempo que ambos brazos recuperan, no hay en el agua propulsión de ninguno de los brazos. Esta fluctuación en la fuerza da como resultado una fluctuación en la velocidad del nadador que mecánicamente es antieconómica.

ción de deslizamiento, mientras el otro tracciona, recupera y *ataca* con el brazo que descansa (Figura 2-15). Entonces el brazo descansado entra en función y tracciona y recupera, mientras el primer brazo descansa. La lógica de esta teoría es que un brazo puede siempre descansar y el nadador no experimenta el cansancio tan fácilmente. Se enseñaba, y aún se enseña, este movimiento teniendo al nadador asido con una mano a una tabla de batido, mientras la otra completa la tracción y la recuperación; a su vez, ésta empieza a trabajar cuando la otra ase el tablón. Mecánicas de movimiento defectuosas como ésta desgraciadamente se aconsejan a demasiados nadadores principiantes hoy en día. La falta reposa en el hecho de que este tipo de movimiento permite que la fuerza propulsiva, aplicada en el agua por manos y brazos, fluctúe indebidamente. La impulsión creada por un brazo es desperdiciada ampliamente por el tiempo que el segundo brazo tarda en iniciar su tracción.

Puede resultar de interés el incluir aquí extractos de un informe de Frank Beaurepaire (5) quien, transcurridos los Juegos Olímpicos de 1932, en los que los nadadores japoneses sobrecogieron al mundo con su prominente éxito, fue comisionado para presentar un dictamen sobre las técnicas innovadoras de aquellos atletas. El propio Beaurepaire fue un prominente nadador en su tiempo y había participado por Australia en los Juegos de Londres (1908), Estocolmo (1912), Amberes (1920) y París (1924).

Los éxitos japoneses en los Juegos Olímpicos de agosto de 1932 no eran un mero «juego de artificio»; se debían a un estudio completo y científico de la técnica de la natación, en el curso del cual se descubrió que la aplicación de las mecánicas ordinarias podía ser proporcionada a la posición fisiológica del cuerpo tendido inclinado en la superficie del agua. Los japoneses merecieron sus éxitos por la sola razón, al menos, de que estaban preparados para explotar cambios revolucionarios en la natación, los cuales, naturalmente, ahora están convirtiéndose rápidamente en el modelo del mundo de la natación.

A primera vista, el rasgo primordial del movimiento japonés es la magnitud de la relajación en los movimientos, tanto de los brazos como de las piernas. Sin embargo, el rasgo particular más importante reside en el movimiento de recuperación, por el aislamiento de los brazos, del tronco y de los hombros. Otros rasgos son la cortedad y rapidez de la operación de recuperación, el largo deslizamiento hacia delante de cada brazo después que ha entrado en el agua justo delante del hombro, el aislamiento de la cabeza respecto a los hombros

(5) Frank Beaurepaire, «The Technique of Swimming» (What We Must Learn from the Japanese) (Lo que debemos aprender de los japoneses), informe no dado a la publicidad.

y el tronco en los movimientos respiratorios, la completa independencia o aislamiento y relajación dejados a los movimientos de las piernas, la lentitud relativa con que se aplica la presión a partir del ataque y al hecho de que el brazo en curso de recuperación ha alcanzado el agua y avanzado hacia la posición de ataque antes de que el brazo que está aplicando la presión haya alcanzado la parte más honda de la brazada.

Forma parte del verdadero ritmo del movimiento sacar un poco el brazo fuera del agua... No hay, en el verdadero sentido de la palabra, balanceo de tronco u hombros en el movimiento japonés, y es para ayudar a eliminar positivamente cualquier balanceo del tronco u hombros, por lo que los brazos en la recuperación son llevados hacia delante tan velozmente... La independencia del batido de piernas se mantiene sin ningún enlace con cualquier parte del movimiento de brazos.

Cualquier nadador —joven o viejo— debe prestar mucha atención en mejorar el batido de piernas haciéndolo relajado e independiente, porque sin él los movimientos de los brazos y la posición del tronco son difíciles de conservar.

El efecto de este informe y de otros similares concernientes a la técnica japonesa de movimientos fue profundo. Preparadores y nadadores modelaron sus mecánicas de acuerdo con estas «descripciones» de la técnica japonesa, prestando poca atención a su validez. Los textos sobre natación de hace treinta años, no explican suficientemente si el análisis de los métodos japoneses hechos por Beaurepaire era correcto. Los japoneses publicaron en 1935 un libro (6) que señala que ellos propugnaban por un ataque profundo, pero no queda claro cómo realizaban el movimiento de piernas independiente, el balanceo del cuerpo, el movimiento de cabeza, y así sucesivamente. En razón de la escasez de información competente (procedente de preparadores y de nadadores japoneses de aquel tiempo), aquellos que habían leído el informe conscientemente imitaban su análisis; la consecuencia fue perjudicial para la comprensión de la mecánica de movimientos correctos.

La antítesis del movimiento de recogida o deslizamiento sería el movimiento en el cual se hace un esfuerzo para conseguir una utilización continua de la fuerza de propulsión de los brazos. Tal es el «movimiento de brazos continuo», como fue denominado

(6) *Swimming in Japan* (Tokyo: International Young Women and Children's Society, 1935).

por sus proponentes. En su técnica se realiza un esfuerzo constante en todo momento, al menos con una mano haciendo fuerza en el agua. Puesto que la primera y la última fase de la tracción del brazo son menos efectivas que la fase intermedia, teóricamente parece adecuado intentar sobrepasar lo más rápido posible estas dos fases del movimiento. Esto se hace raramente, porque sólo puede realizarse precipitando la recuperación y, como se ha mencionado previamente, no es aconsejable. El brazo que tracciona debe estar por lo menos a mitad de camino de la tracción antes de que el brazo que recupera entre en el agua. Si el brazo que tracciona se halla más adelante de este punto, el nadador probablemente se deslizará demasiado con el brazo de arriba y delante, y realizará demasiada recogida o deslizamiento. El grado al cual el brazo que tracciona ha completado su tracción variará de uno a otro nadador. La suma de esta variación dependerá de la eficacia de la tracción del nadador y de la suma de resistencias que crea. Si un nadador opone poca resistencia o rémora y tiene una tracción buena, potente y eficaz, la mano podría haber completado de un 50 por ciento (90° del plano horizontal) a un 60 por ciento de su tracción. Si el nadador tiene deficiente alineación del cuerpo debido a causas tales como poca flotabilidad o batido ineficaz, puede tener que completar más del 60 por ciento de su tracción, antes de que la mano que recupera entre en el agua. Este último nadador tendrá que iniciar directamente su tracción tan pronto como su mano entra en el agua. El auténtico nadador puede diferir ligeramente su toma o permitir que su mano se sumerja un tanto en el agua después de su entrada y antes de iniciar su ataque. Como se ha dicho previamente, es importante en este punto que el tal nadador no deje caer su codo más bajo que su mano. La mano se puede detener casi completamente, cuando se halla delante del hombro, esperando que la otra mano recorra más trayecto de su tracción. Antes de la terminación de esta tracción, la mano que apenas ha acabado de recuperar inicia ya su propia tracción, de manera que ambas manos son movidas simultáneamente. La mano delantera se moverá por lo menos 30 centímetros antes de lograr propulsión hacia delante. Puesto que el nadador avanza a través del agua, debe traccionar su mano hacia atrás más aprisa de lo que él avanza hacia delante, pues de lo contrario sus brazos no contribuirían en mucho a la propulsión de avance. Se requieren de 30 a 70 centímetros antes de que las manos alcancen esta velocidad. Investigaciones efectuadas en la Universidad de Indiana han demostrado que algunos nadadores deficientes no reciben propulsión de sus brazos hasta que los tienen situados en ángulo recto con el cuerpo y directamente dirigidos hacia abajo.

Por esta razón un nadador, antes de traccionar, debe hacer una fuerte agarrada; es decir, que una vez comienza a traccionar su mano hacia abajo y hacia atrás, debe procurar sentir que se refuerza en ella la presión hacia el punto donde efectivamente está traccionándose. Con demasiada frecuencia un nadador deja que su mano derive durante la primera mitad de su tracción, con el resultado de que no desarrolla suficiente velocidad para empujar con eficacia el agua hacia atrás hasta que casi se halla directamente bajo él. En el extremo opuesto se halla el nadador que coloca su mano en el agua y tracciona hacia atrás tan aprisa que no tiene tiempo de superar la inercia del cuerpo. El nadador debe desarrollar en sus manos la sensibilidad que le permita conocer la adecuada cantidad de presión que debe aplicar durante esta parte de la brazada. La Figura 2-16 muestra varios grados de ejecución de la tracción antes que la mano que recupera entre en el agua.

Entre las varias formas de nadar el estilo «crawl» que hoy en día se enseñan, hay probablemente diferencias en la uniformidad de la aplicación de la fuerza.

Un estudio de la uniformidad de aplicación de la fuerza propulsiva.—En el año 1951 dirigí una investigación sobre la regularidad de aplicación de la fuerza en dos formas del estilo «crawl» (7), cuyas conclusiones son aquí registradas. El camino más hacedero para analizar la uniformidad de aplicación de la fuerza propulsiva parece ser por medio del empleo de algún sistema de prueba en el cual la fuerza propulsiva hacia delante pueda ser medida y representada en una forma gráfica. Era importante que esta fuerza fuera ensayada no solamente en posición estática (en la posición estática, el brazo entero actúa como elemento propulsivo cuando es traccionado hacia atrás), sino también en una posición natatoria verdaderamente dinámica (en la posición de nadar sólo la parte del brazo que se mueva hacia atrás más aprisa que el agua podrá, una vez pasado, crear inmediatamente propulsión hacia delante).

Este estudio fue efectuado con el aparato que muestra la Figura 2-6. Sin embargo, en vez de arrastrar al individuo hacia el aparato, éste nadaba en dirección opuesta y su velocidad hacia delante era controlada por la velocidad con que la cuerda (sujeta al cinto del nadador) se soltaba del eje. La fuerza que crearon tres individuos en dos tiempos distintos para ambas for-

(7) James E. Counsilman, *An Analysis of the Application of Force in Two Types of Crawl Stroke, Tesis Doctoral,* Universidad del Estado de Iowa, 1951.

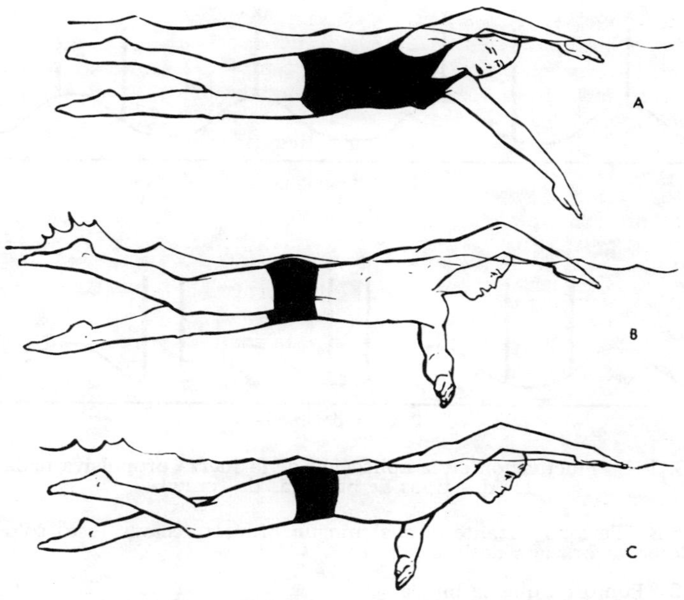

FIG. 2-16. Variaciones en la técnica de tres campeones de estilo libre respecto al grado de tracción ya consumada, cuando el brazo que recupera entra en el agua

A. Martha Randall, detentora en 4:38,0, del récord del mundo de los 400 metros estilo libre. Martha emplea en grado más elevado que ningún otro poseedor de récord mundial el movimiento de recogida del brazo.

B. Don Schollander. El brazo de Don ha completado la mitad de su tracción, cuando la mano que recupera entra en el agua. La mayor parte de nadadores de batido de seis tiempos practican este acompasamiento.

C. John Nelson, campeón nacional de los 400 metros en 4:14,1. El brazo de John ha completado más de la mitad de su tracción cuando el brazo que recupera entra en el agua. Este acompasamiento es practicado por muchos nadadores de «crawl» de dos batidos.

mas de movimiento de «crawl» fue medida y anotada gráficamente a las velocidades siguientes: 0, 1,03, 1,95, 2,61, 3,17 y 4,11 pies por segundo (31, 59, 79, 96 y 125 cms., respectivamente).

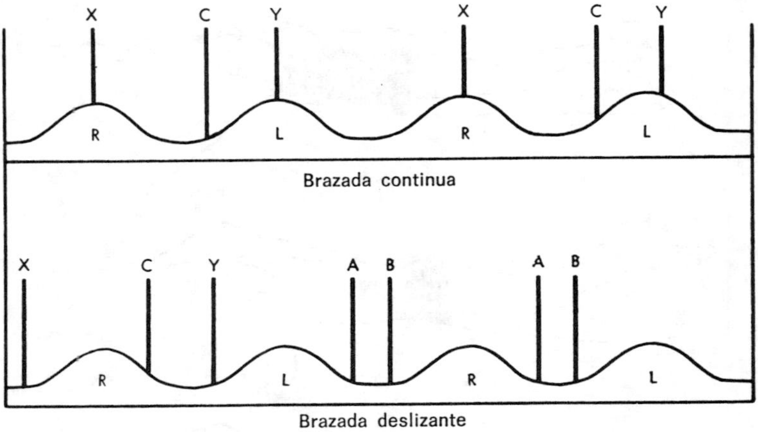

FIG. 2-17. Fluctuación de la aplicación de la fuerza propulsiva nadando los dos tipos de brazadas de «crawl»

A-B. Período durante el cual ningún brazo tracciona (esto sólo sucede en la brazada deslizante).

C. Punto en que se inhala.
R. Fuerza creada por la tracción del brazo derecho.
L. Fuerza creada por la tracción del brazo izquierdo.
X. Punto en que el brazo izquierdo entra en el agua.
Y. Punto en que el brazo derecho entra en el agua.

La Figura 2-17 muestra la fluctuación en fuerza a cero velocidad tiempo rápido, para ambos movimientos, el de deslizamiento y el de brazada continua (tiempo veloz de un ciclo completo de brazos cada 1,20 segundos, para el individuo 1). Esta cifra revela que la variación en fuerza propulsiva es mayor en la brazada de deslizamiento que en la continua. La brazada de deslizamiento da por resultado una constante fluctuación de velocidad: una aceleración positiva durante la tracción y otra negativa (o deceleración) durante la recuperación del brazo, mientras no hay fuerza propulsiva por la acción del otro brazo.

En ambos tiempos (el tiempo lento de un ciclo de brazos era de 1,72 segundos) y en todas las velocidades controladas, en los tres individuos, la brazada continua creó: 1) una aplicación más regulada de la fuerza, 2) un promedio más elevado de fuerza y, 3) una velocidad hacia delante superior. La conclusión obvia es que el movimiento de deslizamiento o de recogida es inferior al movimiento más continuo, por lo menos en lo que concierne a velocidad, y que, sobre la base de los principios mecánicos, es probablemente preferible que se enseñe a practicar un estilo de movimiento de «crawl» continuo a los nadadores que se inician y a los nadadores de todos los niveles.

La tracción de codo alto

En la Universidad de Indiana hemos fotografiado por debajo del agua a nadadores mediocres, a buenos nadadores, a grandes nadadores y a nadadores que se iniciaban —de todas las edades y de todos los niveles de aprovechamiento. Todos los buenos na dadores empleaban alguna forma de tracción de *codo alto*, en el cual el codo está doblado y mantenido más elevado que la mano a través de la primera parte de la tracción. Esta tracción es expuesta en la Figura 2-18, que es una clásica representación de ella y que puede ser provechosamente estudiada e imitada por todos los nadadores de «crawl» y de mariposa.

Los nadadores mediocres bajan sus codos como lo hace el nadador de la Figura 1-7, ilustración A. El arrastre con el codo alto permite durante su primera mitad una impulsión máxima de la mano hacia atrás, y es la técnica más eficaz que se puede emplear.

Mientras el brazo es traccionado abajo y atrás por los tres principales músculos depresores del brazo (dorso ancho, pectoral mayor e interespinoso mayor; igualmente ayuda el tríceps); también se hace que gire del centro por los mismos músculos, más el subescapular. Esta acción incrementa la potencia útil para traccionar el brazo hacia atrás. A causa de sus diferencias anatómicas, no todos los nadadores son capaces de nadar con los codos tan elevados como el nadador de la Figura 2-18. El propósito de la posición del brazo con el codo alto es el de permitir al nadador impeler el agua hacia atrás desde un ángulo más eficaz. El nadador puede conseguir el mismo resultado por medio de la rotación de la parte superior del brazo y con el balanceo de la mano atravesada delante del pecho, de manera que ésta impulse el agua hacia atrás en un ángulo tan beneficioso como el del nadador de la Figura 2-18. Sin embargo, tendrá que retener algún concepto de la posición de brazo con el codo alto, y su brazo puede tener que balancear más allá de la línea del centro del cuerpo.

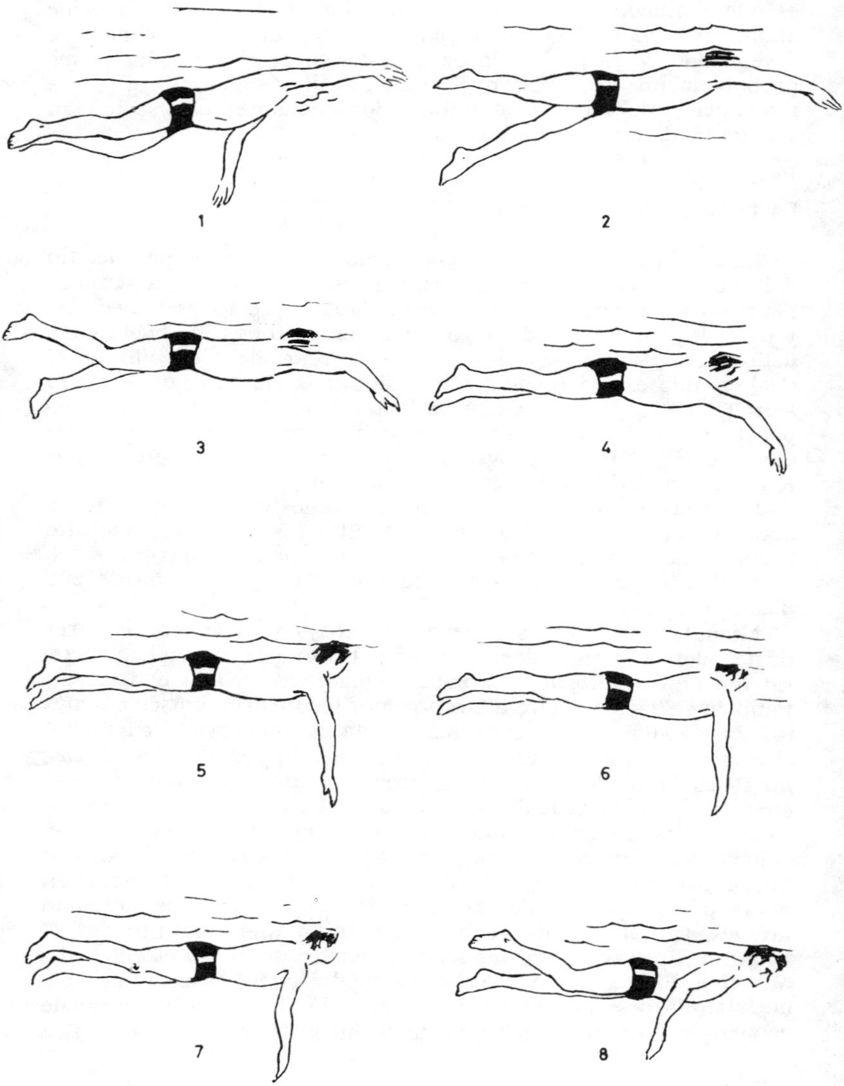
1
2
3
4
5
6
7
8

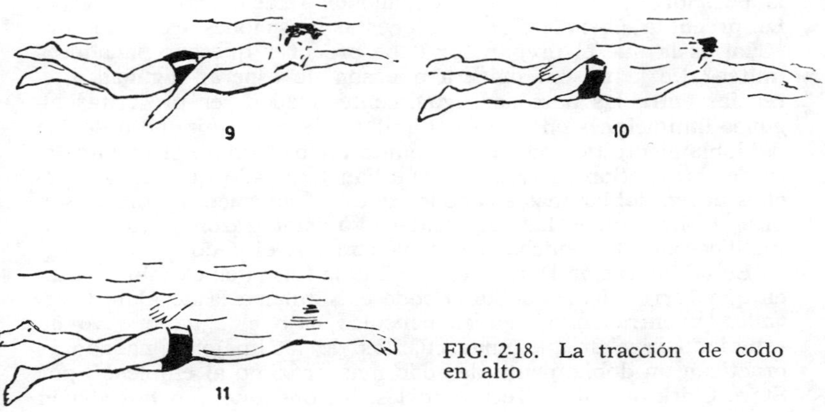

FIG. 2-18. La tracción de codo en alto

Esta serie de ilustraciones muestran a Mike Troy nadando con un movimiento de tracción de brazos de «crawl» casi perfecto. Mike practica un batido recto de dos percusiones de «crawl», con una tracción de brazos continua. Todos los nadadores de «crawl» harán bien en estudiar estos dibujos y luego intentar imitar el movimiento de brazos que aquí se muestra.

EL GRADO DE DOBLAMIENTO DEL CODO Y CUÁNDO INTERVIENE. — Como fue demostrado en la Figura 1-7, cuando se nada apropiadamente el estilo «crawl», el codo debe estar doblado durante la tracción del brazo a efectos de que sea posible empujar hacia atrás el agua en un ángulo ventajoso (o correcto). La tracción del brazo empieza con el codo estirado o casi estirado. Conforme el brazo es traccionado bajo el cuerpo, el codo empieza a doblar y alcanza su máximo grado de curvatura cuando el brazo se encuentra aproximadamente en la perpendicular del cuerpo, o a mitad de camino de extremo a extremo de la tracción. En este punto, el grado de curvatura en el codo varía ligeramente de un nadador a otro. No obstante, el promedio se acerca a 100°. La Figura 2-19 muestra el grado máximo de doblamiento del codo de varios campeones de natación, en la forma que corrientemente se presenta cuando el brazo se halla en la mitad de su recorrido de tracción o está perpendicular al cuerpo.

Por estas fotografías puede verse que hay considerables variaciones en el grado en que está doblado el codo y también en la posición del brazo y de la mano en relación con el cuerpo. La pregunta obvia es: ¿Cuál de estas posiciones es la mejor? ¿Cuál es la que el preparador debe procurar que sus nadadores imiten? De la misma manera que son de esperar algunas diferencias entre las personas, igualmente pueden ser prescritas algunas limitaciones en cuanto al grado máximo y mínimo deseable de doblamiento de codo, en un punto dado, durante el movimiento del brazo. Son muchos los que han teorizado que las muchachas deben doblar más sus codos que los muchachos, porque son más débiles; otros han empleado el mismo razonamiento para justificar que las muchachas doblen menos el codo.

En la ilustración D de la Figura 2-19 la forma en el doblamiento en que Terri Stickles dobla el codo es similar a la de Alain Gottvalles, mientras que algunas películas bajo el agua que yo he estudiado revelan que unas cuantas de las mejores nadadoras practican un doblamiento de codo más próximo al empleado por Steve Clark que al de Terri Stickles. No obstante, muchos siguen un modelo similar al único explicado.

También se especula sobre el hecho de si el nadador de fondo debe doblar el codo más que el de velocidad. En la Figura 2-19, las ilustraciones A y B corresponden a dos de los más grandes nadadores de velocidad de todos los tiempos, compartiendo ambos el récord del mundo de los 100 metros estilo libre en :52,9. En la ilustración A, Steve Clark aparece con un ángulo de alrededor de 130° entre el brazo y el antebrazo, mientras que la ilustración B representa a Alain Gottvalles con uno alrededor de 90°. En la ilustración C, Mike Burton, que es mayormente nadador de fondo, está representado con un doblado de codo casi idéntico al de Alain Gottvalles, nadador de velocidad. Entre los mejores nadadores hay una determinada tendencia a un mayor doblamiento del codo, similar al que practican los nadadores de las ilustraciones B y C.

Importa recordar que, durante la tracción, el doblamiento del codo se mantiene un corto espacio de tiempo, porque, a medida que la mano es impulsada más hacia atrás, el ángulo del codo aumenta continuamente hasta que se encuentra casi enteramente extendido. Esta forma de traccionar ha sido denominada «tracción con el brazo doblado». Esta expresión no es perfectamente descriptiva; un título más adecuado podría ser «tracción recta-doblada-recta».

TRACCIÓN RECTA CONTINUA, TRACCIÓN EN «S», O TRACCIÓN EN SIGNO DE INTERROGACIÓN INVERTIDO. — Durante años se ha propugnado

FIG. 2-19. Doblamiento máximo del codo del brazo que tracciona, en cuatro campeones de estilo libre

Se muestra a los cuatro campeones de natación en el punto en que el brazo que tracciona alcanza el máximo de doblamiento de codo. Este punto tiene lugar cuando el brazo se halla aproximadamente a la mitad del recorrido de la tracción. En los cuatro nadadores aquí fotografiados, el dedo pulgar se mantiene separado del resto de la mano.

A. Steve Clark, codetentor del récord del mundo de los 100 metros estilo libre en 52,9. El ángulo formado por el brazo y el antebrazo es menor de 125°. La mano de Steve en este punto cruza ligeramente más allá de la línea media de su cuerpo.

B. Alain Gottvalles, codetentor con Steve Clark del récord del mundo de los 100 metros estilo libre, está fotografiado diagonalmente por debajo. Esto hace imposible determinar en forma precisa el grado de doblamiento del codo. Películas de Gottvalles bajo el agua tomadas de frente muestran que el ángulo formado entre el brazo y el antebrazo miden 92°. La mano de Alain cruza más allá de la línea media de su cuerpo, hasta que las puntas de sus dedos se hallan directamente bajo el hombro opuesto.

C. Mike Burton, detentor del récord del mundo de la prueba de los 1.500 metros estilo libre. De las películas sacadas de los movimientos bajo el agua de Burton, se deduce que el ángulo formado entre el brazo y el antebrazo mide 94°.

D. Terri Stickles, antigua campeona nacional, ganadora de la Medalla de Bronce de los 400 metros estilo libre en la Olimpíada de 1964. La tracción del brazo de Terri es similar a la de Gottvalles. El ángulo formado entre el brazo y el antebrazo es de 95°.

FIG. 2-20. Modelo de tracción de tres campeones de natación en estilo libre

Los dibujos que preceden representan el modelo de tracción de tres campeones olímpicos de estilo libre. La línea de trazos representa el curso descrito por el dedo mayor de la mano que tracciona. Los tres nadadores practican una ligera variante de la tracción en signo de interrogación invertido.

A. Don Schollander.

B. Dawn Fraser, ganadora de tres Medallas de Oro olímpicas en los 100 metros estilo libre y detentora del récord del mundo de esta distancia en :58,9.

C. Bob Windle, ganador en los Juegos Olímpicos de 1964 de la Medalla de Oro de los 1.500 en 17:01,7.

El modelo de tracción de la mano izquierda de cada uno de estos nadadores no es idéntico, pero es similar al de la mano derecha.

que el brazo del nadador que tracciona a través del agua estuviera en línea recta bajo el centro de su cuerpo. Sin embargo, el cuerpo balancea sobre su eje longitudinal y por esta razón la línea central del cuerpo también balancea de un lado a otro. Una mejor descripción de esta línea recta puede ser: el brazo debe ser traccionado en línea recta directamente bajo el centro de gravedad del cuerpo. Si se considera superficialmente esta declaración, se debe estar de acuerdo en que esta clase de tracción es la mejor. Sin embargo, examinando el curso de la mano bajo los cuerpos de algunos de los más grandes nadadores, nos hemos dado cuenta de que casi todos siguen la misma norma general. Esta norma no es una línea recta, sino que presenta la forma de una «S» alargada o de un signo de interrogación invertido. El grado en el cual la línea de tracción varía justifica el clasificar la tracción en tres grupos: 1) la tracción del modelo «S», 2) la tracción del signo interrogante invertido, y 3) la tracción en línea recta modificada. La Figura 2-20 es una representación del modo de traccionar practicado por tres campeones de natación.

Del estudio cuidadoso de películas tomadas bajo agua a nadadores prominentes, he llegado a la conclusión de que una mayoría practica la tracción del signo de interrogación invertido. Una razón que puede explicar el que durante la tracción sea aconsejable el movimiento del signo de interrogación invertido es el que algunos movimientos laterales de la tracción pueden anular los movimientos producidos por otra parte de la brazada. Como se ha expuesto anteriormente, cada movimiento lineal (movimiento en línea recta) hecho por un ser humano es el resultado de una serie de movimientos circulares o angulares. Si un movimiento angular produce una distorsión de la posición del cuerpo, es posible que otro movimiento, de fuerza igual y opuesta, cancele el efecto del primero. He tenido la oportunidad de observar estas fuerzas contrapuestas en la proyección de películas a ritmo lento, y establecer por qué algunos nadadores se atraviesan y cuáles son las otras fuerzas que están anulando. En la mayoría de los casos, estos factores no son observables; la explicación de que la tracción es más fuerte con el sistema de signo de interrogación invertido, parece ser el argumento principal para aceptarlo.

La Figura 2-21 es una serie de dibujos mostrando el arrastre bajo el agua de Don Schollander. Si bien Don no practica un arrastre de brazo tan atravesado como lo hacen la mayoría de los grandes nadadores, no obstante practica un arrastre de signo interrogante invertido.

Cuando un brazo se halla directamente bajo el cuerpo, la mano y el antebrazo entero pueden ser tan eficaces como un remo para impulsar el cuerpo hacia delante. De este modo es posible que, con la tracción del signo de interrogación invertido, el nadador pueda tener siempre el centro de su remo en línea con el eje longitudinal de su cuerpo.

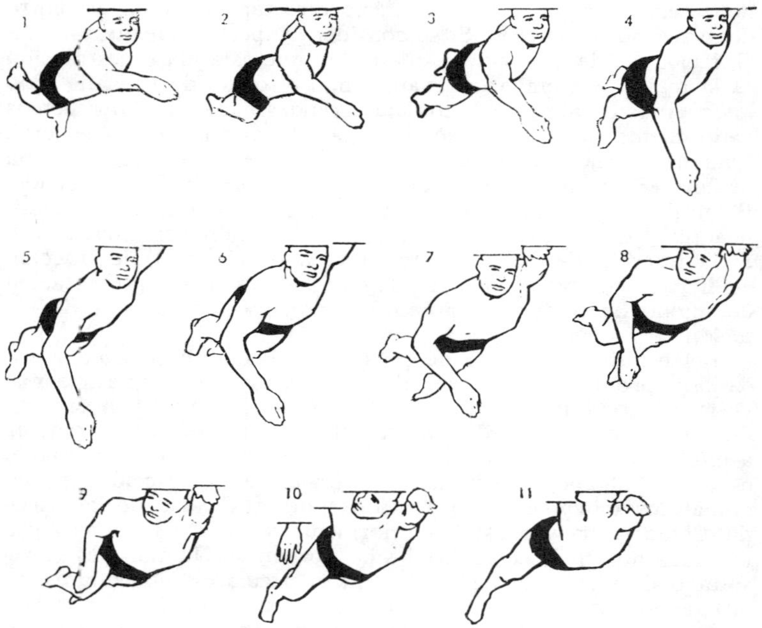

FIG. 2-21. Los movimientos bajo el agua del «crawl» de Don Schollander

Cuando el nadador oscila su brazo de una parte a otra enfrente de su cuerpo, también es más capaz de impeler el agua en una línea paralela al plano longitudinal de su cuerpo. En este caso, el nadador está realizando la misma cosa que cuando mantiene su codo alto, al igual que el nadador de la Figura 2-18. Los nadadores capaces de mantener la posición de codo en alto no requieren tan intensamente un sistema de signo de interrogación invertido como los nadadores que no pueden conseguirlo.

Otra posible explicación que justifica durante la tracción el movimiento de manos de signo de interrogación puede reposar en una aplicación de la ley teórica del cuadrado. Si una mano es traccionada en una línea recta a través del agua y cubre la distancia de 1,82 metros por segundo, creando un promedio de fuerza de 8 kg., esta fuerza puede incrementarse si la mano es traccionada hacia atrás en forma de «S» o en forma de un signo de interrogación invertido en el mismo espacio de tiempo, porque la velocidad de la mano sería mayor. Si la velocidad de la mano fuese el doble, la fuerza resultaría cuadruplicada. Esta fuerza podría no ir directamente hacia atrás, y el componente lateral podría causar una contorsión en la alineación lateral del cuerpo, a menos que este componente lateral pudiera ser anulado por alguna otra acción, tal como un impulso lateral del batido.

El autor desea dejar bien claro que demasiada desviación de la línea central de la tracción o un signo de interrogación invertido demasiado amplio de la mano que tracciona, puede ser perjudicial. Dentro de ciertos límites, el grado deseable de este tipo de acción variará de un individuo a otro y dependerá grandemente de otros factores que ya han sido debatidos.

Media rotación de la parte superior del brazo. — Mientras la mano tracciona a través del agua en el curso de la primera fase de la tracción, es posible impulsar el agua hacia atrás, en un ángulo conveniente, y también atacar con la velocidad del agua antes que esté demasiado avanzado en la tracción. Para conseguirlo, la parte superior del brazo debe girar por la mitad (hacia dentro, en dirección de la curva media del cuerpo) durante la primera mitad de la tracción. Esta media rotación, más una flexión incrementada del codo, continúa todo a lo largo de la primera mitad de la tracción. Se puede conseguir una mejor comprensión de este movimiento de rotación estudiando en el Capítulo X los ejercicios en seco, especialmente el llamado «Prácticas de rotación media del brazo con aparato». Este movimiento peculiar se muestra claramente en la Figura 2-18 con la tracción de codo en alto. La media rotación de la parte superior del brazo puede distinguirse de la media rotación de la parte inferior o antebrazo. El último movimiento se limita a girar hacia arriba la palma, mientras que la rotación de la parte superior del brazo produce un incremento en potencia de tracción al añadir la fuerza de los músculos rotatorios del brazo a la de los músculos depresores del mismo, para traccionarlo a través del agua.

Esta forma de mover los brazos es algo natural en muchos, ya que las personas tienden a utilizar sus músculos en la forma que le proporcionan una fuerza más elevada. Este hecho explica en parte la tracción en forma de zigzag, que puede verse incluso en algunos nadadores principiantes. Durante años este movimiento ha sido llamado «feathering» y fue desechado por los preparadores de natación y los maestros.

Un sistema fácil de demostrar al nadador cuán importante es emplear este movimiento para mejorar la potencia de su tracción es hacerle ejecutar la siguiente tarea: saltar dentro de la piscina y mantenerse sumergido junto al borde con el agua hasta los hombros. Hay que poner entonces las manos en el borde de la piscina y encaramarse fuera de ella empujando las manos hacia abajo. Muchos nadadores harán girar inmediatamente la parte superior de sus brazos al tiempo que empujan hacia abajo, sus codos irán hacia fuera, e imitarán ampliamente el movimiento practicado por el brazo en la tracción de «crawl».

Por esta razón la eficiencia de la tracción del brazo para conseguir la propulsión máxima implica dos consideraciones: 1) la aplicación más provechosa de la fuerza, en lo que concierne a las leyes del movimiento, y 2) la más eficiente aplicación de la fuerza en lo que concierne a la función anatómica. Dentro de ciertos límites, el nadador puede intentar llenar ambos requisitos y, para hacerlo, tal vez tenga que introducir alguna ligera modificación en la observación absoluta de cada principio. La variación de la potencia del brazo en las tres posiciones se muestra en la Figura 2-22. Obviamente, el nadador es más potente en la posición C (la posición defendida en el precedente debate). Aun cuando la balanza empleada en la Figura 2-22 es sólo del tipo de muelle y no de las empleadas en los proyectos de investigación de movimientos musculares, tiene la ventaja de ser un medio simple para demostrar al nadador la diferencia de la potencia del arrastre en las diferentes posiciones. Los estudios de investigación actuales en la Universidad de Indiana acerca de la tracción del brazo, en los cuales se emplearon tensómetros de cable en vez de balanza de muelle, revelaron el mismo resultado.

La semirrotación de la parte superior del brazo es un movimiento importante, y el papel que juega en la mecánica de los cuatro estilos de concurso será debatido en cada uno de los capítulos relacionados con cada uno de ellos.

¿CUÁNTA ROTACIÓN? — En los grandes nadadores la rotación del cuerpo y de los hombros varía un tanto, pero esta variación es sorprendentemente pequeña y probablemente en gran parte es debida a la variación en la flexibilidad de los hombros de los nadadores. Por regla general, cuanto mayor es la flexibilidad de los hombros, menor es la rotación (esta rotación se produce sobre el eje longitudinal del cuerpo y no debe ser interpretada como el movimiento lateral del cuerpo). El nadador balanceará más hacia el lado por el que respira. El grado de balanceo en este punto es de 40°, con unos 5°, en más o en menos.

El grado del balanceo del cuerpo por el costado en que no se respira debe decrecer sólo entre unos 10° ó 15° en relación con el lado en que se respira. La suma del balanceo total en grados, según se deduce de la observación de películas bajo el agua, va-

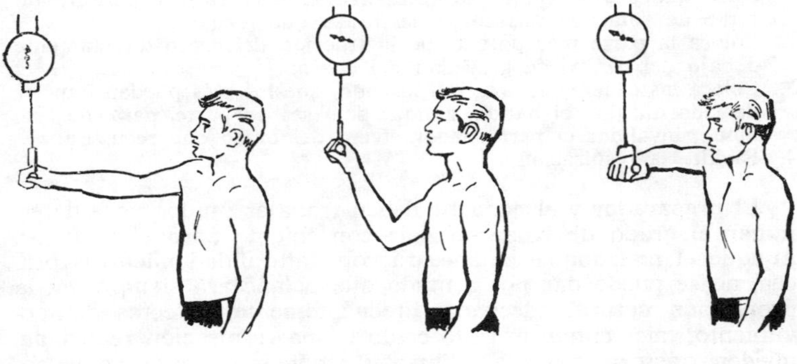

FIG. 2-22. Variación en la potencia de la tracción del brazo en tres posiciones distintas

Posición A. Tracción con el brazo estirado (fuerza creada 14 Kgs.). Cuando se mantiene el codo estirado, el nadador desarrolla la mínima cantidad de fuerza. La reducida cantidad de potencia en este punto puede atribuirse a la gran longitud de palanca del brazo y al hecho de que, en esta posición, no puede aprovecharse de la fuerza adicional de los músculos rotores del brazo.

Posición B. La tracción de codo caído (fuerza creada 28,800 Kgs.). La fuerza creada en esta tracción es mayor que la producida con el brazo estirado, y casi tan grande como la de la Posición C, que es la correcta. No obstante, nadando en esta posición, no es posible dirigir esta fuerza con eficacia hacia atrás. La potencia ganada aquí es atribuida al acortamiento de la palanca del brazo y a la adición de la fuerza de los músculos tríceps a la de los depresores de los brazos.

Posición C. La tracción del codo elevado (fuerza creada 21,800 Kgs.). Debido a la adición de la fuerza de los rotores y de los depresores de los brazos, la potencia creada por esta tracción, en los buenos nadadores, es superior a la que proporcionan los otros dos tipos de tracción. Pero éste no es el caso para los nadadores no entrenados, que no han desarrollado suficientemente la potencia de los rotores de sus brazos.

ría en los buenos nadadores entre los 70° y 100°. La rotación de hombros, caderas y cuerpo debe sincronizarse. Es un error intentar mantener en posición plana los hombros o las caderas o ambos a la vez. También es un error intentar balancear simplemente para hacerlo. El balanceo, cuando es aplicado correctamente, es útil a varios efectos:

1. Hace que sea más fácil la recuperación del brazo y permite un radio de rotación más corto del brazo que recupera.
2. Coloca la parte más potente de la tracción del brazo directamente debajo del centro de gravedad del cuerpo.
3. Coloca las caderas en una tal posición, que los pies pueden impeler de lado durante el batido, aunque sólo sea en parte, para, de este modo, invalidar el perturbador efecto del brazo que recupera.
4. Facilita la respiración.

El preparador y el nadador deben trabajar unidos para determinar el grado de balanceo más conveniente para el nadador. Aunque el nadador se balanceará con naturalidad mientras bracea, no se puede dar por sentado que balanceará siempre en la proporción natural adecuada. Frecuentemente, defectos de movimiento, tales como un codo caído o una respiración retardada, pueden trastornar este equilibrio y producir un excesivo balanceo, o bien estos defectos pueden tener su origen en un excesivo balanceo. Si en esta situación el nadador es aleccionado para que no balancee en absoluto, la causa verdadera de su balanceo excesivo no será eliminada y puede resultar peor que antes.

Una posición del cuerpo completamente plana no es posible. Si un nadador intenta mantenerse plano, se encontrará con que normalmente culebreará de un lado a otro.

Una investigación de la rémora creada por el nadador en cuatro posiciones de tracción revela el efecto perjudicial que puede tener el excesivo balanceo en la resistencia que crea el nadador (Figura 2-23). El nadador crea menor resistencia cuando se

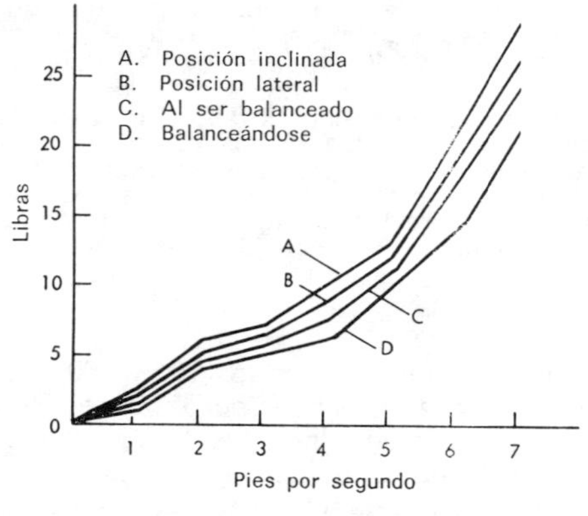

FIG. 2-23. Rémora con el cuerpo en cuatro posiciones

arrastra en posición inclinada (A, cara abajo). El orden de crecimiento de la rémora entonces es: posición lateral (B), mientras es balanceado por una fuerza externa (C) y mientras balancea por sí mismo (D).

POSICION DE LA CABEZA

La posición de la cabeza ha sido ya brevemente debatida en la sección dedicada a la posición del cuerpo. La pregunta ¿debe la cabeza llevarse alta o baja?, no puede contestarse de una manera precisa en razón de que los términos «alta» o «baja» son relativos. La cabeza debe llevarse con una ligera flexión posterior del cuello. Si la cabeza se lleva en la posición correcta, creará una onda delantera que dejará un seno o concavidad en el agua al lado de la cabeza, donde el nadador podrá respirar sin necesidad de balancearse demasiado o de tener que levantar demasiado alta la cabeza (Figura 2-24).

Si el nadador ha hallado la colocación adecúada de su cabeza,

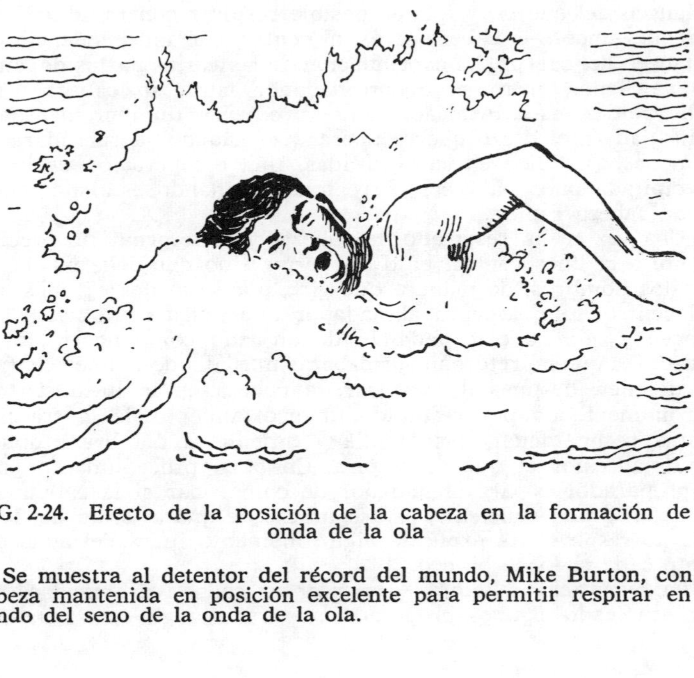

FIG. 2-24. Efecto de la posición de la cabeza en la formación de la onda de la ola

Se muestra al detentor del récord del mundo, Mike Burton, con la cabeza mantenida en posición excelente para permitir respirar en el fondo del seno de la onda de la ola.

podrá respirar por debajo del nivel normal del agua. La boca del nadador debe ser dirigida por los músculos faciales hacia el lado de la cara por el que respira. El nadador debe ensayar distintas posiciones de cabeza para alcanzar el fondo del seno de la onda (la concavidad) cuando gira la cabeza de lado para respirar.

Es importante que el nadador gire su cabeza por mera rotación del cuello en sentido longitudinal, y no por levantarla o flexionarla lateralmente. Como ha sido anteriormente mencionado, estos dos movimientos últimamente citados producirían un torcimiento en la alineación del cuerpo. El giro de la cabeza debe ser acompasado con el del cuerpo. El máximo giro de la cabeza hacia el lado por el que se respira debe terminarse al mismo tiempo exactamente en que se acaba el balanceo máximo del cuerpo. Este movimiento también es aplicable al otro lado. La cabeza no debe trabajar independientemente del cuerpo o brazos, pero debe ir más allá, en términos de grados de rotación, sobre el eje longitudinal. Un «movimiento independiente de la cabeza» ha sido preconizado por algunos expertos en natación. Generalmente los que defienden este método de respirar creen que la cabeza puede ser lanzada al lado con independencia del balanceo del cuerpo y que es posible respirar con rapidez y volver nuevamente la cabeza atrás, al centro, con independencia del balanceo del cuerpo. La coordinación de las varias partes del cuerpo va ligada entre sí. Si un nadador lanza su cabeza atrás con rapidez, esto invariablemente producirá un incremento de velocidad en el brazo que recupera, y el nadador desarrollará un ritmo espasmódico en sus brazadas. Una recuperación de brazo precipitada puede a veces corregirse eliminando este movimiento de cabeza rápido.

Una vez se ha respirado, la cabeza debe retornar no precisamente a la línea central bajo el cuerpo, sino que debe balancear con los hombros, de manera que gire, por lo menos 15° más allá del centro. Esto asegura al nadador que tenga equilibrio en el braceo y que no esté nadando de un lado como hacen tantos nadadores que no retornan sus cabezas más allá de la linea central. El detener, después de respirar, la cabeza en la línea central, normalmente da por resultado un acortamiento de la tracción y una recuperación más amplia y dificultosa del brazo opuesto al lado por el que se respira. Un buen procedimiento para el preparador y para el nadador de comprobar si la cabeza retorna en grado suficiente, es asegurarse de que la oreja del lado que no respira está expuesta algún momento fuera del agua durante cada ciclo de braceo.

La respiración bilateral —respirar en cada tres brazadas— la han empleado algunos preparadores para corregir esta falta. En mi opinión, es un mal procedimiento para conseguirlo, por las siguientes razones:

1. Al nadador se le hace practicar algo distinto de lo que deberá realizar en la competición. Mantiene también su cabeza en el centro por un período de tiempo más largo del que normalmente lo hará, y con esto sólo consigue agravar la falta.
2. Cualquier falta se debe corregir intentando que el nadador haga precisamente lo que debe hacer, no lo que nunca hará en una competición. Esta falta debe corregirse en la forma que ya ha sido descrita, esto es, consiguiendo que la oreja del lado por el que no se respira salga del agua.
3. Frecuentemente un nadador desarrollará tan firmemente malos hábitos de respiración por un lado que es conveniente tener una pizarra limpia en un lado. De esta manera, si es preciso, el preparador y el nadador pueden empezar por rascar. Raramente ha transcurrido una temporada que yo no haya tenido que invertir, por lo menos a un nadador, su lado de respirar, en primer lugar porque es más fácil aprender adecuadamente por el lado opuesto que tener que romper costumbres mal adquiridas.

MECANICA DE LA RESPIRACION

Casi inmediatamente después que el nadador inhala y coloca su boca bajo el agua, se inicia la exhalación, con un firme reguero de aire exhalado que le sale por la boca y la nariz (la mayor parte sale por la boca). Importa destacar que el nadador no necesita forzosamente expulsar el aire en este solo instante. Si lo hiciera así, habría agotado la reserva de aire antes de girar su cabeza nuevamente para inhalar. Normalmente el nadador sólo exhala e inhala unos 600 $cm.^3$ de aire en cada respiración; por lo tanto, debe distribuir esta cantidad de aire a lo largo de todo el tiempo que su boca permanecerá bajo el agua. Una respiración excesivamente profunda no contribuye a un aumento del oxígeno recogido por los pulmones, antes bien contribuye a cansar los músculos respiratorios. Una respiración excesivamente superficial es también dañina, puesto que no permite la adecuada renovación del oxígeno y del bióxido de carbono de la sangre en los pulmones.

La constante corriente de aire que mana por la boca y la nariz debe ser mantenida de manera perfectamente constante hasta que la boca del nadador se prepara a hendir el agua. En este punto, la exhalación se hace un tanto más vigorosa. En muchos nadadores esta acción llega a ser automática y sirve para apartar el agua que está resbalando de la cara a la boca y a la nariz, y dejar estos órganos despejados para la fracción de segundo que se requiere para inhalar.

En el caso de nadadores principiantes y aún algunas veces con otros ya entrenados, importa efectuar prácticas para ejecutar este ejercicio con maña.

No defiendo el empleo del tipo de respiración conocido como «respiración fulminante». En este tipo de respiración, el respiro es contenido casi del principio al fin del tiempo en que la cabeza se halla dentro del agua, persiguiendo con ello incrementar la flotabilidad del nadador. Sin embargo, defiendo el respirar de manera rítmica en la forma descrita más arriba, con un suficiente incremento de la expulsión de aire en el instante preciso de la exhalación, a fin de dejar la boca libre de agua.

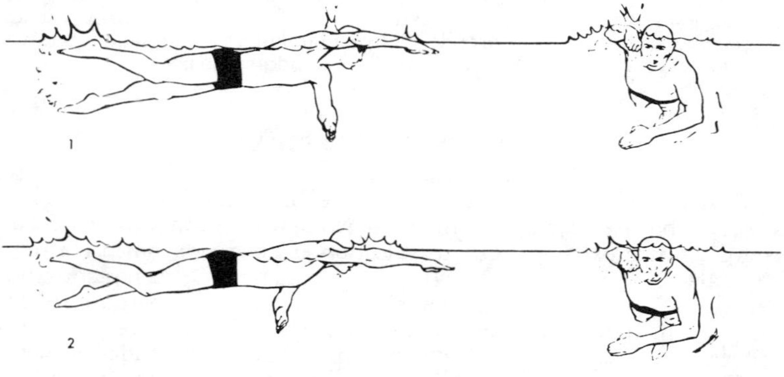

FIG. 2-25. Secuencia de los movimientos del «crawl»

Esta secuencia de dibujos muestra al nadador ejecutando un «crawl» corriente de seis batidos con un movimiento continuo de brazos.

1. A medida que la mano derecha entra en el agua a la anchura del hombro, con la palma mirando hacia abajo, el brazo que tracciona ha realizado la mitad de su recorrido. El aire es exhalado por la boca y la nariz en un firme reguero, que demuestran un rítmico compás de respiración.

2. La impulsión hacia abajo causada por la mano durante la recuperación hace que la mano derecha se hunda para su ataque. El brazo que tracciona continúa su tracción hacia atrás con la palma todavía mirando atrás.

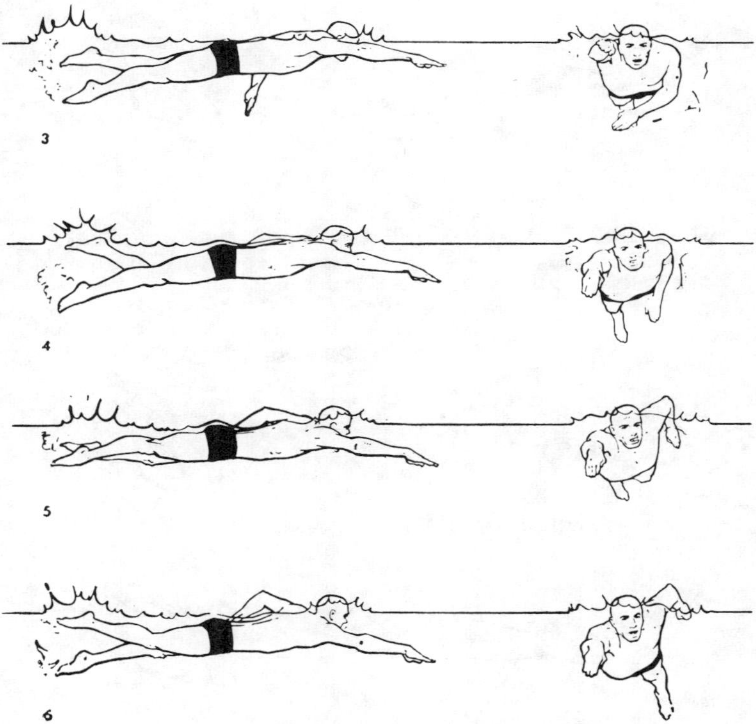

FIG. 2-25. Continuación

3. La mano derecha continúa moviéndose lentamente hacia abajo a medida que la mano que tracciona empieza a retroceder a la línea del centro del cuerpo.

4. Los músculos depresores del brazo empiezan ahora a contraerse vivamente e impulsan hacia abajo el brazo derecho.

5. El brazo izquierdo casi ha completado su tracción, y el nadador aplica ahora su fuerza a ambas manos. La fuerza de la mano derecha todavía no se dirige suficientemente hacia atrás, en forma que pueda contribuir a la propulsión hacia delante del cuerpo.

6. A medida que el brazo izquierdo termina su tracción, la pierna izquierda impele vigorosamente hacia abajo. Esta acción anula el efecto que sobre las caderas produce el movimiento hacia arriba de los brazos.

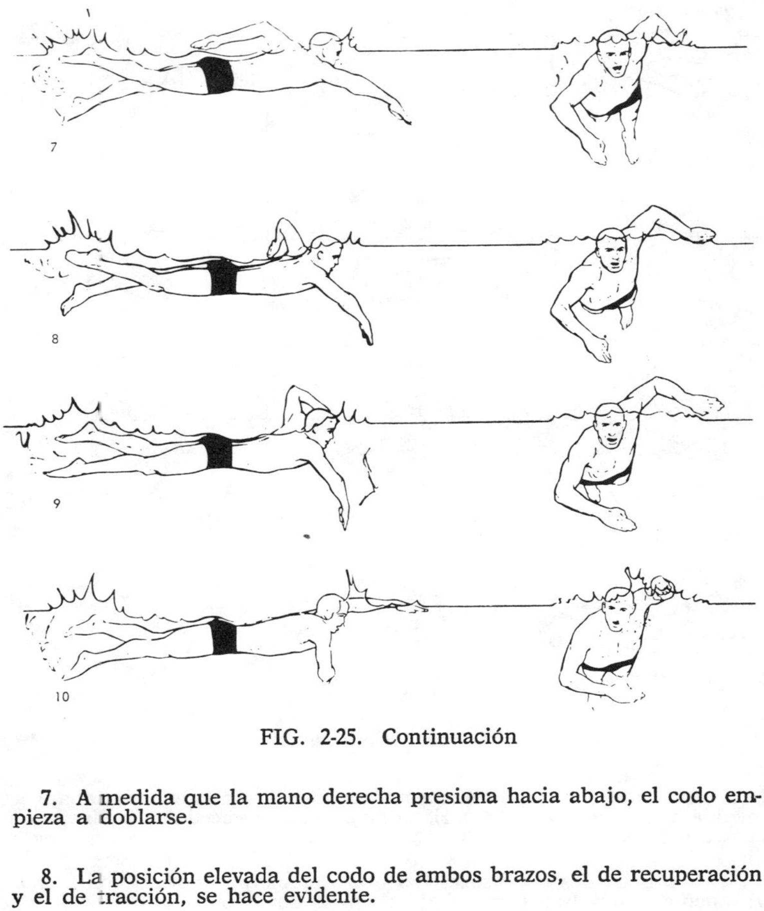

FIG. 2-25. Continuación

7. A medida que la mano derecha presiona hacia abajo, el codo empieza a doblarse.

8. La posición elevada del codo de ambos brazos, el de recuperación y el de tracción, se hace evidente.

9. La mano que tracciona ha completado la mitad de su tracción y empieza a girar sobre su eje longitudinal. La cantidad de aire que se exhala empieza a incrementarse.

10. La mano que tracciona ha completado la mitad de su tracción y la cabeza empieza a girar sobre su eje longitudinal. La cantidad de aire que se exhala empieza a incrementarse.

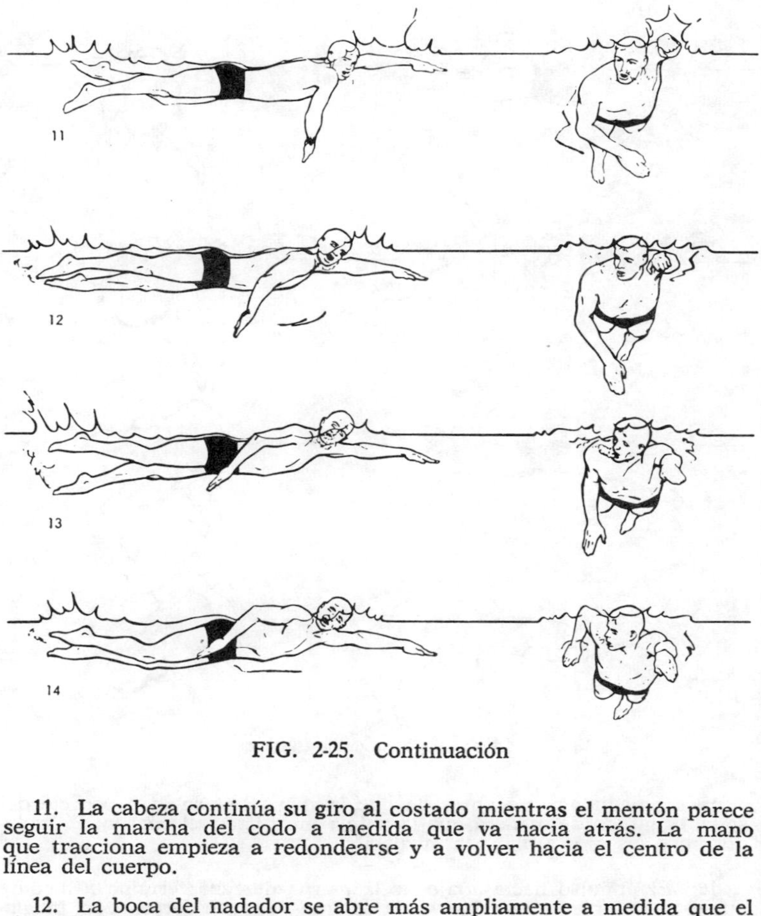

FIG. 2-25. Continuación

11. La cabeza continúa su giro al costado mientras el mentón parece seguir la marcha del codo a medida que va hacia atrás. La mano que tracciona empieza a redondearse y a volver hacia el centro de la línea del cuerpo.

12. La boca del nadador se abre más ampliamente a medida que el aire exhalado se incrementa.

13. La mano que tracciona ya no mira directamente hacia atrás, pero es mantenida en un ángulo de alrededor de 45°. La posición del pulgar separado es en este punto notable en muchos de los buenos nadadores, pero no es ni perjudicial ni beneficiosa.

14. El impulso hacia abajo de la pierna derecha empieza a medida que el brazo derecho termina su tracción. Finalmente, la boca hiende la superficie del agua y la inhalación está a punto de empezar.

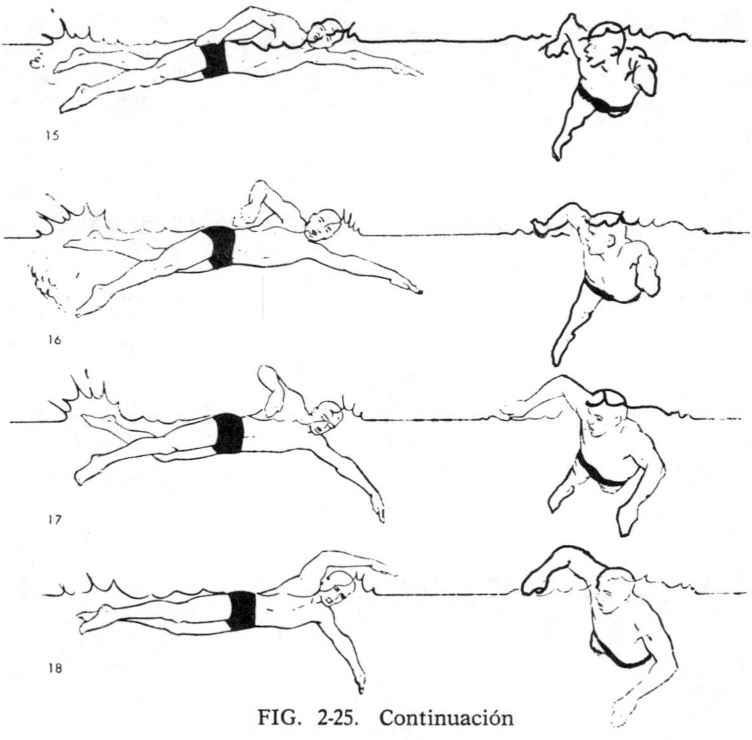

FIG. 2-25. Continuación

15. Inmediatamente antes de que la mano hienda la superficie del agua, es girada de manera que la palma mire hacia el cuerpo. El nadador abre sus ojos e inicia la inhalación.

16. El impulso hacia abajo de la pierna derecha termina a medida que el nadador hace marchar hacia delante su brazo derecho. La inhalación casi se ha completado.

17. A medida que el brazo que recupera se mueve hacia delante, la cabeza empieza a girar hacia atrás, en dirección al centro de la línea del cuerpo.

18. Cuando la cara se halla casi totalmente sumergida, el nadador inicia la exhalación. El brazo derecho se halla próximo a entrar en el agua y así completar el ciclo de movimientos.

¿Con qué frecuencia debe respirarse?

Ciertamente en las pruebas de fondo se puede efectuar una respiración en cada ciclo completo de brazos. En velocidad, puede emplearse el compás de respiración que proporcione mejor resultado sobre la base del examen de tiempos y experiencia demostrada. Algunos grandes velocistas de 50 yardas han nadado la distancia entera sin efectuar ni una respiración desde que tomaron la salida. El método general que mejor se adapta a los velocistas en distancias de 50 yardas, en piscinas de 25 yardas, es efectuar una respiración antes de realizar la virada y después una o dos más en el segundo largo. El número de veces que respiran los nadadores principiantes debe ser más elevado que los que precisan los nadadores avanzados.

Frecuentemente un nadador con hábitos de respiración defectuosa, tales como el hacer una pausa en la brazada mientras respira, no corrige su falta, pero trata de compensarse de ella respirando menos a menudo. Si la respiración es efectuada convenientemente, no se necesita introducir una pausa en la brazada, y muchos nadadores podrán nadar tan rápidamente cuando respiran en cada ciclo completo de brazos como cuando lo hacen menos a menudo. Muchos preeminentes nadadores de velocidad de las 100 yardas han realizado mejores tiempos cuando respiraban de esta manera. Sin embargo, una vez más el método que mejor se adapta es aquel que debe usarse.

En todas las carreras de estilo libre, incluyendo las pruebas de fondo, después de la salida el nadador debe, por lo menos, efectuar dos movimientos de brazo antes de respirar. En las carreras de velocidad esta cifra debe ser aumentada.

3

El estilo mariposa

El estilo mariposa se asemeja al estilo «crawl» en que los brazos y las piernas se mueven en forma similar, con la evidente salvedad de que ambos trazos se mueven simultáneamente, como también lo hacen ambas piernas. El estilo mariposa al principio fue adoptado como una variante de la braza de pecho, en la que el movimiento de piernas de la braza se practicaba con la tracción de mariposa de los brazos. El año 1952 la FINA (1), separó los dos estilos en dos grupos y legalizó el batido de delfín para el estilo mariposa.

La velocidad del nuevo estilo ha progresado hasta el punto de que hay quien presiente que algún día suplantará al «crawl» para convertirse en el sistema más veloz en natación. Sin embargo, hay poca posibilidad de que esto suceda, ya que el estilo mariposa tiene un defecto mecánico principal: en la mariposa, la aplicación de la fuerza propulsiva es fluctuante y permite una oleada de potencia tremenda cuando ambos brazos traccionan simultáneamente, y una correspondiente amplia desaceleración cuando los brazos recuperan. Como se ha descrito previamente, hay una desproporcionada cantidad de energía perdida en este tipo de marcha fluctuante de «para y avanza».

Las reglas que rigen el estilo mariposa establecen lo siguiente:

Ambos brazos deben ser llevados conjuntamente hacia delante por encima del agua y llevados hacia atrás simultánea y simétricamente.

El cuerpo debe mantenerse perfectamente sobre el pecho, y con ambos hombros en el plano horizontal.

Todos los movimientos de los pies deben efectuarse de manera simultánea. Se permiten movimientos simultáneos de piernas y de pies, arriba y abajo, en el plano vertical.

Al tocar la pared, en los virajes o al término de la carrera, el toque

(1) *Fédération Internationale de Natation Amateur,* el organismo que dirige la natación internacional.

debe efectuarse con ambas manos simultáneamente, colocándolas al mismo nivel. Los hombros deben hallarse en posición horizontal, en línea con la superficie del agua. (Nota: Es legal el toque por encima o debajo de la superficie del agua.)

Cualquier concursante que efectúe brazadas de movimiento lateral será descalificado.

Cuando un nadador se halla bajo el agua en la salida, en los virajes o durante la carrera, puede efectuar uno o más batidos de piernas.

Un nadador, durante la carrera, puede a su voluntad pasar del batido delfín al de rana, y viceversa, a condición de no infringir otros preceptos de la Regla VI (2).

El batido de la braza de pecho está todavía permitido en la mariposa, pero su uso retarda la brazada hasta tal punto que en competiciones de clase mundial los nadadores no lo emplean nunca.

La brazada de la mariposa, en relación con los músculos y mecanismo de funcionamiento, es bastante similar al movimiento que se efectúa en el «crawl», por lo que muchos nadadores de estilo libre ejecutan excelentemente el estilo mariposa, destinando un mínimo de tiempo a su entrenamiento. Se da el mismo resultado en el caso inverso; los más preeminentes mariposistas pueden conmutarlo con el «crawl» y practicarlo bien sin gran dificultad.

POSICION DEL CUERPO

En el estilo mariposa hay mucho más movimiento arriba y abajo del cuerpo que el que existe en los otros estilos. Este movimiento no es una ondulación forzada, sino la consecuencia de tres factores principales: 1) la acción del batido hacia abajo de las piernas hace subir por fuerza a las caderas, 2) la inercia de los brazos que recuperan tiende a hundir la cabeza y los hombros, y 3) la primera fase de la tracción induce a que la cabeza y los hombros se remonten. Si bien algún que otro movimiento en el plano vertical es deseable, a fin de facilitar la respiración, sin embargo, el cuerpo debe permanecer en buena posición aerodinámica si el nadador desea mantener la rémora en un límite razonable. Grandes ondulaciones con el cuerpo, como las que se practicaban en los primeros tiempos de este estilo, y que se consideraban como propulsivas, actualmente se consideran perjudiciales para el avance hacia delante. Asimismo, el querer impedir

(2) Amateur Athletic Union de los Estados Unidos, *Official Handbook*, del año 1965, Reglamento para la Natación de Competición, sección VI, pág. 8.

en forma total este movimiento de arriba abajo también se ha demostrado desventajoso, ya que dificulta la recuperación adecuada de los brazos y la respiración.

Los mariposistas que nadan adecuadamente el estilo declaran que sienten en sus cuerpos una corriente en movimiento y un rítmico movimiento, suave pero perceptible, de subir y bajar en la posición del cuerpo. La cuidadosa observación de los movimientos o de las secuencias de películas de buenos mariposistas revelan que éstos procuran acompasar el batido, la tracción y el alzamiento de la cabeza de tal forma para respirar, que la posición del cuerpo se mantiene relativamente horizontal. Las caderas de un buen mariposista se mantienen cerca de la superficie del agua y, en general, el ángulo de su cuerpo no se acerca a la posición diagonal fotografiada en la Figura 1-3, ilustración I. El efecto que la tracción de los brazos, el batido y la respiración ejercen sobre la posición del cuerpo, así como el modo en que deben sincronizarse en el conjunto del movimiento, serán debatidos en otras secciones de este capítulo.

EL BATIDO DELFIN

Este es el más rápido de los batidos de los cuatro estilos de competición cuando se efectúan ejercicios de esta clase sobre el tablón. El batido es difícil para algunos nadadores y requiere buena flexibilidad de tobillos (flexión plantar), al igual que el batido del «crawl» y del estilo de espalda. Ejercicios de alargamiento de tobillos, junto con una gran práctica, ayudan a incrementar esta flexibilidad.

¿Es propulsivo el batido delfín?

Hay grandes posibilidades de que en el estilo mariposa una de las percusiones pueda resultar realmente propulsiva, idea que por la mayoría de expertos ha sido desechada con respecto a los estilos de espalda y de «crawl». Poca evidencia científica es utilizable para justificar el hecho de si el batido es o no es propulsivo, o de si uno de los dos batidos en cada ciclo de movimientos es propulsivo mientras el otro no. La primera percusión hacia abajo de las piernas, que tiene lugar inmediatamente después que los brazos entran en el agua, generalmente es la más amplia y la más vigorosa de las dos. Se da en un momento en que el nadador se halla avanzando a la velocidad más baja de su ciclo de movimientos, por el hecho de que la aceleración obtenida en la tracción de brazos anterior ha empezado a decrecer. Este factor, más el resultado de la rémora que la entrada de los brazos en el agua produce en la marcha hacia delante, es lo que hace que el nadador se encuentre en el punto más bajo de su velocidad. La primera percusión, llegado este momento, *debe* impeler al nadador hacia delante, pero en definitiva sirve para elevar sus caderas y, para cuando se produce la tracción de brazos, colocar el cuerpo en una posición horizontal aerodinámica casi perfecta. La segunda percusión tiene lugar durante la última fase de la tracción de los brazos. Es casi siempre menor que la primera y su función es la de anular, en esta última fase de la tracción de los brazos, la consecuencia de la caída de las caderas en la posición del cuerpo. Algunos nadadores no practican la segunda percusión, de lo que resulta que las caderas en la última fase de la tracción se ven compelidas hacia abajo. Incluso algunos buenos nadadores suprimen la segunda percusión cuando se sienten cansados, o la ejecutan tan reducida y débil que es casi imperceptible. Es lo más probable que esto ocurra cuando el nadador está cansado, tanto al final de una carrera como en los entrenos, y en consecuencia no puede terminar la tracción de sus brazos adecuadamente, de suerte que el tiempo requerido para terminar dicha tracción es acortado, hasta el punto de que el nadador no dispone de tiempo para percutir dos veces en cada brazada. Cuando la tracción de los brazos es acortada, especialmente al final de la brazada, hay menor necesidad de una segunda percusión, cuya función principal es mantener elevadas las caderas. A menudo, la segunda percusión puede ser contenida en la brazada si el nadador se concentra para alargarla traccionando sus brazos hacia atrás.

Cuando un nadador de tracción de brazos excepcionalmente potente acelera y aprovecha esta cualidad para efectuar un duro final, sus dos percusiones en cada ciclo se mantendrán casi idénticas en amplitud. Obviamente la fuerza o potencia del final de la tracción tiene mucho que ver con la amplitud de la segunda percusión. Creo que el preparador no debe enseñar, ni intentarlo el nadador, forzar una mayor y una menor percusión en la brazada, pero dentro de ciertos límites sí permitir que así suceda en forma automática. Lo mismo que un corredor empieza automáticamente a balancear sus brazos cuando acelera, de igual modo quizá el mariposista ajusta a su brazada el batido delfín (especialmente la segunda percusión), particularmente al término de la tracción.

Se especula respecto a si el batido moderno de dos percusiones podrá ser remplazado por otro de una, tres o aun cuatro, cuando la mejor técnica actual ya no merezca este calificativo.

Ejercicios en la tabla de batido

La mecánica del batido delfín se aprende mejor en la tabla de batir, pero el mero hecho de que el nadador pueda ejecutar en ella el batido con maestría no significa que sea capaz de hacerlo adecuadamente cuando ejecuta el conjunto de movimientos. Algunos mariposistas prefieren realizar sus ejercicios de batido sin el empleo de la tabla; sin embargo, muchos la admiten porque, cuando no se la utiliza, el nadador tiende a ondular demasiado su cuerpo, alzando alternativamente las caderas y arqueando la espalda. Como quiera que el nadador propende a hacer, en el movimiento de conjunto, lo que ha practicado en los ejercicios de arrastre y de batido, este defecto puede ser transferido al conjunto, con el resultado de un excesivo movimiento arriba y abajo del cuerpo.

Cuando el nadador sujeta la tabla de batir debe asirla de manera tal que sus hombros estén bajo el agua. No debe presionar la tabla hacia abajo a efectos de mantener sus hombros por encima del agua. La tabla debe mantenerse en posición horizontal, esto es, con su parte frontal no inclinada hacia arriba. Mientras bate con la tabla, los hombros del nadador deben permanecer rectos o casi rectos y debe mirar por debajo de la tabla hacia el extremo opuesto de la piscina. La tabla permanecerá en una posición relativamente fija, sin que sea forzada arriba y abajo. Mientras el nadador mira hacia el otro extremo de la piscina, debe vigilar si su cabeza y hombros se mueven en sacudidas de cierta importancia, en cuyo caso tratará de restringirlas. Sentirá que sus caderas se alzan cuando percute hacia abajo y que bajan un tanto cuando recupera hacia arriba las piernas. No deberá intentar dominar rígidamente el movimiento de su cuerpo, pero, como antes se ha dicho, deberá intentar evitar un excesivo alzamiento de las caderas y arqueamiento de la espalda. El no controlar estas posiciones, lleva a un nnecesario movimientos toda lante.

La Figura 3-1 describe la mecánica correcta de un buen batido de cola de pez (otro nombre del delfín). En estas secuencias, el batido es un tanto mayor que cuando se nada el conjunto de los movimientos del estilo y tampoco aparece la diferencia en amplitud entre las dos percusiones por ciclo de brazada, de las cuales la primera es la más amplia.

Un punto muy importante a destacar al instruir acerca de este batido es que el nadador debe iniciar la recuperación o subida del batido con las piernas estiradas. Si un nadador inicia la subida de sus piernas meramente doblando sus rodillas, creará con la parte posterior de sus piernas, una fuerza negativa o rémora mayor que si inicia el batido hacia arriba teniéndolas estiradas. Cuando acabará el movimiento hacia arriba, tendrá las piernas en posición defectuosa para el impulso hacia abajo.

Las piernas deben mantenerse estiradas durante más de la mitad del alzamiento. El alzamiento de las piernas no es potente, sino que se hace con relativo poco esfuerzo a fin de reducir al mínimo la rémora. La intensidad de la percusión está en el batido hacia abajo, en cuyo caso es de una tal magnitud que la

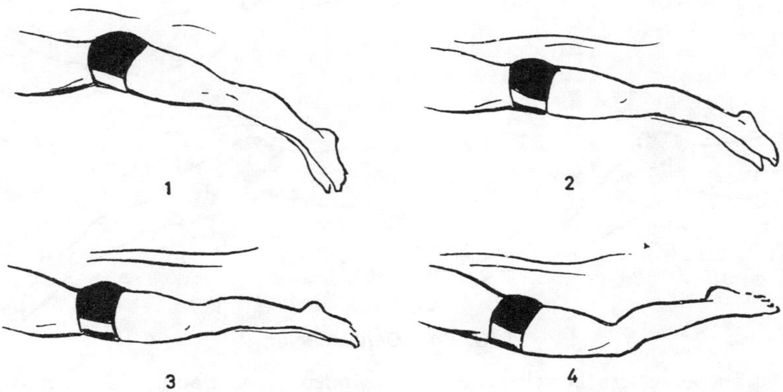

FIG. 3-1. El batido de cola de pez

Esta secuencia fotográfica muestra la mecánica del batido de cola de pez, a medida que se va desarrollando cuando el nadador se halla empeñado en ejercicios en la tabla de batir.

1. Las piernas se hallan al punto más bajo de su batido, con los talones a una profundidad de casi sesenta centímetros. Las caderas se hallan justo hendiendo la superficie del agua.

2. Las piernas son llevadas hacia arriba sin doblar las rodillas. Este movimiento es deseable y se hace evidente en todos los buenos batidores. No se produce ninguna propulsión hacia delante en esta fase del movimiento.

3. Las piernas continúan subiendo extendidas. Esta ascensión de piernas produce un descenso de las caderas.

4. Aquí empiezan a descender los muslos, mientras los pies continúan hacia arriba. Este movimiento combinado es posible en razón de la flexión de las rodillas.

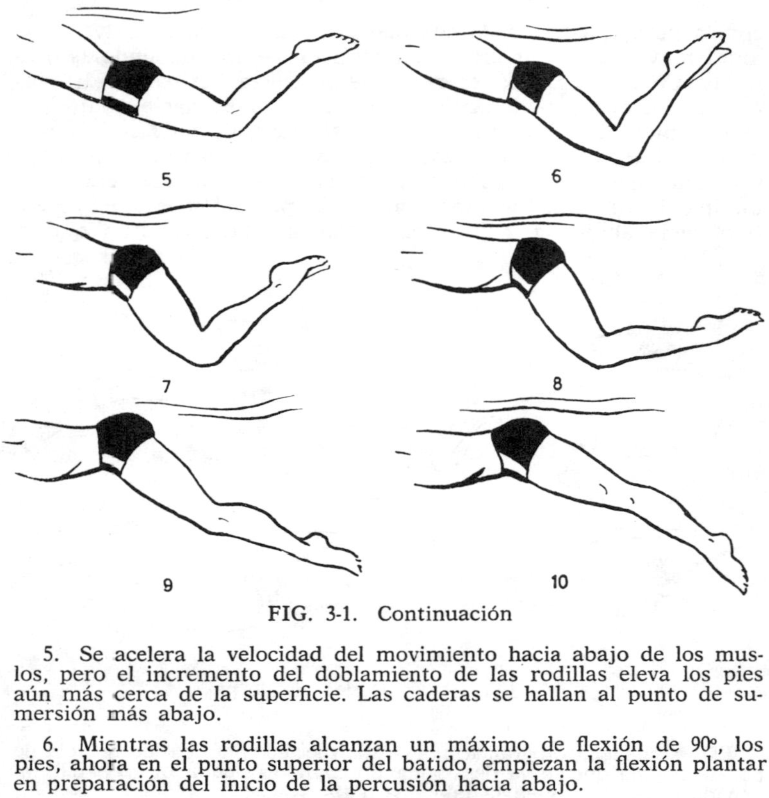

FIG. 3-1. Continuación

5. Se acelera la velocidad del movimiento hacia abajo de los muslos, pero el incremento del doblamiento de las rodillas eleva los pies aún más cerca de la superficie. Las caderas se hallan al punto de sumersión más abajo.

6. Mientras las rodillas alcanzan un máximo de flexión de 90°, los pies, ahora en el punto superior del batido, empiezan la flexión plantar en preparación del inicio de la percusión hacia abajo.

7. La fase propulsiva del batido de cola de pez empieza a medida que los pies son impulsados hacia abajo con perceptible hiperextensión, o flexión plantar de los tobillos. En este punto del batido, se hace evidente por qué motivo una buena flexibilidad de tobillos es un rasgo deseable.

8. El impulso de los pies hacia abajo continúa sin cambio aparente en la posición de los muslos. La acción hacia abajo de los pies tiene su reacción en la elevación de las caderas, que se mueven en dirección a la superficie.

9. A medida que las rodillas se extienden, los pies continúan descendiendo y los muslos empiezan a ascender.

10. La percusión hacia abajo de los pies se ha completado cuando las piernas alcanzan la máxima extensión de las rodillas. Los muslos ya han iniciado su ascensión y algo de esta impulsión hacia arriba se transferirá ahora a las partes inferiores de las piernas. El ciclo queda completado.

velocidad de los pies es el doble que cuando se levantaban. La intensidad en el batido hacia abajo es importante, ya que ésta es la fase propulsiva de la percusión, y si se efectúa con movimiento rápido, produce incremento en la propulsión hacia delante, lo que es una aplicación de los principios involucrados en la teoría de la ley del cuadrado. Al nadador que encuentra dificultades para dominar el batido, a menudo es prudente decirle que al elevar los pies cuente mentalmente hasta dos y, al bajarlos, solamente hasta uno.

Antes de que los pies alcancen la cima de su elevación, la parte superior de las piernas (músculos) empieza a impeler hacia abajo. El doblamiento de las rodillas permite que se produzca simultáneamente esta subida de pies y movimiento hacia abajo de la parte superior de las piernas. A medida que la parte inferior de la pierna y los pies inician la marcha hacia abajo, la impulsión desarrollada en la parte superior de las piernas es transferida a éstas, con lo que logran una repentina aceleración que les permite producir un efecto como de trallazo y, en consecuencia, una gran velocidad final a los pies. Durante esta impulsión hacia abajo de los pies y parte inferior de las piernas, la parte superior de las mismas y las caderas son impelidas hacia arriba.

Muchos nadadores practican el batido delfín con las puntas de los pies hacia dentro, especialmente en la fase de descenso. Estas puntas hacia dentro no deben forzarse pero, si se dan con naturalidad, deben permitirse sólo hasta el grado en que no hagan el batido ilegal. El grado de torcedura del pie hacia dentro depende de la manera en que el fémur (el hueso de la parte superior de la pierna) encaja en la articulación.

LA TRACCION DE LOS BRAZOS

Una antigua campeona nacional y detentora del récord mundial en el estilo mariposa, ha descrito su tracción de brazos como efectuado con los codos completamente estirados y con ambos brazos traccionando directamente hacia abajo y atrás. Sin embargo, del estudio de películas tomadas bajo el agua se desprende que ella nadaba en una manera similar a la de todos los maripositas de clase mundial, o sea con una tracción de brazos que recuerda, por su forma, a un ojo de cerradura, un reloj de arena, o a una doble «S». En un punto de su brazada, doblaba sus codos casi hasta 90°. Sin embargo, ella no es excepción; como he dicho antes, muchos grandes nadadores no saben el modo en que efectúan el braceo.

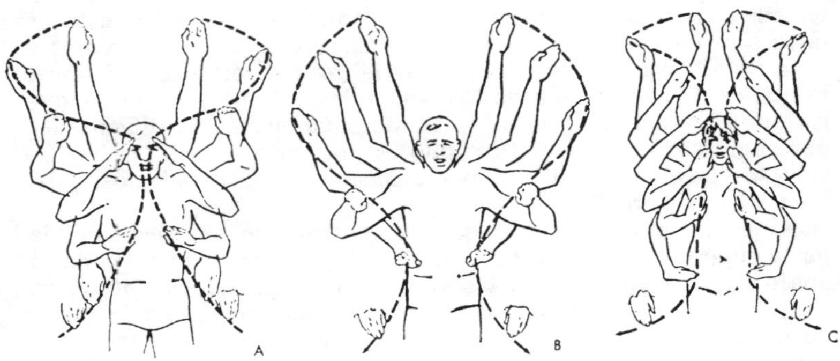

FIG. 3-2. Modelos de tracción en doble «S» de tres campeones mariposistas

(La línea punteada indica el curso de la yema del dedo mayor de cada mano.)

A. Kevin Berry, campeón olímpico en 1964 y detentor del récord del mundo de los 200 metros mariposa en 2:06,6 (su tracción está también representada en la Figura 3-3, A). Las manos de Kevin imitan la típica forma de un reloj de arena o de un ojo de cerradura, en que las manos casi llegan a tocarse cuando se hallan directamente debajo del mentón. En este punto, los codos de Kevin bajan ligeramente. Esto es un defecto de brazada.

B. Fred Schmidt, detentor del récord NCAA y del americano de las 200 yardas mariposa en 1:51,4. Su forma de traccionar arrastra los brazos un poco más ampliamente al costado y no los lleva tan al centro como lo hace Kevin. También es evidente una diferencia en la posición de las manos.

C. Sue Pitt, campeona nacional y detentora del récord del mundo de los 200 metros mariposa. La tracción de brazos de Sue es la típica de los nadadores juveniles y de las muchachas que nadan este estilo y que no tienen potencia de brazos para traccionar en una forma como las representadas en las figuras A y B. En razón de esta falta de potencia, los nadadores bajan sus codos y extienden sus muñecas y «dejan que el agua se escape». Estas dos acciones producen una mengua en la eficacia de la tracción.

La Figura 3-2 muestra la tracción, en forma de doble «S», de tres campeones de natación. La explicación respecto a la eficacia de este tipo de tracción debería ser similar a la descrita en el capítulo anterior (Capítulo 2, página 71), esto es, que procura una utilización de los brazos en su línea de tracción más enérgica en tanto cuanto concierne al poder muscular de los mismos, permitiendo asimismo una buena aplicación de la fuerza propulsiva hacia atrás.

Si en la primera mitad de la brazada los brazos fuesen directamente traccionados hacia abajo con los codos estirados, la parte superior del cuerpo se vería impulsada hacia arriba y el nadador virtualmente podría saltar fuera del agua. Si los brazos continuasen en esta forma sin doblar los codos, sólo llegarían a conseguir una buena aplicación de la fuerza cuando pasaran directamente bajo el cuerpo, pero al final de la tracción lo impulsarían hacia abajo.

Un buen procedimiento para demostrar el efecto de una tracción con el brazo estirado, es que el nadador se tienda inclinado en el agua con los pies sostenidos por un tubo de goma o una pelota de «water polo». Los brazos deben extenderse rectos hacia arriba por encima de los hombros. El nadador deberá entonces ser invitado a traccionar vigorosamente en la forma previamente descrita hasta que sus brazos se encuentren en posición vertical. El resultado de la primera mitad de este tipo de tracción se hará visible inmediatamente, porque el cuerpo se elevará en el agua. El resultado de la segunda mitad de la tracción también podrá evaluarse teniendo al nadador tendido en el agua en la misma posición anterior, con sus piernas sostenidas, pero con la diferencia de que iniciará con los brazos estirados hacia abajo, en posición vertical desde sus hombros. Mientras el nadador impele vigorosamente atrás y arriba, el efecto se hace evidente en la posición de su cuerpo al ser compelido hacia delante y hacia abajo.

Al nadador se le ha demostrado lo que no debe hacer y por qué no debe hacerlo. Se le debe también mostrar aquello que debe hacer y por qué debe hacerlo en la forma que se le prescribe. Una demostración similar a la empleada para mostrar al nadador por qué no debe practicar la tracción del principio al fin con el brazo estirado y el codo alargado, puede ser también positiva para hacerle comprender la tracción adecuada. El nadador debe tenderse en el agua en la posición inclinada, con sus pies sostenidos como antes y con sus brazos igualmente por encima de su cabeza. Debe entonces traccionar su brazo derecho hacia atrás la mitad de la tracción entera, pero en la forma representada en la Figura 3-7, es decir, no impeliendo directamente hacia abajo y atrás, sino más bien diagonalmente abajo y al exterior, en tal forma que las manos se separen en el plano horizontal. El resultado de este movimiento del brazo derecho le impulsará adelante y a la izquierda, pero sólo muy ligeramente hacia arriba. Debe entonces repetir el mismo movimiento con el brazo izquierdo solamente. El movimiento del brazo izquierdo será similar al del derecho, a excepción de que impulsará al nadador hacia la derecha. Cuando dos fuerzas son iguales y opuestas, se anulan la una a la otra; de este modo, cuando ambos brazos son traccionados simultáneamente, el impulso lateral de cada brazo es anulado por el otro y el cuerpo permanece en una alineación longitudinal sin desviaciones laterales.

El nadador que oscila arriba y abajo excesivamente puede ser a menudo corregido ordenándole que la primera parte de su tracción la efectúe en forma más amplia. Debe evitarse la presión de los brazos directa hacia abajo, pero una tracción excesivamente amplia coloca a los brazos en una posición en que los músculos empiezan a perder su fuerza. El resultado de la última parte del propio tipo de tracción de brazos puede también verse en una demostración similar a la ideada para la tracción del brazo derecho, en el cual el nadador, una vez más, repite el movimiento que se muestra en la Figura 3-7. Puede comprobar que este movimiento no le impulsa tan hacia abajo como lo hizo el movimiento de la segunda mitad de la tracción con el brazo estirado.

La posición de codo alto o «por encima de la barriga»

La posición del brazo durante la primera parte de la tracción ha sido detalladamente descrita en el Capítulo 2, con referencia al «crawl», ya que su mecánica es la misma. Mientras los brazos son traccionados oblicuamente hacia abajo y al exterior, la parte superior de los mismos gira por el centro (ver Capítulo 2, página 65), cuando los mismos se doblan. Este peculiar movimiento hace que los codos se levanten, produciendo en el nadador la sensación de que está alargando «por encima de la barriga». Ello permite a los brazos traccionar hacia atrás el agua desde un ángulo ventajoso. Durante esta fase de la tracción, un «codo caído» (Figura 1-7, ilustración A) tendrá como consecuencia que la fuerza sea dirigida más hacia abajo que hacia atrás.

Después que las manos y los brazos impelen hacia el exterior, empiezan a aproximarse hasta que casi se tocan. Este movimiento, es ejecutado doblando los codos e incrementando además el giro del centro de la parte superior de los brazos. Una vez más, este movimiento que es similar al de la brazada del «crawl» en el mismo punto, se efectúa por la misma razón que la dada en el caso del «crawl»: 1) conseguir una tracción de brazo más fuerte al añadir la fuerza de los músculos rotatorios del brazo a los depresores (Figura 2-21), y 2) asegurar una aplicación más eficaz de la fuerza propulsiva hacia atrás. La Figura 3-3 muestra dos posiciones

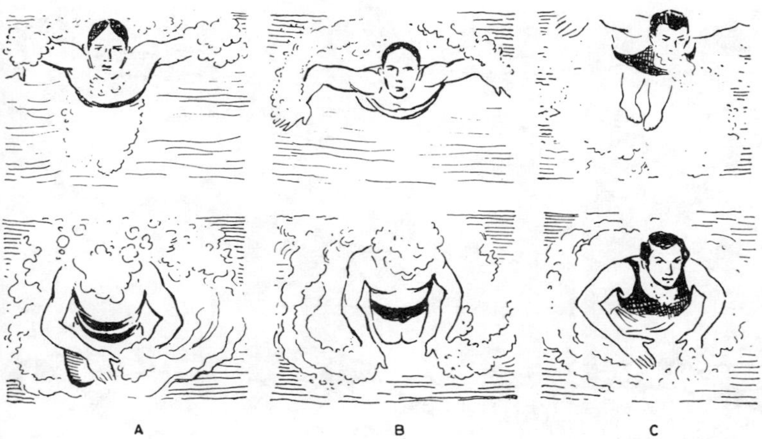

FIG. 3-3. Fotografías bajo el agua de tres campeones de natación en mariposa

Estas fotografías muestran la amplitud máxima y mínima en que tres campeones llevan las manos durante la tracción.

A. La tracción de Kevin Berry alcanza la mayor amplitud después que los brazos se han hundido alrededor de 30 centímetros bajo la superficie del agua. Sus manos casi se tocan cuando se hallan directamente debajo de su mentón.

B. La tracción de Fred Schmidt alcanza su mayor anchura cuando los brazos están a casi sesenta centímetros debajo de la superficie. Las manos, cuando están más próximas, se hallan debajo de las caderas.

C. Ada Kok, de Holanda, detentora del récord del mundo de los 100 y 200 metros mariposa. Su tracción en el momento de su máxima amplitud se halla casi en el mismo punto que la de Kevin Berry, es decir, a una profundidad de 30 centímetros. Nada con batido de una percusión. En la fotografía de arriba aparece completando la percusión hacia abajo de su único batido. Sus manos llegan a su aproximación máxima entre sí, en un punto hacia atrás más alejado que Berry, pero no tanto como Schmidt.

clave de la tracción de brazos de tres campeones de natación de estilo mariposa.

La mecánica practicada en la tracción de brazos en los estilos «crawl» y mariposa, así como la justificación para estos peculia-

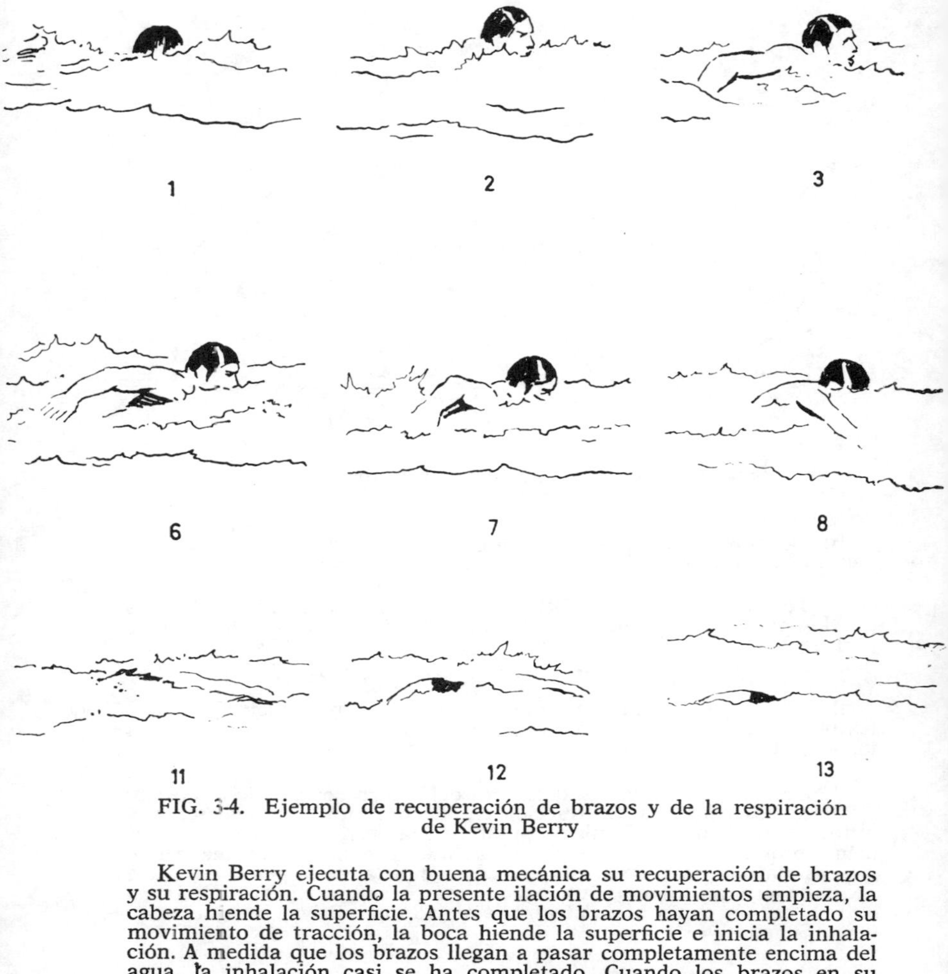

FIG. 3-4. Ejemplo de recuperación de brazos y de la respiración de Kevin Berry

Kevin Berry ejecuta con buena mecánica su recuperación de brazos y su respiración. Cuando la presente ilación de movimientos empieza, la cabeza hiende la superficie. Antes que los brazos hayan completado su movimiento de tracción, la boca hiende la superficie e inicia la inhalación. A medida que los brazos llegan a pasar completamente encima del agua, la inhalación casi se ha completado. Cuando los brazos en su recuperación se aproximan al nivel del hombro, la boca se sumerge y el cuello empieza a flexionar. Luego que la basculación de los brazos ha rebasado los hombros, las manos están inclinadas (giradas de manera que la palma mire abajo). Cuando los brazos entran en el agua, el cuello está inclinado y, poco después de esto, la cabeza empieza a sumergirse ligeramente bajo la superficie.

4

5

9

10

res movimientos, son tan similares que no es preciso repetirlos nuevamente aquí en detalle. Por esta razón recomiendo un estudio del asunto en las páginas 55 a 57 del Capítulo 2.

La recuperación de brazos

La preparación para la recuperación de los brazos tiene lugar antes de que la tracción del brazo termine. Hay una superposición de estas dos fases, porque la parte superior del brazo y codos ya han recuperado mientras las manos continúan su impulsión hacia atrás. Las manos al final de la tracción no impulsan directamente hacia atrás, sino que pasan rápidamente hacia fuera en un movimiento redondeado. Este redondeamiento conserva la mayor parte del impulso de brazos y manos que fue desarrollado durante la tracción, y que permite que se pueda emplear en ayuda de la recuperación de los brazos.

La recuperación de los brazos empieza con un ligero doblamiento del codo y, mientras las manos salen del agua, los brazos inician el recorrido hacia delante en una parábola baja y plana, poniéndose completamente extendidos debido en gran parte a la fuerza centrífuga generada en su movimiento circular. La recuperación de brazo debe, en principio, ser considerada como un movimiento balístico. La fuerza necesaria para crear este movimiento es aplicada sólo durante un corto período, al principio del movimiento. La impulsión desarrollada en este período arrastra luego esta parte del cuerpo durante el movimiento restante. En la recuperación de brazos del estilo mariposa, los músculos de recuperación (en primer lugar los músculos deltoides y trapecios) se contraen vigorosamente durante la primera parte del recorrido de los brazos, después se relajan, lo cual, más que su sostenida contracción, favorece la impulsión para llevarlos hacia delante. Un sistema de transmitir al nadador este concepto, es decirle que se concentre para lograr relajar sus brazos una vez que ha iniciado la recuperación.

Las palmas de las manos, al salir del agua, miran hacia arriba casi directamente. Si esta posición de «palmas-arriba» debiera mantenerse por un cierto tiempo, la recuperación de los brazos se haría muy difícil, porque esta posición disminuye la movilidad de la parte superior del brazo en la articulación del hombro. Esto es especialmente cierto en el caso del nadador con escasa flexibilidad de hombros y de la parte superior del brazo. Casi al mismo tiempo que las manos salen del agua, el nadador debe efectuar un consciente esfuerzo para girar lateralmente la parte superior del brazo, a efectos de que las palmas puedan mirar hacia abajo, mientras las manos balancean hacia delante pasado el hombro. La mano debe entrar en el agua en un punto sólo ligeramente más allá de la línea de los hombros, con las palmas mirando hacia abajo y ligeramente hacia fuera, a efectos de que el pulgar pueda estar más bajo que el resto de la mano (la Figura 3-4 muestra la recuperación de fuera del agua de los brazos de Kevin Berry, campeón olímpico en 1964).

Transición de la recuperación a la tracción

Un común error cometido por muchos nadadores tiene lugar instantes antes de que los brazos entren en el agua. Si el nadador en este punto retarda el movimiento de entrada de los brazos, el impulso de los mismos hacia abajo se transmite al cuerpo y el nadador se hunde bajo el agua más de lo que debería. Demasiados nadadores colocan sus brazos en el agua con excesiva retención en este instante.

La impulsión de los brazos y de las manos hacia abajo debe

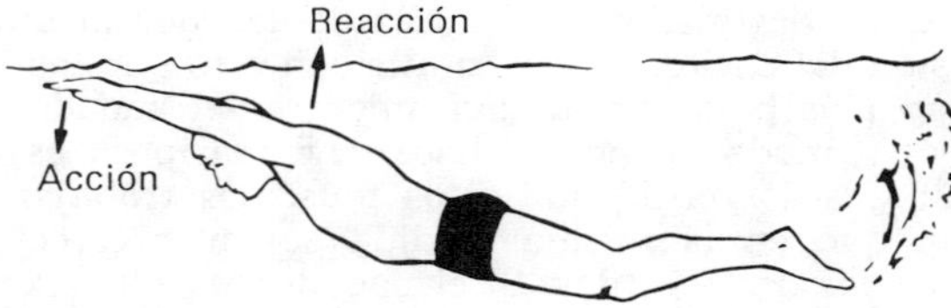

FIG. 3-5. Ataque alto que provoca un movimiento ascendente

ser absorbida por el agua y no anulada por una fuerza muscular. Esta fuerza no tan sólo hace que el cuerpo se hunda más en el agua, sino que es la causa de que las manos se paren cerca de la superficie. Si la tracción se inicia en este instante, la fuerza de la primera parte de la misma es dirigida demasiado hacia abajo y, como consecuencia, el nadador «sube hacia arriba» (ver la Figura 3-5).

Si el nadador permite que la impulsión de los brazos, desarrollada durante la recuperación, produzca un ligero hundimiento de los brazos sin arrastrar la cabeza y los hombros a la posición baja que se muestra en la Figura 3-5, se encontrará en mejor posición para aplicar, más hacia atrás y menos hacia abajo, la fuerza de su tracción (Figura 3-6). Gran parte del movimiento arriba y abajo de los nadadores del estilo mariposa ha de ser atribuido a este defecto.

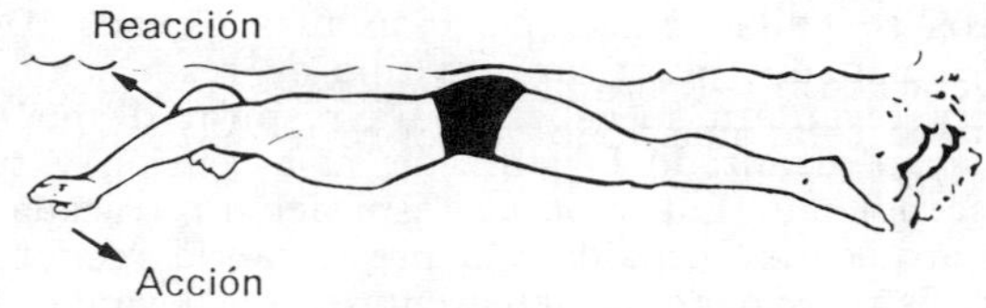

FIG. 3-6. Ataque bajo con los codos en alto que permiten una mayor propulsión hacia delante

MOVIMIENTO RESPIRATORIO Y SU ACOMPASAMIENTO

Los nadadores que no están acostumbrados a nadar el estilo mariposa a menudo se quejan de dolores musculares en la parte posterior del cuello cuando tienen que empezar a nadar el estilo. Los músculos posteriores del cuello (esplenio capitus, esplenio cervical *) están destinados a elevar la cabeza por medio de una hiperextensión del cuello, para permitir con esto que los hombros permanezcan más bajos en el agua mientras el nadador respira, lo que de otro modo no podría hacer. La mariposa es el único de los cuatro estilos en el que estos músculos trabajan de esta manera, sin que en la misma medida se hallen afectados los nadadores de los otros estilos. Si el nadador no hiperextiende su cuello, tendrá que respirar con la cara mirando hacia abajo, y la posición de su cuerpo se alzará durante la fase de respiración. Yo digo a tales nadadores que levanten la cabeza para respirar concentrándose en la hiperextensión del cuello. El movimiento para alzar la cabeza debe levantarla lo suficientemente para que la boca esté fuera del agua, pero no tanto que permita a la barbilla salir por encima de la superficie. Algunos nadadores levantan tanto sus cabezas que sus barbillas llegan a estar entre doce y quince cms. por encima del nivel del agua. Kevin Berry, campeón olímpico en 1964 de la prueba de mariposa, declara que cuando nada bien en una piscina tranquila intenta abrir con su barbilla un surco en el agua. En aguas revueltas esta posición baja de la barbilla es difícil y el nadador puede engullir algunos tragos.

Después que se ha respirado, estos músculos deben relajarse y la cabeza debe bajar hasta que se halla en línea recta con el cuerpo. Este movimiento de la cabeza se hace visible en la serie de secuencias del estilo mariposa de la Figura 3-7.

El nadador tiene que acompasar el alzamiento de la cabeza en forma tal que su inhalación coincida con el momento en que sus hombros se hallan en su posición más elevada. Demasiado a menudo el nadador practicará un tipo de respiración «retrasada», es decir, levantará su cabeza para respirar después que sus hombros hayan alcanzado la cima de su ascensión y se encuentren ya descendiendo. Este tipo de respiración retrasada obliga al nadador a arquear su espalda y a precipitar la recuperación de sus brazos. Estos nadadores deben empezar a levantar la cabeza inmediatamente después de efectuar el ataque, o sea al inicio de la tracción. Durante la primera mitad de la tracción, los hombros deben levantarse mientras el cuello continúa flexionando y, cuando los brazos han rebasado la línea perpendicular del cuerpo, la cara debe estar casi completamente fuera del agua e iniciarse la respiración. La inhalación continúa hasta que los brazos han completado su tracción y empiezan la recuperación. Mientras ésta tiene lugar, la cabeza debe hundirse en el agua por flexión del cuello.

* *N. del T.* — Músculos planos que unen las vértebras cervicales con la cabeza.

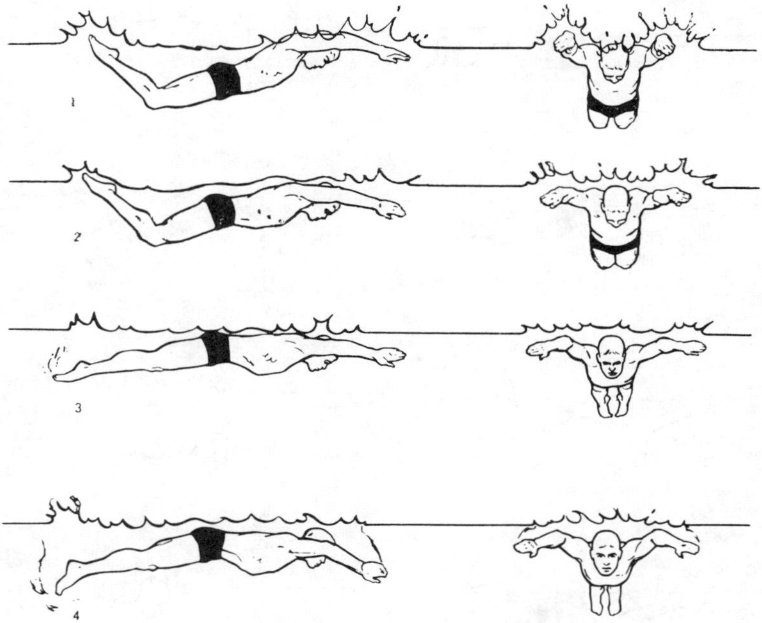

FIG. 3-7. Secuencia del estilo mariposa

Esta secuencia pone de manifiesto la mecánica correcta de los movimientos del estilo mariposa. Se exhiben dos ciclos completos de brazadas; en el primero no se toma aire y en el segundo se inhala.

1. El ciclo de movimientos se inicia a medida que los brazos entran en el agua a la anchura de los hombros. Las piernas, con los pies con una buena flexión plantar, se hallan prontas para iniciar la percusión hacia abajo del batido. La cabeza no mira directamente hacia el fondo de la piscina, sino que se halla ligeramente inclinada hacia delante.

2. Mientras la impulsión de los brazos, desarrollada durante la recuperación, hace que las manos se hundan, también se aplica esfuerzo muscular a dirigir diagonalmente hacia fuera la tracción. Empieza el impulso hacia abajo de los pies.

3. La tracción continúa mientras el batido casi se ha completado. La reacción de la percusión hacia abajo del batido hace que las caderas suban a la superficie.

4. Los pies flexionan dorsalmente por los tobillos mientras las piernas empiezan el batido hacia arriba. Durante la primera parte de la tracción, aun cuando el nadador no ha tomado aliento, eleva la cabeza como si estuviera mirando hacia delante. Este movimiento se produce naturalmente.

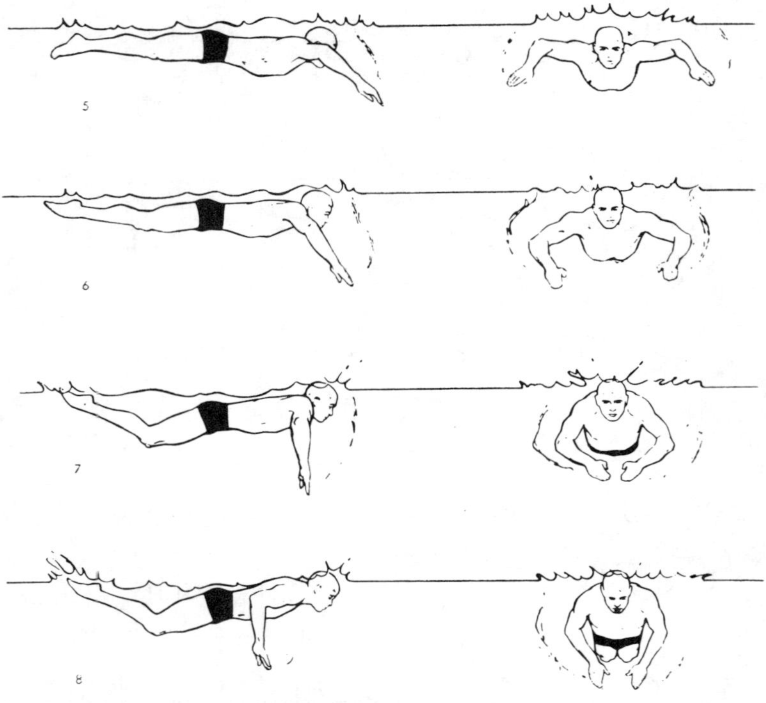

FIG. 3-7. Continuación

5. Los brazos se hallan ahora al máximo de su amplitud y son traccionados hacia abajo y hacia atrás, en una posición de codos elevados. Las piernas han completado su primer batido completo y se colocan en posición para iniciar el segundo.

6. Los brazos inician su acercamiento. La línea de burbujas de aire marca la forma general de la tracción.

7. Las manos, al tiempo que pasan debajo los hombros, se acercan hasta tocarse la una con la otra. El doblamiento de los codos, mantenido al exterior del cuerpo, es de aproximadamente 90°.

8. A medida que las manos pasan por debajo de los hombros, los codos son atraídos o llevados más cerca del cuerpo. El impulso hacia abajo de las piernas se inicia cuando las manos empiezan a subir en la última parte de la tracción. En este punto, el nadador empieza a flexionar su cuello y a bajar ligeramente la cabeza.

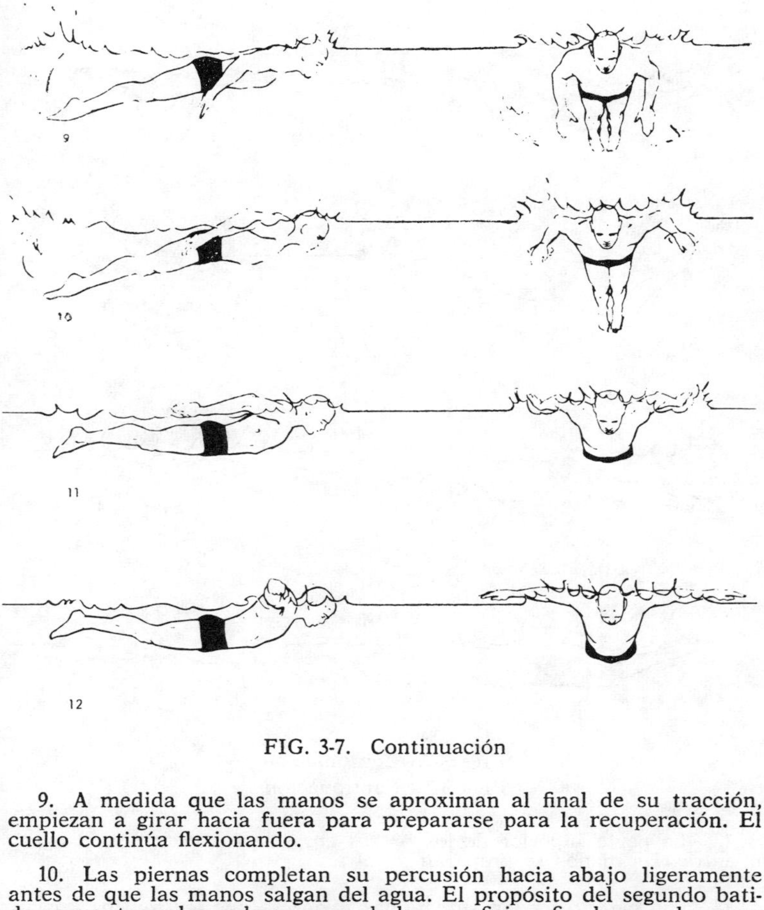

FIG. 3-7. Continuación

9. A medida que las manos se aproximan al final de su tracción, empiezan a girar hacia fuera para prepararse para la recuperación. El cuello continúa flexionando.

10. Las piernas completan su percusión hacia abajo ligeramente antes de que las manos salgan del agua. El propósito del segundo batido es mantener las caderas cerca de la superficie a fin de que el cuerpo se mantenga en posición aerodinámica.

11. A medida que los brazos salen del agua e inician su recuperación, las piernas son llevadas hacia arriba sin doblar las rodillas. Se baja la cabeza de manera que la cara se halle casi paralela con el fondo de la piscina. Este movimiento de cabeza facilita la recuperación de los brazos.

12. Cuando las manos giran al pasar por los hombros, las palmas miran hacia abajo. Los codos se hallan totalmente extendidos. Los pies inician la flexión plantar al acercarse al punto superior de su movimiento ascendente.

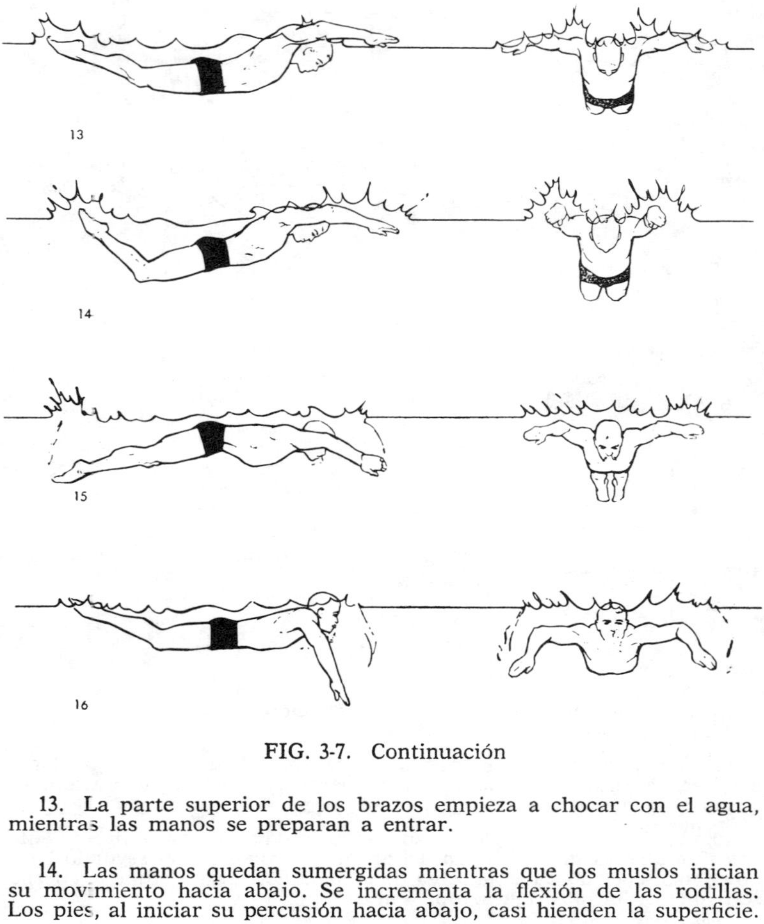

FIG. 3-7. Continuación

13. La parte superior de los brazos empieza a chocar con el agua, mientras las manos se preparan a entrar.

14. Las manos quedan sumergidas mientras que los muslos inician su movimiento hacia abajo. Se incrementa la flexión de las rodillas. Los pies, al iniciar su percusión hacia abajo, casi hienden la superficie.

15. La percusión hacia abajo del batido llega casi a completarse durante la primera parte de la tracción. El nadador, que ha estado reteniendo su respiración durante el ciclo de brazos anterior, inicia ahora la exhalación al comenzar la tracción de los mismos. La rotación de la parte superior de los brazos produce una posición elevada de los codos.

16. El nadador continúa su exhalación a medida que levanta su cabeza.

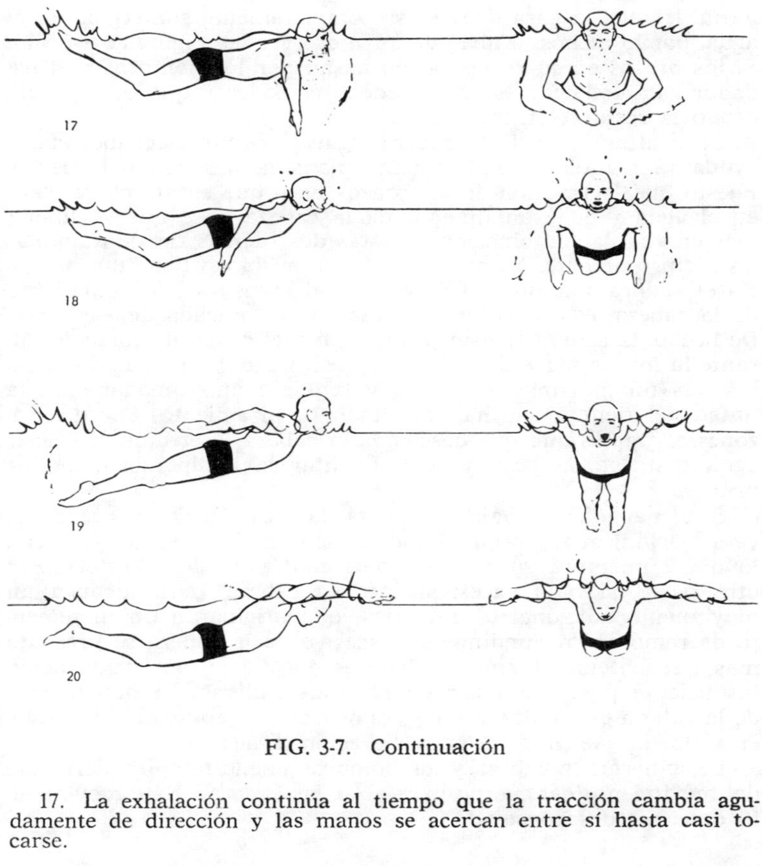

FIG. 3-7. Continuación

17. La exhalación continúa al tiempo que la tracción cambia agudamente de dirección y las manos se acercan entre sí hasta casi tocarse.

18. La cabeza es levantada principalmente por la flexión del cuello y la inhalación empieza antes que los brazos terminen su tracción. La percusión hacia abajo del batido coincide nuevamente con la terminación de los brazos.

19. Conforme los brazos inician la recuperación, la inhalación queda terminada (ver la Figura 3-4), concluyendo también la percusión del segundo batido.

20. Después de la inhalación, la cara es bajada al agua y los brazos terminan su recuperación mientras las piernas empiezan a subir.

Mientras los brazos pasan cerca de la cabeza en su recorrido hacia delante, la cara debe estar completamente sumergida en el agua, por lo menos al nivel de los ojos (ver las Figuras 3-6 y 3-7). Si los brazos en su recuperación pasan por los hombros y el nadador está todavía respirando, debe considerar que está practicando la respiración retrasada.

Si el alzamiento de la cabeza sigue el ritmo adecuado, puede ayudar a mantener relativamente plana la posición del cuerpo. Puesto que la tracción de los brazos hace que el cuerpo se eleve en el agua y el levantamiento de la cabeza hace que se hunda más en ella, la combinación de estas dos fuerzas tiende a anularlas recíprocamente. Ya que la tracción del brazo tiene una potencia elevadora superior a la fuerza de descenso del levantamiento de la cabeza, el cuerpo en esta fase de la brazada debe alzarse. De hecho, la cabeza se está levantando y el cuello flexionando durante la mayor parte de la tracción del brazo. La bajada de la cabeza es un movimiento rápido y requiere aproximadamente la mitad del tiempo que ha necesitado su alzamiento. Por dos razones es importante que descienda la cabeza: a efectos de que el agua sostenga su peso y para facilitar la recuperación de los brazos.

Si el nadador no baja su cabeza, la posición de su cuerpo se verá perjudicada, porque hundirá demasiado sus caderas, con lo que aumentará su resistencia frontal y la de la estela. Por otra parte, si baja excesivamente su cabeza, dará lugar a un movimiento adicional de altibajos, que originarán un incremento de rémora. Un hundimiento excesivo de la cabeza se presenta más frecuentemente entre nadadores que tienen un batido débil, insuficiente para mantener en alto sus caderas. El movimiento de la cabeza es empleado para compensar la debilidad del batido, en vista de que produce poca elevación de las caderas.

El sumergir la cabeza y los hombros puede también derivarse del movimiento del cuerpo para alzar las caderas. Este movimiento debe ser desaconsejado.

Respirando por el lado

Pocos nadadores de clase mundial han tenido éxito respirando por el lado. Hay válidas razones para demostrar que esta técnica no es tan satisfactoria como la respiración frontal: 1) no hay presión que reduzca alzamiento producido por la tracción de los brazos, 2) cuando se gira el cuello lateralmente, las vértebras están colocadas en una posición tal que el mismo puede apenas estirarse y mucho menos hiperextenderse. El nadador a fin de tener la boca desembarazada de agua, aun cuando respire por el lado, en el seno que se forma detrás de la curva de la ola, tendrá que levantarse con sus hombros más de lo que debería hacerlo si estuviera respirando directamente por delante.

La ilusoria característica de este tipo de respiración es la de que, puesto que la cabeza permanece en posición estática con relación al cuerpo, parece como si el nadador no ascendiera realmente tanto como lo hace cuando practica la respiración frontal.

¿Con qué frecuencia debe respirar el nadador?

Para un nadador el procedimiento normal es que respire menos a menudo en pruebas de velocidad, es decir, que en las distancias de 50 yardas, 100 yardas o 100 metros lo haga una vez cada dos o tres brazadas, y en distancias más largas más frecuentemente, respirando quizá cada una o dos brazadas en las pruebas de 200 yardas o 200 metros. Algunos nadadores han obtenido éxitos, aun cuando respiraban en cada brazada, incluso en pruebas de velocidad.

La norma de respiración que un nadador adopta debe ser finalmente determinada por la experiencia, pero para servir como guía, citamos los ejemplos de los nadadores que han realizado tiempos prominentes, circunstanciando las carreras precisas en que sus actuaciones fueron preeminentes:

Mike Troy: su regla de respiración, al ganar en 1960 en Roma el título olímpico de 200 m. mariposa, fue la siguiente: en los primeros 100 metros, una vez cada dos brazadas; en los segundos 100 metros, una pauta de uno-dos, dando dos brazadas y una respiración, y luego una brazada y una respiración.

Kevin Berry: al ganar la prueba de 200 metros en Tokio el año 1964, respiró en cada brazada a lo largo de la competición.

Walt Richardson: al ganar las 100 yardas mariposa en la NCAA, estableciendo el récord en :50,3, también respiró en cada brazada.

Fred Schmidt: al dejar establecido el récord de las 200 yardas mariposa en la NCAA en 1:51,3, respiró en una pauta de uno-dos, del principio al fin de la carrera.

Resulta que para distancias superiores a las 50 yardas, sería desatinado para un nadador que no respirara por lo menos en cada dos brazadas.

4

El «crawl» de espalda

El sistema de nadar sobre la espalda tiene, en la historia del hombre y en sus lances acuáticos, un origen muy oscuro. Ya en el año 1794 Bernardi (1) describió, aunque de un modo inadecuado, lo que aparentemente era una forma de braza de espalda elemental.

Para una posición perfectamente horizontal del cuerpo tendido sobre su espalda y paralelo a la superficie, la cabeza debe estar bajo el agua más arriba de las orejas —las piernas cruzadas a lo largo de la tibia y sobre el empeine para que tomen forma tan agudizada como sea posible. Si se mantuviesen separadas o ampliamente separadas, cuando la cabeza avanzase hacia delante se encontrarían con la resistencia del agua en forma proporcional al ángulo de su abertura, impidiendo de este modo, o por lo menos retardando, la marcha.

En 1871 en Londres el marqués de Bibbero (2) informó haber nadado una milla sobre su espalda en $39^1/_2$ minutos, sin mencionar el estilo exacto que había practicado.

Antes de dejar Londres, el 13 de noviembre de 1871, fue «inducido» a que aprovechase el ser presentado como de Manchester e «inventor del traje salvavidas». Por esta razón nadó una milla sobre la espalda en 39 ½ minutos (en aquella época no se incomodaban por los quintos de segundo).

El estilo de espalda era popular, pero vio su práctica limitada en tanto que estilo de competición hasta el año 1906, cuando las carreras de natación, tanto en los concursos nacionales como en los internacionales, fueron divididas en tres estilos: braza de pecho, braza de espalda y estilo libre. Desde esta fecha hasta

(1) Oronzio de Barnardi, *L'arte ragionata del nuotare*, partes I y II, volumen II, 99, en Ralph Thomas, *Swimming* (Londres: Sampson, Low, Marston & Co. Ltd. 1904), pág. 217.

(2) Thomas, *op. cit.*, pág. 365.

aproximadamente el 1912, que fue cuando se dio entrada al «crawl» de espalda, la braza elemental, o brazada doble de espalda, se practicaba en las carreras en forma indistinta tanto con el movimiento de piernas de rana, como con el de tijera. Después de la entrada del movimiento del «crawl» de espalda, las otras formas desaparecieron lentamente de las competiciones natatorias y actualmente sólo se enseñan como movimientos utilitarios.

Las reglas actuales, relacionadas con el estilo de espalda, son esquematizadas a continuación:

Los competidores se alinearán en el agua, dando cara al punto de salida, con las manos apoyadas en la pared o barra de la piscina o asideros de salida. Será obligación del juez de salida comprobar que los pies de los nadadores, incluyendo los dedos, estén bajo la superficie del agua y que ningún concursante se halle de pie, en o sobre el canal de desagüe, o enrosque en él los dedos de los pies.

El concursante en una competición de estilo de espalda no debe volver a la vertical con respecto al pecho antes que la mano haya tocado la pared de la piscina con el fin de virar o terminar. Es permitido virar sobre la vertical después que la mano delantera haya tocado, con el exclusivo propósito de ejecutar la virada, pero el nadador debe haber retornado de la posición vertical a la de espalda antes que los pies hayan dejado la pared (3).

Dentro de los límites de estas reglas puede practicarse cualquier clase de movimiento de espalda, pero el «crawl» de espalda con su acción alternada de brazos y su batido aleteado es tan superior, que ningún otro movimiento es practicado por los buenos nadadores de competiciones de espalda. Ha habido determinadas tendencias en la enseñanza y en la preparación de la mecánica de este estilo, pero aún hoy en día hay poca unanimidad de opiniones en relación con los principios generales relativos al mismo. Algunas autoridades en materia de natación y también la mayoría de los libros, defienden una tracción de brazo estirado con los hombros mantenidos en una posición que permite poco o ningún balanceo del cuerpo. Uno de los factores que ha contribuido a la confusión en que está envuelta la práctica de la tracción con el brazo estirado o la tracción con el brazo doblado, es que muchos de los más destacados nadadores de espalda no saben *cómo* traccionar sus brazos a través del agua, y han hecho declaraciones y celebrado entrevistas dando, sin mala intención, una torcida interpretación de lo que realizan cuando nadan. Para poner a prueba mi creencia de que esta última manifestación es cierta, he interrogado a espaldistas de clase mundial y he com-

(3) «Rules for Competitive Swimming», *Official Handbook of AAU* (1965), sección VI, pág. 8.

probado que ni uno solo podía razonablemente describir la acción de tracción de sus brazos. Esta carencia de disposición para conocer de una manera exacta lo que hacen, en relación a la mecánica de sus movimientos, no queda limitada a sólo los nadadores de espalda, sino que también es aplicable a los de los otros estilos.

Un cuidado examen de las películas bajo agua de los finalistas masculinos de los 200 metros espalda del AAU Nacional del año 1965, reveló que los ocho nadadores practicaban la tracción con el codo doblado. Sin embargo, la tracción con el codo estirado se enseña todavía y también es practicada por muchos nadadores, y quizás, a pesar de que yo lo dude, lo practican algunos nadadores de clase mundial. Uno de los más grandes espaldistas de todos los tiempos, Adolph Kiefer, que ganó los 100 metros espalda en los Juegos Olímpicos de 1936 en el tiempo de 1:05,9, practicó esta tracción. Tratándose de una persona con un gran talento natural y un competidor que tuvo la habilidad de alzarse con el cartel de una gran competición, Kiefer fijó a los espaldistas el patrón para muchos años. En algunas de las contadas películas de bajo el agua que del mismo poseo, se ve bien claramente que no dobla los brazos ni en el grado más mínimo.

Kiefer traccionaba los brazos a través del agua en un movimiento de semicircunferencia casi perfecta. Otros nadadores, cuando practican la tracción con el brazo estirado, lo zigzaguean con frecuencia en forma de una «S» mientras los arrastran a lo largo, y el nadador impele hacia abajo al final de la brazada. Sin embrgo, desde la época de Kiefer, el récord del mundo de los 100 metros ha sido rebajado por muchos nadadores que practican la tracción del codo doblado, hasta llegar al momento presente en que lo tenemos en menos de un minuto.

La tendencia que se sigue en la mecánica de los movimientos, a menudo es más el resultado de las opiniones de lo que preparadores y nadadores piensan acerca de lo que sus nadadores están haciendo que de lo que éstos realmente hacen. Estoy seguro de que la mayoría de los buenos espaldistas en «crawl», desde que el movimiento fue adoptado hace más de medio siglo, han practicado la tracción de codo doblado, aunque muchos de ellos lo hicieran inconscientemente. En la pasada década o en las dos últimas, hemos incrementado nuestra ansia de saber qué es lo que nuestros nadadores verdaderamente están haciendo, y puedo, por esta razón, dar por sentado que el estilo «crawl» de espalda no ha variado mucho desde su inicio; sólo nuestra apreciación acerca de él es lo que ha cambiado. La mejora de los tiempos en el estilo de espalda continuará, mientras prosiga mejorando nuestra comprensión de su mecánica.

Los principios mecánicos que rigen el estilo del «crawl» de espalda son los mismos que los que se aplican a los otros estilos. Por esta razón, se advertirá una repetición de los criterios que han sido expuestos para el «crawl» de frente y para el mariposa, y que aparecerán de nuevo en la descripción de la braza de pecho. Puesto que yo creo que es importante comprobar estas afinidades, no he intentado evitar repeticiones al debatir los principios mecánicos de los diversos estilos.

POSICION DEL CUERPO

En el estilo de espalda, el esfuerzo para aerodinamizar al cuerpo a fin de mantenerlo en una posición completamente horizontal debe moderarse por el hecho d eque pondría las piernas en una posición demasiado elevada para realizar con eficacia su trabajo. Al observar por primera vez películas tomadas bajo el agua de ellos mismos, muchos espaldistas se han sorprendido de lo hundida que era la posición de su cuerpo en el agua. Ellos —al igual que todos los nadadores— nadan a través del agua, no por encima de ella. Sin embargo, hay en muchos nadadores la tendencia, no a nadar demasiado alto y plano, sino justamente a colocarse en la posición opuesta a parecer «sentarse» en el agua. Esta peculiar posición es el resultado de un excesivo movimiento de alzamiento de caderas de obertura de navaja, a menudo emparejada con una flexión hacia delante del cuello. La posición baja de las caderas es llamada de «sentarse» en el agua (Figura 1-3, ilustración G) y ha sido defendida realmente por algunos. Sin embargo, produce un incremento de rémora y debe ser evitada.

La posición adecuada del cuerpo está relacionada con otras fases del movimiento y será expuesta en otras secciones de este capítulo.

EL BATIDO

El batido del «crawl» de espalda es similar al batido aleteado practicado en el «crawl» de frente, con la evidente diferencia de estar invertido. En el movimiento del «crawl» (Capítulo 2) se ha postulado que la función del batido es, en primer lugar, la de un estabilizador, que mantiene al cuerpo en una buena posición horizontal y reduce los movimientos laterales del mismo, producidos por los brazos al recuperar. Es natural que el batido cumpla en el estilo de espalda un papel similar, con la importante salvedad de que, al quedar anulado el movimiento lateral, aquél tiene lugar al final de la tracción, no a la recuperación del brazo. Esta acción se muestra claramente y se expone en la secuencia de fotografías del estilo de espalda (Figura 4-5).

Es bien sabido que, como *parte* de un conjunto de movimientos, cual es el batido dentro de la mecánica del estilo de espalda, cuando se enseña separadamente, se captará con mayor facilidad si se ajusta exactamente al movimiento tal como se presenta en su conjunto. Desgraciadamente, al igual que en el caso del batido en el estilo del «crawl» de frente, el nadador, cuando efectúa ejercicios de batido sobre espalda, los practica de un modo algo diferente que cuando nada el estilo en su conjunto, en que el cuerpo se balancea y el batido no siempre se realiza en plano vertical. Hasta ahora no hemos encontrado la manera de que el nadador pueda imitar este balanceamiento cuando practica los ejercicios de batido.

Esto no quiere significar que los ejercicios de batido en el estilo de espalda no sean importantes. Continúan siendo el mejor sistema de preparar las piernas convenientemente, así como de proporcionar al preparador la oportunidad de destacar determinados movimientos de batido, que no siempre se desarrollan en forma natural.

El nadador puede mejorar sus ejercicios de batido sobre la espalda si coloca ambos brazos más allá de la cabeza. Este método le ayuda a desarrollar una buena posición del cuerpo. Mientras sostiene sus brazos más allá de la cabeza, extiende los codos sin elevar los omóplatos en un movimiento de dilatación. Las manos deben mantenerse unidas o separadas ligeramente. Mientras el nadador está tendido en el agua y bate, debe intentar que sus pies apenas agiten la superficie sin que de hecho la rompan. Cuando los pies se hallan a su máxima profundidad, deben alcanzar de 45 a 60 centímetros por debajo de la superficie del agua. Debe mantener su cabeza dentro del agua hasta el punto que sus orejas queden sumergidas, pero no la cara. La posición de la cabeza debe ser ajustada por la flexión o extensión del cuello, a efectos de que, de acuerdo con su flotabilidad y la potencia del batido, pueda realizar los ejercicios de piernas en una posición aproximada a la que debe adoptar cuando nada. Cuando el nadador realiza sus prácticas de batido con las manos a los costados, tiende a bajar las caderas, pudiendo esta tendencia transmitirse a sus brazadas. El batido con ambos brazos más allá de la cabeza puede resultar dificultoso para una persona con escasa flexibilidad de hombros o debilidad de pies; aunque no es aconsejable, en tales casos se puede consentir que se practique el batido con un brazo más allá de la cabeza y el otro junto al costado.

Cuando el batido se integra al conjunto de los movimientos, cambia en amplitud, siendo dos, de las seis percusiones de cada ciclo completo, más amplias que las otras cuatro. Por esta razón puede ser de provecho para el nadador el practicar en forma alternativa empleando dos distintas holguras de percusión.

En el estilo de espalda, la fuerza propulsiva fundamental del batido tiene lugar en las percusiones hacia arriba, que es lo inverso del caso del «crawl» de frente. Las rodillas se doblan al percutir hacia arriba y se mantienen rectas durante la mayor parte del recorrido de percusión hacia abajo. Aparentemente es difícil, para la mayor parte de los nadadores, el mantener sus piernas estiradas suficientemente en la percusión hacia abajo. Tienden a batir desde las rodillas, fracasando al intentar poner los muslos suficientemente en movimiento. Los nadadores que baten de esta forma se encuentran con que sus rodillas sobresalen de la superficie del agua en la percusión hacia arriba, con lo que su batido es menos eficiente.

La Figura 4-1 muestra el batido de espalda tal como debe efectuarse en este tipo de ejercicios.

LA TRACCION DE BRAZOS

La discordancia previamente mencionada, entre la tracción del brazo doblado con respecto al brazo estirado en el estilo de espalda, continuará por muchas razones. La expresión «tracción de brazo doblado» no es verdaderamente descriptiva, ya que el simple doblar del brazo no garantiza una tracción acertada.

Un buen sistema de demostrar la ineficacia de la «tracción con el brazo estirado» es que el nadador coloque sus pies en un tubo de goma y se mantenga a flote en el agua sobre su espalda, con un brazo a su costado y el otro estirado más allá de la cabeza. Empleando el brazo que está más allá de su cabeza debe dar brazadas de tracción hacia atrás, manteniendo el codo completamente estirado. Se encontrará conque está dando vueltas sobre sí mismo en un pequeño círculo. Puede esto compararse a un piragüista bogando en forma de barrido para virar su embarcación. Debe después nadar un largo de piscina, con el tubo de goma todavía en sus piernas y, moviendo alternativamente sus brazos, practicar la tracción del codo estirado. Comprobará que avanza por la piscina en forma de zigzag. El nadador debe entonces repetir los mismos ejercicios, pero esta vez practicando la tracción con el brazo doblado en la forma descrita en este

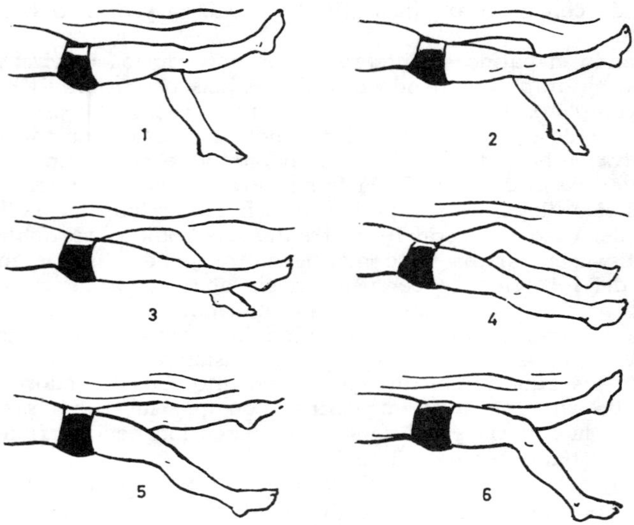

FIG. 4-1. Secuencia del batido en el estilo de espalda

Esta secuencia de fotografías muestra la mecánica del batido aleteado del estilo de espalda, en la forma que debe ejecutarse cuando el nadador realiza prácticas de batido.

1. En la primera figura el pie derecho se halla en la cima de la percusión hacia arriba, y el pie izquierdo al fondo de la percusión hacia abajo.

2. Mientras la pierna derecha inicia el descenso sin doblar la rodilla, el pie es flexionado dorsalmente. También el muslo de la pierna izquierda inicia la ascensión, se acrecienta ligeramente el doblamiento de la rodilla y el tobillo se flexiona por la planta, permitiendo a la parte superior de la pierna presionar hacia atrás el agua desde un ángulo ventajoso.

3. La pierna derecha sigue descendiendo. La rodilla izquierda parece hender la superficie del agua, pero este espejismo es producido por la concavidad creada en el agua por la pierna izquierda. Es importante que las rodillas nunca rompan la superficie del agua.

4. Continúa el batido hacia arriba de la pierna izquierda, producido por la extensión de la rodilla. La pierna derecha todavía no muestra ningún signo de flexión en la rodilla.

5. La pierna izquierda, próxima a completar el batido ascendente, se halla casi totalmente extendida. La pierna derecha empieza a doblarse por la rodilla.

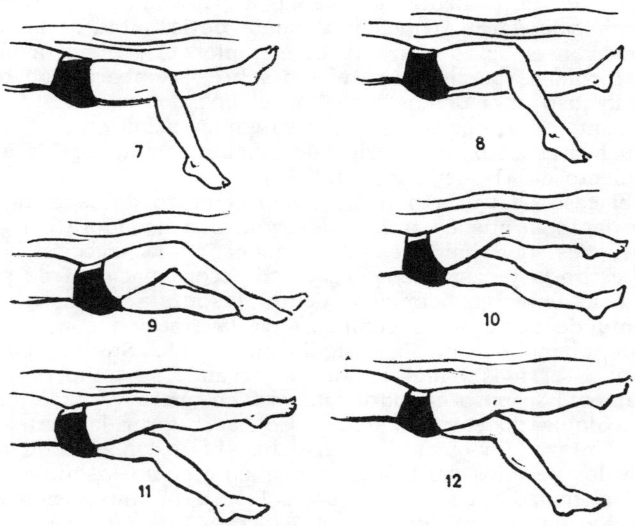

6. La mitad superior de la pierna izquierda ya ha iniciado su descenso, mientras que el pie izquierdo continúa ascendiendo con los dedos agitando apenas la superficie del agua. El muslo de la pierna derecha inicia la ascensión mientras que el pie sigue descendiendo. Esta combinación de movimientos es posible por la flexión de la rodilla.

7. Las rodillas se deslizan una al lado de la otra, pero los pies se mantienen separados 60 centímetros. La rodilla derecha se halla doblada casi en su máximo. El ángulo formado por el muslo y la pierna es de alrededor de 95°.

8. La pierna izquierda es impulsada hacia abajo sin doblar en absoluto la rodilla, mientras que la rodilla derecha conduce hacia arriba el movimiento de la pierna derecha. El pie derecho se extiende o flexiona por la planta al ser llevado hacia arriba.

9. La borrosa apariencia de ambos pies indica que se hallan al máximo de su velocidad al pasar el uno al lado del otro. En este punto, el empeine del pie derecho pasa al lado en línea paralela con el tobillo del pie izquierdo.

10. La rodilla derecha alcanza su máxima altitud, justo a 2 ½ ó 4 centímetros por debajo de la superficie del agua.

11. Los pies muestran una evidente desaceleración, a medida que en la fotografía desaparecen las notas borrosas. La rodilla izquierda ya ha iniciado la ascensión, estando el pie izquierdo todavía descendiendo.

12. A medida que los pies se aproximan a su máximo de separación, queda completado el ciclo del batido de piernas.

capítulo. Se dará cuenta de que las repercusiones laterales de la tracción quedarán reducidas a menos de la mitad de las de la tracción con el brazo estirado. El ejemplo del piragüista bogando en forma de barrido y su efecto sobre la embarcación puede servir incluso para demostrar cómo el bogador puede utilizar el movimiento en «J» para mantener su embarcación en línea recta. En muchos aspectos la tracción de espalda es comparable a este movimiento en «J» del piragüista.

En el caso de tracción ineficaz con el brazo doblado, una pequeña parábola puede explicar la razón. Una nadadora del grupo de juveniles, que había estado practicando la tracción con el brazo estirado y casi había llegado al récord nacional de su categoría, al tener conocimiento de mi respuesta afirmativa a la pregunta de si yo tenía confianza en la tracción con el brazo doblado, abandonó aquélla y siguió mi consejo. Sus tiempos empezaron a ser más y más lentos. Observando su estilo de nadar, rápidamente se puso en claro que, si bien ahora verdaderamente nadaba doblando el codo, dejaba de hacer girar la parte superior del brazo. En efecto, ella nadaba ahora con el codo caído, uno de los pecados cardinales, justamente como lo que está haciendo el nadador de «crawl» de la Figura 1-7, ilustración A. La corrección de su brazada para ajustarla a la pauta descrita dio como resultado una gran mejora en los tiempos y el ser seleccionada para los Campeonatos Nacionales AAU.

Esta experiencia demuestra que es preciso tomar alguna precaución cuando se tiene intención de modificar la tracción de brazos de un espaldista. Hay que estar seguros de que existe comprensión total del complejo de movimientos involucrados en el nadar correcto con el codo doblado. Como he indicado, el término, en sí mismo, se presta a confusión, ya que no es totalmente descriptivo. La tracción empieza con el codo estirado, aumentando el doblamiento en forma progresiva, mientras el brazo es traccionado hacia atrás y alcanza aproximadamente la mitad de su recorrido. Después de este punto, el codo empieza a estirarse hasta alcanzar su completa extensión al final de la tracción.

El brazo, con el codo estirado, entra en el agua en una línea recta enfrente al hombro. Cuando la mano entra, está vuelta en forma tal que la palma mira hacia fuera, siendo el dedo meñique el primero en entrar y el pulgar el último. El brazo, al entrar en el agua después de la recuperación, no debe detenerse en la superficie ni debajo de ella; la impulsión desarrollada durante la recuperación debe permitir hundir el brazo a una profundidad de 15 a 30 cms. En este punto los músculos de tracción entran en función y hay una suave transición desde el final de la recuperación hasta el inicio de la tracción. Poco después de que la tracción ha empezado, el codo inicia su doblamiento, mientras la mano y el brazo continúan hundiéndose más en el agua. Este descenso de mano y brazo es debido a la rotación del cuerpo. El doblamiento del codo va acompañado por una rotación de la parte superior del brazo, que impide que el codo caiga. La rotación de la parte superior del brazo, como ha sido descrita en los capítulos relacionados con los estilos del «crawl» y de la mariposa, es el movimiento exacto que el espaldista necesita acentuar durante la primera mitad de su tracción, y tiene lugar mientras va aumentando el doblamiento del codo. Cuando la mano se halla en una posición directamente opuesta a su hombro, el codo estará doblado 90 grados aproximadamente.

La Figura 4-3 muestra el doblado del codo en este punto, tal como aparece en los movimientos de tres preeminentes nadadores. La mano penetra en el interior de la superficie del agua unos pocos centímetros. Si hiende o entra en el interior con tres o cuatro centímetros de superficie abierta, arrastrará hacia abajo con ella burbujas de aire, y esto menguará la eficacia de la tracción. Después que se ha alcanzado este punto de máximo doblamiento de codo, la mano impele hacia atrás y hacia abajo con un cuarto de círculo de rotación de la palma impeliendo hacia el fondo de la piscina, al final de la tracción del brazo. La última mitad de la tracción se acaba con la extensión del brazo en una rotación continuada y con la aducción de la parte superior del mismo.

La impulsión hacia abajo, al final de la tracción, hace que el cuerpo se balancee sobre su eje longitudinal. Si la palma no mira hacia abajo al tiempo que el brazo termina su tracción, la mano tendrá que hundirse más a efectos de conseguir su fin, que es el de provocar el balanceo del nadador. En muchos casos la mano termina treinta centímetros debajo de las caderas, puesto que la palma está vuelta hacia los muslos a medida que empuja hacia abajo.

La tracción, desde su principio a su final, ha delineado la forma de una «S» aplanada. La Figura 4-4 muestra el tipo de tracción de tres buenos nadadores de espalda. Obsérvese la profundidad de la mano al final de la tracción y también la posición de la misma en este punto. El impulso hacia abajo es un movimiento rápido y, a efectos de su aceleración, es como un impulso de lanzamiento. A causa de ello y de su gran semejanza con el impulso con que se hace restallar un látigo, algunos espaldistas lo llaman la tracción del «látigo de la calesa».

Yo he fotografiado esta tracción entre buenos nadadores de un grupo de niños que tenían unos seis años y que nunca habían

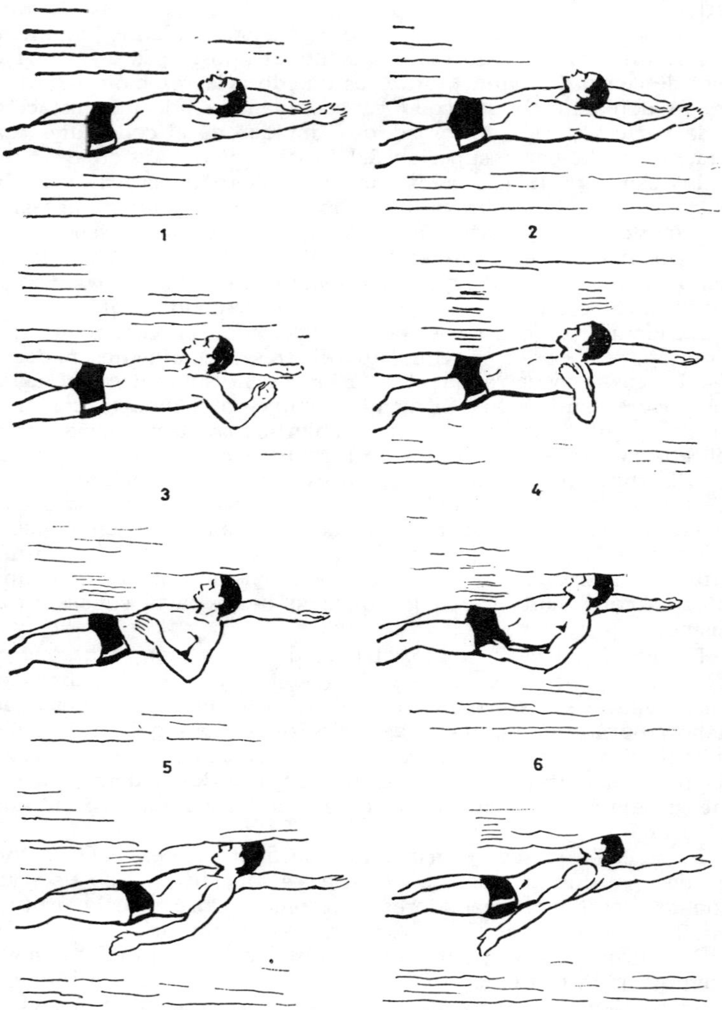
1
2
3
4
5
6
7
8

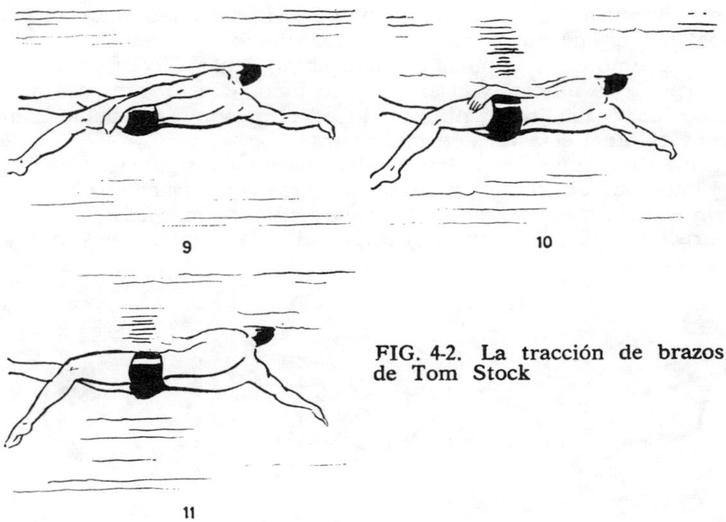

FIG. 4-2. La tracción de brazos de Tom Stock

Esta serie de fotografías muestra a Tom Stock, el antiguo detentor del récord del mundo de los 100 metros de espalda en :60,9 y de los 200 metros espalda en 2:10,9, en una excelente demostración de la correcta mecánica del doblamiento de brazos en la tracción del estilo de espalda. La tracción de brazos que aquí se pone a la vista es la primera brazada que efectúa después de un viraje y subsiguiente impulsión. Nos valemos de ella en esta serie de fotografías porque es la única en que las burbujas de aire creadas por la entrada del brazo no oscurecen el movimiento de la mano.

Stock empieza con el brazo estirado. A medida que tracciona hacia atrás, el codo empieza a doblarse y alcanza su flexión máxima (alrededor de 90°) cuando la mano pasa a la altura del hombro. Conforme la mano continúa hacia atrás, el codo empieza a extenderse hasta alcanzar su máximo al final de la impulsión hacia abajo.

En la recuperación del brazo hacia arriba, la palma se gira hacia la línea media del cuerpo. La muñeca se flexiona conforme la mano va saliendo del agua.

recibido una lección ni ninguna instrucción de preparador. Por lo tanto, supongo que por lo menos a algunos nadadores se presenta en forma espontánea.

Al efecto de sacar el máximo provecho de esta presión hacia abajo de la mano a fin de conseguir tener el hombro alto, el nadador debe permitir que sea sólo un hombro el que se alce mientras impulsa la mano hacia abajo. Si el nadador prueba de sostener el cuerpo plano, puede, por medio de la tensión muscular, hacer que la impulsión hacia abajo tenga efecto en todo el cuerpo y no únicamente en un solo lado. Puesto que esto no es deseable y que, en cambio, sí lo es el movimiento balanceante, debe evitarse esta tensión muscular.

En este punto, el balanceo del cuerpo consigue tres efectos: 1) hace que el hombro del lado del brazo que tracciona se eleve, con el resultado de que no se creará rémora innecesaria durante la recuperación del brazo, 2) coloca al brazo opuesto en un ángu-

A B C

FIG. 4-3. Tracción de brazos de tres campeones de estilo de espalda

Estas fotografías ponen a la vista dos posiciones clave, en la tracción de brazos, de tres campeones de estilo de espalda. La fotografía de arriba, en los tres casos, muestra la tracción del brazo cuando el codo alcanza su doblamiento máximo. Las fotografías inferiores muestran la tracción de los brazos cuando la mano ha alcanzado su sumersión más profunda bajo la superficie del agua. Generalmente se alcanza este punto al final de la tracción, antes de que el brazo empiece a recuperar hacia arriba.

A. Judy Humbarger, campeona nacional.

B. Gary Dilley, campeón nacional, ganador de la Medalla de Plata en la Olimpíada de 1964.

C. Charles Hickcox, campeón nacional.

lo mejor para que consiga una tracción más potente, y 3) si el nadador estuviera falto de la adecuada cantidad de balanceo, no sería capaz de doblar su codo en el ángulo deseable sin que su mano hendiera la superficie del agua.

La razón por la que el estilo de espalda no es tan rápido como los estilos de «crawl» y de mariposa, es la de que los brazos deben traccionar desde una posición desventajosa. Cuanto más lejos se colocan los brazos detrás de una línea paralela al costado del cuerpo, más débil será su movimiento depresor. Con el balanceo del cuerpo, el ángulo entre el brazo que tracciona y el hombro puede reducirse, con lo que la tracción se refuerza.

Como en el «crawl», el nadador no debe balancearse simplemente para balancear. Si no está atento, podría fácilmente balancearse demasiado. El grado de balanceo a cada lado es normalmente algo menor de 45 grados, entre nadadores con flexibilidad de hombros normal, y algo superior entre los de flexibilidad de hombros inferior a la normal. Los hombros y las caderas deben balancear simultáneamente. Si el nadador consiente que sus hombros balanceen, pero intenta mantener las caderas planas, se encontrará a sí mismo «culebreando» o teniendo un gran movimiento lateral en las piernas. Cuando sus caderas balancean adecuadamente, las piernas se hallan en posición en el momento oportuno de batir diagonalmente hacia arriba y a través de la línea central del cuerpo, anulando el retorcimiento que produce en la alineación del cuerpo la tracción del brazo en su segunda mitad. La cabeza debe mantenerse fija mientras el resto del cuerpo balancea alrededor. Entre buenos espaldistas la cabeza no da la impresión de balancear ni de efectuar ningún movimiento lateral.

Después que la mano impele hacia abajo, la tracción termina y la recuperación del brazo empieza, con la mano a una profundidad aproximada de cuarenta y cinco centímetros. La fase de recuperación bajo el agua del brazo debe efectuarse con un mínimo de resistencia creada por la mano al moverse hacia arriba. Muchos nadadores la llevan a término, bien flexionando la muñeca (como está fotografiado en la secuencia del estilo de espalda, Figura 4-5), o por rotación del antebrazo, de manera que la palma de la mano mire hacia dentro en dirección al muslo y casi tocándolo. Para transmitir adecuadamente la idea de cómo ha de ser recuperada la mano fuera del agua, debe explicarse al nadador que, al tiempo que la mano sale del agua, su dedo pulgar debe hacerlo en primer lugar. Alzar el brazo en este período puede impulsar el cuerpo hacia abajo en el agua, simplemente como una reacción al alzamiento. Es muy importante, en este punto de la recuperación del brazo, que el nadador percuta con

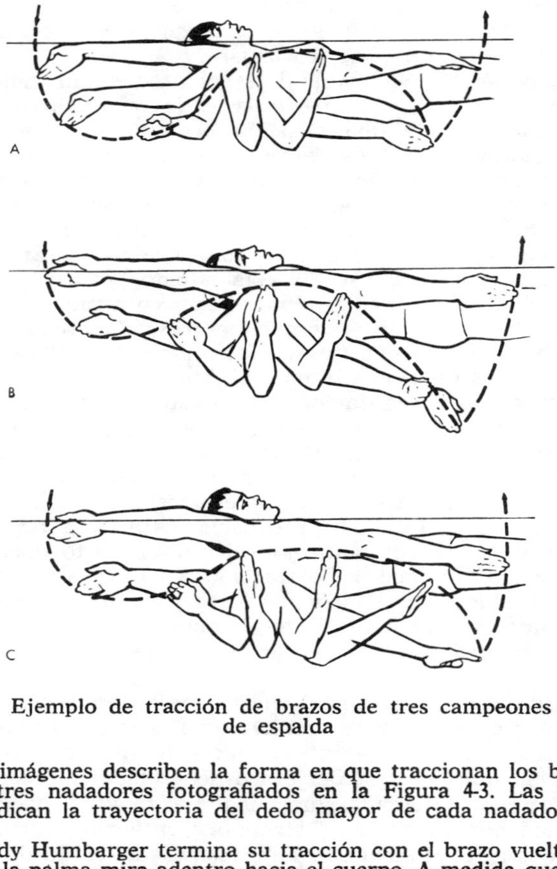

FIG. 4-4. Ejemplo de tracción de brazos de tres campeones de estilo de espalda

Estas imágenes describen la forma en que traccionan los brazos los mismos tres nadadores fotografiados en la Figura 4-3. Las líneas de trazos indican la trayectoria del dedo mayor de cada nadador.

A. Judy Humbarger termina su tracción con el brazo vuelto de manera que la palma mira adentro hacia el cuerpo. A medida que eleva su brazo hacia la superficie del agua, gira la mano hacia abajo.

B. Gary Dilley, al final de su tracción, impulsa hacia abajo con su palma y en seguida, antes de llevar hacia arriba su mano para que salga del agua, gira su brazo de manera que su pulgar quede en la parte superior y la palma mire al cuerpo a medida que la superficie del agua es hendida por la mano.

C. Charles Hickcox, al final de su tracción, impulsa más directamente hacia abajo con la palma de la mano que Humbarger o Dilley. Al recuperar el brazo fuera del agua, lo gira en forma similar a Dilley.

la pierna hacia abajo, por el mismo lado del brazo que recupera. El impulso hacia abajo de la pierna anulará el efecto de la subida del brazo. Este es un nuevo ejemplo de cómo fuerzas iguales y opuestas se anulan las unas a las otras, lo que normalmente sucede en forma automática.

La recuperación del brazo debe ser efectuada hacia arriba y adelante en una línea recta y vertical. Cualquier desviación de esta línea puede dar por resultado una reacción lateral del cuerpo. Si el brazo es lanzado en un movimiento circular, bajo y plano, habrá una reacción de las piernas en dirección opuesta. Para darse cuenta de esto, el nadador simplemente necesita flotar en el agua sobre la espalda con sus pies sostenidos por un tubo de goma y sus brazos sujetos a los costados. Mientras recupera el brazo de un lado, en la forma que ha sido descrita, se dará cuenta del movimiento lateral de los pies en dirección opuesta. Si repite el mismo movimiento de recuperación, pero efectuándola con el brazo en la forma prescrita del plano vertical, comprobará que no se produce movimiento lateral de piernas.

Durante la recuperación, el codo debe estar estirado, sin que sea preciso mantenerlo rígido por medio de tensión muscular. La recuperación ha de ser relajada, de movimiento balístico, con el grado mínimo de intervención muscular.

Mientras la mano hiende el agua, la palma debe estar hacia abajo o mirando al muslo. Entre este momento y aquel en que la mano pase cerca de la cabeza (o a medio camino de extremo a extremo de la recuperación del brazo) debe haberse vuelto en tal forma que la palma mire casi directamente de lado. La mano se mantendrá en esta posición hasta que la recuperación haya ya terminado.

La rapidez de la recuperación del brazo corresponde casi en forma exacta a la velocidad del brazo que tracciona, a efecto de que entre ellos haya una oposición casi completa en todo el conjunto del movimiento. Esta oposición de brazos es más completa en el estilo de espalda, que en el estilo del «crawl» de frente. En el «crawl» se ha demostrado que es posible para un brazo iniciar su movimiento de recuperación antes de que el otro haya terminado. Este movimiento no es posible en el estilo de espalda. Algunos espaldistas han intentado realizarlo por el sistema de precipitar la recuperación y únicamente han logrado consumar una descohesión de las brazadas con pérdida total del ritmo. Una de las cosas más agradables en la natación es ver la rítmica cadencia de dos brazos, tal como lo practica Frank McKinney, Jr., quien, incluso cuando estableció sus récords mundiales, no perdió en ningún instante su ritmo y se mantuvo sin dar la sensación de que realizase esfuerzo alguno.

Unos pocos años atrás, un buen número de nadadores, al final de la recuperación, introducían sus brazos en el agua por un ángulo apartado de la línea del hombro. Se ha afirmado que los brazos deben entrar en el agua marcando las horas 10 y a las 2, con la cabeza dirigida a las 12. Esta ampulosa entrada era admitida para eliminar la impulsión lateral de los brazos, que se presentaría durante los primeros treinta centímetros de tracción. La idea tenía una cierta lógica, pero en vista de que con ello la mano necesita un tiempo para hundirse a la profundidad de tracción, y también algún tiempo para acelerar, hasta que ataca con la velocidad del agua, la entrada amplia no asegura al nadador ninguna fuerza propulsiva hasta que casi ha terminado la mitad de la tracción de su brazo. Al permitir a la mano que entre en el agua en línea

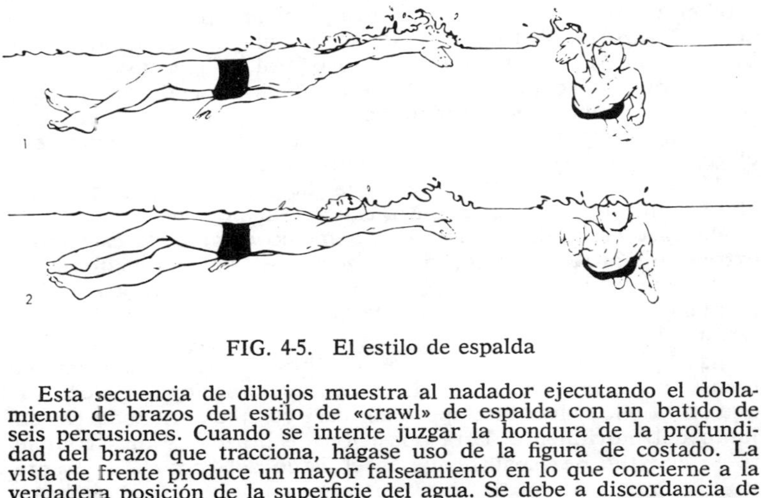

FIG. 4-5. El estilo de espalda

Esta secuencia de dibujos muestra al nadador ejecutando el doblamiento de brazos del estilo de «crawl» de espalda con un batido de seis percusiones. Cuando se intente juzgar la hondura de la profundidad del brazo que tracciona, hágase uso de la figura de costado. La vista de frente produce un mayor falseamiento en lo que concierne a la verdadera posición de la superficie del agua. Se debe a discordancia de convergencia en la serie de fotografías de las que estos dibujos han sido tomados.

1. La secuencia empieza mientras el brazo izquierdo entra en el agua directamente por encima del hombro, con el dedo meñique entrando el primero en el agua. La mano derecha ha terminado su tracción y en su recuperación está empezando a moverse hacia arriba.

2. La impulsión hacia abajo desarrollada por el brazo izquierdo, durante la última fase de su recuperación, hace que el brazo con el codo todavía extendido se hunda en el agua. El brazo derecho se mueve hacia arriba al mismo tiempo que lo hace la pierna izquierda. Esta coordinación se ve en muchos buenos espaldistas.

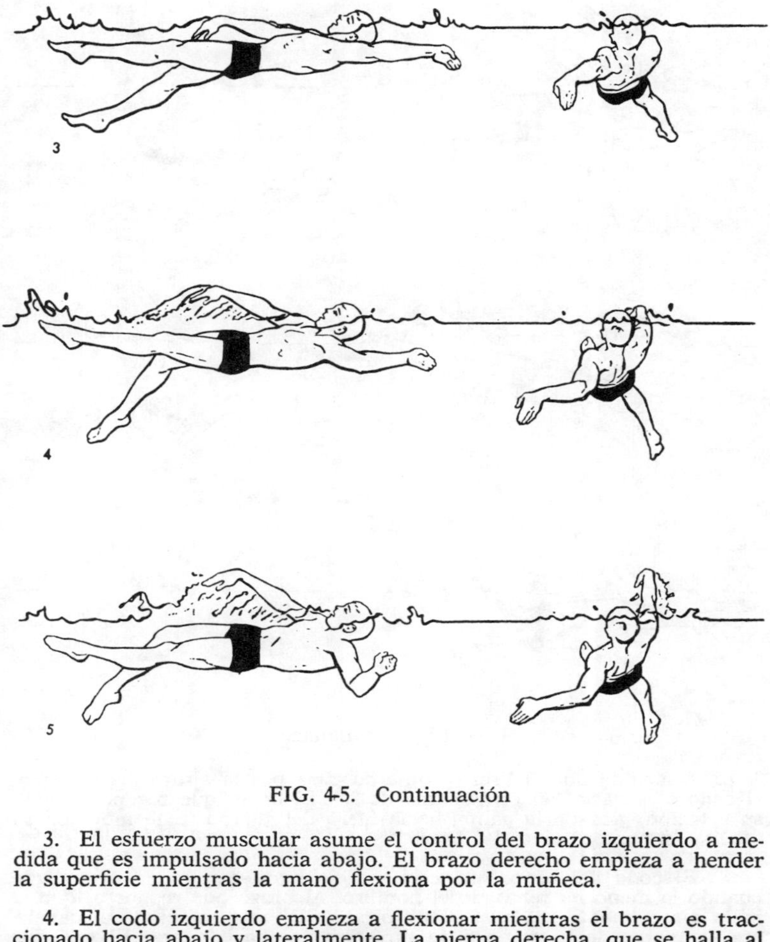

FIG. 4-5. Continuación

3. El esfuerzo muscular asume el control del brazo izquierdo a medida que es impulsado hacia abajo. El brazo derecho empieza a hender la superficie mientras la mano flexiona por la muñeca.

4. El codo izquierdo empieza a flexionar mientras el brazo es traccionado hacia abajo y lateralmente. La pierna derecha, que se halla al fondo de su tracción hacia abajo, empieza a subir en un ángulo ligeramente en diagonal.

5. La tracción del brazo izquierdo continúa a medida que la flexión del codo va aumentando. La palma de la mano que tracciona mira casi directamente hacia atrás. El brazo derecho recupera directamente hacia arriba. La pierna derecha empieza la percusión hacia arriba en un ángulo diagonal.

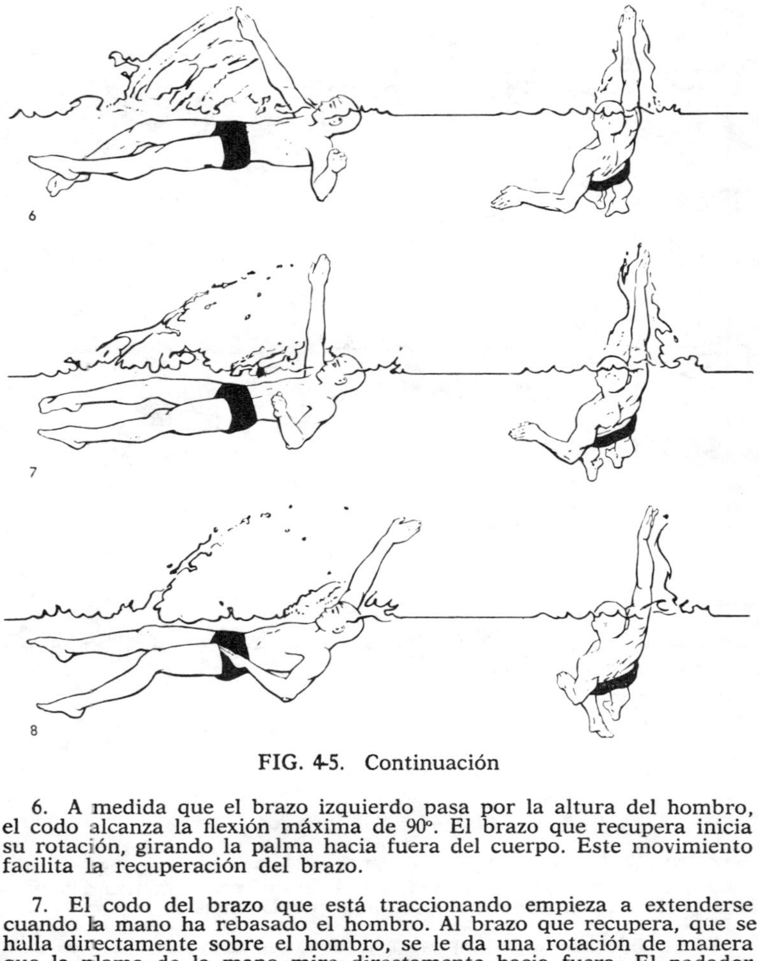

FIG. 4-5. Continuación

6. A medida que el brazo izquierdo pasa por la altura del hombro, el codo alcanza la flexión máxima de 90°. El brazo que recupera inicia su rotación, girando la palma hacia fuera del cuerpo. Este movimiento facilita la recuperación del brazo.

7. El codo del brazo que está traccionando empieza a extenderse cuando la mano ha rebasado el hombro. Al brazo que recupera, que se halla directamente sobre el hombro, se le da una rotación de manera que la plama de la mano mire directamente hacia fuera. El nadador cierra su boca para mantener fuera las gotas de agua que caen del brazo que recupera. En este punto del ciclo de movimientos, el cuerpo alcanza su máximo balanceo de 40° a 45°.

8. Se cambia la posición de la mano izquierda, llevando la palma más cerca del cuerpo y pronta a empezar la impulsión casi directamente hacia abajo. El brazo que recupera continúa su trayectoria vertical.

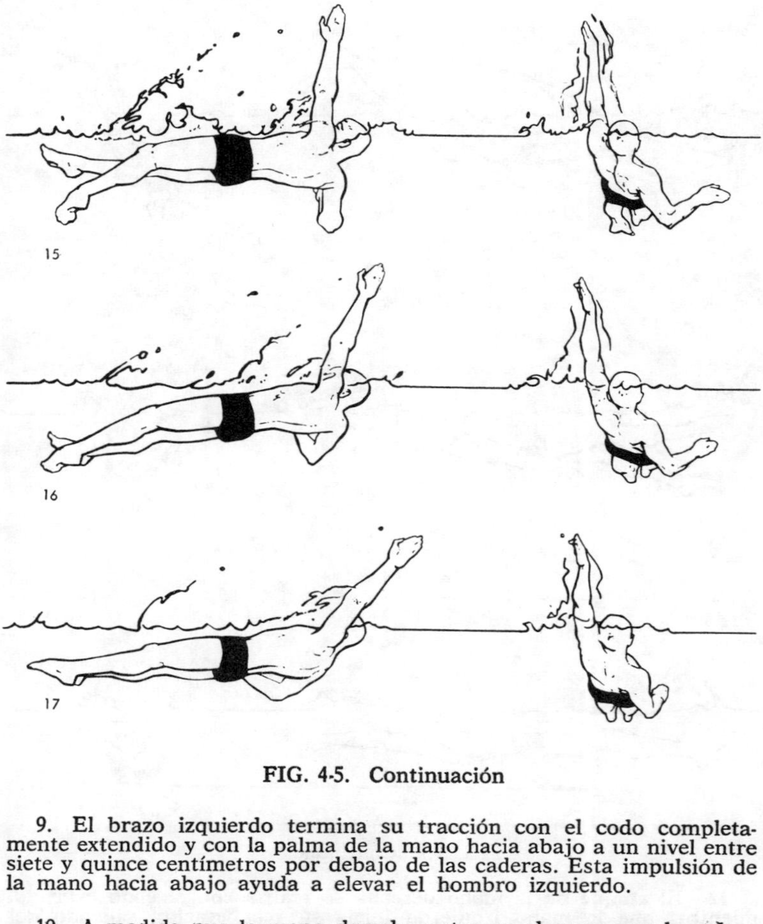

FIG. 4-5. Continuación

9. El brazo izquierdo termina su tracción con el codo completamente extendido y con la palma de la mano hacia abajo a un nivel entre siete y quince centímetros por debajo de las caderas. Esta impulsión de la mano hacia abajo ayuda a elevar el hombro izquierdo.

10. A medida que la mano derecha entra en el agua, con la palma mirando afuera, el brazo izquierdo inicia su recuperación hacia arriba. El nadador aquí dibujado está levantando su brazo con la palma mirando abajo. Muchos nadadores giran el brazo de manera que la palma de la mano mire adentro, hacia la línea media del cuerpo (ver Figuras 4-2 y 4-4). Ambas técnicas son aceptables. En este punto de los movimientos ninguna de las manos ejerce fuerza propulsiva alguna.

11. El hombro izquierdo hiende el agua antes de que se inicie la recuperación fuera del agua del brazo izquierdo. La mano derecha se hunde en el agua, preparándose para su ataque.

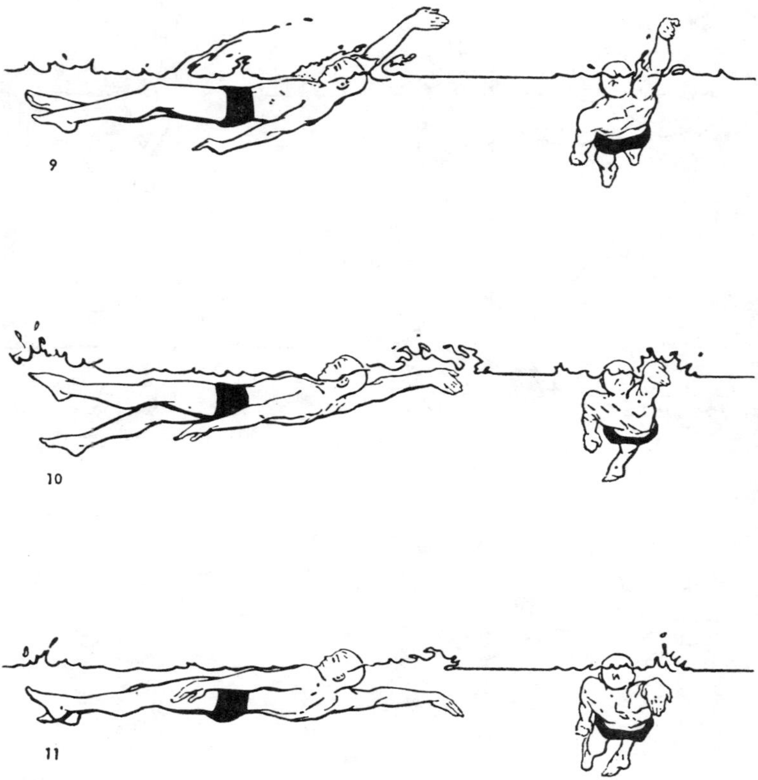

FIG. 4-5. Continuación

12. El ataque de la mano derecha se realiza con el codo estirado, mientras que la mano izquierda inicia su recuperación saliendo del agua. La pierna izquierda bate diagonalmente hacia abajo. Una vez más el batido hacia arriba de la pierna coincide con el alzamiento final fuera del agua del brazo del lado opuesto.

13. El doblamiento del brazo derecho se hace evidente a medida que baja lateralmente.

14. La mano derecha, directamente en oposición al hombro, aplica su fuerza apuntando hacia atrás. El hombro izquierdo se eleva por encima y más allá del agua, debido en primer lugar a la rotación del cuerpo.

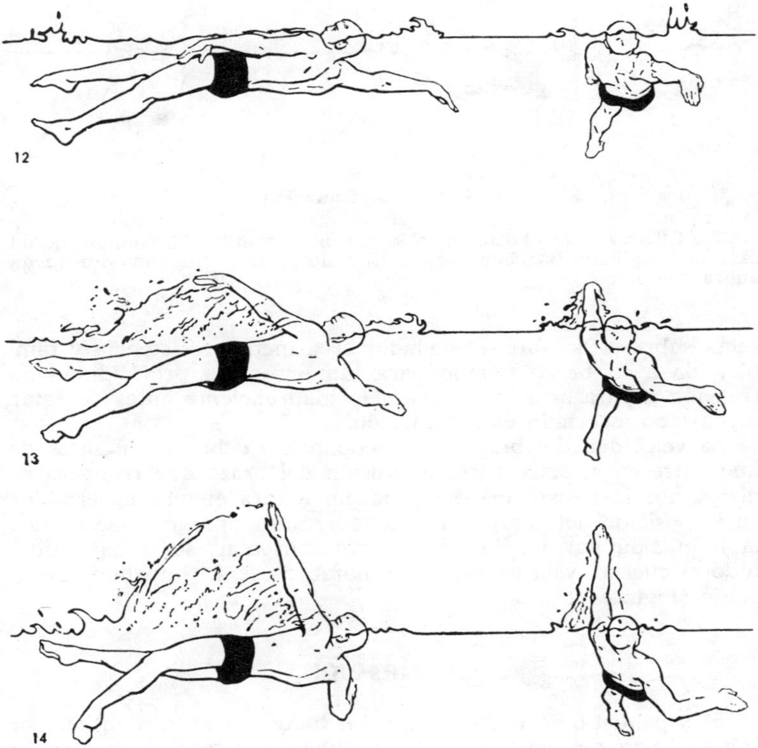

FIG. 4-5. Continuación

15. El brazo que tracciona ha completado la mitad de su movimiento de tracción. De este punto, la mano avanza hacia el cuerpo, tendiendo a impeler las caderas en dirección opuesta y a desbaratar la alineación del cuerpo. Este movimiento puede anularse por la impulsión diagonal y hacia arriba de la pierna izquierda.

16. A medida que el brazo izquierdo inicia su impulsión hacia abajo, la pierna izquierda continúa impulsando diagonalmente hacia arriba.

17. La mano izquierda, con la palma hacia fuera, continúa su movimiento de recuperación, mientras la mano derecha impulsa hacia atrás y abajo.

18

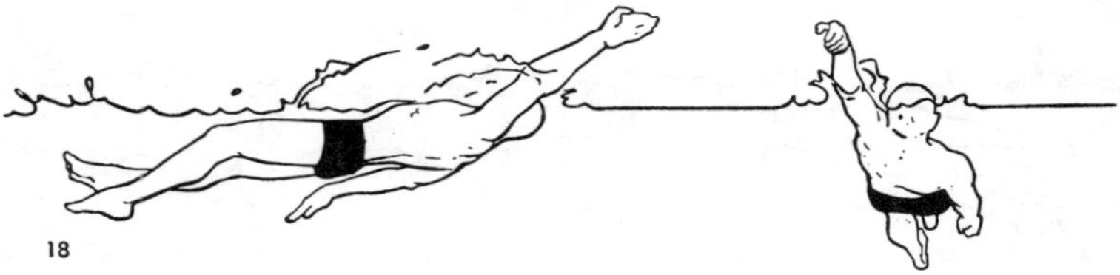

FIG. 4-5. Continuación

18. El brazo derecho termina la tracción cuando la mano izquierda casi ha terminado la recuperación. El ciclo total del movimiento queda ahora completado.

recta sobre el hombro, el nadador crea menos resistencia y también da a su brazo tiempo para hundirse a la profundidad de tracción y para acelerar a una velocidad eficiente antes de estar demasiado avanzado en su tracción.

La velocidad del brazo que recupera no debe variar antes de que entre en el agua. Si la impulsión del brazo que recupera se disipa por la resistencia del agua, no tendrá efectos apreciables en la posición del cuerpo del nadador. Sin embargo, si se reduce la impulsión por medio de esfuerzo muscular, se transferirá a todo el cuerpo, y la cabeza y los hombros serán impelidos hacia abajo (Figura 1-15).

RESPIRACION

El espaldista, en razón de que en todo momento mantiene su cabeza fuera del agua, tiene un problema de respiración que es distinto del de los especialistas de los otros estilos. Puede respirar cuando lo desea, y esto por sí solo presenta ya un problema. Es posible que respire superficialmente y, en particular cuando está cansado, puede encontrarse *jadeando,* o respirando en forma muy rápida, en que la cantidad de aire que renueve sea tan reducida en cada inhalación y exhalación que rebase apenas el cuarto de litro. A fin de impedir que ocurra esto, de vez en cuando, en los entrenos y en alguna competición, debe refrenar su respiración para ver si su frecuencia rebasa la de una inhalación y una exhalación por ciclo de brazos. En la práctica, puede establecer su ritmo de respiración inhalando en la recuperación de un brazo y exhalando durante la recuperación del otro. Puesto que la inhalación requiere menos tiempo que la exhalación, este método no parece ser cabal; sin embargo, puede servir como guía al establecer una norma general.

Los espaldistas que nadan mucho «crawl» no tienen un problema tan grande con la respiración superficial, pero en todo caso es fácil de corregir. Mucha de la mecánica respiratoria es reflejo de la naturaleza y necesita muy pocos reajustes de nuestra parte.

5

La braza de pecho

La braza de pecho es el más antiguo de los estilos de competición y uno de los más conocidos sistemas de natación. Sin embargo, fue precedido por muchos métodos, siendo dignos de mención los que imitaban los movimientos humanos y los de los animales. Aunque hubo casos aislados de gente que practicó estilos más perfeccionados, durante los tiempos antiguos estos dos movimientos fueron populares de extremo a extremo de la civilización occidental. Sin embargo, la imitación de los movimientos humanos y de animales era muy cansada e ineficiente. Por otra parte, no proporcionan una posición estable en el agua. Se sintió la necesidad de unos movimientos más efectivos que permitieran una posición estable aun en aguas revueltas y con los que se pudiera mantener la cabeza fuera del agua. Ya en 1690 un francés, Thevenot, escribió lo siguiente:

> Nadar con la cabeza hacia el cielo, o sea mirar hacia arriba, pues si supiéramos cómo hacerlo no habría tantos ahogados como hay diariamente, ya que esto sucede porque... se mira hacia abajo para abrazarse al agua con los brazos (1).

Al principio del siglo XVI se hizo mención por primera vez de un método que parecía encarnar las exigencias de la gente de aquella época. En este estilo hizo aparición el movimiento simultáneo de los brazos y, aunque los pies eran todavía batidos alternativamente en la forma de un puntapié humano (esto es, con la fuerza propulsiva del puntapié desde el empeine), este método puede ser considerado como el paso inicial en la evolución de la braza de pecho.

En el siglo XVIII la braza de pecho fue conocida con el nombre de estilo rana, lo que parece indicar que hubo un alar-

(1) Melchisedech Thevenot, *The Art of Swimming*, 3.ª ed., págs. 18-19. Traducción al inglés editada por John Lever, Little Moorgate, cerca de la Muralla de Londres, próximo a Moorsfield, 1699.

gamiento en las piernas. A pesar de que la rana percute hacia atrás en línea recta, desdobla sus rodillas.

En 1798 Guts Muth manifestó que nadar sobre el pecho era el estilo que entonces se practicaba por todas partes de Europa. Dijo que se hacía trabajar la parte superior de los pies, no la planta, y añadió que era un error comparar el estilo de pecho con el de la rana (2).

Se cree que la evolución siguiente tuvo lugar poco después de que Muth escribiera su descripción; fue el cambio de la impulsión hacia delante, que del empeine pasó a la planta del pie. En 1842 R. H. Horne (3) determinó que la potencia derivada de la presión de cuña era mayor que la que procedía de la planta de los pies, y de este modo se inició una controversia que todavía permanece sin solucionar.

Hacia la segunda mitad del siglo XIX se produjo un gran interés en el desarrollo de la natación de competición, en forma muy especial en Inglaterra. La braza de pecho fue el primero de los estilos que se practicó en los campeonatos, pero no se debe pensar que fuese el único. Se practicaron otros estilos, y algunos nuevos evolucionaron en lo que después hizo la popularidad de la braza de pecho. Notables entre éstos fueron la braza de costado, la braza de costado con un brazo por encima (conocido en España como «over sencillo») y el «trudgen crawl» (o «caminar arrastrado»)

Los días 24 y 25 de agosto de 1875, el capitán Matthew Webb atravesó el canal de la Mancha desde Dover a Calais en 21 horas y 45 minutos, y esto dio un gran impulso a la natación. Practicó el sistema de la braza de pecho. A pesar de esta gran proeza de un nadador de braza de pecho, se produjo un retroceso en esta forma de nadar en provecho de otros movimientos más rápidos. El cambio de siglo vio a casi todos los nadadores de competición practicando el «over» sencillo, y el «trudgen crawl», y el advenimiento del «crawl» australiano entre los años 1900 y 1905 acarreó un incremento en la pérdida de interés hacia la braza de pecho. Esto puede atribuirse a que, en este período, las competiciones no se hallaban divididas en las clasificaciones de los distintos estilos en que actualmente se hallan. Se establecía una determinada distancia y el primer nadador que la alcanzaba (sin distingo de estilo) era suficiente para declararle vencedor. La carrera de braza de pecho a menudo era presentada en los pro-

(2) *Kleines Lehrbuch der Schwimmkunst zum Selbstunterrichte*, pág. 99. citado en Ralph Thomas, *Swimming*, pág. 99.
(3) Ralph Thomas, *op. cit.*, págs. 98-99.

gramas de encuentros de natación como una carrera de novedad, y no fue hasta en 1906 cuando en las competiciones nacionales se establecieron tres clases. Estas fueron: braza de pecho, braza de espalda y estilo libre. Durante este año, A. Goersling ganó la carrera de las 200 yardas de braza de pecho en 2 minutos y 52,6 segundos.

Sin embargo, el énfasis en la natación de competición recayó en los concursos de estilo libre, con el resultado de que la mayoría de buenos nadadores no participaban en el concurso de braza de pecho.

La braza de pecho pasó por constantes experimentos de nadadores en sus intentos de incrementar su velocidad. Entre los primeros reajustes, fue notable el movimiento bajo el agua, en el cual el nadador sumergido realizaba de una a cuatro brazadas. Los brazos eran traccionados en una larga y rápida pasada dirigida abajo, hacia los costados. El batido y la tracción eran simultáneos y no alternos. Este movimiento ayudaba a los nadadores de percusiones débiles, los cuales confiaban la parte más fundamental de la propulsión a la tracción de los brazos.

En la braza de pecho la mayor de las innovaciones fue la introducción del movimiento mariposa, en el cual los brazos eran recuperados fuera del agua. Este nuevo movimiento, en que se continuaba practicando el batido de la braza de pecho, fue empleado por primera vez en concurso el 16 de diciembre de 1933. En esta ocasión fue Henry Myers quien la practicó, en un encuentro en el Brooklyn Central YMCA (4). Myers perdió la carrera, pero otros nadadores se sintieron intrigados por esta inovación y empezaron a practicar el movimiento con éxito mayor. Los Juegos Olímpicos de 1936 vieron vencer al bracista ortodoxo japonés Detsuo Hamuoro, en el tiempo de 2:42,5. El mejor puesto que pudo lograr un nadador de mariposa (John Higgins) fue el cuarto. Sin embargo, antes de la competición había conseguido establecer el récord en 2:41,1.

Durante el período que media entre 1933, cuando el estilo mariposa fue introducido, hasta después de los Juegos Olímpicos de 1952, en que la braza de pecho y la mariposa fueron considerados concursos diferentes, no era extraño ver en la misma carrera unos nadadores practicando la mariposa y otros la braza de pecho. A menudo algunos nadadores alternaban en el mismo concurso ambos movimientos. En 1942 cuando yo gané el concurso de los 200 metros en la National AAU Outdoor, nadé los primeros 100 metros en mariposa, los siguientes 50 metros en braza

(4) De la correspondencia personal entre el autor y Henry Myers, 4 diciembre 1957.

de pecho ortodoxa, y los últimos 50 metros en mariposa. Los mariposistas masculinos anonadaron a los nadadores ortodoxos en los Juegos Olímpicos de 1948 y de 1952, en que los dos estilos quedaron divididos en dos concursos separados y el batido delfín fue legalizado para los mariposistas. Si los concursos no hubieran sido separados, la braza de pecho histórica habría desaparecido como estilo de competición.

En la braza de pecho era permitido nadar bajo el agua, no sólo con una brazada después del viraje, como establecen las actuales reglas, sino que podía hacerse en cualquier momento de la carrera. En los Juegos Olímpicos de 1956 el concurso de braza de pecho fue ganado por Masura Furukawa en el tiempo de 2:34,7. Después de estos Juegos, las reglas fueron reformadas, para excluir el nadar bajo agua, a excepción de una sola tracción y un batido prolongado después de los virajes y de la salida, y para exigir que la cabeza cortara la superficie del agua en todos los otros momentos de la carrera. Empleando este estilo de nadar, Terry Gathercole estableció el récord del mundo en 2:36,5. La técnica de Gathercole comportaba mantener la cabeza en posición inclinada y, mientras que tenía un batido excelente, su tracción era relativamente débil. Se decía que recibía el 80 por ciento de propulsión de su batido y sólo el 20 por ciento de sus brazos. En los Juegos Olímpicos de 1960 fue vencido por Bill Mulliken con un tiempo de 2:37,4.

En el verano de 1961 fue presentado por Chet Jastremski, de la Universidad de Indiana, un nuevo estilo para nadar la braza de pecho, con el cual rebajó todos los récords del mundo: los 100 metros de 1:11 a 1:07,5 y los 200 metros de 2:36,5 a 2:29,6. El batido relativamente pobre de Chester hacía necesario conjugar sus movimientos con un esfuerzo que aerodinamizase el cuerpo, a fin de conseguir una propulsión de brazos más efectiva.

Un gran número de bracistas han imitado con éxito el estilo de Jastremski, pero si bien muchos de los movimientos introducidos por él pueden ser de ayuda a los bracistas de tipo corriente, debe recordarse que cada nadador tiene que aplicar en su beneficio sus propias disposiciones y aptitudes. Por ejemplo, un nadador con una buena propulsión de batido puede confiar en disponer un deslizamiento adelante más largo que el de Jastremski. Chet era un nadador de *brazos,* no de *piernas.* Braceaba los 100 metros braza de pecho, con los pies en un tubo de goma, en 1:19, mientras que recorría la misma distancia, batiendo en una tabla, en 1:29. Muchos bracistas, especialmente mujeres, y nadadores de grupos juveniles, baten en la braza de pecho más rápidamente de lo que arrastran con los brazos.

El estilo de Jastremski originó un rápido cambio, dando importancia a la tracción de los brazos, a un batido relativamente poco amplio del tipo trallazo, y a un movimiento de arriba abajo de la cabeza para respirar.

Las siguientes reglas regulan la manera de nadar la braza de pecho.

Ambas manos deben ser impelidas juntas desde el pecho hacia delante, encima o debajo de la superficie del agua, y llevadas hacia atrás simultánea y simétricamente.

El cuerpo debe ser mantenido perfectamente sobre el pecho y ambos hombros en plano horizontal. Los pies deben extenderse simultánea y simétricamente, con las rodillas dobladas y abiertas. El movimiento deberá continuar en una rápida pasada, redondeada y hacia fuera de los pies, juntando las piernas. Están prohibidos los movimientos arriba y abajo de las piernas, en el plano vertical. Hender la superficie del agua con los pies no es motivo de descalificación, a menos que haya sido producido por un movimiento arriba y abajo de las piernas.

Al tocar la pared en los virajes o al final de una carrera, deberá efectuarse con ambas manos simultáneamente y al mismo nivel. Los hombros deben estar en posición horizontal, en línea con la superficie del agua. (Nota: Es legal el toque por encima y por debajo de la superficie del agua.)

Cualquier concursante que realice movimientos de brazadas laterales, será descalificado.

El nadar por debajo de la superficie del agua está prohibido, excepto para una sola brazada y un solo batido de pies, después de la salida y de los virajes.

La posición de inicio de la braza de pecho será con los brazos juntos y extendidos hacia delante, con las piernas juntas y extendidas hacia atrás. En el instante en que las manos abandonen la posición alargada, habrá empezado el nadar. Completos o incompletos, los movimientos de los brazos o piernas, a partir del inicio, serán considerados como brazada o batido completo. En la braza de pecho, después de la salida o de los virajes, empieza ya el segundo ciclo de movimientos, y una parte de la cabeza deberá siempre cortar la superficie del agua (5).

POSICION DEL CUERPO

Como en el caso de todos los estilos, el cuerpo debe estar tan aerodinamizado u horizontal como sea posible, y así permitir que brazos y piernas realicen su función creadora de propulsión. Fotografías de nadadores principiantes y de nadadores de competición de poco mérito, efectuadas bajo el agua, revelan que nadan

(5) «Rules for Competitive Swimming», *Official Handbook of the AAU* (1965), sección VI, págs. 7-8.

con sus cuerpos en ángulo agudo, creando de este modo una gran resistencia frontal y también de estela (Figura 1-3, ilustración C).

Una posición del cuerpo bien aerodinamizada está relacionada con las otras mecánicas del estilo y será debatida en relación con las mismas.

EL BATIDO

La controversia levantada alrededor del batido de la braza de pecho se ha concentrado particularmente en el origen de su fuerza propulsiva. Hay dos teorías predominantes acerca del batido: la teoría del movimiento de la cuña y la teoría del movimiento del trallazo.

La teoría del movimiento de la cuña

La más antigua explicación de este batido y quizá la más natural, como fue descrita por Davis Dalton en 1907 (6), expone que el nadador debe mantener «las piernas estiradas hacia fuera, juntarlas..., de este modo, el agua comprimida entre las piernas impele el cuerpo hacia delante». El que muchas personas siguen sosteniendo este criterio, se demuestra por el hecho de que todavía se editan publicaciones que encarecen la opinión de que la cuña es la mejor fuente de potencia en el batido de la braza de pecho. Sin embargo, el agua es una materia dúctil y no es razonable suponer que pueda ser forzada hacia atrás, sino más bien que, al dejar el espacio entre las piernas, se producirá un flujo en dirección hacia arriba y hacia abajo alrededor de las mismas.

La teoría del movimiento de propulsión de cuña ha sido también presentada como una explicación del origen de la potencia del batido aleteado. Los ensayos de eliminación de batidos por medio del movimiento de la cuña han demostrado que no existía evidencia que demostrase que la cuña incrementa la eficacia del batido aleteado (7).

En la cuña, la recuperación de las piernas se lleva a cabo por abducción (o extensión) de la parte superior de los muslos mientras las caderas flexionan. Los talones se mantienen unidos todo

(6) Davis Dalton, *How to Swim* (Nueva York: Knickerbocker Press, 1907), páginas 24-26.

(7) Thomas K. Cureton, «Mechanics and Kinesiology of Swimming (The Crawl Flutter Kick)», *Research Quarterly*, I, núm. 4 (diciembre 1930), 97-98.

a lo largo de la fase de recuperación. La flexión de las caderas prosigue hasta que la parte superior de las piernas se halla en la perpendicular de la línea del cuerpo. El ángulo formado entre los muslos es de 100° aproximadamente. Cuando las caderas alcanzan el máximo de flexión, las piernas son lanzadas hacia fuera y hacia atrás y en seguida se estrechan entre sí. Las rodillas alcanzan su extensión máxima inmediatamente después que las piernas empiezan a juntarse, de manera que los últimos dos tercios o tres cuartos del batido consisten meramente en una compresión de agua entre las piernas totalmente extendidas. De este modo, una vez que las piernas están extendidas, hay poca o ninguna impulsión hacia atrás de agua con las plantas de los pies. Después que las piernas han sido extendidas, los pies mantienen en el agua, tan aproximado como les es posible, el mismo plano que durante la fase de batido. Los pies se invierten (vueltos hacia dentro) durante la última parte del movimiento.

Teoría del movimiento del trallazo

Los que proponen la segunda teoría declaran que la potencia que se deriva de la cuña es desdeñable y que el impulso hacia delante se consigue casi exclusivamente por el impulso del agua hacia atrás por medio de la planta de los pies.

En la recuperación del batido del trallazo hay menos flexión en las caderas y más en las rodillas. El ángulo formado por el plano del cuerpo y la parte superior de la pierna es de unos 45°, y no uno de 90° como en el batido de cuña. Los talones son llevados hacia arriba hasta que casi tocan las nalgas y hay menos separación de las rodillas. Los talones se mantienen ligeramente separados durante la recuperación.

Mientras se inicia la fase del batido, las rodillas son llevadas hacia dentro y los pies impulsados hacia fuera. Este movimiento se consigue por la rotación hacia dentro de la parte superior de las piernas, la cual no es patente en el batido de tipo de cuña. Si las piernas giran hacia el interior, es imposible que los dedos de los pies apunten hacia fuera, como hacen en el batido de cuña. La parte superior de las piernas se vuelve hacia fuera mientras ellas se juntan hasta hallarse en alineación normal. Las rodillas no alcanzan la extensión total hasta que las piernas casi se tocan. Los pies terminan el batido presionando hacia atrás con una ligera curva elevada. La potencia de este batido proviene principalmente de los músculos extensores de la rodilla y de los extensores de la cadera. Los músculos abductores entran en acción, pero su importancia normalmente es exagerada, por la creencia de que los músculos que sirven para girar la pierna hacia dentro son más importantes que los abductores.

La anchura del batido del trallazo es menor en las rodillas, pero en los pies no es mucho más estrecho que en el batido de cuña.

Las pruebas de las experiencias concernientes a los dos batidos han sido presentadas en dos estudios separados. Uno, de Frances Cake, determinó que: «Cuando se dominan los dos batidos, [el batido del trallazo] es superior en potencia, rapidez y ahorro de movimiento con respecto del batido de cuña» (8).

En 1947 yo estudié experimentalmente los dos batidos y llegué a determinar que:

Los resultados de las pruebas demostraron de manera concluyente que el batido del estilo del trallazo era superior al de la cuña en todos aspectos —rapidez, fuerza propulsiva, ahorro de movimiento—, y en que era capaz de mayor velocidad que el batido de cuña.

El batido de trallazo parecía tener una ventaja adicional en la fase de recuperación, pues las piernas no eran arrastradas tan hacia delante, y así no creaban tanta resistencia como en el batido de cuña. La diferencia principal entre estos dos batidos era el punto al que alcanzaba la extensión de las piernas. En el batido de cuña, las piernas lograban la extensión máxima inmediatamente después de juntarse (una separación de setenta y cinco centímetros a un metro veinticinco en los talones). En el batido del trallazo hay una determinada rotación hacia dentro de las piernas, mientras los pies son impelidos hacia fuera al inicio de la fase del batido.

La teoría de la acción compresora como fuente de propulsión se demostró errónea en las pruebas de la cuña, suprimiendo batido y observando las corrientes de agua. Se suponía que la fuerza propulsiva del batido derivaba de la presión del agua hacia atrás producida por la parte inferior de las piernas y los pies.

Las siguientes generalizaciones pueden ser resultado del estudio relacionado con la forma más eficiente de efectuar el batido de la braza de pecho. En la recuperación debe emplearse la cantidad mínima de esfuerzo muscular y crear tan poca resistencia como sea posible. No obstante, se deben colocar las piernas en la posición deseable para iniciar la fase del batido. Las rodillas no deben estar demasiado separadas. A medida que se inicia la fase de batido, los talones de los pies casi deben tocar las nalgas... La fase de batido debe empezar con un impulso hacia fuera de los pies, mientras las rodillas empiezan a juntarse. Esto se lleva a término por la rotación hacia dentro y la aducción de la parte superior de las piernas... Las piernas no deben alcanzar su extensión total hasta que ya casi se toquen. Cuando el batido ha terminado, las piernas deben estar con las plantas flexionadas (de canto), con el fin de crear la menor resistencia posible. Sin

(8) Frances Cake, «The relative Effectiveness of the Two Types of Frog Kick Used in Swimming the Breaststroke», *Research Quarterly*, 13 (marzo 1942), 201-4.

embargo, el nadador debe intentar relajarlas, ya que un excesivo esfuerzo para estirarlas sólo produce cansancio (9).

Una buena posición de las piernas después de la recuperación (en cuanto concierne a la aerodinamización del cuerpo) sería un ángulo de flexión de aproximadamente 30° en las caderas. Sin embargo, esto no colocará las piernas en posición sólida para impulsar hacia atrás. Las piernas son relativamente débiles en esta posición y el impulso hacia atrás de los pies debe realizarse en primer lugar por los músculos extensores de la rodilla (grupo de músculos extensores cuatríceps). Si las caderas se flexionan hasta un ángulo de 50° a 60°, se creará una rémora mayor, pero será más que compensada por la superior potencia del batido, la cual puede ser atribuida al aumento de aprovechamiento de los músculos extensores de la cadera (en primer lugar el músculo glúteo máximo). (Ver la Figura 5-1.)

Cuando la pierna se ha flexionado en un ángulo de 90°, el incremento de rémora será más que compensado por el mayor impulso de la pierna. Una flexión de la cadera de esta magnitud va acompañada por una repentina elevación de las caderas por encima del agua y una consiguiente caída durante el impulso hacia atrás de las piernas. El defecto evidente de este tipo de movimiento es la moción arriba y abajo de las caderas. El óptimo grado deseable de flexión de las caderas parece hallarse entre los dos ángulos previamente indicados de 50° a 60°.

Mientras las piernas son impulsadas hacia atrás, importa mucho que el nadador procure extender las caderas, a efectos de que la parte superior de la pierna pueda ser impelida hacia arriba en dirección a la superficie. Si no se hace así, el camino del impulso de los pies será diagonalmente hacia abajo, describiendo una forma de «V» cuando vayan a juntarse. Este último movimiento no es conveniente, porque hace que los pies empujen las caderas demasiado arriba, más bien que en dirección hacia delante y, al final del batido, deja a los pies en una posición en que crean rémora excesiva. Igualmente, al finalizar el batido, tampoco permite el máximo empleo de los músculos extensores de la cadera. Algunos nadadores de escasa mecánica tienen los talones a una profundidad de setenta centímetros y aún más por debajo de la superficie.

Un aspecto importante del batido de la braza de pecho es la progresiva aceleración en la rapidez de movimientos de los pies, a medida que el batido llega a su fin. El inicio del batido debe

(9) James E. Counsilman, «A Cinematographic Analysis of the Butterfly Breaststroke» (tesis presentada en la University of Illinois, 1948), págs. 101-2.

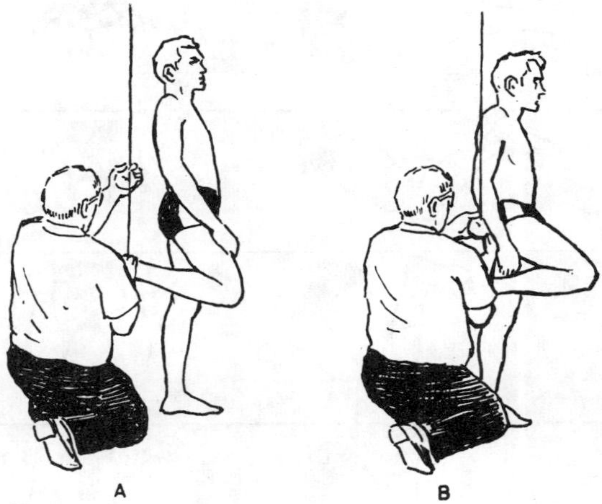

FIG. 5-1. Variación de potencia de las piernas en dos distintas posiciones

Las dos figuras superiores demuestran, de acuerdo con las mediciones de un tensiómetro, la variación en potencia de la impulsión de la pierna en dos distintas posiciones. La posición A muestra el doblamiento máximo de rodilla, pero con algo de flexión en las caderas (un ángulo de 150° entre el tronco y el muslo). La posición B muestra la rodilla doblada al máximo, pero con una mayor flexión en las caderas (un ángulo de 130° entre el tronco y el muslo). La posición A crea un promedio de potencia de 28 quilos, mientras que la posición B da un promedio de potencia de 96 quilos, o sea proporciona una fuerza más de tres veces superior.

hacerse con un movimiento firme aunque no rápido, que permitirá al nadador sentir la presión del agua en la planta de sus pies. Mientras las piernas impelen hacia atrás, debe incrementarse la velocidad de los pies hasta que se alcance la máxima velocidad durante el último cuarto del batido. El mayor error que puede realizar un nadador es que durante la primera parte del batido lo acelere tanto que, durante su último cuarto, los pies casi se arrastren juntos. La rapidez de esta impulsión está directamente ligada con la extensión de las rodillas. Esta es otra razón por la que las rodillas no deben alcanzar la extensión máxima hasta que los pies estén casi juntos.

En la braza de pecho el movimiento del tobillo es muy importante. Los bracistas necesitan una gran flexibilidad de tobillo,

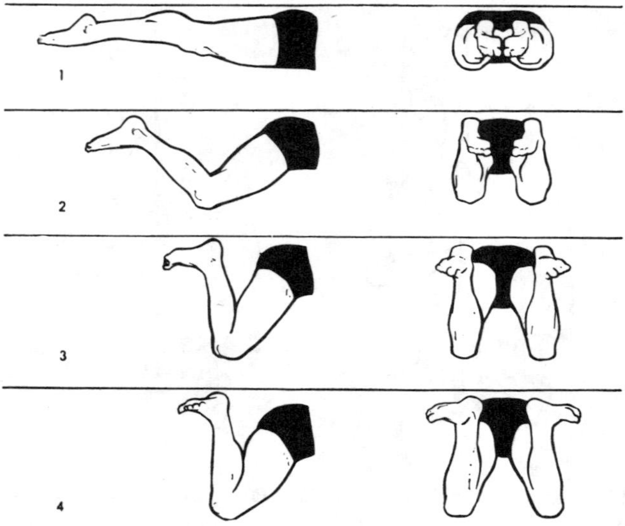

FIG. 5-2. El batido del trallazo en la braza de pecho

Esta secuencia de dibujos describe cómo debe ejecutarse la mecánica correcta del batido del trallazo en la braza de pecho, cuando se realizan ejercicios de batido en la tabla a propósito. De hecho, cuando se utiliza el batido en el conjunto del estilo, los pies bajan más profundamente en el agua que ahora, en otros momentos del movimiento. Ello es debido a la reacción de la tracción y al levantamiento de la cabeza.

1. Cuando los pies no se hallan empeñados en el movimiento del batido, deben ser mantenidos en posición totalmente extendida y aerodinámica inmediata a la superficie del agua. Los pies deben hallarse flexionados por su planta.

2. La recuperación de las piernas empieza por una flexión de las mismas en las caderas y en las rodillas. La mayor parte de los preparadores, incluyéndome a mí mismo, intentamos que los nadadores mantengan unidos los talones a medida que son llevados hacia arriba. Los que consiguen batir mejor mantienen los talones unidos en la forma que aquí se muestra, pero en este punto son muy pocos los que logran que los talones se toquen.

3. A medida que los talones se aproximan a las nalgas, los pies empiezan a flexionar dorsalmente y los talones y las rodillas se separan ligeramente.

4. Las rodillas y las caderas alcanzan su máxima flexión mientras los dedos de los pies son girados hacia fuera y los tobillos flexionados dorsalmente. El ángulo formado por el tronco y los muslos es de 125°.

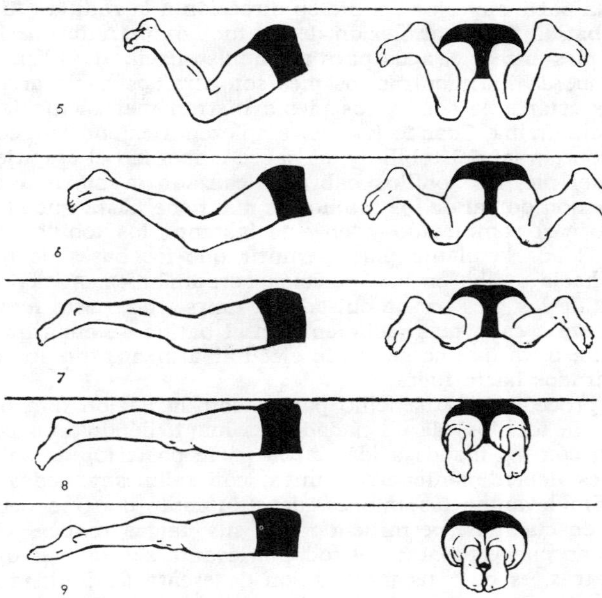

FIG. 5-2. Continuación

5. Los primeros centímetros de la impulsión hacia atrás de la pierna no son propulsivos y son utilizados por las piernas para acelerar y para permitir a los pies que se sitúen bien, para lograr una buena impulsión atrás con los lados y base de los pies. En este punto, los pies han encajado el agua y se tornan eficientes.

6. Conforme las rodillas se extienden, los pies son impulsados hacia fuera y hacia atrás. Los muslos son llevados para arriba, cerca de la superficie del agua, por medio de la acción de los fuertes músculos extensores de la cadera. Los pies, todavía flexionados dorsalmente, empujan el agua con sus plantas.

7. Conforme las piernas se extienden por las rodillas, tienden a juntarse. Los muslos continúan su ascensión.

8. Las rodillas alcanzan casi la extensión total cuando los pies se hallan sólo separados por unos centímetros.

9. A medida que el batido termina, los pies son flexionados por la planta. El nadador mantendrá esta posición deslizante unos cortos momentos, durante los cuales sus pies se elevarán unos centímetros, hasta que los talones casi rompan la superficie.

especialmente para flexionar dorsalmente los pies (esto es, para llevar la parte superior del pie en dirección a la rodilla). Al empezar el batido, la buena flexión de los tobillos permite que la base de los pies encaje el agua para el impulso hacia atrás. En la fase de recuperación, mientras los pies son atraídos hacia arriba, los tobillos están relajados y los pies arrastran meramente las rodillas hacia arriba. Cuando los pies empiezan a extenderse, se inicia la flexión dorsal del tobillo y, al haber empezado el empuje hacia atrás del pie, los tobillos habrán alcanzado la máxima flexión. Esta flexión dorsal de los tobillos se mantiene hasta que el batido ha sido casi completado y, en este instante, los tobillos son flexionados por la planta para permitir que las bases de los pies miren hacia arriba en una posición aerodinámica. A menudo las plantas de los piès son impulsadas a unirse, pero este movimiento se lleva a cabo más fácilmente en el batido de cuña que en el del trallazo, ya que no se puede ejecutar a menos que los muslos sean girados hacia fuera.

Un procedimiento sencillo para medir la flexión dorsal (flexibilidad de tobillos) de un nadador es manteniéndolo en posición erguida con las manos asidas en la parte posterior de su cuello. Sus pies deben mantenerse juntos, con talones y dedos tocándose. Sin levantar los talones, debe intentar ponerse completamente en cuclillas, permitiendo que sus nalgas toquen los talones. Si no puede bajarse del todo, si levanta sus talones o se cae hacia atrás, es que sus tobillos son de escasa flexibilidad dorsal y está necesitado de ejercicios de elasticidad de los mismos. Estos ejercicios son expuestos en el Capítulo 10, «Ejercicios en seco».

Lesiones en las rodillas

Un cierto número de nadadores de braza de pecho se quejan de molestias de rodillas y, en algunos casos, el dolor ha alcanzado el punto en que los nadadores han tenido que decidirse por otro estilo. Este dolor puede ser debido a lesiones musculares, pero más frecuentemente es producido por lesiones de los ligamentos o tendones de los músculos. El nadador puede evitar estas lesiones por tres procedimientos: 1) dilatando sus piernas con ejercicios apropiados antes de entrar en el agua (la experiencia con mis nadadores me ha enseñado que los ejercicios en seco, que fortalecen y también alargan los músculos de las piernas, ayudan a prevenir lesiones, porque los músculos que sostienen las rodillas, cuando son fuertes, impiden que se dañen los ligamentos y los tendones de las mismas), 2) haciendo el batido con solamente un esfuerzo moderado hasta tanto que las piernas se han desentumecido, y 3) eliminando una prematura extensión de las rodillas durante el impulso hacia atrás de los pies. Este movimiento de cuña produce una fatiga a los ligamentos medios de las rodillas, junto con una posible lesión de los músculos aductores de los muslos que comprimen las piernas juntas.

Si bien algunos se han quejado de dolores en las rodillas debido a practicar el batido del trallazo, los nadadores que lo han practicado adecuadamente no han padecido ningún daño. La mecánica correcta del batido del trallazo puede ser aprendida más fácilmente si se practica el batido tendido sobre la espalda, con los brazos asidos sobre la cabeza. En la Universidad de Indiana empezamos cada sesión haciendo alrededor de media hora de ejercicios de batido en esta posición.

LA TRACCION DE LOS BRAZOS

En la braza de pecho la tracción de los brazos empieza con un ataque profundo a una profundidad de veinte centímetros por debajo de la superficie. Si el nadador inicia su tracción a nivel de la superficie, tendrá una tendencia a elevarse demasiado arriba y perderá energía en movimiento de arriba abajo. Durante el deslizamiento, las manos se mantienen de tal manera que casi se tocan, con los codos completamente estirados y las palmas giradas diagonalmente de lado, en preparación para la tracción. Después de terminado el batido y cuando el nadador nota que su velocidad hacia delante disminuye un tanto, hace que sus manos empiecen a desplegarse sin casi aplicar esfuerzo muscular alguno; mientras las manos se separan —con los codos todavía extendidos— empieza a moverlas diagonalmente hacia fuera y hacia abajo. Cuando se hallan separadas alrededor de treinta centímetros, los codos empiezan a doblarse ligeramente y la parte superior del brazo a girar un poco, al igual que en la tracción del «crawl» y de la mariposa. El nadador de braza de pecho también desea ejecutar una tracción de codo en alto a efectos de poder impeler hacia atrás el agua desde un ángulo más efectivo. Esta posición de codo elevado aparentemente para muchos nadadores no es un movimiento natural, y debe serles enseñado. Mientras el nadador tira hacia atrás, tiene que sentir cómo aumenta en sus manos la presión mientras continúa la aceleración de sus brazos a lo largo de la tracción. Durante el impulso, los codos no deben nunca estar más altos que los hombros, pero sí siempre más arriba que las manos (Figura 5-3).

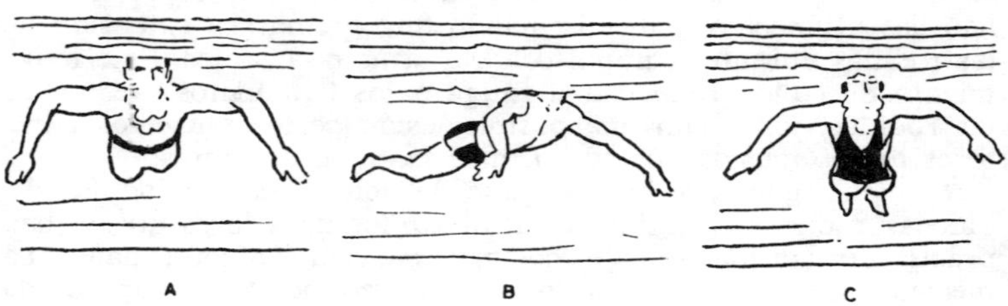

FIG. 5-3. La tracción con el codo elevado de tres campeones de braza de pecho

Estas fotografías muestran la tracción de brazos de tres campeones de braza de pecho, cuando sus manos se hallan en la máxima separación de sus brazadas y en buena posición para impulsar el agua hacia atrás.

A. Chet Jastremski.

B. Tom Trethewey, antiguo campeón nacional y detentor del récord NCAA de las 200 yardas braza de pecho en 2:10,4. La tracción de brazos de Trethewey se muestra en diagonal.

C. Catie Ball, campeona nacional y detentora del récord del mundo de los 100 y los 200 metros.

Los tres susodichos nadadores tienen una buena mecánica de movimientos, especialmente Jastremski y Ball. Trethewey tiende a bajar ligeramente sus codos. Los diagramas de la Figura 5-4 completan el modelo total de la tracción de Jastremski y de Trethewey.

Mientras el nadador tracciona hacia atrás, modela con sus manos un dibujo en forma de corazón. La Figura 5-4 muestra este dibujo en tres buenos bracistas, tal como es visto directamente por debajo. Durante la tracción, los codos nunca van más allá del nivel del hombro; si lo hicieran, el nadador bajaría los codos. Una vez que la tracción ha terminado y el nadador inicia la recuperación de los brazos, la rotación lateral, más la aducción de la parte superior de los brazos, puede hacer que los codos lleguen más allá de esta línea.

Mientras los brazos acaban la tracción e inician su recuperación, se produce en el nadador la gran tentación de detener su movimiento de brazos, antes de comenzar a recuperar. La detención de los brazos en este punto es llamada por los nadadores «quedar clavado», y debe evitarse. La moción del brazo desarrollada durante la tracción tiene que ser completada, como se

A. Chet Jastremski muestra una mecánica casi perfecta en la tracción de brazos. Chet no baja los codos o los lleva cerca de las costillas, como en el grabado C.

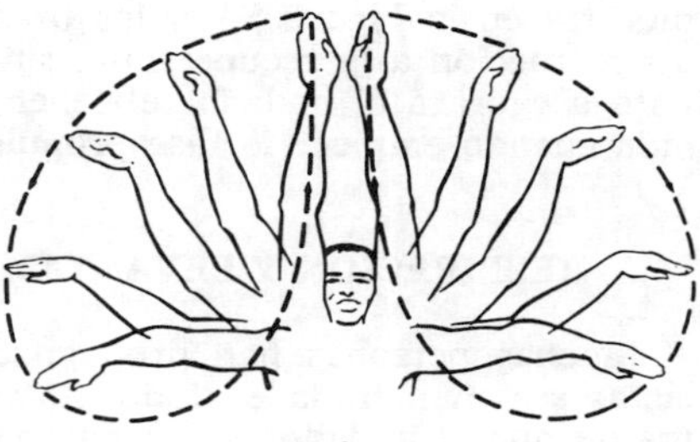

A

B. Tom Trethewey pierde algo de eficacia en su tracción al bajar los codos. Su recuperación es ejecutada con las manos impulsadas hacia delante a la anchura de los hombros, en vez de estar casi tocándose.

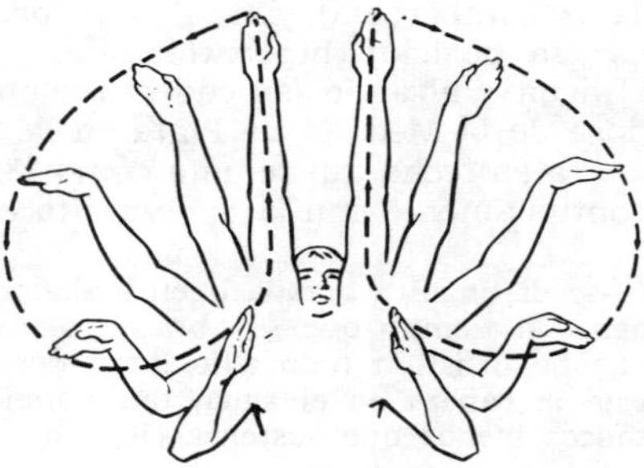

B

C. Claudia Kolb, ganadora de la Medalla de Plata de los 200 metros braza de pecho en los Juegos Olímpicos de 1964. Claudia, como la mayoría de las muchachas, está faltada de potencia de brazos para traccionar adecuadamente, y en consecuencia baja sus codos y los impulsa hacia sus costillas. Este movimiento produce pérdida de eficacia. Como consecuencia, Claudia confía en su batido como fuente máxima de fuerza propulsiva, al igual que hacen muchas muchachas.

C

FIG. 5-4. Ejemplo de tracción de tres campeones de braza de pecho.

Estos grabados muestran la pauta que sigue el dedo mayor, a medida que los brazos traccionan, y en la recuperación.

muestra en la Figura 5-4, y los brazos deben pasar directamente de la tracción a la recuperación sin detenerse en su movimiento. Esto asegurará al nadador el tener las manos en posición extendida cuando empiece la fase propulsiva del batido.

RESPIRACION Y LEVANTAMIENTO DE LA CABEZA

Muchas personas han propugnado que la cabeza de los bracistas sea mantenida en todo momento en posición alta, a efectos de que el nadador sea capaz de nadar en una posición invariable. Esta posición de la cabeza ha sido empleada por muchos nadadores, algunos de los cuales han tenido éxito (por ejemplo, Terry Gathercole). Otros nadadores han mantenido sus cuellos en esa posición hiperextendida, y descendiendo la cabeza bajo el agua y alzando las caderas, como lo hace Claudia Kolb, ganadora de la Medalla de Plata en la Olimpíada de 1964.

Ya en fecha tan remota como 1896, la importancia de no nadar continuamente con la cabeza alta era destacada por escrito:

> ... se distinguirá a cada buen nadador del mundo por su boca bajo el agua, al tiempo que sus brazos se separan... Es prácticamente en lo que he insistido todo a lo largo de este libro: que cuanto más baja esté la cabeza en el agua, tanto mejor, ya que el nadador tiene entonces menos que sostener (10).

Una buena demostración para poner de relieve las razones de la bajada de la cabeza por medio de la flexión del cuello, después de que se ha respirado, es hacer que el nadador nade un largo de la piscina con la cabeza tan alta que se mantenga fuera del agua. Debe contar el número de brazadas y registrar el tiempo que le ha tomado el nadar el largo. Debe también observarse la posición de sus caderas y pies: se hallarán hundidos en el agua. Debe a continuación nadar el mismo largo de prueba, pero en esta ocasión practicando el movimiento de cabeza correcto, como se ha descrito previamente. Si se realiza en la forma señalada con una sincronización correcta, comprobará que necesita menos brazadas, que es más rápido y que sus caderas y pies se mantienen más arriba en el agua.

La sincronización de la elevación de la cabeza es también fácilmente demostrable haciendo realizar al nadador el experimento siguiente. Tendido en el agua con la cara boca abajo, los bra-

(10) Sydney Holland, *The Badminton Magazine of Sports and Pastimes*, editado por A. E. T. Watson (Londres, Nueva York & Bombay: Longmans, Green & Co., 1896), en Thomas, *Swimming*, pág. 400.

zos extendidos más allá de la cabeza, y los pies sostenidos por un tubo de goma o una pelota de «water polo», debe primero efectuar la tracción de brazos de la braza de pecho sin levantar la cabeza, y observar el resultado en sus hombros. Se dará cuenta de que, a poco de iniciar la tracción, los hombros se levantarán hacia arriba y alcanzarán el máximo de elevación hacia el final del impulso. Adoptará luego la misma posición, esta vez dejando sus brazos extendidos más allá de su cabeza, pero fijos en vez de que arrastren, y levantará la cabeza para ver el resultado que este movimiento tiene sobre sus hombros. Al tiempo que se levanta la cabeza, los hombros se hundirán. Si estas fuerzas se combinan, ya que son opuestas, tenderán a neutralizarse la una a la otra y los hombros permanecerán relativamente planos. Esta sincronización es considerada como la *respiración normal.*

Hay otros dos tipos de respiración que son algo practicados en la braza de pecho. Uno es la *respiración anticipada,* en la cual la cabeza es levantada durante la recuperación de los brazos y la inhalación tiene lugar cuando los brazos se extienden hacia delante en la posición de deslizamiento. Me he dado cuenta de que este estilo de nadar predomina particularmente entre los nadadores canadienses e ingleses. Este modo de respirar reduce la eficacia del batido, ya que la cabeza está levantada durante una fase del mismo. En el estilo de nadar, de *respiración retardada,* la cabeza no inicia su ascensión hasta que la tracción de los brazos casi ha terminado, y la inhalación tiene lugar después que el cuerpo ha alcanzado la elevación máxima como consecuencia de la tracción de los brazos. Normalmente hay en este punto una pausa en el movimiento, al tiempo que se inhala, lo que produce un efecto perjudicial a la inercia hacia delante.

En el método que se recomienda (modo normal de respirar, Figura 5-5), puesto que la elevación de la cabeza requiere menos tiempo que la tracción de brazos normal, se inicia ligeramente después que ha empezado la tracción, teniendo lugar la inhalación mientras termina la tracción. Mientras los brazos en su recuperación son impulsados hacia delante, el cuello se flexiona y la cara se coloca bajo el agua. El cuello debe estar suficientemente flexionado para inclinar la cara en un ángulo de alrededor de 45° desde la horizontal. No es aconsejable flexionar tanto el cuello que los ojos miren directamente hacia abajo, al fondo de la piscina. Este movimiento de cabeza exagerado puede hacer que la misma caiga bajo la superficie del agua y, en vez de anular simplemente los movimientos arriba y abajo de los hombros, contribuya a ello.

El levantamiento de la cabeza debe realizarse de una manera uniforme, comparable al ritmo de la tracción de los brazos, con

FIG. 5-5. Movimiento de la cabeza en la braza de pecho

En la braza de pecho, la cabeza debe ser levantada apenas lo suficiente para permitir respirar al nadador (ilustración A-vista posterior, ilustración B-vista anterior), y en seguida bajada (ilustración C-vista anterior) por flexión del cuello, hasta que se halla casi, pero no enteramente, sumergida. El nadador debe realizar un consciente esfuerzo para no impeler a su cabeza y hombros más arriba del nivel del agua.

una bajada a mayor rapidez que el alzamiento. Este también, a ritmo con la recuperación de los brazos, es efectuado a velocidad superior que la tracción.

COORDINACION DEL MOVIMIENTO

El movimiento deslizante

Cuando en la braza de pecho se practica el deslizamiento coordinado, las fases propulsivas de brazos y piernas son alternas. La tracción de brazos empieza mientras las piernas se hallan totalmente estiradas. Antes de que la tracción de brazos acabe, el nadador debe haber comenzado a recuperar las piernas. Durante la parte inicial de la recuperación de los brazos, las piernas continúan su recuperación, e inmediatamente antes de que los brazos alcancen su extensión total y después de que la cara se ha sumergido, empieza el impulso hacia atrás de las piernas. Los pies necesitan aproximadamente quince centímetros para acelerar a una velocidad en que puedan contribuir como fuerza propulsiva hacia delante. Cuando han alcanzado este punto, los brazos del nadador deben estar completamente extendidos más allá de su cabeza, la cara sumergida en el agua, y el cuerpo en una buena posición horizontal, de manera que la fuerza del batido pueda impulsarle hacia delante contra un mínimo de rémora.

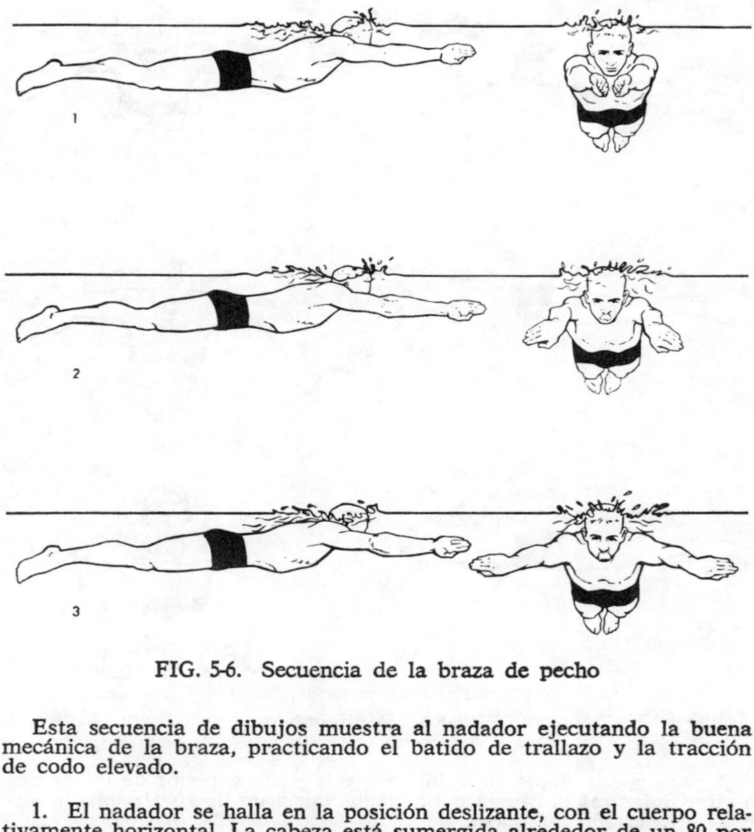

FIG. 5-6. Secuencia de la braza de pecho

Esta secuencia de dibujos muestra al nadador ejecutando la buena mecánica de la braza, practicando el batido de trallazo y la tracción de codo elevado.

1. El nadador se halla en la posición deslizante, con el cuerpo relativamente horizontal. La cabeza está sumergida alrededor de un 80 por ciento, con la cara inclinada ligeramente hacia delante. Los brazos se hallan extendidos más allá de la cabeza, con las palmas mirando diagonalmente hacia fuera.

2. El ataque de las manos se realiza a una profundidad de entre dieciocho y veintitrés centímetros, y la tracción empieza con las manos traccionando lateralmente. En este punto se inicia la exhalación, y las burbujas de aire empiezan a salir de la nariz y boca.

3. Los brazos, sin doblamiento aparente de los codos, continúan traccionando por el costado. Sigue incrementando la exhalación de aire.

FIG. 5-6. Continuación

4. Los codos empiezan a doblarse y la parte superior de los brazos a girar, mientras la cabeza del nadador inicia un ligero alzamiento, debido a extensión del cuello.

5. A medida que los brazos alcanzan su amplitud máxima, los codos son doblados de manera que el ángulo formado entre el brazo y el antebrazo sea de 110°. La posición elevada de codos se hace en este punto visible. La posición de los brazos es similar a la utilizada por los mariposistas en un punto de su estilo (ver la Figura 5-3).

6. La cabeza continúa alzándose a medida que el cuello sigue extendiéndose. El final de la exhalación de aire tiene lugar cuando la boca empieza a hender la superficie del agua. Las manos empiezan a ir para dentro, terminando la última parte efectiva de su movimiento de propulsión.

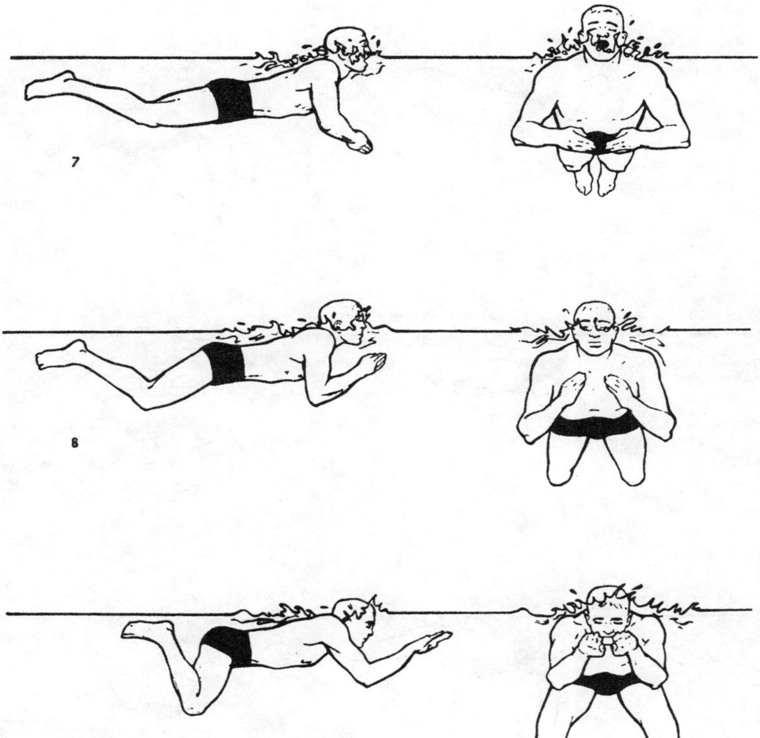

FIG. 5-6. Continuación

7. La inhalación tiene lugar a medida que los brazos se hallan dispuestos para ser impulsados hacia delante. Los codos no son arrastrados hasta las costillas, como hacen muchos nadadores. Las rodillas empiezan a doblarse y la recuperación de las piernas ha empezado.

8. La inhalación ha terminado y la boca se cierra. Las manos empiezan a moverse hacia delante mientras continúa la recuperación de las piernas.

9. El cuello flexiona a efectos de bajar de nuevo la cabeza en el agua. Los pies son llevados arriba, hacia las nalgas, mientras los brazos continúan moviéndose hacia delante debido a la extensión de los codos.

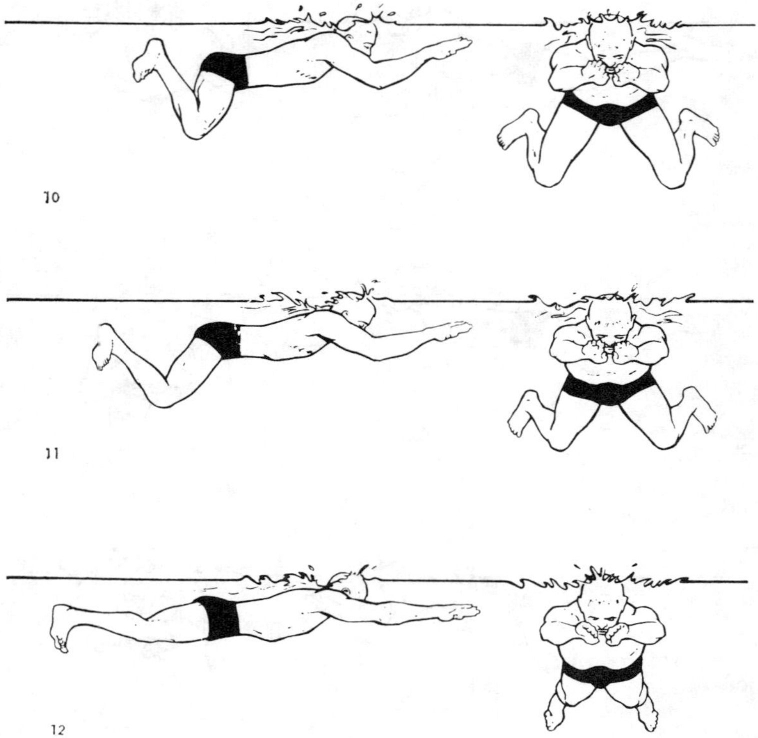

FIG. 5-6. Continuacion

10. La cabeza sigue inclinándose hacia abajo por flexión del cuello. Los pies flexionan por su planta, mientras el impulso hacia atrás de las piernas empieza y los brazos llegan casi a terminar su recuperación.

11. Los pies son llevados hacia atrás y empiezan a juntarse. El nadador aguanta su respiración y no empieza la exhalación hasta la siguiente tracción de brazos.

12. Los brazos se hallan ahora totalmente extendidos y las manos ligeramente más bajas que el nivel de los hombros. Las piernas casi han completado su batido.

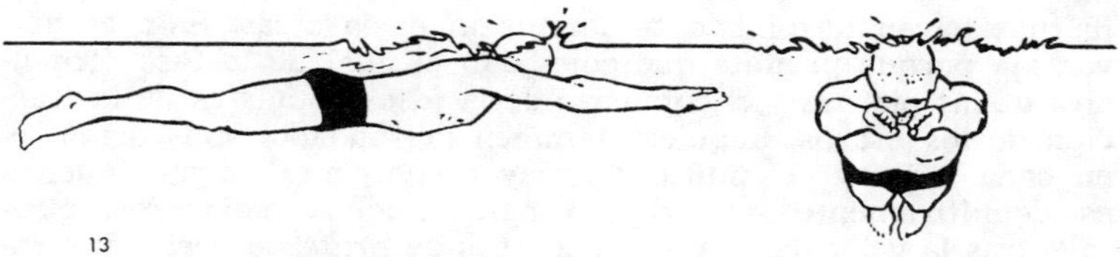

13

FIG. 5-6. Continuación

13. El nadador termina el batido y se concentra en mantener el cuerpo en una posición netamente horizontal. Mantendrá la posición de deslizamiento por una fracción de segundo y en seguida, cuando siente que pierde velocidad, empezará un nuevo ciclo de movimientos.

Un defecto de movimientos común es que el nadador impulse hacia delante sus brazos en su fase de recuperación mientras las piernas se hallan impeliendo hacia atrás en su fase propulsiva. Esta coordinación elimina buena parte del empuje hacia delante del batido. La coordinación precisa de brazos, piernas y cabeza es decisiva, y los más de los nadadores no siempre hallan con naturalidad su ordenación correcta, como le sucede a la mayor parte de los que nadan con los otros tres estilos. El preparador debe vigilar la coordinación del alzamiento de la cabeza del nadador, su bajada, la recuperación de las piernas y otras fases de los movimientos, en evitación de divergencias del modelo.

Cuando el batido ha terminado, los brazos deben ser retenidos brevemente sobre la cabeza en posición totalmente extendida, con las manos tocándose; el cuerpo debe mantenerse en posición tan aerodinámica como sea posible con la espalda en línea recta por contracción de los músculos abdominales. Cuanto más fuerte sea el batido, más tiempo podrá el nadador mantener esta posición. Si el nadador no es boyante o tiene un batido débil, no será capaz de mantener el deslizamiento por más de una fracción de segundo antes de la iniciación de la tracción. Sin embargo, es muy importante que todos los bracistas, prescindiendo de la eficiencia de su batido, perciban esta extensión completa del cuerpo por lo menos una fracción de segundo.

El movimiento continuado

Muchos grandes bracistas no practican el deslizamiento en sus movimientos, particularmente cuando aceleran, por ejemplo Catie Ball, Chet Jastremski, Ken Merten y Brian Job. Con esta sincronización continua, el nadador empieza la tracción antes que las piernas hayan terminado su impulsión hacia atrás. Esto es una ventaja porque permite que coincidan el final de la fase propulsiva de las piernas y el comienzo de la fase propulsiva de la tracción de los brazos. Requiere también del nadador más brazadas en cada largo y el empleo de mayor energía. Este movimiento es definitivamente más rápido para muchos nadadores, pues mientras la velocidad en los concursos de braza de pecho aumente, constituirá el método mejor para un progreso continuo. Yo encauzo a nuestros nadadores para que ensayen ambas sincronizaciones, la de deslizamiento y la continua, y que finalmente se decidan por la técnica que les proporcione los mejores tiempos. En muchos casos en las distancias de 200 yardas o 200 metros, se practica un ligero deslizamiento; en las 100 yardas o 100 metros, ningún deslizamiento. Al practicar el movimiento continuado, un ligero subir y bajar de la cabeza debe ser perceptible, pero puesto que el nadador tiene menos tiempo para ejecutar esta acción, no debe flexionar y extender su cuello tanto como cuando practica la brazada de deslizamiento.

Prescindiendo de la sincronización que viene empleando en las carreras, es una buena medida al principio de la temporada el practicar la posición del cuerpo y la sincronización de movimientos haciendo algunos ejercicios de nado en los cuales haya alguna exageración en la posición de deslizamiento. Un nadador puede sostener el deslizamiento después de cada brazada algo así como tres segundos y tratar de nadar sus largos de prácticas en tan pocos movimientos como le sea posible; por ejemplo, cada 25 yardas en 5 brazadas o aún menos, o cada 50 metros en 15 brazadas o menos todavía.

6

Salida de natación, virajes y cadencia

La opinión está ampliamente dividida en lo que concierne a la mecánica de los movimientos de la salida de natación con zambullida. Pocos nadadores saben exactamente cómo ejecutan su propia salida, pero después de nadar unos cuantos años en concursos, muchos llevan a término una salida bastante buena. Cuando la mecánica de la salida es comprendida perfectamente, puede ser enseñada incluso a nadadores de los grupos juveniles en unas pocas sesiones de práctica.

El error más corriente concierne a los sistemas correctos e incorrectos de ejecutar los movimientos de los brazos. Muchos nadadores intentan reducir a un mínimo el balanceo de los mismos. Han leído en libros y les han aconsejado que los brazos balanceen directamente atrás y en seguida adelante. En esta salida, lo lógico es que el balanceo de los brazos hacia atrás traslade el centro de gravedad del cuerpo hacia delante, que el nadador pierda su equilibrio y empiece a fluctuar hacia delante en su salida. De acuerdo con la tercera ley del movimiento (acción-reacción) de Newton, mientras los brazos balancean hacia atrás, el torso es trasladado hacia delante. El fallo del razonamiento se halla en que el centro de gravedad del cuerpo entero (torso y brazos) se mantiene en el mismo punto. Una persona podría estar de pie en el borde del Empire State Building ejecutando este movimiento y no caer nunca.

Como revela la secuencia de dibujos de la Figura 6-1, los brazos deben efectuar un movimiento de balanceo circular antes de que el nadador deje el canto de salida. Mientras los brazos efectúan el círculo, aceleran y refuerzan un tremendo impulso angular. Al detenerse, su impulsión se transfiere al cuerpo y lo arrastra en la dirección a que marchaban los brazos en el momento que se detuvieron. ¿El balanceo circular de los brazos demora o detiene la salida? La respuesta a esta pregunta es: no. Mientras el centro de gravedad del nadador se traslada desde el punto en

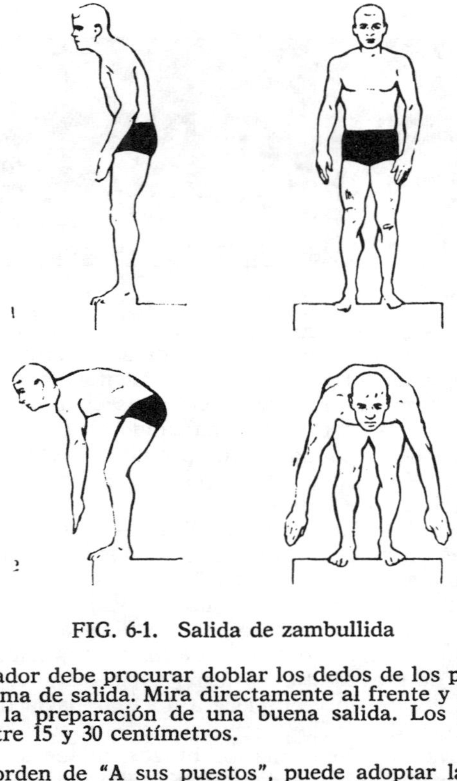

FIG. 6-1. Salida de zambullida

1. El nadador debe procurar doblar los dedos de los pies en el canto de la plataforma de salida. Mira directamente al frente y empieza a concentrarse en la preparación de una buena salida. Los pies se hallan separados entre 15 y 30 centímetros.

2. «A la orden de "A sus puestos", puede adoptar la posición que desee, a condición de que mantenga un equilibrio firme durante un apreciable lapso de tiempo. Cuando el juez de salida ve que los concursantes se hallan listos, da inicio a la carrera con... un disparo de pistola.»

A la orden de «A sus puestos», el nadador dobla el tronco hacia delante y también ligeramente sus piernas, con los brazos colocados casi estirados hacia abajo y las palmas vueltas hacia atrás. La cabeza es mantenida suficientemente alta para permitir a su línea de visión alcanzar la mitad del trayecto de una piscina de 25 yardas. Debe sentir que el centro de gravedad de todo su cuerpo descansa sobre las eminencias anteriores de las plantas de sus pies, y que se halla sutilmente equilibrado y no envarado. Debe concentrarse para, al oír el disparo, reaccionar rápidamente.

No debe analizar en forma escrupulosa el movimiento en toda su complejidad, pero sí procurará mantener hacia delante su centro de gravedad.

FIG. 6-1. Continuación

3. Cuando suena el disparo, el nadador empieza a mover sus brazos arriba, afuera y adelante. La cabeza empieza a bajar por flexión del cuello. Ls rodillas se mueven hacia delante debido a la flexión dorsal de los tobillos. Esta acción de los tobillos es la razón verdadera de que el centro de gravedad se desplace hacia delante, y es producida por la contracción de los músculos anteriores de la parte baja de la pierna (en primer lugar la tibia anterior) y la relajación de los músculos de la pantorrilla.

4. Los brazos continúan moviéndose hacia delante, arriba y afuera, mientras la cabeza sigue bajando. En este punto, la mayor parte de los nadadores empiezan a abrir la boca y empiezan a exhalar antes de inhalar.

5. Los codos se mantienen casi totalmente extendidos durante el bamboleo de los brazos. En este punto la cabeza empieza a levantarse. El movimiento de la cabeza, actuando en forma parecida a la de los brazos, imprime impulso al cuerpo del nadador en la dirección a que desea ir.

FIG. 6-1. Continuación

6. Los brazos alcanzan la cima de su bamboleo y los talones se elevan de la plataforma de salida, mientras la cabeza continúa hacia arriba. El centro de gravedad del cuerpo se ha desplazado muy adelante de los dedos de los pies, el cuerpo sigue doblándose por las caderas y acercándose a una posición de cuclillas.

7. El nadador se halla en posición de iniciar con sus piernas el impulso final hacia delante. La espalda está curvada o flexionada ligeramente hacia delante. La extensión de la espalda desde este punto dará un alcance adicional a la zambullida. La cabeza sigue alzándose.

8. Las rodillas y los tobillos empiezan a extenderse mientras los brazos inician el descenso hacia delante. Desde este punto avanzado, el nadador tendrá la impresión que todo el movimiento es hacia delante. El nadador de zambullida deficiente tiene en este punto los brazos extendidos al frente.

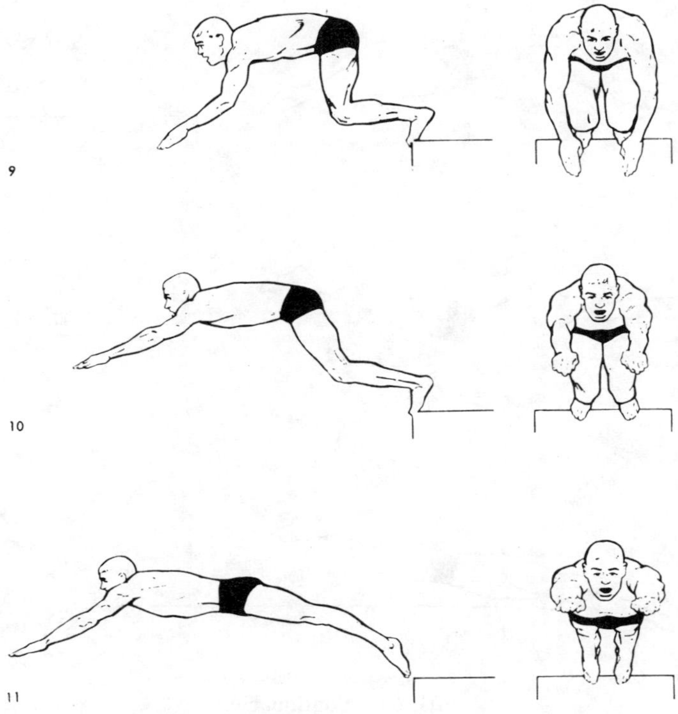

FIG. 6-1. Continuación

9. El cuerpo continúa extendiéndose y las piernas siguen impulsando el cuerpo hacia delante por la extensión de las caderas y de las rodillas. Los tobillos todavía no han iniciado su impulsión final. El nadador en este punto inicia la inhalación de aire.

10. El movimiento de la cabeza se detiene en este punto (inercia) y el bamboleo de los brazos se para simultáneamente, con ellos diagonalmente hacia abajo. El impulso desarrollado por la cabeza y brazos es transferido al cuerpo y lo tira hacia arriba y hacia fuera de la plataforma de salida. Los tobillos se preparan para la impulsión final.

11. En el instante en que las piernas quedan completamente extendidas, los tobillos flexionan por la planta y dan el impulso final al cuerpo. El centro de gravedad de éste se halla sólo entre los 35 y 45 centímetros de la parte superior del borde de la plataforma de salida.

FIG. 6-1. Continuación

12. La inhalación del nadador prosigue y su espalda continúa arqueándose mientras su cabeza empieza a bajar. El movimiento de los brazos empieza nuevamente a elevarse.

13. A medida que el nadador baja la cabeza, los brazos siguen subiendo. La espalda tiende a arquear ligeramente. Debe evitarse un arqueamiento excesivo por contracción de los flexores anteriores del tronco (en primer lugar el recto del abdomen). En este punto termina la inhalación de aire.

14. El cuerpo ahora se ha inclinado suficientemente hacia delante, de manera que cuando el nadador establece contacto con el agua, sus manos, que se mantienen unidas, tocan primero seguidas por el resto del cuerpo. En el momento de entrar, la cabeza está ligeramente baja. Los músculos abdominales se contraen y las rodillas y tobillos se extienden, con el resultado de que el cuerpo se aerodinamiza tanto como puede. El nadador, cuando entra al agua, debe pensar en dilatarse y no en relajarse.

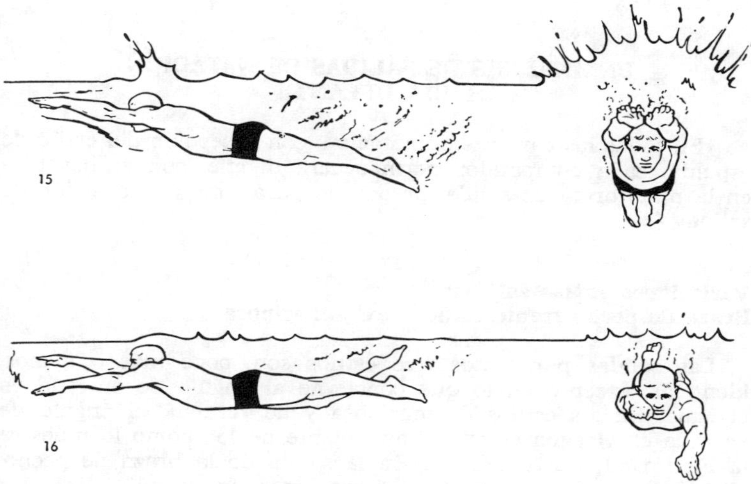

FIG. 6-1. Continuación

15. Prosiguiendo su total inmersión en el agua, el cuerpo del nadador tenderá a seguir descendiendo y lo hará demasiado profundamente a no ser que levante levemente la cabeza y haga que sus manos actúen como un timón para dirigir la trayectoria del cuerpo ligeramente hacia arriba.

16. Cuando la cabeza se halla a pocos centímetros de la superficie y al tiempo que el nadador se pone a la velocidad de nado (no antes), inicia simultáneamente la tracción del brazo y el batido. Si se halla excesivamente hundido, puede tener que batir una o dos veces a efectos de elevarse a la superficie. No debe hacer el esfuerzo de percutir con una pierna y traccionar con el brazo opuesto, como se muestra aquí, sino que debe permitir que la coordinación se produzca por sí misma. El número de brazadas que efectuará antes de tomar aire para respirar dependerá de si nada para una prueba de velocidad o para una mayor distancia.

que estaba cuando permanecía de pie en su plataforma de salida (Figura 6-1, ilustración 2) hasta que llegue al punto en que se hallará cuando realice el impulso final de sus pies (Figura 6-1, ilustración 10), el nadador tiene tiempo suficiente para completar el ovillo circular. Sólo la gravedad es la que determina lo aprisa que el cuerpo de una persona caerá en esta distancia ($^1/_2$ GT^2) (1).

UN ANALISIS DE SALIDAS DE NATACION HACIA DELANTE

«En todas las carreras de natación, con excepción del estilo de espalda, cada competidor permanecerá de pie, con ambos pies en la plataforma de salida, preparado para tomar la posición de salida» (2).

Variaciones en las salidas: Braza de pecho frente estilo libre y mariposa

Las salidas para estos tres estilos son, poco más o menos, idénticas, excepto en lo que concierne al ángulo de entrada en el agua. En los estilos de mariposa y de «crawl», el ángulo de entrada en el agua es aproximadamente de 15°, como lo muestra la Figura 6-1, ilustración 14. En la salida de la braza de pecho, el ángulo de entrada es ligeramente más en declive, alrededor de 20°. Esto permite al nadador entrar más profundamente en el agua y estar en mejor posición para efectuar una larga tracción de brazos y de batido antes de salir a la superficie.

Errores habituales en las salidas

I. Errores en la posición de salida:
- A. Retener los brazos demasiado atrás; en efecto, algunos nadadores mantienen los brazos detrás de las caderas.
- B. La cabeza demasiado bajada, cual si mirase los pies.
- C. La cabeza demasiado levantada, como si se mirase al extremo final de la piscina.
- D. El cuerpo recogido demasiado tenso, con las rodillas casi tocando el pecho.
- E. Rodillas no dobladas.
- F. Los pies demasiado separados; de 15 a 30 centímetros de separación es la alineación normal.
- G. Descansar en cuclillas sobre los talones; el peso del cuerpo debe gravitar hacia delante, encima de los dedos.

(1) G = gravedad, T = tiempo. La aceleración de la gravedad es 9,75 metros por segundo.

(2) *National Collegiate Athletic Association Rule Book*, 1966, pág. 10.

FIG. 6-2. Entrada arqueada

II. Fracaso en lograr el total aprovechamiento del balanceo de los brazos. Particularmente las muchachas utilizan muy poco el movimiento de brazos y desperdician de 15 a 30 centímetros de la distancia adicional que podrían lograr desde la salida.

III. Empezar a nadar demasiado pronto. Algunos nadadores empiezan a nadar tan pronto como tocan el agua, incluso algunos empiezan a batir en el aire. *Espere a ir a velocidad de nado cuando empiece a nadar.* Aprender esta técnica requiere tiempo y práctica. Investigaciones ocasionales en salidas cortas (10 metros) con cronógrafo pueden ser necesarias para que el nadador evalúe sus progresos.

IV. Entrar en el agua demasiado plano o arqueado (Figura 6-2). Estos dos movimientos defectuosos pueden ser originados por las mismas dos circunstancias: 1) detener los brazos en la horizontal o más arriba, después de su balanceo. Esta acción tiende a arrastrar la parte delantera del cuerpo hacia delante, compeliendo al nadador, o bien a entrar en el agua plano sobre su pecho o bien, lo que es más corriente, a evitar esto arqueándose. 2) Empujar con los pies la plataforma de salida en un ángulo demasiado agudo, es decir, antes de que el centro de gravedad haya tenido oportunidad de doblarse suficientemente hacia delante y hacia abajo. Esta zambullida en «ángulo agudo» da por resultado el mismo proceso descrito más arriba.

El arqueamiento es un defecto que se ve corrientemente en los nadadores de los grupos juveniles, pero también ocasionalmente se descubre en nadadores de las finales de los Juegos Olímpicos. El tal nadador es culpable de una u otra de estas dos faltas y debe ser advertido de: 1) detener sus brazos después del balanceo en una posición diagonalmente hacia abajo, como muestra la Figura 6-1, ilustraciones 10 y 11, o 2) diferir el impulso de sus piernas hasta que su cuerpo haya doblado más hacia delante, o 3) una combinación de ambos.

Ensayando las salidas

La salida es una de las prácticas más fáciles de enseñar; puede ser comparada al salto en el baloncesto. El movimiento de brazos y la sincronización de brazos y piernas pueden ejercitarse teniendo al nadador colocado de pie en el suelo y haciendo que salte hacia arriba verticalmente, alcanzando con sus brazos el nivel más alto que pueda.

El movimiento de brazos puede también practicarse mientras el nadador está de pie en el canto de la piscina sin que de hecho realice la zambullida. Son de buena ayuda los ejercicios sencillos ideados para que el nadador tenga una idea general de esta práctica.

¿Qué cualidades hacen a un buen zambullidor?

No todos los nadadores pueden ser buenos zambullidores, porque dos de las tres cualidades que se requieren son ampliamente naturales. Sin embargo, casi todos los nadadores pueden perfeccionar sus salidas de forma que salgan más rápidos y alcancen mayor distancia.

Las tres cualidades que se requieren para ser un buen zambullidor son: reaccionar con oportunidad, potencia y buena mecánica.

1. El reaccionar con oportunidad es una de las cualidades más ampliamente naturales. Un nadador puede aprender a salir con mayor rapidez ejercitando una toma de posición correcta y practicando correcciones mecánicas.

2. Fuerza es la habilidad de los músculos para crear tensión. Potencia difiere de fuerza en que involucra «evaluación del tiempo» de trabajo, es decir, la velocidad de la tensión muscular. Una persona dotada de fuerza fulminante y de mecánica deficiente puede a menudo en una zambullida superar a otra de condiciones opuestas. No hay que confiar en una persona que reacciona con oportunidad y potencia pero que está falta de buena mecánica. Puede salir más rápida y más lejos que cualquier otra del equipo, pero lo haría aún mejor si adquiriese las tres cualidades.

La potencia puede ser desarrollada, dentro de ciertos límites, con entrenamiento de pesas y contracciones isométricas.

3. La buena mecánica puede ser inculcada, y los nadadores de mecánica deficiente pueden perfeccionarse con la práctica, con una buena preparación y por la comprensión de los principios que están involucrados en una buena salida.

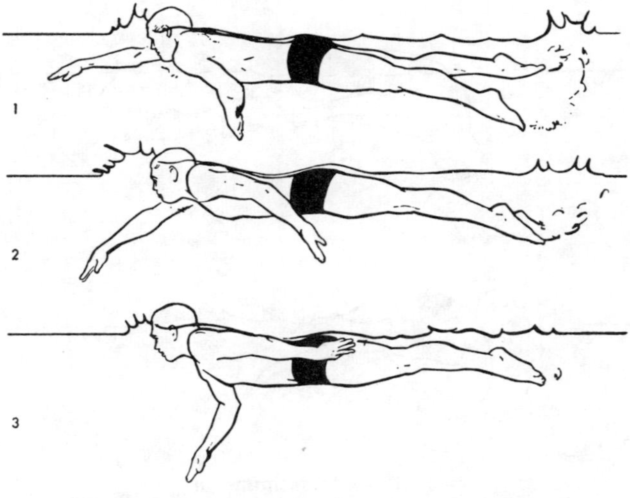

FIG. 6-3. El viraje en el estilo «crawl»

1. Cuando la cabeza del nadador se halla alrededor de 2 a 3 metros de la pared de la piscina, según sean su estatura y la eficiencia de la tracción de sus brazos, inicia la última tracción, en este caso con la mano derecha. La mano izquierda continúa impulsando atrás, mientras él mira adelante a la pared.

2. El nadador mira a la pared y toma la decisión de virar ahora o esperar hacerlo a la próxima brazada.

3. En este punto toma la decisión de virar y, en vez de recuperar la mano izquierda, la detiene a su costado y continúa la tracción atrás con la mano derecha. Los pies empiezan a subir juntos en preparación a ejecutar un ligero batido de cola de pez. Algunos nadadores prefieren seguir subiendo una mano, en este caso la izquierda, y recuperarla hasta medio camino adelante, deteniéndola entonces repentinamente en el aire. De esta manera la impulsión del brazo se transfiere al cuerpo y le ayuda a voltear. El brazo retorna en seguida a la posición más allá de la cabeza. Esta acción del brazo en el aire es similar al movimiento de ondear una bandera.

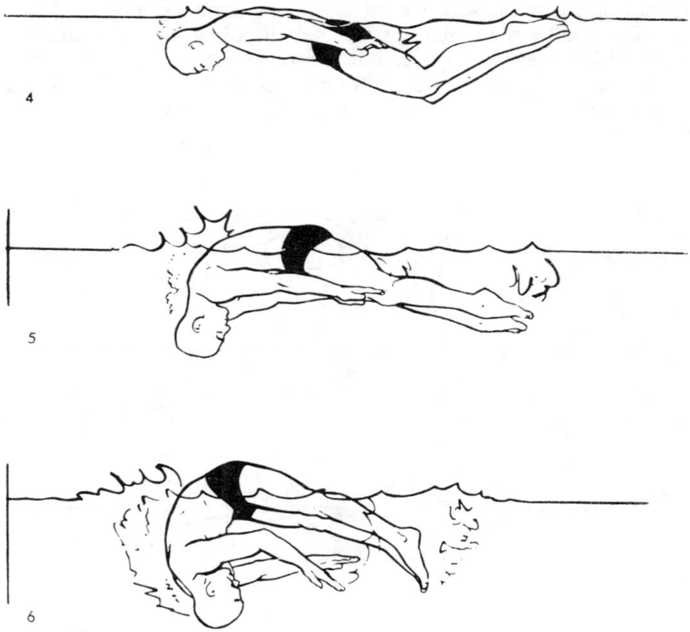

FIG. 6-3. Continuación

4. La cabeza es lanzada hacia abajo por flexión del cuello. Las palmas de ambas manos se giran en forma que miren hacia abajo; las piernas y los pies se hallan unidos con las rodillas dobladas.

5. El cuerpo pierde su alineación recta a medida que la cabeza continúa hacia abajo y el tronco flexiona. Simultáneamente, ambas manos, con las palmas hacia abajo, son impulsadas a descender como si prepararan un buceo desde la superficie. Los pies son batidos hacia abajo en una percusión de cola de pez a fin de ayudar a impulsar las caderas hacia arriba.

6. La parte delantera del cuerpo continúa doblándose por las caderas. La resistencia creada en este punto por la cabeza y el cuerpo tiende a detener la inercia de la parte superior del tronco. La inercia hacia delante de la parte inferior del tronco y de las piernas no resulta tan afectada por esta resistencia, continuando su movimiento hacia delante y por encima de la parte superior del tronco. Si el nadador iba suficientemente rápido, como en pruebas de velocidad, este impulso puede, virtualmente, ser todo lo que necesite para virar. En esta figura, la mano izquierda está empezando a doblarse por el codo y a traccionar hacia la cabeza.

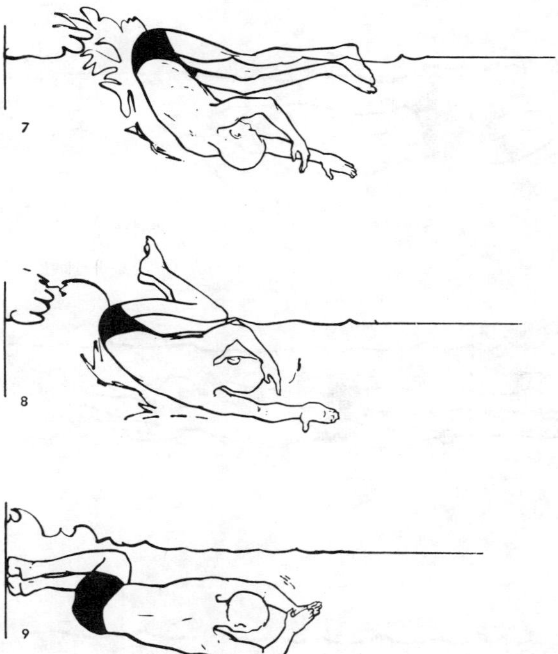

FIG. 6-3. Continuación

7. A medida que las caderas pasan por encima de la cabeza, la mano izquierda continúa impulsando el agua hacia la cabeza. Este movimiento ayuda a consumar la voltereta. La mano derecha, con la palma mirando hacia dentro, actúa de timón, con un movimiento ligeramente circular para hacer girar el cuerpo del nadador sobre su eje longitudinal. Los pies no pasan directamente encima de la cabeza, sino ligeramente a la derecha de la línea media del cuerpo.

8. Cuando los pies están completamente fuera del agua, las piernas se recogen y son lanzadas atrás, hacia la pared, mientras las manos terminan su acción de dirección. El nadador debe conscientemente girar su cabeza y sus hombros e intentar, sin romper el ritmo del movimiento, volverse sobre el costado.

9. El viraje del nadador queda completado y debe situar el cuerpo en posición para la impulsión desde la pared. Las manos, a medida que empiezan a ir adelante, casi se tocan. Continúa girando el cuerpo a efectos de situarse sobre el costado.

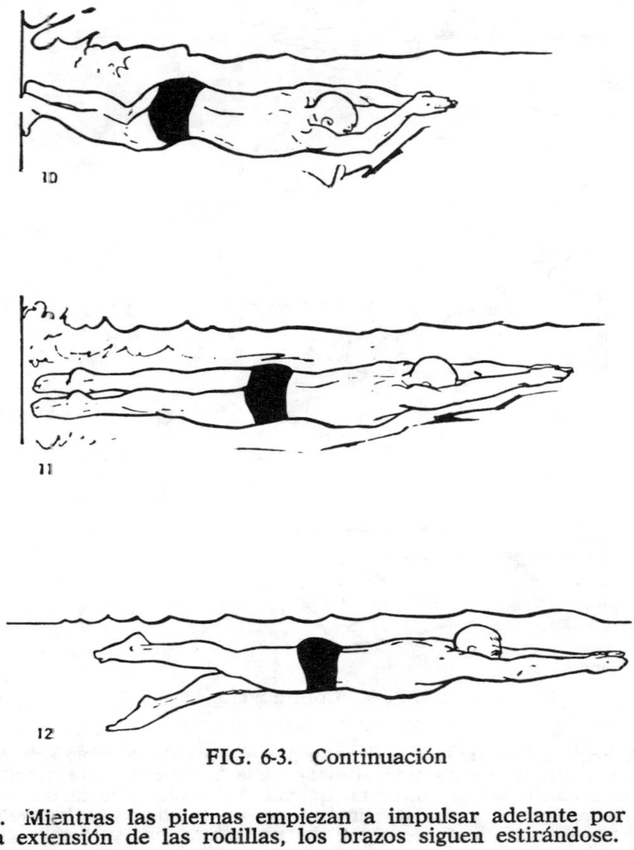

FIG. 6-3. Continuación

10. Mientras las piernas empiezan a impulsar adelante por medio de la extensión de las rodillas, los brazos siguen estirándose.

11. Los hombros se hallan casi completamente a nivel cuando tiene lugar la impulsión final de las piernas. Cuando los pies dejan la pared por la extensión de los tobillos que completan dicha impulsión final, los brazos se tensan hacia delante, con la cabeza entre ellos, creando una posición aerodinámica.

12. El nadador debe regular su profundidad utilizando las manos como timones. También debe levantar la cabeza para contribuir a elevarse a la superficie. Si se halla a demasiada profundidad, puede verse obligado a batir una o dos veces para ayudarse a remontar a la superficie. Si se halla a una profundidad correcta, puede empezar en forma conjunta a batir y a traccionar.

13

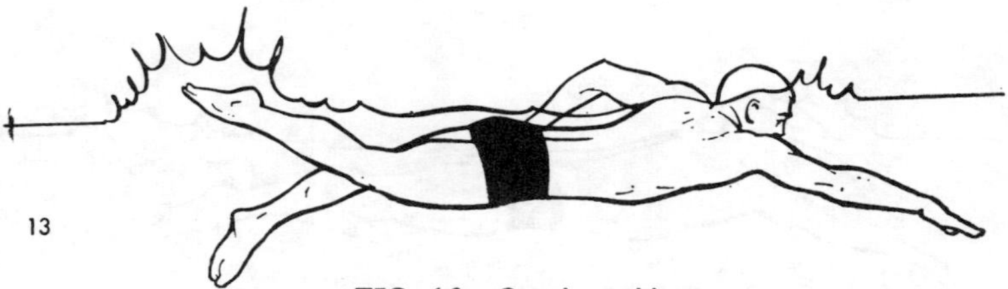

FIG. 6-3. Continuación

13. El nadador remprende sus brazadas y recobra la cadencia de las mismas. Puede respirar en el primer movimiento de brazos a la salida del viraje (esta técnica es especialmente conveniente en las carreras de fondo) o puede ejecutar dos brazadas antes de respirar (como lo hace en velocidad).

EL VIRAJE EN EL ESTILO «CRAWL»

«En este estilo no se exige en el viraje el contacto de la mano, siendo suficiente que cualquier parte del cuerpo toque la pared de la piscina en cada viraje» (3).

Esta regla impone al nadador pocas cortapisas para efectuar el viraje. La eficacia se convierte en el elemento fundamental para aceptar o rehusar una forma de viraje. El viraje «abierto» o «agarrado» es tan lento que virtualmente no es nunca practicado en competiciones de natación, a menos que un nadador desee oír o ver el contador para determinar la cantidad de largos que ha nadado. Hay varias clases de virajes de «crawl» y son practicados, con pequeñas variantes entre ellos, por la mayoría de nadadores. El «viraje de voltereta en el crawl», como aquí se describe, es el practicado más comúnmente por los nadadores de clasificación nacional y actualmente constituye el viraje más rápido. Hay en él ligeras variantes, y las Figuras 6-3 y 6-4 representan las dos variaciones mayormente practicadas.

Mientras realiza el viraje el nadador debe hacer frente a tres problemas: 1) debe cambiar su posición lineal hacia delante por un movimiento angular; en otras palabras, debe permitir que su velocidad hacia delante sea aplicada a voltear en redondo; 2) debe ejecutar un medio enroscamiento mientras está ejecutando el viraje de voltereta, a efectos de que, al tiempo que empuja con los pies contra la pared, se encuentre sobre su pecho y no sobre la espalda; 3) debe completar el viraje de tal manera que sus pies y piernas se encuentren en buena posición para el empuje contra la pared.

(3) *National Collegiate Athletic Association Rule Book*, 1966, pág. 11.

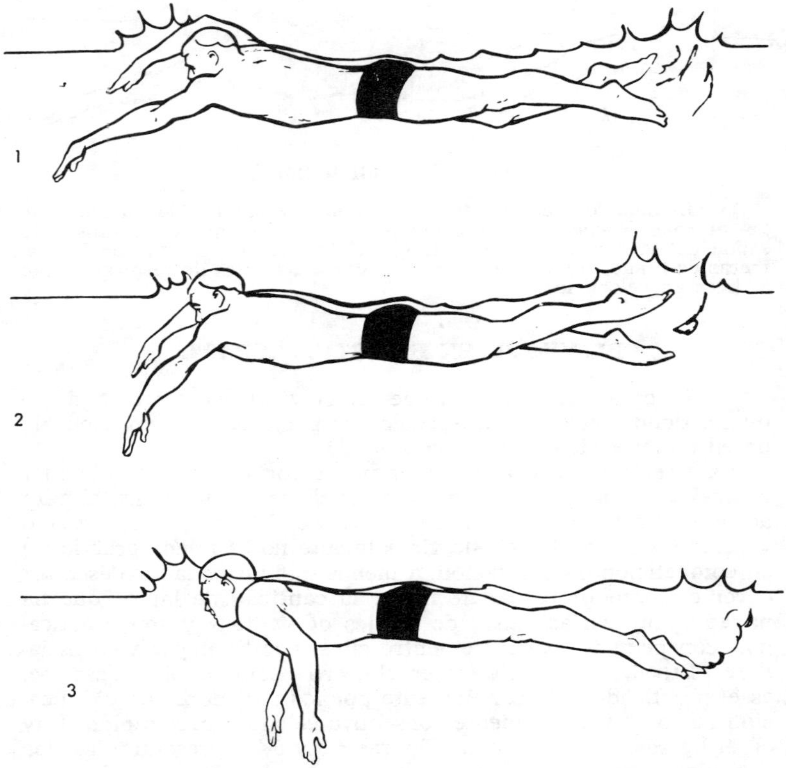

FIG. 4-4. Variación en el viraje de voltereta

1. El primer brazo es mantenido adelante, mientras el otro termina la recuperación.

2. Ambos brazos inician una impulsión hacia atrás, estando uno de ellos ligeramente avanzado al otro.

3. Ambos brazos continúan hacia atrás, traccionando juntos. El nadador se encuentra como si efectuara la tracción del estilo mariposa. A partir de este punto, el viraje es idéntico al de la figura 6-3, ilustraciones de la 4 a la 13.

ANALISIS DEL VIRAJE DE VOLTERETA EN EL «CRAWL»

Errores habituales al ejecutar viraje de voltereta en el «crawl»

I. Fallo de enroscamiento del cuerpo mientras se efectúa el viraje. Demasiados nadadores viran lanzados directamente arriba, con el resultado de que el empuje de los pies contra la pared les llega mientras se encuentran todavía parcialmente sobre la espalda. El medio enroscamiento del viraje debe ser objeto de prácticas.

II. Virar demasiado alejado de la pared o demasiado próximo a ella (solamente con presteza y práctica se evita este error).

III. Fracaso en aerodinamizar el cuerpo durante la impulsión de los pies contra la pared (el nadador debe practicar este ejercicio de distanciación y poner el máximo cuidado en extenderse). Su ilación de pensamientos debe ser: manos juntas, brazos apretando la cabeza; abdomen adentro; piernas extendidas; dedos de los pies aguzados.

IV. Fallo al no impeler con los pies y tobillos suficientemente fuerte en la pared. El nadador debe aprender a impeler fuerte y practicar cada viraje ejercitándose para conseguir el máximo impulso. Demasiado a menudo los nadadores aprovechan los virajes para descansar.

LA SALIDA Y EL VIRAJE EN LA MARIPOSA

Al tocar en los virajes y al final de una carrera, el toque debe ser ejecutado con ambas manos simultáneamente, al mismo nivel y con los hombros en un plano horizontal. Una vez que el toque legal ha sido efectuado, el concursante puede virar en cualquier forma que desee, pero la formalidad prescrita debe haberse cumplido antes de que los pies se aparten de la pared al empujarla.

Cuando un concursante después de la salida, en los virajes o durante la carrera, se encuentra en posición bajo el agua, le está permitido realizar uno o más batidos (4).

El nadador del estilo mariposa debe practicar una salida y zambullida similares a las del nadador de estilo libre. Después de que ha entrado en el agua, como en la Figura 6-1, ilustración 15, así como después del viraje e inmediatamente antes que disminuya la velocidad de nado, el nadador debe empezar a re-

(4) *National Collegiate Athleitc Association Rule Book*, 1966, pág. 12.

cuperar las piernas por medio del doblamiento de rodillas y llevando los talones hacia la superficie. Esto colocará los pies en posición de impeler hacia abajo cuando inicie la tracción del brazo. Algunos nadadores procuran batir dos o tres veces antes de empezar la tracción del brazo. Esta técnica no es recomendable, a menos que el nadador esté demasiado hundido y necesite emplear unos batidos para ayudarse a remontar a la superficie.

En los virajes, el nadador de mariposa debe tocar la pared con ambas manos simultáneamente y al mismo nivel. Una vez que ha tocado la pared, no debe impeler hasta juntarse a ella, aunque debería permitir que sus codos se doblaran ligeramente mientras el impulso empuja el cuerpo hacia la pared. La mano del lado hacia el cual girará, debe separarse de la pared poco después de haberla tocado: se lleva hacia el pecho mientras la otra mano empuja contra la pared intentando ayudar a la parte superior del cuerpo a separarse de la misma. Mientras está sucediendo todo esto, las piernas se recogen hacia arriba y son arrastradas bajo el cuerpo. Cuando finalmente la mano rezagada deja la pared, se lleva al pecho (puede ser llevada por encima del agua como en la Figura 6-5, ilustraciones 5 y 6, o simplemente se pone en seguida bajo el agua) y se junta a la otra mano antes que ambas sean impulsadas hacia delante en preparación del empuje final de los pies contra la pared. Cuando finalmente los pies del nadador dejan la pared, el nadador debe hallarse totalmente sobre el pecho.

Un viraje de voltereta es legal en el estilo mariposa, siempre que las reglas expuestas al comienzo de esta sección del capítulo no sean violadas. Bill Barton, antiguo nadador de la Universidad de Indiana y campeón nacional, practicó en la reunión de la National AAU del año 1957 la mariposa con viraje de voltereta sin ser descalificado. Fred Schmidt también lo empleó con un éxito relativo.

Errores habituales en el viraje del estilo mariposa

I. Alzarse demasiado arriba durante el viraje. Después de asir el canalón, algunos nadadores se impulsan a sí mismos hacia la pared de la piscina y elevan hombro y cabeza por encima del agua al tiempo que viran. Todo este esfuerzo suplementario es fatigoso, hace más lento el viraje y coloca al nadador en mala posición para empujar con los pies contra la pared.

El nadador debe mantener sus hombros casi completamente dentro del agua y no tener nunca su boca más de unos pocos centímetros por encima del nivel del agua.

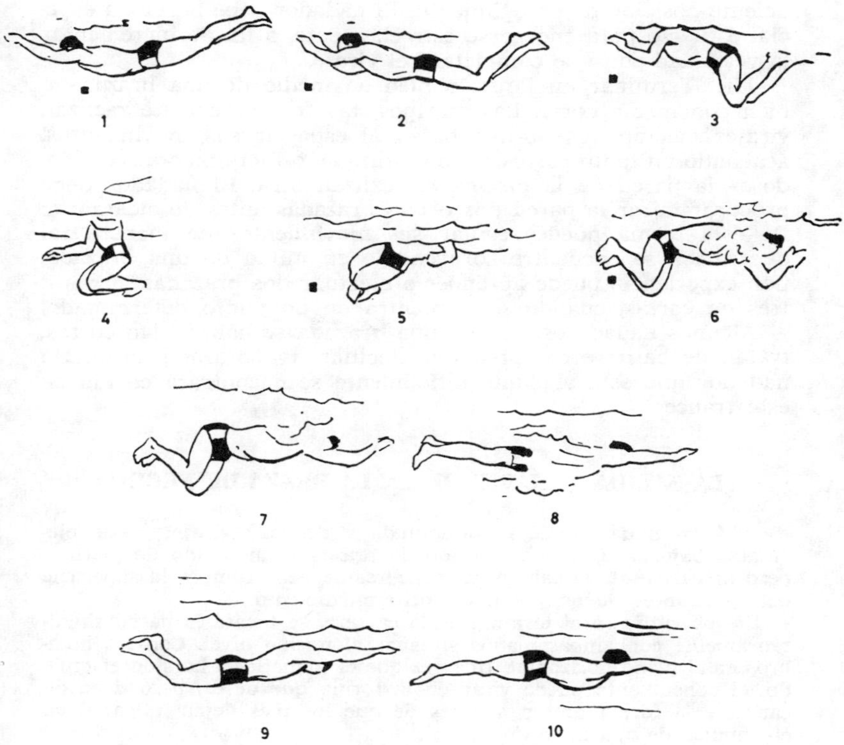

FIG. 6-5. El viraje en el estilo mariposa

Lary Schulhof, campeón nacional AAU y antiguo detentor del récord del mundo de las 100 yardas, figura en estas fotografías ejecutando el viraje del estilo mariposa. Lary realiza el viraje con buena mecánica. Obsérvese que, como hacen muchos otros nadadores, cruza un pie por encima del otro cuando recoge las piernas y las impulsa hacia la pared. Este movimiento puede disminuir la resistencia que crean los pies. A medida que apoya los pies en la pared para la impulsión, los retorna a la posición normal. Después de soltarse de la pared con la mano que arrastra, la recupera por encima del agua. A continuación de la impulsión de los pies y cuando la velocidad decrece, eleva éstos para dar el primer batido. Mientras se produce la percusión hacia abajo de las piernas, empieza la tracción de los brazos.

II. No recoger suficientemente estrechas las piernas. Muchos nadadores, al dar los virajes, mantienen sus cuerpos en una deficiente posición de encogimiento. El nadador debe hacer un especial esfuerzo para encogerse estrechamente, a fin de incrementar la velocidad con que completará el viraje.

III. Terminar un largo, o bien en medio de una brazada o bien con media corta. Los mariposistas frecuentemente realizan virajes incompletos porque fallan al espaciar sus movimientos, acabando un tanto cortos en una brazada, o literalmente «comiéndose» la pared de la piscina si realizan otra. El nadador debe procurar mirar la pared dos o tres brazadas antes de alcanzarla. De esta forma puede regular sus movimientos de manera tal que nunca se encuentre sorprendido en mitad de una brazada. Con experiencia puede aprender a efectuar dos brazadas largas o tres de cortas, cuando se encuentra en un punto determinado.

Algunos nadadores, que en una brazada se hallan algo cortos, tratan de batir; otros prefieren efectuar una brazada corta. Un nadador que esté vigilante difícilmente se encontrará cogido en este trance.

LA SALIDA Y EL VIRAJE EN LA BRAZA DE PECHO

... A continuación de la zambullida y de cada viraje, puede ejecutarse bajo el agua una tracción de brazos y un batido de piernas, pero una parte de la cabeza del concursante debe romper la superficie del agua antes de que se inicie otro movimiento...

En los virajes o al término de la carrera, se tocará la pared simultáneamente con ambas manos situadas al mismo nivel. Con los hombros en el plano horizontal. Una vez que el toque legal ha sido efectuado, el concursante puede virar en la forma que desee, pero debe alcanzarse la forma prescrita antes de que los pies dejen la pared en el impulso de apartarse (5).

El nadador de braza de pecho, en razón de que tiene permitido y se beneficia de una tracción larga y de un prolongado batido bajo el agua antes de subir a la superficie, debe tener un ángulo más inclinado de entrada en el agua que el nadador de estilo libre o que el mariposista. Una vez que el nadador ha entrado en el agua, debe consentir que remita su velocidad de nado, y sólo entonces iniciar sus movimientos bajo el agua. Estos movimientos son idénticos a la técnica practicada después del viraje (ver la Figura 6-6, ilustraciones de la 1 a la 12).

El bracista debe realizar el viraje en forma muy parecida al

(5) *National Collegiate Athletic Association Rule Book*, 1966, pág. 11.

mariposista (Figura 6-5, ilustraciones de la 1 a la 8). Debe tocar con ambas manos simultáneamente y al mismo nivel. La manera correcta de efectuar el viraje es casi idéntica a la descrita para el mariposista.

Sin embargo, cuando un bracista empuja con los pies contra la pared, debe hacerlo un poco hacia abajo a fin de hallarse a profundidad suficiente para efectuar la brazada bajo el agua. La Figura 6-6 representa a Chester Jastremski efectuando la larga brazada después del viraje y el empujón de los pies contra la pared.

Errores habituales en el viraje de la braza de pecho

I. Traccionar demasiado arriba durante el viraje. Este error es similar al descrito en el viraje de la mariposa. Tiene los mismos orígenes y se corrige de la misma manera.

II. Sostener demasiado tiempo el viraje o efectuarlo demasiado rápido. Algunos nadadores precipitan sus virajes y remontan casi inmediatamente, mientras que otros los prolongan tanto que pierden tiempo. El espacio de tiempo que un nadador debe retener su viraje, desde el momento en que toca la pared hasta que su cabeza corta la superficie después de la larga brazada, debe estar entre 3,2 y 4,2 segundos.

Chet Jastremski, que ha sido entre los bracistas de todas las épocas uno de los que mejor han virado, es el que aparece en la secuencia de Figuras 6-6. Cuando estableció el récord americano de las 100 yardas braza de pecho en 58,5 segundos en piscina pequeña, limitó los virajes entre 3,6 y 3,8 segundos y, al establecer el récord también americano de las 200 yardas, efectuó los virajes entre 3,8 y 4,2 segundos (6).

La duración en tiempo a que un nadador restringe su viraje, depende de la distancia que está nadando —en velocidad es más breve que una carrera de 200—, de la fuerza del impulso con los pies contra la pared, y de la eficacia de su larga brazada.

III. Hundirse excesivamente durante el impulso de sus pies contra la pared. Si un nadador impulsa de esta forma, deberá demorar su segunda brazada hasta que sobrenade. No puede iniciar esta segunda brazada hasta que la cabeza corte la superficie del agua después de la primera. Esta regla se viola frecuentemente con impunidad.

(6) Records establecidos en los Campeonatos Nacionales AAU., Universidad de Yale, New Haven, Conn., 1962.

FIG. 6-6. La tracción y el batido largos a la salida del viraje de la braza de pecho

1. Después de la impulsión, la cabeza se mantiene baja entre los brazos y el nadador se halla a sesenta o noventa centímetros bajo la superficie del agua.

2. La tracción de los brazos empieza manteniéndolos casi totalmente estirados e impulsándolos directamente hacia los lados en una línea paralela a la superficie del agua.

3. Los brazos empiezan a doblarse por los codos mientras las manos descienden ligeramente. Los brazos y los codos se hallan casi al nivel de los hombros.

4. Los codos se doblan al tiempo que las manos se acercan. La cabeza se mantiene baja en un esfuerzo para evitar que el cuerpo ascienda a la superficie.

5. Las manos se hallan casi a tocar, la una con respecto a la otra, mientras que el doblamiento del codo excede de 90°. Desde este punto hacia atrás, las manos acelerarán en un movimiento como de latigazo mientras los codos se extienden.

6. Los codos están casi totalmente extendidos y el nadador se halla preparado para impulsar directamente el agua hacia arriba con las palmas de las manos.

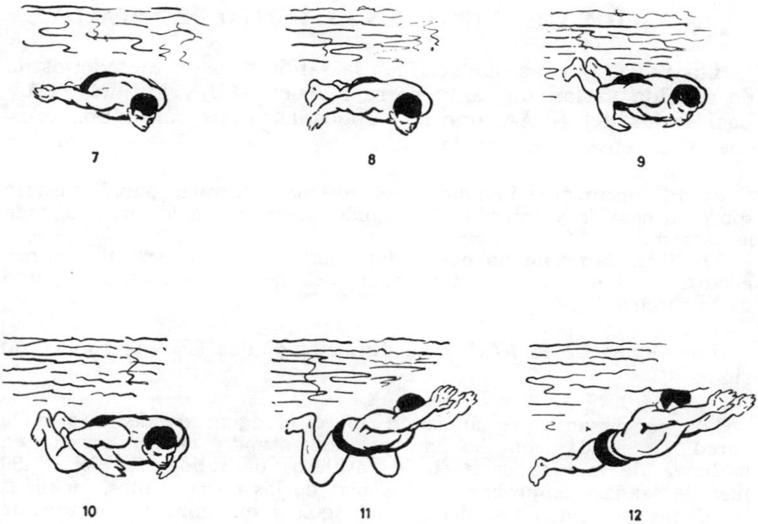

FIG. 6-6. Continuación

7. Las manos han completado la tracción y están vueltas hacia arriba. El impulso hacia arriba de las manos ayuda a mantener el cuerpo bajo el agua y a que conserven una buena posición aerodinámica.

8. El nadador conserva la posición deslizante durante un segundo o segundo y medio. Puede regular la profundidad utilizando las manos y la cabeza como timones. Si desea estar más próximo a la superficie, levanta ligeramente la cabeza. Si nota que está poco hundido, la baja.

9. A medida que el nadador nota que su velocidad se reduce, empieza simultáneamente a recuperar brazos y piernas. Mientras recupera las manos y los codos deben mantenerse cerca del cuerpo con el fin de disminuir la rémora.

10. Los codos se mantienen unidos a las costillas, al tiempo que las manos son llevadas por debajo del pecho. El nadador debe intentar deslizar las manos de una manera firme pero no rápida. Las piernas continúan lentamente la recuperación por flexión de las rodillas.

11. Los brazos se hallan casi totalmente extendidos y la cabeza se encuentra unos pocos centímetros por debajo de la superficie del agua. Las piernas están listas para iniciar su impulsión hacia atrás.

12. El batido de las piernas impulsa al nadador hacia delante al tiempo que la cabeza hiende la superficie del agua. El nadador se encuentra ahora en situación de iniciar la brazada siguiente. No obstante, de aquí en adelante, la cabeza debe, en todo momento, hender la superficie del agua hasta que inicie el siguiente viraje.

LA SALIDA Y EL VIRAJE EN EL ESTILO DE ESPALDA

Las reglas por las que se rigen la salida y los virajes del estilo de espalda varían un tanto entre los del AAU y los del NCAA. Las Reglas del NCAA, que son aplicadas a los colegiados y escuelas de enseñanza media, son:

a) El concursante impulsará con los pies contra la pared y estará sobre su espalda y continuará nadando sobre ésta a lo largo de toda la carrera.

b) El concursante no puede dar vuelta sobre la vertical con respecto al pecho antes de que su mano delantera haya tocado la pared de la piscina (7).

Las reglas de la AAU y las internacionales (FINA) son como sigue:

Los concursantes se alinearán sobre el agua, dando cara a la pared de salida con las manos descansando en la pared, en la barra de la piscina, o en los asideros de salida. Es deber del juez de salidas comprobar que los pies de los concursantes, incluidos los dedos, se hallen por debajo del agua y que ningún concursante esté con los pies en o sobre el albañal, o que enrosque los dedos de los pies en el borde del mismo.

Un participante en un concurso de estilo de espalda no debe dar vuelta sobre la vertical, con respecto al pecho, antes de que su mano delantera haya tocado la pared de la piscina con el fin de virar o llegar. Se permite dar vuelta sobre la vertical después que la mano delantera ha tocado, con el único fin de virar, pero el nadador debe haber retornado de la posición vertical a la de sobre la espalda antes de que los pies abandonen la pared (8).

Las reglas colegiadas, en lo que conciernen a la posición de salida, han sido interpretadas en el sentido de que permiten al nadador que enrosque los dedos de sus pies alrededor del borde del albañal de la piscina, siempre que parte de los pies estén dentro del agua. Las reglas de la AAU y las internacionales prohíben esta práctica en forma expresa. Sería de desear que las reglas de la AAU y las internacionales fueran cambiadas para ajustarse a las de la NCAA. La Figura 6-7 representa a Tom Stock ejecutando una salida que se ajusta a las reglas de la AAU. En mecánica es similar a la salida practicada con sujeción a las reglas de la NCAA, exceptuando que la última citada permite conseguir, al

(7) *National Collegiate Athletic Association Rule Book*, 1966, pág. 12.

(8) *Amateur Athletic Union Official Swimming Handbook*, 1965, sección VI, página 8

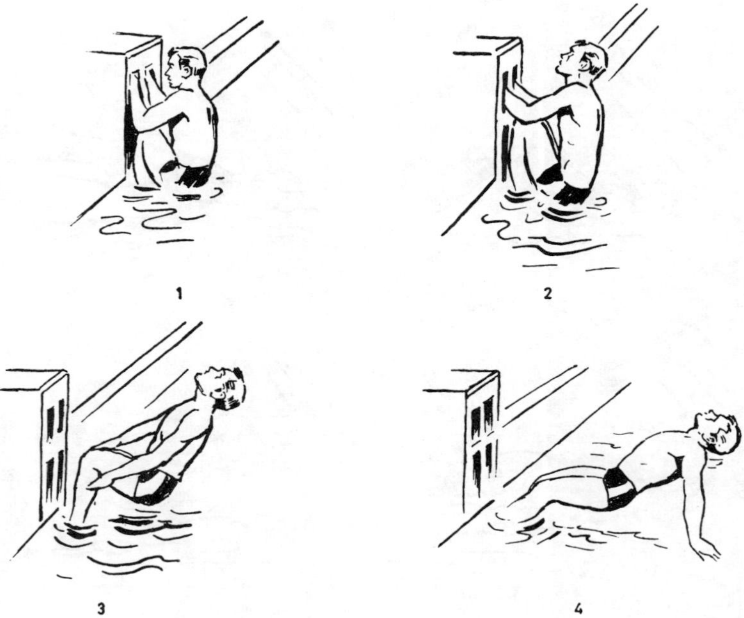

FIG. 6-7. La salida del estilo de espalda

1. A la orden de «A sus puestos», el nadador flexiona los codos y aproxima el pecho a la plataforma de salida elevando fuera del agua la mayor parte del cuerpo.

2. Al sonar el disparo de la pistola, el nadador impulsa la cabeza hacia arriba y atrás. Dirige los hombros y la parte superior del cuerpo hacia arriba y afuera de la plataforma de salida apretando hacia abajo y adentro por medio de los brazos contra la barandilla de agarre. En este punto inicia la inhalación.

3. El nadador continúa lanzando hacia atrás la cabeza, al tiempo que suelta las manos del agarradero. En este punto empieza a impulsar los brazos hacia delante, en una trayectoria plana y horizontal similar al movimiento de recuperación del estilo mariposa. Las piernas empiezan a extenderse vigorosamente.

4. Mientras los brazos siguen lanzados hacia delante, pasados los hombros, las piernas continúan extendiéndose y los tobillos (que no se ven aquí) están para empezar su impulsión. Desde este punto, el nadador debe tomar precaución contra un excesivo arqueamiento de espalda. Esto se consigue por la contracción de los músculos abdominales (recto del abdomen y oblicuo externo).

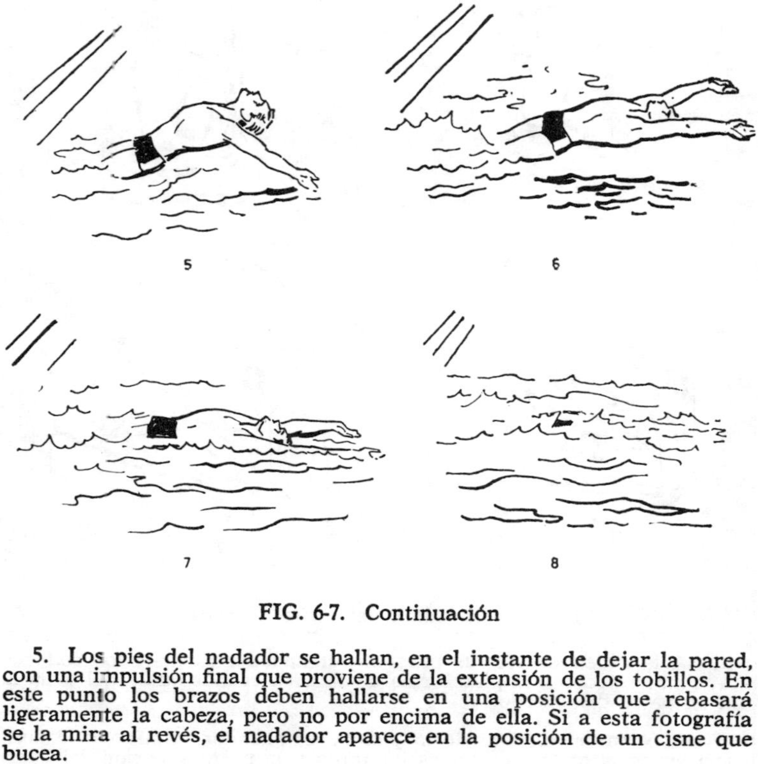

FIG. 6-7. Continuación

5. Los pies del nadador se hallan, en el instante de dejar la pared, con una impulsión final que proviene de la extensión de los tobillos. En este punto los brazos deben hallarse en una posición que rebasará ligeramente la cabeza, pero no por encima de ella. Si a esta fotografía se la mira al revés, el nadador aparece en la posición de un cisne que bucea.

6. El nadador continúa cayendo a la superficie del agua mientras prosigue el movimiento de brazos más adelante. En este punto el nadador empieza a pensar en aerodinamizar el cuerpo a efectos de conseguir un deslizamiento efectivo después de sumergirse.

7. Al tiempo que el nadador roza el agua, la cabeza todavía se halla atrás y los brazos están casi juntos con las manos tocándose. La inhalación termina en este punto. El nadador debe iniciar ahora el ajuste de la posición del cuerpo, de manera que durante la zambullida no quede ni poco ni demasiado hundido.

8. El nadador se halla casi totalmente sumergido. Está ahora en una posición bien aerodinamizada y, poco después que el cuerpo esté completamente sumergido, alcanzará una profundidad ligeramente superior a los cuarenta y cinco centímetros.

que la efectúa, una altura mayor y, consiguientemente, una distancia más larga en la zambullida después de la salida.

Una vez que el nadador se halla enteramente bajo el agua, debe rectificar la posición del cuerpo a efectos de impedir el hundirse demasiado. Esta rectificación consiste normalmente en una flexión hacia delante del cuello y un movimiento correspondiente de los brazos también hacia delante. El nadador mantiene la posición deslizante hasta que la velocidad de nado disminuye. Si se halla a la profundidad adecuada, inicia simultáneamente sus movimientos de brazos y el batido. Si está demasiado hundido, debe batir dos veces o aún más para ayudar a subir al cuerpo más cerca de la superficie.

El nadador empieza sus movimientos de brazos con la tracción de uno de ellos. En algunos ensayos que se han realizado con nadadores de clase mundial para efectuar la primera brazada con tracción de los dos brazos, el resultado ha sido de dudoso valor. Esta tracción produce un punto muerto en el que no hay aplicación de fuerza en el agua entre el término de la doble tracción y el comienzo del braceo.

Errores habituales en el viraje del estilo de espalda

I. Lanzar los brazos directamente hacia arriba una vez han dejado suelto el asidero. Los brazos deben hacerse girar por el lado, no hacia arriba.

II. Llevar los brazos demasiado aprisa hacia la cabeza. Algunos nadadores prueban de extender enteramente más allá de su cabeza los brazos antes de que sus pies abandonen la pared de la piscina. Mientras los pies abandonan la pared, los brazos deben hallarse al nivel de los hombros o ligeramente más elevados. Esto permite desarrollar la impulsión durante el lanzamiento de los brazos, a fin de ayudar a impulsar el cuerpo hacia fuera, lejos del punto de salida.

III. Desprenderse de la pared con impulso demasiado hacia arriba inmediatamente después de la salida. El nadador debe intentar impulsar con las piernas horizontalmente tan lejos como pueda y no hacia arriba, a un ángulo elevado o vertical.

El viraje de voltereta en el estilo de espalda

El viraje de voltereta en el estilo de espalda, en realidad, no es un viraje de voltereta, ya que el cuerpo nunca voltea completamente de arriba abajo por delante. Debería ser llamado con

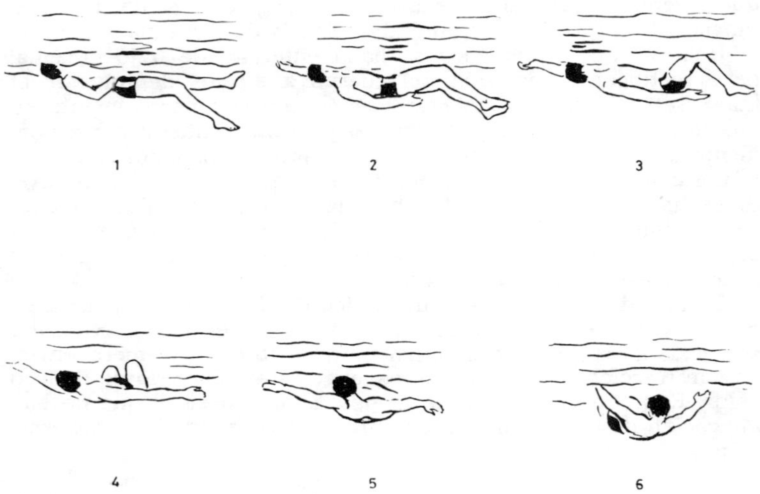

FIG. 6-8. Viraje de voltereta en el estilo de espalda

1. La mano del nadador, con las puntas de los dedos apuntando adentro, toca el borde de la piscina, en una línea recta más allá de su cabeza. La mano derecha continúa hasta terminar su tracción.

2. El nadador dobla el brazo que toca v empieza a replegar las piernas hacia arriba, doblando las rodillas. La mano derecha ha terminado la tracción y ahora empieza a girarla de manera que mire adentro.

3. A medida que las piernas se elevan, las rodillas son impulsadas fuera del agua. El codo del brazo que toca continúa doblándose, con lo que permite que el cuerpo se acerque a la pared. El brazo derecho sigue girando de manera que la palma mira hacia arriba.

4. Las piernas, de rodillas para abajo, se hallan fuera del agua y son lanzadas lateralmente sobre la cabeza, no directamente. El nadador nunca abandona su posición sobre la espalda, pero actúa con ella como si estuviera sobre un disco giratorio. El brazo que toca, empieza ahora a extenderse y a impulsar lejos de la pared a la parte superior del cuerpo, con lo cual ayuda al nadador a que gire.
La mano derecha, con la palma en una posición vertical, se ha colocado de manera que se halla dispuesta a asumir el trabajo de ayudar al movimiento de virar.

5. A medida que la mano que toca termina la impulsión contra la pared, la mano derecha tracciona hacia atrás en dirección a la cabeza.

6. La mano derecha sigue traccionando hacia la cabeza mientras el brazo izquierdo, con la mano fuera del agua, impulsa ahora arriba y adelante. Las piernas, a medida que se acercan a la pared, están próximas a ser sumergidas.

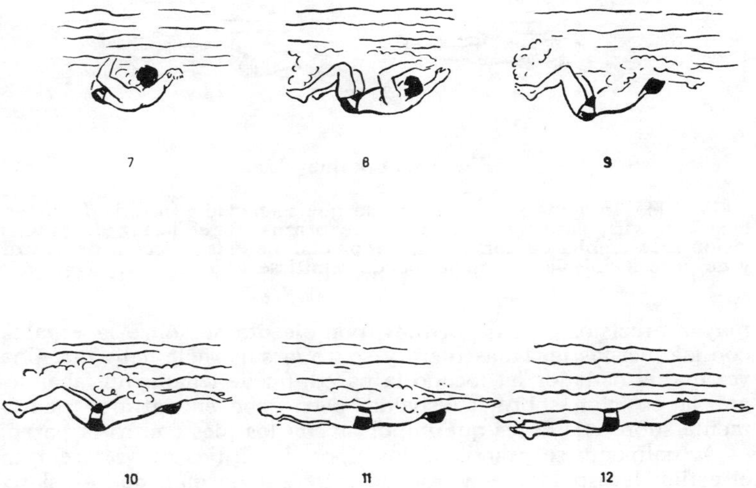

FIG. 6-8. Continuación

7. Cuando la mano derecha termina su tracción, parece que casi acaricia la cabeza con la palma. El brazo izquierdo, con la mano todavía fuera del agua, continúa moviéndose más hacia delante, hasta un punto en que encontrará la otra mano con anterioridad a la impulsión final de las piernas. Los pies empiezan a sumergirse cuando el viraje casi se ha completado.

8. Las piernas se hunden hasta que los pies se hallan entre unos 30 y 45 centímetros por debajo de la superficie. Ambos brazos siguen adelante.

9. Las manos están ahora juntas y los codos casi totalmente extendidos. Los pies se hallan firmemente asentados en la pared y las piernas listas para iniciar la impulsión. Los talones de los pies no tocan nunca la pared.

10. Los brazos del nadador se extienden más allá de la cabeza, al tiempo que empieza la impulsión de las piernas. El nadador se concentra con el fin de aerodinamizar el cuerpo estirando los brazos más allá de la cabeza y tensando los músculos abdominales a fin de mantener recta la espalda.

11. Por medio de una vigorosa extensión de los tobillos, el nadador empieza la impulsión final de las piernas. Para ajustar su profundidad en el agua, utiliza la colocación de la cabeza y de los brazos, así como la flexión de la cadera.

12. El nadador se mantiene en la posición de impulsión hasta inmediatamente antes de perder velocidad. Entonces comienza a separar las piernas en preparación de iniciar el batido.

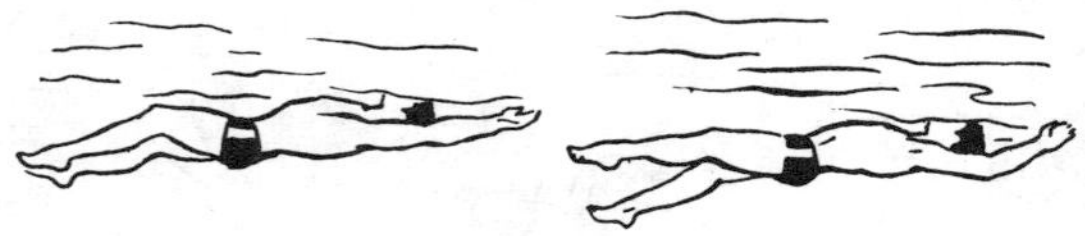

13 14

FIG. 6-8. Continuación

13 y 14. Inmediatamente antes de que el nadador hienda la superficie del agua, empieza la tracción de brazos. Si el lector desea una visión más amplia de cómo el nadador cumple esta tracción de brazos y después hiende la superficie, puede remitirse a la Fig. 4-2.

mayor precisión «viraje pivote», por ejecutarse sobre la espalda con las piernas lanzadas fuera y sobre la superficie del agua. Una vez que el nadador ha tocado la pared, puede legalmente abandonar la posición sobre la espalda, pero debe encontrarse nuevamente sobre ella antes que impulsar con los pies contra la pared.

Actualmente se practican dos tipos de virajes de voltereta en el estilo de espalda: el viraje de voltereta normal, que es el representado en las Figuras 6-8 y es descrito en este capítulo, y el viraje de voltereta rodante. En el último mencionado, el nadador gira de arriba abajo casi completamente durante la voltereta, pero termina sobre la espalda antes de empujar la pared con los pies. Este viraje es rápido pero arriesgado, ya que el nadador debe empezar a girar sobre la parte anterior antes de tocar la pared. Si se equivoca o anticipa ligeramente su viraje, invariablemente gira demasiado apartado y quebranta la regla que prohíbe dejar de estar sobre la espalda antes de haber tocado.

En la Figura 6-8 aparece Charles Hickcox, campeón nacional y detentor de récord, ejecutando un viraje de voltereta normal en estilo de espalda y en un movimiento de brazo después del viraje.

LLEGADAS Y SALIDAS EN RELEVOS

Las reglas de la AAU en lo que respecta a las llegadas y salidas en los relevos son como sigue:

En las carreras de relevos ninguno de los concursantes, aparte del primero, pueden salir hasta que su compañero de equipo ha terminado su posta... En las carreras de relevos, el equipo de un concursante cuyos pies hayan dejado de tocar el suelo (o la cubierta) antes que el compañero que le precede toque la pared, será descalificado a no ser que el concursante culpable retorne al punto de salida original en la pared sin que, no obstante, sea necesario que regrese a la plataforma de salida (9).

Los nadadores en los relevos deben practicar las salidas normales de carreras con balanceo completo de brazos. Deben ensayar las salidas de relevos, de manera especial con los nadadores que componen su equipo y en el orden en el cual nadarán. El nadador debe empezar a mover los brazos en un balanceo y permitir que el cuerpo impulse hacia delante tan pronto como la cabeza del precedente nadador haya pasado el signo «T»,* que se halla situado en el fondo de muchas piscinas, o sea, cuando la cabeza se halla a un metro o metro y medio de la pared de llegada de la piscina. Durante el tiempo en que el nadador completa el balanceo de los brazos, doblándose hacia delante y dando el impulso final con los pies, el nadador que está en el agua ha de haber tenido tiempo de recorrer la distancia que le quedaba. Es sólo con la práctica que se perfecciona esta técnica y que los nadadores adquieran la necesaria coordinación entre ellos para efectuar buenas salidas de relevos.

El nadador debe también ser capaz de anticipar qué mano será la que tocará. El nadador que va a llegar debe entrar fuerte y dar al próximo nadador un toque bien rápido. Frecuentemente, el *salto* o relevo ilegal debe ser culpado al nadador que llega, por no terminar correctamente, como cuando llega a la pared arrastrado.

CADENCIAR LA CARRERA

El examen que sigue acerca de la cadencia de la velocidad es aplicable a las carreras de los cuatro estilos de competición, pero no para el concurso de estilos individual. A efectos de mejorar la actuación, cuando el nadador no recorre distancias cortas, que son efectuadas a gran velocidad (de 50 a 100 yardas o metros), debe aprender a distribuir económicamente su esfuerzo durante la carrera. Puede llegar a sacar el mejor partido si a todo lo largo del recorrido pone en práctica una velocidad relativamente constante.

Cadencia en la distancia de 100 yardas/metros

Es más bien dudoso que un nadador pueda nadar la totalidad del recorrido de las 100 yardas o metros a una velocidad a darlo

(9) *AAU Official Swimming Handbook*, 1965, Reglamento de Competiciones. Sección VI, pág. 9.

* *N. del T.* — De la palabra inglesa «turning» que significa «virar».

todo. A esta distancia, aun los nadadores mejor dotados nadarán las primeras 50 yardas o metros un tanto más lentamente (y en el caso de un nadador de estilo libre, respirará más a menudo) que lo haría en un esfuerzo de 50 yardas o metros, en el que lo da todo.

Al nadar la distancia de 100 yardas/metros, la mejor línea de conducta es nadar los primeros 50, a más o menos de 0,5 a 1,0 segundo del tiempo en que el nadador es capaz de correr, con máximo esfuerzo los 50. Puesto que el nadador, al terminar los 50 en su paso por los 100 no va a tocar como final, sino que demora el toque de mano (o en el «crawl» no toca en absoluto) para poder virar con mayor eficacia, necesariamente los 50 metros serán más lentos que en un esfuerzo a darlo todo para unos solos 50.

Steve Clark, detentor del récord americano de las 100 yardas estilo libre (piscina pequeña) en 1965 con la marca de 45,61 nos da un buen ejemplo de nado en la distancia.

Steve Clark	:21,8	:45,6
Tiempo de cada 50	:21,8	:23,8

El mejor tiempo de Steve en 50 yardas es :20,9, o sea, ,9 de segundo más lento que el tiempo partido de su paso para los 100.

Los nadadores que no se hallan en su mejor momento pueden tener que nadar más lentamente los primeros 50, de manera que precisen más de un segundo de lo que son capaces de realizar cuando los nadan en un esfuerzo a darlo todo. De lo contrario, experimentarían un excesivo decaimiento en los últimos 50. De vez en cuando un nadador puede conseguir mejor tiempo en unos 50 fraccionados en su paso para 100, que los que lograría en 50 a todo dar. Normalmente, cuando ocurre esto, es porque se esfuerza demasiado en los 50 a todo dar, y literalmente se encuentra «pisándose los talones». El tal nadador puede sacar provecho de las pruebas de tiempo y carreras en sesiones de prácticas, en las cuales se le alecciona a mantener largas sus brazadas y más pausado su ritmo, de manera que sienta que nada algo más lento que a toda velocidad.

Principios involucrados en la cadencia de las carreras de media y larga distancia

Son tres los principios que demuestran la necesidad de un estudio cuidadoso de la cadencia de las pruebas de media y larga distancia:

1. Un nadador debe evitar que al principio de la carrera se produzca una pérdida de oxígeno demasiado elevada. Si el nadador sale a un ritmo de marcha demasiado rápido y consume energía en una amplitud en que empieza a crecer el nivel de déficit de oxígeno ya al principio de la carrera, experimentará casi inmediatamente un decaimiento en su eficiencia y velocidad. Según sea la distancia que está nadando, el nadador, en lo que concierne a consumo de oxígeno, debe intentar nadar en una condición uniforme. Es decir, debe hacer entrar casi tanto oxígeno como el que está consumiendo en el ejercicio. Mientras va completando la carrera, debe lentamente reconstituir la pérdida de oxígeno. Para distancias cortas, o períodos de tiempo breves, como son las carreras de velocidad, un nadador puede consentir en perder el nivel alto de oxígeno; sin embargo, cuando nada en pruebas más largas, el nadador no debe desear alcanzar el nivel de pérdida elevada de oxígeno, a excepción de que se produzca hacia el término de la carrera.

Los principios segundo y tercero involucran el consumo desproporcionalmente elevado de energía a las velocidades más elevadas.

2. La ley teórica del cuadrado que rige la resistencia del aire y del agua es aquí vigente: la resistencia del aire y del agua varían aproximadamente con el cuadrado de la velocidad. Cuando un nadador dobla la velocidad de un metro por segundo a dos metros por segundo, no encontrará meramente dos veces más resistencia, sino cuatro veces más.

3. En la contracción de un músculo el coste en energía varía con el cubo de la velocidad de contracción. Así, en el ejemplo de arriba, al doblar un nadador su velocidad, también tiene que contraer sus músculos dos veces más aprisa, incrementando no simplemente al doble o aun a cuatro veces su consumo de energía, sino aumentándolo en ocho veces.

Lo que sigue es en aplicación de estos dos principios: un nadador que haya nadado la prueba de 200 yardas en dos minutos, realizando sus primeras 100 en 53 segundos y las últimas 100 en 67 segundos, debió crear más resistencia total, emplear más energía, consumir más oxígeno y quedar más cansado, que un nadador que hubiese graduado su carrera en forma más nivelada, nadando sus 100 primeras yardas en 58 segundos y las últimas 100 en 62 segundos por el mismo tiempo total.

Factores que influyen en la cadencia y en los tiempos parciales

En las Tablas 6-1 y 6-2, «Tablas reguladoras de la cadencia», debe destacarse que las primeras 50 yardas o 50 metros de cada recorrido son tres segundos más rápidos que los otros cincuenta subsiguientes. Inmediatamente a continuación de la salida, durante el tiempo que el nadador se halla en el aire y por un corto espacio de tiempo después que ha entrado en el agua, se está moviendo a una velocidad superior a la que es su velocidad de nado. (En atletismo, sucede lo contrario, porque el corredor es retardado por la salida.) Por esta razón, el primer largo de la carrera del nadador, «aun cuando pueda ser nadado a la misma marcha (en lo que concierne a la velocidad de nado verdadera) que en lo restante de la carrera», será siempre más rápido, por lo general, en dos o tres segundos, dependiendo de la forma en que el tiempo parcial se ha tomado. En las pruebas de estilo libre, si el nadador realiza el viraje de voltereta sin tocar con la mano el canto de la piscina, puede cronometrarse el toque de los pies. Esto se añadirá al tiempo del primer largo y se restará del tiempo de la última parte de la carrera.

Si bien es deseable una marcha perfectamente igualada todo a lo largo de la carrera, no es mi intención el propugnar que las pruebas de todos los nadadores sean idénticas. Además de los principios mecánicos y sicológicos ya mencionados, en una competición de natación intervienen otros factores. «No hay norma constante o regla impresa de la cadencia que deba seguir un nadador para conseguir su mejor tiempo.» Hay diferencias individuales que pueden modificar la estrategia del nadador y su proyecto de cadencia en una competición. Algunos nadadores, que son lo que yo llamo «combatientes», parece que gocen en el dolor producido por el esfuerzo físico y no hacen caso de su propio sufrimiento. Estas personas, en una carrera pueden salir impetuosamente y continuar de esta forma todo el trayecto. Otros, que físicamente son más tímidos, deben nadar casi en el umbral del dolor y sólo aceptan aguantar el sufrimiento durante la última fase de la prueba. De los dos, el primero, siendo iguales las demás circunstancias, será el mejor nadador de fondo.

Algunos son nadadores para ir en cabeza y nadan mucho mejor cuando son ellos los que dirigen la prueba. Son capaces de relajarse más y nadar mecánicamente mejor cuando no se sienten acosados constantemente por algún otro nadando junto a ellos. Otros son incapaces de mantener una marcha constante, a menos que algún otro esté allí con ellos, bien atacándoles o bien tirando de ellos. Algunos nadadores son capaces en una ocasión de actuar

TABLA 6-1

Tabla niveladora de la cadencia * (Tiempos parciales para piscinas de 25 y 50 yardas)

Cadencia para 50 yardas, en segundos	Distancia: 50	100	150	200	250	300	350	400	450	500	1.000	1.500	1.650
43	:40	1:22	2:05	2:48	3:31	4:14	4:57	5:40	6:23	7:06	14:16	21:26	23:35
42	:39	1:20	2:02	2:44	3:26	4:08	4:50	5:32	6:14	6:56	13:56	20:56	23:02
41	:38	1:18	1:59	2:40	3:21	4:02	4:43	5:24	6:05	6:46	13:36	20:26	22:29
40	:37	1:16	1:56	2:36	3:16	3:56	4:36	5:16	5:56	6:36	13:16	19:56	21:56
39	:36	1:14	1:53	2:32	3:11	3:50	4:29	5:08	5:47	6:26	12:56	19:26	21:23
38	:35	1:12	1:50	2:28	3:06	3:44	4:22	5:00	5:38	6:16	12:36	18:56	20:50
37	:34	1:10	1:47	2:24	3:01	3:38	4:15	4:52	5:29	6:06	12:16	18:26	20:17
36	:33	1:08	1:44	2:20	2:56	3:32	4:08	4:44	5:20	5:56	11:56	17:56	19:44
35	:32	1:06	1:41	2:16	2:51	3:26	4:01	4:36	5:11	5:46	11:36	17:26	19:11
34,5	:31,5	1:05	1:39,5	2:14	2:48,5	3:23	3:57,5	4:32	5:06,5	5:41	11:26	17:11	18:54,5
34	:31	1:04	1:38	2:12	2:46	3:20	3:54	4:28	5:02	5:36	11:16	16:56	18:38
33,5	:30,5	1:03	1:36,5	2:10	2:43,5	3:17	3:50,5	4:24	4:57,5	5:31	11:06	16:41	18:21,5
33	:30	1:02	1:35	2:08	2:41	3:14	3:47	4:20	4:53	5:26	10:56	16:26	18:05
32,5	:29,5	1:01	1:33,5	2:06	2:38,5	3:11	3:43,5	4:16	4:49,5	5:21	10:46	16:11	17:49,5
32	:29	1:00	1:32	2:04	2:36	3:08	3:40	4:12	4:44	5:16	10:36	15:56	17:32
31,5	:28,5	:59	1:30,5	2:02	2:33,5	3:05	3:36,5	4:08	4:39,5	5:11	10:26	15:41	17:15,5
31	:28	:58	1:29	2:00	2:31	3:02	3:33	4:04	4:35	5:06	10:16	15:26	16:59
30,5	:27,5	:57	1:27,5	1:58	2:28,5	2:59	3:29,5	4:00	4:30,5	5:01	10:06	15:11	16:43,5
30	:27	:56	1:26	1:56	2:26	2:56	3:26	3:56	4:26	4:56	9:56	14:56	16:26
29,5	:26,5	:55	1:24,5	1:54	2:23,5	2:53	3:23,5	3:52	4:21,5	4:51	9:46	14:41	16:09,5
29	:26	:54	1:23	1:52	2:21	2:50	3:19	3:48	4:17	4:46	9:36	14:26	15:53
28,5	:25,5	:53	1:21,5	1:50	2:18,5	2:47	3:15,5	3:44	4:13,5	4:41			
28	:25	:52	1:20	1:48	2:16	2:44	3:12	3:40	4:08	4:36			
27,5	:24,5	:51	1:18,5	1:46	2:13,5	2:41	3:08,5	3:36	4:03,5	4:31			
27	:24	:50	1:17	1:44	2:11	2:38	3:05	3:32	3:59	4:26			
26,5	:23,5	:49	1:15,5	1:42									
26	:23	:48	1:14	1:40									

* Los primeros 50 están anotados en 3 segundos y los segundos 50 en 1 segundo, más rápidos que la cadencia o tiempo de cada uno de los 50 que les siguen.

TABLA 6-2

Tabla niveladora de la cadencia * (Tiempos parciales para piscinas de 25 y 50 metros)

Cadencia para 50 metros, en segundos	Distancia: 50	100	150	200	250	300	350	400	800	1.200	1.500
50	:47	1:36	2:26	3:16	4:06	4:56	5:46	6:36	13:16	19:56	24:56
49	:46	1:34	2:23	3:12	4:01	4:50	5:39	6:28	13:00	19:32	24:26
48	:45	1:32	2:20	3:08	3:56	4:44	5:32	6:20	12:44	19:08	23:56
47	:44	1:30	2:17	3:04	3:51	4:38	5:25	6:12	12:28	18:44	23:26
46	:43	1:28	2:14	3:00	3:46	4:32	5:18	6:04	12:12	18:20	22:56
45	:42	1:26	2:11	2:56	3:41	4:26	5:11	5:56	11:56	17:56	22:26
44	:41	1:24	2:08	2:52	3:36	4:20	5:04	5:48	11:40	17:32	21:36
43	:40	1:22	2:05	2:48	3:31	4:14	4:57	5:40	11:24	17:08	21:26
42	:39	1:20	2:02	2:44	3:26	4:08	4:50	5:32	11:08	16:44	20:56
41	:38	1:18	1:59	2:40	3:21	4:02	4:43	5:24	10:52	16:20	20:26
40	:37	1:16	1:56	2:36	3:16	3:56	4:36	5:16	10:36	15:56	19:56
39	:36	1:14	1:53	2:32	3:11	3:50	4:29	5:08	10:21	15:32	19:26
38	:35	1:12	1:50	2:28	3:06	3:44	4:22	5:00	10:04	15:08	18:56
37	:34	1:10	1:47	2:24	3:01	3:38	4:15	4:52	9:48	14:44	18:26
36,5	:33,5	1:09	1:45,5	2:22	2:58,5	3:35	4:11,5	4:48	9:40	14:32	18:11
36	:33	1:08	1:44	2:20	2:56	3:32	4:08	4:44	9:32	14:20	17:56
35,5	:32,5	1:07	1:42,5	2:18	2:53,5	3:29	4:04,5	4:40	9:24	14:08	17:41
35	:32	1:06	1:41	2:16	2:51	3:26	4:01	4:36	9:16	13:56	17:26
34,5	:31,5	1:05	1:39,5	2:14	2:48,5	3:23	3:57,5	4:32	9:08	13:44	17:11
34	:31	1:04	1:38	2:12	2:46	3:20	3:54	4:28	9:00	13:32	16:56
33,5	:30,5	1:03	1:36,5	2:10	2:43,5	3:17	3:50,5	4:24	8:52	13:20	16:41
33	:30	1:02	1:35	2:08	2:41	3:14	3:47	4:20	8:44	13:08	16:26
32,5	:29,5	1:01	1:33,5	2:06	2:38,5	3:11	3:43,5	4:16	8:36	12:56	16:11
32	:29	1:00	1:32	2:04	2:36	3:08	3:40	4:12			
31,5	:28,5	:59	1:30,5	2:02	2:33,5	3:05	3:36,5	4:08			
31	:28	:58	1:29	2:00	2:31	3:02	3:33	4:04			
30,5	:27,5	:57	1:27,5	1:58	2:28,5	2:59	3:29,5	4:00			
30	:27	:56	1:26	1:56	2:26	2:56	3:26	3:56			
29,5	:26,5	:55	1:24,5	1:54							
29	:26	:54	1:23	1:52							

* Los primeros 50 están anotados en 3 segundos y los segundos 50 en 1 segundo, más rápidos que la cadencia o tiempo de cada uno de los 50 que les siguen.

en una de las formas acabadas de describir, y en otra actuar de manera totalmente diferente. Estos contradictorios ejemplos se deben más a factores sicológicos que a fisiológicos.

Un nadador puede empezar una carrera más aprisa del grado ideal de cadencia en un esfuerzo para situarse en cabeza de la serie y para evitar las aguas picadas. En algunas piscinas bien diseñadas, el agua no se pone tan agitada como en algunas otras, y en este caso la carrera del nadador puede tener en cuenta este factor.

A algunos nadadores les gusta nadar *carreras estratégicas* y, en algunos casos, han ganado títulos nacionales y olímpicos al nadar carreras en las que su cadencia fue considerablemente alterada. Entre éstos, han sido notables Murray Rose y Roy Saari. Esta clase de nadadores parecen casi despreciar la cadencia, y por el contrario se comportan en forma opuesta, no para conseguir un buen tiempo, sino para salir vencedores. Este tipo de carrera tiene su mérito, que depende de la personalidad del nadador, así como en la consideración que pueda tener en tomarse un descanso para otra prueba. En una carrera de este tipo, es muy improbable que se consiga realizar una gran hazaña o que se establezcan nuevos récords.

Cómo emplear la tabla niveladora de la cadencia

La tabla niveladora de la cadencia pone a la vista el tiempo en segundos a que, en una determinada marcha debe pasar el nadador cada 50 yardas o metros para carreras de varias distancias. En todos los recorridos, las primeras 50 yardas o metros están tres segundos más rápidos y, las segundas 50 yardas o metros, un segundo más que los recorridos que siguen. Esto es así por la razón ya expuesta respecto a la mayor velocidad en cualquier largo de salida de zambullida o viraje sin toque de mano. La práctica lo demuestra, debiendo, por lo tanto, atribuirse a las razones expuestas más arriba y no precisamente al hecho de que el nadador no está todavía cansado. En las carreras de media y larga distancia, el nadador debe hallarse en cadencia después de las primeras 100 yardas o metros y tratar de mantener constante su velocidad pasado este punto.

En el estilo libre, los tiempos parciales del nadador variarán si practica el viraje con toque de mano o sin él. En el estilo de espalda un nadador no debe ganar tanto tiempo de la salida como lo hacen los nadadores de los otros estilos cuya salida es una zambullida. Por esta razón, sus primeros 50 serán algo más lentos que el tiempo anotado en las Tablas.

Aun cuando hay variaciones en cómo cada individuo debe ajustar su propia cadencia y que dependen de aquellos factores que ya han sido examinados, las Tablas que nos ocupan sirven como una guía para ayudar al nadador y al preparador a determinar la cadencia a que el nadador debe intentar ajustarse a efectos de lograr un tiempo determinado.

Si un nadador desea nadar las 1.650 yardas estilo libre, en piscina pequeña, en el tiempo de 18:05, sitúa este tiempo debajo de la columna de la Tabla 6-1, encabezada por 1.650. Entonces, corriendo la vista a la izquierda de la línea, encontrará que debe marcar un promedio de cadencia de 33 segundos cada 50 yardas, después de las primeras 100 yardas. Para nadar una carrera con economía de esfuerzos, debe aproximarse a los tiempos parciales anotados en la Tabla.

Si un nadador desea nadar los 200 metros braza de pecho en 3,04, debe buscar en la Tabla 6-2, en la columna encabezada por 200, y descender hasta encontrar el tiempo más aproximado a la meta por la que está luchando. Leyendo entonces al través, encontrará que sus parciales deben aproximarse a :44 en los 50, 1,30 en los 100, 2,17 en los 150, y 3,04 en los 200.

Son pocos los nadadores que alguna vez en un concurso ajustan con perfección la cadencia de nado; sin embargo, a medida que las mejoras en los tiempos resultan más difíciles de alcanzar, es evidente que el ajustar la cadencia de nado cobrará una importancia mayor.

A continuación figuran varias actuaciones en las que se han batido récords y su comparación con la Tabla niveladora de la cadencia:

	100	200	300	400	500
Mike Burton (abril, 1967) Campeonato Nacional AAU	:51,7	1:47,8	2:44,2	3:41,4	4:37,0
Tiempo por 100		:56,1	:56,4	:57,2	:56,6
Tiempo propuesto por la Tabla niveladora de la cadencia. Horario establecido para un tiempo de 4:36,0	:52,0	1:48,0	2:44,0	3:40,0	4:36,0
Tiempo por 100		:56,0	:56,0	:56,0	:56,0
Diferencia (10)	—,3	+,1	+,4	+1,2	+,6

(10) Burton practica el viraje sin tocar la pared; de este modo la diferencia podría haber sido ligeramente menor si hubiese tocado (sin embargo, insignificantemente).

El récord americano de las 200 yardas de Don Schollander en 1:41,2, en piscina pequeña, era establecido a una cadencia mayor aún que la propugnada en las Tablas.

	50	100	150	200
Don Schollander (abril, 1967) Campeonato Nacional AAU	:23,8	:49,4	1:15,1	1:41,2
Tiempo por 50		:25,6	:25,7	:26,1
Tiempo propuesto por la Tabla niveladora de la cadencia. Cuadro de marcha	:23,5	:49,0	1:15,5	1:42,0
Tiempo por 50		:25,6	:26,5	:26,5
Diferencia	+,3	+,1	—,8	—,4

El récord de las 200 yardas mariposa de Fred Schmidt se estableció en una disputada carrera con Carl Robie. Ambos nadadores deseaban la ventaja de llevar la delantera al pasar por las 100 yardas, y nadaron la primera parte de la prueba a ritmo más fuerte del que tenían planeado.

Puede observarse el gran hundimiento de Schmidt en las últimas 50 yardas. Probablemente el tiempo de Schmidt habría sido mejor si su cadencia hubiese sido más regular.

	50	100	150	200
Fred Schmidt (marzo, 1965) Campeonato NCAA	:24,5	:52,6	1:21,1	1:51,4
Tiempo por 50		:28,1	:28,5	.30,3
Tiempo propuesto por la Tabla niveladora de la cadencia. Establecido (11)	:25,8	:53,5	1:22,3	1:51,1
Tiempo por 50		:27,7	:28,8	:28,8
Diferencia	—1,3	—,9	—1,2	+,3

(11) Interpolado con las tablas, ya que el tiempo de 1,51 se encuentra entre dos de los tiempos registrados.

El récord americano de las 500 yardas, establecido en abril de 1967 por Pam Kruse, tenía tiempos parciales muy aproximados a los de la cadencia regulada de las tablas.

	100	200	300	400	500
Pam Kruse (abril, 1967) Campeonato Nacional AAU	:58,7	2:01.3	3:04,3	4:07,2	5:06,9
Tiempo por 100		:62,6	:63,0	:62,9	:59,7
Tiempo propuesto por la Tabla niveladora de la cadencia. Horario establecido para un tiempo de 5:06,0	:58,0	2:00	3:02	4:04	5:06
Tiempo por 100		:62,0	:62,0	:62,0	:62,0
Diferencia	+,7	+,6	+1,0	+,9	—2,3

Aprender a acompasar

Un nadador aprende a acompasarse tanto en los entrenamientos como en las carreras verdaderas. Como en todo estudio, un nadador que aprende a cadenciar su marcha se forma una asociación entre causa y efecto (o como se hace mérito en el Capítulo 7, entre estímulo y respuesta). La causa es la suma de esfuerzo que se pone en nadar una distancia dada, y el efecto es la velocidad resultante, o el tiempo que se necesita para cubrir la distancia. De hecho, el nadador debe aprender a recordar las sensaciones que resultan de la aplicación de una determinada cantidad de esfuerzo. Estas sensaciones surgen de los músculos y de sensaciones de tensión en varias partes del cuerpo. La presión del agua sobre las manos y las piernas mientras llevan a término sus movimientos, y las otras sensaciones de movimiento del cuerpo a través del agua, sirven también de guía al nadador para que determine su velocidad.

Estos mecanismos deben ser ejercitados a fin de que, cuando un nadador solicita que su cursómetro le diga a qué tiempo va pasando, no se encuentre con diferencias superiores al 1 ó 2 por ciento. Sucede a menudo que buenos reguladores de la cadencia pueden nadar 100 yardas e indicar su tiempo con un error de pocas décimas de segundo. Estos ejercicios son de ayuda al nadador para enseñarle a ajustar su cadencia. Cada día de ejercicios debe dedicar un tiempo a aprender ajuste de cadencia. Se debe tomar cuidadosamente nota de todos los tiempos realizados en los entrenamientos de intervalo, en los entrenamientos de repetición y en las fases de pruebas de tiempo de su programa. Le será útil al doble fin de condicionarle y de enseñarle a nadar con cadencia.

Artificios mecánicos y relojes de cadencia, así como tiempos tomados por el preparador, todo ayuda al nadador a evaluar su velocidad y, en consecuencia, a aprender a nadar acompasado. Son necesarias pruebas de tiempo en carreras y en esfuerzos a darlo todo, para el completo entrenamiento del nadador en el ajuste de la cadencia. En entrenamientos para competiciones de las distancias de 100 y 200 yardas o metros, debe nadar de ocho a doce de tales carreras o pruebas de tiempo durante los últimos dos meses de preparación, a fin de asegurarse el máximo perfeccionamiento. En entrenamientos para carreras más largas, puede no necesitar nadar tantas, quizá sólo de cuatro a seis, en la distancia de la carrera y a toda marcha, ya que los esfuerzos a darlo todo en las distancias más largas pueden interrumpir su programa de entrenamiento. El aprendizaje de la cadencia para las carreras de 1.650 yardas o 1.500 metros puede también practicarse nadando carreras más cortas, tales como las 1.000 yardas u 800 metros.

En el Capítulo 8 (Métodos de entrenamiento) y en el 12 (Organización de prácticas) se examinan varios métodos para enseñar la cadencia de nado por medio de dividir la carrera en segmentos. Estas técnicas, tanto si son *nados partidos* como *simuladores,* contribuyen todos a la mejor comprensión por parte del nadador acerca de cómo puede mejor nadar la competición.

Un nadador puede participar en un concurso y mejorar su mejor tiempo en las 200 yardas estilo libre pasándolo, digamos, de 1:58 a 1:55. Nada una carrera a velocidad bien cadenciada, no obstante no haber antes nadado nunca aproximándose a este tiempo. Es difícil comprender cómo se entrenó para este grado de velocidad si nunca, previamente, había nadado tan aprisa. El hecho es que el nadador, mientras practica para cadenciar su velocidad, está enterándose de *cuánto esfuerzo debe realizar.* Toda la temporada se ha estado entrenando duramente y ha estado casi siempre cansado, aun en los días de concursos. La cantidad de esfuerzo que ejerce en estas ocasiones le da velocidad suficiente para nadar la distancia de las 200 yardas en 1:58. Precedentemente a este gran concurso de la temporada, reduce gradualmente la preparación y queda descansado. Bajo estas condiciones, la misma cantidad de esfuerzo realizado por el nadador le da ahora un tiempo de 1:55.

Esto aclara el hecho de que, al aprender a cadenciar la velocidad, el nadador debe aprender a analizar la cantidad de esfuerzo que debe realizar, y no limitarse simplemente a ser capaz de predecir los varios tiempos parciales que realizará durante la carrera.

La cadencia en estilos individual

Una de las carrera de competición más interesantes es la de estilos individual. La colocación relativa de cada nadador normalmente varía después de los largos de cada estilo. Más que en ninguna otra carrera, en ésta es imposible facilitar una cadencia teórica que sea perfecta para todos los nadadores, porque cada nadador excede sobre los otros en uno o más estilos. En esta competición el nadador debe verdaderamente nadar su propia carrera y despreocuparse totalmente de las normas que en ella adopte cada uno de sus contrarios.

Un estudio de los tiempos parciales de los varios largos de las 200 yardas en estilos individual, efectuado entre diez nadadores masculinos de clasificación nacional, y comparándolos con los mejores tiempos que logran en un esfuerzo a toda marcha de 50 yardas en cada uno de los estilos, está reflejado más abajo. No se pretende que sea el ideal del concurso, pero es una guía para que el aspirante a nadador de estilos pueda compararlo con su propia norma de carrera.

	50 Mariposa	50 Espalda	50 Braza	50 Libre
1. Promedio totalizado de tiempo transcurrido	:25,4	:55,3	1:31,2	1:59,2
2. Promedio de tiempo parcial por 50 yardas, en las 200 yardas estilos individual	:25,4	:29,9	:35,9	:28,0
3. Promedio de mejor tiempo en un esfuerzo a darlo todo sobre 50 yardas	:24,0	:26,4	:30,4	:22,6
4. Diferencia entre el 2 y el 3	+1,4	+3,5	+5,5	+5,4

Un nadador de estilos individual debe ser más escrupuloso en sus tiempos parciales que cualquier otro nadador, ya que tiene más ocasiones de cometer errores. Debe ejercitarse constantemente en mejorar su habilidad de pasar de un estilo al otro y continuar manteniendo la misma cantidad de esfuerzo, aun cuando varíe su grado de velocidad, y debe experimentar en los entrenamientos y en las carreras distintas graduaciones de velocidad de nado.

Estas prácticas de experimentos y de errores son el único camino para que cualquier nadador pueda hacerse con el medio mejor para nadar las varias distancias.

7

La enseñanza y el aprendizaje de los conocimientos prácticos de la natación

La enseñanza de los conocimientos de la natación es a veces compensadora y estimulante pero, en ocasiones, es una experiencia defraudadora. Mientras que en unión de un grupo de compañeros preparadores e instructores de natación, debatíamos los problemas, yo manifesté que existía una gran confusión acerca de los conocimientos prácticos de la natación. Un compañero instructor, que no creía ser cierta mi manifestación, la recusó diciendo que la cosa era especialmente sencilla: «Hacer que los nadadores ejerciten la parte del movimiento que se desea enseñarles hasta que lo realicen en forma automática; luego se pasa a la parte siguiente, practicando el mismo sistema de preparación, y así sucesivamente, hasta que se tienen enseñadas todas las partes; después, se procura conjuntar las partes.»

El método de enseñanza de la parte al todo parece lógico y tiene un cierto mérito. Más adelante de este capítulo se debatirán, sobre la base de algunos principios y teorías de enseñanza, el método total, el método de la parte al todo y el método de las partes progresivas. Sin embargo, en muchos casos el método de enseñanza tradicional de la parte al todo, tal como lo practican muchos instructores y es defendido por muchos grupos, es en sumo grado inferior y aun perjudicial para el progreso en los conocimientos.

Al igual que un nadador debe aprender a nadar nadando, de la misma manera un instructor debe adiestrar adiestrando y un preparador preparando. La valoración, de un administrativo, respecto de un instructor que ha estado adiestrando durante 30 años, no es la de que tiene 30 años de experiencia, sino la de que ha tenido 30 veces un año de experiencia. Es fácil encariñarse con un sistema de ideas: enseñar siempre los mismos métodos, dirigir los mismos cursos corrientes y llevar a término los mismos errores año tras año. Por miedo a tropezar al ensayar ideas nuevas, nuestros instructores y preparadores se mantienen tan estáticos, que perdemos la ductilidad de pensamiento y rechazamos nuevos conceptos.

Si un preparador o instructor espera realizar un buen trabajo en la enseñanza de la teórica de la natación, debe poseer algo más que sólo un superficial conocimiento de los principios de la buena mecánica de los movimientos y del proceso de la habilidad motriz, que deben guiar eficazmente el trabajo. Es obvia la necesidad del primero de estos conocimientos, porque los movimientos y conocimientos prácticos de la mecánica de la natación que enseña son exactamente el camino de su satisfacción; la necesidad del último no es tan manifiesta, pero después de debatir acerca de ello, muchos estarán de acuerdo en que algunos conocimientos del proceso de habilidad motriz son esenciales. En resumen: lo primero es *qué* enseñamos, y lo último *cómo* lo hacemos.

Aun cuando este capítulo no es un intento de profundizar con gran detalle todos los factores involucrados en el estudio de la fuerza motriz, puede servir para introducir al lector en unos pocos principios de este conocimiento que pueden ayudarle a la mejor comprensión del procedimiento en relación a la natación.

ESTUDIO DE LOS PRINCIPIOS DE LA FUERZA MOTRIZ

Instrucción por medio de ensayos y errores

Muchos de los grandes nadadores saben muy poco acerca de la mecánica de su especialidad, y aparentemente han aprendido los movimientos mecánicos con poca ayuda de sus preparadores y sin apreciarlo por su parte en su justo valor. Se dice que han aprendido a nadar *espontáneamente*. Semejante opinión ha constituido la base de una filosofía propugnada por muchos instructores y preparadores. Esta filosofía y el proceder subsiguiente —«no hay *un* sistema correcto de nadar un estilo; dejad solo al nadador y encontrará la forma más adecuada para él»— es lo que puede justificar la tracción con el brazo estirado, el batido de cuña en la braza de pecho, o casi todas las violaciones de los principios examinados en los cinco primeros capítulos. Es cierto que existen pequeñas variantes en la mecánica de los movimientos, pero estas variantes se basan en diferencias anatómicas de flexibilidad de hombros y de tobillos, flotabilidad, y así sucesivamente, o en diferencias fisiológicas tales como la velocidad de la contracción muscular.

Sin embargo, los grandes nadadores nunca han violado los principios mecánicos básicos, mientras que los de poca valía casi siempre lo hacen, aunque ninguno de los dos grupos sean sabedores de los principios o de lo que están haciendo para observarlos o contravenirlos. A veces he quedado sorprendido de las respuestas que he recibido de grandes nadadores después de interrogarles acerca de la mecánica de sus movimientos. Es extraordinario su desconocimiento de lo que hacen durante la fase de sus movimientos bajo el agua. Algunos nadadores de estilo libre habían dicho que traccionaban con el brazo estirado, cuando las películas tomadas bajo el agua les han demostrado que doblaban sus codos en unos 90º. En algunos casos, sus preparadores les habían aconsejado mantener los codos estirados. La discrepancia manifiesta entre el sistema en que habían sido preparados, lo que ellos creían hacer y aquello que verdaderamente efectuaban, es algo no exclusivo de los nadadores y puede extenderse a otros deportistas, tales como jugadores de «baseball» y atletas de todas clases.

Por ejemplo, el jugador de «baseball», cuando lanza una pelota, cree y piensa que la suelta cuando tiene su mano delante, enfrente de él; de hecho, la lanza en el punto en que su mano se encuentra casi a nivel del hombro. Mientras la pelota deja la mano, sigue en la dirección en que estaba marchando en el punto de ser soltada. Si hubiese sido soltada más al frente y más adelante, como suponía el lanzador, la pelota habría continuado hacia abajo, en la trayectoria iniciada antes de dejarla. Si la hubiese soltado demasiado pronto, habría continuado yendo hacia arriba. Cuando se aprende a lanzar una pelota como un chiquillo, a través de ensayos y errores, se aprende a asociar los lanzamientos acertados con determinadas sensaciones en el cuerpo (sensaciones cinestésicas), que serán después asociadas con un punto determinado de suelta de la pelota. Puesto que estas sensaciones cinestésicas quedan asociadas con el lanzamiento correcto de la pelota, el deportista establece una relación de causa y efecto, sin comprensión de los principios mecánicos que están involucrados en ella. Visualmente, el lanzador es capaz de analizar cada intento, como aceptable o inaceptable, pero no puede ver la dirección hacia la cual iba la pelota. Llega a asociar ciertas sensaciones cinestésicas a los lanzamientos correctos. Este es el primer paso en el conocimiento de habilidad motriz. La mayor parte de nuestras simples habilidades motrices (físicas) se aprenden por medio de este método de ensayos y errores. Sin embargo, hay límites acerca de hasta dónde puede este método llevar a un atleta a la adquisición de conocimientos más complejos: al lanzar una pelota curvada u ovalada y otras habilidades del lanzamiento. No puede darse por sentado que se pueden aprender todos estos conocimientos en forma automática.

Cuando un chiquillo ve a otra persona nadando el estilo «crawl», puede tratar de imitar los movimientos generales del estilo. Muchas veces, si se le deja solo, sin instruirle, con el tiempo podrá desarrollar un tipo de estilo efectivo. Incluso puede, como ha sido sugerido, desarrollar un movimiento efectivo aun habiendo sido instruido defectuosamente. Estas personas, que desarrollan movimientos eficaces a pesar de haber recibido una instrucción deficiente o de no haberla recibido en absoluto, han sido utilizados como evidencia de que un nadador *tiene* condiciones o no las *tiene*, y que no es el grado de preparación o instrucción el que se las dará.

Es cierto que algunos asimilan más aprisa que otros la habilidad motriz, pero no puede suponerse que cualquier persona, a fuerza sólo de tesón, desarrolle unos movimientos perfectos, como no es posible presumir que un brillante estudiante sea capaz de desarrollar, sin instrucción o práctica, un concepto que sea defendible acerca de la teoría de la relatividad de Einstein. De aquí que exista un límite en la adquisición de habilidad motriz sin un guía. El límite puede variar de un individuo a otro, y la dirección que la persona recibe puede ser autoadministrada o puede provenir de su preparador, de ayudas visuales, o de la observación de otros nadadores, pero todas estas circunstancias pueden contribuir a que adquiera técnicas mejores o peores, de acuerdo con la calidad de aquella direción.

Cómo tiene lugar la instrucción de la habilidad motriz

El estudio de la habilidad motriz puede definirse como un cambio en el tipo de movimientos debido a ejercicios de reforzamiento. Los mecanismos nervomusculares involucrados en este cambio no son conocidos en forma precisa, aunque existe suficiente información para poder avanzar ciertas suposiciones. Cuando se enseña un conocimiento práctico, se establecen una serie de sendas neuromusculares. Estas sendas incluyen neuronas, o células nerviosas del cerebro, y la columna vertebral, motoneuronas (que van a los músculos) y unidades motrices de los músculos afectados por estas neuronas.

La relación neuromuscular es la que determina exactamente qué músculos o porción de músculo se contraerá y en qué secuela, y de esta manera se determina la pauta entera del movimiento. Es evidente que no pensamos con detenimiento cada movimiento que hacemos, y los patrones neuromusculares para tan simples habilidades motrices, cuales son mantenerse en pie, andar, correr y aun el nadar pueden convertirse en algo tan bien ordenado, que los impulsos nerviosos circularán tal vez sin mucho control desde el centro cerebral superior, la corteza cerebral.

Franklin Henry (1) aboga por una teoría, que denomina «teoría de la caja de memoria», en que expone que los patrones nerviosos (nerviosidad) inconscientes, adquiridos en experiencias anteriores, quedan acumulados en el sistema nervioso central, en lo que puede ser considerado como una «caja de acumulación de memorias».

Cuando se practica por primera vez una habilidad, ello se realiza bajo el control consciente del individuo. En este punto se está falto de eficiencia, y es posible ser desmañado y estar agarrotado. A medida que, a través de un proceso de repeticiones, se va aprendiendo la habilidad, ésta se convierte en una parte de las habilidades atesoradas por la persona y viene a parar en algo más automático cada vez. Puede entonces pensarse que ha sido almacenado en la caja de la memoria, donde permanece disponible al toque de llamada.

Durante la fase inicial de aprendizaje, la persona, para ejecutar los movimientos, debe usar los centros más elevados de su cerebro (la corteza cerebral). Piensa meticulosamente en su tarea, tal como una persona que está aprendiendo a manejar el cambio de marchas de un coche debe pensar en los cambios y en emplear el embrague, o como un nadador principiante que aprende los movimientos del «crawl» debe pensar en sacar los brazos fuera del agua y en batir las piernas. En este punto, la subordinación respecto de los centros más elevados del cerebro, para concebir estos movimientos, hace que sean efectuados en forma más lenta y faltos de precisión. Hay una tensión indeseable en el cuerpo, debida a una actividad muscular innecesaria. Conforme la habilidad que se practica se torna más automática, la tensión muscular decrece y el movimiento se hace más depurado y más eficiente. Es como si el ejecutante realizara, sin aparentemente darse cuenta, partes del patrón del movimiento completo. Esta parte del patrón del movimiento pasa a ser, al menos temporalmente, propiedad del sistema nervioso central inferior. Por esta razón existe la posibilidad de una caja de memoria, movedora de patrones, tanto a nivel cortical como en los inferiores.

Los tres niveles de control de movimiento

Cuando alguien desea llevar a término una habilidad que previamente ha aprendido, para iniciar el ejercicio acude a las reglas ya establecidas. Los impulsos que inician el movimiento

(1) Franklin Henry, «Increased response latency for complicated movements and a memory drum theory of neuromotor reaction». *Research Quarterly*, XXXI (1960), 448-457

surgen en el área motriz de la corteza cerebral. La corteza es la capa que cubre el cerebro, que es generalmente considerada como el asiento de la memoria, de la asociación y de la percepción, y, de hecho, es el centro de todo nuestro proceso mental más elevado. Esta parte del cerebro puede también ser considerada como el centro director del control de nuestros movimientos. Como previamente ha sido descrito, cuando un individuo aprende por primera vez una habilidad o efectúa cambios en ella, esta parte del cerebro concibe el movimiento. Este nivel de control puede ser denominado el *nivel consciente.*

Al repetirse el movimiento una y otra vez, la corteza cerebral empieza a transferir algo del control del movimiento a los centros inferiores o subcorticales —posiblemente la formación reticular y el cerebelo—, el primero considerado generalmente un centro de activación, mientras que el último coordina y perfecciona el movimiento. Este nivel puede ser denominado *nivel automático.*

Un tercer nivel de control de movimiento, que es más bajo que los otros dos, es el *control reflejo del movimiento* en el nivel del sistema nervioso central del espinazo. La parte de movimiento atribuible a este tipo de control es considerado casi siempre correcto, resultando generalmente de acciones reflejas que protegen al individuo o que son predeterminadas por nuestras respuestas nerviosas básicas al simple estímulo. Estos movimientos normalmente se hallan localizados y son sólo parte del movimiento total. Por ejemplo, si a un nadador se le dice que recupere el brazo de una manera tal que pueda colocar a un músculo dado en un alargamiento anormal, los proprioceptores de este músculo envían impulsos a la columna vertebral, de donde, a su vez, los impulsos son enviados al músculo, a efectos de contraerlo y ayudarle a resistir el daño por causa de ser estirado en demasía.

Nadie puede, en realidad, resolver un movimiento complejo. Debe confiar en los tres niveles de control. El nadador puesto en pie en el borde de la piscina, se zambulle en el agua. La porción de la corteza cerebral de su cerebro toma una decisión según sea el estilo que nadará. Entonces asigna a los otros dos niveles, parte de la tarea de controlar estos movimientos natatarios, pero, debido al hecho que sólo esta sección posee perceptibilidad consciente, retiene la opción de encargarse de controlar el movimiento a voluntad. Si, por ejemplo, la corteza recibe estímulos de los ojos, por la vía del nervio óptico, indicándole que el viraje se aproxima, puede entonces asumir el control de las piernas desde el nivel automático, ordenándoles que detengan el batido y que se recojan para el viraje.

Se cree por muchas autoridades en habilidad motriz, que su aprendizaje a base de ensayos y yerros interviene sólo a nivel de control consciente. Si esto fuera verdad, resultaría que la mayor parte de la gente sería capaz de proporcionar un análisis verbal razonable de sus movimientos cuando ejecuta una habilidad. Pero esto no es así. Mi opinión es que gran parte del aprendizaje a base de ensayos y de yerros tiene lugar a un nivel subconsciente, y que frecuentemente aprendemos a ejecutar con eficiencia ciertas habilidades sin que intervenga la parte de nuestro nivel consciente.

La acción de los dos niveles inferiores nos asegura que la mayoría de nuestros movimientos simples serán correctos. El continuo superinstruir y superpreparar detalles ínfimos o mecánicas incorrectas, puede remplazar las acciones automáticas y reflejas, o movimientos naturalmente correctos, por otros que sean completamente artificiales o voluntarios. El principiante debe ser guiado, del principio al fin de la práctica, de una manera que lo que va a suceder, naturalmente en una forma correcta, tenga oportunidad de desarrollarse sin impedimento. Forzar al principiante a una forma de movimiento copiada, contrarresta esta progresión natural y afecta de manera permanente la instrucción de la persona.

Esto no significa que mi posición, en relación con la instrucción y la preparación, sea la de *laissez-faire*. Sin embargo, desearía exponer que yo creo que un instructor no debe esperar que el control total del movimiento surja del cuidadoso y atento control del movimiento por la corteza, sino de las sensaciones que vienen de los músculos y de otras fuentes que pueden ayudar a determinar el movimiento adecuado. Si hay una vigilancia demasiado consciente del movimiento, estos impulsos pueden pasar por alto, y el movimiento resultará menos eficiente que si se hubiera ejercido menor control cerebral. Expuesto con simplicidad: cuando una persona inicia el aprendizaje de un conocimiento práctico, las descripciones complejas pueden resultar dañosas; inversamente, la falta de una dirección puede también ser perjudicial y una pérdida de tiempo en lo que concierne al progreso en el estudio.

Si los patrones neuromusculares reposan demasiado en la caja de la memoria sin ser utilizados, pueden decaer en capacidad de retener todos los conocimientos para conseguir que el cuerpo actúe en la forma que lo hacía antes; en otras palabras, parte de los patrones puede perderse, y luego decimos que hemos olvidado cómo ejecutar la habilidad en la forma que lo hacíamos antes.

La palabra *retentiva* se refiere al poder de recordar los patrones previamente establecidos que, si son practicados unas pocas veces, empiezan a ser recordados en su forma previa. Las personas tienen un poder variable para recordarlos. Si algunos de esos patrones neuromusculares, previamente aprendidos, interfieren o facilitan la formación de otros nuevos, se dice que poseen, respectivamente, *transmisión negativa* o *positiva.*

La teoría de enseñanza estímulo-respuesta de Thorndike (2)

Aun cuando la teoría de la caja de la memoria proporciona un concepto que puede ser empleado para formarse una idea de cómo tiene lugar el acto de aprender, es reconocida como algo superficial para un tema realmente complejo. Originalmente su principal propósito era describir el detalle de los conocimientos prácticos que se estudiaban y la transferencia de elementos idénticos subyacentes en los mismos. Otro paso para el conocimiento del proceso de instrucción, que puede ser de ayuda al aspirante a instructor o preparador es el examen de la teoría E-R de enseñanza de Thorndike. Teoría generalmente aceptada, que causa profundo efecto en el sistema educativo de hoy, las leyes de enseñanza a base de estímulo-respuesta de Thorndike fueron inicialmente desarrolladas en 1890. Esta teoría parte del supuesto de que todo estudio consiste en primer lugar en estrechar los lazos entre estímulo y respuesta.

En las clases y en el trabajo de los cursos diarios de un preparador, se pueden efectuar aplicaciones de las leyes de Thorndike. Si bien esas leyes han sido perfeccionadas y algunas de sus premisas originales han sido modificadas, confío que los lectores comprenderán un poco cómo se aplican (o funcionan) en cada caso determinado. Al desarrollar esta idea, Thorndike propuso tres leyes:

1. LEY DE LA DISPOSICIÓN. — Esta ley expresa que el aprender está subordinado a la disposición que para obrar tenga el discípulo. La disposición para obrar es generalmente considerada como un *juego mental* que facilita la instrucción o el fortalecimiento de la trabazón entre estímulo y respuesta.

Al aplicar esta ley a la enseñanza de la natación, el nadador que reúne esta condición es más receptivo para aprender un nuevo conocimiento práctico. Dos de las funciones del instructor/preparador son, crear este estado en el individuo y en el equipo, y

(2) Ernest R. Hilgard, *Theories of Learning*, 2.ª ed. (Nueva York: Appleton-Century Crofts, Inc., 1956), págs. 15-45.

darse cuenta de cuándo existe el estado de disposición. Demasiado a menudo el preparador no intenta llevar a cabo ninguna de estas cosas. Un nadador que se siente altamente estimulado y ávido de aprender y que se halla físicamente fresco y libre de estado de tensión, probablemente es más receptivo a la instrucción que un nadador que está físicamente cansado, escaso de potencia y en estado de tensión emocional.

2. Ley del adiestramiento. — Esta ley establece que la repetición fortalece la asociación entre estímulo y respuesta. Aplicando esta ley a la habilidad motriz, puede decirse que cuanto más a menudo se repite un movimiento dado o un ejercicio práctico, más firmemente fijado llega a quedar. Los ejercicios en los que se repite muchas veces el movimiento correcto son ejemplo de una aplicación de esta ley.

Desde que Thorndike formuló por primera vez sus leyes de instrucción, se ha visto que para el fortalecimiento de los lazos E-R importan otros factores, además de los de mera repetición. Dos de los factores que contribuyen son: el conocimiento de los resultados y el nivel estimulador del discípulo. Por consiguiente, cuantas más veces un nadador repite un movimiento dado, influido por su creencia de que realiza un movimiento correcto y que está sostenido por un elevado nivel estimulador, mejor aprenderá el conocimiento práctico natatorio.

3. Ley del efecto. — Esta ley establece que el efecto de un acto, tanto si es agradable como desagradable, influye en la oportunidad de repeticiones. Thorndike percibió que una persona tiende a repetir las experiencias agradables y a evitar las desagradables.

Esta es una ley muy importante a tener en cuenta por el preparador de natación. Explica la razón por la que debe intentar que las experiencias de la instrucción sean amenas y agradables, para que si un nadador goza con el duro trabajo y la experiencia del aprendizaje, desee repetirlo y esté a la espera de la próxima repetición. Si lo encuentra desagradable, en el sentido de que es inaprovechable o que no satisface su deseo de éxito, tenderá a evitar futuras experiencias de naturaleza similar.

Thorndike también percibió que la enseñanza era algo específico en el sentido de que había transferencia de saber sólo cuándo los elementos de la tarea ya aprendida eran idénticos a los de la tarea que se está enseñando.

Facultades perceptivas e instrucción

El ser humano es un organismo complejo capaz de recibir muchos estímulos, de tamizarlos y seleccionar la respuesta adecuada.

Una persona que está aprendiendo una habilidad natatoria avanza a través de una serie de observaciones experimentales y, sobre la base de ellas, empieza a asociar estímulos y respuestas. La facultad perceptiva de prestar un significado al estímulo, que afecte una respuesta concordante, se llama *percepción*. Los individuos varían en capacidad de percepción. Cratty escribe:

«Un sistema categórico más recientemente trazado para describir las diferencias de percepción entre los individuos es el entramado *visual* y el *háptico*. Se ha averiguado que, en general, algunos individuos característicamente perciben con mayor facilidad a través de impresiones visuales, mientras que otros (los hápticos) acrecientan lo más significativo de sus experiencias, principalmente a través del tacto y de la cinestesia» (3).

Mientras que un jugador de «baseball» deberá necesariamente recibir de órganos visuales los estímulos que gobiernan su respuesta, el nadador, cuando está en el agua, tiene de confiar en primer lugar en las sensaciones de toque y de cinestesia (4). Un nadador se halla virtualmente circunscrito por el medio en que se desenvuelve. Un corredor, aunque está rodeado por el aire, impele contra el suelo, puede ver el movimiento y oír claramente los sonidos, confiando de este modo en una combinación de muchos factores del medio ambiente para decirle si responde correctamente, e interpretando estos factores para mantenerle vigilante de la marcha y medir la eficacia de sus respuestas.

Para sus estímulos el nadador debe confiar en tres fuentes principales, puesto que la cantidad de estímulos que recibe de sus ojos y oídos claramente distinguibles es muy limitada. Estas fuentes son las sensaciones del tacto o presión, las sensaciones vestibulares que le informan de la posición de su cuerpo, y las

(3) Bryant J. Cratty, *Movement Behavior and Motor Learning*, Health Education, Physical Education, and Recreation Series (Filadelfia: Lea & Febiger, 1964), página 133.

(4) La cinestesia se define como el sentido por el cual el movimiento, el peso y la posición de varias partes del cuerpo están determinadas. Las sensaciones cinestésicas provienen del estímulo de los nervios sensoriales que terminan en músculos, tendones y articulaciones. La sensación cinestésica ayuda a determinar el grado de contracción en un músculo, el grado de doblamiento en una articulación y la afinidad de una parte del cuerpo con la otra.

sensaciones cinestésicas que surgen en sus músculos, tendones y articulaciones. Años atrás, Ernst Bachrach dijo que, cuando vio nadar por primera vez a Johnny Weissmuller, se dio cuenta de que Johnny tenía *sensibilidad* para el agua y que algún día sería un gran nadador. Muchos preparadores han tenido esta impresión cuando han percibido que podían identificar a un nadador por su «sensibilidad natural» en el agua. Yo he experimentado esta sensación cuando, enseñando en un colegio de instructores, vi en mi clase a un estudiante de primer año que nunca había nadado en competiciones pero que disponía de este atributo nebuloso. Estuve tan convencido de que poseía esta *sensibilidad,* que le dije que si deseaba trabajar para conseguirlo, podría algún día establecer récords mundiales en concursos de estilo libre. Tres años más tarde, George Breen hizo que esta predicción se convirtiera en realidad, estableciendo tres récords mundiales en distancias de estilo libre.

Personalmente he notado que el rasgo principal que distingue al buen nadador natural del nadador corriente o poco dotado, era la sensibilidad de las manos a los cambios de presión en el agua cuando está traccionando a través de ella. Hace unos pocos años yo intentaba probar la habilidad de la persona para percibir estos cambios en sus palmas poniéndola a prueba con una variedad de pesos. El sujeto debe manifestar si cada peso subsiguiente es más ligero, más pesado o igual que el precedente. Los primeros sujetos con los que ensayé eran dos miembros del equipo olímpico, y sus puntos los comparaba con las puntuaciones conseguidas por dos nadadores principiantes que tenían dificultades en aprender a nadar. Me sentí animado por el resultado de los ensayos, puesto que los puntos de los dos buenos nadadores eran, con mucho, superiores a los de los no nadadores. Subsiguientes pruebas no han confirmado este descubrimiento, y aun cuando puede haber mayor habilidad entre los buenos nadadores naturales para distinguir los cambios de presión en sus manos, serán necesarias investigaciones ulteriores para averiguar si esto es cierto.

Es importante que un nadador sea capaz de evaluar en cualquier momento la eficacia de sus brazadas por medio de determinar la velocidad de su marcha. De esta manera empieza a asociar, a través del cuerpo, ciertas sensaciones cinestésicas con ciertos estímulos externos, que le dicen que está nadando con eficacia. Una vez más, esto aclara la asociación de causa y efecto. El nadador es capaz de percibir la velocidad a que marcha, por:

1. La presión del agua en su cabeza, hombros y otras partes de su cuerpo; cuanto más aprisa marcha, más elevada es la presión del agua.

2. Sugestiones visuales, empleadas por unos nadadores más que por otros. Algunos pueden desear nadar en los callejones laterales próximos a la pared, a efectos de lograr una impresión de la rapidez de su marcha, por la velocidad con que ven pasar el lado de la piscina o por otras sugestiones visuales. Estos nadadores tal vez no deseen piscinas grandes o nadar al aire libre, porque hay menos sugestiones visuales con las que evaluar su actuación.

3. Sugestiones auditivas; la importancia del sonido al dar al nadador una idea de su velocidad representa un elemento desconocido. Debatiendo este tema con numerosos nadadores, he conseguido su opinión subjetiva de que pueden apreciar una varición en el sonido cuando nadan a velocidades distintas.

Quizás un nadador de grandes condiciones naturales, que posea esta nebulosa cualidad que es el *tacto del agua,* sea simplemente una persona capaz de percibir estas sensaciones múltiples, conferirles un significado y ajustar de conformidad su compás de movimientos. Puede conscientemente ser, o no ser, sabedor de este proceso de instrucción discriminado. Puede nadar enteramente influenciado por impresiones y sensaciones, sin saber lo que está haciendo en términos de verdadera mecánica de movimientos. Esta teoría puede explicar el hecho de que tantos grandes atletas no saben gran cosa acerca de las mecánicas de sus hazañas.

Habilidad natural de nado

Cualquier persona que ha sido instructor de natación sabe que la gente varía ampliamente en cuanto a facultad para aprender los conocimientos prácticos de la natación. Factores distintos a los de habilidad natural, de percepción general o del *tacto del agua,* intervienen en la facultad de aprenderlos. Es uno de ellos la preparación sicológica del alumno. Sin embargo, está claro que el papel de la habilidad natural es importante para determinar hasta dónde, con o sin instrucción, puede llegar el nadador. Al igual que una persona de inteligencia por debajo de la media no puede esperar obtener un título de doctor en física atómica, de la misma manera que una persona con un nivel bajo de habilidad natural de nado no puede esperar, o que se espere de él, que establezca récords mundiales. No sabemos cómo evaluar el *tacto del agua,* pero sí sabemos que este rasgo, más los otros de potencia, flexibilidad y fuerza o rapidez de contracción muscular, son necesarios en alto grado para formar nadadores de clase mundial.

Al mismo tiempo que esta habilidad natural para aprender los conocimientos prácticos de la natación es un factor importante, en la fase de instrucción hay otros factores que juegan un papel capital tocante a la facilidad y a la corrección con que un nadador puede aprender estos conocimientos prácticos. Cratty declara:

«... algunos individuos parecen ser capaces de aprender rápidamente cualquier conocimiento práctico que se les exponga. Hoy por hoy, el tema es debatido. Sin embargo, hay un indicio de que estos discípulos se sienten altamente estimulados, poseen una potencia por encima de la media, son capaces de analizar rápida y exactamente la mecánica de una tarea y están relativamente libres de exceso de tensiones que les pueden dificultar la actuación. Sin embargo, el aislamiento e identificación de un factor motor general único de educabilidad, parece ser una tenue garantía experimental» (5).

Esta habilidad de nado natural, en primer lugar, es un factor innato, fuera de la influencia del preparador o maestro. Sin embargo, el preparador puede trazar su programa y dirigir la orientación de la enseñanza de una manera tal que se consiga un máximo de instrucción. Algunos de los factores que influyen en el progreso de la enseñanza son: grado de estímulo, ansiedad, esfuerzo y tensión, y la forma en que son presentados los ejercicios prácticos que deben aprenderse.

ESTÍMULO. — El preparador y el instructor deben ordenar las jornadas de tal forma que aquellos que están aprendiendo los ejercicios prácticos se sientan grandemente estimulados. El estímulo puede ser definido como una disposición general que *incita a la lucha,* y en toda instrucción determina la receptibilidad del individuo para aprender.

Ha sido definido por algunos como el catalizador en el proceso de instrucción, ya que usualmente un grado elevado de estímulo acelera el progreso. Si bien algunos individuos se sienten altamente autoestimulados (empleando una expresión comúnmente empleada por los preparadores: *tienen ímpetu*) para aprender nuevas habilidades o para perfeccionar las que ya dominan, el preparador no puede suponer que la clase toda entera o el equipo tendrá en grado elevado este anhelo de lucha. De consiguiente, debe estar preparado para presentar de tal manera su materia que el grupo en su totalidad se sienta estimulado a actuar o, en este caso, a aprender.

El estímulo no es un factor aislado y debe siempre, día tras día, tenerse en consideración en el planteamiento del programa.

(5) Cratty, *Movement Behaviour and Motor Learning,* pág. 235.

Su asociación con otros factores de la instrucción será examinada cuando sea debatida en este capítulo. Los métodos de instrucción estimulada serán tratados con mayor amplitud en el Capítulo 12.

ANSIEDAD, ESFUERZO Y TENSIÓN. — Estos tres estados pueden ser unos disuasivos de la instrucción o de la actuación o, según sea su intensidad, el discípulo, los conocimientos prácticos, y la situación, pueden transformarse en posibilitadores. Por ejemplo: un preparador muy exigente y meticuloso enseña a dos nadadores un nuevo conocimiento práctico, el viraje de voltereta. Ambos pueden experimentar grados similares de ansiedad, pero la rapidez en aprender de uno de ellos puede ser reforzada, mientras que la del otro puede verse detrimentalmente afectada.

La ansiedad es definida como el estado de sentirse inquieto, aprensivo o angustiado por causa de las dudas de lo que puede suceder (6). Es difícil predecir taxativamente qué consecuencia tendrán, en el progreso de la instrucción de cada individuo, los diversos niveles de ansiedad. Sin embargo, por lo general, una ansiedad extrema afectará desfavorablemente la tasa de instrucción de la mayor parte de los individuos, así como también su actuación motora, mientras que un grado de ansiedad de poca monta parece mejorar su tasa de instrucción. En el ejemplo expuesto, ambos nadadores desean actuar bien, pero con la aparición de la ansiedad extrema, la tensión y la aprensión pueden impedir al nadador más lento en aprender que coordine adecuadamente sus movimientos.

El preparador-instructor inteligente es capaz de analizar el nivel de ansiedad de su equipo o clase, y aun de los individuos, y reducir o incrementar la presión que impone, a efectos de que los miembros de la clase no puedan estar demasiado relajados o indiferentes, o demasiado tensos, para aprender correctamente. El preparador o instructor que espera o exige demasiado poco o aquel que espera o exige demasiado, ambos quedarán lejos de conseguir resultados óptimos.

También es deseable una cierta cantidad de tensión muscular cuando una persona está aprendiendo a ejecutar una habilidad motriz. La cuantía apetecible provoca en el músculo una facilidad para que se contraiga y, según algunos investigadores, eleva el nivel de excitación en los músculos desde la corteza cerebral. Al tiempo que un nadador se mantiene en pie en el puesto de salida, en espera del disparo, mantiene bajos sus brazos y, aun

(6) *Webster's New World Dictionary of the American Language* (Cleveland y Nueva York: World Publishing Company, 1951), pág. 67.

cuando los músculos de los brazos no son mantenidos tensos, tampoco están completamente relajados. Por mejor decir, tienen suficiente tensión controlada para, al sonar el disparo, estar prestos a moverse con rapidez.

La clase de atención que es perjudicial a la instrucción y a la actuación, es aquella en que hay demasiada innecesaria contracción que interfiere el movimiento correcto.

Los músculos trabajan por parejas o en grupos; cuando un músculo ejecuta un movimiento dado, hay otro músculo o combinación de músculos que pueden proporcionar en forma precisa el movimiento opuesto. De este modo, cuando un músculo o grupo de músculos se contrae, el músculo o grupo de músculos antagónicos se relaja. La coordinación de la contracción y de la relajación del sistema nervioso central es conocida como *inervación recíproca* (7) e interviene automáticamente. Esta característica, al igual que sucede con todas las características humanas, varía en cuantía de una persona a otra. Los que tienen esta característica en grado elevado se mueven con parsimonia, y es en este rasgo particular el que, como uno de los aspectos de la coordinación, es importante para todos los atletas, particularmente a los nadadores.

Una tensión excesiva indica el estado en que la persona está escasa de inervación recíproca. Algunos estados contribuyen a ello: una persona sufriendo ansiedad extrema puede estar excesivamente tensa, y en consecuencia ser menos receptiva para instruirse correctamente en las prácticas natatorias. La tensión y la ansiedad son incrementadas por una situación forzada, especialmente en personas muy ansiosas. El preparador-instructor debe intentar evitar poner al discípulo en estado de tensión extrema. Un preparador crítico, que reprende continuamente a los nadadores por la forma en que efectúan los entrenamientos o en la que actúan en las competiciones, o les humilla en su propia estimación, crea tanta tensión y ansiedad en el discípulo que las sutiles sensaciones que recibe de sus receptores sensoriales cinestésicos y de sus receptores de presión, están completamente contrarrestados por la tensión creada en los músculos. Instruirse bajo estas condiciones se hace tan imposible como en la otra condición extrema, en la que el preparador-instructor es tan indiferente y superficial que no proporciona al nadador ningún estímulo. Los padres del discípulo o concursante pueden también contribuir a esta situación forzada. Cuando, en lo tocante a instrucción y competición, se espera demasiado de una persona,

(7) La expresión *inhibición recíproca* puede ser empleada como alternativa de aquélla.

bien por parte del preparador o por la de sus padres, los resultados pueden ser negativos, lo que una vez más depende de cada individuo y de su reacción ante situaciones forzadas.

Presentación de la materia

Antes de adoptar un plan de acción o método de presentar su materia el preparador debe evaluar a sus discípulos, a la situación y a él mismo. Factores tales como el nivel de madurez de los nadadores, el alcance de su aplicación y el nivel de sus conocimientos prácticos, se consideran importantes para evaluarlos. La táctica debe ser distinta para los nadadores principiantes y los universitarios; a los nadadores más jóvenes se les debe enseñar la norma general de la tracción de brazo en el «crawl» por el método de subirse ellos mismos fuera de la piscina impeliendo con sus manos hacia abajo en el borde de la misma, haciendo rotación con el húmero al tiempo que doblan los codos y luego los extienden. A un nadador universitario se le puede instruir el mismo movimiento por medio de una descripción más sofisticada y emplear una balanza de muelle para hacerle comprender que la tracción es más fuerte cuando se ejecutan los movimientos adecuados. En el grupo de los más jóvenes, la poca amplitud de su atención normalmente impide explicaciones más detalladas, y a menudo las descripciones técnicas demasiado largas, hechas por el preparador a los nadadores de esta edad, perjudican más que benefician.

DOS MÉTODOS PARA DESCRIBIR LOS MOVIMIENTOS. — Hay dos métodos para describir al discípulo un movimiento dado. Se puede describir el movimiento al individuo en forma de las *percepciones* o *sensaciones* que sentirá. Por ejemplo, al describir, empleando esta técnica, la tracción de brazo en el «crawl», se debe explicar al nadador que coloque sus manos en el agua, luego que sienta cómo con ella da un fuerte ataque, y de cómo procede a mantener en el agua una presión relativa y constante mientras procura impelerla atrás hacia sus pies. Esta breve descripción transmite al nadador una idea de las sensaciones generales que debe sentir mientras tracciona hacia atrás su brazo, pero no le dice cómo debe efectuar mecánicamente el movimiento. En el extremo opuesto puede ofrecerse una descripción analítica de los conocimientos prácticos, junto con un análisis detallado de la mecánica del movimiento, semejante al siguiente: colocar el brazo en el agua en un ángulo de 165° entre el antebrazo y el brazo; después que la mano empieza a sumergirse en el agua, el codo debe alcanzar la extensión total. A medida que se realiza el ataque a una profundidad entre quince y veinte centímetros debajo de la superficie, el codo empieza a doblarse hasta que llega a un ángulo de 90°, momento en que la mano se halla directamente bajo el cuerpo, y así sucesivamente.

La valoración objetiva de las técnicas mecánicas se ha hecho tan exacta, que existe el peligro de moverse en demasía hacia las últimas técnicas, con desprecio total de la instrucción de los efectos de las sensaciones y de las impresiones. Preparadores que previamente habían sido nadadores, pero que no tenían conocimientos técnicos de la mecánica de los movimientos, son capaces de ayudar a algunos nadadores empleando el sistema de la *impresión*. Sin embargo, sucede a menudo que la interpretación de los vocablos entre distintas personas varía, y se presentan confusionismos cuando un determinado preparador intenta comunicarse verbalmente. Un nadador de estilo de espalda, mientras describía sus impresiones de cuando nadaba bien, dijo: «Siento que surco el agua en posición verdaderamente plana y elevada, al igual que una piragua, con mi cabeza completamente fuera del agua y mis piernas impeliéndome por entre la tracción de mi brazo.» Esta declaración sería difícil de interpretar para un alumno de natación, el cual podría hacerlo todo mal si intentase recrear en él estas vagas ideas. Las impresiones subjetivas del alumno de natación tienen que ser para él muy reales, aunque estén faltas de auténtica enjundia para los demás. Podemos estudiar a este alumno cuando nada bien, y a través de la fotografía bajo el agua, determinando con objetividad que el cuerpo del nadador se balancea en 45° a lado y lado y que su brazo ha alcanzado un doblamiento máximo de 90° en el codo. No hay desacuerdo en lo que se expresa por 45° de balanceo o por doblamiento de 90° de codo. Sin embargo, el nadador no puede llevar consigo un goniómetro para medir los grados de balanceo o de doblamiento de codo. Para ayudarle a visualizar exactamente cómo debería ser el movimiento, este tipo de descripción coadyuva, pero no le da una gran idea de cómo sentirá el movimiento. A menudo los preparadores y los instructores emplean cualquiera de estas técnicas con exclusión de la otra, y pueden ser clasificados como preparadores *de impresiones* o preparadores *analíticos*. La precedente explicación acerca de la debilidad y pujanza de ambos métodos pone en evidencia que yo estoy en favor de otro, que consiste en una combinación de ambos.

En los Capítulos 2 al 5 de este libro, la mayor parte de su espacio ha sido dedicada a una evaluación de la mecánica de los movimientos de los cuatro estilos de competición. Algún esfuerzo se ha dedicado a las impresiones, pero ya que una explicación de las mismas corre el riesgo de ser interpretada de muy diversas maneras, este particular método de instrucción se deja para el preparador individual a fin de que pueda establecer con sus discípulos un entendimiento común de los vocablos. Cuando se pretende transmitir una impresión por medio del lenguaje, la palabra hablada es, en mucho, superior a la escrita.

Si el preparador no ha experimentado en sí mismo estas sensaciones, puede pedir a sus nadadores, especialmente a los mejores, que expliquen las impresiones y sensaciones que experimentan cuando nadan bien. Frecuentemente yo he hecho estas preguntas a mis propios discípulos y sus opiniones e impresiones me han permitido comprenderlos mejor, no solamente para mejorar nuestra facultad de hablar el mismo lenguaje, sino también para incrementar la vigilancia de su habilidad en identificar sus sensaciones e impresiones.

En ocasiones, un preparador puede combinar en el mismo período de preparación una descripción analítica de un movimiento con una impresión del mismo. Puede indicar al espaldista que termine la tracción de su brazo impulsando la palma de la mano hacia el fondo de la piscina, al final de la tracción del brazo, hasta que la mano se halle a quince centímetros por debajo de sus caderas. Se le puede indicar que, mientras impulsa hacia abajo, intente averiguar la impresión que este movimiento produce en el hombro del mismo lado para levantarse por encima del agua durante la recuperación.

El método de enseñar los conocimientos por impresión

Cuando a una persona se le expone por primera vez una nueva habilidad física, como por ejemplo un nuevo estilo de nado, no precisa que se le dé una compleja descripción del movimiento. Todo lo que al principio necesita es una impresión general. Para empezar el proceso de instrucción puede lograr suficiente buena impresión con meramente observar a alguien que practique por unos momentos el movimiento.

El instructor puede presentar de la siguiente manera a un grupo de nadadores el estilo mariposa: 1) demostrándoles o haciendo que alguien les demuestre el estilo, 2) ofreciéndoles una breve descripción como la que sigue: «recuperar los brazos fuera del agua extendiéndolos ampliamente al lado y en seguida hacia delante, mantener las piernas juntas y batirlas arriba y abajo».

Después que el alumno ha aprendido las reglas generales del estilo, el instructor puede introducir detalles del movimiento. Si hay partes del movimiento o algunos aspectos de su sincronización que se presentan en forma natural, quizá la regularidad del batido, el instructor no tiene necesidad de ni tan sólo mencionar este aspecto en su descripción y examen.

El nadador se halla ahora empeñado en una instrucción acumulativa; es decir, está acumulando conocimiento y habilidad para ejecutar correctamente muchas de las pequeñas habilidades que completan en la forma más eficaz el conjunto de un estilo.

Presentación de una técnica natatoria

Cuando a un nadador se le da a conocer por primera vez una nueva técnica, suponiendo que tiene poca idea de ella, o una impresión equivocada de cómo debe ejecutarse, se le debe hacer comprender cómo se puede llevar a cabo. El plan se le puede ofrecer por cuatro procedimientos:

1. VISUALIZACIÓN PRÁCTICA. — Puede realizarse por medio de películas o fotografías, diagramas, movimientos o demostraciones prácticas de esa técnica. Para nadadores muy avanzados es muy eficaz el empleo de películas proyectadas a movimiento lento y que puedan detenerse en un punto dado, ya que las películas a velocidad normal o aun al movimiento verdadero, pueden aparecer a una velocidad que los ojos no son capaces de analizar críticamente. El empleo de diagramas o secuencias de ilustraciones o dibujos es provechoso a todos los niveles para el perfeccionamiento natatorio y no son suficientemente empleados por la mayor parte de los preparadores. Ilustraciones en cualquier forma, posiciones o actitud del cuerpo o miembro del cuerpo, pueden a veces ser más expresivas que las palabras, especialmente con los más jóvenes o en aquella zona de la piscina donde las palabras del instructor o del preparador son apagadas por deficiencias acústicas.

2. VERBALIZACIÓN. — Ha sido ya mencionada la importancia de una buena verbalización o mutua comprensión de una palabra o frase determinada. Sin embargo, el alumno no debe siempre quedar en el extremo receptor de la verbalización, sino que debe estar dispuesto a expresar con palabras sus propias ideas. Esto estimula el progreso de reflexión y fortalece la instrucción, puesto que todos nosotros deseamos expresar nuestras experiencias y queremos disponer de una porción de conocimientos y de esfuerzos para hacerlo eficazmente. De esta manera el movimiento puede visualizarse en forma analítica y las sensaciones ser mejor identificadas durante la práctica de natación.

El preparador no puede siempre escuchar a cada nadador que le describe sus movimientos o las impresiones que siente cuando nada. Sin embargo, puede organizar la sesión de entrenamiento de manera que cada nadador pueda intercambiar su experiencia con otro. El preparador puede, en un período de entrenamiento, describir al grupo entero la mecánica de un determinado movimiento (por ejemplo, la tracción de brazos en el «crawl»). Puede entonces dividirlos en grupos de a dos. Un nadador de cada par es designado como asistente del preparador y el otro como nadador. Todos los nadadores designados como asistentes de preparador se colocan caretas o escafandras submarinas y entran en el agua sumergiéndose. Los designados como nadadores, nadan en dirección a los asistentes del preparador, mientras este último observa detalles tales como la forma de la tracción del brazo y el grado de doblamiento del codo. Al regresar al borde de la piscina tratan de describir los movimientos tal como han sido efectuados. La operación es entonces invertida, pasando el asistente de preparador a nadador, y el nadador a asistente de preparador. Esta técnica especial de instrucción de movimientos no está destinada a suplantar la corrección de los movimientos por parte del preparador-director, pero es útil por las razones ya expuestas de favorecer el progreso de instrucción. La persona que aprende más es la que actúa en el papel de asistente del preparador, porque puede analizar en forma crítica y luego verbalizar sus conclusiones. Este proceso de reciprocidad del grupo estimula, a las personas involucradas, al intercambio de información. También facilita la instrucción porque es un acicate a la acción y reacción social.

Es importante para el preparador debatir, tan a menudo como sea posible, con cada nadador, la técnica de los movimientos, además de mantener las sesiones con todos los nadadores agrupados. Este debate debe una vez más involucrar, tanto por parte de los nadadores como del preparador, el que expresen en forma oral lo visto a efectos de avanzar en la enseñanza. Ambos, preparador y nadadores, deben colaborar juntos: el nadador aprendiendo algo de la técnica que el preparador desea que adquiera, y el preparador averiguando dónde reside cualquier confusión que tenga el nadador, así como cuáles son las sensaciones que éste al nadar ha percibido en sí mismo.

3. CONSEGUIR EL «SENTIDO» DEL MOVIMIENTO. — Como ha sido mencionado, una persona interpreta principalmente sus movimientos en el agua a través de las sensaciones que se despiertan en el interior de su cuerpo (sensaciones cinestésicas). Una persona es capaz de nadar un buen estilo con los ojos cerrados, por

lo que puede darse por sentado que, para analizar los movimientos, los ojos no son siempre necesarios.

Un nadador puede siempre simular o practicar fuera del agua movimientos y posiciones que le ayudarán a desarrollar un *sentido* para aquello que debe hacer en el agua. Esta práctica debe tomar la forma de ejercicios o disciplinas en forma tan aproximada como sea posible al movimiento verdadero. Estos ejercicios o disciplinas pueden realizarse con ninguna resistencia o con algo de resistencia, como cuando se practica con barra de pesas, cuerdas tensoras o poleas de pesos. El último método es el mejor, ya que las sensaciones que se presentan durante los movimientos del nado verdadero están más íntimamente relacionadas a las sensaciones que se le presentan a la persona cuando practica contra resistencia.

Para ayudar al nadador a que adquiera el *sentido* de una posición dada del cuerpo o de los miembros en un punto determinado de los movimientos, pueden también ser de eficaz ayuda las contracciones isométricas. Una contracción isométrica permite al alumno concentrar su atención en un punto preciso del movimiento. Las contracciones isométricas son también un recurso de instrucción útil para transmitir visualmente factores tales como el grado preciso de doblamiento del codo o de la muñeca en un punto determinado del movimiento. Las contracciones isométricas son útiles, pero no deben emplearse en forma exclusiva; algunos métodos que emplean movimientos deben ser siempre incluidos para enseñar al nadador a que reconozca estas sensaciones.

Que el instructor u otra persona mueva los brazos, las piernas o la cabeza del alumno, en una forma tal que imite los movimientos correctos, puede servir de ayuda para que los aprenda. La persona que enseña el movimiento puede incitar al alumno a que ejerza alguna fuerza, como si imitase el movimiento, a efecto de que las sensaciones del esfuerzo muscular que se originan en el cuerpo, puedan imitar en forma más exacta las que tienen lugar cuando el nadador se abrirá camino contra la resistencia del agua.

El empleo de espejos, o películas hechas durante el nado, o los ejercicios indicados más arriba, ayudan al nadador a que asocie las sensaciones cinestésicas con sus actuaciones prácticas. Yo he colocado un espejo bajo el agua y he mandado a los nadadores llevar lentes de buceo para que observaran en el espejo mientras nadaban la mecánica de sus propios movimientos bajo el agua. Esta técnica se ha demostrado útil para mejor comprender lo que los nadadores están haciendo. Quizá algún día nuestras piscinas dispondrán de estos espejos en sus paredes como ingenios normales de enseñanza.

4. Ejercicio mental o análisis contemplativo. — Es posible para una persona el aprender algo, en relación con la mecánica del movimiento, por medio de reflexionar acerca de lo que se ve o ejercitando la mente. Un preparador puede aconsejar a un nadador que reflexione acerca de un movimiento, del que han estado discutiendo durante una sesión de teórica, y el próximo día inquirir las objeciones que pueda tener acerca de este movimiento. Esta clase de contemplación es físicamente inactiva, pero activa mentalmente, y puede ayudar al estudio de la compleja habilidad motora. Del observar a los otros cómo actúan, de contemplarse a sí mismo y a los otros en las películas, o también en el espejo, el alumno puede lograr provecho. Sus cambios de impresiones con el preparador y otras prácticas, algunas de las cuales han sido mencionadas, le proporcionan el material que necesita para hacer expresiva esta contemplación.

LA APLICACION DE LOS PRINCIPIOS DE LA FUERZA MOTRIZ A LA ENSEÑANZA DE LA MECANICA DE LOS MOVIMIENTOS

La parte precedente de este capítulo ha estado dedicada al proceso de la fuerza motriz; la última parte se ceñirá a la aplicación de este proceso de aprendizaje y enseñanza de los conocimientos prácticos de la natación. Aunque la descripción en la primera parte pueda parecer a un especialista en ciencia motriz una supersimplificación del proceso, a muchas personas no iniciadas en la materia les puede ser complicado y duro de aplicar, en el estado presente de la situación de la clase o equipo.

Ha sido ya expuesto que una enseñanza de los conocimientos prácticos demasiado metódica puede ser dañina; mientras que demasiado poca o ninguna dirección puede ser igualmente indeseable. Es en esto donde radica el gran desafío a los preparadores e instructores. El preparador debe esforzarse en ofrecer la cantidad y la adecuada clase de dirección, y todo ello al momento oportuno. La norma lógica de enseñanza de una técnica determinada sería ofrecer la máxima dirección durante los períodos iniciales de aprendizaje y, en los últimos períodos, facilitar al alumno mayor número de oportunidades de ensayar ejercicios sin dirección, si bien con el preparador a la vista solamente para corregir errores.

Este principio no sólo es aplicable al aprendizaje de nuevos conocimientos prácticos, sino también para corregir los movimientos equivocados. Una de las censuras que los preparadores de natación oyen más a menudo es la de que no preparan suficientemente la mecánica de movimientos. Una vez que la temporada verdadera de entrenamientos ha empezado, el preparador se halla ocupado dirigiendo los ejercicios y pone el esfuerzo en la preparación de sus nadadores, más que en perfeccionar la mecánica de sus movimientos. Si se toma demasiado tiempo de las prácticas para dedicarlo a la mecánica del movimiento, no tendrá a sus nadadores en lo mejor de su forma. Claro que puede dejar caer unas pocas palabras aquí y allí, pero tanto él como los nadadores están, en primer lugar, preocupados en cómo nadan sus repeticiones, y en todo lo que sigue. La época ideal para dedicar la mayor atención a las técnicas de instrucción motora y para disponer de tiempo, es al comienzo de la temporada, antes de que empiecen los entrenamientos duros.

Un movimiento complejo, tal como una brazada de nado, la salida de una carrera o un viraje, es difícil de cambiar. Este cambio da por resultado un retraso en ajustarse, y cambios de importancia no deben, generalmente, hacerse durante la temporada de competiciones. Como ejemplo, podemos elegir un nadador que posea un movimiento de brazos de muy poco valor para efectuar las salidas. Siempre sale algo más lento que el resto de los nadadores. Cuando en el pleno de la temporada se le corrige el movimiento de brazos a fin de que su mecánica sea correcta, sin duda aún tomará la salida con más lentitud en razón del retraso en ajustarse. El nuevo movimiento debe ser asimilado y permanecerá tenso y forzado, y se mantendrá en este estado durante varias semanas. Si fuera capaz de continuar practicándolo durante este plazo de tiempo, podría finalmente tomar las salidas con mucha mayor rapidez que cuando lo hacía empleando el movimiento de brazos incorrecto.

Desgraciadamente, a menudo, tanto el preparador como el nadador llegan a la conclusión de que toda vez que el nuevo método no dará inmediatamente mejores resultados, debe ser dejado de lado. *La corrección de defectos mecánicos, aunque sea bien llevada, no siempre da inmediatamente mejores resultados.*

En la Universidad de Indiana nuestras clases de nado y nuestros equipos de natación siguen normas similares en la enseñanza de nuevos conocimientos prácticos o en la corrección de las habilidades ya adquiridas.

Etapa anticipada de instrucción — Ciclo anticipado de la temporada

En el caso de nuestros nadadores de competición, este ciclo tiene lugar muy al principio de nuestro período de entrenamiento en septiembre y octubre, cuando estamos en el fuerte de nuestro programa de ejercicios en seco y no hacemos una gran labor de preparación en el agua. La finalidad de este ciclo es conseguir que el nadador se familiarice con la terminología que usaremos, con los principios mecánicos y su aplicación a los movimientos natatorios, y a las salidas y virajes, dando al alumno una idea general y a veces precisa de lo que se espera de él. Durante este tiempo el nadador empieza a visualizar y a verbalizar, con el fin de lograr el sentido de los movimientos deseados.

Vamos a la ejecución de este programa por varios caminos; tenemos sesiones de aula en las que:

A. Discutimos los principios mecánicos y su aplicación.
B. Debatimos las mecánicas de que nos servimos en el ejercicio práctico.
C. Exhibimos películas de movimiento lento y cuya proyección pueda detenerse, con los movimientos deseables y los desaconsejables.
D. Discutimos acerca de las sensaciones e impresiones que se presentan durante la ejecución de los movimientos correctos e incorrectos.
   1. Practicamos ejercicios en seco, especialmente contracciones isométricas, para ayudar a los alumnos a que visualicen y sientan ciertas posiciones que son deseables o indeseables.
   2. Hacemos que los nadadores practiquen, uno con otro, a efectos de que se ayuden mutuamente a ejecutar los movimientos apropiados.

Durante las primeras sesiones pueden tener lugar debates, a nivel elemental, acerca de los principios mecánicos. Si un preparador intenta dar a un alumno no experimentado una explicación mecánica de todos los principios subyacentes en la ejecución de una compleja técnica motriz, ello dará como resultado el crear mayor confusión que ilustración. El preparador debe tomar en consideración el nivel de madurez de sus nadadores, así como el nivel de información que ya poseen. A medida que los nadadores empiezan a comprender los principios mecánicos fundamentales a su tarea, se sentirán mayormente estimulados y mejor dispuestos para la corrección de sus conocimientos prácticos.

Judd (8) averiguó que cuando a muchachos que disparaban con arcos y flechas a un blanco bajo el agua se les instruía en los principios de refracción de la luz, su precisión era poco afectada, cuando la profundidad del agua se alteraba. Un segundo grupo que no había tenido instrucción en los principios de la refracción de la luz, experimentaba dificultades para adaptarse a las condiciones alteradas.

Sin embargo, el mero hecho de que una persona tenga conocimiento de los principios mecánicos de un movimiento no significa que sea capaz de aplicar este movimiento. Corresponde al instructor ayudar al alumno a que lo haga de una manera comprensible. Su comprensión le ayudará a ver qué es lo que su instructor da a entender cuando dice que determinados movimientos son correctos o incorrectos. Podrá a menudo ser capaz de efectuar por sí mismo algunas rectificaciones de movimientos en el mismo sentido que los arqueros instruidos hacían rectificaciones en la experiencia de Judd.

La práctica de simples demostraciones de las aplicaciones de estos principios ayudará al alumno a comprenderlos, así como también a describir las aplicaciones. En los cinco primeros capítulos de este libro se han debatido demostraciones de esta naturaleza.

Durante las sesiones en el aula, las películas y los debates deben ser planeados de manera que sean tan atractivos como didácticos. Las sesiones serán ajustadas a un grado en que el nadador halle en ellas el «estado de disposición para actuar y aprender» de que nos habla Thorndike. El preparador no debe forzar al alumno a que acepte una idea o técnica que contraríe su voluntad. Debe ayudar al alumno a prepararse para aprender, y las sesiones iniciales ayudan a conseguirlo.

Puesto que a menudo al efectuar cambios en las normas de los movimientos el nadador retrocede en sus actuaciones, las alteraciones importantes en la mecánica de los mismos deben tener lugar al principio de la temporada. Si tenemos oportunidad de estudiar la curva de instrucción de conocimientos prácticos de un individuo, probablemente nos revelará que, cuando se ejercita en una nueva habilidad, a una mejora inmediata a menudo sigue una línea plana que no refleja ninguna nueva mejora o quizás aún una regresión en el prògreso. Los preparadores deben prevenir a sus atletas acerca de esta posibilidad a fin de evitarles la frustración que normalmente acompaña este período plano.

(8) C. H. Judd, «Movement and Consciousness», *Psychological Review*, VII (1905), 199-226.

Reel, al referirse a este fenómeno en conexión con atletas de pista, declara:

Cuando surge un atleta e inicia su preparación, tiende generalmente a hacerlo peor en lugar de mejorar. A medida que el entrenamiento prosigue, una tensión adicional se sienta en determinados músculos necesarios para ejecutar los movimientos de la prueba o actividad peculiar del atleta. Los músculos al principio se fatigarán bajo la exigencia de un esfuerzo adicional. Entonces, mientras se lleva a cabo la exigencia de mejora, los músculos gradualmente se fortalecerán y las actuaciones del atleta progresarán.

Un ejemplo de cómo actúa la curva de preparación puede ser como sigue: Un muchacho entra en el campo del atletismo y se inicia en el salto de altura. Sin previa preparación o entrenamiento, franquea los 1.30. Esto indica que reúne algunas posibilidades y puede convertirse en un buen saltador de altura, de manera que se presenta al preparador y comienza su progreso científico. Pone en condición sus piernas, efectúa ejercicios, trabaja en su puesta a punto y, al final de la primera semana, franquea 1.35. Estimulado de este modo, se dispone a entrenarse con más fervor, y sin tardar salta de nuevo. Esta vez, después de repetidos intentos, no sobrepasa de 1.27. Este es el punto crítico en la vida del atleta incipiente. Después de estar esforzándose durante un mes con la experimentada ayuda de un preparador, no consigue mejorar sus logros iniciales, conseguidos sin entrenamiento ni preparación. ¿Para qué esforzarse? ¿Para qué entrenar? De acuerdo con los sicólogos, es ahora cuando realmente debe recurrir a la preparación. Debe empezar a tener *períodos de instrucción planos* y *grados de progreso.* Gradualmente mejorará y, una vez que se inicie la mejora, continuará hasta que alcance su límite fisiológico. El grado de progreso es amplio al principio, pero conforme el avance continúa, se hace más y más limitado. Inversamente, los períodos planos son inicialmente cortos y se alargan gradualmente. Para el joven atleta, el punto importante a traspasar en esta circunstancia es aquel que existe en TODOS los terrenos de la instrucción, en donde se actúa con menos perfeccionamiento después de ejercitarse que antes de hacerlo. Esto es natural y le sucede a CUALQUIERA, en todos los estadios de preparación física. El campeón es aquel que, durante este momentáneo entorpecimiento en el progreso, sigue practicando del principio al fin, y prosigue hasta llevar a término una mejor actuación y aproximarse a su máxima potencia personal.

Las curvas en el aprendizaje de movimientos se caracterizan por impetuosos brotes de progreso y por apariciones de períodos planos sin ningún avance.

El aprendizaje se caracteriza por un rápido progreso inicial.

Los espacios de tiempo de instrucción planos a veces representan períodos durante los cuales se forman una nueva serie de hábitos, que son la base de un progreso posterior.

A continuación de un período plano, el alumno normalmente realiza los progresos ulteriores a ritmo más lento que el avance inicial.

Un período plano significa que el alumno ha dominado el hábito de las disciplinas sencillas, pero que todavía no son para él suficientemente automáticas para que deje de prestarles atención y pueda concentrarse en las disciplinas.

La carencia de potencia motora, los métodos de entrenamiento defectuosos y las limitaciones de una técnica imperfecta, son responsables de algunos períodos planos.

El principiante debe comprender que todos los campeones han pasado a través de períodos similares en los que el progreso parece detenido (9).

Cada individuo aprende en distinto grado y responde en forma diferente a los varios métodos de dar a conocer un movimiento práctico. El alumno lento evidentemente necesita más tiempo para aprender, y esto requiere más paciencia de parte del preparador, quien debe recordar que su potencia final de nado puede ser tan grande o mayor que la de un alumno rápido. Mientras que un alumno puede aprender mucho de las películas que estudia, y poco de los estímulos que sus brazos, piernas o cabeza reciban del preparador para ejercitarlos a la manera de los movimientos de nado deseados, en otro alumno puede darse el caso inverso. Por esta razón, es recomendable que se ensayen formas diversas de instrucción, tal como se ha sugerido al principio de este capítulo.

En la Universidad de Indiana, en el período inicial de la temporada, las sesiones se llevan a cabo por el grupo completo de nadadores para debatir en ellas aquellos principios que son aplicables a todos los estilos. Tales sesiones tratan de salidas, virajes, principios mecánicos generales, y así sucesivamente. Cuando se estudia un movimiento peculiar, solamente asisten a la sesión aquellos nadadores de cuya especialidad se trata y los de estilo individual. A continuación se reseña el plan para sesiones prácticas a lo largo de una de las semanas del mes de octubre.

Lunes, de las 3,00 a las 3,50 de la tarde. El equipo realiza ejercicios en conjunto, con los que se trata de imitar, en la forma más aproximada posible, los movimientos de nado, con el fin de que la transferencia al agua de los movimientos efectivos aprendidos sea óptima.

De las 3,50 a las 4,10 de la tarde. El equipo al completo observa películas de salidas —buenas y malas salidas, pero destacando las buenas—. Debate de los principios mecánicos involucrados en las salidas de carreras.

De las 4,10 a las 4,30 de la tarde. Prácticas de salidas.

Cada nadador realiza una salida que es debatida por el grupo en lo que respecta a imperfecciones y puntos buenos. El paso siguiente es

(9) S. F. Vincent Reel. «Learning and the Learning Curve», *Track Theory and Technique,* Asian Track & Field Coaches Assoc. (Richmond, Calif.: World-wide Publishing Co., 1963), págs. 74-75.

organizar el grupo para que se ejerciten en parejas y se ayuden mutuamente. Unos pocos ejercicios en seco para practicar el balanceo de brazos pueden dar comienzo a las prácticas de familiarizar al grupo con un movimiento determinado.

De las 4,30 a las 5,00 de la tarde. Ejercicios de natación. Nadar una milla practicando el método «fartlek» (juego de velocidad).

Martes, de las 3,00 a las 3,50 de la tarde. El equipo completo realiza ejercicios en conjunto.

De las 3,50 a las 4,30 de la tarde. Los bracistas se reúnen en una aula para estudiar películas, de sobre y bajo el agua, de nadadores de braza de pecho, así como también películas de ellos mismos, a efecto de que puedan observar los puntos buenos y los defectos. Las películas son seguidas de un debate dirigido en forma simple acerca de los principios mecánicos y de los movimientos del estilo, con observaciones tanto de parte del preparador como de los nadadores acerca de sensaciones e impresiones que estos últimos deben saber, junto con un juicio analítico de estas sensaciones. Deben practicarse gesticulaciones para indicar las posiciones de los brazos, de las piernas y de la cabeza. Un día determinado debe dedicarse enteramente a recalcar una sola parte del estilo, tal como concentrarse en la mecánica del batido de la braza de pecho.

De las 4,30 a las 5,15 de la tarde. El preparador y los nadadores de braza de pecho se sitúan en el ventanal bajo el agua para observar a los nadadores uno por uno. Sobreviene un debate en el que el preparador ayuda a los nadadores a que se analicen unos a otros las respectivas mecánicas de movimiento. Si no se dispone de ventanal bajo el agua, se pueden emplear lentes submarinas individuales. Después de haber visto por debajo del agua a cada nadador, el grupo se traslada a la piscina a practicar los conocimientos prácticos que se acaban de debatir.

Mientras el preparador y los bracistas se hallan en el aula, los otros nadadores del equipo deben estar efectuando prácticas de natación en la distancia total de 1 a 1 ½ millas bajo la dirección del ayudante del preparador, del capitán del equipo o del director.

Miércoles, de las 3,00 a las 3,50 de la tarde. Al igual que siempre, período de ejercicios de todo el equipo.

De las 3,50 a las 4,30 de la tarde. Sesión teórica para los nadadores de estilo libre y para los de estilos individual, siguiendo el mismo procedimiento que para los bracistas del martes. Durante la sesión teórica, el resto de los componentes del equipo deben practicar en la piscina durante diez minutos la mecánica de los movimientos que se debatió el lunes. Deben después efectuar ejercicios de natación sobre 1 ó 1 ½ millas, teniendo en cuenta los extremos debatidos en la última sesión teórica, siendo, como siempre, supervisados por el asistente del preparador, por el capitán o por el director.

Jueves. El mismo procedimiento que en las anteriores sesiones, excepto que la sesión teórica va destinada al estilo de espalda.

Viernes. Igualmente el mismo procedimiento que en los cuatro días anteriores, excepto que la sesión teórica tratará de la mariposa y los problemas de nado de estilo individual.

Durante la semana que sigue a la acabada de describir, el preparador debe desear reunirse en el aula con uno u otro grupo una o dos veces para discutir temas tales como virajes, ejercicios en seco, o puesta a punto. Mientras el preparador pueda presentar de esta manera material eficiente, debe hacerlo. Su tarea de instructor y preparador será más fácil. Sesiones teóricas de fútbol son consideradas indispensables, y no hay ninguna razón por la que no puedan formar parte integral de los programas de natación más competitivos.

Período medio de preparación

En noviembre y diciembre, mientras el tiempo dedicado a los fuertes ejercicios de nado se incrementa y se da más intensidad a la puesta a punto, se dispone de menos tiempo para dedicarlo a sesiones teóricas y a la enseñanza de nuevos conocimientos prácticos. Mientras el nadador nada, bate o tracciona sus largos de prácticas, debe tener conocimiento de si ejecuta sus movimientos en forma adecuada. El preparador debe todavía, si es necesario, corregir los errores mayores, pero la mayor parte de estas correcciones tendrá que quedar terminada en este punto de la temporada.

Este período será considerado como el tiempo en que el nadador empieza a estabilizar sus normas de movimientos, y empieza a pulir en sus técnicas aquello que necesitará efectuar de manera casi automática. Su atención debe enfocarse a los defectos que tiene, mientras presta poca atención a los movimientos que efectúa correctamente.

Mientras los nadadores están nadando fuerte, el preparador puede hacerles correcciones de movimientos. Esto será fácil o difícil según la efectividad que hayan tenido las sesiones teóricas de principio de temporada. A veces sólo una frase del preparador, durante el descanso, en el intervalo entre los largos de nado, será suficiente para indicar al nadador qué corrección necesita hacer. Con el fin de conseguir refinar la técnica de los movimientos, en este período puede también hacerse algún uso de películas, debates, láminas y contracciones isométricas.

Durante este período, empieza a hacerse importante otra clase de instrucción. La estrategia y el ritmo de nado y esfuerzo, que es esencial deber aprender para nadar las varias carreras de competición.

Período de preparación competitiva — Enero, febrero, marzo

Durante este período deben evitarse modificaciones importantes en la mecánica de los movimientos, a menos que el nadador esté actuando muy deficientemente. Como ha sido explicado, estas modificaciones frecuentemente dan por resultado un prolongado retroceso en la actuación. Sin embargo, pueden efectuarse correcciones secundarias, y es importante que el preparador y el nadador permanezcan alerta a la aparición de defectos de movimientos que puedan influir en detrimento de la actuación. Deben hacerse películas bajo el agua y sobre el agua de los mejores momentos de los nadadores a fin de que puedan utilizarse como modelo en el caso de que se desarrollen defectos.

Los últimos toques en la instrucción de estrategia, ritmo de nado y esfuerzo deben efectuarse durante este tiempo. Puede hacerse por medio de carreras, pruebas cronometradas, nados repetidos y práctica general de cadencia. El preparador y el nadador deben debatir acerca de las carreras, estudiar los tiempos parciales y analizarlos con espíritu crítico con el fin de decidir cómo puede ser mejorada la actuación del nadador.

La instrucción nunca se detiene durante toda la temporada; no obstante, cambia la intensidad en diferentes fases de la actuación.

Métodos de la parte al todo, total, y de la parte progresiva

El método de la *parte al todo* para la enseñanza de los movimientos de la natación ha sido empleado en la mayoría de planes de natación a lo largo de los últimos 50 años y aún más allá. Ha calado tan firmemente la creencia de ser el método mejor que, a pesar de los planes de investigación que han puesto en evidencia que el método *total* era superior para la mayor parte de los alumnos, el empleo del método de la *parte al todo* continúa siendo el dominante.

Una de las dificultades para establecer diferencias entre los métodos total y de la parte al todo para la enseñanza de conocimientos prácticos, es la de diferenciar y distinguir lo que es *todo* y lo que es *parte*. En natación, el método total es empleado por la mayor parte de las personas que aprenden a nadar por sí mismas. Ensayan la totalidad de los movimientos sin dividirlos en sus varias partes, es decir, batido, tracción, respiración, y así sucesivamente. La mayoría de conocimientos motores que la gente adquiere, tales como el nadar, el correr, el lanzar, han sido aprendidos por medio del método total. Entrevistando a los componentes del equipo de natación olímpico del año 1964 de los Estados Unidos, era interesante descubrir que sólo unos pocos de ellos habían aprendido a nadar en clases. La mayor parte no habían tenido instrucción metódica hasta que empezaron a tomar parte en competiciones.

Es posible emplear el método de instrucción total y fijarse en las partes que componen el estilo. Sin embargo, estas partes no se practican en ejercicios aislados; la atención del nadador está dirigida a la parte particular del movimiento que prepara, mientras continúa ejecutando el resto. Cuando el método empleado es el de la parte al todo, las diversas partes del estilo se enseñan por separado y se practican en ejercicios aislados, es decir, ejercicios de batido, ejercicios de brazos, ejercicios de respiración, y así sucesivamente. Cuando todas las partes han sido aprendidas por separado, son aglutinadas en el conjunto del estilo.

En la Universidad de Indiana hemos instruido alternativamente con los métodos total y de la parte al todo, a clases de natación de principiantes y de avanzados. Las clases instruidas con el método total han progresado a ritmo más rápido que las instruidas por el método de la parte al todo.

Las investigaciones de Niemeyer (10) muestran también la superioridad del método total sobre el de la parte al todo. Los individuos que, en su estudio, habían aprendido por el método total eran capaces de nadar con mejor estilo, en menor tiempo, más rápidamente y llegando más allá, que los del grupo instruido con el método de la parte al todo. El grupo instruido con el método total nadó un promedio de 800 metros, mientras que los instruidos con el otro método solamente promediaron 410 metros.

Hay dos razones evidentes que explican para muchos alumnos la inferioridad del método de la parte al todo con respecto al método total. Primera, requiere mucho tiempo, pues tiene que emplearse en enseñar todas y cada una de las partes y después su integración. Segunda, cuando el nadador aísla las partes, y se ejercita en ellas solamente, le es casi imposible imitar el movimiento exacto tal como será efectuado cuando se practicará en el conjunto del estilo. Un ejemplo de esta dificultad es el batido en el estilo del «crawl». Cuando un nadador practica la totalidad de los movimientos del «crawl», el batido no se mueve en línea recta arriba y abajo, sino que impele diagonalmente hacia los lados cuando el cuerpo se balancea sobre su eje longitudinal, desempeñando de esta manera su papel como estabilizador. Cuando

(10) Roy K. Niemeyer, «Part versus whole methods and massed versus distributed practice in the learning of selected large muscle activities». Proceedings, College Physical Education Association, 1958, págs. 122-25.

el batido se practica por sí solo, los pies baten todo el tiempo en plano vertical arriba y abajo.

Se ve, pues, que cuando el nadador ejecuta el estilo en su totalidad, realiza movimientos distintos.

Importa comprender que la *transferencia de conocimientos* sólo tendrá lugar con los componentes de una tarea que sean idénticos a los componentes de una tarea ya aprendida. Siendo así que el batido, cuando se ejercita por separado, contiene algunos componentes que son idénticos (tales como la flexión plantar de los pies) y algunos que no lo son (el ya mencionado impulso diagonal), sólo una parte del conocimiento práctico del batido se transferirá al movimiento total. Yo no deseo dar a entender que los ejercicios de batido no sean valiosos, solamente señalo que su importancia se halla limitada por la disposición y la superinstrucción. En la fase inicial de instrucción de los conocimientos motores, estos ejercicios tienen poco interés como prácticas aisladas o parciales, pudiendo afectar dañosamente el proceso de aprendizaje.

Otro método de instrucción llamado método de la *parte progresiva,* consisten en practicar separadamente las dos partes iniciales de un conocimiento práctico, después conjuntarlas y progresivamente ir añadiendo conocimientos parciales hasta que la habilidad es total. Un ejemplo de este tipo de instrucción es hacer que el nadador aprenda separadamente los movimientos de los brazos y de los pies del «crawl», y a continuación que los conjunte, luego que siga con el aprendizaje de la respiración, y así sucesivamente.

El método de enseñanza de un conocimiento práctico debe depender de la complejidad del mismo y de la capacidad de aprender del alumno. Para aprender conocimientos prácticos sencillos, el método total es superior a los otros dos. Para aprender conocimientos más complejos, el método de la parte al todo y el de la parte progresiva son superiores al total. Nadar un estilo ¿es cosa sencilla o compleja? Para algunos nadadores dotados en elevado grado de facilidad de movimientos es un arte sencillo; para otros no tan dotados se trata de algo complejo. A los discípulos de poco mérito, por ejemplo, se les ha de enseñar los movimientos de nado con muchos ejercicios parciales, mientras que parece ser innecesario hacerlo con los alumnos ágiles o término medio. Los resultados de las investigaciones no coinciden totalmente pero, según parece, para enseñar los movimientos de natación a los alumnos de tipo medio y a los superiores a la media, el método total sería superior a los otros dos. Para los nadadores de poco mérito, los métodos de la parte progresiva o el de la parte al todo serían probablemente preferibles al total.

Superinstrucción y supercorrección

Cuando se enseña un conocimiento práctico, es mejor destacar lo que debe hacerse que no lo que no debe hacerse. Por ejemplo, es mejor decir al alumno que durante la primera parte de la tracción de brazo en el «crawl» lleve el codo alto, que no decirle que no debe hundir el codo. Las descripciones positivas son superiores a las negativas, si bien a veces se hace necesario decir exactamente al nadador lo que ejecuta incorrectamente, a fin de señalarle cómo debe hacerlo correctamente.

Cuando un nadador tiene un defecto de movimiento, tal como demasiado poco doblamiento de rodillas en la percusión hacia abajo del batido de cola de pez, sólo puede normalmente corregir este defecto con una práctica exagerada en el sentido opuesto (un doblamiento exageradamente grande). Cuando se ejercita en esta supercorrección, es mejor aislar la parte del movimiento que se está practicando, en este caso practicar el batido de pies suspendido de una tabla. En otras palabras, es preferible usar el método de enseñanza de la parte. Cuando este nadador ajusta al conjunto del movimiento el batido que ha estado ejercitando en la tabla, se encontrará con que le es virtualmente imposible conservar el doblamiento exagerado de las rodillas, pero probablemente conservará el suficiente para estar más próximo que antes al grado de doblamiento satisfactorio.

Otro ejemplo de la importancia de la supercorrección puede encontrarse en la colocación de los brazos en el estilo de espalda. Un nadador tiende a colocar su brazo en el agua demasiado adentro de la línea central de su cuerpo, frente a su cabeza. El preparador le indica que coloque sus manos en el agua, en línea con sus hombros o a unos veinte centímetros del anterior punto de entrada. El nadador ensaya el movimiento y siente que ha logrado colocarlas unos veinte centímetros hacia fuera, pero al preparador no le es posible apreciar ningún cambio en la posición de entrada de las manos. El nadador probablemente las ha movido cosa de dos centímetros y medio, pero a él le da la sensación de que son veinte. El preparador, a su vez, puede tener la sensación de que el nadador no quiere cooperar y que es un caso imposible de preparar; no obstante, aquél ha intentado cumplir el mandato del preparador con su mayor habilidad. El preparador le indicará ahora que, al introducir los brazos en el agua, debe sentir como si los colocara diagonalmente al lado. El nadador ensaya de esta manera y tiene la sensación de que lo hace, pero sus brazos pueden pasar rectos sobre su cabeza en la posición correcta. Esta forma de supercorrección no se debe practicar por parte del equipo como un todo, sino sólo en los casos individuales como los dos acabados de describir. Yo empleo esta manera de corregir con uno o más nadadores en casi cada sesión.

Los conocimientos prácticos que han sido superaprendidos son más difíciles de olvidar. Por esta razón, a menudo vale la pena emplear considerable tiempo y esfuerzo en ejercicios que instruyen a un nadador en un movimiento para el que no está naturalmente dotado. Por ejemplo, Chester Jastremski poseía una tracción de brazos natural para la braza de pecho, pero su batido era relativamente de poco valor. Para mejorar este batido, dedicaba mucho más de su tiempo a superaprender el batido, que en ejercicios de movimiento de brazos.

La intensidad en los ejercicios de batido pudo parecer desproporcionada, a la luz de lo manifestado anteriormente en este capítulo, en relación a la preferencia de quien esto escribe por el método total, para la enseñanza de los movimientos de natación. Sin embargo, en este caso había ya aprendido el movimiento completo y se trataba de ejecutar sólo una parte determinada como ejercicio designado para perfeccionarla.

Al aplicar este método de superinstrucción, puede ser apropiado decir que, con un nadador avanzado o que ya toma parte en competiciones, de hecho se utiliza el método todo-parte-todo. Primero aprendió a nadar el movimiento completo como formando una unidad total. Más tarde fraccionó el estilo en sus componentes e intentó corregir las faltas que existían en cada uno de ellos; luego procuró llevar estas correcciones en la totalidad de sus movimientos conjuntados.

8

Técnicas de preparación para concursos de natación

Sea el que sea el deporte, las técnicas de preparación se desarrollan lentamente y siguen los rumbos trazados por los sistemas de entrenamiento de los prominentes deportistas de la época. A este respecto, el deporte de la natación competitiva no ha sido una excepción. A medida que varios preparadores y nadadores han enseñado técnicas nuevas, las que han dado mejor resultado han sido conservadas y, las que no, descartadas. De este modo la ciencia de preparar nadadores (si se le puede llamar ciencia) ha progresado a base de pruebas y errores, como les sucede a la mayor parte de las ciencias en su inicio. En el siglo pasado se fue progresando, de los ejercicios de nadar meramente una pequeña distancia (de media milla a una milla diarias), a ritmo relativamente lento casi continuo, al método actualmente popular practicado por los campeones de hoy en día, de nadar largo tiempo en estilo depurado o a relativa velocidad (de cuatro a seis millas diariamente), método generalmente llamado *preparación a intervalos* o *preparación reiterativa.*

La introducción de la preparación a intervalos, y sus técnicas asociadas, probablemente señala uno de los más importantes factores del continuado progreso de los tiempos de la natación de concurso en las últimas décadas.

Mucha gente cree que la preparación a intervalos está basada en conceptos simples y sin complicación, pero mientras muchas personas relacionadas con la natación competitiva comprenden, en líneas generales, lo que es un logro a fuerza de fatigas por medio de la preparación a intervalos, no todos comprenden dichos conceptos. El propósito evidente de cualquier programa de preparación es poner al atleta en forma de realizar su actividad más eficientemente, con mayor velocidad y con menos cansancio.

La frase *estar en forma* es empleada por muchos deportistas y tiene para todos el mismo significado general. Sin embargo, quizá valga la pena definir la expresión: el procedimiento de estar en forma para una actuación deportiva es la suma de todas las adaptaciones fisiológicas, anatómicas y sicológicas, hechas por el organismo bajo el esfuerzo del programa de preparación.

En un programa de preparación, el factor esfuerzo es naturalmente el ejercicio en el que el individuo se empeña a lo largo de las prácticas de entrenamiento. Es una ley fisiológica la de que el cuerpo procura adaptarse al esfuerzo específico a que se le somete, por medio de su propia transformación, a efectos de llegar a ser más capaz de enfrentarse con el mismo esfuerzo la próxima vez que le sea impuesto. Es importante destacar la palabra *específico.* Si un médico desea inmunizar a un paciente contra una enfermedad específica (por ejemplo, viruelas), no vacunará al paciente simplemente con cualquier clase de vacuna (quizá antipolio o sarampión); al contrario, empleará, como factor para el esfuerzo, una vacuna específica (en este caso, la vacuna contra las viruelas). El cuerpo se adaptará a este agente de esfuerzo específico a base de producir un tipo específico de anticuerpos, que ayudarán a rechazar esta enfermedad precisa cuando la persona tropiece otra vez con ella. Estos anticuerpos no la ayudarán contra las otras enfermedades.

En la preparación de nadadores, les vacunamos con algún moderado trabajo de naturaleza específica, y el cuerpo del nadador se adapta de tal manera que puede realizar un trabajo similar, pero con intensidad mayor. La cuantía y la intensidad del trabajo es entonces incrementada, y el cuerpo del nadador, una vez más, intenta adaptarse, con el resultado de que el nadador progresivamente se pone en forma. Si el peso del trabajo es demasiado fuerte, el nadador no se adaptará, fracasando en el intento de adaptación. Esto será debatido en el Capítulo 12; aquí solamente se menciona para demostrar que la declaración que sigue es únicamente una verdad parcial: el trabajo duro mejora la disposición del organismo para un trabajo aún más duro.

En aclaración de la particularización de la preparación, si una persona nada largas distancias a cadencia lenta, el cuerpo fisiológicamente se adapta a través de ciertos cambios que le permiten tolerar nadar largas distancias a cadencia lenta. No habrá en este caso expresivas adaptaciones de tolerancia al esfuerzo de nadar rápido.

En el programa de preparación, un nadador debe hallarse sometido al mismo, o por lo menos a un esfuerzo similar al que se encontrará en la carrera, a efectos de realizar las adaptaciones adecuadas. En natación, el método preparación a intervalos ha sido supersimplificado hasta el punto de que mucha gente cree que simplemente se trata de la práctica de una serie de ejercicios de nado repetidos a velocidad aproximada a la de la carrera, con una suma de períodos controlados de reposo entre cada uno de ellos (es decir, quizá 20 nados de 50 yardas, con 30 segundos de reposo intercalados). De esta manera el cuerpo se adapta al esfuerzo de nadar a la velocidad de la carrera.

Es improbable que se comprenda completamente un sistema de preparación de un nadador sin conocimiento de cómo se ha desarrollado la preparación hasta el punto actual, y sin un estudio de la investigación que ha llevado al desarrollo de las ideas. Un breve bosquejo de la historia de la evolución de las técnicas de preparación de natación, así como un debate de las tendencias similares en la preparación de atletas de pista, puede, por esta razón, ser de utilidad en este punto.

Un debate de la historia del desarrollo de los métodos de preparación invariablemente aportará opiniones disconformes respecto a quién y cuándo se desarrolló un determinado método. El propósito del debate que sigue no es ofrecer una lista detallada de méritos a cada preparador o nadador que ha contribuido a nuestra instrucción en los métodos de preparación, sino simplemente se trata de una guía general para poner a la vista cómo han evolucionado las variadas técnicas de preparación y el curso que han seguido.

EL AVANCE EN LAS TECNICAS DE PREPARACION EN NATACION

Esta comprobado que, cuando a mediados del siglo XIX se puso por primera vez en práctica la natación de competición, no se practicaba un trabajo de preparación duro, en el concepto que hoy tenemos de él.

Ralph Thomas, en su clásico tratado de la historia de la natación, escribía en 1904:

«El tiempo más rápido con que hoy se nadan las distancias es un signo de la mejora. Procede de un mayor cuidado de los detalles, movimientos y preparación. Me informó C. Steadman que nunca se había entrenado y tengo pocas dudas de que otros campeones de su época (1850) tampoco lo hacían, aunque entonces el prepararse para nadar se iba haciendo popular» (1).

Obviamente se dedicaba algún tiempo a perfeccionar las técnicas que se ponían en práctica en las carreras, y la mayor parte de la verdadera preparación era realizada a una velocidad de nado relativamente lenta.

(1) Ralph Thomas, *Swimming* (Londres: Sampson, Low, Marston & Co., Ltd., 1904), pág. 149.

Un progreso en las técnicas de preparación tuvo lugar cuando los nadadores empezaron a batir en su tablón de aletear y a traccionar con las piernas atadas o sostenidas. Estos métodos permitieron mejorar la puesta a punto de aquellas partes precisas del cuerpo que requerían entreno, en razón del incremento de trabajo que tenían que realizar. El origen exacto de estas técnicas es reivindicado por diversas personas. Sin embargo, su presentación no cambió la idea general de que un nadador debe prepararse nadando unas distancias relativamente largas (de 400 yardas a dos millas) a cadencia lenta, aun cuando pudiese estar preparándose para una carrera de una distancia de solamente 50 ó 100 yardas. Este método, conocido como preparación de la *superdistancia,* dominó el deporte durante muchas décadas, hasta finales de la de 1920.

Fue en esta época que unos pocos preparadores y nadadores se sintieron descontentos con el mero nadar largas distancias a velocidades lentas o moderadas y empezaron a añadir algunos nados rápidos, generalmente al final de sus entrenamientos diarios. A menudo consistía en efectuar de cuatro a ocho veloces recorridos de 50 yardas. En 1930, se hizo popular una técnica de preparación llamada a veces *pirámide* o *locomotoras*; grandes nadadores como Adolp Kiefer, los hermanos Spence y otros practicaron esta técnica de perfeccionamiento de la preparación con el resultado de una gran mejora de tiempos.

En este tipo de preparación, un nadador puede nadar una larga distancia continuadamente, pero debe variar la velocidad en que nada los largos. Un ejemplo de este tipo de dura labor, como lo practicaba Adolph Kiefer (a mediados del 1930) en piscina de 25 yardas, era como sigue: nadar cuatro largos muy fuertes, cuatro largos lentamente, tres largos duros, tres lentos, dos duros, dos lentos, uno duro y uno lento; luego, tomando de nuevo la salida de la plataforma, uno duro, uno lento, dos duros, dos lentos, y así sucesivamente.

Al que esto escribe le fue dado en 1938, por su preparador Ernst Vornbrock del YMCA de St. Louis, una variación de este tipo de dura labor en la siguiente forma: nadar dos largos velozmente, dos largos lentamente, otro veloz, otro lento; repetir diez veces lo que precede. Este duro trabajo demuestra lo cercanos que ya se hallaban de la preparación a intervalos los preparadores de tres décadas atrás, y evidencia la habilidad de preparadores tales como Stan Brauninger, que cuidaba de Kiefer, o bien Vornbrock, y otros.

Este tipo de preparación todavía se practica actualmente algunas veces y, de hecho, es estrechamente parangonable con el sistema de preparación «fartlek» (juego de velocidades), que practican los corredores de atletismo.

Desde 1930 hasta después de la segunda guerra mundial, se realizaron pocos progresos en las técnicas de preparación de nadadores, y no se halla en la literatura de natación ninguna mención de la frase *preparación a intervalos.* Sin embargo, en carreras atléticas, esta expresión aparece escrita por primera vez antes de la segunda guerra mundial.

Durante las dos décadas de los treinta y de los cuarenta (y aún en las postrimerías de los veinte), preparadores tales como Matt Mann III, Robert Kiphuth y otros, perfeccionaron sus métodos al dar mayor importancia a la velocidad, en forma de carreras rápidas con recobramiento del aliento, como recorridos de 50 yardas a toda velocidad repetidos de diez a quince veces; esto al finalizar la dura labor de preparación. En los últimos años de la década de los veinte, se decía que Arne Borg, el sueco detentor del récord del mundo de los 1.500 metros estilo libre, se había entrenado recorriendo ocho nados de 200 metros a máxima velocidad en una simple sesión de preparación. Quien esto escribe, preparándose para los Campeonatos Nacionales AAU de 1942, nadó cuatro 200 metros contra el reloj un día, seis 100 metros contra reloj el día siguiente, y luego dos días de locomotoras antes de volver a los nados repetidos de los 200 y 100.

A despecho de estos esfuerzos para explorar métodos nuevos, que se llevaban a cabo en forma de ensayos con sólo nociones vagas acerca de cómo podían llegar a ser de eficacia para la mejora de la puesta a punto, puede decirse que hasta mediados del año 1950 no hubo una busca sistemática para incrementar la puesta a punto fisiológica. Casos aislados de individuos nadando en una simple sesión de trabajo pruebas repetidas contra el reloj, eran algo ajeno al actual concepto de la preparación a intervalos. Este tipo de preparación, en el cual el descanso entre los nados repetidos es suficientemente largo para permitir una recuperación casi completa del ritmo del corazón, se llama *trabajo de repetición.*

En 1952 se practicó el siguiente esfuerzo en la preparación de Bowen Stassforth (2) para los Juegos Olímpicos:

1. 300 metros de «crawl» para desentumecerse.
2. 600 metros de batido con aceleramiento en cada tres largos.
3. 400 metros de tracción de brazos con aceleramiento en cada tres largos.

(2) Stassforth fue el segundo clasificado en los Juegos Olímpicos de 1952 que se celebraron en Londres. Su prueba eran los 200 metros mariposa-braza de pecho (tracción de brazos de mariposa con batido de braza de pecho).

4. 800 metros nadando mariposa, con aceleramiento en cada cuatro largos y en los últimos 200 metros.
5. 500 metros de batido contra reloj.
6. 500 metros de tracción de brazos contra reloj.
7. 5 minutos de descanso; 150 metros mariposa contra reloj, a darlo todo.
8. 3 veces 50 metros mariposa contra reloj, casi a darlo todo.
9. Descansar 10 minutos; 300 metros mariposa contra reloj.

Aun cuando esto no puede ser llamado una preparación a intervalos verdadera, representa un intento de acentuar la calidad sobre la cantidad de esfuerzo duro. Este tipo de ejercicio puede todavía llevarse a cabo en un programa de preparación y lograr buenos resultados, tanto más cuanto que combina muchas de las cualidades que todavía son consideradas deseables en los modelos de hoy en día.

En este sentido, las técnicas de entrenamiento de natación avanzaban hacia una especie de preparación a intervalos, con atención preferente, en la mayoría de programas, a realizar un trabajo bien hecho.

A mediados de 1950 la gente que se dedicaba a las cosas de la natación, se dio cuenta de lo que los corredores de atletismo estaban haciendo y de las investigaciones que se habían realizado en la preparación a intervalos. Al principio, fue presentado en los programas de natación en forma cautelosa. En muchos casos era difícil superar la inercia de las técnicas anteriores, pues los preparadores de más edad rechazaban el rumbo. Aún hoy algunos preparadores continúan resistiéndose. En la preparación de los Juegos Olímpicos de 1956, los australianos practicaron la preparación a intervalos con tanto provecho, que sobrecogieron al mundo con sus éxitos y dieron un impulso tremendo a la propagación por todo el mundo de la preparación a intervalos.

La experiencia de los australianos era todo lo que se necesitaba para lanzar a los preparadores americanos y a los de todas partes a la «batalla de las fichas». Algunos imaginaron que si una pequeña dosis de preparación a intervalos era buena, una gran cantidad sería mejor y, en una dosis extraordinaria, podría ser mucho mejor aún. Desgraciadamente, esta actitud puso de manifiesto más entusiasmo que discreción. La batalla sobrevino en los últimos años 50 y los primeros 60 dando más y mayor importancia al número de repeticiones que a su calidad. Esfuerzos como dieciséis veces 440 yardas, con uno o dos minutos de descanso, eran dictaminados como las prácticas de algunos de los nadadores de clase mundial; el nadador alemán Gerhard Hetz llevaba a cabo cuarenta nados de 100 yardas, con un minuto de descanso entre cada esfuerzo; y un centenar de 50 yardas con

30 segundos de reposo, es lo que hacían el mismo Hetz y otros. Quien esto escribe, en el verano de 1961 ensayó con su equipo, en dos ocasiones, el último de los trabajos indicados, y aunque dos ensayos no son una prueba perfecta, decidí que si era necesario esta clase de esfuerzo para poner a un nadador en buena forma, mi equipo permanecería en la clase de los mediocres. No parecía lógico que, a efectos de entrenar para carreras de 100, 200 ó 400 metros, un nadador tuviera que realizar esfuerzos tales como 100×50. Este esfuerzo, dejando de lado su monotonía, no podría ser tolerado por un largo período de tiempo por atletas de condición normal o superior. También parece violar una de las premisas básicas del concepto de la preparación a intervalos, cual es la de que el nadador debe nadar sus largos de prácticas a velocidad igual o muy cercana de aquella para la que se prepara a nadar en la carrera.

No todos los preparadores y nadadores se vieron envueltos en la batalla de las fichas de preparación, algunas veces por falta de tiempo en la piscina, otras por no ir de acuerdo con la teoría, o simplemente por no querer pagar a un tal precio el rebajar unos tiempos de natación. Sin embargo, representó una tendencia popular, que afortunadamente fue abandonada por la mayoría de preparadores y nadadores.

Una vez más, los preparadores de más éxito como George Haines, Forbes Carlile, Don Talbot, Don Gambril y Don Sonia fueron los que demostraron que la cantidad no es la preocupación básica en un programa de preparación a intervalos bien orientados. Son ellos los que ahora marcan la tendencia hacia la calidad por encima de la cantidad en la repetición de los nados. En vez de ejecutar de 50 a 100×50 nados repetidos, llevan a cabo solamente de dieciséis a cuarenta × 50. Al exigir menor cantidad de repeticiones, pueden dar importancia a mejorar la calidad.

Al resumir los hechos acabados de describir, parece razonable decir que el entusiasmo extraordinario con que fue aceptada la preparación a intervalos ha sido moderado por la experiencia y por la oportunidad de reflexionar acerca del verdadero fin de la preparación. La opinión predominante es la de que la calidad del trabajo llevado a cabo es lo que más importa, y que el esfuerzo debe cargarse en nadar a la velocidad de la carrera. No obstante, estas opiniones pueden, una vez más, verse moderadas por una nueva tendencia, que es la resultante de una mejor comprensión de la réplica del cuerpo a las distintas clases de métodos para su puesta a punto. El que esto escribe se da cuenta de que podría ser un gran error el reducir exclusivamente el programa de preparación a realizar un trabajo de calidad. Muchos de los errores que se han cometido, al desarrollar los programas de preparación, podían haber sido evitados si preparadores y nadadores hubiesen sabido sacar provecho de las anteriores experiencias de otra clase de deportistas, especialmente de los corredores de atletismo, así como de los resultados obtenidos de las investigaciones llevadas a cabo en esta modalidad deportiva.

La historia de nuestros métodos de preparación muestra que, desde el comienzo, hemos estado preocupados con los problemas que continúan todavía hoy impidiendo que nos decidamos acerca de nuestros programas de preparación. Ellos son: 1) distancia que debe nadarse, y 2) *a qué velocidad* el nadador debe nadar esta distancia, o *cuánto esfuerzo* debe poner en cada nado repetido. Con la introducción en nuestros programas de la preparación a intervalos y el entrenamiento repetido, se han añadido dos nuevas consideraciones. Las cuatro juntas a menudo son aludidas como DIRT: 1) D, por «distancia» que debe nadarse (a qué distancia deben nadarse las repeticiones —50, 100, 200, etc.), 2) I, por «intervalo» (cuál debe ser el intervalo de descanso entre los nados repetidos, 30 segundos, 60, etc.), 3) R, por «repeticiones» (cuántas repeticiones debe realizar un nadador de una distancia dada —10, 20, 30, etc.), y 4) T, por «tiempo» (en qué tiempo debe un nadador cubrir las repeticiones, 31 segundos por 50, etc.).

TECNICAS DE PREPARACION EN ATLETISMO

El examen que sigue de los métodos de preparación desarrollados en atletismo y algunas de las investigaciones llevadas a cabo en esta modalidad deportiva pueden ayudar al lector a sacar conclusiones que podrán, a su vez, ayudarle a una mejor comprensión acerca de los principios sobre los que están basados los métodos científicos de preparación para nadadores. Puede también ayudar a resolver los cuatro problemas que se hallan representados por la palabra DIRT.

Puesto que hay diferencias importantes entre los deportes de la natación y el atletismo en pista, resultan aparentes algunos riesgos al aplicar los métodos de un deporte directamente al otro. Por ejemplo, el correr es una actividad conexionada con el peso, mientras que en natación el cuerpo es sostenido por el agua. En la pista las piernas son el fundamento de la propulsión, mientras que nadando son los brazos los que producen la propulsión (a excepción de la braza de pecho). Estas diferencias requieren que los sistemas sean adaptados a las actividades peculiares. En pista, los corredores masculinos más veloces corren las 50 yardas en menos de 6 segundos, las 100 yardas entre 9 y 9,5 segundos, y los 200 metros entre 20 y 21 segundos; en natación, los más veloces nadan aquellas distancias entre 20 y 23 segundos, entre 45 y 53 segundos, y, frecuentemente, deben nadar la distancia de 200 yardas entre 1:41 y 1:50. Siendo esto así, el corredor de 200 metros puede no necesitar desarrollar la resistencia cardiovascular que requiere el nadador sobre la misma distancia.

Hay también el hecho de que un nadador puede disipar el calor que genera su cuerpo a un ritmo mucho más rápido que lo hace un corredor. Uno de los importantes factores negativos en la carrera es la imposibilidad del corredor para disipar suficientemente aprisa su acaloramiento. Por esta razón y la primera de las expuestas más arriba, un nadador es capaz de poder entrenarse con provecho más horas por día y a un nivel más intenso que un corredor. Al comparar fichas de preparación de campeones de ambos deportes, queda patente este hecho.

A pesar de estas diferencias, se ha producido un desarrollo paralelo en los métodos de preparación de los dos deportes, que es el resultado de algunas similitudes importantes entre los mismos, y que hace posible aplicar a ambos algunos conceptos generales de preparación. Observar atentamente la evolución de los métodos de preparación de los corredores, servirá para destacar las similitudes.

Progreso de las técnicas de preparación en atletismo

La historia de los sistemas de preparación en atletismo ha seguido un modelo similar al descrito para la natación. Hubo la misma transición gradual desde la práctica de realizar la mayor parte del esfuerzo a cadencia lenta, corriendo sólo a ritmo rápido una pequeña parte, hasta el método actual de correr, en el cual gran parte del esfuerzo es dedicado a la preparación a intervalos y a los métodos de preparación repetitivos. La mayor diferencia en el desarrollo de los dos deportes radica en el hecho de que la introducción de técnicas nuevas en la pista siempre ha precedido, por lo menos en diez años, a la introducción de las mismas técnicas en natación. Evidentemente, los nadadores han aprendido mucho de los corredores y han aceptado los precedentes establecidos por ellos. Muchos preparadores de natación disentirán en la creencia de que las técnicas de nado han sido copiadas de los corredores de atletismo. Quizá sea verdad que estas técnicas han evolucionado en una forma natural y habrían llegado al mismo punto sin la ayuda de los corredores, pero permanece el hecho de que la mayoría de los métodos de preparación fueron adoptados mucho antes por la gente del atletismo que por la de la natación. En consecuencia, ellos han vivido más tiempo con los mismos y han dispuesto de más tiempo para experimentarlos en forma metódica y científica.

En atletismo como en natación, las diversas técnicas de preparación evolucionan lentamente y sus inicios no están claramente documentados.

«Juego de velocidades» o método «Fartlek»

Uno de los primeros métodos que empezaron a evolucionar y que todavía es empleado en los programas de preparación de hoy en día, especialmente en medias y largas distancias, fue el «método fartlek» —traducido del sueco como «juego de velocidad»—. Consiste en cubrir distancias relativamente largas, desde dos a diez millas o aún mayores, a diversas velocidades. Estos recorridos generalmente no se realizan en la pista, sino en el campo sobre terrenos variantes.

Doherty (3) cree que se inició ya por el 1870, cuando un campeón inglés de carreras, Walter G. George, se preparaba corriendo por las colinas y laderas de Inglaterra a velocidades distintas. Gran parte del prestigio de haber desarrollado este método debe acreditarse a los corredores finlandeses y a los suecos, que en los primeros 30 años de esta centuria lo practicaron en una forma modificada. Corredores suecos como Hagg y Anderson, detentores de récords mundiales en la carrera de la milla a principios de 1940, contribuyeron a que este método ganara popularidad.

Doherty (4) da al preparador sueco Gosta Holmer la fama de ser quien eligió este sistema y el primero en divulgar la información (a finales de 1940).

A medida que el programa de preparación avanza y la puesta a punto del corredor mejora, puede añadir recorridos más y más largos. Este correr aprisa-despacio, tiene, para la puesta a punto de los corredores de media y larga distancia, una base fisiológica correcta. Los recorridos rápidos permiten a los atletas correr a cadencia igual o más rápida que la velocidad a la cual desean correr en la carrera, y esto les pone en forma para una cadencia rápida. La naturaleza del esfuerzo continuado, aun con el paso gimnástico, o a cadencia mucho más reducida, o a marcha rápida, es de efecto beneficioso para la preparación, especialmente para el sistema cardiovascular, hasta el punto de acrecentar la resistencia.

(3) J. Kenneth Doherty, *Modern Track and Field*, 2.ª ed. (Englewood Cliffs, N. J.: Prentice Hall, Inc., 1963), pág. 167.
(4) *Ibidem.*

No obstante, la cualidad principal desarrollada por el sistema «fartlek» parece ser la resistencia general, y es particularmente importante observar que este método de preparación no es recomendable a corredores de velocidad.

El hecho de que el corredor se halla apartado de la pista, en un medio ambiente de continua variación, produce un beneficioso efecto sicológico y ayuda a mitigar el aburrimiento del continuo correr alrededor de una pista ovalada.

El método «fartlek» todavía es empleado como parte de un programa de entrenamiento por muchos (quizá por la mayoría) de los más destacados corredores mundiales de media y larga distancia. Es practicado especialmente durante la fase inicial del programa de preparación para desarrollar el aguante (resistencia general). Percy Cerutty, preparador de Herb Elliott, utiliza la técnica de entrenar a los corredores haciéndoles correr una especie de «fartlek» en dunas, aun cuando Cerutty está mal dispuesto a admitir el método.

Los corredores, al inicio de su preparación, desean reforzar su resistencia y, conforme avanza el programa de preparación y durante la verdadera temporada de entrenamientos, incrementan los esfuerzos en velocidad. Este principio de reforzamiento de la resistencia, antes de entrar en la fase de la velocidad, es también aplicable al entrenamiento de nadadores.

El método «fartlek» es muy tolerante, en el sentido de que nada se cronometra, y mientras el atleta corra bajo un plan, es suficientemente aceptable hasta el punto de permitir modificaciones según el estado en que se siente el individuo. Su índole sencilla lo hace difícil para aquellos que necesitan ser estimulados, para los de voluntad débil, o para los que no lo comprenden del todo y recelan adaptarse provechosamente a él.

El «fartlek» se ha empleado en los programas de preparación de nadadores y, si bien el nadador no ha podido disfrutar como el corredor de un continuado cambio de medio ambiente, no obstante consigue una pausa en los métodos de preparación a intervalos y de repetición. Precisamente la forma en que puede emplearse en el programa del nadador se debatirá más adelante de este mismo capítulo.

La preparación de repetición en atletismo

Como ya ha sido mencionado en la descripción del desarrollo de las técnicas de preparación en natación, a distintos períodos, aun durante la fase de desarrollo la *preparación repetida* era practicada en grado menor por muchos atletas, tanto en atletismo como en natación. El mérito verdadero de la popularización en los Estados Unidos de la práctica de la preparación repetida en el entrenamiento de atletas pertenece a Billy Hayes, que ya en 1923 preparaba a sus corredores con este tipo de entrenamiento en el State College de Misisipí. Más adelante, cuando estaba en la Universidad de Indiana, Hayes preparó a unos corredores tan destacados en la media distancia como los Lash, Decker y Wilt.

En la preparación repetida, el atleta corre o nada una distancia dada a fuerte tren, generalmente cercano a la velocidad de la carrera, luego reposa lo suficiente para conseguir una recuperación casi total de pulsaciones —como mínimo la del latido del corazón— y el retorno al ritmo normal de respiración, antes de volver a nadar o correr de nuevo. Si bien esto puede parecer algo semejante a la preparación a intervalos, la diferencia principal entre ambas es que, en el método último citado, el período de reposo es controlado de manera que las pulsaciones del corazón hagan sólo una recuperación parcial. Fred Wilt describe la diferencia entre estos dos tipos de preparación:

Las *carreras repetidas* son un perfeccionamiento de la preparación a intervalos que ha sido descrita por Franz Stampfl, como el correr una distancia dada a una velocidad previamente determinada, un número preciso de veces, con reposo total después de cada rápida carrera. En la realidad, las carreras repetidas difieren de la preparación a intervalos, en los límites de longitud de la carrera y en el grado de recuperación después de cada rápido recorrido. El método de las carreras repetidas se preocupa en correr distancias comparativamente más largas (tales como de 800 yardas a 1 ¼ de milla), con una recuperación relativamente completa (a menudo andando) después de cada una de ellas. El método de la preparación a intervalos implica correr distancias relativamente cortas (de 110 a 440 yardas) a cadencia rápida (cercana a la velocidad de la carrera o más aprisa aún), con una recuperación algo menos completa después de cada esfuerzo. La recuperación en la preparación a intervalos normalmente involucra correr a paso gimnástico una distancia igual a la de los recorridos rápidos a una velocidad prolongada 2 a 3 veces con respecto a la que se requiere para completar velozmente el recorrido. El método de las carreras repetidas es más agotador que la preparación a intervalos, y prosigue en aumentar esta condición a medida que los recorridos rápidos se acercan al final de la distancia de la carrera. Por esta razón, las carreras repetidas sobre largas distancias deben efectuarse a una velocidad de marcha considerablemente inferior a la de la carrera. Cuando las carreras repetidas alcanzan la velocidad de la carrera, la longitud de los recorridos rápidos no debe exceder en más de la mitad de la distancia verdadera de la carrera (5).

(5) Fred Wilt, *Run, Run, Run* (Los Altos, Calif.: Track and Field News, Inc., 1964), pág. 259.

La repetición de ejercicios es una parte muy importante del programa de entrenamiento de los atletas, tanto para los de media distancia como para los velocistas, y para la totalidad de los nadadores. Pretende estimular la tensión, en forma más similar a la que el atleta o el nadador encontrarán en su carrera, que no la tensión impuesta al atleta por los métodos de preparación «fartlek» o a intervalos.

La preparación repetida, tal como se practica por los corredores, impone mayor velocidad a los programas de entrenamiento que la que exige la preparación «fartlek» o a intervalos. Puede decirse que consta de recorridos *peculiares de velocidad* y *resistencia,* ideados para ayudar al corredor a adquirir la velocidad y la resistencia precisas que va a necesitar en la carrera. La velocidad relativa de los recorridos repetidos es incrementada a medida que el entrenamiento avanza.

La preparación a intervalos en atletismo

El primer atleta entrenado por el método de la *preparación a intervalos* que recibió vítores internacionales, fue Rudolph Harbig (6), quien en 1939 asombró al mundo del deporte estableciendo el entonces increíble récord mundial de :46,0 en los 400 metros, y 1:46,6, para los 800 metros. Harbig estaba preparado por Woldemar Gerschler, que desarrollaba la entonces moderna técnica que se llamaba *método de intervalos controlados.* Es a Gerschler a quien debe darse la fama de idear este sistema, practicado hoy, enteramente o en parte, por la mayoría de los corredores del mundo en la media y la larga distancia. Gerschler se dio cuenta de que en el sistema «fartlek» sueco hacía falta un suficiente control. Decidió controlar cuidadosamente las distancias, los intervalos, las repeticiones y los tiempos (DIRT). A pesar de que este método era conocido en Alemania antes de la segunda guerra mundial, fue tenido poco en cuenta, con todo y los éxitos de Harbig, y hasta después de terminada la guerra, precisamente en 1952, cuando Josey Barthel, el protegido de Gerschler, ganó la Medalla de Oro de los 1.500 metros, no fue tomado en consideración. El método de preparación a intervalos se hizo entonces tremendamente popular, puesto que la mayor parte de los hombres que corrían la media y la larga distancia empezaron a subordinar o a excluir enteramente la fase «fartlek» de su preparación en favor de la preparación a intervalos. Los subsiguientes triunfos de corredores tales como una Kutz,

(6) Doherty, *op. cit.*, pág. 177.

Pirie y particularmente Zatopek, confirieron un ímpetu tal a la práctica de la preparación a intervalos, que puede decirse que ha producido una superintensidad de este tipo de entrenamiento, con el correspondiente declive de las otras fases de la preparación. Se dice que Zatopek ha corrido algo así como sesenta recorridos de 400 metros en una sesión de entrenamiento.

La ley de Gerschler-Reindell (7). — La preparación a intervalos tiene significados diferentes para las distintas personas, Desgraciadamente, en natación ha venido a significar cualquier tipo de preparación en que se realice cualquier tipo de nados repetidos con el intervalo de descanso mantenido constante. Si fuera éste el caso, abarcaría igualmente a la preparación repetida. Para esclarecer lo que la preparación a intervalos significó para el científico que lo desarrolló, debemos acudir a investigar sobre qué método está basado. Después de realizar ensayos sobre 3.000 casos, estudiados durante un programa de entrenamiento práctico durante más de tres semanas, Gerschler llegó a uno de los siguientes principios encauzadores para establecer un programa de preparación orientado a desarrollar la máxima disposición y resistencia cardiovascular.

Una rutinaria preparación a intervalos típica y la manera de dirigirla, en la forma recomendada por Gerschler (8):

1. Antes de empezar las series de repeticiones (por ejemplo, 50×100), el atleta debe incrementar por medio de un precalentamiento su ritmo de pulsaciones a 120 latidos por minuto.

2. El siguiente paso son las primeras de sus series de repeticiones —unos 100, 150 ó 200 metros— en un tiempo o esfuerzo determinados que lleven el latido del corazón a 170-180 pulsaciones por minuto.

3. El atleta, después de correr la distancia, debe andar o marchar al paso gimnástico hasta que el latir de su corazón retorne aproximadamente de 120 a 140 pulsaciones por minuto. Cuando el atleta alcanza este punto, puede empezar nuevamente a correr (segundo esfuerzo). El tiempo requerido para que el latido del corazón descienda de 170-180 a 120-140 no debe exceder de un minuto treinta segundos. A medida que el atleta mejore su preparación, el tiempo de recuperación se abreviará.

Gerschler cree que el estimulante principal para la mejora cardiovascular tiene lugar durante la fase de recuperación, cuan-

(7) P. Sprecher, «Visit with Dr. Woldemar Gerschler», *International d'Athletisme*, traducido por Brother G. Luke, F. S. C. en *Track Technique*, núm. 9 (setiembre 1962), 282.

(8) *Ibídem*.

do el latir del corazón se ha reducido de 170-180 a 120-140 pulsaciones por minuto.

La resistencia está relacionada con la cantidad de sangre que el corazón puede bombear en un período de tiempo dado. Los atletas de pruebas de resistencia, tales como las de la marathon y corredores de largas distancias, tienen corazones relativamente más voluminosos y una disposición para bombear grandes cantidades de sangre, superior a la de los velocistas.

La capacidad del corazón para bombear un gran volumen de sangre puede ser incrementada por su puesta a punto en la forma siguiente:

1. Corriendo largas distancias, como era defendido para la preparación de marathon por Arthur Lydiard, antiguo preparador de Peter Snell.
2. Por la práctica del método «fartlek» de preparación.
3. Practicando métodos de preparación a intervalos.

La ventaja de la preparación a intervalos parece residir en que puede mejorar esta capacidad del corazón en un plazo de tiempo mucho más breve que los otros dos métodos. Hollmann (9) determinó que, con la práctica de la preparación a intervalos, en un período de menos de dos meses el volumen del corazón se había incrementado en más de 100 c.c. Con los antiguos métodos de preparación, esta gran mejora requería muchos meses.

Toni Nett, el preparador de atletas alemán, dice a propósito de la preparación a intervalos:

> Hoy en día, la preparación a intervalos no es ya el importantísimo o el *único* método de preparación universalmente aceptado. Simplemente, es uno de los muchos métodos, pero continuará existiendo. Es una valiosa adición al número de métodos de preparación que ya eran conocidos. Entusiasmado de haber hallado la «piedra filosofal», el disparo fue más allá del blanco. Hoy, yo empleo la preparación a intervalos para fines determinados. Por ejemplo, no hay método mejor que la preparación a intervalos para agrandar el corazón en el menor plazo de tiempo posible, pero esto también tiene sus puntos dudosos: «lo que fácilmente viene, fácilmente se va». La eficacia no es tan duradera como en el proceso de agrandar el corazón por medio de efectuar recorridos de largas distancias. No obstante, no hay la menor duda de que en ciertos casos (para superar pérdidas de tiempo de preparación accidentales, antes de los grandes encuentros o campeonatos) puede necesitarse un método rápido para agrandar el corazón (elevando el nivel de resistencia) (10).

(9) Med. W. Hollmann (Dr.), «Der Arbeits- und Trainingseinflues auf Kreislauf und Atmung» (Dartmstadt: Dr. Dietrich Steinkopf Verlag, 1959), en Wilt, *Run, Run, Run*, pág. 185.

(10) Toni Nett «Complex Training», en Wilt, *Run, Run, Run*, pág. 229.

Aparentemente, el incremento de la cantidad de sangre que es bombeada en cada latido de corazón (volumen cardíaco), es mucho mayor durante el intervalo de descanso que sigue inmediatamente al turno de ejercicio. Este volumen máximo del corazón proporciona el estímulo óptimo para acrecentar la hipertrofia del músculo cardíaco. Según muchos preparadores de atletismo alemanes y varios investigadores, la verdadera preparación del corazón tiene lugar durante el intervalo de descanso y no durante el esfuerzo real. Si este intervalo es mantenido un tiempo demasiado largo, hay un embalsamiento de la sangre en el sistema venoso y menor posibilidad de un volumen de corazón óptimo, tanto durante el próximo esfuerzo como en el próximo período de reposo.

No puede darse por sentado que exista unanimidad de opinión acerca de la preparación a intervalos, de su aplicación y del aprecio que merece entre los preparadores de atletismo y corredores. Arthur Lydiard (11), preparador de campeones olímpicos como Halberg (5.000 metros en 1960) y Peter Snell (800 metros, en 1960, 800, y 1.500 metros en 1964) expone que no practica en su programa la preparación a intervalos. Dice que la preparación de marathon y la de repetición es todo lo que necesita cualquier corredor de distancia media. Además de esto, pretende que la preparación de marathon da al corredor el incremento de resistencia que necesita, a la vez que la preparación de repetición proporciona la velocidad y cadencia en el esfuerzo. Sin embargo, un atento examen de las fichas de preparación de los corredores de 800 metros, de Lydiard, pone a la vista el siguiente entrenamiento, que puede ser por algunos considerado como una dura preparación a intervalos y por otros como una forma de «fartlek».

Correr dos millas en «sprints» de cincuenta yardas, separados por sesenta yardas a un ritmo cómodo y seguidos con la práctica de tres salidas, corriendo en cada una cincuenta yardas (12).

El desacuerdo entre los preparadores de atletismo sobre muchas conclusiones en relación con la preparación puede en gran parte ser debida a la falta de una común aceptación de la terminología de la preparación. Sin este acuerdo, es fácil ver por qué existe la confusión. Puede ser simplista el clasificar a ambas, la preparación a intervalos y la preparación a repetición, como preparación a intervalos, pero esta solución no contribuye en

(11) Arthur Lydiard y Garth Gilmour, *Run to the Top* (Wellington, Nueva Zelanda: A. H. y A. N. Reed, 1963.

(12) *Ibídem*, pág. 94.

nada a la comprensión verdadera de los diferentes designios que yacen detrás de cada uno de estos métodos.

Como bien nos lo demuestra el ejemplo del duro esfuerzo de Lydiard, aun con una terminología común hay una cierta superposición en los métodos que hacen que el confusionismo sea más amplio. Por ejemplo, en un ejercicio de preparación a intervalos, mientras el período de reposo se prolonga entre unas series de nados o carreras y al latido del corazón se le permite retornar casi al estado normal, la preparación se aproxima a la preparación a repetición. Precisamente puede ser siempre motivo de interpretación individual el señalar dónde un tipo de preparación termina y dónde otro empieza. No obstante, la aceptación de una terminología común ayudaría sin ninguna clase de dudas a los preparadores y a los nadadores para un dominio de los conceptos de los principios de la preparación.

DEFINICION Y EXPOSICION DE LA TERMINOLOGIA DE LA PREPARACION DE NATACION

Preparación «fartlek» (Juego de Velocidades)

La preparación «fartlek» consiste en nadar de continuo distancias relativamente largas, de un cuarto de milla o más, y ejecutándolas a varias velocidades. Puede llevarse a cabo en una piscina, lago o río. Puede ser organizada en forma indefinida, y consiste en nadar a una cadencia relativamente lenta la mayor parte de la distancia, interpolando ocasionales trechos veloces; o bien puede ser meticulosamente organizada con un plan muy rígido. A continuación anoto un ejemplo de una sesión de entrenamiento «fartlek» meticulosamente organizada:

1. Nadar a poca velocidad durante cinco minutos y a continuación 400 yardas de esfuerzo sostenido a un tiempo predeterminado.
2. Nadar a un moderado pero sostenido esfuerzo durante cinco minutos más, y a continuación cronometrar 50 yardas nadadas con el máximo esfuerzo.
3. Continuar de esta forma durante una hora, hasta que se hayan nadado 4 × 400 y 4 × 50.

El método «fartlek» y todos los demás métodos de que tratamos pueden también aplicarse a la preparación en el tablero de batir o a la tracción con los pies atados o suspendidos. La cualidad principal desarrollada por este método es el aguante (resistencia), pero también desarrolla algo de velocidad, lo que depende de la cantidad de tandas de velocidad que se insertan en las sesiones de preparación. La resistencia cardiorrespiratoria del nadador es influida favorablemente por este tipo de preparación. También se produce un incremento en la capilarización (número de capilares funcionales) de los músculos.

Este tipo de preparación puede practicarse extensivamente por los que se dedican a las medias y las largas distancias al inicio de la temporada y aun quizá por los velocistas.

Preparación de la superdistancia

Como el nombre indica el nadador se entrena en grandes distancias, más largas que la prueba del concurso para el cual se prepara y, naturalmente, a velocidad inferior que la que ejecutaría durante la verdadera carrera. Si, por ejemplo, se está preparando para una competición de 200 metros y nada de continuo 1.500 metros (cronometrados o sin cronometrar), o si nada series repetidas tales como 4×400, puede considerarse que practica este método.

Sin embargo, no puede darse por sentado que el nadador estará siempre nadando estas distancias lentamente. Puede, posiblemente, nadarlas con un esfuerzo a darlo todo o en una prueba contra el reloj. La finalidad de estos esfuerzos prolongados es triple: 1) incrementar el aguante y la resistencia y, como se ha mencionado en el caso del método «fartlek», la resistencia cardiorrespiratoria, e incrementar el número de capilares funcionales en los músculos activos; 2) permitir que el nadador nade a una cadencia constante, quizá algo más lenta que la de la carrera, a fin de que se concentre en la mecánica de los movimientos, y 3) desarrollar mayor confianza, basada en la teoría de que una persona, que de vez en cuando realiza esfuerzos superiores a la distancia de la carrera, se sentirá más capaz de enfrentarse con una distancia más corta.

La preparación de la superdistancia debe llevarse a término en los inicios de la temporada y, en grado menor, a lo largo de toda ella. Desgraciadamente, después que fueron conocidas la preparación a intervalos y la preparación de repetición, muchos preparadores negligieron este tipo de entrenamientos, particularmente en los programas de los grupos de edades distintas. Los métodos de preparación «fartlek» y el de la superdistancia desarrollan la resistencia en forma de eficacia cardíaca de una manera más lenta que lo que hace la preparación a intervalos, pero la resistencia conseguida por el primero de los dos métodos es más sólida y de duración más prolongada.

Preparación a intervalos

Este método consiste en realizar una serie de nados repetidos a una distancia dada con una determinada cantidad de reposo controlado entre cada esfuerzo. Los intervalos de descanso son suficientemente largos para permitir una recuperación parcial (no completa) de los latidos del corazón. En la preparación a intervalos, el estimulante óptimo del sistema cardiovascular tiene lugar durante el tiempo de descanso, en cuyo momento el volumen de sangre bombeada por el corazón, en cada latido, se encuentra en su punto más elevado.

La distancia nadada en los repetidos trayectos nunca es más larga que la distancia para la que el nadador se está preparando. Una vez más, empleando como ejemplo el programa de un nadador de los 200 metros, nos encontraremos que, en sus sesiones de preparación a intervalos, nadará las siguientes distancias: 50, 100, 150 y 200 metros. Estos recorridos son casi siempre cronometrados, y se realiza un esfuerzo para mantener la velocidad constante en cada trayecto.

La preparación a intervalos puede ser dividida en dos tipos:

1. Preparación a intervalos lenta. Consiste en nadar trechos repetidos a velocidad inferior a la de la carrera con un corto descanso intermedio y recuperación incompleta de latido del corazón. El intervalo de descanso es, en tiempo, siempre más corto que el tiempo que se requiere para nadar la distancia.

El que sigue es un ejemplo de ejercicio de una preparación a intervalos lenta, practicado en 1963 por Kevin Berry (ganador del concurso de los 200 metros mariposa con el tiempo de 2:06,6 en la Olimpíada de 1964): 30×50 metros de nados de mariposa con 10 segundos de descanso entre cada esfuerzo. Promedio de tiempo en cada recorrido: 34,6 segundos. Este tiempo en los 50 es más lento que la cadencia que Berry empleó para establecer el récord del mundo en 2:06,6, en el cual su promedio fue :31,6. El promedio del latido de su corazón al final de un esfuerzo era medido en 178, y bajaba sólo a un nivel medio de 148 al final de los diez segundos de intervalo de reposo.

Este tipo de preparación a intervalos es practicado para desarrollar la reserva cardiovascular y no contribuye gran cosa en la velocidad del nadador. No sería recomendable para un nadador que se prepara para una competición de 100 metros, y probablemente no debería practicarse durante la fase final de la preparación de un nadador de 200 metros.

2. Preparación a intervalos rápida. Este método se diferencia del tipo de preparación acabada de debatir, en que permite inter-

valos de descanso más prolongados y, en consecuencia, una mayor recuperación de los latidos del corazón, así como una velocidad superior en los recorridos repetidos que se nadan.

La muestra del duro esfuerzo de la misma serie de repeticiones 30×50, practicada por Berry, cuando fue modificada unos pocos días después para pasar a una rutina de preparación a intervalos rápida, fue de 30×50 metros, con intervalos de reposo de 40 segundos. Promedio de tiempo: 31,2 segundos. Promedio de latido de corazón al final de cada nado repetido: 181; promedio del latido del corazón al fin del período del intervalo de reposo: 126. Puede notarse que por medio del aumento del período de reposo de 10 a 40 segundos, Berry podía sostener un promedio de velocidad (:31,2) más rápido que la velocidad media (:31,6), que logró cuando estableció el récord mundial. La superioridad evidente de este tipo rápido de preparación a intervalos sobre el tipo lento reside en que da mayor intensidad a la velocidad.

La preparación a intervalos rápida puede considerarse beneficiosa tanto para los músculos cardíacos como para los del esqueleto. Incrementa el aguante de los músculos del corazón y la resistencia de los músculos del esqueleto, estos últimos por su capacidad de soportar la acumulación de productos de fatiga y de operar anaerobiamente (sin oxígeno).

Preparación de repetición

La preparación de repetición consiste en nadar unas series repetidas de una longitud más corta y a una velocidad mayor que la que se nada en la carrera. El intervalo de descanso es suficientemente largo para permitir una recuperación casi total de los latidos del corazón y de ritmo respiratorio. La recuperación es tan completa que se gana poca adaptación fisiológica durante el intervalo de reposo, en la forma en que es descrita en la preparación a intervalos.

Al paso que la preparación a intervalos lenta favorece en primer lugar la resistencia y ejercicios del corazón, y la preparación a intervalos rápida pone en función más elementos de velocidad o trabajo muscular, la preparación de repetición va aún más allá en esta dirección, y en primer lugar se convierte en un ejercicio de agilización de los músculos con la cualidad de la resistencia subordinada a una segunda posición. Un ejemplo de la dura preparación de repetición practicada por Tom Stock en el verano de 1962, cuando estableció el récord del mundo en 2:10,9 para los 200 metros estilo espalda, es: 6×100 metros con un intervalo de reposo de cuatro a ocho minutos. El tiempo medio era de 64,4 segundos (más rápido que el promedio de su récord mundial de 200); el promedio de sus latidos después de cada nado repetido era de 186; el promedio de sus latidos después de cada intervalo de reposo, 99 (sus pulsaciones en reposo, en un estado básico, eran 64). Debe observarse que el latido del corazón de Stock no se aproxima al latido básico, aun cuando el intervalo de reposo ha sido alargado considerablemente. Es posible que los latidos del corazón permanezcan ligeramente elevados durante horas después de una dura labor de preparación. Este fenómeno se ha notado en Stock y en muchos otros nadadores preparados por quien esto escribe, de manera especial en los inicios de la preparación.

El intervalo de reposo debe ser suficientemente largo para que el nadador no sienta ninguna molestia aguda proveniente del esfuerzo del nado previo (por ejemplo, no debe experimentar dificultades respiratorias tales como jadear anhelosamente). Sus pulsaciones deben haber decrecido por debajo del nivel de 110-100, aunque posiblemente no siempre será posible conseguir rebajar este nivel. El intervalo de descanso debe ser por lo menos tres veces tan largo como el tiempo que se ha requerido para nadar la distancia. Esto puede mantenerse en los trechos repetidos más cortos (desde 50 a 200), pero no necesariamente en las repeticiones más largas (tales como 300, 400 o aún más). A medida que el nadador va progresivamente fatigándose, se le debe consentir un intervalo de reposo más prolongado.

El número de nados repetidos a una distancia dada, llevados a cabo en una sesión de preparación de repetición, normalmente serán menos que el número practicado en una sesión comparable de dura preparación a intervalos. De este modo, un nadador puede llevar a cabo una *tanda seguida* de 100 para una dura preparación a intervalos de 15×100 con un minuto de reposo; una pauta comparable o tanda seguida de 100 en un duro esfuerzo de preparación de repetición podría ser de 6 a 8×100, con un intervalo de reposo de tres a seis minutos.

En este tipo de entrenamiento el nadador no realiza esfuerzo de velocidad ni nada a darlo todo. No obstante, nada a velocidad rápida y controlada, que será determinada por la distancia que está nadando y la cadencia a la cual está intentando adaptar su cuerpo y su mente. A este respecto, este tipo de preparación puede ser considerado como trabajar la *cadencia* o el *movimiento*. El nadador con este tipo de preparación aprenderá cómo debe comportarse, tanto para control del tiempo como para ajustarse a la competición real.

Preparación de competiciones de velocidad (sprints)

La preparación de concursos de velocidad consiste en nadar recorridos con el máximo esfuerzo y al límite extremo de velocidad, tanto en unas series (6×50 a darlo todo y con un prolongado reposo) como en esfuerzos aislados (1×75, 1×50, 1×25). Estas rápidas carreras no deben de exceder los 100 metros, pues es dudoso que alguien pueda sostener el máximo de su velocidad toda esta distancia. Normalmente consiste en distancias de 25 y 50 yardas o metros.

Un descanso relativamente prolongado debe permitirse entre cada recorrido al máximo de velocidad. La recuperación del ritmo del corazón y de la respiración debe estar a un nivel aún más aproximado al nivel básico que el que se practicaba en la preparación de repetición. El nadador, en un recorrido a toda velocidad, no es capaz de inhalar oxígeno tan aprisa como lo consume, con el resultado que crea un «déficit de oxígeno». Cuando cesa de nadar debe reintegrar, a sus músculos y a su sangre, el oxígeno que les ha tomado prestado. A continuación del esfuerzo de la veloz carrera sentirá alguna dificultad respiratoria y jadeará anhelosamente por un rato. Este período de angustia explica, sin duda, la expresión «carreras de viento» que frecuentemente se aplica a este tipo de preparación.

Una de las más destacadas diferencias entre una carrera de velocidad y una carrera de fondo es la de que, en el concurso de velocidad, el nadador efectúa la mayor parte del recorrido creando deuda de oxígeno (consumiendo oxígeno en una proporción más rápida del que puede inhalar), mientras que en una competición de distancia actúa sobre la base de «paga lo que consumes», alcanzando la zona de déficit de oxígeno solamente al fin, cuando efectúa el esfuerzo de velocidad final. Siendo esto así, el velocista debe adaptar su cuerpo para que tolere niveles elevados de deuda de oxígeno, mientras que el nadador de distancia lo debe adaptar a que absorba grandes cantidades de oxígeno durante el nado efectivo.

La preparación de concursos de velocidad puede también ser considerada, junto con los ejercicios en seco, como el método mejor para desarrollar la potencia de los músculos del nadador. El aumento de resistencia producida por la incrementada velocidad de los movimientos sirve como estimulante para producir hipertrofia (incremento en tamaño) y un consiguiente incremento de la fuerza muscular. En igualdad de circunstancias, los nadadores de un programa de preparación de velocidad tendrán los músculos más potentes que los nadadores de programas de preparación de largas distancias, pero sus músculos serán de poco valor para nados de resistencia. Aun cuando los programas de todos los nadadores de competición, prescindiendo de la distancia para la que se preparan, deben incluir ejercicios de velocidad, un uso indiscriminado o excesivo de ellos puede producir fatiga excesiva, y también llevar como consecuencia una deficiente mecánica de movimientos. La intensificación de las prácticas de velocidad debe realizarse cuando el programa de preparación se halla ya en fase avanzada; muy poca cosa debe practicarse en las semanas iniciales.

Definición y descripción de las tandas de nados repetidos

La expresión «tandas de nados repetidos» se refiere a la serie de esfuerzos de nado, de batir o de tracción, llevados a cabo durante una sesión de trabajo duro. Ya se ha dado una descripción de la forma en que una tanda de repeticiones debe practicarse en los distintos métodos de preparación (preparación a intervalos, de repetición, y preparación de velocidad). El grado de esfuerzo que un nadador pone en cada nado repetido puede ser mantenido constante, aumentando, disminuido, o variado en una combinación de estos métodos. Al igual que un método de preparación no debe ser empleado exclusivamente a lo largo de la temporada para preparar a un nadador, tampoco debe emplearse exclusivamente una sola tanda de nados repetidos. Aunque la mayor parte de la preparación quedará limitada a «tandas seguidas» o «tandas progresivas», hay períodos en que es deseable el empleo de otro tipo de tandas.

TANDAS SEGUIDAS DE REPETICIONES. — Cuando se efectúan tandas seguidas de nados repetidos (tales como 10×100 con aproximadamente un minuto de descanso entre cada una y realizando cada una en 56 segundos), el nadador está intentando mantener relativamente constante el tiempo de cada nado repetido, así como el intervalo de descanso. Esto significará que, a medida que avanza en la tanda y se siente cansado, deberá ejercer un esfuerzo mayor a efectos de mantener una velocidad constante. Este tipo de tanda es la piedra angular de muchos programas de preparación, particularmente en la fase de preparación a intervalos. Después de las primeras repeticiones iniciales, el latido del corazón puede alcanzar un nivel de sólo 150 a 160. A medida que la tanda avanza y el nadador se siente más fatigado, la proporción de sus latidos de corazón será más elevada después de la repetición, hasta el punto de que, después de la última, puede alcanzar un nivel de 170 a 180. Es provechoso ejercitar este tipo de prácticas como un medio de estímulo y para comprobación de la mejora en la puesta a punto.

REPETICIONES EN DISTANCIAS DECRECIENTES. — Recientes experimentos llevados a cabo con nadadores en la Universidad de Indiana y también con corredores en Alemania, nos han mostrado que un método de preparación todavía relativamente por explotar puede proporcionar nuevas oportunidades para mejorar la puesta a punto de nuestros atletas. Este método está basado en efectuar una tanda de esfuerzos repetidos, corriendo o nadando, en los que, a medida que la tanda avanza, la distancia del esfuerzo repetido es disminuido al mismo tiempo que la velocidad de la repetición es aumentada (Tabla 8-1). Este tipo de tandas puede llevarse a cabo como preparación a intervalos (con un corto descanso y una recuperación de latidos del corazón incompleta) o como preparación de repetición (con un descanso prolongado y una casi completa recuperación de los latidos del corazón).

Tales tandas han resultado ser superiores cuando fueron practicadas como una forma de preparación de repetición, pero el método se halla todavía en fase de experimentación, como una forma de preparación a intervalos.

Sigue un ejemplo de este tipo de tandas de repeticiones tal como fue efectuado por un buen nadador de distancia. Al efectuar cada nado repetido, es registrado el tiempo *de paso* del nadador (a la distancia del mejor nado repetido). Cuando realiza el siguiente nado repetido, trata de superar este tiempo:

	Intervalo de descanso	Distancia	Tiempo	Parciales al paso
1.ª repetición		500 yardas	5:10	400 al paso era 4:06
2.ª repetición	6-12 min.	400 yardas	4:00	300 al paso era 3:01
3.ª repetición	5-10 min.	300 yardas	2:59	200 al paso era 1:57
4.ª repetición	4-8 min.	200 yardas	1:55	100 al paso era :55
5.ª repetición	3-6 min.	100 yardas	:53	

Nosotros utilizamos la precedente tanda como modelo de repeticiones de distancias decrecientes para nuestros nadadores de fondo; una de estas tandas es puesta en práctica una vez a la semana, o aun dos veces, durante la fase de entrenamiento fuerte. También se practican las tandas seguidas, por parte de los velocistas y por los nadadores de medio fondo, y figuran descritas en la Tabla 8-5.

También hemos ensayado invertir el procedimiento y hemos empezado por las distancias más cortas y alargando cada vez la distancia subsiguiente. Este método ha sido abandonado por muchas razones: primera, no atrae a los nadadores y, siendo así, sicológicamente parecía ser un método de poco valor (es decir, se nadaba más lentamente conforme avanzaba la tanda); segundo, el tiempo total acumulado en la tanda era más lento; tercero, las pulsaciones y el déficit de oxígeno eran superiores al inicio de la tanda. Cuando al tiempo que la tanda avanza, los trechos son acortados y la energía incrementada, hay un firme incremento de tensión y el latir del corazón y el débito de oxígeno aumentan en cada tanda; esta clase de distribución de tensión parece fisiológicamente más profunda que la otra. Ciertamente, es necesaria más investigación en esta área antes que puedan tomarse decisiones correctas acerca de la valía de este tipo de repeticiones.

TABLA 8-1. Ejemplos de tandas de repeticiones de distancias decrecientes

Dist.	Int. Desc.	Dist.	Int. Desc.	Dist.	Int. Desc.	Dist.	Int. Desc.	Dist.	Categoría de nadadores
150	3-6 min.	100	3-6 min.	75	3-6 mín.	50			Velocistas & medio fondo
200	4-8 min.	150	3-6 min.	100	3-6 min.	75	3-6 min.	50	Velocistas & medio fondo
300	5-10 min.	200	4-8 min.	150	3-6 min.	100	3-6 min.	50	Velocistas & medio fondo
400	5-10 min.	300	4-8 min.	200	3-6 min.	150	3-6 min.	100	Medio Fondo
500	6-12 min.	400	5-10 min.	300	4-8 min.	200	3-6 min.	100	Medio Fondo
800	6-12 min.	500	6-12 min.	400	5-10 min.	300	4-8 min.	200	Fondo
1.650	10-20 min.	800	6-12 min.	400	5-10 min.	200			Fondo

Simuladores. — En el examen de la preparación a intervalos se ha mostrado cómo el nadador intenta incrementar el latir de su corazón a un nivel dado (160-170) y cómo, durante el corto intervalo de reposo entre las repeticiones, baja a un nivel de 120-150. El descenso del ritmo cardíaco está condicionado por la duración del intervalo de reposo, por la intensidad de las repeticiones anteriores y por el estado de la puesta a punto del nadador. La preparación de repetición incrementa la intensidad del esfuerzo en las repeticiones y, como consecuencia, alcanza mayor número de pulsaciones (170-180). En la preparación de repetición, el subsiguiente intervalo de reposo es más prolongado y la recuperación del corazón más completa.

Un tipo de preparación presentada en la Universidad de Indiana en 1964, que se aparta un tanto de estos métodos pero que también utiliza como guía el aumento de pulsaciones y la recuperación, es el *simulador*. Durante algún tiempo yo he notado que, ni las técnicas de la preparación a intervalos ni las de repetición, traducían la tensión fisiológica con que el nadador lucha en competiciones, en grado suficientemente próximo para llevarle a la puesta a punto precisa deseada por él. Los nados de verdadero esfuerzo máximo en la distancia contra el reloj pueden hacerlo, pero demasiado a menudo esfuerzos del 100 por ciento (especialmente sobre la distancia de 200 yardas o más) agotan al nadador y no son sicológicamente convenientes para él.

Si en un punto de los ejercicios, los latidos del corazón del nadador pueden ser elevados al nivel que alcanzarán en la carrera y se puede entonces permitir un descanso periódico lo suficientemente largo para reintegrar alguna parte del déficit de oxígeno y permitir que los latidos del corazón se recuperen ligeramente (quizá desde 180 a 170) y luego seguir nadando, el nadador puede casi

TABLA 8-2. Ejemplos de simuladores

Simulador Distancia Total	1.er Seg.	Int. Desc.	2.º Seg.	Int. Desc.	3.er Seg.	Int. Desc.	4.º Seg.	Int. Desc.	5.º Seg.
100	50	5 seg.	25	5 seg.	25				
100	75	5 seg.	25						
200	100	5 seg.	50	5 seg.	25	5 seg.	25		
200	125	5 seg.	50	5 seg.	25				
400	200	10 seg.	100	5 seg.	50	5 seg.	50		
400	250	10 seg.	100	5 seg.	50				
500	200	10 seg.	100	5 seg.	100	5 seg.	50	5 seg.	50
500	250	10 seg.	100	5 seg.	100	5 seg.	50		
800	400	15 seg.	200	10 seg.	100	5 seg.	100		
800	300	15 seg.	200	10 seg.	150	10 seg.	100	5 seg.	50
1500	600	15 seg.	400	10 seg.	200	10 seg.	200	10 seg.	100
1500	500	15 seg.	400	10 seg.	300	10 seg.	200	5 seg.	100

duplicar la tensión que hallará en la carrera. Este método podría no ser tan agotador como una prueba a darlo todo. Un ejemplo de este tipo para un mariposista que nada las 200 yardas de mariposa en 1:51 podría ser como sigue: nadar 100 yardas saliendo de zambullida en el tiempo que se propone hacer la carrera (:53,0 segundos); cinco segundos de descanso y, en seguida, nadar 50 mariposa en 29 segundos; descanso 5 segundos, y a continuación 25 mariposa en :13,5; 5 segundos de descanso y luego otras 25 en 13,5. El total de tiempo nadado es de 1:49,0 con un tiempo transcurrido total de 2:04. Si a ambos extremos de la piscina hay relojes de cadencia, el nadador se puede cronometrar a sí mismo. Tomando la salida en los 45, deja anulados sus tiempos de descanso y puede leer directamente en el reloj sus tiempos de nado totales. A este respecto es algo parecido a una tanda de nados repetidos partidos.

Las siguientes consideraciones son muy importantes en el empleo de simuladores: 1) El descanso no debe ser suficientemente largo para permitir que las pulsaciones bajen más de 15 latidos. Nosotros nunca permitimos más de 15 segundos de reposo o menos de 5. 2) La distancia de cada sucesivo segmento del simulador es más corta que el segmento precedente o se mantiene igual. 3) El primer segmento del simulador debe ser aproximadamente la mitad de la distancia total de la carrera. Esto es sólo aplicable a carreras de 400 metros o más cortas. En el caso de carreras más largas pueden utilizarse segmentos más pequeños (por ejemplo, para 1.500, el primer segmento puede ser 500). 4) El total de tiempo de nado transcurrido debe aproximarse o mejorar el mejor que el nadador invertirá para efectuar esta prueba en la competición.

Próximo al final del simulador, el nadador puede tener que nadar 25 m., porque esta distancia se adapta a una piscina pequeña. Se pueden practicar simuladores en piscinas de 50 metros eliminando los 25 m. u ordenando al nadador que se detenga a mitad de la piscina y luego impulsarse del fondo para nadar los siguientes 25.

Los errores cometidos por los nadadores en la cadencia de sus carreras tienen lugar más comúnmente en la primera mitad de la competición. Si un mariposista desea aprender cómo llevar la cadencia a un tiempo de 53 segundos para las primeras 100 yardas, en su paso para las 200 debe practicarse nadando aisladamente 100 yardas en este tiempo. La experiencia nos ha enseñado que este tipo de práctica puede ayudarnos un tanto, pero que unos 100 aislados no son lo mismo que unos 100 en el transcurso de una competición más larga. Por medio de la práctica de simuladores, en los cuales el nadador sabe que tendrá un corto descanso antes de que deba continuar, puede aproximarse a crear un acercamiento tanto mental como físico (o fisiológico) a lo que quiere hacer en la carrera. *Excepción hecha de la propia carrera, los simuladores son el método mejor para que los nadadores aprendan la cadencia.* A este respecto son aún superiores a las prácticas contra el reloj. Los ejercicios de simuladores deben realizarse con precaución similar a la que se tiene con la práctica de pruebas a darlo todo contra el reloj; tienen que llevarse a cabo con cierto respeto. Existe la posibilidad de que su práctica continuada causase fatiga excesiva. Puede dársele entrada en el programa de preparación después que el nadador ha logrado una puesta a punto básica; por esta razón encajan mejor en las fases de preparación dura y de afinación de la marcha del entrenamiento.

TANDA ALTERNA. — Cuando se practica una tanda alternada de repeticiones, ni la distancia ni los intervalos de descanso se mantienen constantes. Cuando Kevin Berry se preparaba para establecer en febrero de 1964 el récord del mundo de los 200 metros mariposa en 2:06,9, una tanda alternada preferida consistió para él en nadar las distancias e intervalos de descanso siguientes:

Nado	400	300	200	100	50	100	200	300	400
Interv. de descanso en minutos	5	3	2	1	1	2	3	5	

Otra clase de tanda alternada, tal como la practican frecuentemente en la Universidad de Indiana los nadadores de fondo, es como sigue:

1.	1 × 800 metros	5	minutos descanso
2.	2 × 400 metros	5	minutos descanso
3.	3 × 200 metros	3	minutos descanso
4.	4 × 100 metros	1 ½	minuto descanso

Esta variación permite al nadador escapar de la alta presión de las tandas seguidas. Estas tandas pueden variar en series casi ilimitadas. Le da variedad de cadencias y pueden ayudar a impedir el que la velocidad del nado caiga en un acompasamiento de movimientos rutinarios. Esta tanda de repeticiones no debe ser confundida con la tanda de repeticiones decrecientes debatida anteriormente.

TANDA PROGRESIVA. — En esta clase de tandas, la distancia es mantenida constante; el nadador sale a una velocidad controlalada, y nadará progresivamente más rápido en cada repetición. A efectos de conseguirlo, debe ejercer un esfuerzo perceptiblemente mayor en cada nado repetido. Un ejemplo de esta tanda puede ser empezar 10×100, con aproximadamente un minuto de descanso entre cada uno, nadando los primeros 100 en 1 minuto, y bajando uniformemente hasta la última repetición, efectuada en 53 segundos.

Además de producir al nadador un buen efecto sicológico, este tipo de tandas puede también ser fisiológicamente un tanto mejor que las tandas seguidas. Permite que el nadador empiece a un nivel de esfuerzo y tensión física relativamente bajos y que acabe con casi el máximo de tensión.

El defecto inherente a este tipo de tandas es que el nadador ejecutará sus primeras repeticiones tan lentamente que no le proporcionarán suficiente tensión para que su puesta a punto sea afectada. El preparador y el nadador deben establecer metas razonablemente duras de alcanzar en lo que concierne a tiempos para evitar esta circunstancia. En esta clase de tandas no es importante que el intervalo de descanso se mantenga constante. A medida que el nadador se sienta más fatigado del progresivo aumento de esfuerzo, se prolongará su recuperación entre las repeticiones. No obstante, el nadador puede desear mantener constantemente el período de reposo, a efectos de poder regularizar la tanda. Es decir, puede nadar cada vez una tanda progresiva similar, y de este modo utiliza la tanda como prueba de su puesta a punto.

Un ejemplo de una tanda progresiva de 8×200 metros de nado con un intervalo de descanso aproximadamente de 5 minutos, como lo practicaba Don Schollander al prepararse para los Juegos Olímpicos de 1964, es como sigue:

Número de repeticiones	1	2	3	4	5	6	7	8
Tiempo por 200 metros	2:16,7	2:14,1	2:11,6	2:10,0	2:10,1	2:09,0	2:08,2	2:06,7

TANDA REGRESIVA. — Las tandas de nados regresivos repetidos, en los que adrede el nadador nada más lentamente en cada sucesiva repetición, probablemente surten efectos sicológicos dañosos, así como ayudan poco fisiológicamente. Cada sucesiva repetición de un nadador de deficiente preparación puede ser más lenta, pero esta reducción de velocidad se debe a fatiga, lo que en absoluto es lo que se pretende.

TANDA PROGRESIVA-REGRESIVA ALTERNA. — Un método recreativo y exigente de nadar unas series de repeticiones, especialmente en distancias cortas (tales como 20×50), es la de hacer que el nadador realice una tanda de repeticiones alternas progresivas-regresivas. En tal tanda el nadador intentará incrementar progresivamente su velocidad en un accidental número de repeticiones y disminuirla en un número igual. Esta clase de práctica imprime variedad al esfuerzo y permite que el nadador aprenda un poco acerca de la cadencia. Le enseña el *cambio de marchas,* es decir, a nadar a velocidades diversas. No obstante, no debe practicarse demasiado a menudo, ya que probablemente no pone en uso el factor de la tensión fisiológica, que es lo bastante inmutable como para llevar al nadador a la puesta a punto óptima. Sin embargo, es conveniente, cuando los nadadores están un poco cansados, tanto para la tanda directa como la progresiva. A quien esto escribe le agrada practicar con su equipo esta clase de tandas durante el período de afincamiento, o como ha sido mencionado, cuando desea dar a sus nadadores una variación a los normales esfuerzos de rutina.

TANDA LENTA-RÁPIDA ALTERNA. — Cuando se nada este tipo de tanda, el nadador debe alternar una repetición dura y rápida con otra lenta y cómoda. Tales tandas se practican extensamente en atletismo. La repetición lenta puede nadarse con o sin toma de tiempo, y se ejecuta especialmente para ayudar a la recuperación. Este tipo de tanda no ha sido popular entre la mayoría de preparadores y de nadadores, y su práctica ha quedado confinada a los inicios de la temporada, para descansar a los nadadores cuando están cansados y también durante el período de afinación.

TANDA PARTIDA. — Esta es una tanda muy interesante y un método de preparación fuertemente estimulante. En ella el nadador solamente nadará un pequeño número de nados repetidos, algo así como de 4 a 8×50, utilizando un intervalo de descanso corto de 10 a 30 segundos, pero manteniendo la velocidad de estos nados a velocidad más rápida que la de la cadencia. Después de haber ejecutado esta tanda, el nadador se tomará un largo descanso, y a continuación nadará otra tanda. Una aplicación de este tipo de rutina, como la practicaba Dick Roth, campeón olímpico de los 400 metros estilo individual (1964) en 4:54,4, es como sigue: nadar 8×50 en secuencia de estilos individual (2×50 mariposa, 2×50 espalda, 2×50 braza, y 2×50 libre), con un intervalo de descanso de 10 segundos y con sólo tomar un registro del tiempo verdadero nadado (una descripción más detallada de este método puede hallarse en la página 301). Repetir estas series tres veces, concediendo un descanso adecuado (de 5 a 8 minutos) entre cada serie. Los tiempos de Roth eran 4:45, 4:42, 4:41, todos los cuales eran tan rápidos o mejores que su récord mundial.

Este tipo de rutina puede también ser adaptado a las exigencias de los velocistas (de 4 a 8×25, intervalo de descanso de 10 segundos), la de los especialistas de 200 metros (de 4 a 6×50, intervalo de descanso de 15 segundos), y así sucesivamente.

Esta tanda evidentemente combina la preparación a intervalos y la de repetición. A la vez que parece ser más una forma de preparación a intervalos que de repetición, en razón del corto intervalo de descanso entre cada repetición, aun así se adapta mejor a los dogmas de la preparación de repetición, puesto que la intensidad o velocidad del nado es tan elevada (más rápida que la velocidad real de la carrera) y en vista de que se permite una recuperación casi completa entre cada tanda de repeticiones. El corto descanso entre cada rápido nado repetido permite que el nadador reintegre parte de su deuda de oxígeno y también permite que los latidos del corazón vuelvan casi a ser normales. Este tipo de preparación puede ser considerada como trabajo tanto de velocidad como de resistencia, y quizá estimule los verdaderos estados de tensión que el nadador encontrará en la carrera mejor que ningún otro tipo de preparación, a excepción de las pruebas contra el reloj o la propia competición.

Pruebas contra reloj y carreras de competición

Partes importantes del programa de preparación del nadador son las pruebas contra el reloj y las pruebas verdaderas en que se empeña a fin de preparar sus actuaciones. Estos esfuerzos proporcionan al nadador la oportunidad de averiguar cómo efectuará la competición. Será de importancia nula si repetidamente comete los mismos errores. En un cierto grado permiten ensayos tan diversos como cadencia, normas de respiración y virajes. No obstante, su fin no es el servir de medio para probar cada «idea descabelldaa» que pasa por la imaginación del nadador.

Según Nikolai Kriukiv (13), secretario de la Federación Rusa de Natación, los rusos, sobre la base de la investigación en esta área, creen que el nadador debe nadar, o bien contra reloj o bien en carrera, por lo menos de 10 a 12 veces durante los últimos tres meses de preparación. Solamente de esta manera puede firmemente contar en nadar su mejor posible carrera en lo que concierne a cadencia.

(13) Entrevista con el autor en febrero de 1964.

La práctica de esfuerzos a darlo todo (distintos de cortas carreras de velocidad) bien como pruebas contra reloj o verdaderas carreras, deben, no obstante, ser discretas. Los esfuerzos máximos, como rutina de preparación diaria, pueden ser perjudiciales, resultando de ellos un agotamiento de lo que Hans Selye (14) llama *adecuación de energía.* Cuando científicos austríacos en un programa de preparación diaria sometieron a unos cobayos a unos ejercicios diarios de máximos esfuerzos prolongados (nadar y correr fueron las actividades que ensayaron), pronto mostraron signos de agotamiento y a los pocos días sus niveles de actuación bajaron impetuosamente (15). Muchos preparadores y nadadores encuentran que este fenómeno también se presenta en los humanos cuando se ponen en práctica esfuerzos de condición demasiado elevada o próxima al límite de las posibilidades.

FORMULACION DE ALGUNOS PRINCIPIOS DE PREPARACION

Sobre la base de los varios tipos de métodos de preparación que el instructor puede señalar al nadador, se pueden hacer determinadas adaptaciones fisiológicas y el nadador avanza en su «puesta a punto». El concepto generalmente mantenido de que la preparación a intervalos desarrolla exclusivamente resistencia, que la preparación de velocidad desarrolla exclusivamente velocidad, y que la preparación de repetición desarrolla parte de ambas es, una vez más, una supersimplificación de la verdadera situación. Un nadador que se prepare en solamente cortas carreras de velocidad no será capaz de nadar una milla tan aprisa como una persona de las mismas facultades que está entrenada con los métodos de la preparación a intervalos, pero ciertamente podrá nadar una milla más aprisa que una persona de iguales facultades que no haya efectuado preparación de ninguna clase. La preparación a intervalos y el «fartlek» desarrollan en primer lugar la resistencia, pero también algunos elementos de velocidad; en la preparación de velocidad lo cierto es el caso inverso. La Figura 8-1 procura transmitir el concepto con que los varios métodos contribuyen en diverso grado a la velocidad y a la resistencia.

(14) Hans Selye, M.D., *Stress of Life* (Nueva York: McGraw-Hill Book Co., 1956), págs. 65-66.

(15) Ludwig Prokop, «Adrenals and Sport», *The Journal of Sports Medicine and Physical Fitness,* III, núms. 2-3 (junio-setiembre 1963), 117.

PREPARACION DE VELOCIDAD: 6×50 en esfuerzo a darlo todo. Intervalo de descanso: 5 min. Pulsaciones máximas: 185-190, recuperación a menos de 95. Promedio de tiempo: :22,5.

PREPARACION DE REPETICION: 6×100 en esfuerzo al 90-95 por ciento. Intervalo de descanso: 3-7 min. Pulsaciones máximas: 180-185, recuperación a menos de 100. Promedio de tiempo: :51-:52.

PREPARACION DE INTERVALOS RAPIDOS: 15×100 en esfuerzo al 85-90 por ciento. Intervalo de descanso: 1 min. Pulsaciones máximas: 175-180, recuperación de 120-140. Promedio de tiempo: :55-:56.

PREPARACION DE INTERVALOS LENTOS: 20×100 en esfuerzo al 80-85. Intervalo de descanso: 15-30 min. Pulsaciones máximas: 170-180, recuperación de 150-160. Promedio de tiempo: :62.

PREPARACION «FARTLEK»: Alternar el nado durante una milla en lento-rápido. Pulsaciones máximas: 170-180. Pulsaciones mínimas: 130.

NADO MARATHON: Nadar continuadamente a velocidad moderada. Promedio de pulsaciones: 140-155.

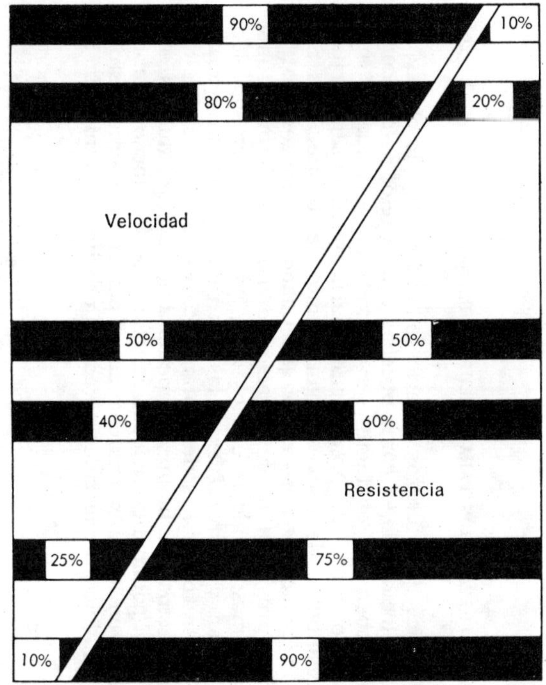

FIG. 8-1. Aportación media relativa a la velocidad y a la resistencia de los varios métodos de preparación

Muchos cambios fisiológicos tienen lugar como resultado de estos diferentes tipos de preparación, siendo algunos imperceptibles y otros aparentes. Existe controversia acerca de muchos de los procedimientos relacionados con la preparación, y el área de adaptación fisiológica no es una excepción. Muchas de estas adaptaciones no serán discutidas detalladamente, ya que no son de interés general. Donde se considere que pueda conseguirse una mejor comprensión de los conceptos de preparación, será tenido en cuenta (ver el Capítulo 13, sobre los principios generales de la preparación).

Prescindiendo de cualquier método de preparación o combinación de métodos que el nadador practique en un momento dado, hay ciertas cuestiones que deben ser respondidas. La preparación a intervalos y la de repetición, presentan al nadador más interrogantes que no lo hacen los otros métodos. Las cuestiones planteadas anteriormente en este debate fueron representadas por la palabra DIRT: distancia que debía repetirse, intervalo de descanso, número de repeticiones y tiempo requerido para nadar la distancia. A esta lista de cuestiones deben añadirse otras dos: qué debe hacerse durante el intervalo de descanso (nadar suavemente, salir del agua y descansar, o reposar en el agua), y cómo pueden combinarse los diversos métodos de manera que se consiga a debido tiempo el máximo de resultado.

La distancia a repetir

La distancia de los nados repetidos que deben llevarse a cabo, bien en la preparación a intervalos, bien en la preparación de repetición, debe generalmente ser menor o la misma que la distancia para la que el nadador se está preparando. En ambas, en la preparación a intervalos y en la de repetición, los nados deben llevarse a cabo a mayor velocidad o a una cercana a la de la carrera. Si la distancia nadada es mucho más larga que la de la carrera, el nadador deberá nadar a una velocidad considerablemente más lenta. Al mismo tiempo que alguna combinación de superdistancia, son convenientes ejercicios de preparación a intervalos (tales como, para un nadador de 200 yardas, nadar 4×440 yardas). especialmente al inicio de la temporada, pues contribuye un poco a la velocidad del nadador sobre distancia corta.

Las distancias que siguen son recomendadas para prácticas con la preparación a intervalos y de repetición.

TABLA 8-3. Resumen del número total de las varias repeticiones y distancias nadadas, batidas y fraccionadas por Mike Troy en un año de preparación, 1959-60 *

Nados	25 yardas	50 yardas	100 yardas	220 yardas	440 yardas	880 yardas
Noviembre	86	252	29	7	6	0
Diciembre	32	214	43	6	7	1
Enero	26	289	76	19	9	2
Febrero	173	434	79	14	5	0
Marzo	38	384	72	19	13	1
Abril	0	25	2	3	1	0
Mayo	1	112	29	6	26	4
Junio	12	491	180	43	42	8
Julio	150	403	98	56	31	3
Agosto	61	226	55	23	16	1
Totales	379	2.831	663	196	156	20

Batido (tabla de batir)

	25 yardas	50 yardas	100 yardas	220 yardas	440 yardas
Noviembre	20	41	11	0	5
Diciembre	6	30	17	0	4
Enero	6	33	30	4	4
Febrero	0	45	40	4	2
Marzo	0	31	17	2	3
Abril	0	0	1	0	0
Mayo	0	10	8	0	8
Junio	0	58	46	3	9
Julio	16	58	32	9	4
Agosto	0	10	24	2	1
Totales	48	316	226	24	39

* En este resumen sólo hay incluidos los duros ejercicios de la preparación a intervalos. No se incluyen los largos nadados pero no cronometrados.

Tracción (con un tubo de cámara de siete pulgadas arrollado en los tobillos)

	25 yardas	50 yardas	100 yardas	220 yardas	440 yardas
Noviembre	20	39	11	0	2
Diciembre	6	33	17	0	2
Enero	6	34	30	4	1
Febrero	8	44	41	4	2
Marzo	0	28	15	2	2
Abril	0	0	0	0	0
Mayo	0	10	8	0	8
Junio	0	58	47	3	9
Julio	6	58	27	9	5
Agosto	0	10	16	2	1
Totales	46	314	212	24	32

TOTAL DE MILLAS *

	Millas nadadas	Batidas	Traccionadas	Total
Invierno	162,1	53,4	49,0	264,5
Verano	170,0	51,0	45,5	266,5
Totales	332,1	104,4	94,5	531,0

* El total de millas, no únicamente los largos que fueron cronometrados.

	Distancias a entrenar en
Velocistas (preparándose para concursos de 50 y 100 yardas)	25, 50, 75, 100
Medio fondo (preparándose para concursos de 100 y 200 yardas)	25, 50, 75, 100, 150, 200
Nadadores de fondo (preparándose para concursos de 200-250 y 1.650 yardas)	25, 50, 100, 200, 400, 800, 1.500

Las repeticiones de superdistancia contribuyen a la resistencia del nadador y, al mismo tiempo que le ayudan sicológicamente a darle confianza para una distancia más corta, pueden practicarse con discreción durante la fase final de la preparación del nadador para los grandes encuentros. No puede ser sustituida por repeticiones inferiores a la distancia. La Tabla 8-3 pone a la vista el número de repeticiones de 25, 50, 100, 220, 440, 880 yardas efectuadas por Mike Troy en un período de 12 meses, precisamente antes de ganar las eliminatorias olímpicas y también el campeonato olímpico del concurso de los 200 metros mariposa. Aproximadamente el 60 por ciento de estas repeticiones fueron nadadas practicando la mariposa; el otro 40 por ciento, en estilo libre. De esta tabla puede deducirse que en el caso de Troy se puso la máxima intensidad en las 50, 100 y 200 yardas.

El intervalo de descanso entre los nados repetidos

La duración del intervalo de descanso de los nados repetidos depende de la cualidad que trata de desarrollar el nadador. En un plan de investigación llevado a cabo en la Universidad de Indiana se dieron a realizar los mismos ejercicios a tres grupos de nadadores, por un período de cinco semanas, con intervalos varios de descanso entre los nados. Estos ejercicios eran como sigue: lunes, 20×50; martes, 10×100; miércoles, 5×200, jueves, 10×100; viernes, 20×50. A cada grupo se le asignó intervalos de descanso distintos, en la forma que se señala a continuación:

	Descansos entre		
	50 yardas	100 yardas	200 yardas
Grupo A:			
Grupo de descanso corto	10	30	60
Grupo B:			
Grupo de descanso medio	30	60	2:00
Grupo C:			
Grupo de descanso prolongado	60	2:00	4:00

Todos los grupos fueron cronometrados sobre las distancias de 50, 100, 200 y 400 yardas al inicio y al final del experimento. Las mejoras en tiempos en las varias distancias están clasificadas en el detalle siguiente:

		400	200	100	50
Clasificados en orden	1	A	C & B	C	C
de la mejora en los	2	B	C & B	B	B
tiempos	3	C	A	A	A

Los resultados de este experimento, más la experiencia práctica de ejercicios durante la preparación a intervalos y la preparación de repetición, parece permitir formular las conclusiones siguientes: *Cuando el intervalo de descanso es acortado y la clase de la repetición reducida, hay una transferencia del desarrollo de la velocidad hacia el desarrollo de la resistencia. Cuando el intervalo de descanso es alargado* (dentro de límites razonables, puesto que un período de descanso demasiado largo puede ser perjudicial a efectos de desentumecimiento y otros ajustes del cuerpo para el ejercicio), *la calidad de los nados repetidos puede mejorarse, y con esto es posible intensificar el desarrollo de la velocidad.*

Sigue un detalle con sugerencias de intervalos de descanso para varias distancias al practicar la preparación a intervalos lentos, o la preparación a intervalos rápidos, y la preparación de repetición.

	Preparación a intervalos lentos	Preparación a intervalos rápidos	Preparación de repetición
50 yardas	10-20 segundos	25-1:30	1:45-para arriba
100 yardas	10-45 segundos	50-2:30	3:00-para arriba
200 yardas	30-60 segundos	1:30-3:00	3:30-para arriba
400 yardas	30-120 segundos	2:30-5:00	6:00-para arriba

El número de nados repetidos

El número de nados repetidos realizados por un nadador en una dura sesión de ejercicios, depende de diversos factores, incluyendo el tiempo disponible y el concurso para el que se está preparando. No obstante, hay algunos principios generales que pueden guiar al preparador a establecer las tandas de repeticiones seguidas o alternas a efectuar en una sesión.

Cuanto más corta sea la carrera para la que el nadador se está preparando, menos será el número de repeticiones que debe nadar a una distancia dada. Por ejemplo, cuando se practica la preparación a intervalos, si se trata de un fondista puede realizar 20×100, los otros 15×100 y los velocistas 10×100.

Cuanto más rápidas se naden las series de repeticiones, menor deberá ser el número de las mismas; por ejemplo, al practicar el método de preparación a intervalos con un breve descanso de un minuto y de baja calidad (60 segundos por 100 yardas), el nadador, que es un especialista de 200, puede que vaya a 15×100. Si estuviera practicando el método de preparación de repetición, puede que sólo vaya a 8×100 un prolongado descanso de tres minutos, pero nadará cada trecho en 55 segundos o más aprisa.

Es una buena política establecer tandas seguidas de repeticiones para preparación de intervalos lentos, para preparación a intervalos rápidos y para preparación de repetición. Se dan a conocer algunas sugerencias de tandas seguidas en la Tabla 8-4.

TABLA 8-4. Tandas seguidas que se sugieren para la preparación a intervalos lentos, para preparación a intervalos rápidos y para preparación de repetición

	Velocistas			Medio fondo			Fondo		
	P.I.L.	P.I.R.	P.R.	P.I.L.	P.I.R.	P.R.	P.I.L.	P.I.R.	P.R.
50	20	20	8	40	30	16	40	30	16
100	15	12	5	20	15	5	25	20	8
200	8	6	2	10	8	4	16	10	4
400	4	3	1	6	4	2	8	5	3
800	2	1	0	2	2	1	4	3	2
1.650	0	0	0	1	1	0	2	1	1

El tiempo que requiere cubrir la distancia

Otros dos modos de referirse al mismo tópico, es decir: «la cantidad de esfuerzo» o «la cadencia a que debe nadarse la repetición». Un nadador que está efectuando una serie de repeticiones en los métodos, bien de preparación a intervalos o bien de preparación de repetición, puede elegir o nadar todos ellos en aproximadamente el mismo tiempo, o variar su velocidad a efectos de ir progresivamente más rápido, o empezar rápido y retrogradar en tiempo a medida que avanza en la tanda, o alternar repeticiones lentas con otras rápidas. Los dos primeros métodos se recomiendan con preferencia a los otros dos, como ha sido expuesto al describir estas diversas tandas. En el presente debate, quien esto escribe se referirá al primer método y a las tandas en que los tiempos se mantienen constantes. La referencia a los tiempos dará a entender los tiempos medios. Como ha sido dicho, cuanto más prolongado sea el descanso (dentro de ciertos límites) más veloces deben ser los nados repetidos.

PORCENTAJE DE ESFUERZO. — Frecuentemente, preparadores y nadadores debatirán acerca del esfuerzo que una persona puede desplegar en un nado dado en términos de porcentaje de esfuerzo. El porcentaje de esfuerzo es un término nebuloso y puede aplicarse a tantos factores que tiene poco significado. Puede alcanzarse una comprensión precisa y corriente, con simplemente pedir a cada nadador que reflexione que el 10 por ciento más lento que el mejor tiempo que es capaz de realizar en una determinada distancia es equivalente al 90 por ciento del esfuerzo, que el 20 por ciento más lento equivale al 80 por ciento del esfuerzo, y así sucesivamente.

Por ejemplo, un nadador que es capaz de nadar las 100 yardas en 50 segundos, puede tener los siguientes porcentajes de esfuerzo:

	100 %	95 %	90 %	85 %	80 %	75 %	70 %	65 %	60 %
Segundos	50	52,5	55	57,5	60	62,5	65	67,5	70

Un verdadero análisis de las fuerzas propulsivas nadando el estilo del «crawl» (16) reveló que, en uno de los nadadores puestos a prueba, el promedio de la fuerza propulsiva que se necesitaba para sostener la velocidad de seis pies por segundo o un 100 por ciento de esfuerzo a darlo todo (50 segundos por cien yardas) era de 19,6 libras. Por esta razón, noventa y cinco por ciento de velocidad, es equivalente a 18,6 libras de fuerza propulsiva. La determinación verdadera acerca de la velocidad que esta cantidad de fuerza propulsiva daba al nadador, es anotada al pie de la columna de la Tabla 8-5.

TABLA 8-5. Porcentaje de esfuerzos

Porcentaje de esfuerzo	100 %	95 %	90 %	85 %	80 %	75 %	70 %	65 %	60 %
Promedio de propulsión en libras	19,6	18,6	17,6	16,6	15,6	14,6	13,6	12,6	11,5
Tiempo conseguido en las 100 yardas	50,0	51,1	52,3	55,1	57,7	60,4	63,5	69,5	78,0

(16) James E. Counsilman, «An Analysis of the Application of Force in Two Types of Crawl Stroke», Ph. D. Tesis, Universidad del Estado de Iowa, Iowa City, agosto 1951.

El precedente debate hace posibles diversas generalizaciones: 1) cuando un nadador nada sus repeticiones a una cadencia muy rápida (ver la Figura 8-2) y produce un amplio déficit de oxígeno, está desarrollando velocidad y resistencia muscular; 2) cuanto más lentamente nade sus repeticiones, menos velocidad está desarrollando; si las nada demasiado lentamente, no desarrolla ni la más mínima resistencia, y 3) la descripción de las diferencias entre la preparación de repetición y la preparación a intervalos explica por sí misma qué es lo que se puede ganar en el nado de repeticiones a las varias velocidades.

Qué hacer durante los intervalos de descanso

En atletismo, el corredor generalmente realizará unas series de esfuerzos repetidos y entre estos recorridos marchará a paso gimnástico o andará una determinada distancia (quizás unos lentos 220 ó 440). Durante este período las pulsaciones disminuirán (de 180-170 a 120-140) si la Ley de Gerschler-Reindell (pág. 249) es seguida. Algunos corredores, notablemente los de Alemania del Este, han ensayado el descansar sentándose, y se han encontrado que sus pulsaciones volvían a la normalidad más aprisa que cuando hacían paso gimnástico. El mismo fenómeno ha sido observado en natación por quien esto escribe. Si el nadador se para inmediatamente a continuación de un nado repetido, sus pulsaciones alcanzarán una fase más baja en un tiempo determinado, que si nada lentamente durante el mismo período de tiempo. No obstante, la recuperación del corazón no es la sola consideración fisiológica. Es posible que, bajo determinadas condiciones, sea aconsejable para el nadador nadar lentamente y permanecer, al menos por un corto intervalo, ligeramente activo, quizá después de un esfuerzo muy duro en el que se haya producido un déficit elevado de oxígeno y haya una acumulación de metabolitos en el músculo (ácido láctico, dióxido de carbono, etcétera). El ejercicio suave producirá el efecto de un masaje en los músculos que ayudarán a nivelar los metabolitos y llevar oxígeno y sangre renovada a los músculos.

En el verano de 1962, quien esto escribe decidió preparar su equipo haciendo que alternase tandas rápidas con lentas en la mayor parte de los ejercicios repetidos, en forma similar a la de muchos atletas de pista; es decir, haciéndoles nadar unas fáciles 50 ó 100 yardas entre cada nado repetido, tanto si entrenaban con preparación a intervalos como si lo hacían con la de repetición. Los nadadores podían nadar 40×50, con un 50 nadado enérgicamente para elevar las pulsaciones a 180, y el próximo pausadamente, sin toma de tiempo. Después del 50 pausado, la pulsación normalmente bajaba a 120-130. El tercer 50 debía, a su vez. ser rápido, el cuarto lento, y así sucesivamente a lo largo de las 40 repeticiones. El mismo procedimiento fue practicado en todas las repeticiones, con la excepción de que, entre los nados repetidos de 100, 200 y 400, se nadaban 100 metros pausadamente. En este experimento no se efectuó ningún control de grupo, y cualquier estimación de este método de preparación por encima de aquellos practicados en los años precedentes, debe ser basado en el juicio subjetivo del preparador y de los nadadores implicados, además de los mejores tiempos de competición registrados a los nadadores que tomaron parte. En opinión de los nadadores y del preparador y de la evidencia de los mejores tiempos, este método de nadar pausadamente entre cada nado de repetición era inferior al de meramente descansar en el agua entre cada nado.

Esto no significa que este escritor crea que no es nunca aconsejable el nadar pausadamente entre nados repetidos. Cuando se practica la preparación de repetición, son aconsejables algunos nados pausados después del nado repetido. Se recomienda el siguiente procedimiento para un plan general en relación a lo que se debe hacer entre los nados repetidos:

Preparación a intervalos (lenta o rápida)	Quedarse en el agua, permanecer inactivo o simplemente relajarse sacudiendo brazos o piernas relajadamente. Iniciar cada repetición con impulso contra la pared.
Preparación de repetición	Nadar pausadamente las distancias siguientes después de cada esfuerzo: para 50-25, para 100, 200 ó 400-50, para 400 ó más 100 pausados. Salir del agua y secarse, descansar sentado o tendido. Iniciar cada repetición con zambullidas.
Preparación de velocidad	Igual que la preparación de repetición. Iniciar cada repetición con una zambullida.

Combinación de varios métodos de preparación

Del precedente debate de métodos de preparación, resulta mayormente evidente que existen muchos métodos efectivos de preparación para la natación de competición. Ningún método por sí solo tiene todas las soluciones para un *programa de preparación completo.* De hecho, es imposible desarrollar la potencia total de un nadador con un solo método. En algún momento, a lo largo de la temporada. un programa completo o bien equilibrado posiblemente incluirá la mayor parte de los métodos debatidos. La proporción relativa a utilizar de cada tipo en una sesión, dependerá de: 1) la distancia a que se está preparando el nadador —el programa de un nadador de fondo debe tener una intensidad distinta que el de un velocista—, y 2) de la fase del programa en que se halla el nadador —debe haber una distinta intensificación según sean las fechas de la temporada. Es posible que un preparador pueda utilizar un año con su equipo una combinación de sistemas especial y una combinación enteramente distinta con el mismo grupo el año siguiente, y obtener los mismos resultados. Esto no quiere significar que cualquier combinación de sistemas dé los mismos resultados. No obstante, estas opiniones no deben desalentar al preparador o a los nadadores para seguir experimentando en lo recóndito de los sistemas, ya que es importante que ninguno de ellos permanezca estático e inflexible al establecer el programa del nadador.

Un nadador, mientras nada, utiliza no solamente su cuerpo, sino también su inteligencia. Si abandona prematuramente su carrera en la natación de competición, normalmente es por una de estas dos razones: falta de éxito o aburrimiento. Muchos nadadores se entrenan y compiten durante diez años y aún más. No obstante, si un nadador es sometido día tras día y año tras año al mismo tipo de rutina, no se sentirá estimulado ni física ni intelectualmente. Un preparador no debe meramente ser una persona que señale un trabajo difícil que provoque el máximo ajuste fisiológico; debe también ser una persona que forme y estimule a sus nadadores. Debe ser considerado un maestro que siempre dispone de un bagaje de habilidades y que puede manipular con inteligencia y entusiasmo los problemas de la preparación.

Un preparador puede utilizar al primer año, al principio de la temporada, ejercicios de superdistancia; al año siguiente, el «fartlek»; la preparación a intervalos lentos al tercer año; y una combinación de los dos o de los tres al cuarto año. Si ha trazado bien sus planes, obtendrá buenos resultados en los cuatro años, y probablemente habrá incrementado la longevidad de la carrera de sus nadadores al darles variedad. Si, además, ha explicado a sus nadadores las varias técnicas y los fines que persiguen, les habrá estimulado intelectualmente y quizá instruido en lo que concierne al conocimiento científico de una buena puesta a punto.

9

Proyectando el programa de una temporada de preparación de natación

EL SISTEMA DE INDIANA

Antes de determinar un programa de preparación de natación, deben ser considerados muchos factores: 1) tiempo disponible en la piscina, 2) número de nadadores que se preparan en un tiempo dado, 3) el nivel, edad, sexo y adiestramiento del equipo con que el preparador trabaja, 4) la clase de preparación general en que se encuentran los nadadores, 5) la duración de la temporada, 6) la actitud del grupo ante un trabajo duro, 7) las competiciones y las distancias para las que se preparan los nadadores. No obstante, hay ciertas ideas fácilmente comprensibles que también deben ser tenidas en cuenta, cuya comprensión podrá dar sentido al proyecto de cualquier programa de preparación de natación. Son: 1) ajuste máximo de la tensión, 2) progresión, y 3) estimulación.

Adaptación máxima al concepto de tensión

En el capítulo anterior quedó expuesto que la puesta a punto de un atleta implica la suma total de cambios fisiológicos, anatómicos y sicológicos hechos por el individuo al adaptarse a la tensión del programa de preparación. Es obvio que si un nadador se entrena demasiado poco, fracasará en alcanzar la máxima puesta a punto; si se entrena demasiado, la tensión del programa de preparación será tan fuerte que el nadador no será capaz de adaptarse y experimentará un decaimiento en el ajuste. Este es el punto sin retorno, más allá del cual una dura preparación hará más daño que provecho.

Resulta que un preparador inteligente es consciente de estos hechos y está esforzándose constantemente para alcanzar un delicado equilibrio entre demasiada preparación y demasiada poca. No hay actualmente un pronosticador preciso, que fácilmente aplique y valore cuándo se alcanza este punto. Preparadores e investigadores están a la busca de él y, mientras tanto, comprobaciones como pulsaciones, E C G, nivel de glóbulos rojos y presión de la sangre, ayudan al preparador en el conocimiento del estado fisiológico del nadador, y a juzgar en qué punto exactamente el nadador alcanza suficiente entrenamiento. Tal vez la capacidad para darse cuenta de ellos eficazmente, señale la diferencia que media entre un buen preparador y otro mediocre. Ciertamente, el propio nadador no siempre puede evaluar cuándo tiene bastante o insuficiente preparación. El nadador no puede siempre abandonar la preparación cuando se siente cansado; de hecho, es muy importante que a veces se entrene a lo largo de un período de fatiga. Durante el programa de preparación, un nadador podrá no siempre sentirse «fresco como una rosa», antes bien, a veces experimentará por unos días una sensación de fatiga general.

La idea de establecer por un período de días el máximo de adaptación del individuo a la tensión y después por un corto período de tiempo reducir el nivel del ejercicio, se comprenderá mejor por medio de la Figura 9-1. Aun cuando este gráfico no es un intento de evaluación científica de la tensión y del concepto de adaptación, proporciona una idea general de los principios en que se basa el sistema de preparación en Indiana.

En la mayoría de las sesiones prácticas, el nadador debe entrenarse fuertemente con el fin de terminar el duro trabajo con una aguda sensación de fatiga. Algunos preparadores examinan si el nadador puede recobrarse completamente de su sensación de fatiga, entre una sensación y la siguiente. Si el nadador no lo consigue, se le permite un período de reposo, o por lo menos un período de trabajo reducido que permita la recuperación. La experiencia que quien esto escribe tiene en el entrenamiento de nadadores, le ha demostrado que este tipo de preparación no es el más efectivo. Los mejores resultados se han logrado cuando los nadadores han sido apurados hasta el punto de que hay un nivel permanente de cansancio general superpuesto sobre la fatiga temporal o aguda que el nadador siente inmediatamente después de las prácticas.

En otras palabras, al nadador debe hacérsele trabajar tan duramente que no se recobre del todo de una sesión a la siguiente. Debe sentirse empujado a descender al que los nadadores llaman «el valle de las fatigas» —punto que corresponde a la depresión en las líneas de la Figura 9-1. Cuando ha sido impulsado suficientemente lejos, aunque sin caer en el exceso, se le da entonces a realizar una cantidad de trabajo reducida o un período de descanso, y debe experimentar la recuperación a la que, en la

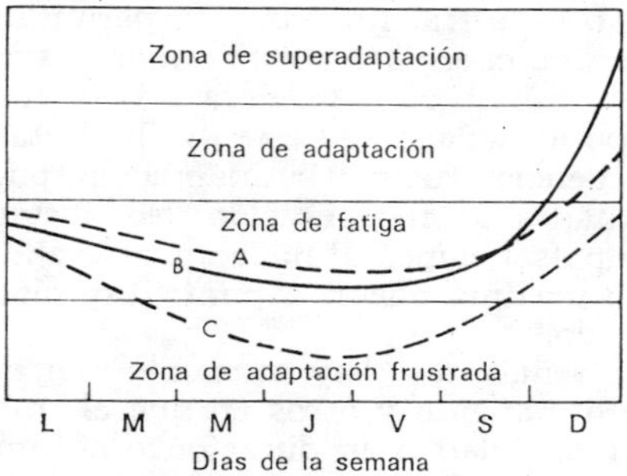

FIG. 9-1. Diagrama de la adaptación máxima: tensión, fatiga, adaptación y superadaptación

¿Hasta qué punto de dureza de ejercicios y qué cantidad de fatiga puede un atleta permitirse soportar, a efectos de desarrollar la máxima resistencia? ¿Puede trabajar duramente y, cuando se siente cansado, reposar a fin de poder estar fresco para la práctica siguiente? ¿O bien debe imponerse un volumen de trabajo que sea tan grande que no le permita recuperarse completamente de una sesión de prácticas a la siguiente? ¿Debe sentirse siempre fatigado ligeramente? ¿Debe impulsarse a sí mismo demasiado duramente?

Estas son las preguntas que todos los preparadores inteligentes se plantean cuando preparan atletas para deportes, tales como carreras pedestres de medio fondo o fondo, marcha, natación y ciclismo. El susodicho diagrama es un intento de poner a la vista las bases del Programa de Natación de la Universidad de Indiana. Los vocablos del diagrama no son científicos, pero sí constituyen una evaluación subjetiva empleada para ayudar a dar a conocer la idea.

«A» representa la marcha de un nadador que ha trabajado moderadamente duro del lunes hasta el viernes. Con trabajo disminuido el sábado, y el domingo ha empezado a recuperarse de la fatiga, consiguiendo un nivel de adaptación por encima del normal.

«B» representa la marcha de un nadador que ha trabajado lo suficientemente duro como para llevarle cerca del borde de la zona de adaptación frustrada. Con trabajo reducido es capaz de alcanzar una superadaptación.

«C» representa la marcha de un nadador que ha trabajado tan duramente que se ha visto forzado a caer en la zona de adaptación frustrada. Aún con descanso o trabajo reducido no ha retornado al nivel normal.

Este diagrama muestra que, para conseguir la adaptación máxima (que aquí es llamada superadaptación), el atleta debe trabajar muy duramente, impulsándose a sí mismo al borde de la adaptación frustrada «B», antes de reducir el volumen de su trabajo.

Figura 9-1, nos referimos como *superadaptación*. Este corto período de descanso o de trabajo reducido permite al cuerpo renovar su adaptación de energía y ponerse a sí mismo a punto para un nuevo ciclo de trabajo de naturaleza más intensa. El mantener demasiado tiempo al nadador en este «valle de fatigas» puede tener como consecuencia frustrar la adaptación, pudiendo el nadador tener dificultades de recuperación. No obstante, la práctica inversa de no impulsar nunca al nadador al «valle de fatigas», no dará lugar a una máxima puesta a punto, especialmente para los nadadores de fondo.

La Figura 9-1 señala que hay momentos en que un nadador debe ejercitarse duramente y otros en que el trabajo debe reducirse —bien en intensidad o en duración o en ambas a la vez—. Esto no significa que el preparador deba habilitar una rutina totalmente distinta para cada nadador en cada sesión de trabajo, aunque tiene que ser consciente de las diferencias individuales entre sus nadadores en cuanto a su capacidad de trabajo en relación con la norma general de ejercicios, que deberán ajustarse al modelo del nadador de tipo medio, y unido esto a la natural inhibición del individuo a esforzarse cuando está excesivamente cansado, proporcionará un buen programa para la mayoría de los nadadores.

El nadador fuertemente estimulado puede tener tendencia a mantener en los ejercicios un nivel de actuación demasiado elevado y puede impelerse a sí mismo al estado de adaptación frustrada, y ello con un mismo tipo de labor que un nadador menos estimulado no la aplicaría suficientemente como para conseguir acercarse al máximo de adaptación. Algunos grandes nadadores pueden ser conscientes de cuándo se les impulsa en la medida correcta, y de esta manera conocen cuándo deben trabajar más duro o cuándo deben interrumpirlo. Estos nadadores son pocos y se encuentran de tarde en tarde; un preparador puede darse por feliz cuando tiene *uno de tales individuos*. Debe vigilar a sus nadadores y estudiar a cada uno de ellos a efectos de ser capaz de que, al tiempo que les estimula a trabajar más duramente, pueda en otro instante hacerles reducir el esfuerzo o quizá temporalmente abandonar los ejercicios. Si el equipo es manejado adecuadamente, el progreso de sus componentes seguirá una línea general, y la mayoría de ellos se sentirán cansados al mismo tiempo, y en justa correspondencia descansarán también el mismo tiempo.

SIGNOS DE EXCESIVA FATIGA. — Hay determinados signos de excesiva fatiga o adaptación frustrada, tales como pérdida de apetito y consiguiente pérdida de peso, o hinchazón de las glándulas linfáticas, como será detalladamente debatido en el Capítulo 13. No obstante, antes de que estos síntomas se hagan evidentes, la potencia de los ejercicios puede haber sido reducida al observar el preparador algunos otros síntomas preliminares. Los primeros síntomas pueden consistir en una disminución del nivel de la actuación de todo el equipo en todas las fases de sus ejercicios. Los tiempos de los nados repetidos, los batidos y las tracciones pueden empezar a descender. Aun al ser exhortados a efectuar un rápido esfuerzo, los componentes del equipo no han sido capaces de acercarse a una buena actuación. Se habrán quejado más de lo habitual y habrán mostrado signos de irritabilidad emocional, tales como sentirse excesivamente contrariados cuando tropiezan con alguno mientras nadan una repetición. Una declaración general que puede servir de ayuda a lo largo de todo el programa de preparación, puede ser: mientras los nadadores se mantengan rápidos en los ejercicios, efectuando buenas repeticiones y buenos esfuerzos, trabaje duro con ellos. *Aun después de que empiecen a sentir una fatiga general, deben continuar nadando en los ejercicios, de manera que hay que mantenerles en el duro trabajo hasta el punto en que sus actuaciones en los ejercicios empiecen a resentirse.* En este punto deben ser cuidadosamente observados y el preparador debe hallarse preparado a reducir el peso del esfuerzo por medio de:

1. Disminuir la suma total de distancias efectuadas en los ejercicios.
2. Disminuir la calidad del ejercicio tal como el nadar más allá de la distancia, o hacer más lenta la preparación a intervalos, o
3. Concediendo un período de descanso, de un día o día y medio.

Es difícil para un preparador conocer anticipadamente cuándo su equipo alcanzará el punto en que el peso del trabajo deberá ser reducido. Por esta razón es de desear que los programas de preparación sean flexibles. Quien esto escribe se opone a un plan de preparación que consista en una pauta de ejercicios completamente establecidos de antemano, tal como cada lunes, 30×50 repeticiones; martes, 20×100 repeticiones, y así sucesivamente. Debe establecerse una norma general. Esta norma es la que se practica en la Universidad de Indiana cuando los nadadores no están comprometidos por un gran encuentro con el fin de semana. Los lunes, martes y miércoles, los ejercicios son muy duros y el preparador cuenta se realicen en ellos buenas actuaciones. Los ejercicios del jueves y del viernes están ajustados, en intensidad y duración, basándonos en cómo han actuado los nadadores los dos días anteriores. El sábado los nadadores deben estar cansados y normalmente los duros ejercicios son rebajados, no en cuanto a distancias totales pero sí en intensidad. Si los nadadores se han entrenado duramente durante seis días consecutivos, el séptimo, o sea el domingo, puede dejarse totalmente en blanco, o permitir que el nadador nade suavemente una cierta distancia, como de una milla seguida, o dos millas, sin tomar tiempo.

El próximo día (lunes), el nadador debe estar preparado para iniciar otro turno y sentirse dispuesto para realizar buenas actuaciones en las sesiones de prácticas. Si se encuentra todavía tan cansado que en todos sus nados repetidos nada más lentamente de lo usual y se siente exhausto, puede deducirse que el peso del trabajo previo fue excesivo. Otros factores de tensión, como una dieta defectuosa, dormir poco, o el infringir otras reglas de la preparación, pueden también ser el origen de actuaciones deficientes en las prácticas. Su efecto en el avance de la puesta a punto del nadador tiene que ser tenido en cuenta.

VARIACIÓN DE LOS EJERCICIOS A ALTA Y BAJA PRESIÓN. — Es un error para cualquier preparador o nadador creer que cada parte de cada ejercicio de todos los días debe ser de alta presión o de naturaleza extremada. También es un eror permitir tanta variación de los esfuerzos en los ejercicios, que el nadador no llegue nunca al límite de sus posibilidades. El preparador puede sólo asignar parte o partes de ejercicios que deben realizarse a alta presión o en un ivel de esfuerzo extremo, y el resto de los ejercicios pueden ser solamente de intensidad moderada. Un método que proporciona una variación cíclica en las rutinas, es variar los ejercicios de tandas seguidas de repeticiones con otros de tandas alternas o progresivas. Este tipo de variación ha sido ya debatido en el capítulo anterior. Puede ser considerado como una variación en relación de ejercicios de alta o baja presión. La tanda de repeticiones seguidas puede ser considerada como un tipo de preparación de alta presión, porque los nadadores se están señalando metas en las que deben ejercer un extremado esfuerzo para alcanzarlas, y normalmente intentarán superar su mejor tiempo medio anterior en esta tanda especial.

Cuando se entrena en un tipo de rutina de baja presión, el nadador puede de nuevo nadar tanto y trabajar casi tan duramente, pero las metas a alcanzar pueden ser difíciles o no serlo, según sea el criterio del preparador respecto a la conveniencia de realizar un esfuerzo muy duro o de dureza mediana. Al factor de la alta o baja presión se le da entrada en los ejercicios tanto por la determinación del preparador y por las metas que éste señala, como por el tipo de tanda que asigna a los nadadores.

Con esta variación de presión es también posible establecer una fluctuación en los ejercicios.

Si como se apunta hay un ritmo de preparación en que, tanto si lo conocen como no, los nadadores alternan los ejercicios duros con los suaves y con el descanso, este ciclo de variación será luego posible expresarlo en el marco del método de preparación del equipo, particularmente si en los ejercicios se practica la pauta de alta y baja presión.

Avance

Un nadador que se halla en baja forma puede progresivamente reencontrarla. En otras palabras, no debe ensayar largos y duros ejercicios, pero debe practicarlos de intensidad reducida tanto en duración como en esfuerzo. Aun cuando este proceder pueda parecer obvio, asombra comprobar la cantidad de programas o de nadadores que prescinden de él e intentan desde el principio aplicar estrepitosamente el lema del entrenamiento duro.

El sistema de Indiana se basa en la progresión uniforme a lo largo de la temporada de preparación hasta el período de afinamiento. Esta progresión puede presentarse en la forma de: 1) un incremento de la distancia total nadada en cada sesión, 2) un incremento en la intensidad en que es nadada la distancia, o 3) un incremento del número total de sesiones por semana.

Por ejemplo, al inicio de la temporada un nadador antiguo puede entrenarse en el agua tres días por semana, promediando una milla y media por día y aplicando en primer lugar el método «fartlek» o de más allá de la distancia; más adelante puede entrenarse cinco días por semana, una vez al día, incrementando la distancia a dos millas y media por día con el tipo de preparación a intervalos lentos; luego, en el pleno de su temporada de preparación, puede llegar a seis días por semana, dos veces por día, promediando un total de entre cuatro y media a seis millas por día y ajustándose a un programa completo que presente más trabajo de intensa naturaleza. Demasiado a menudo el nadador intentará precipitar su preparación y no establecerá una base firme en la que sustentar el programa de la temporada. *Importa recordar que en el programa de preparación conviene primero vigorizar la resistencia y, más avanzada la temporada, superimponer la velocidad.* El dar entrada a los ejercicios de velocidad al inicio de la temporada puede producir tempranas disminuciones de tiempo en la distancia para la que el nadador se está preparando, pero ello incrementará las posibilidades de llegar pronto a la cumbre de la temporada, con un subsiguiente decaimiento o desnivelación del progreso.

Estimulación

Para que un nadador se entregue a un extenuante programa de preparación, debe sentirse fuertemente estimulado. Algunas veces esta ansia de triunfo proviene del propio individuo; no obstante, con más frecuencia, debe ser encauzada desde fuera. Este es trabajo del preparador, y la ordenación general del programa debe ser tal, que el programa por sí mismo estimule al atleta a entrenar concienzuda e inteligentemente. No siempre el preparador que más sabe acerca de técnicas de preparación es el que consigue que sus nadadores alcancen la cumbre de la puesta a punto; en igualdad de condiciones, el preparador que sea buen sicólogo logrará una clara superioridad. Métodos para estimular a los nadadores en las sesiones de prácticas serán expuestos en un capítulo posterior (Capítulo 12).

El lugar para los ejercicios en seco del programa

Cuanto más fuerte y flexible sea el nadador, más rápido será. Se requiere una gran potencia para arrastrar los brazos a través del agua, impulsarse en los virajes y batir adecuadamente. El camino más rápido para labrar esta potencia, así como para incrementar la flexibilidad, es a través de los ejercicios en seco. Esto no significa que una preparación y una gimnasia de pesas indiscriminada dé por resultado el establecer la potencia y flexibilidad en los puntos adecuados. Debe seguirse un programa cuidadosamente planeado, a efectos de conseguir resultados óptimos. Una programación deficiente dará resultados negativos. El Capítulo 10 estudia en detalle la práctica del programa de los ejercicios en seco del nadador.

Para las sesiones de prácticas, división del equipo en tres grupos: velocistas, medio fondo y fondo

La Figura 8-1 aclara varios métodos de preparación y el porcentaje aproximado de velocidad y resistencia en que cada método contribuye a la preparación total. Es obvio que todos los nadadores precisan resistencia y velocidad, pero un velocista necesita acentuar el desarrollo de la velocidad, mientras que el nadador de fondo debe hacerlo con la resistencia. El nadador de medio fondo debe preocuparse de desarrollar ambas cualidades en forma pareja.

Un velocista puede ser el mejor de su equipo en muchos o en casi todos los concursos, y puede a veces ser necesario que nade competiciones en varias distancias. A medida que la temporada avanza, éste o cualquier nadador conseguirá mejores resultados en su prueba particular si se entrena para ella en forma precisa. En razón a la limitación de tiempo y espacio en la piscina, puede ser imposible para el preparador organizar sesiones separadas para las tres categorías. Es posible, dentro de ciertos límites, variar los ejercicios para permitir a que los fondistas puedan realizar repeticiones más largas y los velocistas mayor cantidad de nados rápidos. Si, por ejemplo, la mayoría de componentes del equipo (la segunda clase precedente) está realizando unas series de repeticiones de 30×50 yardas en la mayor parte de la sesión, los nadadores de fondo pueden tomar uno o dos callejones y nadar 500 yardas repetidas, mientras los velocistas pueden sólo hacer 15 de las 50, pero añadiendo 15×25 yardas a toda velocidad. De este modo todos los nadadores pueden terminar sus ejercicios en el mismo plazo de tiempo. Si las prácticas del equipo están bien organizadas, contribuyen a conjuntar su espíritu y garantizan al preparador que cada componente del mismo realiza una buena tarea.

Un director experimentado de grupos de edades distintas puede utilizar ejercicios en cualquiera de los tres grupos, lo que depende de su capacidad para dominar el ejercicio. Otros ejercicios con grupos de edades distintas son expuestos en el Capítulo 11, dedicado al entrenamiento de semejantes grupos.

CLASIFICACIÓN. — 1. Velocistas —aquellos que nadan entre 50 y 100 y ocasionalmente los 200.

2. Medio fondo —todos los bracistas, espaldistas, mariposistas nadadores de estilos individual, y los de estilo libre concentrados en las pruebas de 100 y 200 estilo libre. Este grupo forma la masa de la mayoría de los equipos de natación de las Universidades o del AAU.

3. Fondo —aquellos que en primer lugar se preparan para las carreras más largas de estilo libre, desde las 200 yardas hasta los 1.500 metros.

A lo largo de lo que queda del presente capítulo, los ejercicios de un simple día se hallarán divididos en estas tres categorías. Un preparador frecuentemente puede mandar realizar ejercicios idénticos a los tres grupos. *Los equipos de edades distintas no deben dedicarse a las distancias para las que se preparan los uni-*

TABLA 9-1. Plan de Ejercicios Conjuntados

Fase de ejercicio	Tipo de preparación	Promedio tiempo	Cualidades que desarrolla	Escala de latidos del corazón
1. Nadar 16 × 50 pausa 45 seg.	Preparación a intervalos lentos	:28,5 seg.	En primer lugar, resistencia cardiorrespiratoria, también incrementa en número los capilares funcionales en los músculos activos. Menor intensidad en cuestión de velocidad.	182 pulsaciones aproximadamente después de cada 50; antes de empezar los siguientes 50, un aprox. de 143.
2. Nadar a cadencia 500 yardas	Preparación de superdistancia	5:21,6	Resistencia —igual que la precedente, a excepción de la naturaleza del nado continuo, que confiere un efecto más prolongado que la preparación a intervalos.	Cantidad de pulsaciones al inicio, 98; al acabar, 174.
3. Batir en forma continuada 500 yardas	Preparación de superdistancia (batido)	sin tiempo	Esta fase es ideada para sobrecargar los músculos de piernas y desarrollar su resistencia al incrementar el número efectivo de capilares. Es también de efecto favorable para la resistencia cardiovascular.	Cantidad de pulsa-108; al acabar, 152. ciones al inicio,
4. Batir 8 × 50 iniciando cada minuto unos 50	Preparación a intervalos (batido)	:38,2 seg.	Esta práctica da entrada a trabajar algo la velocidad en los ejercicios de batido y ayuda a adaptar los músculos de las piernas para un trabajo de nivel más intenso.	179 aprox. pulsaciones después de cada 50; antes de iniciar el siguiente 50, aprox. 144.

5. Traccionar 500 yardas; dos largos a cadencia sostenida y cada tercer largo a cadencia rápida.	«Fartlek» o juego de velocidades	sin tiempo	Esta fase carga y forma resistencia en los músculos de tracción. También influye favorablemente en la resistencia cardiorrespiratoria.	Después del largo rápido, 176 pulsaciones; nivel más bajo, 134.
6. Traccionar 3×100 con descanso de 3 min. entre cada repetición.	Preparación de repetición	:61,5 seg.	La capacidad de los músculos depresores de los brazos para resistir el ataque de la fatiga, cuando los brazos trabajan de manera intensa. Esta fase surte resultados más favorables en la velocidad que en la resistencia, pero desarrolla principios de ambos.	Después de cada esfuerzo, aprox. 181 pulsaciones. Antes de salir para la siguiente 100, aproximadamente 97.
7. Nadar 4×150 yardas al 95 porciento de esfuerzo. Descanso de 3-5 minutos.	Preparación de repetición	1:19,3	Esta fase del ejercicio influye en la velocidad y la cadencia. La capacidad de los músculos es afectada favorablemente para resistir una fatiga determinada trabajando a nivel intensivo.	Después de cada 150, aprox. 186 pulsaciones; antes de iniciar los siguientes 150, aproximadamente 94.
8. 4 × 25 yardas a toda velocidad.	Preparación de velocidad.	:10,8 seg.	Esta fase es casi estrictamente para velocidad; ayuda al nadador a aprender a recobrar su cadencia y deshacerse del lento movimiento que ha estado practicando durante la mayor parte del ejercicio.	Después de cada 25 aprox. 176 pulsaciones; antes de iniciar los siguientes 25, aprox. 96.

versitarios o los nadadores formados, y el preparador no debe desear especializar a sus nadadores a una edad prematura. Puede no ser tampoco deseable el dividir a los nadadores a cualquier nivel de edad, según la norma de los tres grupos, hasta tanto no se haya completado una fase básica de resistencia.

EL SISTEMA DE INDIANA DE INTEGRAR O COMBINAR VARIOS METODOS DE PREPARACION EN LAS SESIONES

Por la combinación de varios métodos de preparación en una simple sesión de ejercicios, el nadador puede desarrollar velocidad en una fase y resistencia en otra. La base del sistema de Indiana es el formar en una sola sesión un todo con los varios métodos de preparación. Lo mismo que una dieta alternada de proteínas, grasas, hidratos de carbono, minerales y vitaminas es esencial para la buena salud, igualmente una programación alternada o que conjugue los varios métodos de tipos de preparación es indispensable para lograr la puesta a punto máxima de los nadadores. La Tabla 9-1 ilustra una sesión de ejercicios formando un todo o alternados; pone a la vista cómo son agrupados en una simple sesión de trabajo los varios métodos de preparación y establece la cualidad que desarrolla cada fase de ejercicio.

Esta peculiar preparación fue practicada por un nadador de medio fondo en estilo libre en el momento culminante de la temporada de piscina cubierta. En el momento de nadar con esta preparación en competición realizaba los 100 estilo libre en :48,2, los 200 en 1:45,8 y los 500 en 4:55,4.

No hay ningún método peculiar de preparación que pueda desarrollar todas las cualidades deseables en un nadador, es decir, velocidad, resistencia muscular, resistencia cardiovascular, y así sucesivamente. La proporción exacta de cada una de estas cualidades deseables en un momento dado en un nadador depende en primer lugar de dos factores: época de la temporada y la distancia para la cual se está preparando. Por esta razón, el tiempo que, de cada tipo de preparación, podrá incluirse en un programa de preparación de conjunto, también dependerá de estos dos factores.

A efectos de mejor aclarar los distintos cambios fisiológicos que tienen lugar con el empleo de los diversos métodos de preparación, permítasenos acudir a la investigación con animales. La superioridad de la investigación con animales con respecto a la practicada con sujetos humanos, para determinar los resultados de los diversos tipos de programas de preparación, es manifiesta, tanto más cuanto que a los animales podemos hacerles

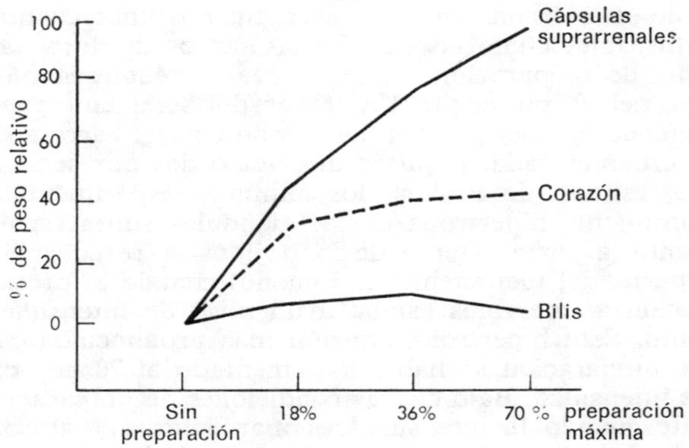

FIG. 9-2. Tabla de Prokop

la disección para medir y observar sus cambios fisiológicos. Prokop, al experimentar con cobayos y hacerlos nadar variando las presiones en 18 por ciento, 70 por ciento y 100 por ciento, descubrió que el corazón de un animal experimental se desarrolla a su tamaño máximo cuando, en términos de intensidad, se aplicacaba al animal un 36 por ciento tan sólo del máximo de presión de preparación, en forma de entrenamiento a intervalos (1). Cuando la presión fue aumentada al 70 por ciento y luego al 100 por ciento (preparación de repetición), no hubo hipertrofia adicional del corazón (ver la Figura 9-2). Aplicar esta investigación animal a la preparación de la natación de los seres humanos nos señalaría que, en lo que concierne al corazón del nadador, unas series de nados cortos a velocidad moderada, tales como nados de 24×50 metros, con diez segundos de descanso entre cada uno, como los descritos más arriba, pondrían el corazón en condiciones al igual que si hubiera nadado las 50 yardas al 70 por ciento de esfuerzo, o a una cadencia a darlo todo.

Incidentalmente, cuando a los animales experimentales se les somete, en un programa de preparación, a un esfuerzo del 100 por ciento, o a darlo todo (bien haciéndoles dar vueltas a una rueda subiendo los escalones de sus aspas, bien nadando con un peso asido en sus cuerpos), empiezan pronto a dar muestras de agotamiento y, después de unos pocos días, su nivel de actuación

(1) Ludwig Prokop, «Adrenals and Sport», *The Journal of Sports Medicine and Physical Fitness*, III, núms. 2-3 (junio-setiembre 1963), 117.

empieza a bajar. Incluso los preparadores neófitos se dan pronto cuenta de esta circunstancia. Si exceptuamos unas cuantas carreras cortas, tales como las de 25 ó 50 metros de duración, en un programa de preparación de nadadores se requieren muy pocos esfuerzos del 100 por ciento. Un preparador solamente puede pedir a sus nadadores que naden a darlo todo en una carrera o en una prueba cronometrada, y quizás una vez o dos por semana.

En el estudio de Prokop, los animales experimentales desarrollaron alguna hipertrofia de las glándulas suprarrenales (aparentemente la parte externa de los tejidos es responsable, en su mayor parte, del incremento de tamaño) cuando la presión de la preparación a intervalos estaba a un nivel de intensidad del 36 por ciento. Esta hipertrofia era aún más pronunciada cuando el nivel de preparación se había incrementado al 70 por ciento en nivel de intensidad. Bajo ciertas condiciones de preparación, especialmente cuando la intensidad es mantenida al 100 por ciento durante un cierto período de tiempo, las glándulas suprarrenales aparentemente agotan su reserva y son incapaces de suministrar las hormonas necesarias para dominar la tensión impuesta por el ejercicio al cuerpo. Este es uno de los primeros síntomas de la inadaptación del atleta, y ha sido medida con cierta garantía por el nivel de cetosteroides en la orina. Cuando se presenta esta deficiente adaptación, se debe dar al atleta un descanso o reducirle la presión de esfuerzo. Presionar duramente al atleta durante este período puede originar un grave retroceso en su programa de preparación.

De la precedente investigación con animales resulta evidente que, si las glándulas suprarrenales deben ser llevadas a su nivel óptimo para el ejercicio, es preciso efectuar algún entrenamiento a aproximadamente el 70 por ciento de nivel de intensidad. Esto es exactamente lo que el nadador está haciendo en la última parte de la sesión de ejercicios (la fase de preparación de repetición), que se utiliza como ejemplo en la Tabla 9-1.

Aun cuando aquí sólo han sido debatidos dos de los aspectos fisiológicos afectados por la preparación (alteraciones en el corazón y en las glándulas suprarrenales), es evidente que hay muchas otras alteraciones fisiológicas que pueden estar afectadas antes de que un nadador afirme que se halla en su mejor forma. Algunos de estos cambios pueden tener lugar en los propios músculos. Creo que el batir en el tablón o el arrastrar con los brazos son cosas muy importantes sólo para poner en condiciones algunos determinados grupos de músculos. Estas actividades producen una tensión, localizándola en la parte del cuerpo que se ha hecho trabajar, y probablemente dan paso a atrofias capilares y son origen de otras alteraciones funcionales. Esta capilarización puede mejorar la capacidad de los músculos para transportar el oxígeno y glicógeno a los tejidos musculares y para eliminar el dióxido de carbono y el ácido láctico. Por estas razones es importante disponer de un programa de preparación barajada que utilice intensidades de esfuerzo variadas.

Para resumir: los niveles de intensidad más bajos (tales como 24×50) preparan al corazón y al cuerpo para resistir. El batir y el traccionar duramente preparan localmente a los músculos para resistir la fatiga localizada. Un trabajo de repetición moderadamente duro al final de la sesión prepara al cuerpo —particularmente las glándulas suprarrenales— para un trabajo más duro aún. Trabajar excesivamente a los niveles de intensidad más elevados produce en el cuerpo una tensión excesiva y, en lugar de adaptarse al programa de trabajo, el cuerpo puede empezar a dar signos de derrumbamiento en esta fase de adaptación.

Al igual que los especialistas en natación concuerdan en que una dieta bien combinada es necesaria para una nutrición adecuada, de la misma manera estoy seguro de que con el tiempo la mayoría de preparadores estarán de acuerdo en que es necesario un programa combinado para la puesta a punto de los nadadores. Pero, de la misma manera que los especialistas en nutrición pueden no estar exactamente de acuerdo acerca de la proporción esencial de una sustancia cualquiera para una adecuada nutrición, igualmente estoy seguro de que siempre habrá algún desacuerdo entre los preparadores acerca de la amplitud que debe darse a cada tipo de preparación de natación.

Esquema general de una sesión de ejercicios conjuntados

La duda de si una norma general, o esquema de sesión de ejercicios conjuntados es mejor que otra, se hace difícil de determinar. En la sesión de ejercicios bosquejada en la Tabla 9-1 la parte principal del trabajo dedicado a velocidad se realiza al término de la sesión. ¿Es esto siempre aconsejable? Al estudiar las normas de sesiones de ejercicios de distintos campeones, se puede comprobar que existen grandes variaciones entre ellas (ver el Capítulo 14, «Los planes de preparación de algunos campeones»).

Quizá ningún esquema general es excesivamente superior a todos los demás. El esquema que practica el equipo depende ampliamente del tiempo de que se dispone para utilizar la piscina y de la cantidad de tablones de batir y de tubos de traccionar.

La norma que sigue es practicada frecuentemente por los nadadores de la Universidad de Indiana cuando, durante la temporada de verano, trabajan dos veces al día al aire libre.

PRIMERA SESIÓN (normalmente por la mañana). — Por las razones que se explicarán luego, en Indiana no se practica un esquema único en todas las sesiones. No obstante, quien esto escribe y los nadadores tienen una preferencia general que se sigue gran parte del tiempo, especialmente en verano, en las prácticas de la mañana y en la dura sesión de ejercicios, cuando sólo tiene lugar una al día.

1. De cinco a diez minutos de ejercicios de elasticidad fuera del agua.
2. Una tanda moderada de repeticiones (normalmente preparación a intervalos lenta, con un descanso corto, como por ejemplo de tres a cuatro 400 yardas partidas, con intervalos de descanso de diez sedos cada 50 ó 100 progresivos).
3. Batido } pueden invertirse
4. Traccionar }
5. Una tanda de duras repeticiones (o preparación a intervalos rápida, o de repetición), tales como de 4 a 6 × 400, de 6 a 12 × 200, o de 8 a 20 × 100.
6. Algunas cortas carreras rápidas.

La lógica que sustenta este esquema de ejercicios es que los nadadores acaban de salir de la cama o por lo menos no han estado en el agua y no se hallan enteramente desentumecidos. Durante la noche, sus músculos se han encogido y deben ser alargados adecuadamente. El medio más fácil de lograrlo es realizando ejercicios de dilatación y algunos nados sueltos y moderados, iniciándolos a una cadencia relativamente suave, y luego ir progresivamente incrementándola. Estos trabajos preliminares preparan a los nadadores para efectuar los batidos y las tracciones, y a continuación las repeticiones más rápidas. La parte débil de esta clase de esquema es que los nadadores se familiarizan con él y creen necesitar todo el nado preliminar para ponerse en condiciones de poder nadar velozmente. No siempre se dispone, antes de un encuentro, de suficiente tiempo en la piscina para un prolongado desentumecimiento, por lo que es conveniente que a menudo a un nadador se le pida que nade rápido al principio del ejercicio, a fin de que sea capaz de hacer lo mismo en una competición verdadera.

CAMBIO DE ESQUEMA PARA ESTIMULAR LAS CONDICIONES COMPETITIVAS. Es muy importante que en las prácticas se simulen las condiciones en las que tendrán que nadar los nadadores. Los nadadores pueden tropezar con aguas alborotadas, alto nivel de cloro, iluminación defectuosa, o poco tiempo para desentumecerse. Pueden tener que nadar varias carreras difíciles en un período de un par de horas. Con la práctica continuada de un solo esquema de ejercicios, el nadador puede llegar a estar preparado para un nado inicial en la sesión de ejercicios cuando se siente fresco, pero que no conozca cómo le sienta el nadar cuando se está cansado; situación a la que es probable se vea confrontado en una competición verdadera, después de dos o tres carreras. Por esta razón es importante cambiar tal cual vez la norma, y tener en reserva varios esquemas:

1. Que los ejercicios de velocidad se practiquen al inicio de la sesión y los preceda un mínimo de tiempo de desentumecimiento.
2. Que los ejercicios de velocidad se practiquen al término de la sesión, después que el nadador está evidentemente cansado.
3. Que los ejercicios de velocidad se practiquen a mitad de la sesión, después de un buen desentumecimiento y antes de que el nadador esté muy cansado.
4. Que los ejercicios de velocidad sean divididos e intercalados a lo largo de la sesión, tal como:
   A. Al inicio y al término de la sesión.
   B. Al inicio, en medio y al término de la sesión.
   C. En medio y al término de la sesión.

SEGUNDA SESIÓN (normalmente por la tarde). — El esquema para la segunda sesión del día (o aún la tercera) puede ser muy flexible. Si el preparador nota que los nadadores necesitan una buena tanda de repeticiones para elevar su moral, o si desea un fuerte esfuerzo para averiguar el grado de avance de ellos, puede planear y practicar el esquema siguiente:

1. Desentumecimiento al igual que para antes de una competición, con un suave nado de 400 y algunas 50 yardas progresivas (de cuatro a ocho). Descanso entre cinco y diez minutos.
2. Una tanda de duras repeticiones o bien de preparación a intervalos rápida o de repetición, cronometrar a un esfuerzo del 95 por ciento sobre la distancia a que se ha venido preparando o superior, como 200 ó 400.
3. Batir.
4. Traccionar.
5. Algunas cortas y rápidas carreras u otra tanda de repeticiones.

La segunda sesión permite una gran variedad de pautas al necesitarse menos desentumecimiento.

TERCERA SESIÓN. — Pueden anotarse diversos esquemas en las sesiones siguientes. La práctica de esquemas distintos ayuda al preparador a evitar el factor aburrimiento y mentalmente es muy estimulante, tanto para el preparador como para el nadador.

Si se dispone de la piscina con abundancia de tiempo y de espacio, puede no haber necesidad de una tercera sesión de prácticas. Desgraciadamente, esta circunstancia no se da a menudo y se hacen necesarias tres sesiones de trabajo a fin de disponer de la piscina el tiempo suficiente. Tres sesiones al día presentan un problema al reducir el tiempo libre y la posible pérdida de interés. Si se utiliza la tercera sesión, debe solamente hacerse en el momento de la gran presión para las reuniones de los campeonatos.

1. Desentumecimiento nadando 200 yardas.
2. Una tanda de preparación de repetición, tales como 8 × 50 ó 4 × 100, o un simulador 500 ó 200.
3. Unas pocas carreras rápidas, de 50 yardas o 25 yardas.

Método de batir y traccionar

La práctica de ejercicios, en los que el batido de las piernas o la tracción de los brazos es ejecutado separadamente, sirve para diversos fines. Ofrecen variedad a la sesión de trabajo del nadador y le permiten dar a los músculos que en ellos se utilizan una sobrecarga de magnitud mayor que si practicase el movimiento de nado completo. Cuando un nadador ejecuta un ejercicio de batido, hay en los músculos de las piernas más sangre disponible que cuando practica el nado completo en que las piernas deben compartir con los brazos el fluir de la sangre. Por esta razón, cuando realiza estos ejercicios, un nadador puede situar en una área dada una tensión localizada mayor. Esta tensión produce un incremento de capilarización (apertura de los capilares atrofiados), así como un incremento general de la puesta a punto de estos músculos tanto en lo referente a velocidad como a resistencia.

Los ejercicios de batido y de tracción establecen una carga de tensión, en el sistema cardiovascular, casi tan grande como la que proporcionan los ejercicios del movimiento completo. Es posible para un nadador con una lesión de brazos temporal que le impide usarlos en sus movimientos de nado, seguir preparando su sistema cardiovascular llevando a cabo solamente ejercicios de piernas; es también cierto el caso inverso, en el que una persona con una lesión de piernas puede mantener en forma su sistema cardiovascular, con sólo la práctica de ejercicios de tracción. Las pulsaciones del orden de 160 a 180 se pueden conseguir realizando esfuerzos a darlo todo en ejercicios aislados.

Estos ejercicios permiten también al nadador aislar aquella parte determinada de sus movimientos que necesita ser trabajada, pudiendo concentrarse en el aprendizaje de los movimientos adecuados. El defecto de este método de corrección de movimientos ha sido ya previamente debatido, en el sentido de que es imposible en estos ejercicios imitar los movimientos precisos que el nadador realiza cuando nada. Puesto que la repetición es un factor tan importante en el aprendizaje del conocimiento práctico, el uso excesivo de batidos de ejercicios de tracción imprecisos y aislados pueden ser perjudiciales. El nadador debe procurar, tan completamente como le sea posible, imitar la posición del cuerpo, así como la correcta mecánica de movimientos del conjunto del estilo.

Los ejercicios de batido y de tracción pueden ser efectuados de muchas maneras. Los de batido son comúnmente realizados mientras el nadador sujeta una tabla de plástico. Debe tenerse cuidado de que el nadador no trate de alzarse demasiado en el agua. Si presiona la tabla hacia abajo y se alza por sobre de ella, puede conseguir retener su cuerpo demasiado elevado y arquear excesivamente su espalda. La tabla debe mantenerse apartada, frente al cuerpo, con los brazos extendidos y con los hombros relativamente hundidos en el agua. Cuando se bate de espaldas, bien un brazo, bien ambos, deben mantenerse sobre la cabeza; si ambas manos se mantienen al lado, las caderas tienen tendencia a hundirse demasiado.

Cuando se efectúan ejercicios de tracción, el nadador debe evitar arrastrar sus pies demasiado bajo el agua. Uno de los métodos mejores para evitar esto es el empleo de un soporte, tal un pequeño tubo neumático, hinchado parcialmente y enrollado alrededor de los tobillos en la forma del número 8. Una pequeña cámara de bicicleta de quince centímetros de diámetro interior es la medida correcta para los nadadores de infantiles, mientras que una de dieciocho centímetros de diámetro interior es la adecuada para los de más edad. El tubo neumático debe estar sólo lo suficientemente hinchado para sostener los pies, no permitiéndoles sostenerse forzadamente demasiado arriba, ni arrastrarse demasiado abajo. Pueden también utilizarse soportes de plástico y nadaderas hinchadas, si se tiene cuidado en que se observen las precauciones acabadas de indicar.

Muchos nadadores prefieren dejar que sus piernas arrastren o batir con ellas ligeramente. Personalmente no me agrada este método. El empleo de una tabla de batir colocada entre las piernas no es recomendable, no debiendo ser nunca empleada por los nadadores de «crawl» o de espalda: hace que el nadador suba demasiado arriba, crea menos rémora de la que es verdadera nadando, e impide que el nadador de «crawl» y de espalda balanceen en forma natural.

Desentumecimiento antes de la carrera

La importancia del precalentamiento antes de llevar a cabo una actividad física ha sido puesta en duda por algunas personas, principalmente investigadores con poca experiencia práctica. No obstante, muchos preparadores creen que es beneficioso para la actuación del nadador, y su creencia está basada en experiencias efectuadas con precalentamiento y sin él.

Los mejores «pitchers» (lanzadores) de «baseball» se han dado cuenta de que sin un suficiente precalentamiento propenden a que, cuando lanzan con fuerza, los brazos les resulten doloridos, y estén faltos de control y no puedan lanzar la pelota en una buena curva como es normal. El lanzador sabe que sin el precalentamiento no tendrá los músculos dilatados y posiblemente los puede lesionar. El precalentamiento le da también oportunidad de ajustar o vigorizar su sistema neuromuscular a efectos de que su coordinación se encuentre en su punto. El lanzador debe, en primer lugar, concentrarse en precalentar su brazo; el nadador debe desentumecer enteramente su cuerpo. Los objetivos del desentumecimiento del nadador son:

1. Dilatar sus músculos.
2. Adaptar fisiológicamente el cuerpo a la carrera (las pulsaciones del corazón se elevan ligeramente, la sangre llega más rápidamente a los músculos activos, y así sucesivamente).
3. Vigorizar el sistema neuromuscular o, como dicen los nadadores, «tener la sensación de los movimientos».
4. Habituarse a la temperatura del agua, adaptarse a las salidas, virajes, etc., de la piscina.
5. Realizar los ajustes finales de la cadencia a que se nadará la carrera.

Aun cuando las exigencias de cada individuo en cuanto a desentumecimiento pueden variar un tanto, es norma de buena prudencia para el equipo el tener un desentumecimiento normalizado con el que trabajar. Un desentumecimiento adecuado presupone disponer de amplias oportunidades de utilización de la piscina antes del inicio de la competición. En el caso de insuficiencia de tiempo o de carencia absoluta de él para el uso de piscina antes del inicio de la competición, puede ser de algún valor un período de dilatación de músculos y precalentamiento practicando ejercicios en seco.

SUGERENCIA DE UNA RUTINA DE DESENTUMECIMIENTO. — La siguiente rutina ha sido practicada, por muchos nadadores, con buenos resultados:

1. Desentumecerse con un nado de 500 yardas a cadencia moderada. Si el nadador necesita aliento, puede detenerse por un corto período y luego continuar.
2. Batir entre 200 y 400 yardas a cadencia moderada.
3. Nadar 8×50, alternativamente cada 50 metros a cadencia moderada y duramente los siguientes, controlando la velocidad alrededor de cuatro o cinco segundos más lentamente que el mejor tiempo. Descanso de 30 a 60 segundos después de cada 50.
4. Nadar a toda velocidad 4×25 con salida y viraje. Los nadadores de fondo nadar a cadencia de dos a tres por 100.
5. Nadar suavemente algunos largos y luego ensayar unas pocas salidas y virajes.

El desentumecimiento arriba descrito está proyectado para nadadores universitarios en buen estado de preparación. A los nadadores no formados puede convenir reducirles por mitad las distancias o quizá más aún.

En los encuentros de campeonatos en los que hay eliminatorias y finales en un mismo día, este desentumecimiento no debe repetirse antes de las finales. Una vez que el nadador se ha desentumecido, el efecto le durará la mayor parte del día. La segunda vez que el nadador deba nadar notará que sólo necesita efectuar unos pocos largos, con una o dos 50 yardas a cadencia, o algunas 25 yardas fuertes.

Cada nadador puede ensayar distintas rutinas de desentumecimiento, antes de participar en pruebas contra el reloj o pequeños encuentros, a efectos de ver si descubre cuál es, para él, el mejor de los sistemas.

EL SISTEMA DE INDIANA DE VARIAR LA INTENSIDAD DE LOS EJERCICIOS CONJUNTADOS, CONFORME AVANZA LA TEMPORADA

La pauta de los ejercicios varía a medida que la temporada de natación avanza. La suma relativa de ejercicios de resistencia conjuntados será mayor en las sesiones de entrenamiento de principio de temporada que en las de época más avanzada. Inversamente, conforme la temporada avanza, se realizan más ejercicios de velocidad en forma de preparación de repetición, cortas carreras de velocidad e introduciendo en la práctica simuladores. En el proyecto de programa de preparación de un año que sigue, el lector puede observar este cambio. Aun cuando muchos nadadores no serán capaces o no desearán seguir exactamente este programa, podrán intentar introducir cambios similares en la intensidad de sus propios programas de mejora a lo largo de la temporada.

Terminología de los ejercicios

Cuando un preparador prescribe verbalmente sus instrucciones o las anota en una pizarra, debe haber acuerdo en las abreviaciones y en la terminología. Cuando se emplea una figura abreviada, tal como «30×50 nados en un minuto», naturalmente debe significar que los nadadores nadarán 30 veces 50 yardas (o metros), empezando uno cada minuto. «Repeticiones» se refiere a las series de nados efectuados en una sesión de preparación a intervalos o de repeticiones. Todas las repeticiones son cronometradas, bien por el preparador, bien por un ayudante o comisario, o por el propio nadador utilizando un gran cronómetro de cadencia. Más abajo hay relacionados algunos ejemplos de los términos y frases empleados en los ejercicios que siguen, junto con una descripción de los vocablos. Para una descripción más detallada de estos términos y de los principios en que estos métodos están basados, puede acudirse al Capítulo 8.

Ejemplos

NADAR 15×100 P.I. EN 2 MIN. — Se debe interpretar como significando 15 esfuerzos de 100 yardas (o metros), debiéndose efectuar cada repetición en forma de preparación a intervalos, empezando cada repetición a cada dos minutos.

NADAR 5×100 P.R. AL MENOS 5 MIN. DESC.

Libristas — 51 segundos o menos.
Espaldistas — 58 segundos o menos.
Bracistas — 65 segundos o menos.
Mariposistas — 56 segundos o menos.

Esto significa que el nadador debe efectuar cinco esfuerzos de 100 yardas (o metros), cada uno en forma de preparación de repetición (casi el máximo de esfuerzo) y con al menos cinco minutos de descanso entre cada 100. Se informa de los tiempos a alcanzar.

BATIR 20 LARGOS, Y EN SEGUIDA 4×100 EN 3 MIN. — Se ordena al nadador que bata los primeros 20 largos a cadencia moderada y sin registrar los tiempos. En seguida debe batir cuatro esfuerzos, cada uno de 100 yardas (o metros), iniciando las repeticiones a cada tres minutos.

NADAR SIM. 200 (100-5 SEG., 50-5 SEG., 25-5 SEG., 25-SALIDA EN 45). — En este caso el nadador debe nadar un simulador; después de los primeros 100, tomarse 5 segundos de descanso, en seguida nadar 50 y descansar 5 segundos, nadar unos 25 y tomarse 5 segundos de descanso, y en seguida otros 25. Debe salir cuando la aguja del reloj de cadencias marca las 45; en este caso los 5 segundos de descanso quedarán cancelados en el tiempo total nadado, que será registrado como si el nadador hubiese salido con la aguja en el cero.

NADAR PARTIDOS 400, 10 SEG. DESPUÉS DE CADA 100, SALIDA EN 30. — El nadador debe nadar cuatro repeticiones de 100 yardas (o metros) cada una, tomándose exactamente 10 segundos de descanso después de cada 100. Empezando cuando la aguja del segundero alcanza los 30, los períodos de reposo quedarán cancelados y el tiempo total de nado podrá ser leído directamente en el reloj de cadencias.

NADAR 8 PROGRESIVOS 400, EN 8 MIN. — Esto indica al nadador que cada uno de los sucesivos 400 debe ser más rápido que el que le precede. Otros tipos de tandas de repetición son: tandas directas en las que los tiempos de cada repetición son mantenidos relativamente constantes; tanda progresiva-regresiva en que una repetición es rápida y otra lenta, repitiendo esta pauta a lo largo de la tanda; tandas de distancias decrecientes en que, en cada nado repetido, la distancia es reducida y la velocidad aumentada (tal como 400-300-200-100); y simuladores en los que también se practica un patrón de distancias decrecientes conforme la tanda va avanzando, con la diferencia de que solamente tiene lugar un corto intervalo de descanso entre los esfuerzos, a diferencia del prolongado reposo de la tanda de distancias decrecientes. La tanda simuladora es un ensayo que se ajusta a la cadencia y el esfuerzo que el nadador deberá realizar en la carrera verdadera.

Plan de preparación anual

El plan aquí bosquejado corresponde al programa descrito en la Tabla 9-2. Cuida de que la puesta a punto se halle en su cima, en los meses de marzo y abril para las actuaciones en piscina cubierta, y en los de julio y agosto para las de piscina descubierta. Los ejercicios de este plan son los típicos, y se exponen una gran variedad de ellos a efectos de que el lector pueda tener una amplia selección entre los que escoger. Se facilitan también diferentes esquemas a fin de poder seleccionar el que mejor encaja a sus condiciones de preparación. A lo largo del libro y en especial en el Capítulo 14, «Los planes de entrenamiento de algunos campeones», se facilitan ejercicios de rutina adicionales.

Con frecuencia los preparadores disponen sus programas de entrenamiento de manera que las rutinas sean similares a todo lo largo del año o en algunos casos idénticas. Esto puede convertirse en monótono, aun para una persona que se inicie en el deporte de la natación, y puede significar el «abandono» para un nadador que ya ha permanecido muchos años en él. Por esta razón es útil cambiar las rutinas cada año y a lo largo de la temporada practicar una amplia variedad de ejercicios.

Es también una buena idea dividir en cuatro fases la temporada de natación: la preparación de pretemporada, la de la fase preparatoria, la fase de duro entrenamiento y la fase de afinación. Esta distribución ayuda a variar la rutina y da alguna ayuda a los nadadores en cuanto a su actitud con respecto a la totalidad de la temporada. En lugar de una temporada larga, continua, que a veces al nadador le parece inacabable, tiene ahora que atravesar cuatro fases de nado más cortas. Al tiempo que termina cada fase, obtiene una exaltación mental por el logro alcanzado.

PREPARACIÓN DE PRETEMPORADA. — El trabajo de pretemporada, particularmente ejercicios en seco, se ha demostrado eficaz a muchos nadadores, especialmente a aquellos que han permanecido inactivos por un tiempo. A la vez que es cierto que habrá alguna disposición transferida de la temporada precedente, su importancia variará de acuerdo con lo prolongado que haya sido el período descuidado y la manera activa o inactiva en que la persona haya vivido. Actividades tales como correr, realizar ejercicios en seco y jugar al tenis ayudarán a mantener un cierto nivel de aptitud durante este período de descuido.

Es importante recordar que los efectos de la preparación son concretos, y que en ellos hay sólo un limitado valor de transferimento de una actividad a otra, tal como del correr al nadar. Si una persona no dispone de agua, puede arreglarse para establecer un programa de ejercicios en seco, corriendo, rodando en bicicleta, o llevando a cabo alguna otra actividad a efectos de mantener las aptitudes.

Durante la fase de pretemporada el preparador puede decidir practicar ejercicios en seco (supervisados o sin supervisar) con la adición de algunos nados suaves. También puede el preparador dirigir unas pocas veces a la semana algunas sesiones de aula dedicadas en preferencia a la mecánica de los movimientos. Puede exhibir películas y dirigir debates relacionados con la mecánica de los movimientos, con los entrenamientos o con cualquier fase del programa de natación. La preparación de pretemporada puede también incluir actividades tales como *water polo* y el correr a pie.

LA FASE PREPARATORIA. — Esta fase de la temporada de piscina cubierta, para la mayoría de los equipos de las universidades, los de enseñanza media y los juveniles o infantiles, empieza en octubre o noviembre y se prolonga a lo largo de noviembre o diciembre. Las temporadas varían un tanto en las diferentes partes de este país y entre los distintos países; el plan que sigue es para una temporada de piscina cubierta con una fase de natación de seis meses de duración, octubre a marzo.

Las conferencias y las películas que empezaron durante la fase de pretemporada deben ser continuadas, y una buena parte del tiempo debe dedicarse a trabajar los movimientos, las salidas y los virajes. Muchos preparadores declaran que, en este período y en el de afinamiento, llevan a cabo más trabajo en la técnica de los movimientos que durante la fase de duro entrenamiento.

Por lo común, durante este período preparatorio los nadadores tienden a trabajar a un nivel de esfuerzo inferior al de la fase siguiente. La fase preparatoria es justamente lo que su nombre quiere expresar, y está planeada para los fines siguientes: 1) mejorar por medio de ejercicios en seco la potencia y la flexibilidad de los nadadores, 2) mejorar la mecánica de los movimientos, las salidas y los virajes de los nadadores, y 3) preparar o poner el cuerpo a punto para el duro trabajo que le espera en la fase siguiente.

Durante este período, los nadadores deben realizar la mayor parte de su trabajo practicando la preparación de la superdistancia, la preparación «fartlek» y la preparación a intervalos. Se debe practicar muy poca preparación de repetición, velocidad pura o simuladores.

Una semana de ejercicios típicos en la fase preparatoria. A menos que se indique de otra manera, las tres categorías de nadadores llevarán a cabo los ejercicios tal como quedan registrados.

Lunes
1. Durante 20 minutos debate acerca de la mecánica de los movimientos.
2. Treinta minutos de ejercicios en seco, organizados.
3. Treinta minutos de nado «fartlek».
4. Diez minutos de batido «fartlek».
5. Diez minutos de tracción «fartlek».

Martes. Los ejercicios, que para este día se señalan en último lugar, deben realizarse antes o después de nadar, según sea lo que convenga. No obstante, si es válida una preferencia, los ejercicios se realizarán antes de nadar.
1. Nadar 30 minutos seguidos.
2. Batir 15 minutos sin parar.
3. Cronometrar 800 yardas de tracción.
4. Efectuar media hora de ejercicios en seco.

Miércoles. Esta sesión da entrada a la práctica de algo de preparación a intervalos.
1. Nadar 500 yardas moderadamente fuerte.
2. Batir 500 yardas moderadamente, en seguida batir 3 × 100 en 2 minutos.
3. Traccionar 500 yardas moderadamente, en seguida traccionar 3 × 100 en 2 minutos.
4. Nadar una milla, parando para un descanso de 5 a 10 segundos después de cada 50 yardas, P.I. lenta.
5. Media hora de ejercicios en seco.

Jueves
1. Media hora de debate acerca de la mecánica de los movimientos en la cual se exhibirán películas y el trabajo se realiza acerca de la mecánica de los movimientos bajo el agua.
2. Nadar 500.
3. Batir 500.
4. Traccionar 500.
5. Cronometrar 1.000 yardas, a cadencia.

Viernes
1. Desentumecerse nadando 1.000 yardas con el método «fartlek».
2. Batir 1.000 yardas con el método «fartlek».
3. Traccionar 8 × 100 yardas en dos minutos P.I.L.
4. 30 minutos de ejercicios en seco.

Sábado. 3.000 yardas «en familia». En esta sesión los nadadores pueden hacer lo que les plazca a condición de que cubran la distancia prescrita.

Domingo. Día de asueto.

A medida que esta fase avanza en la temporada, los nados repetidos deben ser gradualmente presentados en las sesiones, junto con los batidos y las tracciones repetidas. Al principio, no se debe dar mucha importancia a los tiempos de los nadadores, pero es una buena idea empezar a tomárselos y rogarles que mantengan un registro mental de sus tiempos, promediándolos y guardando en sus cuadernos o diarios un registro de ellos. Se debe alentar a todos los nadadores a que lleven un registro de sus ejercicios. El director del equipo de natación debe también llevar un cuaderno diario que contenga todo el conjunto de ejercicios, y además el promedio de tiempo que los muchachos realizan en las series de repeticiones.

En las primeras fechas de diciembre (o noviembre, según sea las en que empezarán las competiciones), los nadadores, alrededor de tres días por semana, deben realizar ejercicios de preparación a intervalos. Debe continuar el trabajo de los movimientos, puesto que éste es el momento ideal de la temporada para hacer las correcciones importantes; no obstante, los nadadores experimentarán un deseo de iniciar el incremento de la velocidad en los tiempos repetidos. Por ejemplo, si un nadador la semana anterior realiza nados de 15×100 estilo libre con 30 segundos de descanso a un promedio de 64 segundos, debe esta semana intentar rebajar aquel tiempo a 63,5, y renovar la semana próxima el intento con una nueva reducción. No debe haber un punto divisorio tajante entre el final de la fase preparatoria y el inicio de la fase de duro entrenamiento. La fase preparatoria completa consiste en un firme incremento de intensidad aumentando el número de días dedicados a la rutina del tipo de preparación a intervalos y perfeccionando la calidad del trabajo.

Ejemplo de cinco días de ejercicios en la última parte de la fase preparatoria.

Lunes

1. Media hora de conferencia o películas acerca de la mecánica de los movimientos.
2. Media hora de ejercicios en seco.
3. Nadar seguido, a velocidad moderada, media milla.
4. Batir moderadamente 400 yardas, en seguida batir 500 contra el reloj.
5. Traccionar moderadamente 400 yardas, en seguida traccionar 500 contra el reloj.
6. Nadar 16 × 50 yardas con 10 segundos de descanso.

Martes
1. Media hora de ejercicios en seco.
2. Media hora dedicada a salidas y virajes (conferencia seguida de trabajo efectivo en la piscina).
3. Batir moderadamente 880.
4. Traccionar 500, en seguida repeticiones 4 × 100 con 30 segundos de descanso.
5. Nadar 8 × 200 con 60 segundos de descanso (los velocistas, 20 × 50 con 60 segundos de descanso).

Miércoles
1. Una media hora de ejercicios en seco.
2. Quince minutos de conferencia acerca de la cadencia.
3. 200 yardas de desentumecimiento.
4. Nadar a cadencia y con esfuerzo moderado 880 (los velocistas, 500 a cadencia).
5. Batir 500
6. Traccionar 500
7. Nadar a cadencia 800, tan rápido o más aún que los primeros (los velocistas, 500).

Jueves
1. Una media hora de ejercicios en seco.
2. Trabajar durante quince minutos salidas y virajes
3. Nadar 10 × 100 con 15 segundos de descanso (los fondistas, 5 × 200, con 15 segundos de descanso).
4. Batir 500 yardas, en seguida cronometrar 200.
5. Traccionar 500 yardas, en seguida cronometrar 200.
6. Nadar 5 × 100, partiendo cada tres minutos (los velocistas, 5 × 50).

Viernes
1. Desentumecerse nadando 500 a esfuerzo moderado.
2. Nadar 8 × 50 a esfuerzo moderado.
3. Batir moderadamente 500.
4. Traccionar moderadamente 500.
5. Cronometrar una milla de nado (a los velocistas cronometrarles 800).

Cuando sea posible, es una buena regla tener organizados a todo lo largo de la temporada los ejercicios en seco de una manera que no se interfieran con la cantidad de tiempo que se necesita dedicar al agua. Mientras algunos nadadores están cronometrando repeticiones o distancias más largas, los otros, mientras esperan su turno para nadar, pueden realizar los ejercicios en seco o las contracciones isométricas.

Más ejemplos de ejercicios de la fase preparatoria. Los ejercicios siguientes son ejemplos adicionales que pueden practicarse durante este período. Un equipo puede un año practicar un tipo de ejercicios y otro distinto el año siguiente. De hecho, el preparador puede cambiar los ejercicios diaria, semanal, mensual y también anualmente. No obstante, la práctica de excesivos cambios de ejercicios y de diferentes formas de trabajo en una sola sesión, puede ser tan desastrosa como la excesiva rigidez.

Ningún nadador debe intentar realizar en una temporada todos los ejercicios que siguen. Si el preparador y el nadador se dan cuenta de que los ejercicios que practican son monótonos y desean un cambio temporal o permanente, estos ejercicios pueden servir de ejemplo. Las sesiones teóricas, los ejercicios en seco, las películas, etc., pueden, a discreción del preparador, continuar siendo incluidos en estos ejercicios; no obstante, no figuran detallados en ellos.

Ejemplo de ejercicios

I. Nado locomotor (1 lento, 1 rápido, 2 lentos, 2 rápidos, 3 lentos, 3 rápidos, 4 lentos, 4 rápidos, 6 lentos, 6 rápidos, 4 lentos, 4 rápidos, 3 lentos, 3 rápidos, 2 lentos, 2 rápidos, 1 lento, 1 rápido) para un total de 52 largos en una piscina de 25 yardas.
2. Batido locomotor (como el supradicho).
3. Traccionar 1.000 yardas a una marcha fija.

II. 1. Traccionar 800 yardas.
2. Batir 800 yardas.
3. Tanda de nados progresivos de 3×800 de P.I., 4 minutos de descanso.

III. 1. Nadar 7×25 yardas P.I.L., con 25 segundos de descanso cada 25.
2. Batir 36×25, con 5 segundos de descanso.
3. Traccionar 36×25, con 5 segundos I.D.

IV. 1. Nadar 40 largos, uno de cada tres rápidamente.
2. Batir en P.I. progresiva 4×200 con I.D. 2 minutos.
3. Traccionar en P.I. progresiva 4×200 con I.D. 2 minutos.

V. 1. Nadar a cadencia 800 yardas.
2. Batir 400.
3. Nadar a cadencia 800, más rápida que la primera.
4. Traccionar 400.
5. Nadar a cadencia 800, más rápida que la segunda.

VI. 1. Nadar 15 minutos en «fartlek».
2. Batir 15 minutos en «fartlek».
3. Traccionar 15 minutos en «fartlek».
4. Nadar 15 minutos en «fartlek».

VII. 1. Nadar en P.I.L. 10×100, con 10 segundos I.D.
2. Batir 8×100, con 10 segundos I.D.
3. Traccionar 500 con esfuerzo moderado.
4. Nadar en P.I.L. 8×100, con 10 segundos I.D.

VIII. 1. Nadar 400 partidos, 8×50, 5 segundos I.D. salida en 50.
2. Batir 500 moderadamente.
3. Traccionar 500 moderadamente.

4. Traccionar 500 partidos, 8×50, 5 segundos I.D.
5. Batir 500 partidos, 8×50, 10 segundos I.D. salida en 50.
6. Cronometrar 400 a cadencia moderada.

IX. 1. Batir 800, cada tres largos, rápidamente.
2. Traccionar 800, cada tres largos rápidamente.
3. Nadar a cadencia 800, 400, 200, 100.

X. 1. Nadar en P.I.L., 30×50, uno lento, uno rápido; cronometrar los rápidos.
2. Batir 10×100, uno lento, uno rápido; cronometrar los rápidos.
3. Traccionar 10×100, uno lento, uno rápido, cronometrar los rápidos.

FASE DE DURA PREPARACIÓN. — Esta fase puede tener una duración de entre ocho y doce semanas; la de piscina cubierta (invierno), diciembre, enero, febrero; la de piscina descubierta (verano), junio, julio y parte de agosto. Es durante esta última fase que tiene lugar la preparación más dura, tanto en distancias totales como en intensidad.

Muchos preparadores y nadadores encuentran útil en esta época dedicar dos sesiones al día. La preparación más dura que la mayoría de nadadores llevan a cabo tiene lugar en la temporada de verano, cuando los nadadores no tienen el apremio de los trabajos escolares y pueden dedicar sus principales esfuerzos a la preparación de la natación. En verano nuestro equipo realiza dos ejercicios diarios muy duros, con aproximadamente de 3.000 a 4.000 metros en cada uno. En la temporada de piscina cubierta, cuando los nadadores se hallan en la fase de dura preparación, yo les pido que realicen un duro ejercicio de aproximadamente entre 4.000 y 5.000 yardas por la tarde y un segundo ejercicio de entre 1.000 y 2.000 yardas, bien por la mañana o al anochecer, según sea su disponibilidad de tiempo.

Durante esta fase es importante destacar la importancia de trabajar duramente. Para representar el concepto de la importancia de entrenarse duramente, la Figura 12-1 aclara el concepto de preparación «dolor, angustia, agonía».

Métodos de preparación. Todo lo que ha sido debatido acerca de los métodos de preparación será puesto en práctica durante esta fase, con particular intensidad en aquellos que involucran velocidad: superdistancia, «fartlek», preparación a intervalos, preparación de repetición, preparación de velocidad, pruebas contra reloj y competición verdadera. A medida que esta fase avanza, el nadador debe aumentar su trabajo en velocidad: preparación de repetición, preparación de velocidad, y así sucesivamente.

Una semana de ejercicios típicos en la fase de dura preparación.

Lunes. Primera sesión

1. Nadar 500.
2. Nadar 500 cronometrados.
3. Batir 400, en seguida 10×50 cada 1 ½ minutos.
4. Traccionar 400, en seguida 10×50 cada 1 minuto.
5. Nadar P.I.R.:

Velocistas	Mediofondistas	Fondistas	Intervalo descanso
300	400	500	6 min.
200	300	400	4 min.
100	200	300	3 min.
50	100	200	

6. 4×25 muy rápidos

Lunes. Segunda sesión

Velocistas y mediofondistas

1 Desentumecimiento 8×50 cada minuto.
2. Batir 200.
3. Traccionar 200.
4. 6×100 cada 2 ½ minutos.

Fondistas

1. Desentumecerse nadando 400.
2. Nadar a cadencia 2×800 5 minutos descanso.

Martes. Primera sesión

1. Desentumecerse nadando 200 yardas.
2. Nadar 400 partidos (10 segundos después de cada 50, con salida cuando la aguja minutera del reloj de cadencias señala 50).
3. Batir 36 largos (900 yardas), a toda velocidad uno de cada tres largos.
4. Traccionar en mariposa 18 largos (450 yardas), en seguida cronometrar 500 yardas de tracción.
5. Nadar tanda seguida P.I.R. 30×50 cada 60 segundos.

Martes. Segunda sesión

Velocistas

1. Nadar P.I.R. 10×25, 10 segundos I.D.
2. Traccionar 10.
3. Batir 10.
4. Nadar P.R. 6×50 en 3 minutos, cada uno a 2 segundos del mejor tiempo personal.

Mediofondistas

1. Nadar P.I.R. 10×25, 10 segundos I.D.
2. Traccionar contra el reloj 200.
3. Batir contra el reloj 200.
4. Nadar P.I. 4×200 cada 5 minutos.

Fondistas

1. Nadar P.I.R. 10×25, 10 segundos I.D.
2. Nadar a cadencia, 1.650 a 40 segundos del mejor tiempo personal.

Miércoles. Primera sesión
1. Nadar 3, 400 partidos después de cada 50, 10 segundos I.D. y de 3 a 6 minutos cada 400.
2. Traccionar P.I. 4×200 cada 5 minutos.
3. Batir P.I. 6×100 cada 3 minutos.
4. Nadar tanda seguida P.I. 15×100 cada 2 minutos.
5. Salidas de relevos y nado de un largo a toda velocidad.

Miércoles. Segunda sesión
Todos los nadadores «en familia» 1.600 yardas.

Jueves. Primera sesión
1. Nadar 500, en seguida 8×50 P.I.L. cada 60 segundos.
2. Batir 10.
3. Simulador:

100 para Velocistas (salida en 50)	200 para Mediofondistas (salida en 45)	500 para Fondistas (salida en 30)
50, 5 seg. I.D.	100, 5 seg. I.D.	200, 10 seg. I.D.
25, 5 seg. I.D.	50, 5 seg. I.D.	100, 5 seg. I.D.
25	25, 5 seg. I.D.	75, 5 seg. I.D.
	25	50, 5 seg. I.D.
		50, 5 seg. I.D.
		25

4. Batir 500 contra el reloj.
5. Traccionar 36 largos, cada tres de ellos rápidamente.
6. Nadar tandas progresivas.

Velocistas	*Otros*	*Fondistas*
5 × 150	5 × 300	5 × 500

7. A toda velocidad 2×25, en seguida 1×50.

Jueves. Segunda sesión
1. Todos los nadadores nadan P.I.L. 6×100 cada 1:45.
2.

Velocistas	*Otros*	*Fondistas*
Nadar P.I.R.	Nadar P.I.R.	Nadar P.I.R.
6×75	4×150	4×300

Viernes. Primera sesión. Al llegar a este día, los nadadores pueden estar cansados y, si para el sábado tienen un concurso difícil, pueden desear reducir la intensidad de los ejercicios. En los siguientes ejercicios se cubren 3.500 yardas, pero en una forma que no canse al nadador. Todos los nadadores realizan el mismo ejercicio.
1. Nadar 30×50 tandas P.I. lenta-rápida, cada 60 segundos.
2. Batir 500 yardas, en seguida 1×100 y 1×50.
3. Traccionar 500 yardas, en seguida 1×100 y 1×50.
4. Nadar a cadencia, a entre 5 y 8 segundos del mejor tiempo personal, 2×100, 3 minutos I.D.
5. Impulsándose de la pared en P.I. 8×25, 10 segundos I.D.
6. Con zambullida 2×25 a toda velocidad.
7. Nadar suavemente 250 yardas.

Viernes. Segunda sesión
1.

Velocistas	*Mediofondistas*	*Fondistas*
Nadar P.I.	Nadar P.I.	Nadar P.I.
10×50 progresivos	6×100 progresivos	4×200 progresivos
cada 60 segundos	cada 2 minutos	cada 4 minutos

2. Batir 10, en seguida 6×25.
3. Traccionar 10; en seguida 6×25.

Sábado. Día de competición, con el encuentro por la tarde.
1. Por la mañana, desentumecimiento.
2. Después del encuentro, realizar un ejercicio de aproximadamente 1.000 a 1.500 yardas. Efectuar una tanda seguida con 20×50 P.I. cada 50 segundos, o 10×100 P.I. cada 2 minutos.

Domingo. Día de asueto.

Ejemplos adicionales de ejercicios para la fase de dura preparación. Como ha sido previamente sugerido, durante esta fase los nadadores no deben tener el puntillo de intentar realizar todos estos ejercicios. No obstante, interesa que tanteen su mejoramiento comparando sus tiempos en los varios ejercicios que eligen para realizar. Estas tandas serán distintas para las diversas categorías de nadadores. Por ejemplo, pueden practicar las siguientes tandas (cada una de ellas, para ser efectuada en día distinto).

Velocistas y mediofondistas

1. P.I. 4×400 cada 8 minutos
2. P.I. 8×200 cada 6 minutos
3. P.I. 15×100 cada 2 minutos
4. P.I. 30×50 cada minuto

Fondistas

1. P.I. 8×500 cada 8 minutos
2. 16×200 cada 4 minutos
3. 20×100 cada 2 minutos
4. 30×50 cada minuto

Los nadadores también pueden desear practicar unas tandas de preparación de repetición para comprobar su progreso. La frecuente repetición de ciertos ejercicios o parte de ellos (tal vez semanalmente o bisemanalmente) puede facilitar metas fáciles de alcanzar para estimular a los nadadores.

Ejercicios de alta presión. Estos son unos ejercicios que persiguen una meta elevada y que, repetidos muchas veces en forma idéntica a lo largo de las semanas de duro entrenamiento, proporcionan los medios con los que el nadador intenta mejorar los tiempos logrados durante la última sesión de prácticas, en la que realizó ejercicios idénticos o tandas de repeticiones.

I. 1. Nadar en forma progresiva dos 400 partidos (8×50 con 10 segundos de I.D. saliendo en 50). Los nadadores de fondo nadan 3×400, con 10 segundos de I.D. después de cada 100, saliendo en 30.
2. Batir 300, en seguida 3×200, 3 minutos I.D.
3. Traccionar 200, en seguida 5×100, 1 ½ minutos I.D.
4. Nadar en tanda seguida 15×100 P.I. cada 2 ½ minutos I.D. (Los fondistas realizan 20×100 cada 2 minutos I.D.)

II. 1. Nadar 16×50 P.I. cada 60 segundos.
2. Traccionar 20, en seguida 8×50 cada 60 segundos.
3. Batir 20, en seguida 8×50 cada 1 ½ minutos.
4. Nadar en tanda seguida 8×200 P.I. cada 6 minutos,

Los nadadores de fondo desentumecimiento con 10×50:

Batir 10.
Traccionar 10.
16×200, los primeros 8×200 saliendo cada 3 minutos (promedio de tiempo para los buenos nadadores universitarios, 2:05); los últimos 8×200, cada 4 minutos (promedio de tiempo, 2:01).

5. Nadar velozmente 3×25, tomarse un largo reposo (de 1 a 4 minutos) y en seguida nadar 1×50.

III. 1. Desentumecerse nadando a esfuerzo moderado 500.
2. Batir 500.
3. Nadar 30×50 P.I.R. cada 60 segundos.
4. Batir 4×100 P.I. cada 3 minutos.
5. Traccionar 400, en seguida 3×200 cada 6 minutos.
6. Nadar velozmente 6×25, con zambullida.

IV. 1. Nadar para desentumecerse, 8×50.
2. Nadar contra reloj: velocistas, —200; otros, —300; fondistas, —1.000.
3. Batir 500, en seguida cronometrar 400.
4. Traccionar 400, en seguida 8×50 P.I. cada 1 ½ minutos.
5. Cronometrar en preparación de repetición, 5 minutos I.D.; velocistas, —4×100 (alrededor de 51 segundos); otros, —4×150; fondistas, —4×300 (por debajo de los 3 minutos).

V. 1. Nadar suavemente 500.
2. Nadar 8×50 P.I. cada 60 segundos.
3. Batir 10.
4. Nadar en simulador superdistancia:
Velocistas, —200 (100, 10 segundos I.D.; 50, 5 segundos I.D.; 25, 5 segundos I.D.; 25);
mediofondistas, —300 (150, 10 segundos I.D.; 50, 5 segundos I.D.; 50, 5 segundos I.D.; 25, 5 segundos I.D.; 25).
fondistas, —800 (300, 10 segundos I.D.; 200, 10 segundos I.D.; 100, 10 segundos I.D.; 100, 5 segundos I.D.; 50, 5 segundos I.D.; 50).
5. Traccionar 20, en seguida 10×25, 10 segundos I.D.
6. Batir 16×25, 10 segundos I.D.
7. Preparación de repetición al 95 por ciento de esfuerzo, I.D. prolongado de 4 a 8 minutos; velocistas, —4×75; mediofondistas, 4×100; fondistas, 4×200.

Ejercicios de baja presión. Estos ejercicios pueden alternarse con los de alta presión. El nadador puede adoptarlos con la idea de que debe trabajar duramente, pero en vista de que las tandas de repeticiones están más divididas que en las rutinas de alta presión, las metas no serán tan fácilmente establecidas, siendo ello peculiar de la baja presión. Una práctica excesiva de estas rutinas puede resultar perjudicial, toda vez que están proyectadas para practicarse solamente en forma ocasional para poner a punto al nadador, y al mismo tiempo para cambiar la presión de mejoramiento constante de los tiempos de los ejercicios previos.

I. 1. Desentumecimiento alterno progresivo-regresivo 20×50 P.I. cada 60 segundos.
2. Batir 20 (500 yardas).

3. Traccionar 20 (500 yardas).
4. Alternar 100 batidos y 100 traccionados cada 2 ½ minutos, repetir hasta que hayan sido batidos 6×100 y hayan sido traccionados 6×100.
5. Nadar, al venir más rápido que ir; velocistas, —8×100 cada 3 minutos; otros, —4×200 cada 6 minutos; fondistas, —3×400 cada 8 minutos.
6. A toda velocidad, con salida desde el agua 4×25.

II. 1. Nadar 8×100 P.I. cada 1:45 minutos.
2. Batir 20, en seguida 16×25, uno sí otro no, rápido.
3. Traccionar 20, en seguida 8×50, uno sí otro no, rápido.
4. Nadar 1×400, 1×200, 4×100, 8×50 (todos los nadadores realizando este ejercicio, nadando en dos olas), 7×25 a darlo todo.

III. 1. Nadar 800 yardas.
2. Nadar 400 partidos (4×100, 10 segundos I.D., saliendo en 30).
3. Nadar 200 partidos (4×50, 5 segundos I.D., saliendo en 45).
4. Batir 8×100 P.I. progresivo, cada 3 minutos.
5. Traccionar 4×200 P.I. progresivo, cada 5 minutos.
6. Nadar, tomándose un prolongado descanso: velocistas, —100, 75, 2×50, 4×25; mediofondistas, —200, 100, 4×50, 2×25; fondistas, —400, 300, 4×100, 2×25.

IV. 1. Nadar de desentumecimiento, 500.
2. Traccionar 4×150 P.I. progresivo cada 4 minutos.
3. Nadar 10×100 P.I. progresivo cada 2 minutos.
4. Batir 500, en seguida 16×25 cada 30 segundos.
5. Nadar «fartlek» 15 minutos.
6. Nadar a toda velocidad 75, 50, 25.

V. 1. Nadar 800 partidos, 10 segundos I.D. después de cada 100, saliendo en 50.
2. Batir 500.
3. Cronometrar la distancia para la que se prepara el 95 por ciento de esfuerzo.
4. Batir 4×50, 8×25, corto descanso.
5. Traccionar 500 en mariposa, 500 en el estilo propio.
6. Preparación de repetición: velocistas, —4×50, 2×25; mediofondistas, 2×10, 3×50, 2×25; fondistas, —2×200, 2×100, 2×25.

Ejemplos de la segunda sesión diaria de ejercicios. Los ejercicios siguientes son ejemplos de aquellos que pueden practicarse en la segunda sesión de un día, particularmente durante el año escolar. Podrían ser un poco demasiado suaves para el segundo ejercicio del programa de preparación de verano. Requieren en total de 30 a 45 minutos.

I. 1. Nadar 10×25 P.I. de desentumecimiento, 10 segundos I.D.
2. Nadar P.I.: velocistas, —6×100 cada 3 minutos; mediofondistas, —4×200; fondistas, —3×400.
3. A toda velocidad, 4×50.

II. 1. Nadar 800 partidos (16×50, 10 segundos I.D.), saliendo en 30.
2. Batir 300, en seguida 2×100.
3. Traccionar en «fartlek» 500.
4. Nadar a cadencia: velocistas, —200; mediofondistas, —300; fondistas, —500.

III. 1. 500 de desentumecimiento.
2. Traccionar 2×200, 3 minutos I.D.
3. Nadar P.I.: velocistas, —4×100 cada 3 minutos; mediofondistas, —6×100 cada 2 minutos; fondistas, —4×200 cada 3 minutos.

IV. 1. Nadar en P.I. 8×50 cada 50 segundos.
2. Batir 300.
3. Traccionar 300.
4. Nadar a toda velocidad 4×25, en seguida 3×50.

V. 1. Nadar 300 de desentumecimiento.
2. Batir 200, en seguida 2×50 cada 1 ½ minutos.
3. Nadar superdistancia a cadencia: velocistas, —400; mediofondistas, —800; fondistas, —1.650.

La fase de afinación. — El éxito de toda temporada de trabajo puede depender ampliamente de una fase relativamente corta de la misma. Este período se presenta hacia el final de la temporada y es en preparación de los decisivos grandes encuentros del año. Tiene una duración de entre dos y cuatro semanas. Frecuentemente los nadadores cometen el error de afinar para cada reunión. Un nadador típico, de enseñanza media o de grupos juveniles, puede tener un encuentro cada semana y algunas veces dos o tres por semana. Si un nadador afina para cada encuentro, descubrirá que pierde la mitad de su día de trabajo. Un afinamiento de un día —a lo más dos— puede ser intentado para los encuentros durante la fase de duro entrenamiento. Si el encuentro es de poca importancia, puede ser mejor continuar el trabajo sin preocuparse por él.

En la temporada de piscina cubierta, el período de afinamiento normalmente empieza a principios de marzo, en razón de que la mayoría de grandes encuentros tienen lugar en la última parte del mismo mes o en la primera de abril, o durante las últimas dos o cuatro semanas de la temporada. El paso de la fase previa a la fase de afinamiento no debe ser advertido al principio. Por lo menos dos o tres días a la semana pueden consistir en un esfuerzo moderadamente duro. Por ejemplo, en vez de efectuar 30×50 en un esfuerzo de la fase previa del tipo de alta presión, el número de 50 yardas puede reducirse a 12 ó 20; en vez de efectuar nados de 15×100, el número puede descender a 6, 8 ó 10.

El período de afinamiento persigue cinco fines generales.

1. Permitir que el nadador esté completamente descansado para los grandes encuentros.
2. Agilizarle en la mecánica de los movimientos, en las salidas y en los virajes.
3. Trabajar en cadencia y velocidad.
4. Realizar el entrenamiento suficiente para no perder cualquier aspecto de la puesta a punto conseguida en la fase previa.
5. Preparar sicológicamente a los nadadores para la gran competición.

El plan general de cambio de la rutina de preparación es:

1. Reducir la distancia total nadada durante la fase previa, y efectuar menos nados repetidos.
2. Disminuir las cantidades relativas de batido y tracción.
3. Incrementar los intervalos de descanso entre los nados repetidos, e incrementar la velocidad de las repeticiones.

El afinamiento variable. Investigaciones de laboratorio demuestran que algunos de los cambios sicológicos logrados por un atleta de resistencia sutilmente preparada, pueden retrogradarse en tan poco tiempo como cuatro o seis días de relativa inactividad. En otras palabras, pueden solamente bastar unos pocos días de ejercicios reducidos para perder parte de la puesta a punto lograda en la fase de dura preparación. Por esta razón, recomiendo un «afinamiento variable». En esta afinación, tres clases de días pueden ser alternados los unos con los otros: 1) días duros, 2) días moderados, 3) días suaves. El fin que persigue esta afinación es que los días duros mantendrán la puesta a punto del nadador, los días suaves le permitirán descansar, y los días moderados le facilitarán algo de ambas circunstancias. Esta afinación concede también algún margen de seguridad para el caso de que el preparador o el nadador se equivoque en su juicio.

El nadador no tiene que seguir una norma de turnos regulares, pero puede tener dos días suaves o dos días duros o moderados en forma sucesiva. El preparador y el nadador deben decidir acerca de la combinación.

Una semana típica de este período de afinamiento es representada a continuación:

Lunes (día duro)
1. Desentumecimiento 500.
2. Nadar 16×50 cada 60 segundos.
3. Batir 500 a esfuerzo moderado.
4. Traccionar 500 a esfuerzo moderado.
5. Nadar 200 (velocistas, 100; fondistas, 400).
6. Nadar 10×100, 2 minutos I.D. entre cada 200 (velocistas, 10×50; fondistas, 5×200).
7. Nadar 8×25, con una salida y viraje.

Martes (día moderado)
1. Desentumecimiento 10×50, uno sí y otro no, duro.
2. Cronometrar la distancia que deberá correrse en el encuentro, nadando a velocidad moderada.
3. Batir 250, en seguida 4×50.
4. Traccionar 250, en seguida 4×40.
5. 16×50 cada 1 ½ minutos, a esfuerzo moderado (los fondistas que trabajen la cadencia 100 y 200 yardas).

Miércoles (día duro)
1. Desentumecimiento 500.
2. Nadar 8×50, saliendo cada 60 segundos.
3. Batir 20, en seguida batir duramente 4×100.
4. Traccionar 20, en seguida traccionar duramente 3×100.
5. 2×200, I.D. 3 minutos.
6. 1×400 a esfuerzo moderado (velocistas, 1×100; fondistas, 4×400).

Jueves (día moderado)
1. Desentumecimiento 500.
2. Nadar 8×50 cada 60 segundos, uno sí y otro no, duro.
3. Batir 20 suavemente (sin impulso).
4. 8×100, 2 minutos I.D.
5. Trabajar la cadencia a que se nadará el concurso (los velocistas cronometrar unos moderados 75 y varios 50; los nadadores de 200 cronometrar unos moderados 150, en seguida 100 y luego 2×50; los fondistas nadar a cadencia 300 ó 200, y en seguida distancias más cortas).

Viernes (día suave)
1. 500 de desentumecimiento.
2. Nadar 8×50 cada 1 ½ minutos, velocidad moderada.
3. Batir 500 yardas.
4. Trabajar a cadencia de acuerdo con la carrera (fondistas, 300 ó 200; mediofondistas, 100 ó 150; velocistas, 50 ó 75).
5. 4×50 fuertes, prolongado descanso de 2 a 3 minutos.
6. 4×25 fuertes, prolongado descanso de 2 a 3 minutos.

Sábado (día del concurso).

FIG. 9-3. Planeamiento de un programa de temporada

El siguiente bosquejo no encajará con las necesidades de todos los equipos, puesto que en diferentes zonas la época de competiciones verdaderas puede variar hasta en dos meses. Está proyectada de manera que los nadadores alcancen, en las temporadas de piscina cubierta, la cima de su puesta a punto en marzo y principios de abril, y en agosto para las piscinas cubiertas. Cualquier equipo puede ajustar el plan y adaptarlo a su temporada particular. Este esquema también constituye un programa de preparación ideal.

Septiembre — El mes eventual

En lo que concierne a preparación, septiembre debe ser tomado con calma por el nadador. Puede concentrarse en los ejercicios en seco y jugar a water polo. Si lo desea, puede nadar un poco, pero permaneciendo alejado de ejercicios de alta presión o de preparación de repetición y de pruebas contra reloj. El trabajo en el agua debe concentrarse en efectuar movimientos. Deben empezar las conferencias y películas acerca de movimientos, virajes y salidas.

Plan de entrenamiento de natación. Ejercicios de resistencia — bien preparación de superdistancia o preparación «fartlek», con ninguno o muy poco trabajo en velocidad. Entrar en el agua dos o tres veces a la semana.

Septiembre

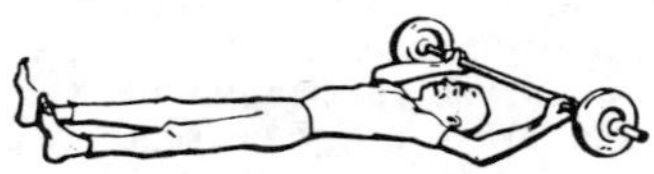

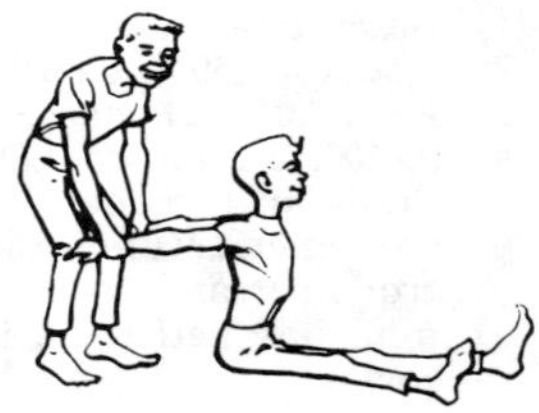

Entretenerse en otra actividad.

Con ejercicios en seco tres veces a la semana reforzar la potencia y la flexibilidad.

Al nadar practicar la preparación «fartlek» o la de superdistancia; ningún trabajo en velocidad.

Emplear películas para describir la técnica de la preparación y la mecánica de los movimientos.

Octubre — Trabajo preparatorio inicial.

Este mes puede aumentar el tiempo de los ejercicios en seco, y el nadador puede empezar a dedicar más tiempo al agua. El water polo es una actividad recomendable, y puede ser sustituido por alguno de los ejercicios de natación. El trabajo debe empezar con las técnicas de los movimientos, salidas y virajes; más adelante de la temporada, no hay tiempo para debatir con detalle estos aspectos, por lo que conviene concentrarse ahora en ellos. Es también el buen momento para trabajar en los estilos que son ajenos a la especialidad del nadador.

Plan de entrenamiento de natación. Preparación de superdistancia, «fartlek» y preparación a intervalos lenta. No realizar todavía mucho trabajo de velocidad, tales como rápidas carreras o preparación de repetición.

Octubre

Trabajar duramente en ejercicios en seco, entre tres y cinco veces a la semana, una hora al día.

Dedicar un poco más de tiempo a estar en el agua, pero continuar entre tres y cinco veces a la semana con la preparación de resistencia.

Si se desea, juéguese a water polo.

Sesiones teóricas: trabajar en salidas, virajes, movimiento, dieta y principios de preparación.

Trabajar en la mecánica de los movimientos. Dirigir la preparación desde bajo el agua, es mejor.

Noviembre — Fase preparatoria

Deben continuar los ejercicios en seco, pero debe reducirse la cantidad de tiempo que se les destina si se interfiere con el tiempo que se dedica al agua. El nadador no debe ser impulsado demasiado hacia el camino del «dolor, angustia, agonía». Debe establecerse una buena base para la puesta a punto de la resistencia, si bien ya puede iniciarse el trabajar moderadamente en la velocidad.

Plan de entrenamiento de natación. La preparación de la resistencia debe continuar intensamente —«fartlek», superdistancia, preparación a intervalos lenta. Con el inicio de algunos ejercicios de velocidad, podrá haber un nivel de esfuerzo más elevado, con pocos máximos esfuerzos de prácticas, aparte unas pocas veloces carreras cortas.

Noviembre

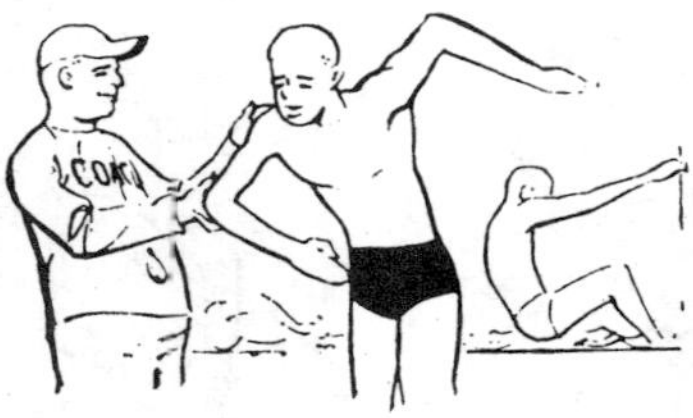

Seguir trabajando en movimientos, salidas, virajes, salidas de relevos.

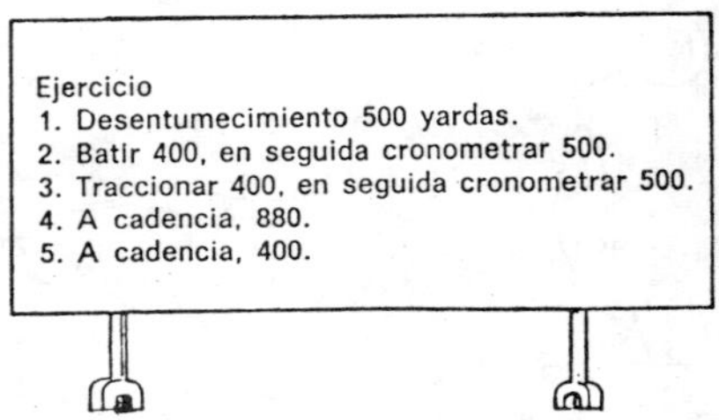

Ejemplo de ejercicio de superdistancia.

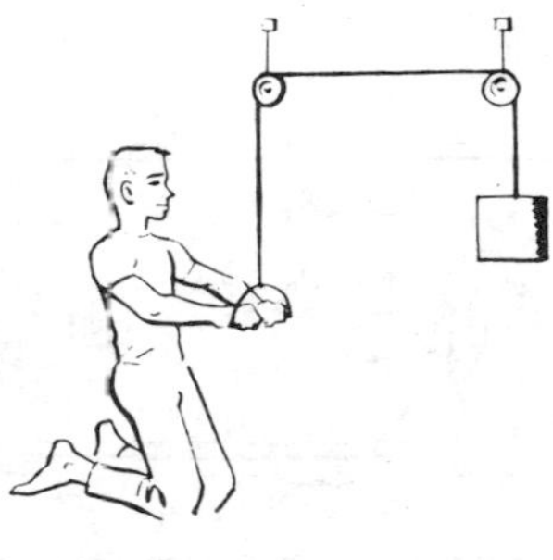

Los nadadores pueden tener que reducir el tiempo dedicado a ejercicios en seco.

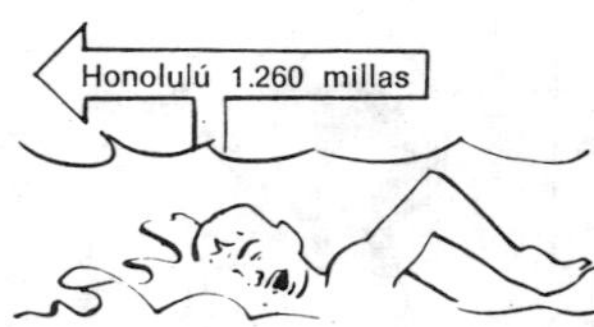

Cuatro o cinco veces a la semana nadar ejercicios de superdistancia para sentar unos buenos fundamentos, también preparación «fartlek» y algo de preparación a intervalos lenta y moderada.

Diciembre — Empieza la dura preparación

Este mes debe ser dedicado a establecer un puente en la brecha entre la fase preparatoria y la fase de dura preparación. Los ejercicios deben tornarse más dificultosos; debe ponerse en práctica, más preparación a intervalos y un tanto de preparación de repetición. Todavía es demasiado pronto para llevar al extremo las prácticas de velocidad. Debe continuar la práctica de ejercicios en seco (entre diez y treinta minutos al día), con la mayor concentración a las contracciones isométricas. La distancia total de los ejercicios puede exceder las dos millas y, en el caso de nadadores afanosos, pueden iniciarse dos o tres veces a la semana, dos sesiones diarias.

Plan de entrenamiento de natación. Deben iniciarse los ejercicios conjuntados que comprenden todos los métodos de entrenamiento. La cantidad de trabajo en velocidad debe aumentarse y dar entrada a algo de preparación de repetición y velocidad.

Diciembre

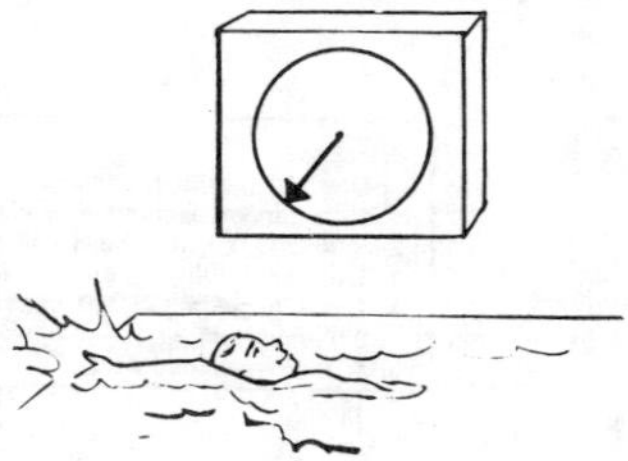

Llevar un registro de tiempos.

Contracciones isométricas

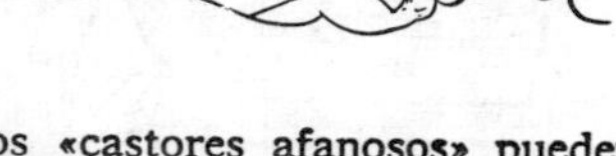

Los «castores afanosos» pueden esforzarse dos veces al día.

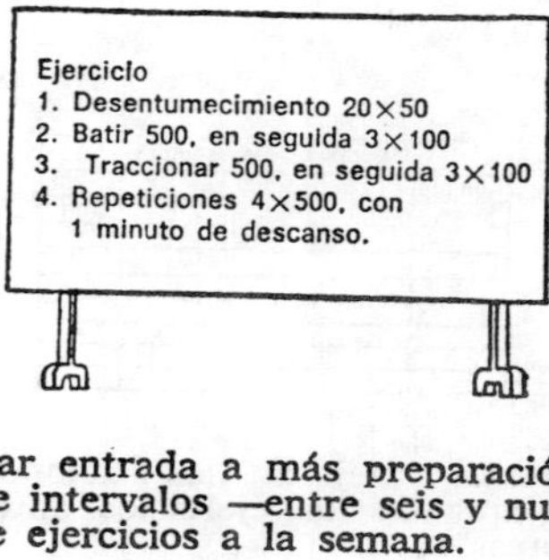

Dar entrada a más preparación de intervalos —entre seis y nueve ejercicios a la semana.

Enero y febrero — Fase de dura preparación

En este período pueden presentarse los ejercicios más penosos de la temporada de piscina cubierta. Aunque normalmente en estos meses hay una gran cantidad de encuentros, casi cada sesión de ejercicios debe ser de los de tipo conjuntado. Si los trabajos escolares y los horarios de la piscina lo permiten, pueden tener lugar dos sesiones al día. Debe actuar el concepto «dolor, angustia, agonía». Los ejercicios de alta presión o de meta difícil de alcanzar deben alternarse con otras rutinas igualmente duras, pero de baja presión. Para los encuentros de poca monta, puede efectuarse algo de perfeccionamiento y afinación. Debe observarse al nadador, en lo tocante a fatiga, y asegurarse de que su dieta, sueño y descanso son los apropiados. Deben continuar los ejercicios en seco, pero con discreción y de manera que no se interfieran con los de natación.

Plan de entrenamiento de natación. Ejercicios conjuntados, debiendo efectuar un incremento en cantidad de trabajo dedicado a los de velocidad. Los nadadores deben dividirse en tres grupos de acuerdo con el tipo de sus pruebas, procurando que trabajen adaptándose a ellas.

Enero
Febrero

Dar entrada a la idea «dolor, angustia, agonía».

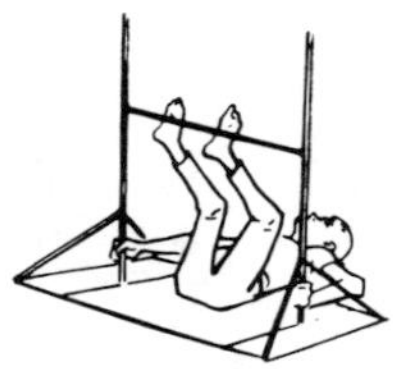

Efectuar algunas contracciones isométricas.

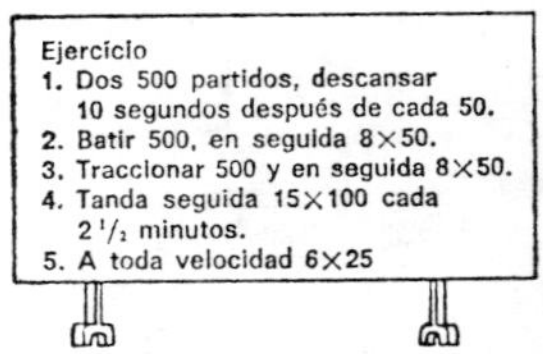

Preparación a intervalos dura y trabajo de repetición; ejercicios dos veces al día cuando sea posible.

Mejores tandas seguidas				
Nombre	30×50	15×100	8×200	4×400
Jones	31,5	60,6	2:19	5:01

Intentar mejorar los tiempos mejores de los ejercicios anteriores.

Acordarse de estudiar.

Marzo — Fase de afinamiento

La fase de afinamiento puede empezar entre diez días o dos semanas con anterioridad al más importante de los encuentros. Los ejercicios en seco pueden suspenderse, a menos que el nadador crea que su cese trastornaría su plan. Durante este afinamiento, el programa general es realizar menos repeticiones y, entre cada una de ellas, prolongar los intervalos de descanso. La cantidad total de ejercicios de batido y de tracción debe también reducirse. Los nadadores deben concentrarse en velocidad y trabajar la cadencia, descansando, y preparándose sicológicamente para las pruebas que se nos presentan.

Plan de entrenamiento de natación. Ejercicios conjuntados similares a los practicados en enero y febrero, pero con algo más de intensidad en las preparaciones de repetición y esfuerzo final de velocidad. Debe tenerse cuidado en no excederse en los esfuerzos de velocidad o en trabajar con demasiada frecuencia a nivel de 100 por ciento.

Marzo

Alternar descanso y trabajo

Estar preparado sicológicamente.

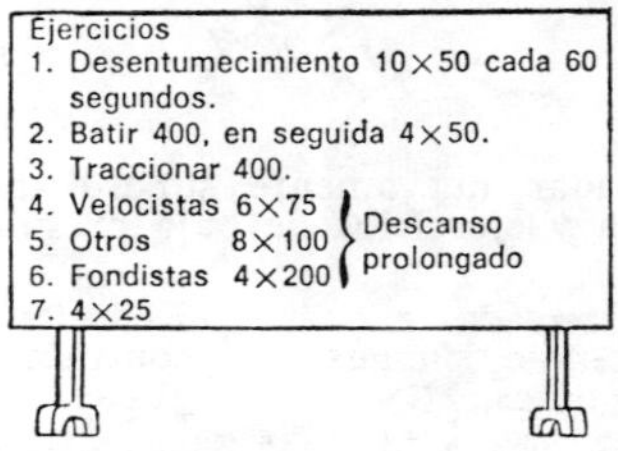

Empieza la fase de afinamiento, disminuyendo la cantidad total de trabajo. Concentrarse en la cadencia y otros detalles de la carrera.

Ejercitarse en virajes y salidas.

Abril-mayo — Fase preparatoria de la temporada de verano

Si el nadador proyecta entrenar y competir durante el verano, debe intentar retener algo de la puesta a punto que tan duro esfuerzo le costó lograr a lo largo de la temporada de piscina cubierta. Puede conseguirlo nadando, de dos a cinco veces por semana, unas tandas moderadas y realizando ejercicios en seco. Las sesiones deben ser de baja presión, particularmente en la primera parte de este período. Conforme el período avanza, se puede ir dando entrada en él a algo de preparación a intervalos. En este tiempo, un cambio total no es deseable y deja al nadador incapaz para el más fuerte período de preparación de todo el año.

Plan de entrenamiento de natación. Superdistancia, «fartlek», o preparación a intervalos lentos.

Abril
Mayo

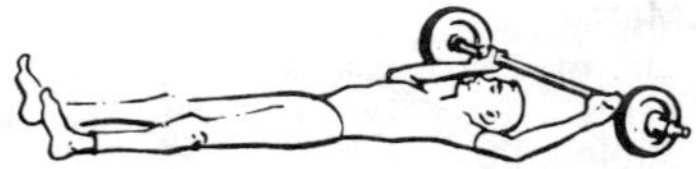

Ejercicios en seco.

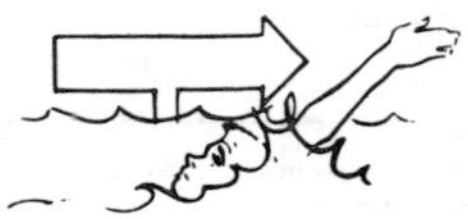

Nadar nuevamente superdistancia y ejercicios de baja presión.

No perder la sensibilidad de los propios movimientos.

Conseguir buenas notas.

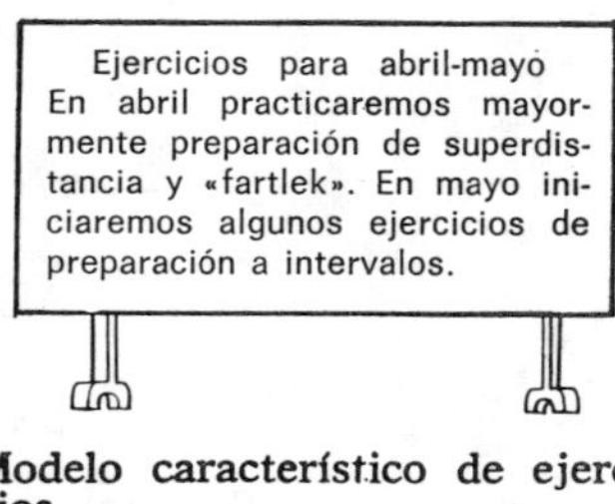

Modelo característico de ejercicios.

Junio y Julio — Fase de dura preparación

Estos han de ser los meses más duros de la preparación anual. Deben tener lugar dos sesiones (para los nadadores de fondo, aún quizá tres) y nadar entre cuatro y media y seis millas y media diarias. Deben efectuarse algunos ejercicios en seco concentrándolos fuertemente en contracciones isométricas. Casi todas las sesiones deben ser del tipo completo. Un día, o por lo menos medio día a la semana, debe substraerse a las prácticas. Conviene recalcar considerablemente el concepto «dolor, angustia, agonía». Puesto que el esfuerzo físico de la dura preparación es tan grande en este período, deben vigilarse cuidadosamente en el nadador cosas tales como exceso de fatiga y demasiada pérdida de peso. Conviene prestar cuidadosa atención a la dieta, al descanso y al sueño. Es importante trabajar los movimientos. Aunque las sesiones son duras, si los nadadores se sienten fuertemente estimulados, gozarán con ellas. No debe perderse nunca el deleite en la preparación.

Plan de entrenamiento de natación. Ejercicios conjuntados-variados para que encajen con las necesidades de los tres grupos y velocistas, mediofondistas y nadadores de fondo.

Junio-julio

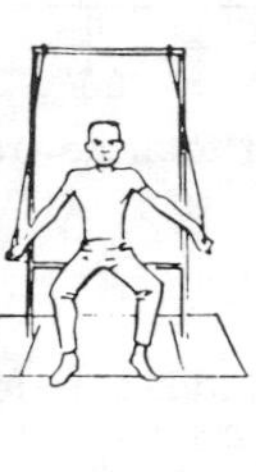

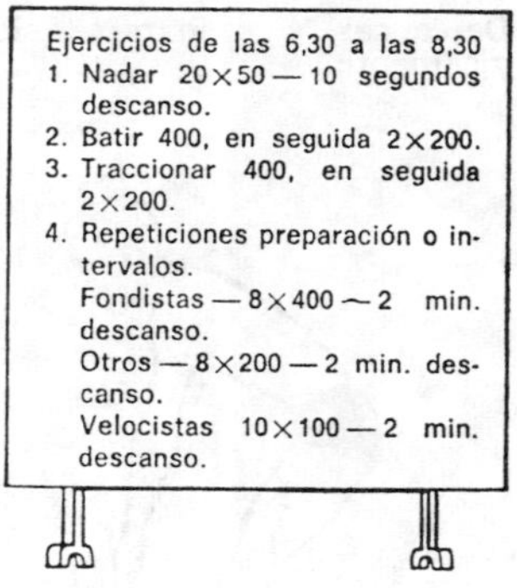

Efectuar aún algunos ejercicios de fortalecimiento.

Esforzarse en someter a tensión el trabajo, pero deleitarse en la preparación.

Preparación a intervalos dura, dos o tres veces al día — distancia total: de cuatro a seis millas.

Vigilar cuidadosamente la dieta. Disponer de abundante reposo y sueño.

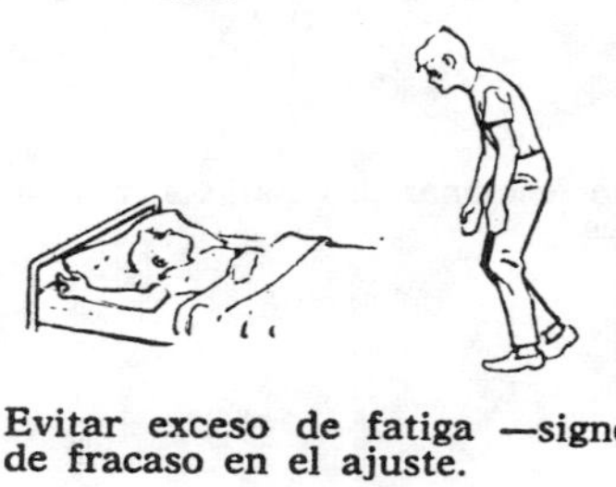

Evitar exceso de fatiga —signo de fracaso en el ajuste.

Agosto — Fase de afinamiento

A efectos de preparar al nadador para sus grandes encuentros, puede adoptarse una afinación de entre diez días y dos semanas. Debe cesar en toda clase de ejercicios en seco. Debe continuarse con dos sesiones diarias, pero la distancia total a nadar debe disminuirse. En general, el plan consiste en decrecer el número de repeticiones nadadas e incrementar los intervalos de descanso entre ellas.

Plan de entrenamiento de natación. Ejercicios conjuntados.

Agosto

Descansar y prepararse sicológicamente.

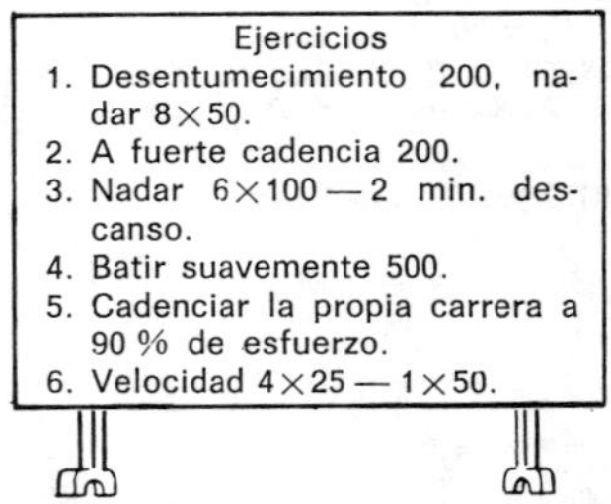

Reducir la cantidad total de trabajo.

Perfeccionar las salidas y virajes.

Trabajar la velocidad y la cadencia.

Durante el período de afinamiento, una de las mayores preocupaciones es preparar sicológicamente a los nadadores y darles suficiente descanso. Los nadadores que se hallan bien preparados físicamente pero no psicológicamente no desarrollarán su máxima potencia.

Como ya ha sido manifestado, es importante que durante el período de afinación no se disminuya el trabajo hasta el punto que los nadadores pierdan su puesta a punto. Si el preparador nota que esto ocurre, debe volver por varios días a los ejercicios del tipo que practicaban en la fase de dura preparación. Si hay un lapso de dos semanas entre grandes encuentros, es también una buena regla volver por un período de tres o cuatro días consecutivos a la preparación del tipo duro.

10

Ejercicios en seco

La puesta a punto física que la natación requiere para llevar a cabo buenas actuaciones, tiene como soporte tres elementos básicos: 1) fuerza, 2) resistencia, y 3) flexibilidad.

1. *La fuerza* puede definirse como la capacidad de un músculo o grupo de músculos para superar fuerzas contrarias o para crear fuerzas expansivas —impeler, traccionar o levantar.

2. *Resistencia* es la capacidad de un músculo, o del cuerpo como un todo, para repetir muchas veces una actividad. Hay dos tipos de resistencia: la muscular, que es la capacidad de los músculos para ejecutar muchas veces una tarea, y la circulatorio-respiratoria, que es la capacidad del sistema circulatorio para abastecer de sangre a los músculos activos, más la aptitud del sistema respiratorio para abastecer de oxígeno a la sangre y eliminar el dióxido de carbono y los metabolitos creados en los músculos activos.

3. *Flexibilidad* o movilidad, es la capacidad de las articulaciones y del cuerpo como un todo para impeler con facilidad a lo largo de la normal ordenación de movimientos.

Un programa de ejercicios en seco, si está bien proyectado y es convenientemente seguido, puede desarrollar la fuerza y la flexibilidad con mayor rapidez que la que proporciona la natación por sí sola. Esta es la justificación única del programa de ejercicios en seco.

Los ejercicios pueden también ser proyectados con el fin de contribuir a conseguir resistencia muscular, si bien no es éste su propósito principal. La resistencia cardiorrespiratoria y la muscular se consiguen fundamentalmente nadando disciplinadamente.

Una revisión de trabajos relacionados con ejercicios en seco para nadadores revela una lista de más de 500 de ellos. Un libro cataloga casi 200 de tales ejercicios. La mayoría de ellos son de dudosa eficacia; ciertamente, el preparador o nadador corrientes no tienen tiempo para vadear toda esta miasma. Casi cualquier forma de ejercicios contribuirá a la preparación orgánica y a la potencia general de un individuo, pero la tarea hercúlea de enfrascarse en una larga serie de movimientos diarios, que pueden o no contribuir a la velocidad y resistencia de una persona en el agua, carece de interés para el nadador de tipo medio. Su interés estriba en conseguir el máximo provecho del tiempo y del esfuerzo que dedica, y por esta razón no debe empeñarse en ejercicios de dudosa eficacia. Partiendo de cste principio, el autor ha escogido, ha tomado prestado, y en algunos casos ha inventado ejercicios que sobre la base de los principios anatómicos y mecánicos se demuestran altamente eficientes en la consecución del fin que se proponen. Para evaluar estos ejercicios se ha recurrido a la investigación electromiográfica.

EJERCICIOS DE FORTALECIMIENTO

Es hoy una práctica aceptada por los nadadores de competición valerse de duros ejercicios de fuerza. No obstante, debe emplearse cautela en su práctica. Aun cuando muchos de los calisténicos * pueden ser de poca o ninguna utilidad, generalmente tampoco perjudican; en el caso de las rutinas de preparación con pesas, es perfectamente posible que una persona desarrolle hipertrofia (engrosamiento) de los músculos hasta el punto de que su tamaño se convierta en un impedimento. En el programa descrito en este capítulo, han sido seleccionados sólo aquellos ejercicios que desarrollan los músculos de importancia básica para la fase propulsiva de los cuatro estilos de natación de concurso. Un nadador que proyecte su programa de ejercicios en seco no debe consentir que formen parte de él los de formación general del cuerpo. Los ejercicios que practica deben ser proyectados precisamente para fortalecer y mejorar la resistencia de los músculos que los anatomistas denominan «promotores». En natación, estos músculos son aquellos que propulsan al nadador a través del agua. Es también importante que estos músculos se ejerciten, tanto como sea posible, en la misma manera que deberán trabajar en los movimientos de natación.

La práctica indiscriminada de los ejercicios con pesas puede ser perjudicial

Un principio fisiológico establece que la potencia de un músculo es directamente proporcional al área de su sección transversal.

* *N. del T.* — Calisténicos: Ejercicios gimnásticos conducentes al desarrollo de las fuerzas musculares.

Para aclarar este principio, un músculo que tenga seis centímetros y medio de sección puede producir una fuerza de 32 quilos; después de ejercitarse con pesas, el músculo ha doblado el área de su sección y también ha doblado su potencia. Al mismo tiempo ha doblado en peso. Es en esta última característica donde se hacen visibles los efectos perjudiciales del programa deficientemente planeado. Un nadador puede desarrollar músculos que no son «promotores» y añadir 10 quilos o aún más a su peso. Estos músculos no contribuyen a la propulsión del cuerpo hacia delante y, en ciertos casos, sirven más bien para anclarle. Frenan al nadador al crear mayor inercia y resistencia y desvían de los músculos promotores la circulación de la sangre y del oxígeno. Cuando solamente son los músculos promotores, y algunos de ellos asociados, los que incrementan en potencia y consecuentemente en tamaño, el aumento de peso no es excesivo en relación a la potencia funcional que el nadador ha ganado.

Al poner en práctica el programa aquí descrito, el énfasis se dirige a desarrollar la potencia de los músculos que arrastran los brazos a través del agua. No se incluyen ejercicios que intencionalmente desarrollen los músculos de recuperación de los brazos. Los músculos de recuperación no necesitan ser potentes en exceso, puesto que la recuperación de los brazos la realizan a través del aire (a excepción de la braza de pecho) y encuentran poca resistencia. Su lucha principal es contra la inercia de los brazos, y para ello se hallan suficientemente desarrollados por los ejercicios que realizan cuando efectúan los movimientos de nado verdadero.

Músculos promotores principales

1. Depresores de los brazos. — Dorsal ancho, pectoral mayor, interespinoso mayor y tríceps. Estos músculos traccionan el brazo a través del agua y proporcionan el mayor recurso de energía a los cuatro estilos de competición.

2. Rotatorios internos de los brazos. — Interespinoso mayor, subescapular, dorsal ancho y pectoral mayor. Los músculos rotatorios de los brazos entran en funcionamiento en los cuatro estilos de competición cuando se nadan correctamente. Para demostrar este hecho, sosténgase el brazo horizontalmente hacia delante y dóblese el codo 45°, en seguida álcese el codo y bájese la mano.

3. Flexores de la muñeca y de los dedos. — Flexor carpiano cubital y el palmaris lungus. A muchos nadadores les falta en estos músculos la fuerza para dominar toda la resistencia que

sus manos encuentran en el agua; por esta razón, durante la tracción, «aflojan», extendiendo sus dedos y muñecas.

4. EXTENSORES DEL CODO-TRÍCEPS. — Cuando en los estilos de mariposa, «crawl» y espalda, el nadador termina la tracción de su brazo, utiliza este poderoso extensor de su codo para impeler el agua hacia atrás.

5. EXTENSORES DE LAS PIERNAS Y TOBILLOS. — Extensores cuadríceps, gastronemio y glúteo. Todos estos músculos se hallan involucrados, en las salidas, y en los impulsos de salida de virajes, y por esta razón su desarrollo es importante para el nadador. También son promotores en la braza de pecho.

Algunos músculos realizan el que puede ser llamado trabajo suplementario, puesto que ayudan pero no producen el movimiento. Los «músculos del tronco», tanto los del grupo anterior, como los del lateral y del posterior, forman parte de esta categoría. Actúan como enlaces entre la potencia aplicada a la parte delantera por los brazos y la aplicada por las piernas a la trasera. Estabilizan el cuerpo y proporcionan al tronco una posición aerodinámica.

Algunos principios para el desarrollo muscular de fuerza y resistencia

La exposición de unos pocos principios puede ayudar al lector a comprender mejor cómo proyectar un programa de ejercicios en seco que le permita recibir de él los máximos beneficios. Los dos primeros de los siguientes principios relacionados con ejercicios progresivos regresivos, son conocidos como los principios de DeLorme (1).

1. Se crea la fuerza en un músculo por medio de ejercicios de elevada resistencia y baja repetición, como por ejemplo efectuando entre cinco y diez repeticiones de arrancar un peso en posición supina de entre 20 y 35 quilos.

2. La resistencia se crea en un músculo por medio de ejercicios de baja resistencia y elevada repetición, como realizando 300 repeticiones, o más aún, del mismo ejercicio antes citado con un peso de entre 7 y 12 quilos.

En este punto puede añadirse un tercer principio no mencionado por DeLorme.

3. Ejercicios que emplean resistencias moderadas y practican

(1) Thomas L. DeLorme, «Restoration of Muscle Power by Heavy-Resistance Exercises», *The Journal of Bone and Joint Surgery*, XXVII, núm. 4 (octubre 1945), 666.

1. Ejercicio para conseguir: Fuerza. Resistencia elevada: 35 k. Repeticiones bajas: 5.

2. Ejercicio intermedio. Procura por igual fuerza y resistencia. Resistencia moderada: 15 k. Repeticiones moderadas: 50.

3. Ejercicio para ganar en resistencia. Resistencia baja: 7 k. Repeticiones elevadas: 150.

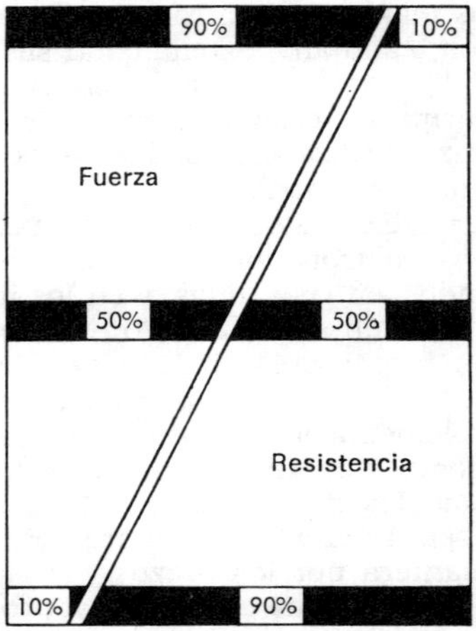

FIG. 10-1. Porcentaje de la aportación relativa de fuerza y resistencia en los varios tipos de ejercicios de preparación con pesas

un número moderado de repeticiones, tal como realizar el mismo ejercicio anterior en 35 repeticiones y con un peso de 15 quilos, crean alguna fuerza, aunque no tanta como el primer tipo de ejercicio, y alguna resistencia muscular, aun cuando no tanta como el segundo tipo.

Una vez que se ha decidido el tipo de ejercicio o tensión que se quiere dar a un músculo, en gran parte ha sido también decidida la cualidad que se conferirá al músculo. Esto es un nuevo ejemplo de la especificación de la preparación.

En el primer tipo de ejercicios, el músculo es «sobrecargado» por el acrecimiento de la intensidad del ejercicio. En el segundo tipo, el músculo es sobrecargado por la duración del ejercicio. En el tercer tipo hay una combinación de las dos prácticas.

PRINCIPIO DE LA SOBRECARGA. — Cuando se habla de ejercicios, es frecuentemente mencionado el «principio de la sobrecarga». Desgraciadamente, el vocablo «sobrecarga» tiene la connotación de producir excesiva fatiga o daño al músculo. Una forma mejor de expresar lo que se da a entender es decir que se sienta en el músculo un peso o tensión mayores que aquellos a los que normalmente está expuesto.

Valoración de los distintos tipos de resistencia

Como ha sido previamente descrito, el desarrollo de una cualidad en un músculo en primer lugar depende de dos factores: de la cantidad de resistencia y del número de repeticiones. El tipo de resistencia contra la que el músculo trabaja es de poca trascendencia, tanto si se trata de una barra de pesas, de unas cuerdas extensibles, del peso del propio individuo, del peso de otra persona o de contracciones isométricas. No obstante, en ciertas formas de ejercicio, como el levantamiento de pesas, la cantidad de resistencia es fácilmente graduada. Por esta razón la mayor parte de los ejercicios descritos en este capítulo son aquellos en los que tiene lugar algún aspecto de levantamiento de pesas. Quien esto escribe también cree en el valor de otras formas de ejercicio.

Método para determinar el peso a utilizar

No hay entre los expertos un completo acuerdo en cuanto a precisar el mejor procedimiento para adquirir potencia. Una línea de conducta general que puede seguirse en el programa para este fin, es determinar el peso con el cual, efectuando un ejercicio dado, puede la persona realizar, con esfuerzo, de 10 a 15 repeticiones. A medida que la persona mejora en fuerza, el peso usado será aumentado. Si el peso no se aumenta, el músculo no seguirá adquiriendo mayor fuerza. El vocablo «ejercicio de resistencia progresiva» se aplica a este tipo de programa.

Si el nadador también desea desarrollar una cierta cantidad de resistencia muscular, debe disminuir el peso que utiliza e incrementar el número de repeticiones.

Determinar el número de repeticiones

Naturalmente el número de repeticiones a realizar de un ejercicio peculiar viene en primer lugar determinado por la decisión del peso a usar. Para lograr la máxima fuerza, el número de repeticiones a efectuar ordinariamente debe distribuirse entre tres y diez.

Un programa conjuntado para crear fuerza

En la preparación para una determinada carrera, un nadador no nada todos sus nados repetidos a la misma distancia y a igual velocidad. Nada superdistancias, distancias cortas y distancias normales, empleando distintas intensidades de esfuerzo. Este tipo de programas ha sido aludido como un programa de preparación conjuntado. En la Universidad de Indiana, al aplicar esta regla a los ejercicios en seco, no nos quedamos fijos en un solo tipo de programa para adquirir fuerza y resistencia. Generalmente, adoptamos el siguiente programa:

1. Ejercicios con pesas moderadamente pesadas y con un número de repeticiones limitadas a diez, con normalmente dos o tres tandas de diez repeticiones cada una. A este tipo de ejercicio se dedica alrededor del 60 por ciento del tiempo o tal vez los lunes, miércoles y viernes de la semana.
2. Ejercicios en los cuales la cantidad de peso, inferior de la utilizada en el ejercicio 1 anterior, y las repeticiones, son incrementadas a una cifra que oscila entre 35 y 100 en una sola tanda. Este tipo de ejercicio se efectúa en aproximadamente el 30 por ciento del tiempo, o tal vez en martes y jueves.
3. De vez en cuando, más o menos cada dos semanas, se plantean ejercicios en los cuales se utilizan las pesas máximas que una persona puede levantar de entre tres a cinco veces. En este tipo de ejercicio se emplea solamente el 10 por ciento del tiempo total de los ejercicios y se practica para comprobar la mejora y para contribuir a establecer los nuevos niveles de carga de pesas al utilizar en el ejercicio 1 de más arriba.

LA APLICACION DE LAS CONTRACCIONES ISOMETRICAS A LOS ENTRENAMIENTOS DE NATACION

Han transcurrido varios años desde que las contracciones isométricas se introdujeron en las actividades de la preparación deportiva. Desde entonces se ha escrito mucho acerca de este tema, tanto en favor como en contra. Desgraciadamente, la mayor parte de estos comentarios han sido escritos por personas que no han trabajado los isométricos en una situación práctica. Proyectos apresurados de investigación en los que se han utilizado un reducido número de sujetos, y cuyos investigadores pusieron de manifiesto un conocimiento limitado de los principios involucrados, han dado como resultado producir tanto detractores como ponderadores de las reivindicaciones de las contracciones isométricas. En la Universidad de Indiana hemos estado trabajando en las contracciones isométricas, tanto en el laboratorio como en las situaciones prácticas controladas con nuestros equipos de natación. Tenemos la impresión de que las contracciones isométricas, en las universidades, escuelas de enseñanza media, y a los distintos niveles de los grupos de edades distintas, tienen sus limitaciones, así como sus méritos. La realidad es que se han convertido en parte integral permanente de nuestros programas de educación física y atlética.

La investigación ha demostrado que la fuerza puede labrarse más aprisa por medio del complemento de un programa de preparación de pesas con contracciones isométricas. La teoría en que se apoya esta pretensión es la de que, durante una contracción isométrica, el período de tensión es más prolongado que cuando se levanta un peso. Tan pronto como una persona vence la inercia del peso, el factor tensión sobre los músculos disminuye.

Aunque las contracciones isométricas no llenan el objetivo de un programa de ejercicios completo (y poca gente ha formulado esta demanda), pueden emplearse como medio para desarrollar la fuerza. De su práctica se deriva un beneficio adicional e importante, el cual ha sido pasado por alto, especialmente por sus detractores. Es la práctica de la enseñanza de las mecánicas adecuadas a las actividades deportivas con los aparatos de contracciones isométricas. Puede darse una aclaración de la aplicación de esta práctica, describiendo su utilidad en la enseñanza de la tracción de los brazos en el «crawl» y en la mariposa. La mayor parte de los preparadores saben lo difícil que es el enseñar al nadador medio a nadar con su codo hacia arriba durante la primera parte de su tracción. Hemos ensayado el empleo de películas, espejos, conferencias y el trabajar en el agua. Es particularmente duro enseñar este principio a los nadadores de los grupos de adolescentes. Mi interés en los isométricos fue consecuencia del esfuerzo que puse en mejorar los métodos de enseñar a los nadadores a nadar con sus codos en alto. Mi razonamiento era: «¿Por qué no enseñar que el nadador intenta aprender a traccionar correctamente haciendo que impulse hacia abajo sus manos sobre una barra inmóvil, al mismo tiempo que tiene sus brazos en la posición deseada con los codos levantados? Yo tenía la impresión que de este modo el nadador podía ser capaz de *ver* la posición deseada, tanto visible como cinestésicamente, y probablemente podía desarrollar la sensibilidad de la posición adecuada de los brazos.

Cómo practicar las contracciones isométricas

Las contracciones isométricas pueden llevarse a cabo contra un objeto inmóvil o contra uno de móvil, tal como una barra de pesas. En la Figura 10-2 el sujeto está ejecutando una contrac-

FIG. 10-2. Contracción isométrica. Empleando una barra de pesas

ción isométrica mientras sostiene una barra de pesas por la parte posterior de su cabeza con los codos doblados a 90°. Esta peculiar contracción es ideada para fortalecer el músculo tríceps.

La duración del tiempo que la pesa debe ser sostenida depende del peso con que se practique y de la forma física del ejecutante, pero debe situarse entre seis y doce segundos. De esta contracción isométrica la persona debe solamente efectuar de dos a cuatro repeticiones. La contracción isométrica debe quedar limitada a mitad del recorrido de la extensión total del movimiento del ejercicio, o al punto en el cual se necesita el máximo esfuerzo para sostener firmemente la pesa.

Ejercicios intermedios

El músculo que es contraído isométricamente en una sola posición tenderá a hacerse más fuerte en ella. A efectos de desarrollar la fuerza a lo largo del movimiento completo de un músculo, se recomienda el empleo de varias series de contracciones isométricas, practicándolas en varios ángulos a lo largo de todo el movimiento. El nombre aplicado a la serie de esta clase de contracciones isométricas es el de «contracciones intermedias».

Para desarrollar la fuerza a lo largo de todo el movimiento del músculo, las contracciones intermedias deben ser efectuadas en tres, cuatro o cinco posiciones, espaciadas a distancias iguales a lo largo del movimiento. Las Figuras 10-18, 10-19, 10-20 y 10-21 ilustran las posiciones espaciadas en este sentido. Cada posición debe ser mantenida por un período de cinco segundos, en seguida la pesa debe ser trasmudada a la posición siguiente y mantenida allí durante otros cinco, y así sucesivamente. En cada sesión de ejercicios deben practicarse una o dos tandas de ejercicios intermedios. Entre las dos tandas debe concederse un período de descanso de aproximadamente medio minuto. Aunque con las contracciones isométricas y las intermedias se adquiere fuerza rápidamente, no deben practicarse en exclusiva. Ejercicios isotónicos (con movimiento) son un componente necesario a cualquier programa completo.

PROGRAMAS DE EJERCICIOS PARA VARIOS ESTILOS

En el cuerpo hay más de 200 músculos. Cada uno tiene la acción específica que le es peculiar. No hay virtualmente un ejercicio de los que realiza una persona en que se contraiga un solo músculo. Cada ejercicio de este capítulo involucra el servirse de varios de ellos; no obstante, un ejercicio dado colocará en algunos de estos músculos una carga mayor que en otros. Por ejemplo, la acción de arranque en posición supina contraerá muchos músculos, pero colocará la máxima sobrecarga en los músculos depresores del brazo. Por consiguiente, un ejercicio dado puede

TABLA 10-1. Ejercicios en seco, clasificados por estilos

Estilo	Tipo de ejercicio	Número de ejercicios
Estilo libre y Mariposa	Ejercicios de dilatación	27, 28, 32, 33, 34, 35, 36, 37
	Ejercicios fortalecedores con pesas	1, 2, 3, 4, 5, 6, 7, 8, 9, 10, 14
	Ejercicios con cuerdas extensibles o poleas de pesas	15, 17, 19
Braza de pecho	Dilatación	22, 23, 29, 30, 31, 37
	Ejercicios fortalecedores con pesas	1, 2, 3, 4, 7, 8, 9, 13
	Ejercicios con cuerdas extensibles o poleas de pesas	15, 16, 18, 19
Espalda	Dilatación	27, 28, 32, 33, 34, 35, 36, 37
	Ejercicios fortalecedores con pesas	1, 2, 3, 4, 5, 8, 9, 11, 12
	Ejercicios con cuerdas extensibles o poleas de pesas	16, 17, 19.

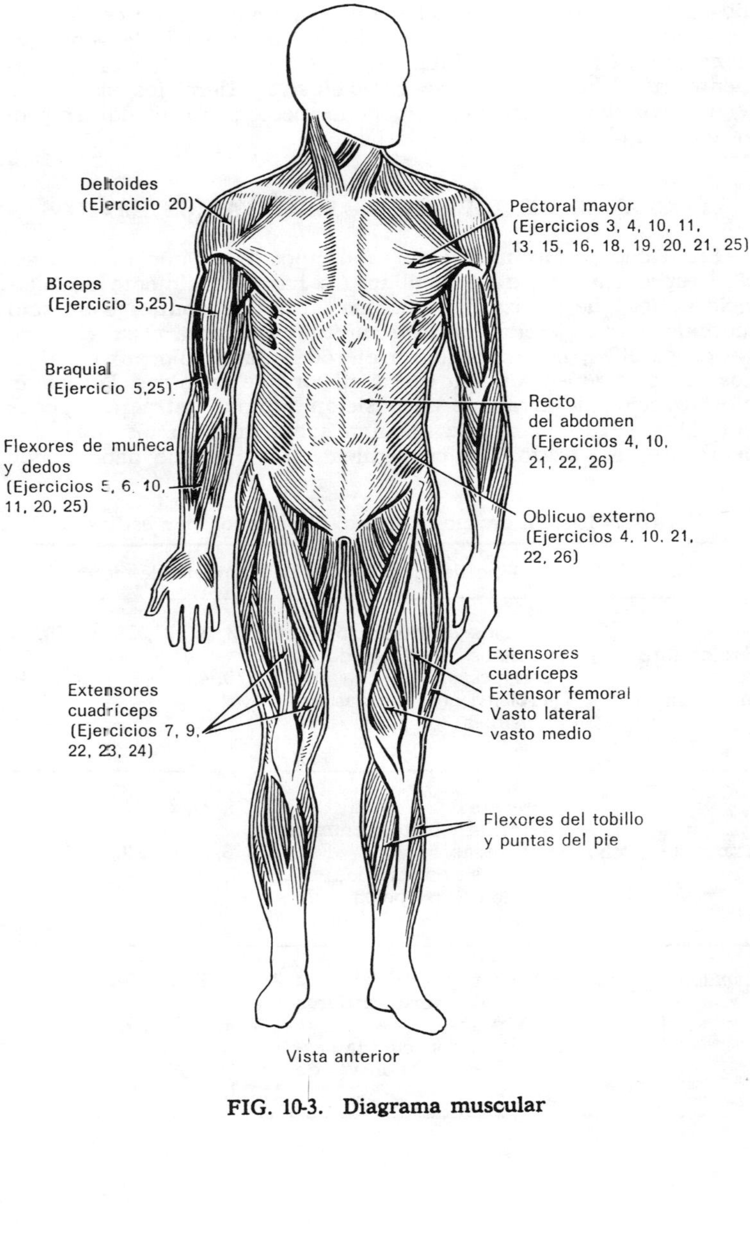

FIG. 10-3. Diagrama muscular

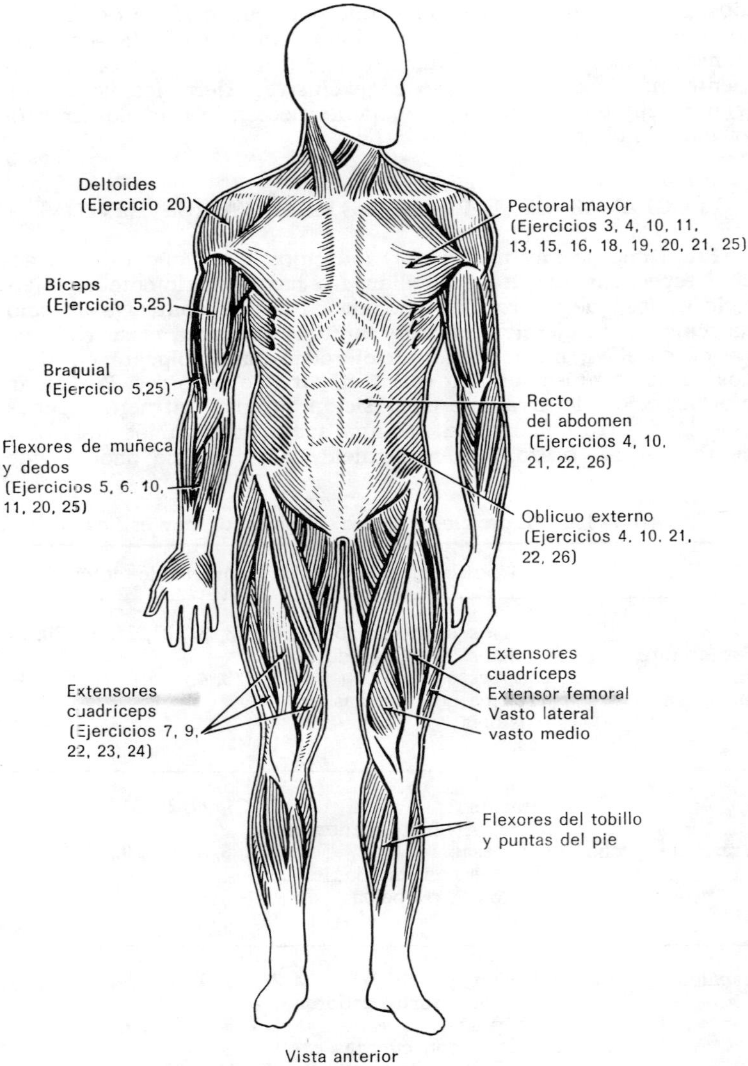

FIG. 10-3. Diagrama muscular

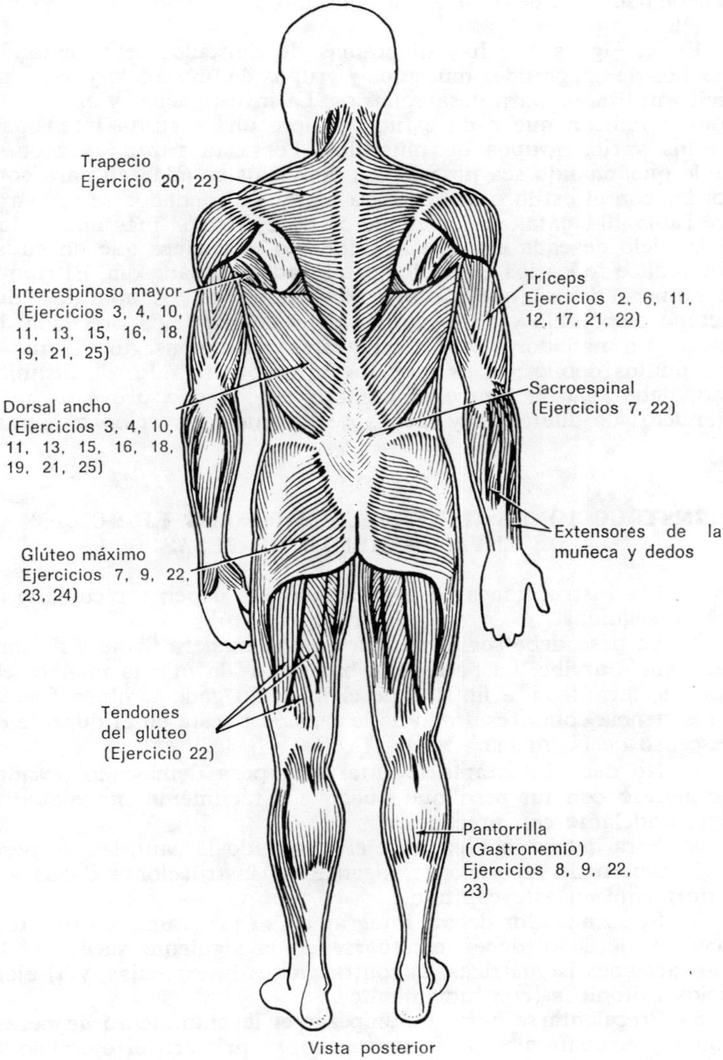

FIG. 10-3. Continuación

practicarse para desarrollar un músculo determinado o un grupo de ellos.

En la Figura 10-3 hay diagramas de músculos representando muchos de los grandes músculos y grupos de músculos; y los ejercicios utilizados para desarrollarlos. La investigación y el sentido común indican que cada estilo requiere una distinta intensidad en los varios grupos de músculos. Por esta razón es aconsejable que, cuando sea posible, los ejercicios se adapten para concordar con el estilo o estilos para los que el nadador se prepara. La Tabla 10-1 cataloga los números de ejercicios más adecuados al servicio de cada estilo particular. No se sugiere que un nadador realice todos los ejercicios catalogados en cada día. El tipo y el número de los que efectuará dependen de los aparatos, del tiempo disponible y de lo que se tiene determinada precisión de hacer. Un nadador debe concentrarse para conseguir eliminar sus puntos débiles; si es muy fuerte pero está falto de flexibilidad, debe realizar, entre el número de los que proyecta, más ejercicios de dilatación y menos de los que proporcionan fuerza.

INSTRUCCIONES GENERALES PARA LOS EJERCICIOS DE LEVANTAMIENTO DE PESAS

1. Las instrucciones para cada ejercicio deben ser cuidadosamente seguidas.
2. La pesa debe ser levantada de una manera firme y no lanzada hacia arriba. La pesa debe bajarse de la misma manera en que fue levantada, a fin de que el músculo gane también fuerza y resistencia como resultado de la tensión puesta en él durante el descenso de la misma.
3. No debe intentarse levantar una pesa demasiado pesada. Empiécese con un peso que pueda ser fácilmente manejable y sígase adelante con precaución.
4. Para determinar en un ejercicio dado la cantidad de peso y el número de repeticiones, síganse las instrucciones dadas anteriormente en este capítulo.
5. Si un nadador decide integrar en su programa las tres formas de ejercicio, deben efectuarse en la siguiente sucesión: 1) contracciones isométricas, 2) contracciones intermedias, y 3) ejercicios isotónicos (con movimiento).
6. Precalentarse antes de empezar el levantamiento de pesas. Como precalentamiento efectuar siempre primero el ejercicio 1.

FIG. 10-4. Ejercicio de precalentamiento

Ejercicio 1. Ejercicio de precalentamiento

Este ejercicio debe solamente efectuarse isotónicamente. Debe preceder a todos los demás ejercicios. La cantidad de peso debe ser moderada a efectos de que el ejercicio pueda ejecutarse sin esfuerzo desmedido.

POSICIÓN DE PARTIDA. — La barra de pesas en el suelo, ligeramente enfrente de los pies. Inclinarse doblando las rodillas y caderas, asir la barra de pesas con las manos a la anchura de los hombros y las palmas hacia abajo.

MOVIMIENTO. — Arrancar del suelo la barra de pesas en un movimiento, hasta arriba de la cabeza y a la extensión de los brazos. Repetir diez veces. Mantener la espalda derecha.

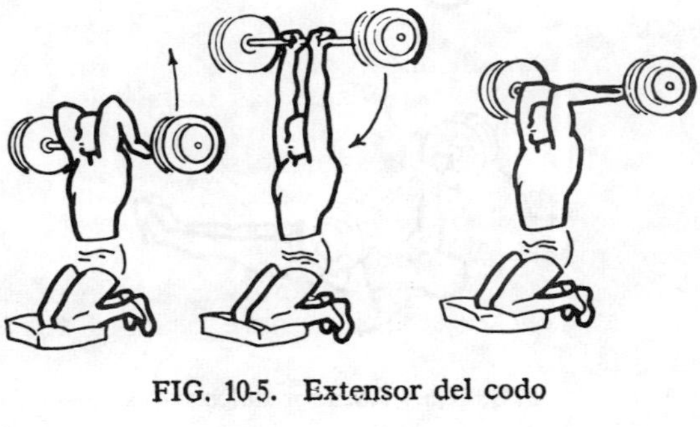

FIG. 10-5. Extensor del codo

Ejercicio 2. Extensor del codo

POSICIÓN DE PARTIDA. — De rodillas en un cojín o almohadilla (este ejercicio puede ser efectuado en pie si el techo es suficientemente alto), la barra de pesas es sostenida en línea recta sobre la cabeza, con los codos extendidos, las palmas de las manos hacia delante agarrando la barra con una separación entre quince y treinta centímetros.

MOVIMIENTO. — La barra de pesas es bajada por la flexión de los codos, pero sin bajarlos. En seguida volver a la posición de partida. Mantener la espalda derecha.

MÚSCULOS QUE DESARROLLA. — Extensores del codo: los tríceps.

Ejercicio 3. Variación del extensor del codo

Seguir las instrucciones del Ejercicio 2, con la excepción de sólo bajar a la mitad la barra de pesas. En seguida volver a la posición de partida. En esta misma posición dar también cabida a contracciones isométricas.

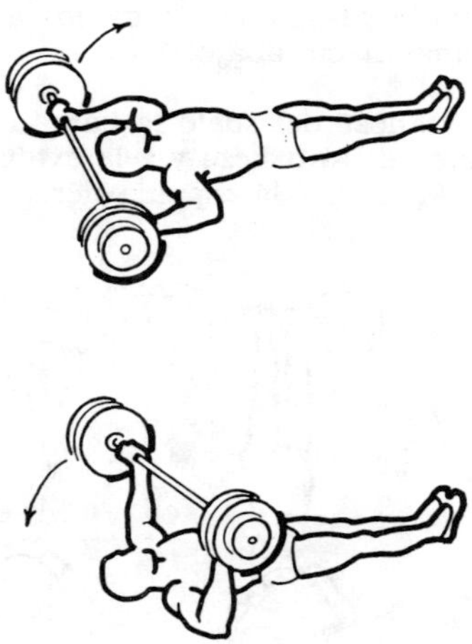

FIG. 10-6. Rotador del brazo

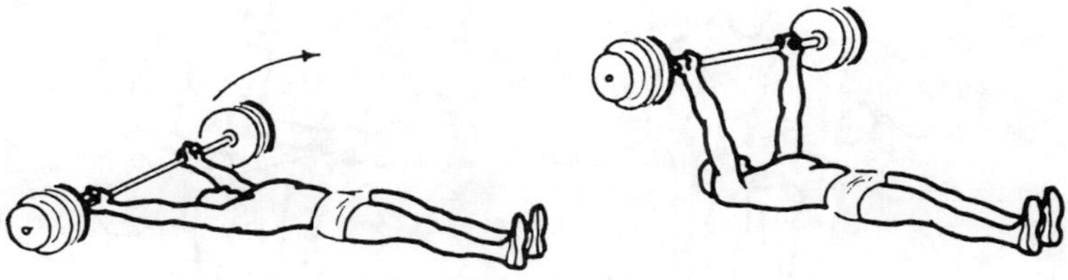

FIG. 10-7. Arrancar de brazos en posición supina

Ejercicio 4. Rotador del brazo

POSICIÓN DE PARTIDA. — Tendido sobre la espalda, con la cabeza tocando casi la barra, asirse a ésta con las palmas hacia arriba en amplio asimiento, de manera que los codos estén doblados a 90° y se encuentren en el suelo al nivel de los hombros.

MOVIMIENTO. — Levantar la barra en arco por rotación de los antebrazos a posición vertical. Mantener los codos en el suelo. Retornar a la posición de partida. No arquear la espalda.

MÚSCULOS QUE DESARROLLA. — Rotadores medios del brazo: pectoral mayor, subescapular (2), dorsal ancho, interespinoso mayor.

Ejercicio 5. Arrancar de brazos en posición supina

POSICIÓN DE PARTIDA. — Tendido en el suelo sobre la espalda, con la barra de pesas cogida en amplia empuñadura, con las palmas hacia arriba y los brazos extendidos más allá de la cabeza.

MOVIMIENTO. — Sin doblar los codos, arrancar la barra de pesas en un arco hacia la posición vertical. Volver a la posición de partida. No arquear la espalda.

MÚSCULOS QUE DESARROLLA. — Depresores de los brazos: pectoral mayor, dorsal ancho, interespinoso mayor. Si la espalda se mantiene plana, es también un buen ejercicio para los músculos abdominales: recto del abdomen y oblicuo externo.

(2) Músculo profundo, que no se descubre en el diagrama de los músculos. Se halla bajo la escápula (omóplato).

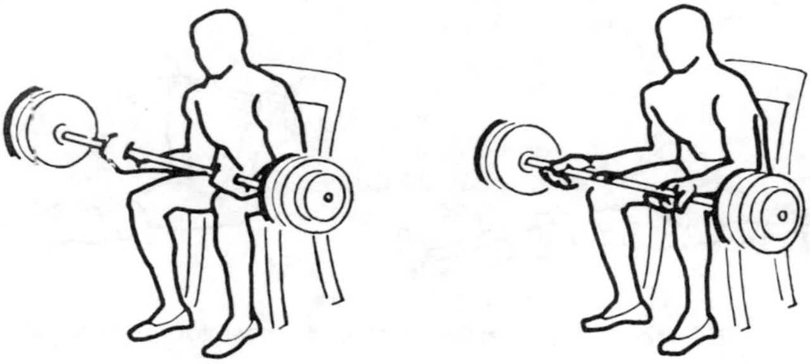

FIG. 10-8. Enroscamiento doble de muñeca

Ejercicio 6. Enroscamiento doble de muñeca

POSICIÓN DE PARTIDA. — Sentado en el borde de una silla o acuclillado sobre la planta de los pies, asir con las palmas hacia arriba la barra de pesas. Dóblense los codos a 90° y manténganse los antebrazos sobre las rodillas. La barra no debe estar colocada en la palma de la mano, sino permitirle descansar sobre los dedos.

MOVIMIENTO. — Levantar y bajar la pesa a lo largo del más amplio recorrido de movimiento posible, flexionando y extendiendo las muñecas.

MÚSCULOS QUE DESARROLLA. — Flexores de la muñeca y de los dedos.

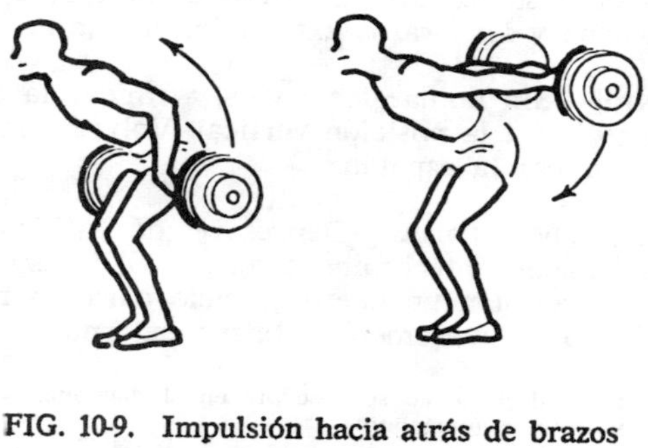

FIG. 10-9. Impulsión hacia atrás de brazos

Ejercicio 7. Impulsión hacia atrás de brazos

POSICIÓN DE PARTIDA. — Derecho, con los pies separados, el cuerpo doblado a 90° por las caderas con el tronco inclinado hacia delante. Asir la barra con las manos, las palmas mirando atrás. Doblar ligeramente las rodillas. La barra es sostenida en cruz en la parte posterior y superior de los muslos, con los codos doblados de 50° a 80°.

MOVIMIENTO. — Hágase oscilar en arco hacia arriba la barra extendiendo los codos y elevando el brazo. Retornar a la posición de partida.

MÚSCULOS QUE DESARROLLA. — Extensores del codo: tríceps, flexores de muñeca y dedos.

Ejercicio 8. Media cuclilla

POSICIÓN QUE DESARROLLA. — Manteniéndose de pie erguido, con los pies ligeramente separados, la barra descansando en los hombros, detrás de la nuca, las manos muy extendidas agarran la barra con las palmas mirando hacia arriba.

MOVIMIENTO. — Ejecutar una media cuclilla doblando las rodillas hasta que se encuentran en ángulo recto. Mantener la espalda tan erguida como sea posible y con la cabeza alta. Retornar a la posición de salida.

MÚSCULOS QUE DESARROLLA. — Extensores de rodillas y caderas: los extensores cuadríceps y el glúteo mayor.

FIG. 10-10. Media cuclilla

FIG.10-11. Cuclilla completa

Ejercicio 9. Cuclilla completa

Este ejercicio es el mismo que el Ejercicio 8, a excepción de que se ejecuta una cuclilla completa en lugar de una media. Debe extremarse la cautela en razón a que una cuclilla completa con una pesada pesa puede ser algo arriesgado. Se recomienda que este ejercicio se ejecute con peso moderado. Se considera como ejercicio muy bueno para la dilatación del tendón de Aquiles (3), particularmente si los talones son mantenidos en el suelo.

FIG. 10-12. Levantamiento a horcajadas con cuclilla completa

Ejercicio 10. Levantamiento a horcajadas con cuclilla completa

Posición de partida. — Con las piernas separadas 45 centímetros, a horcajadas de la barra de pesas y un pie delante del otro.

(3) Gran tendón en la parte posterior del tobillo que une el músculo de la pantorrilla al del talón.

Doblar las rodillas y las caderas y asir la barra de pesas con una mano delante de las piernas y la otra detrás de ellas. Los pulgares de las manos mirando adelante. Mantener los codos estirados y la cabeza y los hombros erguidos.

MOVIMIENTO. — Levantar la barra estirando las piernas. Retornar a la posición de partida.

Ejercicio 11. Levantamiento a horcajadas con media cuclilla

Este ejercicio es el mismo que el Ejercicio 10, a excepción de que la pesa es bajada a medio camino del suelo. La posición de partida es la erguida, bajándose la pesa flexionando y retornándola luego a la posición inicial. Si se ha sufrido una lesión de rodilla o debilidad crónica en las mismas, se recomiendan las medias cuclillas con preferencia a las cuclillas completas.

Ejercicio 12. Levantarse sobre la punta de los pies

POSICIÓN DE PARTIDA. — De pie erguido, con los pies ligeramente separados y con la barra de pesas descansando sobre los hombros detrás de la nuca, las manos separadas empuñan la barra con las palmas hacia arriba.

MOVIMIENTO. — Elevar la barra por el alzamiento de los talones y montar fuertemente sobre las enmiendas de las bases de los dedos de los pies. Retornar a la posición de partida.

MÚSCULOS QUE DESARROLLA. — Los de la pantorrilla, que son los flexores de la planta del tobillo: gastronemio y sóleo.

FIG. 10-13. Levantarse sobre la punta de los pies

Ejercicio 13. Variación del levantarse sobre la punta de los pies estando éstos elevados

Este ejercicio es el mismo que el 12, con la diferencia de que los dedos y la eminencia en la base del dedo grueso del pie se encuentran elevados en un tablón de cinco a siete centímetros de altura. Los talones para la posición de partida están bajos en el suelo. Este ejercicio es preferible al 12 y debe practicarse si se dispone de un tablón. Permite una mayor contracción y también dilata el tendón de Aquiles.

Ejercicio 14. Saltando en cuarto de cuclilla

POSICIÓN DE PARTIDA. — De pie erguido con la barra descansando sobre los hombros detrás de la nuca. Con un pie ligeramente delante del otro, asir firmemente la barra de pesas de manera que no salte arriba y abajo en los hombros.

MOVIMIENTO. — Doblar sólo en forma muy ligera las rodillas, levantar los talones del suelo también muy ligeramente. Saltar arriba y abajo, con un vigoroso impulso de las piernas y extensión de los tobillos, e inversión de los pies, en cada salto. Realizar este ejercicio sólo en forma isotónica: repetirlo de 10 a 30 veces.

MÚSCULOS QUE DESARROLLA. — Este ejercicio desarrolla velocidad y fuerza en los extensores de las caderas y rodillas y en los flexores plantar de los tobillos: glúteo máximo, extensores cuadríceps, gastronemio y sóleo.

FIG. 10-14. Saltando en cuarto de cuclilla

EJERCICIO CON EL APARATO DILATADOR

Uno de los mejores procedimientos para imitar el movimiento verdadero de los brazos al nadar los estilos de «crawl» y mariposa, levantando al mismo tiempo pesas, es por medio del empleo de un aparejo de levantar pesas conocido como aparato dilatador. Los mismos principios utilizados para determinar la cantidad de peso y el número de repeticiones para los otros ejercicios de levantamiento de pesas entran en juego cuando se efectúan en este aparato.

El aparato dilatador se encuentra en los comercios que venden equipos de levantamiento de pesas, pero puede ser improvisado con dos poleas en la parte alta, una cuerda y algunos pesos hechos con latas vacías rellenas de cemento. Un asa especial para empuñar, como la que se utiliza en la Figura 10-15, es preferible a la barra recta utilizada por muchos levantadores de pesas o a la que se vende como equipo de serie.

FIG. 10-15. Aparato dilatador

Ejercicio 15. Depresores anteriores de brazos

Posición de partida. — Arrodillado sobre una almohadilla o cojín, con el cuerpo erguido y los brazos extendidos por encima de la cabeza, las manos empuñan el asa con las palmas hacia dentro.

Momimiento. — Tirar hacia abajo los brazos, manteniendo los codos más allá de las manos. A medida que van bajándose los brazos, empieza el doblamiento de los codos y, al mismo tiempo, deben mantenerse altos por la rotación de los antebrazos de la misma manera que fue descrita en el Capítulo 2, «El crawl». No bajar los codos como se podría hacer al ejecutar un cambio de postura del mentón en una barra horizontal. Impeler hacia abajo las asas de mano hasta que los codos estén totalmente extendidos y las manos toquen, o casi toquen, la parte superior de las piernas. No arquear la espalda.

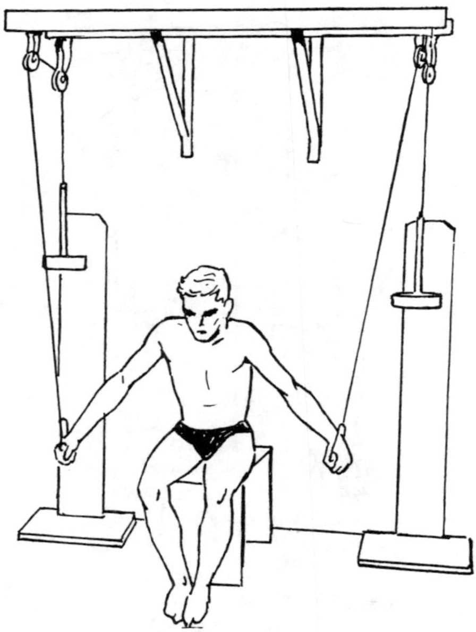

FIG. 10-16. Aparato dilatador doble

MÚSCULOS QUE DESARROLLA. — Depresores de los brazos, rotadores de brazos, extensores de codos y flexores de muñecas y dedos. Si se mantiene erecta la espalda, es también un excelente ejercicio para los músculos abdominales: recto del abdomen y oblicuos externos.

Tracción de brazos del estilo de espalda

Los dos siguientes ejercicios imitan el movimiento de brazos del estilo de espalda en forma más aproximada que ningún otro ejercicio de preparación de elevación de pesas. Deben ser efectuados en un aparejo especialmente construido llamado aparato dilatador doble, en la forma que muestra la Figura 10-16.

Ejercicio 16. Depresor lateral de brazos

POSICIÓN DE PARTIDA. — Sentado en una banqueta, los brazos son mantenidos más arriba de la cabeza con las palmas hacia fuera al empuñar las asas de las poleas.

MOVIMIENTO. — A medida que los brazos son tirados hacia abajo lateralmente (por los costados), los codos se van doblando y a los brazos se les hace girar interiormente, como fue descrito en el Capítulo 4, «El crawl de espalda». A medida que los brazos pasan por debajo de la horizontal, los codos empiezan a extenderse y alcanzan su máximo cuando las manos tocan la parte superior de los muslos.

MÚSCULOS QUE DESARROLLA. — Depresores de los brazos, rotadores de brazos, extensores de codos y flexores de muñecas y dedos.

Ejercicio 17. Ejercicio extensor de codo

POSICIÓN DE PARTIDA. — Sentado en una banqueta, empuñar las asas de las poleas, manteniendo las manos a los costados.

MOVIMIENTO. — Mantener los codos fijos e impeler las asas hacia abajo, extendiendo los codos.

MÚSCULOS QUE DESARROLLA. — Extensores de los codos y flexores de las muñecas y dedos.

Ejercicio 18. Tracción de brazo de la braza de pecho

POSICIÓN DE PARTIDA. — Sentado en una banqueta o silla, cruzar las manos y empuñar las asas por el lado opuesto de las manos. Empezar con los brazos estirados por encima de la cabeza, las palmas mirando hacia fuera al igual que cuando se nada la braza de pecho.

MOVIMIENTO. — Bájense simultáneamente los brazos en diagonal y hacia el lado. Dóblense los codos y háganse girar los brazos. Imitar el movimiento de la braza de pecho como fue descrito en el Capítulo 5. Retornar los brazos hacia arriba, de la misma manera que habían sido bajados. Evitar la caída de los codos, es decir, no impulsarlos hacia las costillas.

MÚSCULOS QUE DESARROLLA. — Depresores de los brazos, flexores de las muñecas y dedos.

Ejercicio 19. Ejercicio rotador de brazo

Este ejercicio puede efectuarse con el aparato dilatador o bien con el doble dilatador.

POSICIÓN DE PARTIDA. — Sentado en un banco o arrodillado en una almohadilla o cojín, empuñar el asa o las asas con los codos a la altura de los hombros y delante de los mismos, flexionados

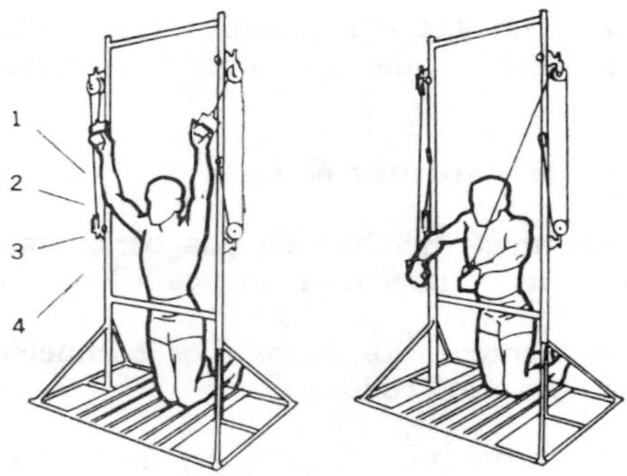

FIG. 10-17. Depresor de brazos anterior (con «Isogym» y cuerdas extensibles)

en un ángulo de 90°, y manteniendo los antebrazos altos en posición vertical. Sin bajar los codos, impeler las asas hacia abajo, haciendo girar los brazos hasta que se hallan completamente girados.

EJERCICIOS CON CUERDAS EXTENSIBLES O POLEA DE PESAS

Si el nadador no dispone de barras de pesas o de aparatos dilatadores, puede incrementar su fuerza utilizando poleas de pesas o cuerdas extensibles. Las cuerdas extensibles pueden fijarse a un aparato cual el «Isogym» (4) con una distribución de poleas (expuestas en los Ejercicios 15, 16, 17, 18 y 19), o pueden ser atadas a una cerca, una puerta o a cualquier objeto fijo, y los ejercicios ejecutados mientras la persona está de pie con su cuerpo doblado por las caderas y su torso inclinado hacia delante.

Si los ejercicios son efectuados en las poleas de pesas, el sujeto puede tenderse cara abajo, en un banco de la altura aproximada del pecho, o mantenerse de pie en la forma ya sugerida para el empleo de las cuerdas extensibles. Cuando se emplean cuerdas extensibles, la persona tiene una oportunidad difícil para determinar en forma precisa qué cantidad de tensión se crea cuando ejerce esfuerzo sobre el asa. No obstante, debe intentar mantener suficiente tensión en las cuerdas para ser razonablemente capaz de completar el número de repeticiones deseadas. Esta regla es también aplicable a la cantidad de peso a utilizar en las poleas de pesas.

El nadador puede incrementar la resistencia creada por las cuerdas extensibles, bien subiendo las asas más arriba en las cuerdas (como se hace en el «Isogym») o retrocediendo, lejos del punto de conexión de las cuerdas, de modo que la tensión inicial de las cuerdas sea mayor.

Con las poleas de pesas o con las cuerdas extensibles, es difícil crear tanta resistencia como con las barras de pesas o con el aparato dilatador. Por esta razón, cuando se practica con estos aparatos, deben efectuarse más repeticiones de cada ejercicio, y en este caso se adquiere menos fuerza pero más resistencia.

El nadador debe ejecutar dos o tres tandas de cada uno de los siguientes ejercicios, repitiéndolos entre 50 y 150 veces en cada tanda. Una vez más, el número de tandas y repeticiones depen-

(4) James E. Counsilman, *Isometric Contractions and Isogym*, aparato fabricado y distribuido por Hamlin Metal Products Corp, Akron, Ohio. Folleto incluido con el aparato.

derá de la cualidad que desea formar, del nivel de su puesta a punto y del tiempo de que se disponga para las prácticas.

Ejercicio 20 A. Depresor anterior del brazo (con el «Isogym» y con cuerdas extensibles)

Seguir las disciplinas descritas para el Ejercicio 15.

FIG. 10-18. Depresor anterior de brazos (con cuerdas extensibles)

Ejercicio 20 B. Depresor anterior del brazo (con cuerdas extensibles)

Este ejercicio es ejecutado con las cuerdas extensibles sujetadas a una altura equivalente a la cintura. El nadador se inclina

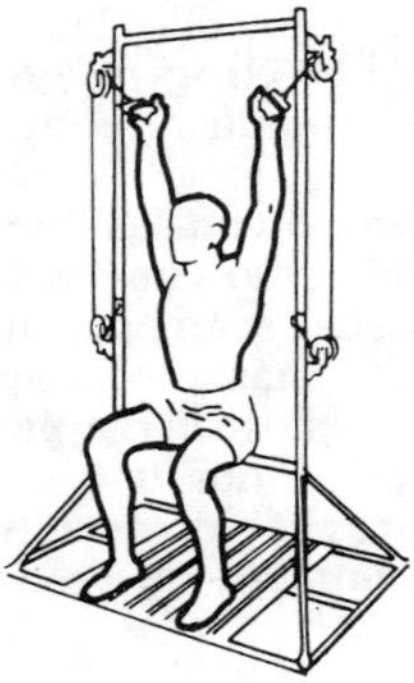

FIG. 10-19. Depresor lateral de brazo (con el «Isogym» y con cuerdas extensibles)

FIG. 10-20. Extensor del codo (con el «Isogym» y con cuerdas extensibles)

hacia delante en la forma descrita previamente e impele los brazos de un extremo a otro como en el Ejercicio 15.

Ejercicio 20 C. Depresor anterior del brazo (con polea de pesas)

Seguir las instrucciones descritas para el Ejercicio 20 B.

Ejercicio 21 A. Depresor lateral de brazo (con el «Isogym» y con cuerdas extensibles)

Seguir lo más ajustadamente posible las directrices descritas para el Ejercicio 16.

Ejercicio 21 B. Depresor lateral del brazo (con cuerdas extensibles)

Ejercicio 21 C. Depresor lateral del brazo (con polea de pesas)

Si para este ejercicio se utiliza un banco, el nadador debe tenderse sobre su espalda.

Ejercicio 22 A. Extensor del codo (con el «Isogym» y con cuerdas extensibles)

Seguir lo más ajustadamente posible las directrices descritas para el Ejercicio 17.

Ejercicio 22 B. Extensor del codo (con cuerdas extensibles)

Ejercicio 22 C. Extensor del codo (con polea de pesas)

Ejercicio 23 A. Tracción de brazo de la braza de pecho (con el «Isogym» y cuerdas extensibles)

Seguir lo más ajustadamente posible las directrices descritas para el Ejercicio 18.

Ejercicio 23 B. Tracción de brazo de la braza de pecho (con cuerdas extensibles)

Ejercicio 23 C. Tracción de brazo de la braza de pecho (con polea de pesas)

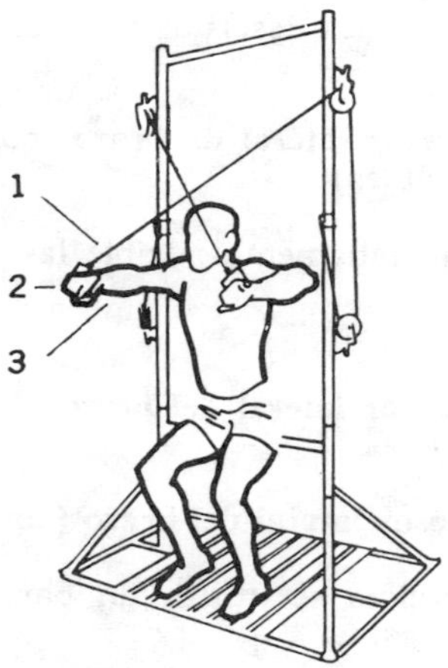

FIG. 10-21. Tracción de brazo de la braza de pecho

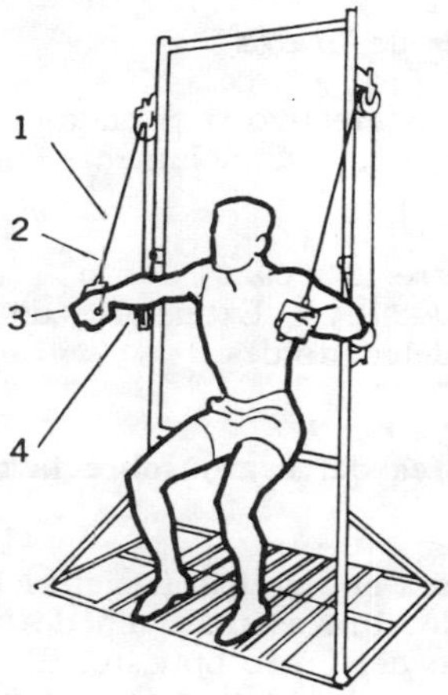

FIG. 10-22. Rotadores del brazo

Ejercicio 24 A. Rotador del brazo (con el «Isogym» y con cuerdas extensibles)

Ejercicio 24 B. Rotador del brazo (con cuerdas extensibles)

Ejercicio 24 C. Rotador del brazo (con polea de pesas)

EJERCICIOS CALISTENICOS PARA NADADORES

Es difícil idear para los nadadores ejercicios calisténicos que adiestren a los principales músculos motores, en la forma exacta en que trabajan al nadar. Sin embargo, en aquellos casos en que hay demasiado pocos aparatos o falta completa de ellos, los calisténicos son siempre mejores que ninguna clase de ejercicios. El autor ha utilizado durante años los calisténicos y las contracciones isométricas con equipos de grupos diversos, y ha comprobado que son beneficiosos. Pueden ser efectuados al borde de la piscina, y los nadadores pueden utilizar como resistencia su propio peso o el de sus compañeros.

Ejercicio 25. Flexiones de brazos

Este ejercicio es más efectivo si el nadador puede ejecutar las flexiones de brazos manteniendo solamente en el suelo las puntas de los dedos.

REPETICIONES. — Entre 15 y 60.
MÚSCULOS QUE DESARROLLA. — Extensores de los codos, pectorales y parte anterior del deltoides.

Ejercicio 26. Depresores del brazo sobre la cabeza (ejercicio entre dos)

El sujeto que ejecuta el ejercicio (sujeto A) está tendido sobre su espalda y coloca los brazos más allá de la cabeza. Con cada mano empuña el codo del brazo opuesto. El sujeto B coloca sus manos sobre los codos del A, tomando una inclinación de apoyo frontal, tal como si fuera a ejecutar flexiones, y monta a horcajadas con sus propios pies sobre los del sujeto A. Este impele sus brazos hacia arriba y hacia delante contra la resistencia del sujeto B, hasta tener los brazos en posición vertical. Lentamente, entonces, desciende los brazos hacia el suelo mientras el sujeto B mantiene constante presión sobre los codos del sujeto A. La espalda debe mantenerse plana en el suelo sin arquearla.

REPETICIONES. — Entre 5 y 35.
MÚSCULOS QUE DESARROLLA. — Depresores de los brazos y músculos abdominales.

Ejercicio 27. Impulso de cuclillas con flexiones

Puesto de pie, erguido, con los brazos al costado, doblar las rodillas y colocarse en posición de cuclillas. En seguida impulsar las piernas hacia atrás para tomar una posición de apoyo en el suelo. Ejecutar una o dos flexiones y luego retornar a la posición de pie. Realizar este ejercicio a ritmo elevado de velocidad.

REPETICIONES. — Entre 5 y 20.
MÚSCULOS QUE DESARROLLA. — Músculos del tronco: flexores y extensores, tríceps, todos los músculos de las piernas.

Ejercicio 28. Saltos en cuclillas (bien media o completa)

Durante los últimos años ha sido puesto en duda el valor de los saltos en cuclillas, en razón de la posibilidad de causar lesiones en las rodillas. Si el sujeto se halla en buena condición física, si ha puesto adecuadamente a punto sus piernas y no realiza un excesivo número de repeticiones, los saltos en cuclillas completos pueden ejecutarse sin consecuencias perjudiciales. Los saltos en cuclillas completos son especialmente valiosos para incrementar la fuerza y la flexibilidad de las piernas de los bracistas. Los nadadores de los otros estilos no obtienen ninguna mejora peculiar de la práctica de los saltos en cuclillas completos, con respecto de los saltos de media cuclilla.

POSICIÓN DE PARTIDA Y MOVIMIENTO. — El nadador se mantiene erguido con los brazos a los costados. Dobla las rodillas y desciende hacia abajo a una posición de cuclillas completa o de media cuclilla, y salta hacia arriba tan alto como puede, al tiempo que lanza sus brazos hacia arriba, al igual que si fuera a efectuar un salto de baloncesto. Sigue realizando este ejercicio en forma continuada hasta que ha completado entre 10 a 40 repeticiones en serie. Empezar con sólo unas pocas repeticiones e ir aumentando progresivamente.

MÚSCULOS DESARROLLADOS. — Extensores de caderas y rodillas y los flexores plantar del tobillo.

Ejercicio 29. Cuarto de cuclillas, con otro a cuestas (ejercicio entre dos)

El sujeto que lleva a cabo el ejercicio permite a otro (de aproximadamente el mismo peso) subir a horcajadas en su espalda. En seguida dobla las rodillas y ejecuta flexiones de un cuarto de cuclilla.

REPETICIONES. — Entre 4 y 20.

PRECAUCIÓN. — A efectos de evitar una excesiva tensión en las rodillas, la persona que realiza el ejercicio debe poner sumo cuidado en no doblar demasiado sus rodillas.

MÚSCULOS QUE DESARROLLA. — Extensores de la cadera y de las rodillas.

Ejercicio 30. Flexiones de cabeza

Si se dispone de una barra de mentón, los ejercicios de cabeza son buenos para reforzar los músculos depresores de los brazos. También se desarrollan los bíceps, que no son promotores. En este ejercicio los depresores de los brazos trabajan en forma ligeramente distinta que cuando ejecutan los movimiento de nado. Por esta razón, el ejercicio de flexionar la cabeza es inferior al ejercicio con el aparato dilatador en cuanto a desarrollar los depresores de los brazos, pero si no se dispone de aparato dilatador puede practicarse.

MÚSCULOS QUE DESARROLLA. — Depresores de los brazos, flexores de los codos y flexores de muñecas y dedos.

Ejercicio 31. Incorporación

Tendido sobre la espalda, con las rodillas ligeramente dobladas, los dedos de las manos entrelazados detrás de la nuca. Manteniendo los pies en el suelo (si es necesario, disponer de alguien que los aguante o mantenerlos sujetos en algún sitio), balancear el cuerpo hacia arriba y hacia delante hasta que la cabeza casi toque las rodillas.

REPETICIONES. — Entre 10 y 50.

MÚSCULOS QUE DESARROLLA. — Flexores de tronco y caderas-recto del abdomen, oblicuos externos, psoasilíaco magno. [Nota: Los flexores del tronco (recto del abdomen, oblicuos externos) son músculos importantes para los nadadores. Si se practica un buen programa de preparación con pesas, el nadador no tiene especial necesidad de ejecutar con regularidad ejercicios de incorporación, tanto más cuanto que conseguirá suficiente ejercicio (isométrico) cuando ejecute el arranque en posición supina (o depresores de brazo sobre la cabeza, en el caso de los calisténicos) y cuando practica con el aparato dilatador. Si el nadador tiene los abdominales débiles y no está involucrado en un programa de pesas, se recomiendan los ejercicios de incorporación.]

LA PRACTICA DE OTROS EJERCICIOS DE FORTALECIMIENTO Y CONTRACCIONES ISOMETRICAS

La totalidad de los ejercicios descritos precedentemente, están ideados, en especial, para fortalecer los músculos relacionados con la natación. El autor no pretende dar a entender que éstos sean los únicos ejercicios que fortalecerán los músculos mentados. Existen literalmente docenas de ejercicios distintos que son también ventajosos, tales como contracciones isométricas, con o sin aparatos, y ejercicios con la pelota médica y con la cuerda de trepar. El tiempo y espacio disponibles impiden ofrecer una descripción completa. Cuando se llevan a cabo otros ejercicios, el nadador debe ejecutar aquellos que desarrollan los músculos de una manera similar a los movimientos descritos en este capítulo.

Si un niño no se halla empeñado en un buen programa escolar de educación física o tiene un nivel de fortaleza general muy bajo, podría tener necesidad de un programa de vigorización general del cuerpo. Tal programa debería incluir ejercicios de preparación, no sólo de los promotores de natación, sino también de otros músculos y de otros grupos.

EJERCICIOS DE DILATACION

La flexibilidad o movilidad es un rasgo deseable en un atleta, porque le permite sacar el máximo provecho de la fuerza, de la velocidad y de su coordinación. Una vez más, el tipo preciso de flexibilidad apetecible varía con el deporte o las interioridades de un deporte dado. En la natación, constituyen un factor determinante los estilos particulares. Investigaciones llevadas a cabo en la Universidad de Indiana indican que los componentes de un equipo de natación universitario tienen más flexibilidad de hombros y tobillos que cualquier otro grupo de atletas puesto a prueba.

Al igual que en el caso de proyectar un programa de ejercicios de fortalecimiento, un programa de dilatación deficientemente planeado puede dar por resultado un tremendo derroche de tiempo, con resultados mínimos o quizás aún perjudiciales.

La flexibilidad varía considerablemente de una persona a otra. Un individuo con grandes huesos y muy musculoso normalmente es menos flexible que una persona de huesos pequeños y poca musculatura. La carencia de flexibilidad puede ser largamente atribuida al tamaño de los huesos y a la estructura de las articulaciones que restringen el movimiento. El atleta no puede variar la estructura de las articulaciones, pero puede mejorar la flexibilidad de las mismas incrementando la soltura y la extensión con que pueden ser dilatados los músculos que intervienen. La aponeurosis o membrana de conexión que cubre las fibras de los músculos y el músculo entero, es el componente especial del mismo que limita los movimientos y que debe ser dilatado. El sistema óptimo para mejorar la capacidad del músculo a ser dilatado, es el de lanzarse a realizar la propia actividad, o a un programa de ejercicios de dilatación expresamente ideado, o a una combinación de estos dos métodos. En el deporte de la natación, se practica comúnmente la combinación de ambos métodos. Por vía de ejemplo, los tobillos se hacen más flexibles en razón de la dilatación establecido en los músculos anteriores de la pierna (flexores de tobillo-anterior de la tibia, y así sucesivamente) durante la percusión hacia abajo del batido mientras se practica el batido aleteado de «crawl» en las prácticas. Simultáneamente se perfecciona la eficacia del batido. Los mismos músculos pueden también ser dilatados cuando se llevan a cabo los Ejercicios 34 y 35.

Zonas de flexibilidad deseable

Hay dos zonas principales en las que una buena flexibilidad es decisiva para todos los estilos: 1) articulación de los tobillos, 2) articulación de los hombros. Los nadadores japoneses han dedicado considerable tiempo a desarrollar una buena flexibilidad de los tendones del glúteo (doblamiento hacia delante, algo así como el que se realiza al ejecutar un salto en carpa). Yo tengo la impresión de que la amplitud normal de movimiento en esta zona es suficiente para desenvolverse con toda la suerte de exigencias de los estilos de competición, y que necesita consagrarse poco o ningún ejercicio a la mejora de este tipo de flexibilidad, a excepción del individuo que tenga anormalmente baja la flexibilidad (es decir, si no puede mantener rígidas sus rodillas cuando se dobla para tocar las puntas de los pies con las manos).

FLEXIBILIDAD DE TOBILLOS. — Para todos los nadadores que practican el batido aleteado o el de cola de pez (espaldistas, libristas y mariposistas), es deseable tener una buena flexibilidad de la flexión plantar de los tobillos, es decir, tener la aptitud de apuntar o extender sus pies en una línea casi recta con las partes inferiores de las piernas (al igual que una bailarina de ballet cuando actúa sobre las puntas). Este peculiar movimiento permitirá que los pies del nadador se hallen en buena posición para impeler el agua en una dirección más hacia atrás durante la fase propulsiva de su batido, con lo cual conseguirá hacerlo más efectivo. Para mejorar este tipo de flexibilidad, los músculos anteriores de la parte inferior de la pierna (flexores dorsales de los tobillos y dedos de los pies) deben ser dilatados.

Los bracistas deben tener la flexibilidad de los tobillos, justamente en el sentido opuesto, es decir, flexión dorsal del tobillo. Es la capacidad de flexionar el tobillo hacia el hueso de la espinilla. Este tipo de flexibilidad permite al bracista colocar sus pies en buena posición para impeler el agua hacia atrás en un punto más avanzado de su batido, y de esta manera lograr más efectividad de la acción de las piernas. Para conseguir el tipo de flexibilidad que se desea, los músculos posteriores de la parte inferior de la pierna (el gastronemio y el sóleo) deben ser dilatados.

FLEXIBILIDAD DE HOMBROS. — Es deseable la flexibilidad de la articulación del hombro, especialmente en la dirección hacia atrás, puesto que facilita la recuperación de los brazos en los estilos del «crawl» y de la mariposa y permite una mayor facilidad de tracción en el estilo de espalda.

Para conseguir la flexibilidad deseada, los músculos anteriores de la articulación del hombro (deltoides anteriores y músculos pectorales) deben ser dilatados.

Método de dilatación

La flexibilidad puede ser mejorada más eficazmente realizando los ejercicios por parejas o forzando la dilatación. Son éstos unos ejercicios en que los músculos son notablemente dilatados, bien por otra persona, bien por resistencia de algún otro tipo, tal como una pesa o el peso del cuerpo de la persona misma.

Ejercicios de balanceo independiente, como los ejercicios números 39 al 42, contribuyen también, pero no son tan eficaces como los dilatadores para incrementar la flexibilidad. Posiblemente la razón de esto es que, en los ejercicios de balanceo independiente, la dilatación en el músculo proviene de la inercia del miembro que balancea, siendo requisito indispensable aplicarla a ritmo rápido. Este rápido movimiento dilatador produce la excitación de un reflejo de dilatación protectivo y se esfuerza en impedir que el músculo sea superdilatado. De ello resulta que el músculo que está siendo dilatado se contraiga y se resista más a expansionarse que cuando se le aplica una firme dilatación forzada.

Medición de la flexibilidad

En los proyectos de investigación, la flexibilidad se gradúa con un equipo especial y las graduaciones se efectúan con gran cuidado. No obstante, hay algunos métodos muy sencillos, aunque menos seguros, de graduar flexibilidad sin equipo, los cuales pueden ayudar al nadador a evaluar la flexibilidad de sus articulaciones de tobillos y hombros. Las muchachas generalmente son más flexibles que los chicos, y, como norma, con los años las personas pierden algo de flexibilidad, especialmente al concluir la pubertad. Las graduaciones que siguen son sólo aproximativas. A efectos de conseguir una mejor evaluación comparativa de la flexibilidad, un nadador puede comparar sus actuaciones, en las pruebas generales siguientes, con las de sus compañeros de equipo.

FLEXIBILIDAD DE TOBILLO. — La flexión plantar (el sujeto se halla sentado en el suelo de la piscina con las piernas mantenidas juntas y sus rodillas totalmente extendidas). Debe flexionar sus pies tanto como le sea posible. Si el ángulo que se forma entre su espinilla y la parte superior de su pie es casi de 180° o forma una línea recta, tiene una flexibilidad mejor que la media. Cuanto más agudo sea el ángulo, más mezquina será su flexibilidad de tobillo, y, en consecuencia, si en lo demás se halla en circunstancias iguales, de menos valía serán sus batidos aleteados y los de cola de pez.

En la flexión dorsal (el sujeto adopta la misma posición acabada de describir). Ahora flexiona dorsalmente sus pies. Si el ángulo formado entre su espinilla y la parte superior de sus pies es de 100° o menos, tiene una flexibilidad media o superior a la media.

Otro método de poner a prueba la flexibilidad de los tobillos y piernas necesaria a los bracistas es hacer que el nadador se mantenga erguido con las manos detrás de la nuca y con los pies mirando directamente hacia delante y tocándose el uno al otro por la parte de los dedos y de los talones. Debe entonces intentar doblarse a la posición de cuclillas completa, sin apartar sus manos de detrás de la nuca ni separar las rodillas y sin consentir que sus talones se levanten del suelo.

Si el nadador levanta los talones o pierde el equilibrio y cae hacia atrás, está por debajo de la media de flexión dorsal y necesita alargar los músculos de las pantorrillas de sus piernas si desea desarrollar un buen batido en la braza de pecho.

FLEXIBILIDAD DE HOMBROS. — En la flexión hacia atrás, a efectos de graduar la flexibilidad de los hombros, las instrucciones deben ser cuidadosamente seguidas. El sujeto A está sentado en el suelo de la piscina con su espalda erguida y vertical. Las piernas están extendidas juntas frente al cuerpo con las rodillas estiradas. Los brazos se mantienen delante del cuerpo a exactamente la altura de los hombros, con las palmas mirando la una a la otra. El sujeto B, de pie detrás del sujeto A, se inclina hacia delante y con las manos tira hacia atrás y en plano horizontal los brazos del sujeto A, sin permitir que las palmas de éste giren ni hacia arriba ni hacia abajo o que los codos se doblen. Continúa tirando hacía sí poniendo especial cuidado en no bajar ni subir los brazos, hasta que éstos se hallan tan atrás como pueden, sin causar innecesario dolor. El sujeto A, mientras sus brazos son llevados atrás, debe resistir la tendencia a inclinarse hacia delante y a girar sus palmas hacia abajo. Debe también concentrarse en mantener su espalda erguida y en no doblar las rodillas. Si los brazos llegan a tocarse o se cruzan uno encima de otro, su flexibilidad está por encima de la media.

Ejercicio 32. Dilatador de tobillos (flexor plantar)

El sujeto A está sentado en el suelo de la piscina con las piernas mantenidas unidas y extendidas delante de él. El sujeto B se coloca en posición arrodillada a los pies del sujeto A. Coloca las manos de manera que cubran los dedos de los pies y la parte inferior de los empeines de A. Empuja hacia abajo y con fuerza los flexores plantares de los tobillos de A. Repite este movimiento de 15 a 30 veces. El sujeto A mantiene sus rodillas estiradas del principio al fin.

Ejercicio 33. Dilatador de tobillos (flexor plantar)

Colocar una toalla o almohadilla en el suelo de la piscina. Adoptar la posición de rodillas y flexionar la planta de manera que los empeines de los tobillos miren hacia abajo sobre la toalla, sentándose en seguida sobre la planta de los pies. Colocar las manos en el suelo por detrás de los pies. Bambolear hacia atrás, alzando las rodillas del suelo y cargando el peso del cuerpo sobre los pies de manera que los tobillos estén fuertemente dilatados. Repetir de 10 a 20 veces.

Ejercicio 34. Dilatador del tendón de Aquiles (flexor dorsal)

El sujeto A puede estar sentado bien en un banco, bien en el suelo de la piscina. El sujeto B se arrodilla y sujeta firmemente los pies de A, colocando su palma izquierda en la parte posterior del talón de A. Coloca la mano derecha, con su palma encima de la eminencia de la base del dedo grueso del pie, y con fuerza flexiona dorsalmente el tobillo. Repetir de 10 a 20 veces.

Ejercicio 35. Dilatador del tendón de Aquiles (flexor dorsal)

El sujeto adopta una posición de pie y dando cara a una pared o valla separada aproximadamente tres o cuatro pies de la misma y con una pierna ligeramente retrasada respecto de la otra. En seguida se inclina hacia delante y coloca las manos contra la pared o valla de manera que el cuerpo se halle sostenido en un ángulo de 45°. El sujeto, manteniendo su pierna trasera estirada y doblando la otra, carga el peso de su cuerpo sobre la pierna trasera e intenta forzar hacia abajo el talón del pie trasero, con lo cual produce dilatación al músculo de la pantorrilla y al tendón de Aquiles. Repetir de 20 a 30 veces sobre cada pierna.

Ejercicio 36. Dilatador del tendón de Aquiles

El sujeto está de pie, erguido, con sus manos detrás de la nuca, las piernas juntas y los pies rectos mirando hacia delante. Sin mover las manos de detrás de la nuca ni consentir que sus rodillas o pies se separen, o los talones se eleven del suelo, realiza ejercicios completos de cuclillas hasta el punto que las nalgas toquen la parte posterior de los pies. Cuando llega al punto más bajo, flexiona arriba y abajo (aproximadamente quince centímetros) varias veces, y en seguida vuelve a la posición de pie. Repetir entre ocho y diez veces.

Ejercicio 37. Ejercicio dilatador de los hombros

El método de ejecutar este ejercicio es idéntico al descrito anteriormente en este capítulo (página 365) para ensayar la flexibilidad del hombro. Después que los brazos han ejecutado su recorrido hacia atrás, deben ser impulsados alrededor de quince centímetros hacia delante y seguidamente de nuevo llevados cuatro o cinco veces hacia atrás en una forma oscilatoria sostenida. Los brazos deben en seguida retornar hacia delante y repetir de cinco a diez veces el ejercicio completo.

Ejercicio 38. Ejercicio dilatador de los hombros

El sujeto A está sentado en el suelo de la piscina con la espalda derecha y las manos entrelazadas detrás de la nuca. El sujeto B, de pie a la espalda de A, ase con las palmas, mirando hacia atrás, los codos de A, y coloca una de sus rodillas en la espalda de A. Seguidamente impele con fuerza los codos hacia atrás y ligeramente hacia arriba, hasta que A siente algo de dolor. Cuando los brazos están atrás, se les lanza ligeramente hacia delante y hacia atrás de tres a cinco veces. En seguida son llevados hacia delante antes de ser de nuevo puestos en la posición dilatada y de repetir el movimiento de dilatación. Efectuar el ejercicio de cinco a diez veces.

Balanceo independiente, ejercicios dilatadores de los hombros

Ejercicio 39. Aspas de molino de viento hacia delante

En posición erecta, los brazos van girando en un movimiento circular sobre el plano lateral, en forma similar y en el mismo sentido que cuando se ejecutan los movimientos de brazos en el estilo mariposa. Repetir entre 15 y 30 veces.

Ejercicio 40. Aspas de molino de viento hacia atrás

Es igual que el ejercicio 39, con la diferencia de que los brazos van girando en el sentido opuesto. Repetirlo de 15 a 30 veces.

Ejercicio 41. Balanceo horizontal

En posición erecta, los brazos son mantenidos hacia delante a la altura de los hombros frente al pecho, con las palmas mirando la una a la otra. os brazos son bamboleados hacia atrás en plano horizontal y tan lejos como puedan alcanzar con los codos estirados en el primer bamboleo. En el siguiente el movimiento es el mismo, pero los codos están doblados en un ángulo de 90°. El ejercicio continúa, alternando la posición de codos derechos y doblados hasta haber repetido entre 15 y 30 veces.

Ejercicio 42. Dilatación por encima de la cabeza

En posición erecta, con los brazos mantenidos a los costados, éstos son balanceados hacia delante y arriba por encima de la cabeza, con los codos estirados y las manos asidas, pero con las palmas mirando hacia delante. Entonces son dos veces lanzados hacia atrás antes de retornar a la posición de partida. Repetir entre 15 y 30 veces.

Los cuatro precedentes ejercicios son una buena tanda para ejercitar la dilatación de los músculos antes de empezar a nadar.

¿CUANDO DEBEN REALIZARSE LOS EJERCICIOS?

El Capítulo 9 «Proyectando el programa de una temporada de preparación de natación», ofrece un detallado examen acerca del orden de distribución de los ejercicios a lo largo de la totalidad del programa. No obstante, éste será solamente un breve y general resumen.

En cualquier momento de la temporada, el nadador que está llevando a cabo un programa de ejercicios de fortalecimiento probablemente podrá encontrarse que en las prácticas de natación va algo más lento que si no efectuase aquellos ejercicios. La mayor lentitud es la consecuencia de que sus músculos se hallan cansados por sus ejercicios en seco. No obstante, el resultado final del programa de ejercicios es conseguir que el nadador nade más rápido. Los nadadores recién lanzados a un programa de ejercicios de fortalecimiento en seco a menudo se desaniman cuando sus músculos se tornan torpes y doloridos y temen que puedan perder sus movimientos de nado. Pueden, en este caso, abandonar el programa mucho antes de que sus músculos hayan tenido tiempo de adaptarse. Deben comprender qué es lo que está sucediendo a efectos de perseverar a lo largo del período de ajuste.

A fin de que los músculos puedan descansar, el programa de fortalecimiento debe ser reducido o abandonado completamente antes de los grandes encuentros y al fin de la temporada de competiciones. No obstante, no es prudente que una persona, extremadamente débil y que necesita el fortalecimiento adicional, durante la temporada completa de competiciones no efectúe sus ejercicios de fortalecimiento.

Los ejercicios de fortalecimiento pueden llevarse a cabo antes o después de las sesiones de natación, pero son más efectivos si se ejecutan antes de las prácticas natatorias, es decir, antes de que los músculos estén cansados.

Los ejercicios de dilatación deben ejecutarse a lo largo de la temporada de preparación de natación. La persona cuya flexibilidad es baja debe efectuar los ejercicios anticipadamente a cada sesión de prácticas de natación. Antes de que un nadador nade en agua fría debe ejecutar ejercicios de dilatación como medio para ayudar a su precalentamiento y posiblemente para evitar lesiones en los músculos. Esto es especialmente importante para los bracistas que sufren trastornos en las rodillas con el músculo aductor.

¿QUIEN NECESITA LOS EJERCICIOS EN SECO?

Algunos detentores de récords mundiales no han ejecutado nunca ejercicios en seco. ¿Puede esto significar que el nadador medio no tenga necesidad de ellos? El hecho puede ser interpretado de varias maneras, de acuerdo con la posición o las opiniones del intérprete. El autor estima que estos nadadores podrían haber nadado aún más velozmente si hubiesen practicado un buen programa de ejercicios. Sin duda alguna, tales nadadores son también inherentemente fuertes y flexibles y no necesitan ni el fortalecimiento ni el dilatamiento tanto como otros individuos menos fuertes y menos flexibles. El autor ha preparado nadadores, tales como Chester Jastremski, Lary Schulhof y George Breen, que eran extremadamente fuertes y musculosos. Estos eran de constitución mesomórfica, con grandes huesos y poderosa musculatura. Necesitaban trabajar bien poco el fortalecimiento y, después de tres años de ejercicios rutinarios de este tipo, se les destinó a otro programa de fortalecimiento suave. Cada uno de ellos era relativamente bajo en cuanto a flexibilidad, y se les mantuvo en un duro programa de ejercicios de dilatación.

El caso opuesto era, y es, efectivo en Fred Schmidt, Ted Stickles, Tom Stock y Charles Hickcox. Estos cuatro muchachos son flexibles, pero están faltos de un poco de fortaleza. Son más ectomórficos (delgados, huesos pequeños, menos musculosos) en tocante a constitución física que los tres mencionados más arriba. A medida que progresaban en sus carreras, estos nadadores eran mantenidos en un riguroso programa de fortalecimiento, y la cantidad de tiempo que dedicaban a ejercicios de dilatación se les reducía. Estos ejemplos demuestran que un programa de ejercicios puede variar de un individuo a otro, especialmente conforme van progresando en su carrera de nadador. Como ha sido expuesto, un nadador debe esforzarse en eliminar sus deficiencias.

Es también posible que, cuando un nadador alcanza la madurez y es suficientemente fuerte, pueda tener menos o ninguna necesidad de un programa de duros ejercicios de fortalecimiento. No obstante, parece improbable que el nadador pueda, en ningún caso, eliminar completamente la fase de dilatación de su programa de ejercicios.

EL VALOR DE OTRAS ACTIVIDADES FISICAS, APARTE DEL NADAR POR NADAR

Años atrás, el correr campo a través formaba parte del programa de preparación del nadador. Obviamente, la idea en que se basaba esta práctica era que el nadador podía preparar su sistema respiratorio cardiovascular y desarrollar la resistencia. No hay duda que empleándose en estas otras actividades como correr, ir en bicicleta, jugar al tenis y al fútbol en la época fuera de temporada, es bueno para el estado físico general del nadador y puede ser preferible al disiparse o no hacer nada.

Esto es evidentemente cierto cuando un nadador sólo nada durante una temporada al año. No obstante, la experiencia demuestra que las tentativas de desarrollar la resistencia de natación por medio del correr o de la bicicleta u otras actividades similares son totalmente ineficaces. El nadador puede emplear más provechosamente su tiempo de procurarse fortaleza y elasticidad, por medio de ejercicios en seco y la resistencia nadando en la piscina. El valor del dedicarse a otras actividades físicas es que brinda al nadador un cambio de actuaciones y de medio ambiente a efectos de no sentirse aburrido por la preparación de la natación. El atleta necesita una interrupción ocasional, no solamente del entretenimiento en su deporte peculiar, sino también del duro entrenamiento de cualquier clase que sea. Por esta razón debe intentar algunas actividades recreativas que le brinden distracción y relajamiento, ora sea tiro al arco, bolos, base-ball o baile.

11

Natación en los grupos de edades distintas

El éxito internacional que la natación americana disfruta desde los Juegos Olímpicos del año 1960, puede ser atribuido en gran parte al programa de natación de los grupos juveniles. Este programa brinda a los muchachos la oportunidad de prepararse ya en edad tierna para la natación de competición y desarrolla los conocimientos prácticos y la puesta a punto de que tendrán necesidad cuando estén en situación de participar en los concursos de los mayores. Un cuidadoso estudio de los datos registrados en el Capítulo 14 acerca del historial de cada campeón de natación pondrá a la vista que la mayoría de ellos empezaron la natación de competición en una edad que oscilaba entre los 8 y los 12 años.

Desde que la natación de competición se inició han habido intentos periódicos de organizarla por edades o por clasificaciones de aptitud. El intento que en este sentido ha tenido mayor éxito tuvo lugar a inicios del año 1950, cuando la National Amateur Athletic Union estableció un reglamento nacional de grupos juveniles y dividió las competiciones entre nadadores en categorías de edades diversas. El reglamento de los grupos juveniles permanece bajo la jurisdicción de la Amateur Athletic Union, y estas reglas se hallan impresas en la AAU Swimming Guide (1).

Aunque cambian un tanto de un año a otro, las reglas básicas siguen siendo las mismas, y son descritas a continuación:

1. Las asociaciones pueden tener grupos de edad de competición, divididos en cuatro en la forma siguiente: de 10 años o menos, de 11-12 años, de 13-14 años y de 15-17 años. Los tiempos deben ser presentados al Age Group Records (Registro de los Grupos de Edades) y serán reconocidos los cinco mejores para un nadador de esas agrupaciones que participe en cualquiera de las competiciones «junior» o «senior» sancionadas por la AAU...

(1) Se pueden hallar en la Amateur Athletic Union, 231 West 58th Street, Nueva York, N. Y., 10019. Su precio es $ 3.

3. La elegibilidad de un participante para cada grupo de edad será determinada por la fecha de su nacimiento dentro de su respectivo grupo. La edad para el primer día del encuentro regirá para todos los días que éste dure. Los participantes deben nadar en su clasificación correspondiente.

7. Los cinco mejores tiempos nacionales en cada grupo serán dados a la publicidad...

La natación de los grupos de niños o adolescentes, está sometida a sus reglas expresas, más las generales que rigen la asociación AAU. Las competiciones para los nadadores «junior» y «senior» de los grupos, según la edad, son mantenidas dentro de la asociación AAU. Cualquier persona o grupo interesado en obtener información relacionada con estas competiciones debe ponerse en contacto con los delegados de la AAU de su distrito. Los nombres y las señas con quienes se quiera establecer el contacto pueden obtenerse en la AAU Swimming Guide, o dirigiéndose directamente al National AAU Office (2). Las actividades de los grupos juveniles son reseñadas por muchos periódicos locales y de secciones y por uno nacional (3).

DESARROLLO DE UN PROFUNDO AMOR A LA NATACION EN LOS GRUPOS DE EDADES DISTINTAS

Para un muchacho, el nadar en una competición juvenil puede ser bien una experiencia maravillosa o convertirse en algo perturbador, dependiendo todo de su preparador o de sus padres y de la manera en que es dirigido el programa. Yo he estado ligado como preparador a la natación de los grupos de muchachos desde su inicio, y he sido suficientemente afortunado de tener mis cuatro hijos involucrados como nadadores en el programa. Estoy convencido del valor que tiene un programa de esta clase bien llevado. No obstante yo, como igualmente muchos otros, reconocemos las posibilidades de abusos que se pueden producir en estos programas de los Grupos de Edades y la Pequeña Liga en los que, en razón de la edad del participante, hay una tendencia por parte del padre a ligarse con la situación del equipo o del club. A menudo esta conjunción es vital a la existencia del programa, ya que frecuentemente los padres suplen los medios necesarios de transporte a los encuentros y a las prácticas, actúan de miembros del jurado en los encuentros, realizan trabajos de

(2) Ver nota 1.

(3) *Swimming world*, editado por Al Schoenfield, 12618 Killion Street, North Hollywood, California.

junta, y por otra parte ponen en funcionamiento elementos que conducen a que el programa resulte un éxito.

No obstante, la naturaleza humana es de tal manera que una persona pierde la mayor parte de su capacidad de permanecer desligado y objetivo en cuestiones relacionadas con sus hijos. Por esta sola razón la misión de preparador de un grupo de niños no es nunca fácil. Lo irónico del caso relacionado con la más envidiable situación de un preparador de un grupo de muchachos es la de aquel que es preparador de un orfelinato. Es un hecho que los mayores roces en las filas de preparadores de niños tienen lugar en los clubs en los cuales el preparador trabaja directamente bajo el control de un grupo de padres.

Muchos de los problemas que se presentan podrían ser evitados si, al iniciarse la formación del programa de un grupo infantil, se desarrollase y se adhiriese conjuntamente un profundo amor. Una vez empieza a desarrollarse en una comunidad el interés por el programa del grupo de menores, generalmente aumenta en forma muy rápida, con limitada atención a su finalidad verdadera por parte del preparador, de los padres o de los nadadores. Si se permite que el programa se desarrolle sin una declaración de objetivos, demasidao a menudo se convierte en uno en que preparador, padres y funcionarios fracasan en destacar la consideración al hecho de que la única justificación del programa es el de existir en beneficio de los muchachos, y no para la gloria de los padres, del preparador o de los funcionarios de la natación. La mayor parte de los abusos que reinan en los grupos infantiles de natación podría ser virtualmente eliminados si todas las personas a las que conciernen quisieran tener presente esta norma.

PROGRAMA DE OBJETIVOS DE UN GRUPO DE EDADES DISTINTAS

Cada equipo del grupo de niños o adolescentes debe seguir aquellas líneas maestras de su programa, que se reflejarán por parte de todos los interesados en un profundo amor hacia la preparación y la competición. Al establecer unos estatutos y reglamentos interiores para el régimen del club, el citado amor debe ser la consideración primaria y después, cuando el club está en marcha, no debe quedar limitado a la letra escrita, sino que debe ser como una parte integrante de la forma de llevar cada sesión de prácticas, los encuentros, y una posición general del preparador, de los funcionarios y de los preparadores ayudantes, de los padres y de los muchachos.

Han de considerarse muchos factores al establecer las líneas maestras de un programa de esta clase de grupos.

El programa debe ser útil y servir a todos los muchachos, no solamente a aquellos más dotados. En los Estados Unidos más de 500.000 muchachos están hoy compitiendo en esas agrupaciones de natación. Solamente una fracción de un uno por ciento de ellos llegarán algún día a ser campeones nacionales o a formar parte del equipo olímpico. Las metas del programa no deben ser cortadas a medida de las conveniencias de este pequeño grupo selecto, sino a tenor de los intereses de la totalidad.

No todos los muchachos pueden ser grandes nadadores. Algunos, hagan cuanto hagan sus padres o preparadores para empujarles y guiarles, con todo y no tener de su parte ninguna falla, nunca, en el mejor de los casos, pasarán de conseguir éxitos mediocres. Si el programa está bien proyectado y dirigido, cada muchacho puede ganar en experiencia, tanto si gana como si no gana una simple carrera.

Aunque para el muchacho pueden haber algunos momentos que le trastornen, así como también sufrir otras desilusiones, la experiencia en conjunto debe ser agradable. Un programa que ponga demasiada presión emocional en cada uno de los interesados, que les lleve a las lágrimas, a airadas palabras entre padres y muchachos, preparador y muchachos, preparador y padres, obviamente es un programa que tiene mal proyectado el plan.

A lo largo de diez años de natación de grupos de muchachos, he visto parcialidades y malquerencias en todas partes del país. Los nadadores en los grupos de mayor edad notan y se dan cuenta de cómo estas malquerencias van continuamente en aumento. Hay malquerencias entre preparador y preparador, padre y preparador y nadador y padre. El nadador puede idolatrar a su preparador, o preparadora, pero «las mamis y los papis» lo detestan porque su pequeño Johnny no progresa. Estas malquerencias siguen creciendo, porque la competencia es más dura y las metas difíciles de alcanzar. Yo y muchos de mis amigos no fuimos nunca empujados, porque tuvimos padres que nos procuraron, y lo hicieron correctamente..., el sistema más provechoso para mantener y mejorar nuestro interés y afición por el deporte de la natación (4).

Sugerencia de algunos objetivos para los grupos de nadadores infantiles

1. Brindar oportunidades para el desarrollo social y el emocional.
2. Facilitar una finalidad física y recreativa, saludable y digna.

(4) Art Brandt, University Heights, Ohio, «An Age Group Swimmer Speaks Out», *Swimming World*, VII, núm. 1 (enero 1966), 11.

3. Brindar la oportunidad de aprender el arte y la pericia en los deportes y despertar en los nadadores la conciencia del espíritu de equipo.
4. Brindar oportunidades educativas.
5. Procurar oportunidades para aprender los hábitos de conservarse en buena salud.
6. Brindar la preparación y la competición a todos aquellos nadadores que lo deseen.
7. Procurar una amplia base de nadadores expertos, a efectos de contribuir al incremento de los conocimientos de natación prácticos y necesarios en las escuelas de enseñanza media, en la Universidad y en el nivel «senior» del AAU.

Estos objetivos se llevan a cabo por medio de:

1. Prácticas y orientación en las reuniones, en formas adecuadamente supervisadas y organizadas, con oportunidad para que el equipo no se limite solamente a nadar.
2. Adecuados tipos de prácticas y de reuniones a nivel de los conocimientos prácticos y de la pericia de las diversas edades y capacidades de un equipo o de un individuo.
3. Preparación por personas competentes, con experiencia de preparación, en escuelas y universidades y que se hallen inscritas como miembro en alguna asociación de preparadores.
4. Instrucción dirigida durante las prácticas y reuniones y oportunidades de educación literaria en escuelas o universidades.
5. Costumbres sanas a medida que se van aprendiendo directamente de las técnicas de preparación adecuadas y en forma indirecta de las instrucciones dietéticas, del plan de ejercicios, de las conferencias y de las demostraciones.
6. Oportunidades de preparación facilitadas por los clubs, colegios, comisiones recreativas y otros elementos; oportunidades de competir proporcionadas a través de: 1) encuentros competitivos, 2) interclubs, 3) liga privada, 4) encuentros recreativos de la ciudad, 5) de los colegios, y 6 del AAU; de manera que a nadie le sea negada la oportunidad de practicar y/o de competir.
7. Prácticas competentemente organizadas y oportunidades competitivas, con las tensiones reducidas al mínimo, para el desarrollo equilibrado y subsiguiente notable progreso de los nadadores. Conforme avanzan de los niveles de edad más bajos a través de la escuela media, la Universidad y los niveles «senior» de la AAU, se irán destacando los nadadores prominentes y experimentados (5).

Debe ser observado que, en ningún caso, en esta relación de objetivos ha sido mencionado el fomentar el desarrollo de un campeón nacional o la formación de un equipo vencedor. La mediocridad no debe ser la meta de nadie; cada uno debe esforzar-

(5) Informe recopilado y presentado por un comité de preparadores y ayudantes de los EE. UU. a petición de Harold Heller, presidente de los Grupos Infantiles de Natación de la AAU, 1964.

se por sobresalir. No obstante, el verdadero triunfador en la natación de los grupos de muchachos a menudo no es el que gana la carrera, porque él (o ella) pueden estar logrando conseguir la meta a costa del fracaso en alcanzar algunos otros objetivos provechosos del programa. Trofeos, medallas y registros nacionales en los grupos de menores son objetivos mediocres, en comparación con los relacionados más arriba. En muchos aspectos la natación de esos grupos es un curso de preparación para la vida. El más duro trabajador en la piscina no siempre ganará la carrera, de la misma manera que tampoco el más constante estudiante será el que mejores notas alcance. No obstante, cada componente de un grupo de muchachos puede aprender que para conseguir el máximo de su potencia, se debe aplicar y trabajar duramente, inteligentemente y con constancia. La transferencia de este principio a todo lo que emprenda y desea efectuar más adelante en la vida, depende de la eficacia del programa en que está involucrado para conseguir los objetivos descritos más arriba.

Crear las actitudes adecuadas

El deseo de alcanzar el máximo de uno mismo debe salir en tanto como sea posible del propio individuo. El estimular hacia este fin a una persona es la esencia verdadera de un buen adiestramiento y de una buena guía por parte de los padres. Demasiado a menudo el muchacho es aguijoneado a trabajar duramente con promesas de premios si tiene éxito, o con castigos si falla. Las metas establecidas por el preparador o los padres a menudo no son realistas, consideradas a la vista de las posibilidades del muchacho. Si las metas establecidas son demasiado ambiciosas, se puede crear un auténtico conflicto en la mente del muchacho, y el hecho de que su interés en continuar nadando pueda quedar comprometido es la menor de las complicaciones sicológicas.

Un caso hipotético, a veces, es la mejor manera de demostrar un extremo y la imagen de éste puede encontrarse en la orientación de casi cada club o equipo que yo conozco bastante. Sam era un gran nadador a edad precoz y durante dos años nunca fue batido en ningún concurso. El y su padre eran camaradas permanentes, y se trasladaban de una parte a otra del país, a veces distantes centenares de kilómetros, para tomar parte en encuentros. A la edad de trece años empezó, de vez en cuando, a perder alguna carrera. Cuando perdía, el padre de Sam le trataba con frialdad, caminando sin hablarle. Cuando ganaba, recibía una palmada en la espalda, un fuerte abrazo y el afecto de su padre. Con ello, llegó a asociar el afecto y amor del padre con sus propios éxitos natatarios. Cuando más y más a menudo empezó a perder, se le desarrolló un sentimiento de inseguridad que, alrededor de los 17 años, lo llevó a sufrir ciertos problemas sicológicos.

Cada muchacho reacciona ante la misma situación de manera diferente. Algunos pueden sentirse muy poco emocionados, pero la experiencia no puede nunca ser benéfica. En un caso como el descrito, se ha de condenar al padre, no al programa de natación del grupo de muchachos.

El padre descrito más arriba puede ser considerado un tipo de «alta presión». En el extremo opuesto hay los padres de «baja presión», que alardean de no presionar para que su hijo haga algo. Si éste no desea asistir a las prácticas, los padres no le fuerzan; si no quiere nadar en un encuentro, los padres tampoco le fuerzan. Esta clase de tolerancia puede parecer justa sicológicamente, pero a menudo da un resultado extremadamente alejado de aquel que los padres proyectaban, si contribuye a la incapacidad del muchacho para proseguir del principio al fin cualquier proyecto que emprenda. Mientras el muchacho sea miembro de un equipo, el preparador debe contar con la cooperación de los padres respecto a que el muchacho cumpla su obligación para con el mismo. Sus responsabilidades incluyen la asistencia regular a las prácticas, a las competiciones cuando se le requiera para ello, y unirse a los que defienden su equipo en aquellas reuniones a las que no ha sido convocado para nadar. Cuando un padre tolera o anima a un muchacho a desatender estas obligaciones, está produciendo daño al carácter del muchacho, predisponiéndole a ser indigno de confianza y desconsiderado. Cuando se produce este estado de cosas, el mejor camino para el muchacho y para el equipo es que éste le elimine del registro de sus componentes.

Una de las críticas más corrientes de los programas de natación de los grupos de edades distintas es la de que son demasiado competitivos. Los muchachos muy jóvenes tienen poco estímulo competitivo; su espíritu de lucha se desarrolla conforme se van formando. Algunos muchachos desarrollan precozmente este estímulo y en grado más elevado que otros. Ciertos padres agresivos, de elevado grado de estimulación, a menudo se sienten desgraciados si sus hijos no desarrollan este estímulo competitivo en la magnitud que ellos desearían. Los padres deben comprender que a una temprana edad el lento desarrollo del espíritu competitivo es lo normal y quizá más deseable que un anticipado desarrollo precoz o forzado.

Un prominente preparador de grupos infantiles de natación expresa su opinión:

> Muchas personas desean saber por qué los nadadores abandonan a una edad tan joven. Yo creo que la razón es que han sido impulsados demasiado duramente siendo demasiado jóvenes. Si a estos nadadores no se les pidiera que actuasen a una edad tan tierna como en la gran liga y por un período de tiempo tan largo, tendrían de la natación una mejor perspectiva, en tanto que deporte, tanto antes como después de la Universidad (6).

Es importante que todos aprendan a competir y a desarrollar el espíritu de competición. También es importante que los muchachos aprendan a adaptarse a niveles razonables de tensión emocional. Los pequeños contratiempos que deben aprender a dominar como jóvenes, les prepararán para los más importantes que ciertamente tendrán que experimentar como adultos.

Un nadador pone fisiológicamente a punto su cuerpo para mayores esfuerzos, por medio del incremento progresivo de la tensión física; es decir, a medida que el cuerpo se adapta a la tensión de sesiones cortas y fáciles, el nadador incrementa la cantidad de tensión efectuando ejercicios más largos y más duros. De manera similar, también debe ponerse sicológicamente a punto.

Un muchacho tropieza con pequeñas situaciones en las que se le plantean tensiones emocionales, tales como nadar en un encuentro de un club local las 25 yardas estilo libre en el 8 y bajo la categoría de su grupo. El premio para el primero es una cinta azul y la felicitación de sus padres. Está un tanto nervioso y nota algo de tensión emocional. Es capaz de adaptarse sin dificultades.

A medida que avanza en su carrera, se encuentra, a la edad de 13, ganando medallas y trofeos en vez de cintas. Ahora aparece su fotografía en el periódico y algunos de sus camaradas están un tanto celosos de él. Sin embargo, todavía es capaz de manejar la tensión emocional y realiza todos los ajustes necesarios. Finalmente, en la cima de su carrera como nadador, a la edad de 19 años, se halla erecto en el puesto de salida en la final de una olimpíada. La tensión emocional es tremenda, pero, en razón de sus anteriores experiencias, es capaz de dominarla de la misma manera que las otras tensiones emocionales ligadas con el éxito en cualquier asunto.

Compárese esta persona con el individuo que no ha tenido ninguna de éstas o similares experiencias. Parece cierto que una

(6) Pete Accardy, Burbank Swim Academy, Burbank, California, «A Coach Speaks Out-Is Age Group Getting Out of Hand?», *Swimming World*, VII, núm. 1.

persona cuyo carácter ha sido adecuadamente templado de esta forma, está mejor equipado para la vida adulta que uno que haya estado resguardado de competiciones de toda clase. El carácter y la personalidad son el resultado de dos factores: 1) cualidades inherentes, y 2) las tensiones impuestas al individuo y la adaptación que él hace de estas tensiones. Un programa de natación de un grupo de muchachos adecuadamente dirigido puede hacer mucho para ayudar a desarrollar los rasgos deseables de la personalidad y preparar al muchacho para la vida adulta.

EL PAPEL DEL PREPARADOR DE UN GRUPO DE EDADES DISTINTAS

En el crucial período de transición de incrementar el estímulo de competición, el muchacho necesita un maestro comprensivo y que demuestre algo más que su capacidad de organización, y su conocimiento de la mecánica de los movimientos, por esenciales que sean estos factores a un preparador eficiente. Un preparador de grupos de muchachos no debe ser meramente seleccionado porque es ambicioso y por lograr buenos resultados, sino porque sabe y comprende a los muchachos y sabe cómo manejarlos. Lo paradójico es que el tipo de persona descrito en segundo lugar, a menudo es el que repetidamente forma nadadores prominentes.

Quien esto escribe tuvo el placer de ver actuar en la plenitud de su vida a uno de los más grandes preparadores de todos los tiempos, el difunto Jim Clark, que había pertenecido al Indianapolis Athletic Club. Todos los muchachos que nadaban para él le admiraban y respetaban. Gozaban de su compañía, y él, a su vez, disfrutaba preparándoles. Les hacía trabajar duramente, pero recibía de ellos pocas expresiones agrias. Les estimulaba sin ser extremadamente severo. Después de llegar a edad adulta, muchos de sus nadadores me habían dicho que había sido una experiencia muy satisfactoria el haber nadado por Jim Clark, porque se daban cuenta de que en el fondo ponía siempre lo mejor de su parte.

Un preparador, al trabajar con muchachos que se hallan en sus años formativos, debe poner mucho de su parte para desarrollar actitudes deseables o indeseables. Los muchachos que se hallan bajo su guía inconscientemente adoptan las actitudes que el preparador pone de manifiesto. Si el preparador discute decisiones, actúa de manera antideportiva, se deja llevar por berrinches temperamentales, verá aparecer estos rasgos en algunos de sus atletas.

Muchos nadadores revelan una fuerte lealtad hacia su preparador y tienen confianza en su capacidad. Esta confianza puede ser socavada por unos padres excesivamente criticones que pongan en duda la capacidad del preparador y sus métodos, sus decisiones en relación con los encuentros, registros, y así sucesivamente. Si después que el preparador ha tenido una razonable oportunidad de demostrarse, es juzgado por la mayoría de los padres incompetente, la más inteligente salida al problema será encontrar otro preparador. Un preparador que deba estar constantemente protegiéndose de las críticas de los padres de los componentes de su equipo, se halla ante el riesgo de perder gran parte de su eficiencia como preparador.

El oficio del preparador es supervisar el programa completo de nado. No puede subordinarse a los deseos de los padres del grupo. En materias que afectan a la preparación y a la competición, es él quien debe mandar; debe tomar las decisiones finales en lo concerniente a concursos y encuentros en los que varios nadadores deban participar. No debe abdicar de su derecho a tomar las decisiones que crea que sirven mejor a los intereses de su equipo y a su programa. Los preparadores cometen errores de juicio al igual que todo el mundo, pero para el éxito de un programa de grupos infantiles es un prerrequisito indispensable de parte de los padres el que comprendan y anden de acuerdo con el preparador.

ORGANIZACION DE PRACTICAS PARA LOS EQUIPOS DE GRUPOS DE EDADES DISTINTAS

Los nadadores de tales grupos se entrenan bajo toda clase de coyunturas y a todas horas del día. Sin embargo, hay algunas circunstancias comunes a la mayoría de los programas, siendo el principal de ellos el dedicar el tiempo adecuado a la piscina. A los equipos de competición normalmente se les deja las horas más inadecuadas durante las cuales las piscinas no son empleadas en clases o por el público. Para lograr un óptimo empleo de la piscina durante el tiempo disponible, el programa tiene que estar bien organizado.

El gran número de nadadores y las diferencias de sus niveles de capacidad hacen necesario, para la mayoría de los clubs, dividir el equipo en dos o más grupos. Un equipo de adolescentes o infantil resuelve sus problemas de organización dividiendo sus componentes en tres grupos, sobre la base de la capacidad, chicos y chicas trabajando juntos. En vez de emplear expresiones «primer equipo», «segundo equipo» y «tercer equipo», los equipos se distinguen por colores: Azul, Rojo y Verde.

El equipo Azul está compuesto por 20 miembros con una distribución de edades entre 10 y 17 años. Este grupo comprende a los nadadores más hábiles y más experimentados y que son capaces de realizar ejercicios más duros que los otros equipos. Los miembros de este equipo son más aplicados y están ansiosos de trabajar duramente. Durante el invierno promedian seis sesiones a la semana (de las 6 a las 8 de la tarde de lunes a sábado)

TABLA 11-1. Plan organizacional de las sesiones de trabajo de un equipo de natación juvenil

	Lunes	Martes
Equipo Azul	6,00 a 6,30 tarde. — Ejercicios en la sala de pesas supervisados por assit. del preparador. 6 30 a 7,00 tarde. — Compartir la piscina con otros dos grupos, utilizando dos callejones cada uno. Desentumecimiento 500 batido, 500 tracción, 400 nadados en círculo. 7,00 a 8,00 tarde. — Compartir la piscina con el Equipo Rojo, tres callejones cada uno: Efectuar 6×200 repetidos con 3 min. interv. descanso. En seguida batir 4×100, tracionar 4×100, a toda velocidad 6×500.	6,00 a 6,30 tarde. — Disponer de la piscina en exclusiva. Desentumecerse nadando 300, en seguida 16×50. 6,30 a 7,30 tarde. — Compartir la piscina con el Equipo Rojo, utilizando tres callejones cada uno. Batir y traccionar 500 de cada, en seguida 6×50 de batido, 6×50 traccionados. 7,30 a 8,00 tarde. — Efectuar nados de velocidad y salidas de relevos con el Equipo Rojo.
Equipo Rojo	6 00 a 6,15 tarde. — Ver películas y debate acerca de mecánica de movimientos dirigidos por preparador assit. 6,15 a 6,30 tarde. — Volver a la piscina para contracciones isométricas. 6,30 a 7,00 tarde. — Compartir piscina con otros equipos utilizando dos callejones. Desentumecimiento 400, tracción 400, batir 400. 7,00 a 8,00 tarde. — Compartir piscina con Equipo Azul, hacer 8×100 repeticiones 3 ½ min. intervalo descanso, batir 4×50, traccionar 4×50, velozmente 3×50.	6,00 a 6,30 tarde. — Ejercicios en la sala de pesas, supervisados por assit. del preparador. 6,30 a 730 tarde. — Compartir la piscina con el Equipo Azul, na- 400, tracionar 400, nadar 400, batir 400, dar 16×50. 7,30 a 8,00 tarde. — Velocidad y salidas de relevos con el Equipo Azul.

	6,00 a 6,30 tarde. — Disponer de la piscina en exclusiva, dirigidos por el preparador en jefe durante la primera mitad y después para equilibrar la sesión, por el asistente. Nadar entre 200 y 300 yardas, después en círculo series de 6 a 12×50.	El martes no hay sesión.
Equipo Verde	6,30 a 7,00 tarde. — Compartir piscina con otros dos equipos, utilizando dos callejones. Batir y nadar 200 yardas a toda velocidad (de 4 a 8, según el nivel).	
	7,00 a 7,30 tarde. — Ejercicios en la sala de pesas, efectuando mayormente calisténicos y contracciones isométricas. Destinar algún tiempo a debatir reglamentos y mecánica de movimientos.	

y 12 durante el verano (de las 6,30 a las 8 de la mañana y de las 5 a las 6,30 de la tarde del lunes al sábado). Su distancia media de nado diario es de 2.500 a 3.800 yardas en invierno y de 4.000 a 7.000 metros por día en verano.

El equipo Rojo comprende 25 miembros, cuyas edades van de los 8 a los 15 años. Este equipo es el que sigue en cuanto a habilidad y experiencia en competiciones de natación. Los componentes de este grupo se ejercitan seis veces a la semana en invierno (de 6 a 8 de la tarde de lunes a sábado), cubriendo entre 2.500 y 3.000 yardas por sesión, y siete veces a la semana en verano (de las 12 del mediodía a la 1,30 de la tarde), cubriendo de 3.000 a 5.000 metros por día.

El Equipo Verde tiene una composición de 30 miembros, cuyas edades van de los 5 a los 11. El equipo trabaja dos veces a la semana (de las 6 a las 8 de la tarde) durante el invierno y seis veces a la semana (de las 12 del mediodía a la 1,30 de la tarde) durante el verano. Estos muchachos han alcanzado sólo un bajo nivel de nado, pero pueden cubrir entre 800 y 1.500 yardas por sesión en invierno y entre 1.000 y 2.000 metros por sesión en verano. En vista de que este equipo está compuesto por el grupo de nadadores de competición principiantes, una gran parte de su tiempo en la piscina se pasa aprendiendo los fundamentos de los cuatro estilos de competición y las reglas que rigen su práctica y acostumbrándose a los ejercicios. Este grupo también se divide en dos secciones: los Leones y los Tigres. Estos grupos se forman sobre la base de la capacidad, siendo los Leones el grupo de los principiantes y los Tigres los más avanzados.

El plan organizacional de la Tabla 11-1 está pensado para que un equipo se sirva de él en invierno en forma muy semejante a la descrita para los lunes y martes típicos. Casi todos los nados, batidos y traccionados son efectuados en círculo. La piscina tiene una anchura de 12 metros y dispone de seis callejones. Las corcheras se dejan puestas durante los ejercicios.

Por la descripción de la tabla puede verse que un solo preparador no puede él solo manejar las prácticas de un grupo numeroso. Necesita la ayuda de preparadores asistentes o jefes de grupo; también son de ayuda los directores de equipo, que llevan los registros, cronómetros y normalmente supervisan las sesiones.

Este plan no encaja con las necesidades de todos los equipos, pero es una solución para una situación típica con la que se enfrentan muchos equipos de grupos de adolescentes. Puede servir como guía a aquellos interesados en establecer un plan.

PREGUNTAS MAS FRECUENTES RELACIONADAS CON LOS GRUPOS DE EDADES DISTINTAS

Primera pregunta.—¿Con qué intensidad debe trabajar un nadador de corta edad?

Respuesta.—Las personas que están relacionadas con la natación de los grupos infantiles quedan a veces atónitas al ver u oír acerca de un nadador de 10 años cuyas sesiones implican distancias de muchas millas por día y que puede estar llevando a cabo nados de repetición de orden de diez a quince de 100 yardas. Como consecuencia, se nos hacen preguntas como las siguientes: «¿Puede resultar perjudicado el desarrollo del muchacho por el duro ejercicio?» «¿Puede el duro ejercicio lesionar su corazón?», y así sucesivamente.

Es una buena política requerir como requisito previo para formar parte de un grupo de edad el que cada participante pase una revisión médica dirigida por el médico de la familia del muchacho. Esto con el fin de garantizar al club y al preparador que ningún muchacho en un estado patológico, que podría agravarse por el ejercicio, se vea perjudicado por el programa. Es generalmente aceptado que, a menos de una predisposición patológica, el corazón de un muchacho no puede ser dañado ejercitándose. Es posible para el muchacho el trabajar con exceso y sentirse fatigado hasta el extremo de volverse más sensible a otras dolencias. No obstante, muchos preparadores se hacen cargo de este factor y reducen el peso del trabajo del muchacho cuando empieza a producirse.

Yo quedo constantemente asombrado del volumen de trabajo que pueden absorber algunos jóvenes de los grupos de edad. Más abajo hay algunos ejercicios de uno de los más destacados nadadores de corta edad de todos los tiempos.

Duncan Scott, a los 12 años, había batido 23 récords nacionales infantiles. Sus mejores tiempos en tanto que muchacho de doce años (piscina grande) eran:

Estilo libre: 50 metros, —27,7; 100 metros, —:60,7; 200 metros, —2:12,1
Espalda: 50 metros, —:32,2; 100 metros, —:68,9
Mariposa: 50 metros, —:29,1; 100 metros, —:65,1
Braza pecho: 50 metros, —:36,1; 100 metros, —1:23,1
Estilos individual: 200 metros, —2:30,7; 400 metros, —5:31,0.

Duncan participó en un encuentro a los cuatro años, en otro a los cinco, en dos a los seis años, y empezó a entrenar con regularidad a los siete años. Trabaja dos veces al día en verano y una o dos veces al día durante la temporada invernal. Realiza la primera mitad de su sesión en estilo libre, y la segunda dividida en partes iguales entre los otros estilos. Participa en golf, bolos y tenis, y ha ganado en su colegio el campeonato de trepar la cuerda y realizado una cantidad de ejercicios variados. Le gusta jugar al baloncesto, al fútbol, correr a pie, aunque no toma parte en programas organizados de estos deportes.

Duncan realiza en sus prácticas muy poco batido porque se lesionó la rodilla y teme que el batido agravase su estado. Ejecuta algo de tracción, pero no mucha.

Se anotan a continuación sus tres sesiones favoritas (piscina de 25 metros):

I. Nadar 4×400 metros estilo libre con 1 minuto de intervalo de descanso; promedio de tiempo: 5:0,2.
Nadar 32×50 en 60 segundos (8 de cada estilo).

II. Nadar 2×200 metros mariposa con 4 minutos de intervalo de descanso; promedio de tiempo: 2:48,9.
Nadar 6×200 metros estilo libre con 1 minuto de intervalo de descanso; promedio de tiempo: 2:24.
Nadar 32×50 con 1 minuto de intervalo de descanso (8 de cada estilo).

III. Nadar 3.200 metros.
Nadar 8×50, 2 de cada estilo.

Algunos de los nadadores de los incluidos en el Capítulo 14, «Los planes de preparación de algunos campeones», se hallan aún en la categoría de los grupos juveniles. Sus sesiones revelan lo duramente que trabajan algunos de ellos. No todos los nadadores de edad prematura pueden desear trabajar con esta dureza aun cuando físicamente sean capaces de ello.

Desde que empezó la programación de los grupos de corta edad, la gente ha especulado acerca de si los nadadores que trabajan duramente y se desarrollan pronto quedarán «abatidos» o «se quemarán a sí mismos», dicho sea en las expresiones oídas a menudo. Algunos de los más grandes nadadores de grupos de corta edad formados en este país han sido Chet Jastremski, Don Schollander, John Nelson, Dick Roth, Bill Utley y muchos otros que han conseguido detentar récords mundiales o nacionales. Otras estrellas infantiles han abandonado la natación a edad prematura, mientras que otros todavía continúan nadando como «seniors» y han progresado poco o nada. Muchos nadadores que mostraban poca disposición cuando niños han conseguido llegar a ser campeones, como Mike Troy, Jed Graef y Steve Jackman, para nombrar sólo a unos pocos.

Para expresarlo más claramente, nadie puede evaluar y predecir exactamente el éxito posible o el fracaso que puede alcanzar un nadador; existen demasiadas desigualdades. Uno de los factores más importantes para apreciar el progreso de un nadador de corta edad es el ritmo en que el muchacho madura fisiológicamente. Las muchachas maduran antes que los chicos y alcanzan la cima de actuación a una edad más temprana. Los niños que maduran pronto, especialmente aquellos que alcanzan la pubertad prematuramente, consiguen avances también prematuros y subsiguientemente nivelados un poco antes que el promedio de muchachos. Por otra parte, habrá otros de desarrollo lento, que a menudo consiguen sus mayores progresos a los 18 y 19 años.

Se puede ver por lo que queda dicho acerca de algunos de los factores que influyen en la carrera de los nadadores juveniles, que hay tantos resultados posibles como individuos existen. Evidentemente, no todos los muchachos que toman lecciones de baile, que aprenden a patinar, o tocan el piano, llegarán a ser primeras bailarinas, campeones olímpicos de patinaje artístico, o solistas de concierto. Parece ser también una generalización poco razonable decir que un duro trabajo tempranamente ejecutado pueda quemar a un muchacho que promete.

Segunda pregunta. — ¿Debe un nadador de corta edad entrenarse en todos los estilos o debe concentrarse en uno o dos en que se desenvuelve mejor?

Respuesta. — La especialización a edad temprana puede eliminar cualquier posibilidad que el muchacho tenga para desarrollar los otros estilos. La especialización debe venir más tarde, cuando el nadador ha tenido la oportunidad de dar, a cada uno de los estilos, una buena posibilidad. Por otro lado, si intenta entrenarse con igual tesón en los cuatro estilos, puede no tener éxito en ninguno y sentirse descorazonado hasta el punto de abandonar. Por esta razón, se le debe permitir emplear la mayor parte de este tiempo de preparación (quizá el 75 %) en el estilo que parece ofrecerle mayores oportunidades de éxito. El resto de su tiempo puede dedicarlo a trabajar en los otros estilos.

Tercera pregunta. — ¿Debe un nadador de corta edad competir en otros deportes?

Respuesta. — La intensidad y la amplitud con que un componente de los grupos de niños o adolescentes debe participar en otros deportes es un problema individual y que depende de los progresos que realice en natación. Muchos padres y preparadores cometen el error de limitar las actividades del muchacho sólo a la natación, y de este modo dan lugar a una aburrida rutina, contra la que el muchacho finalmente se rebela. Por otra parte, es improbable que alguien pueda participar, y mucho menos sobresalir en todos los deportes, en una época en que hay una tendencia por la especialización.

Durante una pausa de las sesiones, para un nadador es un buen cambio entretenerse en otros deportes, por lo menos como recreación. Un abandono de un año o algo parecido no ha dado buen resultado entre aquellos que lo han intentado. Durante el tiempo que han estado ausentes, sus contemporáneos en natación han continuado su línea de progreso, por lo que al regresar a este deporte se han sentido desanimados.

Cuarta pregunta. — ¿En cuántos encuentros a la temporada debe participar un grupo juvenil?

Respuesta.—El muchacho de tipo medio disfruta con los encuentros, aun cuando pueda sufrir algunos cosquilleos antes de las pruebas. Disfruta con el viaje y la experiencia general. Algunos padres y preparadores se quejan de pocos encuentros, otros de demasiados. Una madre me dijo que su hijo nadó más de 50 encuentros en un año. Mi reacción natural fue preguntarle: «¿Cuándo se ha entrenado?» Ciertamente, es posible hallar encuentros en los que participar durante diez meses o más al año. Restringir la duración de las temporadas y el número de encuentros en beneficio del preparador y de los nadadores puede ser la respuesta al problema de demasiados encuentros; aquellos que se quejan de pocos, si desean viajar y son capaces de hacerlo, pueden hallar la lista de encuentros en el *Amateur Athlete,* publicación mensual de la AAU Nacional, o en el *Swimming World*, periódico de natación ya previamente mencionado. Otras soluciones al problema de pocos encuentros son los de intergrupos, los entre clubs locales, o aquellos organizados en conferencias entre los miembros de clubs locales que forman listas regulares de encuentros y campeonatos.

Uno de los mayores problemas en el programa de preparación de nadadores de corta edad es el de que éstos tienen poca probabilidad de labrarse una buena base de trabajo de movimientos y de puesta a punto fundamental. Muchos muchachos son requeridos a que efectúen muchos nados cortos repetidos y de velocidad, a fin de que puedan mantenerse en buena forma para los concursos a lo largo del año. Necesitan la buena forma base de unos ejercicios de nado más largos, el «fartlek», la superdistancia y la preparación a intervalos lenta, antes de ser lanzados al programa de la velocidad pura. Más abajo hay el programa general utilizado por un equipo activo y la lista de restricciones que regulan sus competiciones.

Temporada de verano

1. No más de un total de seis encuentros continuados.
2. No más de dos días de encuentros de natación por semana durante la parte más ocupada de la temporada.
3. Ningún encuentro durante los meses de abril y mayo y solamente dos encuentros durante el mes de junio (la mayor parte de los encuentros tienen lugar durante julio, agosto y la primera parte de septiembre).

Temporada de invierno

1. No más de un total de siete encuentros continuados.
2. No más de tres días de encuentros de natación en dos semanas durante la parte más ocupada de la temporada.
3. Ningún encuentro durante los meses de octubre y noviembre (la mayor parte de los encuentros tiene lugar durante los meses de enero, febrero y marzo).

Los muchachos deben intentar seguir el plan general del programa de la temporada, que es un tanto similar al expuesto en el Capítulo 9. El exceso de una cosa buena puede echar a perder el deseo de la misma. Un programa anual cargado con demasiados encuentros puede dar este mismo resultado a los componentes de nuestros grupos juveniles.

Quinta pregunta.—¿Cómo hacer para mantener durante un largo período el interés de los componentes de los muchachos en los duros ejercicios?

Respuesta. — El medio más fácil, para un preparador y para su equipo, de mantener a lo largo de un prolongado período de tiempo un plan de trabajo duro, es «elevar el estímulo» de sus nadadores. Esto puede lograrse por un variado número de caminos: 1) preparando un elevado número de encuentros a lo largo de una temporada más larga de lo usual, 2) ofreciendo incentivos en forma de trofeos mayores y mejores, 3) proporcionando más publicidad a través de periódicos, el tablón informativo del club, semanarios, etc., 4) por medio de la promesa de viajes atractivos y recompensas especiales. No obstante, el sobreestimular acrece las tensiones de los muchachos y no se debe recurrir a ello como el sistema único con que estimularles. A los nadadores se les *debe* dar un programa que vaya evolucionando conforme la temporada avanza (como es descrito en el Capítulo 9, «Proyectando el programa de una temporada de natación»). Esta variedad ayuda a impedir o por lo menos previene el aburrimiento. Un preparador que sea buen sicólogo puede mantener a sus nadadores interesados en el entrenamiento y puede estimularles sin ejercer innecesaria presión o utilizando procedimientos dudosos como los descritos más arriba. El principal factor estimulante con que cuenta a su favor un preparador es el interés que tiene por cada nadador. Este interés hace que sepa estimularles, que conozca sus tiempos, que establezca metas razonables para cada uno de ellos y que sea consciente de su reacción a las prácticas.

12

Organización de prácticas

El mayor de los peculiares problemas con que se enfrentan la mayoría de los equipos de natación es el de disponer de demasiado poco espacio y de demasiadas pocas horas aprovechables en la piscina. Normalmente los equipos de natación entrenan a las horas más inconvenientes del día, cuando hay poca demanda de la piscina para clases de natación o natación recreativa. Para conseguir la máxima utilización de estas facilidades para el mayor número de nadadores en un buen programa de competición, un equipo afortunado debe tener un programa incisivamente planeado y unas sesiones de prácticas bien organizadas.

La mayor parte de equipos, especialmente los de gran número de componentes, deben dividirse en dos, tres o aun cuatro grupos. La división de equipo siguiente fue practicada por la City of Commerce, California (1), que dispone de un numeroso grupo de juveniles, de un buen equipo de mayores AAU y de buenos equipos de saltadores tanto masculinos como femeninos. El equido de polo acuático era también prominente.

DISTRIBUCION DEL EQUIPO «CITY OF COMMERCE»

A. Equipo de principiantes (primeros pasos en las lecciones de natación)

Preparado por Andy Lewis, da cabida a alrededor de 60 miembro de todas las edades, que en estos competidores principiantes oscila entre los 7 y los 16 años.

(1) El equipo de la City of Commerce se unió en verano de 1966 al de Los Angeles Athletic Club.

B. Equipo del grupo de juveniles

Preparado por Kyle Lawton, este equipo se compone de alrededor de 60 miembros con edades de 7 a 17 años, que en aprovechamiento oscilan entre competidores principiantes a nadadores más avanzados. Este grupo era seleccionado sobre la base de su capacidad, y pasaban del equipo de principiantes a éste cuando se les consideraba que estaban en condiciones.

C. Primer equipo

Preparado por Don Gambril, lo constituían alrededor de 40 miembros a partir de los 12 años. Eran seleccionados sobre la base de la capacidad y todos los años, durante las vacaciones navideñas, tenían lugar eliminatorias entre los componentes del grupo de juveniles. Cualquier nadador que consiguiera un tiempo de clase nacional, quedaba calificado automáticamente.

D. Equipos de saltos

1. Equipo de novicios —preparado por Sam Hernández.
2. Primer equipo —preparado por Bud Lyndon.

Este equipo reúne alrededor de 40 saltadores.

E. Equipo de polo acuático

Preparado por Neill Kohlhase, este equipo lo componían un grupo de 25 a 30 miembros.

Si se calcula el número de nadadores, saltadores y jugadores de polo acuático, involucrados en el programa de la City of Commerce, resulta evidente que las instalaciones eran bien aprovechadas. También se comprende que ningún preparador puede personalmente manejarse con todas estas actividades, aparte de los riesgos de seguridad y la falta de atención individual que resultaría de una tal escasez de plana mayor. Cuando un equipo es dividido en grupos, no es necesariamente inevitable que trabajen en horas distintas. De acuerdo con las instalaciones y el cuadro de preparadores disponibles, podría ser posible que los tres grupos de nadadores antes mencionados trabajaran al mismo tiempo. El Capítulo 11 describe la organización de un equipo de grupo de juveniles en el que tres grupos de nadadores se encuentran practicando juntos al mismo tiempo. En un momento determinado, mientras unos nadan, otros realizan ejercicios y los terceros asisten en el aula a una sesión acerca de la mecánica de los movimientos.

Un preparador debe tomar la decisión de utilizar el tiempo que tiene asignado en la piscina para un grupo numeroso o para varios. Puesto que los equipos de mayores éxitos han adoptado el segundo sistema, debe ser la más eficaz de las dos distribuciones. Es cierto que cada equipo dispondrá para practicar en el agua de una parte del tiempo total, pero el provecho de este tiempo será superior y el tiempo fuera del agua no se perderá si los preparadores son ingeniosos.

Hasta aquí, este debate ha olvidado la segunda importante razón de dividir el equipo en grupos, aunque la exposición del programa de la City of Commerce ya la sugiere. Es la poca satisfactoria situación que puede existir entre nadadores de distintos niveles de capacidad que tengan que trabajar conjuntamente. Aparte del hecho de que nadadores de menos experiencia y capacidad no pueden aguantar las duras sesiones, aquellos de capacidad superior necesitan trabajar los movimientos y recibir atención individual que les lleven a la perfección necesaria para conseguir actuaciones preeminentes.

En el caso hipotético de un equipo de 80 componentes y un tiempo disponible de piscina de las 4 a las 6 de la tarde, el equipo debe ser dividido en dos grupos: Grupo A, compuesto por los 40 más expertos, y el Grupo B, con los restantes 40. El Grupo B debe trabajar en la piscina de las 4 a las 5 de la tarde, y de esta hora a las 5,30, practicar ejercicios en seco en una zona especial o en las dependencias de la piscina. El Grupo A debe practicar ejercicios en seco desde las 4,30 a las 5 de la tarde y, en seguida, trabajar en el agua de las 5 a las 6,30, siempre de la tarde.

FINES DE UNA BUENA ORGANIZACION DE LAS SESIONES DE PRACTICAS

Una sesión de prácticas bien organizada es necesaria para la moral general del equipo entero. Sirve, además, para otros fines.

1. Permite obtener el máximo provecho de las instalaciones. Una buena norma para todos los clubs, apurados por el tiempo disponible en la piscina, es no dar lugar a que se esté ocioso en ella. Las prácticas deben estar organizadas de manera que el espacio de agua disponible esté constantemente utilizado.

2. Asegura al preparador de que cada nadador se siente alta-

mente estimulado para trabajar duramente y de que dispone de oportunidad de entrenar adecuadamente.

3. Permite un buen sistema de cronometrar los largos de prácticas.

4. Asegura que los nadadores indolentes serán arrastrados por el resto del equipo a trabajar más duramente. En unas prácticas bien organizadas, un holgazán se vería aislado como un dedo pulgar. Afortunadamente, el amor propio le protegerá y el tal nadador no deseará aparecer desventajosamente ante la opinión de sus compañeros. En un programa organizado deficientemente, en el que los nadadores no trabajan juntos, es posible para un nadador «quedar bien» ante sus compañeros, y el preparador ni enterarse.

5. Permite que el preparador se dé cuenta del progreso de cada individuo, así como del equipo como conjunto.

Las prácticas deficientemente organizadas, con excesiva tolerancia y poca disciplina, pueden dar como resultado una puesta a punto inferior de todos, menos de aquellos pocos que se hayan sentido fuertemente estimulados.

En el extremo opuesto de la escala, las prácticas excesivamente organizadas, con un control absolutamente rígido, pueden dar lugar a unas sesiones de práctica tensas, que aunque den resultado a una buena puesta a punto, pueden, eventualmente, hacer que el nadador contemple con resentimiento el conjunto de la situación natatoria. La sesión de prácticas ideal es aquella que está bien organizada y en la que los nadadores hallan un ambiente sin tensiones y estimulante para su espíritu.

La disciplina es necesaria en las sesiones de prácticas. Los ejercicios deben empezar a la hora y los nadadores ser puntuales. No se les debe permitir llegar tarde y marchar pronto. Si esto sucede, especialmente por parte de los mejores del equipo, el preparador comprobará que pierde el control de la situación.

Utilización del reloj de nados

El reloj de nados se ha convertido en una pieza muy importante de las instalaciones necesarias a la organización de las prácticas. El mayor provecho de su utilización estriba en que permite al preparador dedicar más tiempo a la verdadera preparación, mientras cada nadador se cronometra a sí mismo. Ya no es esclavo del cronómetro manual y concentra su tiempo en las mecánicas de los movimientos, a vigilar los virajes y las salidas de ellos, y en general a estimular a sus nadadores. Más importante aún, la práctica de tomarse cada uno su tiempo, aporta una ventaja adicional; a medida que el nadador se cronometra personalmente, se hace más consciente de estos tiempos. El autocronometraje también estimula en el nadador el mantenimiento de la cadencia.

Aprender a observar los tiempos propios es cosa fácil. Al principio, el nadador —especialmente el del grupo juvenil— sabe sólo seguir sus tiempos si toma la salida cuando la aguja minutera se halla en el cero o en los 30. En tal caso, si termina en 33 o en 3, sabe que ha nadado las 50 yardas en 33 segundos. Al poco tiempo aprenderá a tomar la salida y mantener un exacto control de tiempos cuando la aguja minutera se halle en los 15 y en los 45 segundos. Finalmente, será capaz de tomar la salida y de observar cuidadosa y rápidamente su tiempo, cuando la aguja minutera se encuentre en cualquier punto de la esfera. El nadador debe aprender a utilizar el reloj de cadencia de forma que pueda servirle para varios tipos de repeticiones: repeticiones de descanso prolongado, repeticiones de descanso corto, nados partidos, simuladores, y así sucesivamente.

Un ejemplo puede ser el de un muchacho que desea nadar 1.650 en estilo libre (piscina pequeña) e intenta pasar en 1:05 cada 100. Cada cuatro largos mira el reloj al momento de virar y obtiene su tiempo. Si ve 1:03, sabe que va demasiado aprisa. Si ve 1:08, que nada demasiado lento. Al cabo de un período de tiempo, el nadador empezará a aprender la cadencia. Otro procedimiento para trabajar la cadencia es hacer que el nadador empiece nadando a un ritmo bastante rápido, digamos 1:02 por 100. Tan pronto como va por encima de 1:02 se para, descansa y empieza de nuevo. Una variación de esta técnica permite dar una nueva utilización al reloj de cadencia: señalar una meta para cada nadador, de 1:15 para los bracistas y de 1:07 para los espaldistas, en cada 100. En vez de salir en los 60 y terminar en 15 y 7, respectivamente, procúrese que los nadadores tomen la salida en los 45 y 53 y que ensayen acabar en los 60. Este es un método efectivo de aprender la cadencia, así como una buena variación en el ejercicio. Con esto, el preparador no tiene que tomar el tiempo a cada repetición de cada nadador. Se halla libre para poder hacer sugerencias y correcciones en la mecánica de los movimientos.

Llegados a este punto, es importante hacer notar, a efectos de que el reloj de cadencia sea un éxito, que cada nadador debe comprender la importancia de un cronometraje cuidadoso. Puesto que el avance es medido por segundos y décimas de segundo, un nadador puede llevar su tiempo en forma precisa, debiendo asegurarse de que cada tiempo que se toma a sí mismo es lo más exacto posible. Para ayudarle a efectuar esta observación, dos sistemas parecen ser los más satisfactorios para efectuar comprobaciones: el preparador ocasionalmente efectúa revisiones sobre la marcha de cada nadador, a fin de asegurarse de que aquél toma correctamente sus tiempos, y un director o cualquier otra persona de confianza puede proceder con cada grupo de consuno. El nadador debe iniciar sus nados repetidos de manera que la aguja minutera del reloj pase por el número deseado antes de que él inicie la zambullida o antes de que su mano deje la pared en preparación del impulso de despegue. La mayoría de las «trampas» contra el reloj provienen de nadadores que salen anticipadamente, es decir, antes que la aguja minutera pase por el número deseado.

El emplazamiento del reloj de cadencias

El reloj de cadencias puede ser colocado en muchas posicio nes alrededor de la piscina. Depende principalmente de las conveniencias del preparador, de las de los nadadores y de las limitaciones de la piscina. Una posición puede ser la pared que cierra la piscina en la que el reloj puede leerse con facilidad, ya que conforme llegan los nadadores, levantan su cabeza y leen su tiempo. Una segunda colocación puede ser el suelo del costado de la piscina, a su final. Aquí, el nadador acaba y mira al lado para conocer su tiempo. En este caso mira directamente al reloj y consigue el tiempo con precisión. El tercero, y recomendado, es la colocación en la pared, entre metro y medio y tres metros sobre el suelo, al lado y en una línea paralela con el final de la piscina. Esta posición da al nadador la mejor oportunidad de conseguir precisión en la toma del tiempo. Al momento que el nadador acaba, mira por el lado y ve su tiempo. Un reloj de cadencia con una esfera de un metro de diámetro es suficiente para que aun los nadadores de callejón más apartado puedan leer sus tiempos con una precisión de tres a cuatro décimas de segundo.

Lo ideal es disponer en cada piscina de dos relojes de cadencia, colocados en la posición recomendada uno en cada extremo de la misma. Esto permite al equipo el poder trabajar en forma de oleadas, colocando una ola de nadadores a cada extremo.

Cuando el reloj de cadencias no puede ser instalado permanentemente, pueden servir los modelos portables, pero se debe tener mucho cuidado de protegerse contra contactos eléctricos.

Si el nadador tiene que trabajar en condiciones donde el peligro de un contacto eléctrico es posible, son aconsejables relojes portables que funcionan por medio de baterías.

FORMA DE EFECTUAR LOS EJERCICIOS

En las sesiones, al nadar, al batir y al traccionar, las formas más comúnmente utilizadas de practicar los ejercicios son: 1) en forma de nado circular, y 2) en forma de oleadas. Los dos permiten el aprovechamiento máximo del espacio de la piscina, al mismo tiempo que permiten que los nadadores puedan entrenarse sin interferirse los unos con los otros. Pueden también practicar nados continuos, de largas distancias o de preparación a intervalos, utilizando cualquiera de estas dos formas, y aun cronometrarse con precisión en el reloj de cadencias.

Modelo de ejercicios a oleadas

Al efectuar ejercicios en forma de oleadas, los nadadores se dividen en dos o más grupos, los cuales, según sean las condiciones, pueden colocarse en el mismo extremo o bien en los opuestos de la piscina. Cuando los grupos se colocan en los extremos opuestos, se recomienda que haya un reloj de cadencia en cada uno de ellos.

Al trabajar en forma de oleadas, todos los componentes del primer grupo salen al mismo tiempo y nadan en una línea mantenida al mismo nivel. La ola siguiente, según sea la situación, sale un poco después, a fin de que pueda nadar detrás del grupo precedente sin interferirse.

EJEMPLOS DE MODELOS DE EJERCICIOS A OLEADAS. — 1. Dos o más olas salen con una separación de cinco o más segundos entre sí. Esta forma de actuar queda limitada a nadar un largo de piscina cada vez. El preparador puede dividir el equipo en cuatro grupos. Todos los componentes de un grupo dado pueden, a una señal o a un tiempo dado del reloj, empezar simultáneamente. Poco después de esto, el grupo subsiguiente toma la salida, y así sucesivamente. Tan pronto como todos los grupos han terminado, el grupo entero empieza de nuevo. Si el grupo estuviera entrenando en una piscina de 50 metros y los cuatro grupos tomaran la salida con cinco segundos de separación y si el nadador más lento del último, en la última ola, nadase cada 50 metros en 45 segundos o menos, los nadadores podrían estar nadando unos 50 metros repetidos por minuto, o 30 por 50 metros en 30 minutos.

Al establecer los grupos es importante dar importancia al hecho de que un nadador lento no debe ser colocado en el mismo callejón que uno más rápido de la siguiente ola. Si esto sucede, es posible que el nadador más rápido alcance y se interfiera con el más lento. Este problema debe resolverse haciendo que los nadadores más rápidos naden las primeras olas o haciendo que los nadadores de capacidad similar naden en los mismos callejones.

Si el equipo ha sido dividido en seis o más grupos, puede ser más eficaz para los nadadores que, en cuanto den término a su nado repetido, salgan del agua y regresen andando al extremo de salidas de la piscina a fin de empezar de nuevo. Este tipo de rutina permite el aprovechamiento máximo del área de nado de la piscina, especialmente cuando debe utilizarla un gran número de nadadores.

2. Dos o más grupos saliéndo de los extremos opuestos de la piscina. Cuando se practica en esta forma, las nadadores pueden nadar repeticiones de dos o más largos. El grupo puede ser dividido en dos, colocado cada uno de ellos en un extremo de una piscina de 25 yardas o metros. El preparador asigna la ejecución a todos los grupos de 15×100, uno cada dos minutos. Los dos relojes de cadencia están sincronizados. El grupo 1 sale cuando la aguja minutera pasa por el cero. Los bracistas o cualquier otro nadador más lento pueden salir con cinco o diez segundos de antelación respecto de los otros nadadores, a efectos de no encontrarse en el camino de los nadadores subsiguientes. Cuando la primera ola se encuentra en su cuarto y último largo y se halla lo suficiente lejos del siguiente grupo para no ser alcanzado, éste toma la salida para efectuar sus 100 de nado repetido. En el ejemplo aquí utilizado, el segundo grupo sale un minuto después del primero. Este intervalo de tiempo entre las salidas de las dos olas en una piscina de 25 yardas sólo puede practicarse por buenos nadadores del primer equipo o los avanzados del segundo. Dos olas de nadadores más lentos probablemente deberían de tomar la salida de unos 100 en cada dos minutos y medio o tres minutos.

Esta técnica puede utilizarse para las 50, 100, 150 y 200 yardas. Cuando las distancias son de 300 yardas o más, se logran pocas ventajas en tener los grupos separados para tomar las salidas en los extremos opuestos de la piscina. Si se practica con cuatro grupos, se debe colocar dos de ellos en cada extremo de la piscina. Este tipo de rutina permite a un mayor número de nadadores el trabajar en un tiempo dado, pero también hace necesario un intervalo de descanso más prolongado entre cada nado repetido. En ocasiones, esto es aconsejable, pero otras veces no. Cuando se practican ejercicios a oleadas, no son posibles repeticiones de descansos extremadamente cortos (tales como 30×50 con diez segundos de interrupción), a menos que una ola complete la tanda entera de repeticiones, seguida por la segunda ola realizando su tanda completa.

UNOS POCOS PUNTOS A CONSIDERAR RESPECTO DEL MODELO DE EJERCICIOS A OLEADAS. — 1. No utilizar corcheras —limitan la zona disponible para nadar.

2. Permitir una separación de entre noventa cm. y un metro y veinte cm. entre los nadadores, algo mayor para los mariposistas. En una piscina de 9 metros de ancho, pueden trabajar un máximo de siete a ocho nadadores por cada ola; en una de 12 metros de ancho, el máximo de nadadores puede ser entre once y doce nadadores.

3. Este tipo de forma de ejercicio permite al preparador controlar el tiempo de cada nadador a medida que termina. Para el preparador, esto es más difícil de lograr cuando los nadadores practican el método de círculo.

4. Este tipo de forma de ejercicio no permite que trabajen tantos nadadores como en el método de círculo. Puede utilizarse con eficacia en piscinas pequeñas, de 9 metros de ancho, con hasta 16 nadadores a un tiempo y sesión, y en otra también pequeña de 12 metros de anchura por 24 nadadores. Cuando se utilizan métodos de círculo, este número puede casi ser doblado.

5. Los nadadores que han terminado de completar los nados repetidos, deben salir del agua tan pronto como los han terminado, o en todo caso colocarse en la misma en una posición que no interfiera con los nadadores de la ola que les sucede.

Modelo de ejercicios en círculo

Este tipo de modelo permite entrenar al mismo tiempo al mayor número de nadadores (aparte de una forma de modelo de oleada mencionada anteriormente). Este método también permite fácilmente la preparación a intervalos y se adapta mejor que el modelo de oleadas a nados de distancias largas de 800 yardas y aún más.

Cuando se utiliza un modelo a círculo, es útil emplear corcheras como guías para dirigir a los nadadores en una formación recta. Los grupos, uno en cada callejón, se hallan en el agua alineados para la salida. El primer nadador de cada grupo sale a un tiempo dado (puede ser el cero en el reloj de cadencias), nadando arrimado a una corchera (la del lado derecho) y procurando no tocarla, a fin de que no le afecte en sus movimientos. Cuando el nadador inicia el viraje, corta hacia el centro del callejón y, cuando se impulsa para salir del mismo, corta hacia el otro lado del mismo callejón por el que ha venido, o en el sentido contrario de las agujas del reloj. Poco después que el nadador de cabeza ha iniciado su nado, empieza el segundo, es decir, cuando la aguja minutera pasa por los cinco segundos; en seguida, sale el tercer nadador, o sea cuando la aguja minutera pasa por el diez; el cuarto nadador a los quince, y así sucesivamente. Cada nadador se cronometra a sí mismo, teniendo en cuenta la posición de la aguja minutera cuando tomó la salida del nado repetido.

En los nados repetidos cortos (50, 100, 150 yardas) los nadadores deben salir detrás del nadador que les precede, de manera que no le puedan alcanzar. Al establecer los varios grupos, es importante que se pongan juntos los nadadores de velocidad comparable. Esto puede obligar a que algunos nadadores efectúen sus prácticas de nado en un grupo, las de batido en otro y las de tracción en un tercero.

En carreras más largas, puede ser necesario a un nadador adelantar a otro que le preceda. Cuando esto sucede, el nadador que es avanzado debe moverse cerca de la parte externa del círculo, o sea contra la corchera, mientras el nadador que efectúa el avance bracea por el centro del callejón. El tiempo de este intervalo entre las salidas de los nadadores para cada esfuerzo depende del número de nadadores asignados a cada callejón, de la distancia a que los nadadores están nadando y del intervalo de descanso que se desee. Cuando se nadan 50 yardas en una piscina de 25, este intervalo puede oscilar entre dos segundos y un máximo de diez. En una piscina de 50 metros, el intervalo puede variar de dos segundos a veinte, o tal vez, aunque raramente, a 30 segundos.

LAS DESVENTAJAS DE LOS MODELOS DE NADO EN CÍRCULO. — Hay tantos nadadores, especialmente los más jóvenes, que han llegado a nadar tal número de largos en el modelo de círculo, que en los encuentros nadan en esta forma. Los espaldistas y los libristas que efectúan todos sus nados en la misma dirección circular, debido al hecho de su tendencia a virar siempre sobre una mano, aprenden a virar sólo sobre esta mano. A efectos de ejecutar un viraje que les lleve a la otra parte del callejón, alargan al otro lado, hacia el centro del callejón, la mano de fuera (en espalda es la mano izquierda; en estilo libre, la derecha). Para corregir esta falta es provechoso para los nadadores efectuar sus prácticas circulares en el sentido de las agujas del reloj, y algunas en el opuesto.

ALGUNOS PUNTOS A CONSIDERAR RESPECTO DEL MODELO DE EJERCICIOS EN CÍRCULO. — 1. En la piscina debe haber corcheras; ayudan a que los nadadores naden rectos.

2. Este tipo de práctica permite poder entrenar al mismo tiempo a un mayor número de nadadores y permite una mayor variedad de tipos de preparación de los que se pueden ejecutar con el modelo de oleadas. No obstante, su práctica exige que los nadadores naden más seguidos y proporciona más oportunidades a los nadadores de interferirse los unos con los otros.

Hasta siete nadadores pueden utilizar un simple callejón de una piscina de 25 yardas, o hasta 42 pueden entrenar simultáneamente en una piscina de seis callejones. En una piscina de 50 metros, este número puede incrementarse hasta 15 por callejón.

4. Los grupos deben clasificarse sobre la base de su capacidad, a efectos de que los nadadores no se interfieran los unos con los otros.

Los dos tipos de prácticas acabadas de describir cuidan de la organización de más del 90 por ciento del trabajo en el agua para la mayoría de nadadores. En las fases de novicios en entrenamientos para competiciones, los nadadores pueden aprovecharse de ejercicios tales como batir o traccionar mientras están suspendidos en el extremo de la piscina. Muchos nadadores de competición principiantes aprovecharán más de nadar los anchos de piscina que los largos. Las prácticas en las que el nadador se concentra en el aprendizaje de los virajes deben efectuarse a través del ancho de la piscina.

ESTIMULACION DE LOS ATLETAS DURANTE LAS SESIONES DE PRACTICAS

El entrenamiento de natación no es como el del baloncesto, fútbol y otros deportes de equipo en los que hay planteada una situación de juego. A medida que un nadador nada largos, su cabeza se halla hundida en el agua. Su visión entorpecida, y su sentido de oír amortiguado de tal manera que no puede escuchar con claridad música o cualquier sonido. No hay variación ambiental parecida a la que disfrutan un corredor de campo a través o un ciclista. El nadador nada arriba y abajo de la piscina, lo cual, para un ocasional observador, podría ser una intolerable y aburrida rutina capaz de acabar la paciencia de un espartano. A despecho de esto, cada día hay más personas practicando la natación de competición; en los Estados Unidos más de medio millón de nadadores, la mayoría de ellos en los programas de los grupos juveniles, practican de esta manera, y parecen sentirse fuertemente estimulados, hasta el punto de que gozan con este régimen de entrenamiento. Evidentemente, hay alguna compensación a este duro trabajo; los preparadores deben ser diestros en sus esfuerzos para estimular a los nadadores durante sus sesiones de prácticas.

Conservar el deleite para la preparación

Durante las prácticas, el problema básico para mantener al nadador estimulado parece ser el de resolver *qué es lo mejor que puede hacerse para convertir un período de tensión física en una experiencia agradable y compensadora.* Un atleta debe, anticipadamente, mirar hacia el futuro con respecto a las prácticas y no considerarlas meramente como un período de esclavitud y como requisito previo para que él pueda actuar bien en las competiciones. Las prácticas deben ser una experiencia alegre y satisfactoria, y el nadador debe sentirlas como un desafío intelectual tanto como físico. El verdadero éxito de un programa altamente estimulante puede, en parte, ofrecerse a la vista por la forma en que los atletas asisten a las sesiones de prácticas. Si un nadador se arrastra penosamente y de mal talante al vestuario y se presenta apáticamente en la piscina, hay verdadero peligro de que las cosas se pongan agrias.

El sueño de todo preparador es conseguir que todos los miembros de su equipo asistan a las prácticas con el antes mencionado deleite y que concurran a sus sesiones de ejercicios con entusiasmo y fervor. Esta actitud del equipo durante las prácticas no se produce simplemente por casualidad; es el producto secundario de un programa cuidadosamente planeado. Para fomentar esta disposición, en la Universidad de Indiana hemos desarrollado algunos procedimientos determinados.

Educando al atleta

El nadador y el preparador tienen una meta común: la de conseguir la mejor actuación posible del nadador. El preparador sabe por qué el nadador debe prepararse duramente, es decir, qué cambios fisiológicos tienen lugar como consecuencia de un buen programa de preparación a intervalos. El preparador sabe la razón de que el nadador efectúe sus nados repetidos en un tiempo dado y por qué debe desarrollar cierta mecánica de movimientos a efectos de lograr la máxima eficiencia. No obstante, demasiado a menudo olvida que lograría una mejor cooperación hacia sus instrucciones si explicase, no solamente lo que desea que hagan, sino por qué deben hacerlo.

En la Universidad de Indiana, al principio de cada temporada, se dan conferencias al equipo completo sobre dos aspectos generales (1) de la puesta a punto y (2) de la mecánica de movimientos. En el aspecto de la puesta a punto se debaten extremos tales como la diferencia entre los distintos sistemas de preparación. El importante concepto de que la puesta a punto que no es más que la adaptación fisiológica a la tensión del ejercicio, les es repetido constantemente a los nadadores. Por tanto sabe que, para conseguir el máximo de adaptación, debe someterse a sí mismo, por lo menos de vez en cuando, a una tensión rayana en el máximo. A efectos de popularizar esta idea, se recurre a las expresiones de dolor-angustia-agonía. Por ejemplo, un nadador debe empezar realizando una tanda de nados repetidos tales como 15×100, a elevada velocidad. Estos al principio le causarán *dolor*, pero después que haya efectuado unos cuantos, le resultará conforme avance aun más duro, hasta producirle una cierta *angustia*, el mantener en cada uno de los 100 la misma velocidad; finalmente, hacia el final de los nados repetidos, le será ya tan difícil el nadarlos en el tiempo prescrito, que el nadador se hallará en una fase de *agonía*. Estas denominaciones no son científicas, pero transmiten la idea de anticiparnos un gran esfuerzo, y proporcionan la actitud mental necesaria para aceptarlo. Trataremos que los nadadores se sientan orgullosos de la capacidad de obligarse a sí mismos a trabajar en la forma más dura que se les requiere. Los componentes del equipo sienten desprecio por aquel que es perezoso o por el que no se «mata» en los ejercicios. De esta manera actúa la presión social, para forzarle a practicar o para ser condenado al ostracismo.

Las mecánicas de los movimientos son debatidas con todo detalle. Los debates de naturaleza medio técnica, tienen lugar en lo que hace referencia a tópicos tales como fluidez mecánica, leyes del movimiento de Newton, el ángulo de tracción más eficaz y formación de la ola lateral. De esta manera, ambos, preparadores y nadadores, tenemos la impresión de que aprendemos juntos y nos sentimos identificados en el más alto grado los unos con los otros. Es evidente que el atleta que comprende la finalidad de cada fase de su programa de preparación y trabajo de movimientos, cooperará mayormente con el preparador y se sentirá aún más estimulado en las sesiones de prácticas, que aquel otro que se halla totalmente sin información.

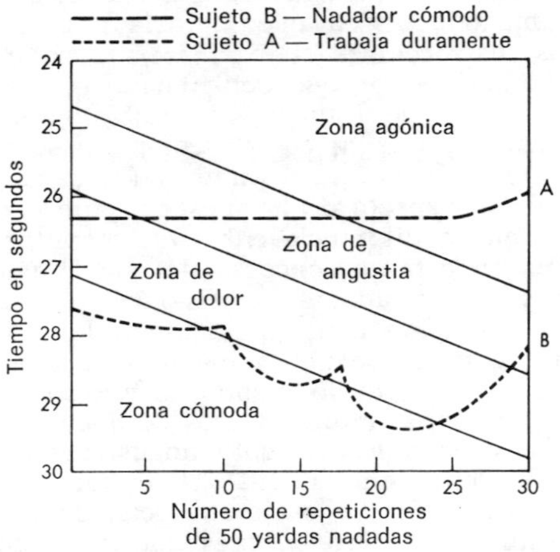

FIG. 12-1. Tabla del «Dolor, Angustia, Agonía»

Esta tabla no pretende ser objetiva ni realística, pero describe un «estado mental». Un preparador desea transmitir lo mejor de sí mismo a un nadador y enseñarle a «matarse» en los ejercicios. Sólo en este caso puede un nadador llevar a término una máxima puesta a punto. Aun cuando algunas de las expresiones que aquí se utilizan no son científicas, contribuyen en forma clara a expresar al nadador lo que deseamos.

En esta tabla, las cuatro zonas descritas representan la suma de esfuerzo y, en consecuencia, el grado de dolor, angustia y agonía que el nadador soporta mientras nada cada repetición de 50 yardas.

El sujeto B es un nadador que está consiguiendo poca puesta a punto del nadar 30×50 yardas. No le importa hacer lo que sea en la zona cómoda. Se evita todo dolor. Sin embargo, en dos ocasiones erró y en ellas juzgó mal su esfuerzo, de manera que se causó dolor. En las últimas 50 yardas aprieta un poco y nada más rápido. Algunos nadadores, para justificar su deficiente actuación, harán esto en defensa de su propia estima.

El sujeto A goza de los atributos mentales que caracterizan a los grandes nadadores. Se aguijonea a sí mismo desde el primer instante. Al principio puede solamente realizar el 80 por ciento de esfuerzo para nadar 50 en 26 segundos, y siente sólo un ligero dolor. Conforme se acumula la fatiga, se debe obligar más para conseguir los 26 segundos, quizá un esfuerzo del 90 por ciento, y entra en la zona de la angustia. A medida que se aproxima al final de las series de 50 yardas, se fuerza más y más a sí mismo, hasta el extremo de que se halla en la fase de esfuerzo agónico —quizá un esfuerzo del 100 por ciento.

Este concepto dolor-angustia-agonía, junto con la intensificación del «aprieta fuerte» de parte del preparador, es un buen ejemplo de una sesión de trabajo a alta presión, y que no debe ser utilizada en forma exclusiva.

Variedad en las sesiones de prácticas

Al planear las sesiones de prácticas, es importante para el preparador conocer la clase de las personas con que trata. Si todos los nadadores son intensamente aplicados, es decir, si se trata de personas altamente estimuladas y de buena consistencia sicológica, puede planear un programa que llene todos los requisitos científicos en lo relativo a los pricipios fisiológicos en que se fundamenta, sin mucha consideración por los aspectos sicológicos, especialmente el de la monotonía.

Si en el caso opuesto se trata de personas de escasa impulsividad, debe idear medios para estimularlos. Si son de bajo promedio de resistencia sicológica, debe estar constantemente alerta, brindando a sus nadadores una variedad de ejercicios y encontrando otros medios de estímulos. Al equipo olímpico masculino de natación del año 1964, que fue preparado por quien esto escribe, se le hizo objeto de una serie repetida de ensayos sicológicos normalizados. En general, el equipo presentó los rasgos siguientes: 1) ambición elevada, 2) gran independencia e individualismo, y 3) resistencia sicológica baja, en comparación con el promedio de atletas campeones. La evaluación de estos ensayos planteó al autor los siguientes supuestos:

1. En razón de la elevada ambición de este grupo, se les puede asignar sesiones de trabajo muy duro.
2. En razón del elevado nivel de individualidad y de independencia, se debe seguir en la práctica dos políticas: los fines de cada fase de sesiones deben ser explicados, a fin de ofrecer a los nadadores comprensión acerca de lo que están efectuando y conseguir de ellos la mejor cooperación, y dándoles entrada en la programación de las sesiones.
3. En razón de su relativamente baja puntuación en resistencia sicológica, se decidió ofrecer a los atletas una gran variación en sus sesiones de duro trabajo, y también idear medios para mantener despierto su interés y estímulo, cuando su atención podía empezar a desviarse. Algunos de estos métodos serán debatidos más adelante.

El nadador que realiza cada día los mismos ejercicios de prácticas, ciertamente no se enfrenta a ningún diario desafío, sino, por el contrario, a una rutina fatigosa y aburrida. El desafío diario se le puede ofrecer variándole los ejercicios. Un día, como parte principal de su entrenamiento de preparación a intervalos, puede efectuar 30×50 yardas de nados repetidos con 30 segundos de descanso entre cada nado. El segundo día puede efectuar

15×100 yardas de nados repetidos con un minuto de descanso. El tercer día puede efectuar 20×75 con 45 segundos de descanso. El cuarto día puede, posiblemente, efectuar la siguiente tanda —una tanda de repeticiones alternas:

		Número		Distancia	Intervalo descanso
Tanda	1.	5	×	100	1 min.
alterna	2.	7	×	75	45 seg.
de repeticiones	3.	10	×	50	30 seg.

El quinto día puede dedicarse la sesión a «fartlek» (juego de velocidades), en el que puede nadar una milla y media en forma seguida, realizando frecuentes nados a toda velocidad, con descanso en los largos nadados a cadencia moderada.

No obstante, importa que el programa de preparación tenga algo de plan general, y que la variedad en el entrenamiento no sea tan amplia que cada día el nadador disponga solamente de pequeñas migajas y fragmentos de tandas alternas, puesto que ni a corto ni a largo plazo conducen a ninguna meta.

El empleo de tandas seguidas para estímulo y evaluación

Es aconsejable disponer de algunas tandas seguidas para utilizarlas en el programa de preparación como guías para evaluar el progreso de los nadadores. Un ejemplo de estas tandas seguidas, que se pondrán en práctica en distintos días, para una persona que se prepare para una prueba de 200 metros, podrían ser 30×50, 15×100, 8×20, 4×500. Cada uno de estos ejercicios de rutina podría quizá practicarse una o dos veces cada semana para evaluar y estimular. Cuando se practican estos ejercicios (que nos place denominar tandas de nados repetidos *normales* o *directos*), nos agrada destacarles el concepto dolor-angustia-agonía previamente debatido. Son vistos por los nadadores como repeticiones de alta presión que no pueden practicarse todos los días. Se pueden practicar durante dos o tres días seguidos, pero generalmente deben alternarse con ejercicios de baja presión en los que los nadadores realizan tandas alternas tales como los descritos en la pág. 263. En dichas sesiones prácticas, se pone menos intensidad en la calidad del trabajo; la actitud del preparador es más casual, pero también utiliza estas sesiones para trabajar la mecánica de los movimientos, los virajes, las salidas, etc. La Figura 9-3 pone a la vista cómo tiene esto lugar.

El batir y el traccionar añaden variedad

Algunos preparadores dudan del valor para la puesta a punto de las prácticas de batir y de traccionar. Cuando un nadador utiliza un tablón de batir y practica solamente piernas, se impone una mayor tensión física que la que se le puede imponer cuanra nada. Lo mismo puede decirse respecto de los brazos, cuando sus piernas son mantenidas sujetas y tracciona a través del agua. Una sesión típica puede incluir los siguientes ejercicios de batido y de tracción:

1. Batir 400 yardas con el tablón a velocidad moderada, en seguida batir 8×50 yardas con 30 segundos entre cada 50.
2. Traccionar suavemente 200 yardas, en seguida cronometrar 3×200 yardas con solamente los brazos, con un intervalo de descanso de tres minutos entre cada 200.

El siguiente día la amplitud de las distancias batidas y fraccionadas pueden ser invertidas. Además de dar una mayor sobrecarga a los brazos y a las piernas que la que se puede conseguir cuando se nada, las prácticas de batir y de traccionar permiten dar variedad a las sesiones y proporcionan un conjunto más amplio de incentivos al ampliar la esfera de metas a alcanzar. También ayudan al nadador a que pueda descubrir los puntos débiles de sus movimientos, siendo en este caso un estimulante para perfeccionar la mecánica de los mismos.

Sesiones autoplaneadas y sesiones planeadas por el equipo

En 1964, en Tokio, el autor presenció en la Ciudad Olímpica cómo un corredor de atletismo llamaba telefónicamente, día sí, día no, a los Estados Unidos con el fin de hablar con su preparador. Esto puede parecer un halagador ejemplo de lealtad, en el sentido de que el preparador es tan preeminente y cuenta con la confianza del muchacho hasta un tal grado que éste nada sabe hacer sin él. Sin embargo, hay otra interpretación quizá menos halagadora: el preparador fracasó en crear en el muchacho la autoconfianza. Para desarrollar esta cualidad y promover sesiones que la estimulen, un preparador debe, en ciertos días, permitir que el capitán o cualquier otro miembro del equipo planee la sesión, o hacer que cada uno haga lo propio con la suya. Quien esto escribe ha comprobado que tales sesiones a menudo son más duras que las que el preparador habría señalado al equipo.

Cuando se utiliza este método, hágase que el día antes la persona sepa que ella cuidará la mañana siguiente de anotar en la pizarra la lista de trabajo a realizar en la sesión.

Ocasionalmente el equipo puede venir para realizar sus ejercicios y encontrar que en la pizarra, donde normalmente figuran los trabajos del día, aparece: «SESION EN FAMILIA. Ejecutar los ejercicios propios. Proyectar vuestros nados repetidos, vuestros batidos y vuestras tracciones, etc., realizar los suficientes para que vuestra distancia total de prácticas no sea inferior a las dos millas, pero que no supere las dos millas y media.»

En las reuniones del equipo, muchas veces a la temporada se discute el plan de ejercicios y cualesquiera que sean las quejas o sugerencias, se debaten, a efecto de que los nadadores vivan íntegramente el programa, tanto intelectuel como físicamente. Es también posible que el preparador pueda aprender algo en estas sesiones teóricas. Sin embargo, hay en ellas una posible fuente de disensiones si el preparador no se halla bien firme o si se muestra vacilante. Las reuniones de equipo deben tener lugar regularmente, pero pueden abrumar de trabajo. En Indiana, todos los martes, se tiene reunión de equipo, con una duración de 20 a 30 minutos. El autor normalmente dedica de una a tres horas planeando los temas que desea defender. Cuestiones tales como sesiones de trabajo y su finalidad, progreso del equipo y planes para la próxima competición deben ser debatidos.

Premios como estímulo

Aun cuando el empleo de excesivos premios materiales como estímulo de la preparación es una costumbre de dudosa utilidad, se debe emplear como símbolo de reconocimiento de un trabajo bien hecho, y puede servir de estimulante. Un ejemplo es el premio de unas pocas peladillas entregadas al nadador al realizar su mejor tanda de repeticiones o al alcanzar alguna meta señalada por el preparador. En la Universidad de Indiana, una vez a la temporada tenemos lo que llamamos el «día de las peladillas». Cualquier nadador que consigue un tiempo dado en una prueba de larga distancia contra reloj (880 yardas), recibe una libra de peladillas. Los tiempos son 9:10 por los 880 estilo libre, 10:20 por la mariposa, y 11:30 por la braza de pecho. Personalmente, creo que es parte importante del plan de entrenamiento de los muchachos al ejecutar alguna prueba de larga distancia nadada a fuerte tren. Es más fácil estimularles a nadar más rápidamente por una libra de peladillas y por el éxito que ello simboliza, que si el preparador les asignara meramente unos nados de práctica de

880 sin la ceremonia del «día de las peladillas». Los muchachos de la Universidad, y también, cómo no, este preparador, son semejantes a niños adultos y se sienten estimulados por los mismos medios que si fueran nadadores de los grupos infantiles. Los preparadores que olvidan este hecho y en las sesiones actúan como «almas en pena», malogran para sus nadadores, y para ellos mismos, una buena distracción.

En el caso del equipo olímpico de 1964, a fin de aumentar el interés y estimular a los muchachos a que nadaran duro en sus respectivos estilos, salidas y virajes, procuré filmar una gran cantidad de movimientos de nado, tanto fuera como dentro del agua. Otros medios de realizar las prácticas con alegría era filmar películas divertidas, utilizando fotografías trucadas de manera que los muchachos aparecieran nadando hacia atrás o a una velocidad ridículamente rápida, películas mostrando a los treinta nadadores y a sus preparadores saliendo todos ellos de un pequeño coche.

Los muchachos se sienten especialmente apasionados por chucherías como la que utilizaba un preparador que era dueño de un bonito sombrero «stetson» de vaquero. Cada semana permitía que lo luciera el muchacho que había trabajado más duramente aquellos días. Conceder trofeos al nadador que mejor progresa, al que trabaja con más ahínco, y así sucesivamente, ayudan a promover el estímulo para esforzarse más duramente en las prácticas.

Creación del adecuado medio ambiente material

Una piscina en la que entrena un equipo debe semejarse a una piscina de competición. Relojes de cadencia para cronometrar, tablas de registros, fotografías individuales de los nadadores y una del equipo, deben hallarse en el escritorio de la piscina o por las paredes de la misma. La atmósfera de la piscina debe ser conducente a desarrollar una buena actitud. Sin estas galas, una piscina puede convertirse en una zona inhóspita y deprimente. Perturbaciones continuas, como la presencia, durante los ejercicios, de nadadores divirtiéndose, pueden contribuir considerablemente a reducir la eficacia de las prácticas. Las condiciones ideales para la preparación son pocas, pero deben ser apuntadas en vista de que el medio ambiente material puede afectar al estado mental del nadador. Reseñadas a continuación, se relacionan algunas particularidades que pueden contribuir a crear el medio ambiente adecuado.

1. Tabla de metas: una tabla de metas registra los mejores tiempos promediados de todos los componentes del equipo para cada tanda de repeticiones. Se lleva al día con el fin de comprobar las mejoras.

2. Tabla de récords: una tabla de récords debe registrar los récords de la piscina y del equipo en todas las pruebas, así como los nacionales en cada una de ellas. La existencia de esa tabla crea en la mente de cada nadador la aspiración de ver su nombre anotado en ella, sin al propio tiempo producir una intolerable presión para sobresalir.

3. Carteles de nado: estos carteles pueden ser tan esmerados como permitan el tiempo y el dinero.

4. Retratos de nadadores preeeminentes: estas fotografías deben ser enmarcadas y colgadas en el escritorio de la piscina. Fotografías de los equipos que ganan campeonatos deben exhibirse de manera destacada.

5. Uniformes: uniformes distintivos que identifiquen al nadador con el equipo son de verdadera eficacia para formar la moral de un conjunto. Lo dicho es aplicable a cualquier material que sea exclusivo para los componentes del equipo y que contribuya a la asociación e identificación de los nadadores con el mismo.

6. Cartas de avisos: las cartas de aviso y los programas deben, en primer lugar, destinarse a la promoción del deporte y a los componentes del equipo.

7. Premios especiales: cuando no son en exceso, tales premios contribuyen a estimular a los nadadores. Se sugieren: para el nadador más aventajado, para el que gana más puntos, para el de mejor disposición, para el que trabaja más duramente.

8. Acontecimientos especiales: bailes, salidas al campo, tenis de mesa, juegos de pelota o torneos de tenis, mejoran la moral del equipo y su espíritu.

9. Entusiasmo general: un nadador permanece más tiempo que otro en un equipo si se encuentra a gusto en él. Si el preparador, los espectadores, los padres y todos los componentes del equipo son entusiastas, esto, más que todo lo relacionado más arriba, asegurará al equipo un buen medio ambiente. No obstante, las formas tangibles ayudan a promover el entusiasmo. Le hacen más fácil al nadador el dedicar sus esfuerzos a las sesiones de duro trabajo.

El papel del preparador en las prácticas estimuladoras

Todos los métodos de estímulo previamente mencionados son de importancia secundaria con respecto del papel que en ello juega el preparador. Al igual que una buena madre y esposa puede hacer de una pocilga un hogar agradable adonde esposo e hijos sienten gusto en volver, de la misma manera un gran preparador puede hacer de una monótona piscina que no disponga de ninguno de los antes mencionados artilugios un lugar agradable en el que se pasen a gusto dos horas diarias. El preparador determina el talante con que se efectúan las prácticas. Debe ser confiado y sosegado, no tenso ni nervioso. El preparador es la luz que guía a los nadadores y, como tal, puede ser inspirador y entusiasta.

La antigua creencia del preparador, educador austero que conduce a los atletas a lo largo de sus duros entrenamientos, en forma parecida a la que un arriero conduce a través del Valle de la Muerte a un tronco de mulas que no plantea problemas, debe sustituirse por la de que el preparador es un instruido director de gente joven que está luchando para alcanzar un fin común. No debe dirigirles en forma implacable, sino guiarles inteligentemente a dicho fin.

El preparador desea que el atleta se le identifique y, como se ha dicho, el medio más efectivo para ambos es identificarse con la meta común. Esta meta es el éxito, del nadador individual y del equipo, no solamente en la piscina, sino en todos los aspectos de la vida del nadador: estudios, vida social, etc. El preparador que limite su interés por el atleta a su éxito como tal, será menos eficiente que el preparador que tiene verdadero interés en el desarrollo total del mismo. Demasiado a menudo los atletas son utilizados, tanto por los preparadores como por sus padres, como medios para conseguir sus particulares designios o para obtener recompensas por delegación. La estimulación egoísta de esta naturaleza, el atleta la detectará y repercutirá en su ansia por el triunfo.

Es extremadamente difícil, para un atleta inteligente y juicioso, el identificarse con un preparador que se comporta como un dictador y cuyas maneras autoritarias deben ser aceptadas sin réplica. Los atletas de baja capacidad intelectual y de personalidad débil o inestable, o los que están faltos de madurez, pueden ajustarse a este rígido sistema, pero si en un mundo libre y en otros aspectos de las relaciones entre los seres humanos rechazamos estas tácticas, ciertamente tampoco debemos aceptarlas en las deportivas. Esto no significa que se consienta una excesiva tolerancia, hasta el punto de que el preparador pierda el control del equipo. Debe comprender que con reglas inteligentemente planeadas el plan de entrenamiento se refuerza. No todos gozan de todos los atributos necesarios para convertirse en un gran preparador. Quienes no los tienen, a menudo no los desarrollan, por causa de tener una idea equivocada del verdadero papel del preparador.

Un buen preparador de natación debe tener conocimientos y talento en tres aspectos: 1) conocimientos y talento para evaluar la mecánica de los movimientos, 2) conocimientos y talento para interpretar los adecuados procedimientos de puesta a punto, tanto en los ejercicios en seco como en las prácticas en el agua, y 3) conocimientos y talento para manejar y trabajar con los atletas, es decir, ser un sicólogo eficaz. Este último rasgo es el más importante de los tres, puesto que para poder poner en práctica los dos primeros necesita gozar del tercero.

El preparador debe asistir a todas las prácticas. No puede ser un preparador que se ausente; que se limite a señalar el trabajo de las sesiones y desaparezca. Ni tampoco será útil tener dos preparadores que alternen en las sesiones para hacerles más fácil el trabajo. El interés del preparador por cada uno de los miembros del equipo ha de ser evidente. Puede demostrar este interés conociendo los varios tiempos en que los nadadores han nadado sus series y sus carreras. Debe saber, respecto del nadador, más que sus solas actuaciones en la piscina. En la práctica *debe conversar todos los días con cada nadador*. Su actitud con respecto a cada atleta debe ser de cooperación y constructiva.

En las sesiones de prácticas debe establecer metas elevadas para los atletas. Estas metas tienen que estar en línea con la capacidad del nadador, porque si son demasiado elevadas, el nadador se sentirá desanimado cuando se dé cuenta de que son inalcanzables.

Forma parte de la labor del preparador el cimentar la moral durante las sesiones de prácticas. Debe darse cuenta de que muchos atletas se sienten inseguros y no deben ser heridos en su dignidad con palabras o trato duro. Una de las leyes del saber es que una persona tiende a desear repetir una experiencia agradable y, por el contrario, a no repetir la desagradable. Conviene que el preparador tenga esto presente en su trato con los atletas durante las prácticas. El mal trato constante del atleta por parte del preparador en las sesiones de prácticas, ciertamente no cimentará la moral.

La personalidad entre los preparadores varía al igual que entre todos los seres humanos, y de ello resulta que sus estilos de preparación también son distintos. Cada preparador debe adoptar un modelo que se adapte a su propia personalidad. Si un preparador intenta llevar las sesiones en una forma similar a la de otro preparador de personalidad totalmente diferente, no podrá tener éxito. Uno de los estimulantes más positivos para mantener a un atleta trabajando muy duramente en las sesiones de prácticas, es el afecto y el respeto que siente por su preparador. Este afecto y respeto no le es dado al preparador automáticamente; se lo tiene que ganar. A efectos de ganarlo, debe ofrecer a los atletas un buen programa de preparación, con unas sesiones de prácticas bien planeadas y bien organizadas.

EL PROBLEMA DE UN EXCESO DE ESTÍMULO EN LAS SESIONES DE PRÁCTICAS. — En los últimos años, el conocimiento de las técnicas de preparación ha mejorado considerablemente, y estas mejoras han sido ampliamente propagadas. Muchos preparadores y atletas comprenden la importancia de nadar con dureza en las prácticas. Tanto las metas de corto como de largo alcance, en términos de tiempos nadados en las prácticas, son usados y mal usados. Parece cada vez más frecuente, a medida que los atletas se dan más cuenta de la importancia del trabajar duramente en las prácticas y que el preparador les estimula en este sentido, el hecho de que se nade mucho más rápido en los entrenamientos que en los encuentros. Pero de esta situación puede resultar un continuo exceso de los tiempos nadados en las prácticas y unos ejercicios de alta presión permanentes. Normalmente esto puede evitarse por medio de los sistemas explicados en este capítulo y recordando el preparador que las prácticas deben ser estimuladas e intensas algunas veces, pero en todo momento han de ser divertidas.

EL PREPARADOR AUXILIAR. — El preparador o preparadores auxiliares de natación a menudo pueden señalar las cualidades de un nadador con el que dado el caso el preparador jefe trabajará. Aunque no siempre es posible, es mejor definir claramente los límites de autoridad de que goza el preparador auxiliar. De esta manera, puede tener asignada una labor con un determinado grupo de nadadores, tales como el equipo de los novicios o el de los nadadores de primer año. Es importante que el preparador jefe no haga nada que pueda socavar la autoridad del auxiliar, y viceversa. La orientación que sigue cada equipo aconsejará un papel un tanto distinto a la actuación del auxiliar del preparador y, por esta razón, no sería en muchos casos aplicable una exposición general que pudiéramos hacer aquí acerca de sus deberes.

EL DIRECTOR DEL EQUIPO. — Un preparador de una escuela de Enseñanza Media, a quien los periodistas le preguntaron cuál había sido, en su opinión, el hombre más destacado de su equipo de campeones de escuelas de Enseñanza Media del Estado, respondió: «Mi director».

El director y su personal pueden cuidarse de docenas de labores que, si las tuviera que realizar el preparador, quedaría imposibilitado para llevar a cabo una buena labor de entrenamiento. Un detalle de las obligaciones del director puede resumirse como sigue:

1. Llevar una tabla oficial —esta tabla registra todos los ejercicios del día y los tiempos conseguidos por todos los nadadores.
2. Llevar al día la tabla de los récords y de las metas del programa alcanzadas.
3. Cuidar que todo el material y pertrechos se hallen en buenas condiciones de utilización y de conservación. Esto comprende las tablas de batir, toallas, los tubos de traccionar, el material de oficinas y vitaminas.
4. Atender y responder los mensajes telefónicos del preparador.
5. Cuidar de los recados.
6. Ayudar a preparar los participantes y el material para los encuentros de natación.
7. Preparar los programas y las circulares y mandarlos imprimir y distribuir.
8. Archivar los recortes de periódicos y revistas.
9. Ayudar a completar los tiempos de los nadadores.
10. Ayudar a completar los registros en las hojas oficiales de los encuentros.
11. Ayudar al cuidado de docenas de otros detalles que surgen continuamente.

13

Algunos principios de preparación adicionales

Todo el mundo sabe que los récords mundiales no se establecen así como así, pero ya no son tantos los que están al corriente de las series de circunstancias que son previamente necesarias a tales gestas. ¿Pueden unas hazañas como las realizadas por Don Schollander en los Juegos Olímpicos de 1964 al conseguir cuatro primeros puestos, o la gran actuación de Martha Randall en el verano de 1965, ser atribuidas únicamente a la capacidad de los nadadores? Ciertamente, la capacidad significa mucho, pero ninguna máxima hazaña puede ser conseguida sin ir precedida de meses, y aun de años, de observación de ciertos principios de entrenamiento. Roger Bannister, un estudiante de medicina, cuando llegó a ser la primera persona que consiguió alcanzar la meta de correr la milla por debajo de los cuatro minutos, atribuyó gran parte de su éxito a sus estudios de los principios fisiológicos involucrados en la preparación y en correr adecuadamente la carrera. Si ello es verdad, y yo así lo creo, se deduce que un preparador debe ser algo más que un atleta graduado muy capacitado en la mecánica y en la estrategia del deporte. Por medio de la rutina de la preparación que utiliza para la puesta a punto de sus atletas, está intentando modificar y perfeccionar muchos de los procesos fisiológicos de aquéllos. El cuerpo humano tiene ciertas facultades y limitaciones, y el nivel de las actuaciones de un individuo depende grandemente del grado a que ha conseguido elevar su potencial de posibilidades. El preparador debe, por lo menos, tener un conocimiento elemental de fisiología, a efectos de estar en condiciones de poner adecuadamente a punto a este organismo maravillosamente adaptable y además sensible.

En el Capítulo 8 la puesta a punto fue definida como «la suma total de todas las adaptaciones fisiológicas, anatómicas y sicológicas, hechas por el organismo por medio de la tensión del programa de preparación». Esta declaración pone en evidencia la palmaria conclusión de que el grado de tensión a que está sometido el nadador por su programa de entrenamiento, determina el grado de su puesta a punto. Esto solamente es cierto en tanto que otros factores como el sueño, el descanso y la dieta ayuden o perjudiquen al proceso de adaptación. Por ejemplo, un nadador que está llevando a cabo un duro programa de entrenamiento, pero cuyos sueño y dieta no son los adecuados, puede fracasar en alcanzar estas adaptaciones en la amplitud que podría haber conseguido, de haber observado ciertos principios de preparación.

La puesta a punto de un nadador, en lo fundamental, dependerá de los factores siguientes:

1. El factor tensión —las sesiones— día a día, semana tras semana, del programa de entrenamiento.
2. Control cuidadoso de todos los factores que contribuyen a la progresión de la puesta a punto o a su mengua.
   A. Factores positivos:
      1. Inmunidad de indisposiciones y enfermedades.
      2. Dieta adecuada.
      3. Sueño y descanso suficientes.
      4. Actitud mental constructiva.
      5. Medio ambiente de preparación adecuado en las prácticas o carencia de factores de tensión negativos, tales como una temperatura del aire y del agua apropiada.
   B. Factores negativos:
      1. Enfermedades.
      2. Dieta inadecuada.
      3. Exceso de fatiga (sueño y descanso insuficientes).
      4. Actitud mental deprimente.
      5. Consumo de tabaco, alcohol o drogas.

Cuando un nadador, en el curso de un programa de preparación, deja de hacer los progresos de puesta a punto normales, tanto él como su preparador pueden escrutar ansiosamente el programa de preparación, en busca de causas, y la verdadera puede hallarse en un factor negativo, tal como dieta inadecuada o el consumo de tabaco o alcohol. Otros pueden emprender el camino opuesto y atribuir la falta de progreso a un factor negativo, intentando compensarlo por medio del consumo de dosis masivas de reconstituyentes o cualquier cosa que sea novedad en aquel momento, pero sin tener en cuenta el programa de preparación. Ambos factores son importantes y en una tal situación deben ser tomados en consideración. El programa de preparación (factor tensión) determina la dirección original del proceso de adaptación. Sin embargo, los factores positivos o negativos pueden cambiar la dirección de manera que el organismo alcance la adaptación óptima o consiga un nivel defectuoso de la misma.

EL CONCEPTO DE LA TENSION

Gaylord Hauser una vez dijo: «Somos lo que comemos». A mí me gusta reflexionar acerca de ello en forma un tanto diferente: *Somos lo que somos en virtud de la tensión a que somos sometidos y del modo en que nos hemos adaptado a ella, tanto físicamente como en otra forma cualquiera. El estado de nuestros cuerpos, de nuestras mentes y de nuestra personalidad es el resultado de semejante adaptación.* El intento utópico de una existencia sin ninguna forma de tensión, ni física ni mental, no lleva a desarrollar a una persona para que esté bien preparada para la existencia en una sociedad competitiva. El investigador canadiense Hans Selye, que ha contribuido más que nadie a desarrollar la idea de la tensión y adaptación a la tensión, ha hecho la siguiente declaración en su libro *The Stress of Life*: «La tensión... da una excelente oportunidad de desarrollar las capacidades en potencia, sea en la mente, sea en el cuerpo donde se hallen latentes. De hecho, es solamente en el ardor de la tensión donde la personalidad puede ser moldeada» (1).

Los padres que intentan proteger a sus hijos contra la tensión hacen tanto para imposibilitar el desarrollo de sus capacidades como aquellos que, en el extremo opuesto, exponen a sus hijos a muchas o a muy variadas formas de tensión, hasta el punto que el muchacho es incapaz de adaptarse. En la natación competitiva, un programa bien planeado y bien dirigido teóricamente coordina en el individuo la cantidad de tensión apropiada tanto física como sicológica, a efectos de que llegue a ser una persona mejor preparada para tensiones futuras. Hay tres cuestiones que deben ser investigadas constantemente, tanto por el preparador como por los padres.

1. ¿Podemos prever qué tensiones —tanto emocionales como físicas— deberán en el futuro establecerse en el individuo?
2. ¿Puede este programa prepararle para el futuro, es decir, le puede inocular tensión física y mental para el futuro?
3. ¿Puede esta inoculación disiparse, o puede tener determinados efectos remanentes?

Si el programa está bien dirigido, habrá intentado prever tensiones futuras, e impondrá tensiones comunes de una manera tal que el ajuste tenga lugar. Respecto a dar respuesta a la tercera cuestión: podemos sólo dar por sentado que habrán efectos remanentes que ayudarán al individuo para el resto de su vida. La

(1) Hans Selye, *The Stress of Life* (Nueva York: McGraw-Hill Book Co., 1956), página 277.

observación y la experiencia nos llevan a creer que esta suposición es razonable.

¿Qué es la tensión?

Todas las personas se hallan constantemente expuestas a alguna forma de tensión. En una carrera el nadador se encuentra sometido tanto a la tensión física como a la sicológica. Los padres y el preparador no se hallan sometidos a la misma tensión física, pero sí lo están en mayor o menor grado, a la sicológica. Incluso el juez de salida, los jueces y los cronometradores están sometidos a tensión. Teóricamente ninguno de ellos, nunca, será el mismo que era antes de esta actuación. Todas las tensiones nos dejan algo cambiados.

¿Qué es exactamente la tensión? Hans Selye, que ha sido un pionero en el desarrollo e investigación en el ámbito del concepto de la tensión y que lleva escritos seis libros y más de seiscientos artículos sobre la materia, admite de buena gana que el término es una abstracción. En su libro, Selye inicialmente la define como «la tasa de la avaricia sobre el cuerpo» (2). Celeste Ulrich declara: «Cada vez que el equilibrio homeoestático del cuerpo es trastornado, el organismo humano procura amoldarse de una tal manera que se restablezca nuevamente el equilibrio. Hasta que se ha restablecido este equilibrio, el estado de «tensión» subsiste» (3).

Selye encontró que, sea el que fuere el tipo de tensión a que está expuesto el organismo, si aquélla es suficientemente intensa y prolongada, puede dar como resultado una respuesta general imprecisa —junto con efectos precisos peculiares a este tipo de tensión. Esta respuesta es ensayada en animales experimentales y se llama *respuesta trivalente.* La respuesta trivalente consiste en tres tipos de alteraciones.

1. *Un agrandamiento de la corteza suprarrenal.* Siempre que el organismo es sometido a tensión, hay un correspondiente incremento en la actividad de esta glándula, especialmente en los tejidos de su corteza. Las hormonas segregadas por esta glándula ayudan a movilizar las defensas del cuerpo para resistir la tensión. Estas pequeñas glándulas, situadas encima mismo del riñón, están compuestas de tejidos medulares y de corteza. La glándula, y especialmente el tejido de corteza, procura mejorar su capaci-

(2) *Ibidem*, pág. 3.
(3) Celeste Ulrich, «Stress and Sport», en *Science and Medicine of Exercise and Sports*, ed. Warren R. Johnson (Nueva York: Harper & Row, 1960), pág. 251.

dad de ajustarse a las exigencias que se le hacen, agrandándose. Si la tensión intensa continúa por demasiado tiempo, a pesar del agrandamiento de la glándula, perderá finalmente parte de su capacidad de segregar hormonas y el organismo se hallará en un estado de adaptación malograda. En el entrenamiento de nadadores hemos intentado graduar este estado de adaptación malograda midiendo el nivel de los cetoesteroides en la orina. Su nivel nos da la medida del grado de actividad de la glándula suprarrenal, puesto que son un producto derivado del metabolismo de la misma.

2. *Un encogimiento de los tejidos linfáticos* y una disminución en los linfocitos de la sangre. Selye encontró una desaparición casi total de células eosinófilas (una célula linfática). En Indiana, hemos observado la desaparición de células eosinófilas en nadadores que se han entrenado demasiado duramente. Por desgracia, la utilización del nivel de leucocitos eosinófilos para predecir el grado de tensión no tiene consistencia y los resultados son contradictorios.

3. *Ulceraciones en el revestimiento del estómago y en la primera parte del intestino* (el duodeno). Estas ulceraciones, observadas por Selye experimentando con animales, eran rupturas menores de pequeños vasos sanguíneos y daban como resultado algo de sangría.

No tenemos medio de saber qué cambios relativos, si es que los hay, tienen lugar en un hombre después de intensos niveles de prolongada tensión. La respuesta trivalente o síndrome se produce bajo todos los tipos de tensión, incluidos calor, frío, inyecciones de productos farmacéuticos y esfuerzos musculares. Califica a este estado como «estar casi enfermo». Actualmente define la tensión como cualquier factor que vaya acompañado del síndrome trivalente.

Puesto que esta respuesta es general e imprecisa, ¿tiene alguna aplicación práctica para el preparador y para el atleta? ¿No están más interesados en una respuesta precisa del cuerpo, ante la tensión del entrenamiento? Ellos están intentando provocar cambios precisos que permitirán al nadador actuar mejor y no les interesa provocarlos al primer asalto de esta respuesta general. Antes de mostrar cómo la respuesta trivalente o síndrome puede ser aplicada a los métodos de preparación, tal vez sea de ayuda el debatir algo más las teorías de Selye acerca de la tensión.

Selye averiguó que la respuesta del organismo a la tensión sigue tres etapas, a las que se refiere como síndrome de adaptación general (SAG):

1. Reacción de alarma —ésta es la respuesta inicial del cuer-

po al factor tensión. Selye sintió que representaba una llamada general a las armas de todas las fuerzas defensivas del organismo. En los ejercicios, esta reacción de alarma puede consistir en el incremento de los latidos del corazón, incremento de secreción de adrenalina de las glándulas suprarrenales, la descarga de azúcar del hígado al flujo de la sangre, y así sucesivamente. La viva adaptación (corta duración) al ejercicio tiene lugar en esta etapa.

2. Etapa de resistencia —los cambios que tienen lugar en esta etapa son totalmente distintos y, en muchos casos, totalmente opuestos a los de la primera etapa. Por ejemplo, los latidos del corazón se hacen más eficaces y disminuirá la tasa de descanso del latido. La corteza suprarrenal, que descargaba sus hormonas en el flujo de sangre en la primera etapa (reacción de alarma), puede haber agotado las reservas de la glándula. Durante la segunda etapa la corteza suprarrenal mejora su capacidad para segregar estas hormonas, por la acumulación de una abundante reserva de gránulos secretorios. La adaptación crónica (larga duración) al ejercicio tiene lugar durante esta etapa.

3. Etapa de agotamiento —después de una prolongada exposición a fuertes niveles de tensión, el organismo puede haber agotado su capacidad para adaptarse a todos los tipos de tensión y puede empezar a abatirse.

Aplicación de los conceptos de tensión a los métodos de preparación

1. Al intentar aplicar el SAG a un programa de preparación, el atleta es suficientemente impulsado en la segunda etapa, pero no en la tercera. Este concepto de preparación se pone a la vista en la Figura 4-1.

2. El grado de respuesta del síndrome trivalente es directamente proporcional a la intensidad y a la duración del factor tensión. No es aconsejable impeler tan fuertemente al nadador que manifieste en grado extremo los síntomas de la respuesta del síndrome trivalente.

Hay la posibilidad de que los investigadores hallen finalmente los medios de graduar válidamente algunos de los síntomas de la respuesta trivalente y determinen la amplitud a que un atleta puede ser entrenado sin impulsarle demasiado lejos. Hasta ahora, el nivel de células eosinófilas en la sangre y el nivel de los cetoesteroides en la orina, han sido solamente utilizados con éxito moderado.

3. Practicando la preparación a intervalos, es decir, cortos

períodos de descanso entre períodos de tensión relativamente intensa, la posibilidad de impeler al nadador a las últimas etapas de la respuesta trivalente o a la última etapa del SAG ha sido evitado, a la vez que se han alcanzado los ajustes precisos por los que estamos esforzándonos.

Nadar distancias demasiado largas no es suficientemente intenso para provocar los cambios precisos deseados. Repetidos esfuerzos a darlo todo en la distancia de la carrera (tales como unos 100 ó más) son demasiado duros en términos de intensidad, para provocar estos cambios, pero son de tal duración que su práctica continuada puede provocar el acceso a la tercera etapa del SAG o a la última de la respuesta trivalente.

Según mi experiencia, son pocos los nadadores que se hallan suficientemente estimulados como para ser capaces de impulsarse a sí mismos a la etapa de agotamiento como resultado de sólo los ejercicios. Todos tenemos una repugnancia natural a obligarnos tan duramente. Normalmente, la fatiga muscular localizada nos induce a disminuir nuestra actividad antes de alcanzar la etapa de agotamiento.

De hecho, a menos que nos sintamos fuertemente estimulados, pocos de nosotros estamos deseosos de obligarnos tan duramente en el camino de la resistencia con el fin de lograr la adaptación máxima. Por esta razón, yo creo que es importante despertar las sensaciones que refuerzan los estímulos para trabajar más duramente, a efectos de provocar una mayor tensión física. Sólo de esta manera el nadador es capaz en sus ejercicios de aceptar acceder al dolor, la angustia y la agonía, como fue descrito en la Figura 12-1. A medida que el nadador llega más cerca de la fase final de preparación, antes de que empiece el período de afinamiento para los grandes torneos, es importante utilizar la tensión emocional como factor estimulante.

Las tensiones son acumulativas

Selye expone que cada persona solamente tiene una cierta cantidad de *energía de adaptación* a utilizar contra los factores de tensión. Si en un momento dado el atleta invierte la mayor parte de esta energía de adaptación en una situación de tensión distinta de su preparación en natación, tal como acostándose tarde por la noche y perdiendo horas de dormir, tendrá menos energía de adaptación para emplear en su programa de entrenamiento. En consecuencia, no se adaptará y, o bien tendrá que alejar o reducir los otros factores de tensión, disminuyendo la preparación de natación, o bien caerá en la etapa de malogro de la adaptación.

A un atleta no se le debe someter a demasiadas tensiones de intensa naturaleza al tiempo que entrena duramente. La mayor parte de los nadadores universitarios que yo he preparado han sido capaces de manejarse adecuadamente y de adaptarse a las tensiones de los trabajos del curso escolar y de la preparación de natación. Cuando otras tensiones, como problemas familiares o un asunto amoroso, se han superpuesto a las dos primeras tensiones, a menudo el atleta muestra signos de malogro de adaptación.

A pesar de lo intrincada que pueda parecer la discusión sobre la tensión, inevitablemente terminará con la misma conclusión: demasiada poca tensión física o de otra clase no provoca los cambios deseados, mientras que demasiada tensión es igualmente perjudicial, en el sentido de que el organismo es incapaz de adaptarse a ella. Los métodos de detectar la poca o demasiada tensión serán debatidos más adelante de este capítulo bajo el encabezamiento «Fatiga y agotamiento».

Distintas adaptaciones a la tensión de preparación

Un nadador fisiológicamente presenta una imagen distinta cuando «no está en forma». Cuando por medio del programa de preparación se pone a punto, provoca distintas adaptaciones que en primer lugar son fisiológicas, pero que también involucran algunos cambios sicológicos y aun anatómicos.

Los cambios fisiológicos son numerosos y frecuentemente complejos. El debatir en este capítulo acerca de cada uno de ellos sería impracticable. Puesto que muchos de ellos son sólo de importancia práctica para el fisiólogo, únicamente se debatirán los grandes cambios que tienen lugar y que importan al preparador y al atleta.

En este capítulo se tratarán también los principios fisiológicos y su aplicación al programa de preparación. En las tres últimas décadas se ha llevado a cabo mucha investigación en este sentido. Muchos errores previos han sido refutados; algunos prevalecen a despecho de las pruebas en contra. Una de estas opiniones está relacionada con el efecto dañino del ejercicio sobre el corazón, y se discutirá más adelante.

La mayor parte de las personas están familiarizadas con los penetrantes efectos que siguen al primer asalto de ejercicios, como son el incremento de latidos del corazón y del ritmo respiratorio, aunque estos efectos son temporales y subsisten sólo durante el período de ejercicio y el de recuperación. Los resultados crónicos han sido estudiados y, aun cuando entre los investigadores no siempre hay unanimidad de opiniones respecto a los principios de un estudio de investigación, las siguientes declaraciones pueden ser hechas con un elevado grado de validez.

CONOCIMIENTO PRÁCTICO Y EFICIENCIA. — Los atletas, en sus programas de preparación de los distintos deportes, acentúan el desarrollo sobre cualidades diversas. El corredor o el nadador de fondo naturalmente orientan esta acentuación en el desarrollo de la resistencia, el velocista en la velocidad, y el luchador en la fuerza. Todos los programas de preparación procuran desarrollar una cosa en común, y ésta es el conocimiento práctico. Los conocimientos prácticos necesarios en algunas actividades, tales como los deportes de equipo, baloncesto, rugby o fútbol, son más complejos que los conocimientos prácticos del correr y del nadar. Por esta razón, el tiempo destinado a la adquisición y perfección de estos conocimientos ocupa la mayor parte del programa de preparación. Sin embargo, sea cual sea la actividad, si se practican las mecánicas y técnicas adecuadas, habrá un incremento de conocimientos prácticos y de eficiencia en la actuación. Al practicar los movimientos adecuados en la sucesión conveniente y repitiéndolos continuamente, como se hace al practicar los virajes correctos, se crean reglas nerviosas. Cuantas más veces se lancen estos impulsos sobre las sendas nerviosas, tanto más firmemente quedarán fijadas, hasta que lo que se haya venido practicando se convierta en algo mecánico o en hábito. Esto explica la importancia práctica de los movimientos básicos ejecutados adecuadamente; también explica por qué los hábitos, una vez se han formado, son difíciles de romper.

Es también verdad que cuanto más se ejercita correctamente una práctica, tanto mejor el atleta aprende a utilizar solamente los músculos involucrados en la ejecución de aquel movimiento determinado. De este modo se reduce la cantidad de energía necesaria para ejecutar una cantidad de trabajo dado. El mejoramiento en práctica y eficiencia pueden frecuentemente ser los primeros cambios que se produzcan con consecuencia de la preparación.

EFECTOS SOBRE LOS MÚSCULOS. — Un músculo puede desarrollar dos cualidades: fuerza y/o resistencia. Cada una de estas cualidades depende de una adaptación distinta. Un principio fisiológico bien establecido es el de que la fuerza de un músculo es proporcional al perímetro de su corte transversal. Para fortalecer un músculo, su tamaño funcional debe incrementarse. Más allá de lo normal, este incremento es denominado hipertrofia. En el caso de hipertrofia no hay, como antes se creía, incremento en el nú mero de células (hiperplasia), sino que crecen en tamaño las fibras aisladas. Parece haber un incremento relativamente igual de materia sarcoplásmica y tejido conectivo en el músculo. El músculo no solamente se hace más fuerte, sino también más resistente, aumentando asimismo en vigor. Sufrirá menos lesiones y, contrariamente a lo que muchos creen, no perderá su capacidad para ejecutar movimientos delicados.

No todos los tipos de ejercicios mejoran la fuerza de los músculos. La ley del uso y desuso es aplicable a los músculos, como lo es a los otros órganos del cuerpo. Si un músculo no es utilizado, se atrofiará o disminuirá en tamaño. Si se emplea, se desarrollará, y la magnitud de su desarrollo dependerá de lo que se le haya exigido. El tamaño de un músculo, y consiguientemente la fuerza del mismo, se desarrollan más rápidamente trabajando con resistencias que se hallen cerca del máximo.

¿Qué cambios se han producido en los músculos del nadador de fondo que le permiten tener una mayor resistencia? Cuando fueron examinados los animales de laboratorio a los que se había hecho correr en jaulas rotativas de alambre durante varias horas al día por un período de más de dos meses, se descubrió que había un incremento en el número de vasos capilares funcionales (en músculos activos, por encima del 40 %). Puede parecer que este incremento de vascularización es conseguido por un tipo de ejercicio de elevada repetición y moderada resistencia. El incremento en el número de capilares funcionales puede en gran parte justificar el incremento de resistencia notado en los animales. Es probable que bajo las mismas condiciones se produzca en el hombre una vascularización similar. El incrementado número de capilares funcionales puede ayudar a la eliminación de las materias consumidas por el ejercicio, facilitando la conducción de oxígeno y azúcar de la sangre a los músculos puestos en ejercicio. También fue descubierto en los animales puestos en ejercicio, que los músculos activos contenían más glicógeno que los músculos de control animal. Este factor puede también contribuir a la resistencia muscular local. Posiblemente una de las mayores ventajas de la preparación a intervalos es su capacidad de provocar un incremento en el número de los capilares funcionales, más un incremento de glicógeno en los músculos, en un período de tiempo más corto que en cualquier otro método de preparación.

En un grupo de corredores, que incluía velocistas y corredores de fondo, se descubrió que existía una correlación negativa entre la potencia de las piernas y el tiempo corrido en una milla. La disputa acerca de si el tipo de preparación a que los corredores de fondo se emplean, no desarrolla la fuerza en el grado que lo hace la del tipo que emplean los velocistas, parece ser que quedaba confirmada.

Tanto la fuerza como la resistencia son cualidades de desarrollo deseable en todas las actividades, y de tal manera son importantes que en todos los programas de preparación están proyectadas para labrar estas cualidades. En natación, el desarrollar la fuerza y la resistencia en los músculos se lleva a cabo corriendo en las sesiones distancias largas y cortas. Un nadador que se prepara para la prueba de las 440 yardas, en sus ejercicios frecuentemente nadará más de una milla para mejorar su resistencia; también nadará breves recorridos a toda velocidad para ganar en rapidez y fuerza.

TAMAÑO DEL CORAZÓN. — El miocardio, o músculo del corazón, se parece a los músculos del esqueleto en que aumenta en tamaño y fuerza en correspondencia con lo que de él se exige. En consecuencia, cuando una persona se empeña en cualquier actividad, bien sea rugby, carrera a campo a través, o cualquier trabajo manual que imponga al sistema circulatorio la exigencia de suministrar más sangre a los tejidos puestos en ejercicio, es lógico suponer que el músculo del corazón se hipertrofiará.

Exámenes efectuados a campeones de carreras pedestres de fondo, de ciclismo, de natación y a otros atletas de pruebas de resistencia, en muchos casos han puesto en evidencia un corazón mayor de lo normal. Tanto si a estos atletas se les desarrolló más ampliamente el corazón como consecuencia de su programa de preparación, como si son campeones en pruebas de resistencia en parte por sus corazones mayores, es cosa que no siempre queda clara, debido a la falta de riguroso control en estos exámenes.

Si el agrandamiento se debe, caso de tener lugar, a hipertrofia o dilatación, puede entrañar efectos perjudiciales. Puesto que el tamaño del corazón de un hombre puede establecerse por medio de Rayos X, es difícil demostrar concluyentemente cualquiera de las dos apariencias. Estudios realizados con animales de laboratorio han puesto en evidencia que el aumento del tamaño del corazón, debido a un programa de ejercicios, iba acompañado por un aumento real de peso de los corazones de los animales puestos en ejercicio, con respecto a los de los animales de control. Esto podría indicar que, si había dilatación, también había hipertrofia. Fue también averiguado que los corazones de ratones sometidos a ejercicios volvían a su tamaño y peso normal, entre las tres o cuatro semanas de haber dejado de practicar los ejercicios.

El incremento del tamaño del corazón va acompañado de la

capacidad de bombear mayores cantidades de sangre. La cantidad de sangre que el corazón bombea en un minuto se la conoce como «volumen por minuto». Las células musculares pueden actuar adecuadamente sólo cuando son debidamente aprovisionadas de oxígeno y de materias alimenticias, cuando su consumo de sustancias (ácido láctico, dióxido de carbono, etc.) son rápidamente renovados, y cuando son controlados su temperatura, acidez y equilibrio acuoso. La función de la sangre y del sistema circulatorio es la conservación del medio ambiente interno adecuado de la célula. Para que el nadador pueda mantener una prolongada actividad, debe ser capaz de poner en circulación grandes cantidades de sangre. Puede enunciarse sin ningún temor que el corazón de un nadador que establece un récord mundial en una prueba de fondo, ha movilizado durante el ejercicio un amplio volumen por minuto.

La expresión «corazón de atleta» es desafortunada al ser frecuentemente asociada por los legos a un estado patológico. El corazón de un atleta es un corazón normal que puede ser un tanto mayor, latir más lentamente, y propulsar mayor volumen sanguíneo. Importa recordar que, al término de la preparación, el corazón retornará a su tamaño natural. No existe evidencia que demuestre que los citados agrandamientos y reducción puedan en manera alguna afectar la función de las válvulas cardíacas o producir soplos o derrames.

En una publicación de la American Medical Association, se hacen las siguientes manifestaciones:

> La opinión de que el corazón del atleta es un corazón anormalmente desarrollado, es un mito. El corazón de un atleta entrenado, actualmente se considera normal y su contrario —el corazón holgazán— anormal... No existen pruebas para demostrar que el ejercicio haya nunca dañado el corazón normal de un atleta sano y adecuadamente preparado. Los corazones se debilitan por las enfermedades o por defectos congénitos, no por la participación en deportes. Sin embargo, ya que para «entrenar» a un corazón y mantenerlo entrenado se hace necesaria una considerable tensión, esta misma tensión podría ser perjudicial o debilitadora si existiera una enfermedad o defecto. Así, pues, es necesario contar con la cooperación de la supervisión médica y atlética en los programas organizados.
>
> La revisión médica debe preceder a la primera fase de un programa de ejercicios rigurosos para aficionados de cualquier edad (4).

LATIDO DEL CORAZÓN. — El latir del corazón, en razón de la facilidad con que puede ser juzgado, ha sido ampliamente estudiado.

(4) *Tips on Athletic Training*, VII, American Medical Association Publication Series (Chicago, Illinois, 1965), 6, 7.

Hay muchos factores que influyen en el ritmo cardíaco: edad, posición, estado emocional, temperatura, ingestión de alimentos, drogas y ejercicio, para sólo mencionar unos pocos. El latir normal de un corazón descansado oscila entre 50 a 100 pulsaciones por minuto. Tiende a ser más baja entre personas que se entrenan especialmente en actividades de resistencia.

El ritmo sube con antelación al ejercicio. Las emociones afectan remarcablemente al ritmo del corazón. Yo he tomado las pulsaciones de preparadores en el momento en que sus nadadores estaban actuando y he hallado que algunos de ellos registraban pulsaciones por encima de 120.

El incremento del ritmo cardíaco es proporcional a la intensidad del ejercicio. Esto significa que, mientras el nadador nada lentamente, experimenta un ligero incremento en el latir del corazón, quizá 120 pulsaciones por minuto. A medida que aumenta la velocidad, tiene lugar un gran incremento, quizá hasta 180 ó 200 pulsaciones por minuto. Este hecho preciso permite, durante o inmediatamente después del ejercicio, utilizar las pulsaciones del corazón como medio de graduación del esfuerzo efectuado. Este principio es empleado en los Capítulos 8 y 9 como medio auxiliar para compenetrarse con los varios métodos de preparación.

Las pulsaciones del corazón después del ejercicio, en un individuo bien entrenado (en resistencia), tienden a remitir rápidamente. Este hecho es utilizado por Forbes Carlile (5) para evaluar el progreso en la preparación y para predecir la posible actuación máxima del individuo en un punto determinado de la preparación. El aumento de pulsaciones del corazón es mayor como resultado de una corta carrera de velocidad, pero el retorno a las pulsaciones normales es, en este caso, también más rápido que después de un largo y prolongado ejercicio de natación.

Durante los ejercicios a menudo yo tomo las pulsaciones del corazón, con el fin de evaluar el grado a que los nadadores están esforzándose, pero también como medida para estimularles.

Las pulsaciones de un corazón descansado, las de un corazón después del ejercicio, y las de retorno a las pulsaciones normales acabado el esfuerzo, son todas mayores a medida que la persona deviene más cansada y entra en la etapa de declive de la adaptación. La Tabla 13-1 muestra los latidos del corazón de Chet Jastremski, en tres distintas ocasiones durante su preparación en el verano de 1964: La columna 1, después de una semana y media de preparación, cuando se sentía relativamente bien y no estaba excesivamente fatigado por su programa de preparación. La co-

(5) Forbes Carlile, *Forbes Carlile on Swimming* (Londres: Pelham Books, Ltd., 1963), págs. 119-21.

lumna 2, después de cuatro semanas, cuando había sido llevado cerca del punto de declive de la adaptación, y la columna 3, durante el período de afinamiento, nueve semanas después e inmediatamente antes de las pruebas olímpicas, donde estableció el récord mundial de los 200 metros braza de pecho.

Esta tabla registra los tres datos más importantes que permiten al nadador comprobar su mejora: 1) latidos del corazón, 2) número de brazadas por largo y 3) el tiempo en que nada los nados repetidos. A medida que todos estos datos decrecen, puede sentirse seguro y confiar en que su puesta a punto progresa. No obstante, hay momentos en que debe esforzarse en forma suficientemente dura para aguardar que todos estos factores retrocedan, a efectos de provocar la máxima adaptación. La mengua en eficacia se muestra en el período B de la Tabla y en la Figura 9-1.

El mecanismo involucrado en la mengua de latidos del corazón como un resultado de la preparación, no se comprende claramente. El corazón está provisto de dos nervios —el vago y el simpático. Cuando el nervio vago es estimulado, hay un descenso en los latidos del corazón, y, cuando el estimulado es el nervio simpático, hay un incremento. El descenso de los latidos producido por la preparación se cree que es debido a un incremento de tonificación en el vago. El menor número de latidos permite un mayor período de descanso, durante el cual la sangre de las venas puede llenar el corazón con mayor amplitud. Cuanto mayor sea en esta fase el retorno venoso, mayor será el volumen de sangre expulsada en cada latido del corazón. A este volumen se le conoce por «volumen del latido». Como resultado de esta reducción de latidos e incremento del volumen suministrado, el corazón puede emplear menos energía para llevar a cabo una cantidad de trabajo dada.

EFICACIA RESPIRATORIA. — Otro importante factor de la resistencia cardiorrespiratoria es, como el nombre indica, la eficiencia respiratoria. Es un error común creer que la eficiencia respiratoria puede determinarse midiendo la capacidad pulmonar vital, cual sería la máxima cantidad de aire expelida en una simple exhalación después de una inhalación máxima. Aunque la capacidad pulmonar vital debe incrementarse un poco con la preparación, el mayor incremento en la eficacia respiratoria se cree que es debido a cambios en la composición de la sangre y en los alveolos (las pequeñas cavidades de aire en los pulmones donde el oxígeno y el dióxido de carbono son intercambiados entre el aire de los pulmones y la sangre de los vasos capilares pulmonares). Como resultado del entrenamiento, los alveolos de los anima-

TABLA 13-1. Ejercicio: 30×50 saliendo cada 60 segundos. Piscina de 50 metros.

	Sensación subjetiva	Promedio de tiempo por 50 metros	Número de brazadas por 50 metros	Latidos del corazón en descanso, tomados por la mañana al levantarse	Latidos del corazón después de los últimos 50 * metros	Latidos del corazón recobrado 8 minutos después del ejercicio
A) Junio, 14. Después de 1 ½ semanas de duro entrenamiento.	Cansado, pero no excesivamente.	:41,6	32,5	64	180	99
B) Julio, 20. Después de 4 semanas de entrenamiento.	Muy cansado, sensación subjetiva de cansancio crónico.	:42,4	34,1	70	188	108
C) Agosto, 20. Después de 8 semanas de duro entrenamiento y 1 semana de afinamiento.	Descansado y con mayor energía.	:38,1	31,2	60	176	92

* Tomados durante sólo 10 segundos, y multiplicado por 6.

les presentan unas separaciones que incrementan la cantidad de superficie pulmonar expuesta al aire, con lo cual se incrementa el intercambio de oxígeno (6).

El incremento de la capacidad pulmonar vital, que es evidente, se cree que es resultado del incremento de la potencia de los músculos respiratorios y de un incremento de tamaño de los alveolos que no se utilizan durante el descanso o en ejercicios suaves. En una persona entrenada hay una disminución del ritmo respiratorio y un incremento en amplitud de ventilación. Durante el ejercicio, la persona entrenada puede hacer circular un mayor volumen de aire y absorber más oxígeno en la sangre circulante a través de los pulmones.

NIVEL DE AZÚCAR EN LA SANGRE. — El nivel de azúcar que permanece en la sangre no es afectado en forma apreciable por la preparación. Durante el descanso, el nivel de azúcar en la sangre es de entre 70 a 100 mg. por mililitro de sangre. A medida que durante el ejercicio decrece el azúcar en la sangre, la adrenalina es soltada por las glándulas suprarrenales, produciendo la descarga de azúcar del hígado. Durante ejercicios agotadores el nivel de azúcar en la sangre puede descender por debajo del nivel de descanso. Cuando el nivel baja demasiado —existe un estado conocido como hipoglicemia— la persona debe reducir la actividad en razón del agotamiento de azúcar en la sangre. A los corredores del marathon que han tenido que abandonar la carrera por agotamiento, se les ha encontrado que tenían niveles extremadamente bajos de azúcar en la sangre, mientras que a los que terminaban la carrera bien clasificados, se les hallaba como mínimo niveles normales de esta sustancia. Esta capacidad del atleta para mantener durante ejercicios agotadores elevados niveles de azúcar en la sangre, se cree que está relacionada con la capacidad de almacenar más azúcar en los músculos y en el hígado.

GLÓBULOS ROJOS DE LA SANGRE. — El método principal de llevar oxígeno se halla en la hemoglobina de los glóbulos rojos de la sangre (eritrocitos). El poder de transportar oxígeno de la sangre puede ser aumentado incrementando el número de glóbulos rojos y el contenido de hemoglobina de la misma, y esto es lo que probablemente ocurre durante ciertos tipos de entrenamiento. Los glóbulos rojos de la sangre son generados en el tuétano rojo de

(6) Charles H. McCloy, *An Outline of Physiologie of Exercise* (folleto mimeografiado, Universidad del Estado de Iowa, 1949), pág. 9.

los huesos, y el estímulo para su producción es un bajo nivel de oxígeno (anoxia) en la sangre que va a estas zonas. Este estado de anoxia puede ser producido por un riguroso y prolongado ejercicio, y es solamente como consecuencia de un ejercicio de este tipo, que puede tener lugar un aumento en el número de los glóbulos rojos de la sangre. Parece ser que hay una general creencia de que esto es lo que debe suceder como consecuencia del tipo de preparación de resistencia, pero los investigadores ofrecen una tan amplia variedad de conclusiones que la demostración no es terminante. Durante cinco veranos consecutivos (1960-1964) en condiciones meticulosamente controladas, hemos anotado, por medio de estadísticas, en más del 50 % de los nadadores puestos a prueba, una significativa elevación en el número de glóbulos rojos y de la hemoglobina contenida en la sangre, como resultado de seis semanas de entrenamiento. Solamente en unos pocos casos ha habido una caída en el número de glóbulos rojos de la sangre. En los restantes casos no se han producido alteraciones significativas. La mejora de los tiempos lograda por los nadadores estaba ligeramente en favor de aquellos que habían experimentado una elevación en su cuenta de glóbulos rojos y contenido de hemoglobina de la sangre.

La capacidad para absorber y para llevar grandes cantidades de oxígeno durante períodos de esfuerzos extremados, se presenta como una de las características preeminentes de los atletas bien entrenados. Un atleta entrenado puede alcanzar niveles más elevados de déficit de oxígeno, con lo que puede realizar ejercicios un período de tiempo más prolongado. Se supone que esta capacidad está asociada con la reserva alcalina.

RESERVA ALCALINA Y pH DE LA SANGRE. — Durante el ejercicio, el ácido carbónico y el láctico (productos secundarios de la caída de la glucosa) penetran en la circulación de la sangre y tienden a rebajar la alcalinidad de la misma. El grado normal de pH (acidez o alcalinidad) de la sangre es de 7,4 a 7,8 (ligeramente alcalina). La adición de estos ácidos en la sangre puede rápidamente trastornar el pH, si no fuera por los efectos neutralizadores de los compensadores de la misma. Los ácidos en la sangre —excepto el ácido carbónico, el cual es compensado por la hemoglobina— son principalmente compensados por el bicarbonato, que es conocido como una reserva alcalina. Algunas investigaciones dan cuenta de incrementos en el nivel de la reserva alcalina durante entrenamientos, mientras que otros no observan ningún cambio. Puesto que una persona preparada es capaz de producir niveles más elevados de lactato sanguíneo (ácido láctico compensado), ello da como resultado que pueda continuar practicando por más tiempo que no lo haría una persona que solamente es capaz de tolerar niveles más bajos. La capacidad para tolerar elevados niveles de lactato sanguíneo no es totalmente comprendida. La ingestión de sustancias alimenticias de elevado contenido alcalino, en un esfuerzo para incrementar la reserva alcalina de la sangre, no se ha demostrado provechosa.

Factores que favorecen la adaptación o la menoscaban

DORMIR Y DESCANSAR. — Un zapato de la medida cuarenta y dos no se ajustará a los pies de todos. En forma similar, no se puede prescribir un número determinado de horas de sueño para todos, con la esperanza de que se ajuste perfectamente. Es obvio que algunas personas requieren más horas de sueño que otras. Bill Utley, campeón nacional NCAA y AAU de estilos individual, duerme diez horas todas las noches cuando no se prepara, y doce horas cuando lo hace. Chet Jastremski duerme seis horas todas las noches cuando no se prepara y siete horas cuando entrena duramente.

Hay una gran diferencia en la forma que la gente duerme. Las costumbres en el dormir varían no sólo entre los individuos, sino también por los incidentes diarios de cada uno de ellos. La mayor parte de las personas sanas, en una noche de ocho horas, pasan en conjunto de una posición de cuerpo a otro de 20 a 25 veces. Los atletas, antes de un concurso, cambian de posición muchas más veces que en circunstancias normales. A este tipo de sueño se le llama «sueño desasosegado» y, como indica la expresión, no es tan provechoso como el tipo de sueño normal. El masaje, el ver una película o entretenerse con la televisión, un ligero o moderado ejercicio, o un vaso de leche caliente, han demostrado que mejoran la capacidad del atleta para mantener los hábitos de sueño normales anteriores al concurso.

Los individuos que están excesivamente fatigados, a menudo duermen «como un leño»; es decir, se mueven muy raramente. Este tipo de sueño no es tan descansado como el sueño normal. Varios preparadores han manifestado que un masaje general y una comida ligera ayudan a evitar esta clase de sueño, que a menudo sigue al partido o competición.

La ingestión de cafeína o cocaína varias horas antes de ir a la cama, puede producir irritación en la vejiga de la orina, y de este modo influir al desvelo. Siendo así, el atleta debe evitar el tomar café, té y bebidas gaseosas antes de ir a la cama.

Cuando un nadador se está entrenando duramente dos o tres veces al día, puede descubrir que echar una siesta de entre 15 minutos a una hora, preferiblemente entre las sesiones de prácticas, es una saludable adición a su sueño nocturno. Cuando en 1964 entrenaba al equipo olímpico, observé que casi todos los nadadores gozaban con sus siestas de la tarde. Cuando por alguna razón tenían que privarse de ellas, en los ejercicios de la tarde actuaban deficientemente.

El descanso, como cosa distinta del sueño, entraña un período de relativa inactividad en que el cuerpo puede relajarse y lograr por lo menos una recuperación parcial del cansancio de las sesiones previas. Nos hemos dado cuenta de que nadadores que intentan entrenar duramente dos veces al día y continúan otras seis u ocho horas realizando fuerte trabajo físico, no pueden resistir esta rutina por un período prolongado de tiempo. Necesitan descansar entre ambas sesiones. La tesión del trabajo, superpuesta a la tensión del duro entrenamiento es simplemente demasiada para permitir la adaptación.

Algunos preparadores se basan en el principio de que si un nadador trabaja con extremada dureza por un período de varios días, pueden concederle un día de descanso, o quizás un par de días de ejercicios reducidos. Si el nadador ha entrenado duramente seis días, el gozar de uno libre a la semana le proporcionará el descanso físico y sicológico que puede necesitar.

FATIGA Y AGOTAMIENTO. — En todos los deportes tenemos el fenómeno que llamamos «agotamiento». ¿Qué es exactamente? ¿Es sicológico o fisiológico? ¿Puede ser graduado? ¿Puede evitarse? Estas son preguntas en las que un preparador debe estar interesado. Yo trataré de responder a ellas sobre la base de los principios sicológicos y fisiológicos en la forma establecida por los expertos en estas cuestiones.

¿Qué es el agotamiento? Generalmente se piensa que es aquel estado en que la actuación del atleta se ve, por un período de tiempo más o menos largo, desventajosamente afectada. Se cree que esta mengua de eficacia se debe a sobreentrenamiento o a exceso de trabajo. La mengua en el nivel de actuación puede deberse a causas tanto fisiológicas como sicológicas o de ambos tipos a la vez.

Quizá los dos tipos de agotamiento no pueden ir separados, pues mientras el uno progresa el otro hace lo propio. No obstante, a los efectos de las consecuencias de este debate, ambos serán estudiados por separado.

Agotamiento fisiológico. Como lo indica su nombre, este tipo de agotamiento significa el resultado de algunos cambios en la fisiología del atleta que afectan en forma perjudicial sus actuaciones. Cuando se produce este tipo de agotamiento, normalmente el atleta tiene un aspecto distraído y pierde peso. Si se hicieran ensayos de potencia, con anterioridad y durante el hundimiento, nos pondrían a la vista un decidido bajón de ella. Se han efectuado muchos exámenes probatorios de que esta manifestación es cierta. Una prueba simple como la presión de la mano nos probará el bajón. La persona puede quejarse de sentirse continuamente cansada y puede holgazanear durante las sesiones de prácticas. Este sentimiento de cansancio ha sido denominado «fatiga crónica». Cuando se presenta, los latidos del corazón, especialmente después de un gran esfuerzo, serán más elevados que cuando el atleta estaba en forma. Aparecerán círculos morados bajo sus ojos, al tiempo que se funden las bolsas grasas de los mismos. La piel de los dedos se tornará rígida y estirada. La piel—especialmente la de la cara—puede tornarse cetrina a medida que la persona pierde su color. Estos cambios se producen en forma tan gradual que pueden pasar desapercibidos tanto para el preparador como por el atleta. No obstante, el preparador por medio de cuidadosa observación, generalmente puede determinar la causa de este tipo de agotamiento. Normalmente la causa se halla en la violación de algunos de los principios de la preparación.

El atleta puede estar trabajando tan duramente que consuma más energía de la que puede remplazar por medio de la alimentación y del descanso. Está constantemente chupando su reserva (o, como Selye la llamó, energía de adaptación) y, entre las sesiones no la restituye. Al ser incapaz de realizarlo, está operando *con números rojos.* Ciertas actividades externas pueden influir en este exceso de trabajo; en algunos casos, pueden contribuir un dormir inadecuado, o una dieta impropia, u otro factor principal. Dolencias tan ínfimas que pueden pasar inadvertidas pero que con todo debilitan al atleta, pueden llevar a un estado de fatiga crónica, que a su vez puede muy bien ser la causa del agotamiento fisiológico. El agotamiento fisiológico es un factor que predispone a la enfermedad.

Agotamiento sicológico. Este tipo de agotamiento se distingue por una pérdida de interés por la preparación y aún por la competición. El atleta puede no admitir, ni aún para sí mismo, que ha dejado de sentir el *estímulo* o el *atractivo* para su particular actividad. Hay una disminución en el nivel de sus actuaciones acompañado de un determinado hundimiento de la moral del atleta y, frecuentemente, en la del equipo completo. El atleta puede experimentar un sentimiento anticlimático, una especie de decaimiento que le hace sentirse aburrido en su labor. A fin de evitar este tipo de agotamiento debe mantenerse el interés.

Es como el nadador de los grupos de adolescentes que ha sido impulsado todo lo largo de la temporada a ganar carreras y a establecer récords nacionales de su categoría, que finalmente dice despues de perder: «Estoy totalmente exprimido». Tiene que haber algún sentimiento de alivio cuando el antojo de vencer se ha quebrado. Sus actuaciones han sido progresivamente peores y la gente decía que estaba agotado.

El agotamiento sicológico puede también ser el resultado de ciertos cambios fisiológicos. Todos los preparadores están familiarizados con el hecho de que las emociones afectan al sueño del atleta, a su dieta, a sus ejercicios de rutina, etc. Cada individuo responde en forma determinada a este tipo de agotamiento, pero generalmente muestra una apreciable pérdida de interés. Otros pueden presentir su llegada y combatirlo con una expresiva exhibición de entusiasmo que, si es analizado, se verá que es un tanto forzado. Algunos pueden aparecer como aburridos, mientras que otros pueden también parecer nerviosos y felices. Cuando un preparador oye decir repetidamente a un atleta: «Seré feliz cuando la temporada habrá terminado», hará bien en estudiar si conviene hacer algunos cambios en los ejercicios de su equipo, puesto que acaba de tener noticia de uno de los primeros síntomas de agotamiento.

Llevar la emoción en cada competición de manera continua al punto extremo, es el camino que con más seguridad conduce al agotamiento, puesto que el estímulo emocional no puede imponerse repetidamente sin perjuicio para el individuo. Se paga con fatiga sicológica. En el extremo opuesto se halla el aburrimiento, un factor que puede acabar en agotamiento si no se descubre cómo evitarlo. Esta es una de las razones por las que en este libro se incluye un capítulo acerca del planeamiento de un programa para la temporada (Capítulo 9).

El agotamiento es similar a una enfermedad contagiosa, en el sentido de que es más fácil de prevenir que de curar. El preparador debe tratar su programa de preparación teniendo en cuenta desde los primeros momentos esta prevención. No debe nunca decir a un atleta o a un equipo que están agotados, porque utilizarían esta excusa como gancho en donde colgar todas sus actuaciones deficientes. Los atletas podrían sentirse predispuestos por la palabra *agotamiento* y aceptarla como inevitable. El preparador nunca debe —o raramente— utilizar esta expresión, pero ciertamente debe combatirla y vigilar sus signos.

QUEBRANTAMIENTO DE LA PREPARACIÓN. — En un cuestionario llevado a cabo entre 97 nadadores participantes en el East-West Swimming Meet celebrado anualmente en Fort Lauderdele, Florida, todos los nadadores, menos uno, opinaron que el fumar podía perjudicarles en su actuación. Si un atleta cree que fumar dañará su actuación, las posibilidades son de que así sea, aun cuando no haya base fisiológica para esta creencia. Esto demuestra claramente el daño que produce el ceder a *un vaso de cerveza* o *un cigarrillo.* No hay manera de averiguar el perjuicio sicológico que irrogan estas pequeñas infracciones a las normas de la preparación, pero el efecto sicológico puede manifestarse en la propia actuación, sobre el terreno, del infractor. Esto, combinado con el efecto que produce en la moral del equipo cuando se descubre que uno o más de uno de sus componentes han quebrantado la preparación, hace comprender los beneficios de someterse a las reglas estrictas del período de entrenamientos.

El continuo quebrantamiento de la preparación, no sólo tendrá complicaciones sicológicas, sino que también dará por resultado una deteriorización de las condiciones fisiológicas del culpable. Disminuirá su actuación funcional y, especialmente, se verá afectada la fase de resistencia de su puesta a punto.

El fumar. A menudo vemos a nadadores que desean fumar y nadar. Razonan diciendo: «No me perjudica». Lo mismo que se arriesgan a un cáncer de pulmón, perjudican sus carreras como nadadores. En ninguna parte hay evidencia médica —a pesar de la atractiva propaganda en sentido contrario—, que demuestre que el fumar mejore la salud o la actuación física. Al revés, una creciente masa de pruebas demuestra que el fumar afecta al promedio de vida de los fumadores y daña sus funciones físicas. El tabaco contiene sustancias tóxicas de efectos dañinos para el corazón que se fijan en los glóbulos rojos de la sangre, reduciendo su capacidad para transportar oxígeno. El fumar reduce la permeabilidad de las paredes de los alveolos, con lo que resulta disminuida la capacidad de los pulmones de absorber oxígeno. La siguiente manifestación fue publicada en el boletín que edita la «American Medical Association».

El fumar tabaco es irritante para las membranas mucosas de la nariz, de la garganta y otras vías respiratorias. Se sabe que el fumar estrecha los pequeños vasos sanguíneos e incrementa el ritmo de latidos del corazón. No hay duda de que el fumar afecta la actuación deportiva, especialmente en los momentos de tensión. Algunas personas son más resistentes que otras a los efectos del tabaco. Aun suponiendo que esos efectos sean ligeros para un atleta determinado, la diferencia entre ganar y perder puede a veces ser de la misma manera ligero (7).

(7) *Tips on Athletic Training,* VII, «American Medical Association Series» (Chicago, Illinois, 1965), págs. 6-7.

En un estudio comparativo entre 14 fumadores y 14 no fumadores, se comprobó que los fumadores presentaban lesiones en los tejidos pulmonares que afectaban la función de los mismos (8).

El doctor T. K. Cureton, de la Universidad de Illinois, investigó sobre 271 nadadores masculinos y halló que, en promedio, los no fumadores eran capaces de aguantar su respiración el 21 por ciento más largamente y nadar la distancia de 100 yardas el 18 por ciento más rápido que los fumadores (9).

También parece que el fumar afecta la coordinación. En la Universidad de Wisconsin se pidió a los estudiantes que sostuvieran dentro de un pequeño agujero un pequeño estilete de metal procurando no tocar las paredes. Conexiones eléctricas registraban el número de veces que se establecía contacto. Los fumadores habituales fueron 60 por ciento más inseguros que los no fumadores (10).

Las pruebas siguen acumulándose en contra del aborrecible yerbajo, que debería ser clasificado como tóxico por la Ley.

Alcohol. El nadador que es capaz de decir: «Un cigarrillo no daña», es aquel que también es capaz de decir: «Una cerveza no me perjudicará».

En los Juegos Olímpicos de 1960 y en los de 1964, se me indicó por varias personas que algunos de los atletas europeos, en sus comidas, bebían vino o cerveza. Me di cuenta de que estos países no eran los que estaban ganando las medallas, especialmente en el deporte de la natación.

Un aspecto importante de la preparación es el efecto fisiológico que el alcohol ejerce en el cuerpo. Mucha gente tiene la idea errónea de que el alcohol incrementa su capacidad de trabajo. De hecho, lo contrario es lo cierto. Se ha demostrado que aun pequeñas cantidades de alcohol, tales como las que puede haber en un cuartillo de cerveza, disminuyen entre 8 y 10 por ciento la capacidad de trabajar de la persona. A efectos de determinar los efectos del alcohol en la eficiencia muscular, el profesor Durig, que al mismo tiempo es un escalador, realizó la experiencia de escalar el monte Belkencrat, en los Alpes, después de haber bebido dos vasos y medio de cerveza, y nuevamente sin beber ninguno. El día que bebió alcohol, alcanzar la cumbre del monte le tomó 21,7 por ciento más de tiempo que los días sin alcohol (11).

(8) Oliver E. Byrd, *Health* (Filadelfia: W. B. Saunders Co., 4.ª ed., 1961).
(9) *Ibidem*, págs. 202-203.
(10) Roger W. Riis, (How Harmful Are Cigarettes?» *Readers Digest*, LVI, número 333 (enero 1950), 5.
(11) Jesse F. Williams, *Healthful Living* (Nueva York: The Macmillan Company, 1956), págs. 68-70.

En una carrera de marathon de 62 millas corrida en Alemania, los bebedores fueron comparados con los no bebedores. Los primeros cuatro en cruzar la línea de meta eran abstemios. Más de la mitad de los bebedores no terminaron, mientras que el porcentaje de no bebedores que no la terminó fue muy reducido (12).

El alcohol es sedante, es decir, reduce la actividad cerebral y da como resultado una disminución de la atención, aminorando la discreción y el control. Produce pérdida en la coordinación muscular, como lo demuestra el tambaleamiento de los beodos. Todos estos efectos son agudos, es decir, temporales. Sin embargo, el constante consumo de alcohol produce efectos fisiológicos de larga duración o crónicos. Estos efectos fundamentalmente son debilitadores para las personas en general y desastrosos para el atleta. Muchos *casi-grandes* nadadores han perdido un campeonato en el bar. Nadie puede esperar entregarse con impunidad a fumar o a beber.

EL USO DE RECURSOS ERGOGÉNICOS. — Los recursos ergogénicos se proponen incrementar la capacidad del cuerpo para que realice mayores esfuerzos físicos y mentales. La «American Medical Association» dice:

> La mística de la aptitud del atleta para la competición intriga al aficionado a los deportes. Listas de platos de comidas de preparación rara, oportunas bocanadas de oxígeno, suplementos especiales en la dieta y rituales de ejercicios extravagantes tienen su turno regular en certificados que pretenden explicar repentinas o prolongadas proezas de algunos atletas. También en algunas ocasiones se alega el uso del hipnotismo o de drogas contra la fatiga, estimándolas como beneficiosas para el atleta que se entrega a ellas.
>
> La realidad es:
>
> - Ninguno de los métodos precitados es esencial para la proeza atlética.
> - Algunos de ellos son métodos arriesgados, especialmente cuando son llevados hasta el último extremo.
> - Para la proeza segura y efectiva, todavía no hay otra alternativa que el más completo aprovechamiento de los propios recursos naturales por medio de saludables ejercicios, puesta a punto óptima y confianza en la propia capacidad basada en una cuidadosa preparación y una supervisión médica (13).

Diez años atrás, la barrera de menos de los cuatro minutos en la milla fue rota. Actualmente el correrla en 3:50 es ya banal, aunque había sido considerado como algo imposible. Esta y otras

(12) *Ibidem*, pág. 70.
(13) *Tips on Athletic Training*, págs. 8-9.

metas supuestamente imposibles han sido superadas en años recientes, con simplemente autodisciplina y esfuerzos espartanos, concentrados en lograr una puesta a punto máxima y un extremado perfeccionamiento en la habilidad práctica.

La oleada de nuevos récords ha contribuido a producir prisas en la continuidad de batir récords. El resultado es una mayor tentación para los preparadores y atletas, impacientes por recurrir a sistemas de atajo o a ayudas artificiales que entren en la categoría de chifladuras, falacias y charlatanismo.

DIETA Y NUTRICION

No es cosa rara que se me pregunte: «Dígame, preparador, ¿qué debo comer para desarrollar potencia y resistencia?» Mi respuesta es que nadie, nunca, «come» su modo de conseguir una buena preparación física. La potencia y la resistencia y las otras cualidades que son deseables se mejoran por medio de la preparación, no comiendo.

Parece que en el fondo de la mayoría de nadadores haya, y quizá también en el de la mayor parte de atletas, un deseo de descubrir un artilugio o ayuda que les dé aquella chispa de mejora extra que les sitúe por encima de los demás. Incluso detentores de récords mundiales, inteligentes y educados, no están exentos de este apremio: una determinada persona tomó 12 tipos de suplementos dietéticos que se clasificaban desde pastillas de algas yodíferas a aceite de simiente de trigo.

No es mi intención el minimizar la importancia de una buena y bien equilibrada dieta sino, al contrario, desanimar a aquellos que piensan en la adopción de rarezas dietéticas que pueden sustituir a una dieta bien compensada.

En el terreno de la dieta de los atletas se han llevado a cabo una gran cantidad de experiencias, muchas de las cuales son contradictorias. En estos momentos, hay pocas pruebas concluyentes de que exista una dieta suplementaria que pueda mejorar en forma apreciable el nivel de la actuación de un atleta, si ya éste dispone de una dieta equilibrada y bien aderezada. Durante la realización de un riguroso programa de preparación, el nadador puede necesitar aumentar cuantitativamente su dieta a efectos de equilibrar el gasto incrementado de calorías por causa del entrenamiento. Un hombre normal de 70 kg. tiene necesidad de 1.200 calorías básicas (en descanso) diarias. En actividad normal, esta necesidad aumenta entre 3.000 y 4.000 calorías por día. Bajo una preparación natatoria rigurosa de cuatro millas y media a seis millas de fuerte entrenamiento, su necesidad calórica se elevará a 7.000 calorías o más aún. Si el nadador recibe una dieta bien compensada que le permita suplir el derroche adicional de calorías, no hay ningún riesgo de deficiencias dietéticas. Si su dieta está falta de algunos alimentos nutritivos esenciales, actuará mejor si se corrigen estas deficiencias.

Una dieta bien compensada

No todos los atletas saben en qué consiste una dieta bien compensada. Los atletas a menudo comen lo que les gusta y tratan de compensar sus déficits alimenticios tomando suplementos dietéticos, como vitaminas o proteínas.

Un cierto nadador que yo preparaba y que estableció récords mundiales en la braza de pecho, Tom Stock, era tan remilgado en el comer que su dieta se limitaba casi exclusivamente a buñuelos azucarados, panecillos dulces, cereales secos y salchichas. No le gustaban las verduras ni las ensaladas ni tampoco la fruta, e intentaba compensar su falta tomando vitaminas y otros suplementos dietéticos. Este sistema siempre resulta inferior a una dieta bien equilibrada y además es más caro.

Bogert cataloga cinco factores que predisponen a una persona en contra la modificación de sus hábitos nutritivos:

1. Ignorancia y prejuicios.
2. Costumbres raciales.
3. Manías y falsa propaganda.
4. Condescendencia.
5. Pobreza (14).

En natación, los puntos 1, 3 y 4 parecen producir la mayor parte de los problemas con que tropezamos. Sin embargo, en los veranos de 1964 y de 1965, al trabajar con algunos de los nadadores mexicanos, me di cuenta de que la pobreza puede haber contribuido a algunas de las deficiencias individuales. Este no debe ser el caso de los Estados Unidos, donde los nadadores viven y comen en su casa. Algunos nadadores que no residen con la familia y que tratan de vivir con un presupuesto restringido, pueden sacrificar buenas costumbres alimenticias y sufrir deficiencias dietéticas en su esfuerzo por ahorrar un dólar.

(14) Jean Bogert, *Nutrition and Physical Fitness*, 7.ª ed. (Filadelfia y Londres, W. B. Saunders, 1960), pág. 9.

Una dieta bien adecuada con los alimentos nutritivos esenciales se compone de seis categorías: hidratos de carbono, grasas, proteínas, minerales, vitaminas y agua. Los hidratos de carbono, grasas y proteínas, sustancias alimenticias de nuestras dietas, pueden ser utilizados por el cuerpo en forma alternativa para abastecerse de energía. Junto con el agua, forman los alimentos nutritivos más abundantes de nuestra dieta. Los minerales y las vitaminas solamente se necesitan en cantidades reducidas y actúan primordialmente como reguladores del cuerpo fomentando los procesos de oxidación y el funcionamiento normal de todos los tejidos. El agua tiene también una función reguladora y constituye aproximadamente el 70 por ciento del peso total del cuerpo.

La proteína está compuesta de aminoácidos. El cuerpo necesita aproximadamente 25 aminoácidos distintos, ocho de los cuales no pueden ser sintetizados y deben obtenerse de alimentos especiales. Muchos de estos aminoácidos pueden obtenerse de proteínas animales, pero pueden también conseguirse de otras fuentes, como por ejemplo los cereales. La mayor parte de las proteínas que recibe el nadador medio provienen de la carne, pescado, huevos y leche. Las proteínas no pueden ser acumuladas y deben incluirse en la dieta diaria.

El cuerpo utiliza las proteínas para el desarrollo y para reforzar los tejidos, especialmente los musculares. El ingerir viandas de elevado valor proteínico, como comer un gran pedazo de carne dos o tres horas antes de una competición, se ha hecho ya tradicional entre los atletas. La tal comida puede resultar satisfactoria en lo que concierne a satisfacción del paladar, pero no tiene valor práctico alguno en cuanto a fuente de energía. Una comida de elevado valor en hidratos de carbono antes de un trabajo extenuador y prolongado se ha demostrado más beneficiosa. Las necesidades del cuerpo en cuanto a proteínas varían con la proporción de crecimiento y el total de producción de energía. Una ración razonable de proteínas es del 10 al 12 por ciento del total de la dieta para personas no sujetas a entrenamiento, y del 12 al 17 por ciento en aquellos que llevan a cabo un agotador programa de preparación. Esto significa que una porción media de carne, junto con huevos, leche y otros alimentos proteínicos, es adecuado aun para un atleta. La costumbre de añadir a la dieta complementos proteínicos es inútil, a pesar de los consejos en sentido contrario. Los rusos proclaman: para las personas que no están en el deporte activo, la cantidad diaria de proteínas en su alimentación debe ser 1,5 gramos por quilo de peso del cuerpo... Para los deportistas, debido a la elevada intensidad del intercambio de sustancias durante la ejecución de los ejercicios físicos, la necesidad de proteínas es expresivamente más elevada, entre 2 y 2,5 gramos por quilo de peso (15). Estas dos manifestaciones no entrechocan, puesto que el atleta, cuendo entrena, consume un volumen total de alimento mayor.

Los *hidratos de carbono* incluyen azúcares y féculas y proporcionan rápidamente energía al cuerpo. Los derivados de hidratos de carbono pueden ser convertidos en grasas. El glicógeno, que es una forma de hidrato de carbono, es utilizado por el cuerpo como combustible de las contracciones musculares. La mayor parte de los hidratos de carbono ingeridos por el nadador corriente provienen del pan, de las patatas, de las hojas verdes de las verduras, azúcares, y de las diversas clases de cereales.

Las *grasas* son fuentes concentradas de energía y son relativamente difíciles de digerir. En el cuerpo pueden convertirse en hidratos de carbono. La mayor parte de las grasas ingeridas por el nadador corriente provienen de aceites o mantecas utilizadas para preparar alimentos fritos, mantequilla o margarina, grasas de animales en las carnes y aceite de las ensaladas. Debe evitarse el consumo excesivo de grasas antes de las competiciones.

Minerales. Actualmente conocemos entre diez y quince minerales distintos que deben ser suministrados en cantidades variables:

Calcio. — Se utiliza para reforzar los huesos y los dientes y necesario para la coagulación de la sangre. El calcio ayuda a regular la actividad muscular y nerviosa. Las ricas fuentes del calcio se encuentran sólo en los productos lácteos, tales como la leche, el queso, la mantequilla y los mantecados. Las verduras de hojas verdes como el bróculi y las legumbres contienen calcio, así como las frutas secas. Es fácil para una persona que no come suficiente de los citados alimentos sentirse deficitario de este mineral. Sin un consumo liberal de leche y de sus derivados, es muy difícil conseguir el mínimo diario requerido de 8 gramos de calcio para el adulto normal. Las necesidades de los niños son relativamente mayores.

Fósforo. — Se halla abundantemente en todos los alimentos proteínicos animales, como la carne, el pescado, la volatería, huevos y quesos, así como en el pan de harina de maíz, cereales, legumbres y nueces. El fósforo es un agente en la oxidación de los tres órdenes de sustancias alimenticias productoras de energía, y forma la rígida estructura de huesos y dientes. En nuestra moderna sociedad pocas personas sufren de deficiencia de fósforo.

(15) J. Jakovlev, «The nutrition of the Athlete», *Little Library of the Athlete Series* (Moscú, Physiculture and Sport, 1961), pág. 10.

Potasio. — Se encuentra en la leche, frutos secos, copos de salvado, simientes de trigo, melaza de caña, salsas de tomates, fríjoles, etc.; juega un papel en la contracción de los músculos y en la transmisión del impulso nervioso, Se encuentra en células en las que regula el equilibrio ácido-básico y el contenido acuoso. El contenido total de potasio en el cuerpo se incrementa cuando la masa total de los músculos aumenta. Por esta razón muchas personas interesadas en desarrollar el tamaño de su musculatura ensayan el comer alimentos ricos en potasio. Hasta ahora, esto no se ha demostrado beneficioso. Muy poco ha sido publicado acerca del déficit del potasio en las dietas, y su déficit puede no ser de importancia.

Sodio. — Aunque el sodio es un cuerpo metálico muy común, no se halla nunca en un estado metálico puro, y sí siempre en combinación con algunas otras sustancias, como es la sal común (cloruro sódico). En el cuerpo se necesita para la contracción de los músculos y ayuda a la regulación del equilibrio acuoso y ácido-básico. Su deficiencia es fácilmente regulada satisfaciendo la inclinación hacia la sal.

Hierro. — Se encuentra en la carne mollar (especialmente hígado), en las hojas de las verduras, legumbres, maíz y frutas secas. La leche es relativamente pobre en hierro. El hierro en el tuétano de los huesos produce glóbulos rojos de la sangre. Es un componente de la hemoglobina de esos glóbulos rojos. La hemoglobina lleva oxígeno a las células de los músculos y elimina de ellas el dióxido de carbono. Entre los atletas es rara la deficiencia en hierro, y no tiene motivo en absoluto de existir si los atletas comen suficientemente de los alimentos arriba mencionados.

En la Universidad de Indiana, y bajo condiciones experimentales rigurosamente controladas, en un intento de elevar el nivel de la cuantía de los glóbulos rojos de la sangre y de hemoglobina de los nadadores cuando se hallan en fase de duro entrenamiento, hemos utilizado en formas diversas complementos dietéticos de hierro. Hasta ahora no hemos conseguido resultados excepto en casos en que el nadador padecía un tipo de anemia.

Otros componentes minerales:

Cobre. — Los estudios acerca del cobre en la alimentación muestran que aun una dieta americana mediocre proporciona suficiente cantidad de este mineral para satisfacer las necesidades diarias.

Cobalto. — Se necesitan solamente cantidades muy mínimas y con la dieta americana no hay riesgo de deficiencia.

Yodo. — Con el amplio uso de la sal yodurada, prácticamente

no hay riesgo de deficiencias en yodo, ni aun en las zonas donde antiguamente prosperaba el bocio.

Otros componentes minerales de los que se encuentran trazas en el cuerpo humano son manganeso, magnesio, cinc, flúor, molibdeno y silicio.

Las *vitaminas* son compuestos orgánicos que se encuentran en el cuerpo, sólo en pequeñas cantidades, pero que son esenciales para el desarrollo normal y para la conservación de la salud. Su acción es similar a la de los minerales investigados, en cuanto que su carencia o presencia determina que el cuerpo funcione adecuadamente. Existen alrededor de 15 vitaminas que son conocidas como necesarias a los seres humanos.

Los seres humanos pueden abastecerse de vitaminas con sus dietas normales, comiendo vegetales en los que se han desarrollado por la acción de la luz solar, o comiendo carne de animales que hayan comido de estos vegetales. Las hojas verdes de los vegetales contienen un nivel elevado de la mayor parte de las vitaminas; las legumbres, nueces y maíz también contienen un nivel elevado de algunas vitaminas. Las frutas y verduras, con pocas excepciones, contienen proporciones menores de estas vitaminas. Otros factores como por ejemplo el grado de madurez y el método de preparación, pueden también afectar el contenido vitamínico de cualquiera de estos alimentos. La leche, huevos, pescado, carne mollar, etc., proporcionan también determinadas vitaminas.

1. La vitamina A se encuentra en la mantequilla, la leche, las yemas de los huevos y los aceites de los pescados. La carotina, que puede transformarse en el cuerpo en vitamina A, se encuentra en la zanahoria, en la calabaza, en el boniato, en el maíz y en las hojas verdes de los vegetales. La vitamina A es necesaria para el desarrollo normal de huesos y dientes, para tener una piel sana, y para el revestimiento de las membranas mucosas del sistema respiratorio y del conducto digestivo. Ayuda también a los ojos a adaptarse a los cambios de intensidad de la luz.

2. La vitamina B_1, o tiamina, procede principalmente del maíz, de menudos de animales (corazón, riñones, hígado), carne de cerdo y legumbres. También se halla en cantidades moderadas en el pan, cereales, carnes, pescado, volatería, huevos y derivados de la leche.

3. La vitamina B_2, o riboflavina, tiene su fuente en el hígado, queso, huevos, hojas verdes de vegetales, carne mollar, legumbres y leche. Contribuye a la producción de energía por medio del metabolismo de grasas, hidratos de carbono y proteínas. Es necesaria para la salud de la piel, nervios y ojos.

4. Complejo de vitamina B (niacina). Los alimentos citados a continuación contienen bien niacina o bien triptófano (la niacina puede ser sintetizada en el cuerpo, si el triptófano se halla presente en el alimento ingerido): leche, huevos, carnes (especialmente menudillos como hígado y corazón), pescado, y cacahuetes. La niacina es necesaria para el funcionamiento normal del conducto digestivo y el consumo eficaz de los alimentos, así como también para regular las funciones cutáneas. De su déficit resulta la pelagra.

5. La vitamina B_6 o piridoxina tiene su fuente principal en el hígado, las carnes musculosas y los cereales de grado grande. Juega un importante papel transformando el triptófano en niacina y también ayuda al cuerpo a utilizar los aminoácidos. Asimismo puede influir en el metabolismo ácido-graso.

6. La vitamina B_{12}, o corbalamina, tiene sus mejores fuentes en el hígado, el riñón y las carnes musculares frescas. Su síntesis a través de las bacterias intestinales puede ser suficiente para las necesidades de la mayoría de los adultos. Esta vitamina ha sido calificada de agente para el tratamiento de la anemia perniciosa, en razón de su papel en el desarrollo de glóbulos rojos de la sangre.

7. La vitamina C, o ácido ascórbico, tiene sus mejores fuentes en las frutas y vegetales crudos, especialmente en los cítricos, las fresas, melones, hojas de los vegetales, pimientos, bró culi y la coliflor. El cocido o el enlatado de estos alimentos destruye en gran parte su riqueza de vitamina C. Su presencia favorece el buen estado de los dientes, encías, huesos y articulaciones, tejidos conexivos y músculos. Contribuye a la defensa contra el contagio de enfermedades, en especial las afecciones respiratorias, y está en íntima relación con la función de las glándulas suprarrenales. Las necesidades diarias para un adulto es de alrededor de 75 mg; para las muchachas de más de 12 años es de 80 mg, y para los muchachos es de 100 mg. Estas necesidades pueden ser cubiertas con un vaso de un cuarto de litro de jugo de naranja fresca. Esta vitamina probablemente es una de las más importantes para el atleta que se enfrenta con un programa riguroso de entrenamiento. Es considerada por los rusos como la «vitamina de la tensión»; con sus equipos olímpicos de 1960 y 1964 consumieron la vitamina C en grandes dosis, como parte de su régimen de entrenamiento. Al tiempo de los entrenamientos más duros, tanto en la temporada de piscina cubierta como en la al aire libre, nosotros complementamos la dieta normal de vitamina C de los nadadores con dosis diarias adicionales de 200 a 300 mg. Los rusos recomiendan que para atletas que entrenan para pruebas de resistencia,

el nivel diario mínimo de vitamina C sea de 100 mg, que durante los períodos de descanso activo (al no entrenar duramente) sea de 100 mg, al entrenar duramente de 250 mg, y cuando la competición se aproxima, de 300 mg (16). Van Huss (17) informa sobre los resultados favorables de las tasas de recuperación de los animales de laboratorio a los que se había administrado, antes de los ejercicios, un suplemento de vitamina C, con respecto de aquellos que no la habían recibido. Todas las investigaciones parecen indicar que durante los períodos de tensión del programa de preparación, existe una creciente necesidad de vitamina C. La vitamina C no puede ser acumulada en el cuerpo; los excesos son perjudiciales y deberán eliminarse por la orina.

8. La vitamina D tiene su mejor fuente en los rayos del sol, en el aceite de hígado de bacalao, la leche enriquecida, los pescados, los huevos y la mantequilla. La vitamina D es necesaria para la absorción de calcio de los intestinos y es en estos términos esencial a la formación de los huesos y dientes. Se debe tener precaución en evitar la ingestión de dosis masivas de vitamina D, puesto que podría dar por resultado graves efectos tóxicos. La falta de vitamina D produce raquitismo. Se corre poco riesgo de falta de vitamina D en razón de la exposición al sol de que goza la mayoría de las personas, y del enriquecimiento de los alimentos, especialmente la leche, con un suplemento de vitamina D.

9. La vitamina E (los tocoferoles: alfa, beta, gamma y delta) halla su mejor fuente en el aceite de semilla de trigo, maíz y otros aceites vegetales en las hojas de las verduras, hígado, carnes grasas, mantequilla y leche. Protege de oxidación a la vitamina A y a la carotina, y puede también ejercer una determinada influencia en la oxidación de los tejidos corporales. El aceite de semilla de trigo, que es de elevado contenido en vitamina E, en los últimos diez años o quizá algo más, ha sido utilizado por muchos nadadores para mejorar en resistencia. Se tiene poca evidencia concluyente que demuestre que esta alimentación suplementaria mejora la resistencia o que afecta favorablemente a los atletas en cualquier fase de su actuación.

10. La vitamina K halla su mejor fuente en las hojas verdes de vegetales, yema de los huevos y en el hígado. Esta vitamina ayuda a formar protrombina, la cual es necesaria a la coagulación de la sangre. Difícilmente existe deficiencia de esta vitamina.

(16) Jakovlev, «Nutrition of the Athlete», pág. 18, tabla 14.
(17) Wayne D. Van Huss, «What made the Russians Run?», *Nutrition Today*, 1, número 1 (marzo 1966), 20-23.

Selección de una dieta diaria

No se puede esperar que todos los nadadores ordenarán cuidadosamente todo lo que comen, evaluando esta o aquella determinada cantidad de vitamina o mineral que han ingerido. Sin embargo, el precedente examen de los varios alimentos nutritivos puede servir como norma general que ayuda al nadador a seleccionar sus alimentos de manera tal que pueda hacerse con una dieta bien equilibrada.

Como norma general a seguir en la selección de sus alimentos por parte de un nadador que lleva a cabo un fuerte programa de entrenamiento, puede escoger cada día alguno de los siguientes alimentos:

1. Leche —un mínimo de medio litro diario; sería preferible tomar un litro o más.
2. Proteína —una liberal porción de carne o pescado, dos huevos, algunos cereales.
3. Grasas —habrá suficiente materia grasa en la leche y grasa en la carne.
4. Hidratos de carbono —pan (pan de harina de maíz es preferible), cereales, patatas, azúcar (añadido en los cereales o en el té).
5. Hojas verdes de verduras —pueden ser hojas frescas de lechuga o de alguna otra especie de vegetales, tales como espinacas, coles bretonas o rábanos.
6. Hortalizas, o jugos de frutas, o frutas frescas.
7. Verduras —cocidas con cuidado para no destruir su contenido vitamínico y que pueden ser guisantes, alubias y zanahorias.

Comida previa al encuentro

El día del encuentro el nadador no debe modificar drásticamente sus costumbres alimenticias. No obstante, debe evitar ciertos alimentos que tienden a trastornar su estómago y hacerle actuar deficientemente, procurando comer alimentos que sean fácilmente digeribles y convertibles en energía. Es una buena norma comer moderadamente y terminar de hacerlo por lo menos entre dos horas y media o tres antes de competir.

Muchas de las costumbres relacionadas con la comida antes de las competiciones se basan en manías, apariencias engañosas o falsas exposiciones hechas por los anunciantes. Sin embargo, lo más frecuente es que las malas costumbres del comer antes de los concursos se basen en la casi total indiferencia y falta de conocimientos del nadador. Por ejemplo, tómese un estudiante, nadador universitario: cada día, antes de ir a sus prácticas se detiene en la cantina y compra una hamburguesa y patatas fritas. Una hora más tarde está trabajando duramente sin acusar molestias en su estómago. El día del encuentro de su Universidad sigue el mismo sistema, pero en dicho día, su estómago no reacciona de la misma manera que lo ha hecho a lo largo de todo el año y le produce grandes molestias. El resultado es que actúa deficientemente.

Cuando un nadador está nervioso o destemplado por un encuentro, su proceso digestivo queda afectado. El alimento va del estómago a la parte superior de los intestinos a través de una abertura controlada por el esfínter pilórico que rodea dicha abertura. El esfínter sólo permite, bajo ciertas condiciones, que el alimento penetre en el intestino. El alimento no es aceptado cuando sus pedazos son demasiado grandes, o cuando no ha sido emulsionado con las materias del estómago. Los alimentos fuertemente cargados de especias, cuando entran en el estómago, no se les permite salir. Estos alimentos deben ser revueltos y transformados hasta que tienen la consistencia y la naturaleza que los hará aceptables al intestino. Ninguna dispersión efectiva de alimentos tendrá lugar en las paredes del estómago; la digestión interna activa de los alimentos empieza solamente en el intestino. Los alimentos que son difíciles para el tratamiento en el estómago tienden a permanecer más tiempo allí y retardan la apertura del esfínter pilórico. Esto explica en parte los motivos por los que los atletas deben evitar con anterioridad a los concursos alimentos grasientos o muy condimentados.

El esfínter pilórico está provisto de nervios simpáticos que también le obligan a constreñirse cuando la persona se excita. Cuando esto ocurre se hace difícil conseguir que todo el alimento y no solamente el más fácilmente digerido, pase del estómago al intestino. La combinación de excitación y la ingestión de alimentos difíciles de digerir, son la causa de angustias para el atleta-estudiante universitario.

La que sigue es una lista de algunos de los alimentos que se deben evitar en las comidas que preceden a las competiciones.

1. Todos los alimentos grasientos, como las patatas fritas, los pollos fritos, butifarras grasas, salsas de carnes y pasteles.
2. Alimentos muy condimentados, tales como pimientos picantes, pizza, carnes asadas.
3. Hortalizas difíciles de digerir, como rábanos, cebollas, pepinos y verduras crudas.

4. Grandes porciones de proteínas en forma de tajadas de carne y pescado.

5. Si la leche, nata u otros tipos de derivados lácteos son difíciles para el individuo cuando se siente nervioso, debe evitarlos.

La que sigue es una lista de alimentos fáciles de digerir antes de competir:

1. Alimentos de elevada riqueza en hidratos de carbono, como pan, bizcochos, galletas, azúcar en alguna forma, y patatas en puré o al horno.

2. Porciones moderadas de carne mollar, pescado emparrillado, o huevos aderezados con poca o ninguna grasa (preferiblemente escalfados).

3. Frutas, jugos de verduras, o té con azúcar.

4. Verduras cocidas, o frutas en conserva, o postres de gelatina.

Comidas características para antes de competir:

1. Un vaso de zumo de naranja.
   De dos a cuatro rebanadas de pan (tostado, si así se prefiere) con jalea y una poca cantidad de mantequilla.
   De dos a cuatro huevos escalfados.
   Un vaso de leche desnatada.
2. Una taza de sopa de conserva (éstas contienen sólo pequeñas cantidades de grasa).
   Bocadillo con carne de buey asada (sin jugo).
   Puré de patatas.
   Té (caliente o frío) con azúcar.
   Verduras cocidas.
   Gelatina sazonada.
3. Vaso de zumo de fruta.
   Pedazo de carne mollar asada (entre 175 y 225 gramos).
   Patatas al horno.
   Verduras cocidas.
   Bizcocho o pan.
   Dos cucharadas de sorbete.
   Té.
4. Ensalada de fruta.
   Pescado asado.
   Arroz guisado.
   Verduras cocidas.
   Bizcocho o pan.
   Torta.
   Té o leche descremada

La importancia de ingerir azúcares de diversa constitución

El consumo de miel, dextrosa o alguna otra forma simple de azúcar antes de los concursos, ha sido durante muchos años practicado por los atletas, en un esfuerzo por lograr una fuente de energía adicional. La mayor parte de los investigadores están de acuerdo en que una carrera de distancia corta, como en las que se emplean los más de los nadadores, esta práctica no tiene ninguna valía. Solamente cuando el ejercicio es agotador y prolongado, como en la carrera de una marathon o en nados de fondo de posiblemente dos o más millas, es cuando el nivel de azúcar en la sangre caerá por debajo del nivel base normal. El cuerpo debe agotar sus reservas de azúcar de los músculos, de la sangre y del hígado antes de que un suplemento de alimentación de azúcar pueda ser una ayuda apreciable. Este agotamiento de azúcar no se produce en nados de 200, de 400 y posiblemente ni aun de 1.500 metros.

Es posible que hacia el término de una dura sesión, en la que se haya nadado entre dos millas y media a tres, un nadador se halle con niveles más bajos de azúcar en la sangre que el nivel base. Para investigar esta posibilidad, el doctor Anthony Pizzo, de la Universidad de Indiana, puso a prueba cada media hora a los nadadores, durante una sesión de prácticas matinal de dos horas, en las tres siguientes condiciones: 1) sin desayuno o alimento por un espacio de 12 horas, 2) con un desayuno normal, y 3) con suplemento de dieta fluida de elevado grado de azúcares simples. Los resultados demostraron que, en todos los casos, no había caída importante en el nivel de azúcar en la sangre en ningún momento de la sesión, prescindiendo de la cantidad de alimentos ingeridos por el grupo de nadadores. No obstante, hacia el final del experimento, se descubrió que en algunos casos, cuando el nadador trabajaba sin haber comido por 12 horas, el nivel de nitrógeno en su orina era expresivamente más elevado que los que habían tomado algún alimento. Esto puede indicar un metabolismo de proteínas más elevado y que posiblemente los músculos estaban utilizando proteínas como combustible. Estos hallazgos son contrarios a aquellos de otros proyectos de investigación, y se citan aquí como una posible base para futuras investigaciones.

W. W. Tuttle averiguó que una persona actuaba mejor en trabajos que precisan de rendimiento máximo, y que tenía una mejor alternativa de reaccionar oportunamente si había tomado su desayuno que cuando solamente había bebido una taza de café (18).

(18) W. W. Tuttle, M. Wilson y K. Daum, «Effect of Altered Breakfast Habits on Physiologic Response», *Journal of Applied Physiology*, I (1949), 545.

Yo creo que un nadador debe comer algo antes de tomar parte en una dura sesión matinal. En la Universidad de Indiana, antes de que tuviéramos nuestra piscina de 50 metros, trabajábamos de las seis a las ocho de la mañana en la piscina municipal. Si los muchachos deseaban antes de la sesión comer un buen desayuno o aun moderado, y no practicar con el estómago lleno, tenían que levantarse a las 4,30 de la madrugada. Mejor que hacer esto, se levantaban a las 5,30 y se bebían el contenido líquido de una lata de dieta suplementaria preparada por el comercio, y que contenía 400 calorías. Esto no les producía ningún trastorno gástrico y proporcionaba a los muchachos alguna cosa «sobre la que poder nadar». Después de la sesión de trabajo, tomaban un desayuno moderado. El comer sólo dos veces al día no es una buena costumbre para los atletas, y alguna investigación señala que el tomar cuatro o cinco comidas moderadas al día puede ser preferible para los atletas que comer copiosamente tres veces.

14

Los planes de entrenamiento de algunos campeones

Este capítulo no es un intento de analizar detalladamente las listas completas de trabajos de preparación anual de los nadadores. Más bien es un breve sumario de algunas de sus técnicas de entrenamiento, siendo su propósito mostrar al lector algunos detalles característicos del entrenamiento de estos nadadores o de sus métodos de afinamiento, programas de ejercicios en seco, o cualquier otra fase de su plan de preparación. El material para este capítulo ha sido recogido en entrevistas personales, con cuestionarios dirigidos a los nadadores o a sus preparadores, de artículos publicados por los nadadores o sus preparadores, y observación personal de sus ejercicios. En los casos en que se ha dispuesto de información tal como la altura y el peso del nadador, promedios de tiempo de varias de sus tandas de repeticiones, tiempos en el batir y el traccionar, y así sucesivamente, se han incluido en este estudio. Esta información puede ser útil a los nadadores y preparadores, para llevar a cabo una comparación con los planes de programación que ellos tengan establecidos.

En muchos casos las sesiones de trabajo minutadas están establecidas para piscinas pequeñas, mientras que en otros lo son para piscinas reglamentarias. Siempre que ha sido posible, se dan los tiempos para ambos casos, los de piscina pequeña (expresados en yardas) y los de piscina reglamentaria (expresados en metros). Siempre que un nadador ha establecido un récord mundial, lo he anotado, despreocupándome de si aún lo detenta. Muchos de los nadadores que se ponen a estudio en este capítulo entrenan dos veces al día, durante la fase dura de sus programas de preparación. Donde se registran los ejercicios favoritos, se pidió a los nadadores que dieran cuenta de la más dura de las dos sesiones que llevan a cabo diariamente. Algunas veces se describe la rutina del día completo.

En algún caso el intervalo de descanso (ID) se indica como, «en 1 minuto», «en 3 minutos», y así sucesivamente; en otros casos es la duración verdadera del intervalo de descanso, expresado en «diez seg.» «1 min.», etc. El primero indica que el nadador inicia otro nado de repetición en el período de tiempo transcurrido desde el inicio del esfuerzo previo.

Los campeones de natación gozan de iguales prerrogativas que cada uno de nosotros, para modificar sus ideas y conceptos o para variar las rutinas de sus ejercicios. El hecho de que los métodos de entrenamiento registrados en este capítulo fuesen utilizados en el pasado por estos campeones (al momento de las entrevistas) no es una garantía de que ellos o sus equipos realicen actualmente similares prácticas. Los otros factores, como altura, peso, mejores tiempos en los encuentros y en las prácticas obviamente están también sujetos a variaciones.

En los casos en que los nadadores no estaban seguros de cuáles eran sus mejores tiempos en los nados repetidos, de los de sus prácticas de batidos y de los de tracción, han sido desechados. Me he dado cuenta por experiencia de que muchos nadadores eligen un número de tandas repetidas que utilizan para juzgar de sus mejoras. Son conscientes de sus tiempos en estas tandas, pero no siempre lo son de lo que llevan a cabo en las otras.

En aquellos casos en que el nadador ha nadado para mí, he incluido más información, en razón de tenerla disponible gracias a nuestro cuaderno de prácticas diarias.

Los nadadores han sido clasificados por estilos y por las pruebas para las que se preparaban: 1) Velocistas de estilo libre, 2) Nadadores de medio fondo y fondo en estilo libre, 3) Mariposistas, 4) Espaldistas, 5) Bracistas, y 6) Individual estilos. Se ha incluido una clasificación separada para los ejercicios del equipo olímpico del año 1964.

Cómo hacer uso de este capítulo

Un preparador o un nadador pueden utilizar este capítulo no solamente como una guía general para establecer su propio programa, sino también como guía para determinar detalles precisos del mismo, como son el número de repeticiones para una distancia dada, la suma de descanso a conceder y el promedio de tiempo en que deben llevarse a cabo los diversos nados repetidos.

En relación con el promedio de nados repetidos llevados a cabo por un nadador, debe insertarse una nota de precaución. El hecho de que un nadador pueda conseguir el mismo promedio de tiempo que realizó otro nadador, por ejemplo el de Steve Clark en unas repeticiones de 30×50 con 30 segundos de descanso, no significa que el dicho nadador sea capaz de nadar las 100 yardas en estilo libre en el mismo tiempo que lo hizo Steve (:45,6). Yo he tenido dos nadadores que han nadado tan rápido o más que lo hacía Steve en tandas similares de 50 yardas, y sin embargo pudieron sólo, respectivamente, conseguir :47,8 y :48,2 en la distancia de 100 yardas.

Algunos nadadores pueden en las prácticas llevar a cabo los nados repetidos mucho mejor que otros, y esto se hace más evidente cuando los nadadores de fondo son comparados con los velocistas. Un nadador puede no pretender cada día realizar sus mejores tandas de repetición. Los tiempos que se registran son precisamente los mejores, y no los que el nadador confía lograr cada día.

Una comparación de los tiempos del nadador al batir o al traccionar con los de los campeones de las varias distancias, puede también dar una idea aproximada de la parte de los movimientos en que es menos eficiente de lo que debería ser y en los que necesita esforzarse más. Debe tenerse en cuenta que algunos nadadores, al traccionar, arrastran meramente los pies (esto generalmente permite mejores tiempos), otros los sostienen en un tablón, mientras que todavía hay otros que se colocan una banda de goma o un pequeño tubo neumático alrededor de los pies. Cualquiera de estos métodos dará por resultado tiempos distintos y se hace difícil comparar los tiempos conseguidos con uno de tales métodos en relación con los de los otros. Sin embargo, son muchos los nadadores que baten de manera similar, es decir, mientras sostienen el tablón de batir, por lo que la comparación de los tiempos del batido es más ajustada.

El lector encontrará también valiosa información relacionada con el afinamiento y el desentumecimiento, y puede desear, en diversas ocasiones, ensayar los diversos métodos utilizados por los campeones. Sólo a lo largo de ensayos podrá el nadador hallar el método que mejor se adpate a sus condiciones.

VELOCISTAS DE ESTILO LIBRE

Dawn Fraser

Campeona olímpica australiana, 100 metros (1956, 1960, 1964). Récord del Mundo, 100 metros estilo libre, :58,9, y 200 metros, 2:11,6. Dawn ganó en 1964 su título a la edad de 27 años. Altura, 1,75; peso, 72 quilos.

Preparada por Harry Gallagher, de Melbourne, Australia, Dawn solamente se prepara durante una temporada al año, al igual que lo hacen la mayoría de australianos. Tanto en la temporada de piscina cubierta como en la de al aire libre, Gallagher hace que sus nadadores practiquen ejercicios en seco para adquirir y mantener potencia. Durante la temporada, antes de nadar, hace que realicen diez minutos de contracciones isométricas. A falta de estos ejercicios, Gallagher nota que sus nadadores pierden algo de su potencia. Gallagher intenta entrenar a sus nadadores por bajo del nivel de los signos de tensión; si alrededor de la piscina observa que se sienten inseguros y con caras largas, reduce la carga de trabajo.

Se ha acusado a Dawn de llevar a cabo muy poco entrenamiento en la preparación de las competiciones. La tabla que sigue indica que su entrenamiento es considerablemente más duro de lo que el público pudiera creer por la prensa. Se indica el número de millas que Dawn nada cada medio mes, junto con su mejor tiempo en los 100 metros durante este período. También se da a conocer el porcentaje del nivel de hemoglobina en la sangre de Dawn, tomando como base el normal del 100 por ciento.

	Entrenamiento en millas	Nivel de hemoglobina	Mejor tiempo en pruebas
Primera mitad de agosto 1962	33	88 %	
Segunda mitad de agosto 1962	33	90 %	:62,4
Primera mitad de stbre. 1962	32	88 %	
Segunda mitad de stbre. 1962	34	86 %	:62,2
Primera mitad de octubre 1962	36	88 %	
Segunda mitad de octubre 1962	36	92 %	:62,0
Primera mitad de nvbre. 1962	14 (menos por ser de afinamiento)	98 %	:59,9

La anterior tabla de distribución revela que, durante el período, Dawn promedió más de dos millas de entrenamiento por día. Solamente el 15 por ciento de este trabajo se hizo en batido de piernas, puesto que se dio más importancia a la tracción. La mayor parte del trabajo de Dawn era llevada a cabo a cadencia rápida; no era raro que una sesión de 2 millas fuera realizada a presión tan elevada como a un esfuerzo del 90 por ciento, fundamentalmente en el tipo de preparación a intervalos.

Le pedí a Gallagher que me detallara una sesión de trabajo

típica, una de las más duras de las que señalaba a Dawn durante el período de preparación para las grandes competiciones, tales como los Campeonatos Australianos de Natación o los Juegos Olímpicos. Como sea que Dawn realiza dos semanas de afinamiento para descansar antes de los grandes encuentros, las sesiones de trabajo que describo a continuación tienen lugar entre 2 y 8 semanas antes de la gran competición.

Sesión matinal

1. Prolongado y lento desentumecimiento de 440 a 880 yardas.
2. De dos a cuatro 440 yardas partidas (10 seg. entre cada 55, de 3 a 4 min. descanso entre cada 440). Sus tiempos deben promediar entre 5:00 y 5:10 por cada 440 partido.
3. 440 en batido seguido con pequeño tablón (normalmente su tiempo era de más de 8 min. Dawn bate deficientemente).
4. 440 de tracción (con una banda de goma en las piernas); sus tiempos normalmente oscilarán alrededor de 6:30. Su tracción es mucho mejor que su batido. Las películas que hemos estudiado de su tracción bajo el agua muestran que más que ninguna otra nadadora Dawn tracciona como los buenos nadadores masculinos.

La tracción de Terri Stickles es similar a la de Dawn.

5. De dos a cuatro 220 yardas partidas (4×50 metros con 10 seg. de descanso y de 3 a 5 min. descanso entre cada 220). Normalmente sus tiempos estaban por debajo de 2,25.

Distancia total: De 1 1/2 a 2 1/2 millas; tiempo total: entre 1 hora y 15 minutos y 2 horas.

Sesión de tarde

1. Diez minutos de contracciones isométricas.
2. Dos nados partidos de 440 yardas (8×55 yardas con 10 seg. descanso, 5 min. descanso entre las 440 yardas). De vez en cuando rebaja los 4:50; su mejor tiempo es de 4:34,4.
3. 220 yardas batidas con un tablón, ejecutadas a 85 por ciento de esfuerzo, algunas veces por debajo de los 4 min.
4. Nadar 220 yardas al 75 por ciento de esfuerzo —bien en estilos individual, bien en mariposa.
5. Traccionar 16×50 con los pies sujetos con una banda de goma. La propia Dawn decide su tiempo de descanso, pero debe completar el total de las series en 30 min. Sus promedios de tiempo son de alrededor de 37 seg. por 50.
6. Nadar 16×50, cada uno de los cuales debe estar por debajo de los 30 segundos. Nuevamente ella señala sus períodos

de descanso, pero el total de las yardas deben quedar terminadas en 30 min. Por consiguiente, nada aproximadamente cada 2 minutos unas 50. Algunos días puede pasar con nados de 8×110 yardas en vez de las 16×50. También debe completar los 8×100 en 30 min. e intentar bajar los 68 seg. en todos ellos.

7. Si queda aún algún tiempo, trabaja salidas y virajes.

Distancia total: 2 millas; total de tiempo: 2 horas.

Distancia total del día: de 3 1/2 a 4 1/2 millas.

Un día dado, Gallagher puede cambiar la cantidad de descanso entre 50 y 100 segundos, según esté trabajando para resistencia o velocidad. Por ejemplo, Dawn ha efectuado nados de 8×110, saliendo cada 2 minutos. Su mejor promedio de tiempo para una serie de éstos es :68,2.

De vez en cuando, Dawn nada repeticiones más largas, como nados continuos de 220 y 440 yardas, pero a lo que parece Gallagher confía más en la eficacia de las distancias cortas repetidas. También ha hecho la siguiente declaración conforme avanzan los años, reducir más bien que aumentar la suma anual de millas (yo interpreto que quiere significar, a medida que el nadador va siendo de más edad), pero compensar esta reducción con ejercicios más rápidos y más especializados.

La precedente sesión de trabajo de un día totaliza entre 3 1/2 y 4 1/2 millas, y no obstante se ha venido diciendo que Dawn promediaba un poco más de 2 millas al día. Esta aparente discrepancia puede explicarse en términos de los días de asueto para descansar o para competiciones, en los que se registran poca cantidad de millas. Si Dawn empieza a sentirse excesivamente cansada, se toma medio día o un día completo de asueto. Gallagher ha hecho uso del nivel de hemoglobina en la sangre, de la variación de pulsaciones y de otras medidas fisiológicas para ayudarse a sí mismo a conocer cuándo Dawn estaba llegando al punto de sentirse demasiado cansada.

Con afinamiento gradual de 2 semanas y unos pocos suaves últimos días, que consiste en nadar solamente una milla o menos, Dawn se sentía pronta para sus grandes hazañas.

Pokey Watson

Detentor del récord del mundo de los 200 metros, —2:10,5. Mejores tiempos (piscina larga): 50 metros, —:28,9; 100 metros, —:59,9; 400 metros, —4:42,0; (piscina corta): 50 yardas, —:24,4; 100 yardas, —:53,4; 200 yardas, —1:54,1; 400 yardas, —4:9,0. Edad, 17 años; altura, 1,75; peso, 65 quilos. Empezó a tomar parte en competiciones de natación a la edad de 9 años.

Es preparado por George Haines, de Santa Clara, California. Pokey lleva a cabo algo de levantamiento de pesas y realiza algunas contracciones isométricas. Tracciona con una banda de goma, sujetando entre sus tobillos una tabla de batir. Normalmente practica dos veces al día durante la temporada de natación, y en ocasiones tres veces.

Ejercicios de prácticas favoritos

Las siguientes 4 sesiones de ejercicios han sido tomadas del cuaderno de Pokey, y son efectuados en 4 días distintos.

Piscina corta

I. 1. Nadar de 400 a 600 yardas para desentumecerse.
2. Nadar cuatro veces 200 yardas partidas (4×50 con 10 seg. I.D. entre cada 50).
3. Traccionar 3×100 (alrededor de 2 a 3 min. de descanso); tiempos: —3:36, 3:26, 3:21.
4. Batir 800 yardas, alternando un largo duro con otro suave.

II. 1. Nadar 600 yardas de desentumecimiento.
2. Nadar 8×200 (alrededor de 2 a 3 min. I.D.); tiempos: —2:06, 2:07, 2:09, 2:14, 2:10, 2:14, 2:11, 2:11.
3. Traccionar 5×100.
4. Batir 5×100.
5. Nadar a toda velocidad, aguantando la respiración 10×25.

Piscina larga

III. 1. Nadar 800 metros de desentumecimiento.
2. Nadar 4×400 de series progresivas (alrededor de 4 a 6 minutos de I.D.); tiempos: —5:01, 4:55, 4:52, 4:48.
3. Batir 5×100.
4. Nadar 20×50 (2 tandas de diez cada una con un I.D. de 30 seg.).
5. Traccionar 2×300; tiempos: —3:45 y 3:50.

IV. 1. Nadar 800 metros de desentumecimiento.
2. Nadar 20×100 (tandas de 5 cada una en que cada tanda sea más rápida que la anterior); promedio de tiempo de las tandas: —1:15, 1:12, 1:09, 1:06.
3. Batir 10×50.
4. Traccionar 4×200.
5. Nadar 10×50.

Afinamiento (transcripción)

«Normalmente empezamos el afinamiento alrededor de una semana antes de ir a los Campeonatos Nacionales y vamos a ellos el lunes anterior a su iniciación. Duplicamos la importancia de los ejercicios de velocidad.»

1. Nadar 800 de desentumecimiento.
2. Nadar 4×100 con zambullida con alrededor de 5 a 6 minutos de I.D.; tiempos: —1:03 + 1:02 + 1:04 + 1:03 +.
3. Batir 10×50.
4. Traccionar 2×300.

Desentumecimiento previo a la competición

1. Nadar 600 de desentumecimiento.
2. Batir 400.
3. Traccionar 200.
4. Nadar a toda velocidad algunos largos de 25 ó 50 yardas.
5. Nadar suavemente otros 100 ó 200.

MEJORES REPETICIONES

Piscina corta (yardas)				Piscina larga (metros)			
Dist.	No.	Promedio Tiempo	I.D.	Dist.	No.	Promedio Tiempo	I.D.
50	10	:26,0	en 60 seg.	50	10	:29+	en 60 seg.
100	5	:55,5	en 5 min.	100	5	1:03,0	en 5 min.
200	6	2:07,0	en 5 min.	200	6	2:20	en 5 min.
400	2	4:22,0	en 8 min.	400	4	4:53	en 10 min.
				800	2	9:58	en 15 min.

Mejores tiempos en batido y en tracción

(Piscina corta). Tracción: 50 yardas — :28, 100 yardas. — :59,0, 200 yardas. — 2:03,5, 400 yardas. — 4:20,0. (Piscina larga). Tracción: 50 metros. — :30,0, 100 metros. — 1:06,0, 200 metros. — 2:19,0, 400 metros — 4:48.

Steve Clark

Ganador de tres Medallas de Oro en los Juegos Olímpicos de 1964, 400 y 800 metros Relevos estilo libre, 400 metros relevos estilos. Poseedor del Récord del Mundo de los 100 metros estilo libre :52,9. Sus mejores tiempos (piscina corta): 50 yardas, 20,9; 100 yardas —:45,6; 200 yardas —1:43,1. Edad, 21 años; altura, 1,82; peso, 73,5 quilos. Empezó a tomar parte en competiciones a los 9 años.

Preparado por George Haines, del Santa Clara Swimming Club y por Phil Moriarty, de la Universidad de Yale.

Steve realiza ejercicios en seco utilizando barras de pesas, pero no contracciones isométricas.

Ejercicios favoritos (piscina larga)

I. 1. Nadar 400 de desentumecimiento.
2. Nadar a toda velocidad 10×25.
3. Nadar 10×100 en 5 min. y promedio I.D. alrededor de 60 seg.
4. Batir 3×200 parcialmente fuerte.
5. Traccionar 3×200 (media tabla de batir con banda de goma entre las piernas).
6. Nadar duramente 4×50, 2 min. I.D.
7. Nadar relajadamente 200 metros.

II. 1. Nadar de ¼ a ½ milla para relajarse.
2. Nadar a toda velocidad unos pocos 25.
3. Nadar 2×400 metros, 5 min. I.D., promedio 4,50.
4. Nadar 2×200, 3 min. I.D., promedio tiempo 2:15.
5. Nadar 2×100, 3 min. I.D., promedio tiempo :60.
6. Batir 4×100.
7. Traccionar 4×100.
8. Nadar duramente 8×25.
9. Nadar suavemente 200 para relajarse.

III. «Cuando las sesiones se hacen monótonas, practico como sigue»:
1. Desentumecimiento nadando ½ milla.
2. Traccionar 8×100, 1 ½ min., I.D. promedio entre 1:10 y 1:12.
3. Batir 8×100, ½ min., I.D., promedio 1:35 o menos.
4. Nadar suave 200.
5. Nadar 30×25, 20 seg. I.D., para la velocidad.
6. Descansar 10 min., en seguida nadar durante 4×50 ó 2×100.
7. Nadar duramente 8×25.
8. Nadar suavemente 200 para relajarse.

Afinamiento

Dos semanas de sesiones de 1 hora de ejercicios de velocidad en distancias cortas sin llegar a cansarse extremadamente. Largos nados de desentumecimiento y otros de cortos para la cadencia. Dos veces por día.

1. Desentumecimiento, de ½ a 1 milla (puede intercalarse alguna carrerilla de velocidad y algunos largos de tracción y de batido).
2. Nadar 2×100, cadencia para 200 (o 2×50 cadencia veloz para 100).
3. Nadar 2×50, cadencia para 200 (o 4×25 cadencia veloz para 100).
4. Relajamiento con un nado suave.

Desentumecimiento para las competiciones (transcripción)

«*En las eliminatorias,* yo necesito nadar entre 1/2 y 1 milla para sentirme convenientemente relajado en el agua. Nado suavemente 400 metros, bato y tracciono entre 100 y 200. Nado 200 suavemente, a toda velocidad 4 ó 8 series de 25 con impulsión o bien 50 a la cadencia de 200. Si siento la necesidad de ello, a toda velocidad 1 ó 2×50.

»*En las finales* ya desentumecido si las eliminatorias han tenido lugar el mismo día. Nado entre 1/8 y 3/4 de milla, según cómo me siento. A toda velocidad (normalmente con impulsión desde el costado de la piscina), 25 ó 15 yardas.»

MEJORES REPETICIONES

Piscina corta (yardas)				Piscina larga (metros)			
Dist.	No.	Promedio Tiempo	I.D.	Dist.	No.	Promedio Tiempo	I.D.
50	30	:26+	en 30 seg.	50	40	:30+	en 30 seg.
100	10	:52,0	en 4 min.	100	10	:65	en 1 min.
200	8	1:59+	en 2½ min.	200	6	2:16	en 2 ½ min.
500	5	5:20	en 6 min.	400	4	4:44	en 5 min.
				800	2	10:08	en 12 min.

Mejores tiempos en batido y en tracción

Piscina corta		Piscina larga	
Batido:	50—:32, 100—1:10	Batido:	50—:37.5, 100—1.24, 200—3:20, 400—7:00
Tracción:	50—:24.5, 100—56, 200—2:00	Tracción:	50—28, 100—2:18 400—5:00

Gary Ilman

Ganador de dos Medallas de Oro en los Juegos Olímpicos de 1964, 400 metros relevos estilo libre y 800 metros relevos estilo libre. Mejores tiempos: 100 metros, —:53,9; 200 metros, —1:59,1. Edad, 21 años; altura, 1,89; peso, 88,50 quilos. Empezó a participar en competiciones a la edad de 14 años.

Preparado por George Haines, del Santa Clara Swimming Club y por Nort Thornton, del Foothills Junior College.

Ejercicios favoritos

1. Nadar 1×400.
2. Nadar 2×200, de 3 a 5 min. I.D.
3. Nadar 4×100, de 1 ½ a 2 min. I.D.
4. Nadar 8×50, de 30 seg. a 1 min. I.D.
5. Traccionar 3×100, 3 min. I.D. (pies trabados).
6. Batir 4×100, 1 ½ min. I.D.
7. Nadar 8×50, de 30 a 60 seg. I.D.

Afinamiento

Alrededor de diez días antes del gran encuentro, intensifica los ejercicios de velocidad.

1. Desentumecerse a fondo.
2. Nadar 8×25, 30 seg. I.D.
3. Batir 4×50, de 30 a 60 seg. I.D.
4. Traccionar 4×50, de 30 a 60 seg. I.D.
5. Nadar 2×100 con un prolongado descanso.
6. Nadar 10×50 con zambullida, 60 seg. I.D.
7. Unas pocas carreras de 25 a toda velocidad.

Desentumecimiento previo a la competición

1. Nadar entre 400 y 600 yardas.
2. Batir 400.
3. Traccionar 300.

MEJORES REPETICIONES

Piscina corta (yardas)				Piscina larga (metros)			
Dist.	No.	Promedio Tiempo	I.D.	Dist.	No.	Promedio Tiempo	I.D.
50	16	:24,8	en 1 min.	50	10	:28+	en 1 min.
100	20	:55+	en 2 min.	100	15	:65,5	en 2½ min.
200	8	1:55+	en 5 min.	100	8	:62+	en 2½ min.
400	4	4:09	en 10 min.	200	4	2:12	en 4 min.
				400	4	4:47	en 10 min.

NADADORES DE MEDIO FONDO Y FONDO EN ESTILO LIBRE

Terri Stickles

Ganador de la Medalla de Bronce de los 400 metros estilo libre en los Juegos Olímpicos de 1964, con 4:41,7. Mejores tiempos (piscina corta): 50 yardas —:24,9; 100 yardas —:54,7; 200 yardas —1:59,2; 400 yardas —4:15,1; 500 yardas —5:19,2; (piscina larga): 100 metros —:61,9; 200 metros —2:12,9; 400 metros —4:41,2. Edad, 19 años; altura, 1,55; peso, 68 quilos. Empezó a participar en competiciones a la edad de 11 años.

Preparado por George Haines, del Santa Clara Swimming Club.

Terri no efectúa levantamiento de pesas, pero realiza contracciones isométricas y ejercicios con las cuerdas extensibles.

Ejercicios favoritos (piscina corta)

I.
1. Desentumecerse con un total de 500 yardas (algún batido, alguna tracción, algún nado).
2. Nadar 12×25 (empezar haciéndolos en 15 + seg. trabajando en descenso a 14,0 seg.).
3. Nadar suavemente 200.
4. Nadar 8×200 en 5 min., promedio 2:14+.
5. Nadar suavemente 200.
6. Batir 8×50 en 1 min., promedio 42 seg.
7. Traccionar 8×50 en 1 min., promedio 31 seg. (pies trabados).
8. Nadar 16×25 en esfuerzo a darlo todo en 30 seg., promedio 14 seg.

Distancia total: 4.000 yardas.

II.
1. Desentumecimiento, 500 yardas (batido, tracción y nado).
2. Batir 4×50, sin señalar I.D.
3. Traccionar 4×50, sin señalar I.D.
4. Nadar suavemente 200.
5. Nadar 8×100 en 2 min., promedio entre 1:04 y 1:05.
6. Descansar 5 min., en seguida nadar 8×100 en 2 min., promedio entre 1:01 y 1:02.
7. Nadar suavemente 200.
8. Batir contra el reloj 400 (alrededor de 6 min.).
9. Nadar en locomotora (1 fuerte, 1 suave, 2 fuertes, 1 suave, 3 fuertes, 1 suave, 3 fuertes, 1 suave, 2 fuertes, 1 suave, 1 fuerte, 1 suave).
10. Nadar 10×25 a darlo todo, en 30 seg., promedio 14 seg.

Distancia total: 4.000 yardas.

III.
1. Desentumecimiento, 500.
2. Batir duramente 200.
3. Traccionar duramente 200.

4. Nadar 4×100 en 10 min. (empezando en 4,55, e ir bajando hasta 4,45).
5. Nadar suavemente 200.
6. Batir duramente 3×300.
7. Traccionar duramente 6×150.
8. Nadar suavemente 200.
Distancia total: 4.700 yardas.

Afinamiento

Entre 2 y 3 semanas en las cuales se acentuará el trabajo de velocidad, se reducirá la cantidad de millas y se concederá más descanso entre las repeticiones. Mejorar la calidad de los nados y las salidas y virajes.

1. Desentumecimiento con 800 yardas (200 de batido, 200 de tracción y 200 nadando).
2. Nadar 8×25 muy forzados.
3. Nadar 2×200 con descanso prolongado, promedio 2:05.
4. Nadar 4×100 de zambullida, descanso prolongado, promedio :58,0.
5. Nadar 8×50 con descanso prolongado, promedio :27,0.
6. Batir 4×50.
7. Traccionar 4×50.
8. Nadar 8×25 de zambullida, promedio de 12 a 13 seg.

Desentumecimiento previo a la competición

1. Nadar 400.
2. Batir 200.
3. Traccionar 200.
4. Ejercicios suaves de dilatación.
5. Nadar 4×25 duramente, pero no a darlo todo.
6. Nadar 4×50 para cadencia.
7. Nadar de 2 a 4×25 a toda velocidad.
8. Nadar 200 suavemente.

MEJORES REPETICIONES

Piscina corta (yardas) Dist.	No.	Promedio Tiempo	I.D.	Piscina larga (metros) Dist.	No.	Promedio Tiempo	I.D.
50	30	:29,0	en 1 min.	50	30	:33,0	en 1 min.
100	10	1:01,0	en 2 min.	100	10	1:10,0	en 2 min.
200	8	2:12,0	en 5 min.	200	10	2:25,0	en 5 min.
400	4	4:30	en 10 min.	400	4	4:58+	en 10 min.
				800	3	10:20	en 20 min.

Mejores tiempos en batido y en tracción

Batiendo:	50—:38, 100—1:17, 200—2:48, 400—5:50	Batiendo	50—:42, 100—1:31, 200—3:15, 400—6:45
Traccionando:	50—:27,3, 100—:58, 200—2:12, 400—4:35	Traccionando:	50—:31, 100—1:09, 200—2:28, 400—4:58

Martha Randall

Detentora del récord del mundo de la prueba de los 400 metros (4:38,0). Mejores tiempos (piscina corta): 50 yardas, —:24,9; 100 yardas, —:53,6; 200 yardas, —1:56,9; (piscina larga): 100 metros, —1:01; 200 metros, —2:11,4; 1.500 metros, —19:06,0. Edad, 18 años; altura, 1,67; peso, 57,5 quilos. Empezó a nadar en competiciones a la edad de 10 años.

Preparada por Mary Kelly, del Vesper Boat Club, de Filadelfia, Pennsylvania.

Ejercicios favoritos: piscina larga (metros)

I. 1. Nadar 400 de desentumecimiento.
2. Nadar 8×400 en 6 ½ min., promedio 5:10.
3. Batir 12×100 en 2 min., promedio 1:34.
4. Traccionar 12×100 en 2 min., promedio 1:21 (pies trabados).
5. Nadar 12×100 en 2 min., promedio 1:12.

II. 1. Nadar 400 de desentumecimiento.
2. Nadar 5×400 en 6 ½ min., promedio 5:10.
3. Nadar 10×200 en 3 ½ min., promedio 2:34.
4. Nadar 10×100 en 2 min., promedio 1:12.
5. Traccionar 400, sin tiempo.
6. Batir 400, sin tiempo.

III. 1. Nadar 400 de desentumecimiento.
2. Nadar 4×800 en 15 min., promedio 10:30.
3. Batir 8×50 en 1 min., promedio :43.
4. Traccionar 8×50 en 1 min., promedio :35.
5. Nadar 8×50 en 1 min., promedio :32.

Afinamiento

1. Desentumecimiento: batir 200, nadar 200 y traccionar 200.
2. Nadar moderadamente 4×200.
3. Traccionar 4×100.
4. Batir 4×100.
5. Nadar algunos 50.
6. Nadar algunos 25.

Desentumecimiento previo a la competición

1. 400 de desentumecimiento: nadar 1 largo, batir 1 largo, traccionar 1 largo, y así ir alternando.
2. Nadar de 4 a 6×50 «o quizás un par de 100, si debo nadar unos 200 o 400. Si debo nadar los 100, practico de 4 a 6×25».

MEJORES REPETICIONES

Piscina corta (yardas)				Piscina larga (metros)			
		Promedio				Promedio	
Dist.	No.	Tiempo	I.D.	Dist.	No.	Tiempo	I.D.
50	16	:30+	en 1 min.	50	16	:32,0	en 1 min.
100	20	1:04	en 2 min.	100	20	1:11,0	en 2 min.
200	16	2:14+	en 3½ min.	200	16	2:34	en 3½ min.
400	8	4:44	en 6½ min.	400	8	5:10	en 6½ min.
				800	4	10:30	en 15 min.

Mejores tiempos en batido y en tracción

Batiendo:	50—:39, 100—1:18, 200—2:46	Batiendo:	50—:41, 100—1:28, 200—3:02
Traccionando:	50—:31, 100—1:05, 200—2:17, 400—4:42	Traccionando:	50—:35, 100—1:16, 200—2:38, 400—5:20

Ginnie Duenkel

Ganadora de la Medalla de Oro de los 400 metros estilo libre (4:43,3) en los Juegos Olímpicos del año 1964.

Preparada por Frank Elm, del Rutgers University and Summit Y Girls Team.

El calendario de preparación de Ginnie, en verano, empieza el 13 de mayo en una piscina de 25 yardas. Durante la temporada de verano no realiza ejercicios en seco. Durante tres semanas practicó solamente una vez al día, cubriendo de entre 2 ³/₄ a 3 millas. A un momento dado durante la temporada alternaba 3 sesiones; el siguiente es un ejemplo de uno de ellos.

Sesión de mayo

1. Desentumecerse nadando suavemente alrededor de 440 yardas.
2. 4×500 nados repetidos, 6 min. I.D.

3. 4×200 de batido, 1 ½ min. I.D.
4. 4×200 de tracción, 1 ½ min. I.D.
5. 4×200 nados repetidos, 2 min. I.D.

Sesión de junio

En este punto realizaba tres distintas sesiones de rutina.

1. Desentumecimiento.
2. 5×400 metros de nados repetidos, 4 min. I.D.
3. 32×50, uno por minuto.
4. 10×100 de batido, 1 min. I.D.
5. 10×100 de tracción, 1 min. I.D.
6. 2×200 estilos individual.

Ejemplo de una jornada de julio

En estas fechas, Ginnie trabajaba dos veces al día; su distancia total promediaba de 5 a 7 millas al día.

Sesión matinal

1. Desentumecimiento.
2. 4×800 de nados repetidos, de 4 a 5 min. I.D.
3. 32×50, uno por minuto.
4. 5×200 de tracción, 1 ½ min. I.D.
5. 5×200 de batido, 1 ½ min. I.D.
6. 2×200 nado medio.

Sesión de tarde

1. Desentumecimiento.
2. 32×100, de 1 a 2 min. I.D.

Ginnie nadó en el verano de 1963 aproximadamente de 25 a 28 recorridos de 1.500 metros, en preparación de los Campeonatos Nacionales de Natación (1).

Pam Kruse

Campeona nacional AAU, de las 500 yardas estilo libre. Mejores tiempos (piscina larga): 100 metros, —1:01,3; 200 metros, —2:09,7;

(1) Frank Elm, «How I Trained Ginnie Duenkel and the Summit Girls Team for the National AAU Championships», *Swimming World*, V, núm. 3 (marzo 1964), 4, 11.

400 metros, 4:37,7; (piscina corta): 100 yardas, —:54,0; 200 yardas, —1:54,0; 500 yardas, —5:06,9. Edad, 16 años; altura, 1,67; peso, 56,7 quilos. Empezó a participar en competiciones a la edad de 11 años.

Preparada por Bob Ousley, de Pompano Beach, Florida.

Pam realiza algunos ejercicios de levantamiento de pesas, y pocas contracciones isométricas.

Ejercicios favoritos

Pam no tiene ejercicios favoritos precisos, pero durante la semana le gusta realizar seguidas las siguientes tandas de repeticiones:

1. Nadar 10×200 en 3 ó 3 ½ min.
2. Nadar 6×500 en 8 min.
3. Nadar 3×1.000 en 15 min.
4. Nadar 2×1.650 en 30 min.
5. Nadar 20×100 en 1 ½ min.

Antes de realizar la precedente tanda seguida de repeticiones, Pam se desentumece con una combinación de 1.500 yardas de batido, traccionado y nado. Nada un total de 3.500 a 5.000 yardas por sesión de una duración de 1 ½ a 2 horas. Trabaja dos veces al día, promediando de 7.000 a 8.000 yardas diariamente.

Afinamiento

Pam inicia su afinación 7 u 8 días antes de la gran competición; reduce las 7.000 yardas diarias hasta los tres últimos días en los que sólo nada alrededor de 1.800. Pero incrementa sus ejercicios de velocidad y de cadencia.

Desentumecimiento previo a la competición (carrera de 1.650 yardas)

1. Nadar suavemente 300 y 500 para desentumecerse.
2. Batir 500 yardas.
3. Nadar 400 yardas en otros estilos.
4. Nadar a cadencia 50 ó 100 yardas, total de 700 a 800 yardas.

Para carreras cortas, Pam realiza más trabajo en distancias cortas y unas duras carreras cortas de velocidad.

MEJORES REPETICIONES

Piscina corta (yardas)				Piscina larga (metros)			
Dist.	No.	Promedio Tiempo	I.D.	Dist.	No.	Promedio Tiempo	I.D.
50	20	:29	en 1 min.	200	8	2:25	en 4 min.
100	20	:62,7	en 1½ min.	400	8	5:02	en 8 min.
200	10	2:11,7	en 3½ min.				
500	6	5:36	en 8 min.				

Roy Saari

Ganador de la Medalla de Plata de los 400 metros estilos individual en los Juegos Olímpicos de 1964, y de la Medalla de Oro en los 800 metros relevos estilo libre. Mejores tiempos (piscina corta): 100 yardas, 47,9; 200 yardas, —1:42,9; 500 yardas, —4.42,0; 1.650 yardas, —16:39,9; (piscina larga): 1.500 metros, 16:58,7; 400 metros, —4:13,6; 200 metros, —1:59,2. Edad, 19 años; altura, 1,88; peso, 86 quilos. Empezó a participar en competiciones a la edad de 5 ½ años.

Preparado por Uurho Saari, de «El Segundo High School», y por Peter Daland, de la Universidad de California del Sur.

Roy no realiza ejercicios en seco, pero juega a water polo, que cree le ayuda en su preparación.

Ejercicios favoritos (piscina larga)

I. 1. Nadar 3×800, 5 min. I.D.
2. Batir 4×100.
3. Traccionar 4×100 (pies trabados).
4. A velocidad 4×50 en 3 min.

II. 1. Nadar para relajarse.
2. Nadar con 2 min., ID 16×100.
4×100 Mariposa.
4×100 Braza de pecho.
4×100 Espalda.
4×100 Mariposa
3. Batir 3×200.
4. Nadar 50 a toda velocidad.

III. 1. Nadar 10×200, 1 ½ min. I.D.
2. Batir 4×100.
3. Traccionar 4×100.
4. Nadar 4×100, 5 min., I.D., uno en cada estilo.

Afinamiento

Dieciocho días antes de iniciarse los Juegos Olímpicos de 1964, Roy escribió la siguiente descripción de su afinamiento: «Noto que puedo permitirme el iniciar ahora el afinamiento. Los próximos ocho días me gustará hacer más trabajo en velocidad, pero no hasta el punto de sentirme agotado por 24 horas. Los últimos diez días todo lo que desearé hacer serán ligeras sesiones de relajamiento y unos pocos nados suaves de cadencia. Creo que lo importante, de ahora hasta entonces, es no coger miedo ni trabajar con exceso. Lo mejor que puedo hacer es descansar.»

Desentumecimiento previo a la competición

«Me limito a efectuar suaves vueltas a la piscina para relajarme hasta que me siento ajustado. Nada de pruebas de tiempo.»

MEJORES REPETICIONES

Piscina larga (metros)				Piscina corta (yardas)			
Dist.	No.	Promedio Tiempo	I.D.	Dist.	No.	Promedio Tiempo	I.D.
50	10	:24,2	en 60 seg.	50	16	:29+	en 60 seg.
100	10	:56+	en 2 min.	100	12	1:04	en 2 min.
200	5	1:58	en 5 min.	200	5	2:10	en 6 min.
400	4	4:07	en 10 min.	400	4	4:35	en 5 min.
				800	3	9:26	en 3 min.
				3.000	1	36:48	——

Don Schollander

Ganador de cuatro Medallas de Oro en los Juegos Olímpicos de 1964: 100 metros, 400 metros, 400 relevos estilo libre y 800 relevos estilo libre. Mejores tiempos (piscina larga): 100 metros, —53,3; 200 metros, —1:55,7; 400 metros, —4:11,6; (piscina corta): 100 yardas, —46,8; 200 yardas, —1:41,2; 500 yardas, —4:44,5. Edad, 20 años; altura, 1,77; peso, 78 quilos. Empezó a nadar en competiciones a la edad de 9 años.

Preparado por George Haines, del Santa Clara Swim Club y por Phil Moriarty, de la Universidad de Yale.

Don se prepara casi a todo lo largo del año y hace gran cantidad de ejercicios en seco y de contracciones isométricas. Trabajo con el aparato dilatador, las pesas y las cuerdas extensibles.

Ejercicios favoritos (verano de 1964)

I. 1. Nadar 400 metros como suave desentumecimiento.
2. Batir 200 metros suavemente.
3. Traccionar 200 metros suavemente (pies trabados).
4. Nadar 10×100 metros, 1 min. I.D., promedio de 64 a 66 seg.
5. Traccionar 4×300 metros con de 1½ a 2 min. I.D.
6. Batir 3×400 con de 3 a 5 min I.D.
7. Nadar a cadencia de velocidad 4×50 con prolongado descanso (3 min.).

II. Don describe esta sesión como la más dura de las que realiza.
1. Nadar 400 como desentumecimiento.
2. Batir 200.
3. Traccionar 200.
4. Nadar 4×100, de 5 a 7 min. I.D.
5. Nadar 2×100, de 1 a 2 min. I.D.
6. Batir 2×100, de 1 a 2 min. I.D.
7. Traccionar 2×100, de 1 a 2 min. I.D.
8. Nadar muy duramente 4×50, 2 min. I.D.

III. 1. Nadar 400 de desentumecimiento.
2. Batir 200.
3. Traccionar 200.
4. Nadar 4×200, de 2 a 3 min. I.D.
5. Nadar 10×200, de 1 a 1 ½ min. I.D.
6. Nadar 8×50, de 30 a 45 seg. I.D.

Afinamiento

Durante dos semanas, más trabajo de velocidad y cadencia, con mucho descanso.
1. Nadar 400 de desentumecimiento.
2. Batir 200.
3. Traccionar 200.
4. Nadar 4×50 de desentumecimiento.
5. Nadar 4×25 de duro desentumecimiento.
6. Nadar 4×100, promedio 60 seg.
7. Nadar 2×50, duramente y con zambullida.
8. Nadar 4×25 a toda velocidad.

Desentumecimiento previo a la competición

1. Nadar suavemente 400.
2. Nadar recobrando velocidad 100 estilo libre.
3. Batir 200 de desentumecimiento.
4. Batir 100 a tiempo rápido.
5. Traccionar 150 de desentumecimiento.

6. Traccionar 50 rápidos.
7. Nadar 100 a cadencia.
8. Nadar 50 a cadencia.
9. Nadar 2×25 a cadencia.
10. Nadar 3×50 a toda velocidad.
11. Nadar 2×25 a toda velocidad.

Comentario. Los desentumecimientos de Don son prolongados y podrían muy bien cansar a un nadador de tipo medio. El día que Don ganó la prueba olímpica de los 100 metros estilo libre, había batido 800 metros para relajar sus piernas, que las sentía tensas.

Mejores repeticiones

A Don le agrada efectuar sus repeticiones en forma progresiva, es decir, ir más aprisa conforme la tanda de repeticiones avanza. El 14 de agosto de 1964, en los entrenamientos para las eliminatorias de los Juegos Olímpicos pasó por las repeticiones de 400 metros con 5 minutos de intervalo de descanso (piscina larga): —4:32,8, 4:33,9, 4:32,9 y 4:23,8. El mismo día, en su segunda sesión en una piscina corta (25 yardas), nadó 20×100 con solamente 15 segundos de descanso y promedió las 100 yardas en 58 segundos, nadando las dos últimas 100 yardas en :53,8 y :53,2. El día anterior, Don había efectuado dos nados de 1.500 metros (piscina larga) con 10 minutos de intervalo de descanso, en los tiempos de 18:09 y 18:18. El 22 de septiembre, nadó 6×200 con 5 minutos de descanso en 2:11, 2:10,4, 2:09,4, 2:07,9, 2:06,7 y 2:05,6.

Piscina corta (yardas)				Piscina larga (metros)			
Dist.	No.	Promedio Tiempo	I.D.	Dist.	No.	Promedio Tiempo	I.D.
50	12	:24+	en 1 min.	50	40	:30,2	en 1 min.
100	10	:54+	en 2 min.	50	10	:27,7	en 1 min.
100	20	:58+	15 seg.	100	15	1:04,0	en 2½ min.
200	5	1:52+	en 4 min.	100	8	1:02	en 2 min.
400	4	por debajo 4 min.	de 2 a 4 min. I.D.	200	6	2:00	
				400	4	4:29	3 min.
				800	2	9:16	10 min.

Mejores tiempos en batido y en tracción

Batiendo:	100—1:05	Batiendo:	50—:35,5, 100—1:15, 200—2:45, 400—6:02
Traccionando:	50—:25, 100—:53	Traccionando:	100—:63, 400—4:38

Michael Burton

Está en posesión del récord del mundo de los 1.500 metros. Estilo libre en —16:34,1. Mike Burton probablemente es uno de los nadadores de todos los tiempos que más duramente trabaja. Entrena alrededor de 10 1/2 meses al año. Su preparador cree que, en lo que concierne a la buena fortuna de Mike, su mejor disposición se halla en el deseo de triunfar. Describe a Mike como muy ambicioso y muy humilde. Se halla en la categoría de los atletas conocidos como «agonizantes», es decir, parece gozar lastimándose a sí mismo, tanto en las prácticas como en las competiciones. Ha llegado a correr una carrera de 1.500 metros, más cerca del máximo de cadencia, que nunca nadie lo ha hecho. Mejores tiempos (piscina larga): 100 metros, —56,4; 200 metros, —1:59,1 (salida en relevos), 400 metros, —4:12,3; 800 metros, —8:45,5; 1.500 metros, —16:34,1; (piscina corta): 200 yardas, —1:47,8; 500 yardas, —4:37,0; 1.650 yardas, —16:08,0.

Los tiempos parciales de Mike en su récord del mundo de los 1.500 metros, son como sigue:

100 — :59,8	600 — 6:30,9	1.100 — 12:08,9
200 — 2:05,0	700 — 7:38,6	1.200 — 13:16,3
300 — 3:10,9	800 — 8:46,3	1.300 — 14:23,5
400 — 4:17,4	900 — 9:53,9	1.400 — 15:30,1
500 — 5:24,2	1.000 — 11:01,4	1.500 — 16:34,1

Edad, 20 años; altura, 1,75; peso, 72,5 quilos. Empezó a nadar en competiciones a la edad de 11 años, pero hasta que alcanzó los 15 solamente nadaba durante la temporada de verano, y a partir de entonces empezó a entrenar, tanto para las temporadas de piscina cubierta como para las descubiertas.

Preparado por Sherman Chavoor, del Arden Hills Club, California.

Mike realiza entrenamiento con pesas y contracciones isométricas. Vigila muy cuidadosamente su dieta y durante la temporada de competiciones va a la cama entre las 8,30 y las 9,00 de la tarde.

Alrededor de 4 1/2 meses al año, Mike se prepara una vez al día. Durante la temporada de competiciones de piscina cubierta (enero, febrero, marzo), Mike entrena dos veces al día; durante la temporada al aire libre (junio, julio, agosto) entrena tres veces al día, promediando alrededor de entre 11.000 a 12.000 metros diarios.

Sesiones típicas

Temporada inicial —bien en el otoño (septiembre y octubre)— o en primavera (abril o mayo).

Al preparador de Burton le gusta tener a todos sus muchachos haciendo muchos largos nadando los diversos estilos. El ejercicio debe ser considerado de baja presión, puesto que todo es efectuado sin tomar tiempos.

1. Nadar de 4 a 5×200 mariposa (I.D. no es controlado rígidamente).
2. Nadar de 2 a 3×500 braza de pecho.
3. Nadar de 2 a 3×500 espalda.
4. Nadar 8×50 mariposa, 8×50 espalda, 8×50 braza de pecho y 8×50 estilo libre.

Otra temporada inicial (enero) piscina corta, se toman los tiempos.

1. Nadar 500 de desentumecimiento.
2. Cronometrar 1.650—tiempo de 17:20 a 17:30, I.D. 5. min.
3. Cronometrar 1.650—tiempo de 17:55 a 18:10.
4. Traccionar 1.650 sin cronometrar.
5. Nadar 4 ó 5×200—tiempo de 1:56 a 2:00, con 1 min. I.D.

Ejercicios de verano. Tres veces al día

I. Sesión matinal —piscina larga—; distancia total, 6.000 metros; duración, 2 ½ horas.
   1. Nadar 500 metros de desentumecimiento.
   2. Nadar 4×800 metros, I.D. de 3 a 5 min., promedio de tiempo de 9:35 a 9:45, mejor tiempo para uno de éstos en el verano de 1966—9:10.
   3. Nadar 3×400, I.D.—2 min., promedio de tiempo de 4:35 a 4:39.
   4. Nadar 3 ó 4×200, I.D.—1 min., promedio de tiempo de 2:09 a 2:11.
   5. Nadar 3 ó 4×100, I.D.—1 min., promedio de tiempo de 1:06 a 1:08.

II. Sesión del mediodía —piscina corta—, distancia aproximada de 5.000 yardas, duración de 1 ½ a 2 horas.
   1. Nadar unos centenares de yardas para relajarse.
   2. Batir o traccionar moderadamente duro 2×800, pero sin tomar tiempo.

3. Nadar 30×50 en 1 minuto, practicando todos los estilos.
4. Nadar seguidos 1.650, pero sin tomar tiempo.
5. Nadar algunas repeticiones duras, bien de 50, bien de 100, dependiendo su número del cansancio del nadador.

III. Tercera sesión (si las dos previas, que han sido muy duras, se han practicado, la tercera puede ser relativamente ligera). Los ejercicios que siguen corresponden a una tercera sesión dura, que podía practicarse si Mike se sentía relativamente bien dispuesto. Piscina larga.
1. Nadar unos centenares de metros de desentumecimiento.
2. Nadar 2×800 metros, I.D.—5 min., promedio de tiempo de 9:35 a 9:40.
3. Nadar de 15 a 20×100 metros I.D.—1 min., promedio de tiempo de 1:05 a 1:06.

Durante la temporada, dos veces a la semana, Mike cronometra 3.000 metros intentando rebajar los 40 minutos. Tres veces a la semana realiza 15×100 metros con un intervalo de descanso de 10 segundos (o 100 yardas, en piscina corta), intentando acortar 1:06,5 en cada 100 metros.

Afinamiento

Chavoor dice: «Realmente, afinar requiere desentrañar muchas cosas», por lo que es muy precavido y reduce la distancia total de Mike de 12.000 metros al día alrededor de 6.000. El afinamiento se inicia 10 días antes del gran encuentro. Se efectúa más trabajo de velocidad con intervalos de descanso más largos entre las repeticiones. Se reduce la cantidad de ejercicios de tracción. El día anterior al encuentro, Mike nada alrededor de 1 a 1 1/2 horas.

Desentumecimiento previo a la competición

1. Nadar alrededor de 1.000 metros para desentumecerse.
2. Nadar unas series de entre 8 y 10×50 metros, por debajo de :27.
3. Nadar de 5 a 6×100 con aproximadamente 1 min. I.D., concentrándose en la cadencia de la carrera (antes de establecer el récord del mundo de los 1.500 metros, Mike nadó estas series en un promedio de 65,5).
4. Batir unos pocos largos.

MEJORES REPETICIONES

Piscina corta (yardas)				Piscina larga (metros)			
Dist.	No.	Promedio Tiempo	I.D.	Dist.	No.	Promedio Tiempo	I.D.
50	20	:25,5	30 seg.	100	15	1:04	1 min.
100	15	:59	10 seg.	100	15	1:06,5	10 seg.
200	10	1:58	1 min.	200	10	2:08	2 min.
500	6	5:10	2 min.	400	8	4:29	de 4 a 5 min.
				800	4	9:20	5 min.

Murray Rose

Ganador de Medalla de Oro en dos pruebas de la Olimpíada de 1956, los 400 y 1.500 metros, y en la prueba de 400 metros el año 1960. Detentor del récord del mundo de 1.500 metros en 17,01 y de los 400 metros en 4:13,4.

Preparado por Sam Hereford, de Sydney, Australia, y Peter Daland, de la Universidad de California del Sur.

Durante la temporada de 1964, cuando Murray Rose estableció el récord del mundo, empezó a entrenarse en mayo dos o tres veces a la semana. A primeros de junio empezó a entrenar duramente dos veces al día. Durante las dos primeras semanas del duro entrenamiento, la intensidad la puso en nados prolongados con cortos descansos, hasta un total de entre 5 y 6 millas al día. Las repeticiones consistían básicamente en 800, 400 y 200 yardas; las 400 yardas normalmente las efectuaba en series de 10, con un intervalo de descanso de 2 minutos. Una o dos veces a la semana, Murray cronometraba nados de 3.000 metros.

Continuó esta rutina de entrenamiento con pocas variaciones hasta dos semanas antes del encuentro nacional, en que estableció el récord del mundo en 17:01. Durante las dos últimas semanas, Murray se concentró por las tardes en velocidad efectuando muchos 50, 100 y 200 yardas. Por la mañana se concentraba más en la calidad y redujo el número de 400 yardas a 6, pero mantuvo el intervalo de descanso entre 1 y 2 minutos. Dos semanas antes del encuentro promedió 3 millas por día, y una semana antes promedió solamente 1 milla al día, dedicada en primer lugar a trabajar la calidad y la cadencia. Las 50 y las 100 yardas de este período eran efectuadas con zambullida con 3 a 5 minutos de intervalo de descanso.

Murray gusta de desentumecerse nadando de 1.000 yardas a 1 milla. Nada suavemente alrededor de la mitad de la milla y entonces realiza tirones de 100, controlándolos en el reloj o unos pocos tirones de 50, trabajando la cadencia. Su desentumecimiento termina con unos largos nadados suavemente (2).

John Nelson

Medalla de Plata en los 1.500 metros (17,03) de los Juegos Olímpicos de 1964. Mejores tiempos: 400 metros, —4:11,8; 200 metros, —1:57,6. Edad, 19 años; altura, 1,70; peso, 64,850 quilos.

Preparado por Robert Ousley, de la «Pompano Beach High School», Florida.

John no realiza ejercicios en seco; cuando entrena duramente, lo hace dos veces al día.

Ejercicios favoritos

I. 1. Desentumecimiento con 400 metros.
2. Nadar 8×400, en 8 min., promedio 4:40.
3. Nadar dos 400 partidos con 10 seg. I.D. después de cada 100.
4. Batir 500.
5. Traccionar 500.

II. 1. Batir 500.
2. Traccionar 500.
3. Nadar 10×200 en 5 min., promedio por debajo 2:16.
4. Nadar 10×100 en 2 min., promedio :65+.

Afinamiento

De una duración entre dos y tres semanas, John realiza trabajo de cadencia y muchos 400 de nado partidos, especialmente la semana que precede al gran encuentro. Uno de los trabajos típicos que realiza por las mañanas durante esta fase puede ser: batir y traccionar 1.500 de cada, alternando 500 de batidos y 500 de tracción y seguir de esta guisa. Por la tarde, nadar 8×400.

Desentumecimiento previo a la competición

1. Nadar perezosamente 300, algunos en cada estilo.
2. Batir 200, 150 aleteando y 50 de rana.
3. Traccionar 200, flojos.
4. Nadar 4×50 para la cadencia.

(2) Eric Hanauer, «Murray Rose on Training», *Swimming World*, VI, núm. 2 (febrero 1965), 4-5.

Robert Windle

Campeón olímpico de los 1.500 metros estilo libre (17:01,7). Mejores tiempos (piscina larga): 100 metros, —54,9; 200 metros, —2:00,1; 440 yardas, —4:15,0; 800 metros, —8:59,6; (piscina corta): 100 yardas, —:47,9; 200 yardas, —1:43,9; 500 yardas, —4:48,2; 1.650 yardas, —16:50,2. Edad, 20 años; altura, 1,82; peso, 78,5 quilos. Empezó a nadar en competiciones a la edad de 13 años.

Preparado por Don Talbot, de Sydney, Australia, y James Counsilman, de la Universidad de Indiana.

Bob realiza ejercicios con poleas de pesas, pero también ha hecho levantamiento de pesas y contracciones isométricas.

Ejercicios favoritos

I. 1. Desentumecerse nadando 400 metros.
2. Nadar 20×200 en 3 min.
3. A velocidad 6×25.
4. Nadar suavemente 400.

II. 1. Desentumecerse nadando 400 metros.
2. Batir 400, sin tiempo.
3. Nadar 20×100 en 1:45.
4. Traccionar 400 sin tiempo (pequeño tubo neumático alrededor de los tobillos).
5. Nadar 8×50 con zambullida.
6. Nadar 400 suavemente.

III. 1. Desentumecerse nadando 400.
2. Nadar 4×800, 1 min. I.D.
3. Nadar a toda velocidad 6×25.
4. Nadar 400 suavemente.

Desentumecimiento previo a la competición

1. Nadar de 4 a 8×50 en 60 seg.
2. Nadar suavemente 400.
3. Unos pocos 50 duros.
4. Nadar de 4 a 6×25.
5. Relajarse con 200 metros.

MEJORES REPETICIONES

Piscina corta (yardas)						Piscina larga (metros)				
Dist.	No.	Promedio Tiempo	I.D.			Dist.	No.	Promedio Tiempo	I.D.	
50	30	:27	en 50	seg.		50	32	:31,0	10	seg.
100	15	:56	en 1:45	min.		100	15	1:05+	en 1:45	min.
100	20	:58+	en 1:45	min.		200	20	2:17	en 3	min.
200	8	1:53	en 6	min.		400	8	4:41	en 6	min.
200	16	2:00	en 3	min.		400	5	4:33	en 8	min.
400	4	4:03+	en 10	min.						
400	8	4:12	en 6	min.						
500	4	5:06	en 10	min.						
880	3	9:16	en 17	min.						

Mejores tiempos en batido y en tracción

	Piscina corta		Piscina larga
Batiendo:	50—:37, 100—1:19, 200—2:47, 440—6:36	Batiendo:	50—:47, 100—1:44, 200—3:41, 400—7:59
Traccionando:	50—:25, 100—:56, 200—2:47, 440—2:36	Traccionando:	50—:30, 100—1:04, 200—2:19, 400—4:52

Steve Krause

Antiguo detentor del récord del mundo de los 1.500 metros estilo libre en 16:51,6. Mejores tiempos (piscina corta): 100 yardas, —:50,3; 200 yardas, —1:47,6; (piscina larga): 100 metros, —:57,0; 200 metros, —2:03,2; 400 metros, —4:15,6; 1.500 metros, —16:51,6. Edad, 16 años; altura, 1,89; peso, 73,5 quilos. Empezó a nadar en competiciones a la edad de 8 años.

Preparado por John Tallman, del Cascades Swim Club, de Seattle, Washington.

Steve efectúa ejercicios de levantamiento de pesas, más algo de contracciones isométricas.

Steve realiza la mayor parte de sus ejercicios en piscina corta. En el verano de 1966, cuando nadó los 1.500 en piscina larga en el tiempo de 16:51,6, entrenaba por un total de más de 6 millas diarias, en tres sesiones.

Ejercicios favoritos

I. (piscina larga)
Nadar 32×100 a la cadencia de los 1.500, saliendo cada dos minutos.

II. (piscina corta)
1. Nadar como desentumecimiento 200 yardas de estilos individual.
2. Nadar 200 yardas estilo libre.
3. Nadar 8×440, reduciendo tiempos desde los 5 min. a los 4:18, saliendo cada 7 min.

III. (en una piscina de 20 yardas)
1. Nadar 12×40 yardas para desentumecerse y empleando los cuatro estilos.
2. Nadar 2 × 440 con 5 min. de descanso, tiempo 4:35.
3. Traccionar 1×440.
4. Nadar 2×440 con 5 min. de descanso, tiempo 4:30.
5. Nadar 8×40, 2 de cada estilo.

Afinamiento

El afinamiento lo empieza entre tres y cuato semanas antes del encuentro nacional. Las sesiones se reducen en número de 3 a 2, y la distancia de dos millas o más por sesión, a 1 milla. Los nados repetidos son menos en número y se cubren distancias menores en cada repetición. Se incrementa el trabajo en velocidad; por ejemplo, nadar 600 de desentumecimiento, nadar duramente 200, nadar muy perfectamente 8×100, y nadar 8×50 de cada estilo.

Desentumecimiento previo a la competición

1. Relajarse nadando entre 600 y 800, aumentando progresivamente la velocidad.
2. Trabajo de cadencia, nadar 3 ó 4×100 a cadencia saliendo con impulsión.
3. Nadar 1 ó 2×100 saliendo de zambullida y a la velocidad a que deseo ir en los primeros 100 de la carrera.
4. Relajarse un poco más con algo de batido, de tracción y nadando en los otros estilos.
5. Trabajo de velocidad (algunas veces termina con un par de 50 muy fuertes).

Mejores repeticiones

Steve nunca realiza ningún nado repetido de 50 yardas en piscina corta y raramente realiza repeticiones de 50 metros en piscina larga.

Piscina de 20 yardas				Piscina larga (metros)			
		Promedio				Promedio	
Dist.	No.	Tiempo	I.D.	Dist.	No.	Tiempo	I.D.
100	8	:56	4 min.	100	32	1:09	en 2 min.
440	4	4:33	5 min.	200	8	2:20	2½-3 min.
				400	4	4:37	5 min.
				800	4	11:00	4 min.

Greg Charlton

Detentor del récord del mundo de los 400 metros en —4:08,2 y de las 440 yardas en —4:12,2. Mejores tiempos (piscina larga): 200 metros, —1:58,1; 1.500 metros, —17:03,7; (piscina corta): 50 yardas, —:22,3; 100 yardas, —:48,0; 200 yardas, —1:45,8; 500 yardas, —4:37,8. Edad, 19 años; altura, 1,92; peso, 79,6 quilos. Empezó a nadar en competiciones a la edad de 9 años.

Preparado por Don Gambril; en el momento cumbre de la temporada trabaja dos sesiones diarias.

Greg realiza tanto levantamiento de pesas como contracciones isométricas. Tracciona con una banda de goma alrededor de los tobillos.

Ejercicios favoritos

(Ambos pueden efectuarse el mismo día en una piscina de 25 yardas.)

I. 1. Batir 10×100 en 1 min. 50 seg., promedio de tiempo, —1:28.
2. Traccionar 10×100 en 1 min. 50 seg., promedio de tiempo, —:59.
3. Nadar 6×200 en 4 min., promedio de tiempo 2 minutos o menos.
4. Nadar 15×100 estilo libre en 1 min. 20 seg., promedio de tiempo, —:55+.
5. Nadar 20×25 a toda velocidad en 30 seg.

II. 1. Batir 10×50 en 1 min.
2. Traccionar 10×50 en 1 min.
3. Nadar 10×50 en 1 min.
4. Nadar 5×500 en 8 min., promedio de tiempo, —5:08.
5. Nadar 10×100 cualquier estilo, en 2 min.

Afinamiento

Lo empieza alrededor de 2 semanas antes del gran encuentro. El tipo de trabajo depende en lo que Greg debe nadar; en general realiza más trabajo de velocidad.

1. Batir 10×50 en 1 min.
2. Traccionar 10×50 en 1 min.
3. Nadar 10×50 en 1 min.
4. Nadar 10×100 en 1 min.
5. Nadar fuertemente 10×50.

Desentumecimiento previo a la competición

1. Nadar 500.
2. Batir 200.
3. Traccionar 200.
4. Nadar rápido varias carreras cortas de 50.
5. Relajarse con 500 nadados suavemente.

MEJORES REPETICIONES

Piscina corta (yardas)				Piscina larga (metros)			
Dist.	No.	Promedio Tiempo	I.D.	Dist.	No.	Promedio Tiempo	I.D.
50	30	:27+	20 seg.	100	30	:63	1 min.
100	15	:55+	20 seg.	200	16	2:15	2 min.
200	10	1:56	2 min.	400	10	4:45	3 min.
500	6	5:08	3 min.	800	3	9:28	4 min.

Mejores tiempos en batido y en tracción

Piscina corta

Batiendo: 50 yardas—:35, 100 yardas—1:18, 400 yardas—5:58,
Traccionando: 50 yardas—:26, 100 yardas—:53, 200 yardas—1:57, 400 yardas—4:12

Piscina larga

Traccionando: 50 metros—:28, 100 metros—1:03, 200 metros—2:18, 400 metros—4:45

MARIPOSISTAS

Sharon Stouder

Ganadora de tres Medallas de Oro en los Juegos Olímpicos de 1964, 100 metros mariposa (:64,7); componente del equipo de 400 metros de relevos estilos y de los 400 metros relevos de estilo libre; segundo lugar en los 100 metros estilo libre (:59,9). Mejores tiempos (piscina corta): 50 yardas estilo libre, —:25,0; 100, —:54,2; 200, —1:59,1; 400, —4:20; 50 yardas mariposa, —:26; 100 yardas, —:58,0; 200 yardas, 2:10,0; (piscina larga). Estilo libre: 50 metros, —:27,5; 100 metros, —:59,9; 200, —2:14,3; 400 metros, —4:48,9; mariposa: 50 metros, —:28,5; 200 metros, —2:26,3. Edad, 17 años; altura, 1,76; peso, 64,4 quilos. Empezó a nadar en competiciones a la edad de 8 años.

Preparada por Don Gambril, de la «City of Commerce» de California.

Sharon realiza la mayor parte de sus ejercicios practicando el estilo libre; nada muy pocos de ellos en el estilo mariposa, a excepción de cuando se pone a punto para los grandes encuentros. Incluso en estos momentos ejecuta sólo una parte de los ejercicios en mariposa. Se considera a sí misma, básicamente, una nadadora de estilo libre que nada la mariposa como afición marginal.

Ejercicios favoritos (piscina larga)

I. 1. Nadar 400 como desentumecimiento.
2. Nadar 10×50 en 1 min., promedio :35 seg.
3. Nadar 4×200 en 5 min., promedio 2:30.
4. Batir 4×100, promedio 1:25.
5. Traccionar 4×200, promedio 2:40.
6. Nadar 8×50, promedio :30,0.
7. Nadar 30×20 yardas en 30 seg.
8. Batir 500.
9. Traccionar 500 (banda de goma alrededor de los tobillos).
10. Nadar 500.

II. 1. Batir 10×50 en 1 min.
2. Traccionar 10×50 en 1 min.
3. Nadar 10×50 en 1 min.
4. Batir 2×200 en 5 min., promedio 3 min.
5. Traccionar 4×100 en 2 min., promedio 1:14.
6. Nadar 8×150 en 5 min., promedio 1:50.
7. Nadar 8×50 en 4 min. (4×50 mariposa—:32 y 4×50 estilo libre—:32).
8. Nadar a velocidad 30×20.

III. 1. Nadar 400 de desentumecimiento.
2. Nadar una pirámide constituida por —50, 100, 150, 200, 300, 400, 300, 200, 150, 100, 50 (la constitución de la pirámide consiente 1 minuto por largo para el momento de la salida del próximo nado repetido, es decir, si Sharon nada unos 100-2 largos, empieza la repetición siguiente 2 minutos después de que inició los 100).

3. Batir 2×400 en 10 min., promedio 6:15.
4. Traccionar 2×400 en 8 min., promedio 5:20.
5. Nadar 5×75 en 2 min., promedio :52,0.

Afinamiento

Dos semanas y media antes de un gran encuentro empieza a practicar más la velocidad, con distancias más cortas.

1. Nadar 20×50 en 1 min.
2. Batir 4×50 en 4 min.
3. Traccionar 4×50 en 4 min.
4. Nadar 4×50 en 4 min.
5. Batir 2×25.
6. Traccionar 2×25.
7. Nadar 4×25.

Desentumecimiento previo a la competición

1. Nadar suavemente 800.
2. Batir 400.
3. Traccionar 200.
4. Nadar 4×50 en 1 min.
5. Nadar 2 ó 3×25 con descanso prolongado.

MEJORES REPETICIONES

Piscina corta (yardas)				Piscina larga (metros)			
Dist.	No.	Promedio Tiempo	I.D.	Dist.	No.	Promedio Tiempo	I.D.
50	10	:27+	en 2 min.	50	10	:29+	en 2 min.
100	5	:57+	en 3 min.	100	5	1:05	en 3 min.
200	4	2:07	en 5 min.	200	4	2:28	en 5 min.
500	5	5:48	en 8 min.	400	5	4:56,5	en 8 min.
				800	3	10:14	en 15 min.

Mejores tiempos en batido y en tracción

Batiendo (crawl): 50—:31, 100—1:10, 200—2:32

Batiendo (cola de pez): 50—:32, 100—1:16

Traccionando (crawl): 50—:27,5, 100—:59,2, 200—2:11,3

Traccionando (mariposa): 50—:31,8, 100—1:05, 200—2:30

Batiendo (crawl): 50—:34, 100—1:21 200—2:50, 400—5:53

Batiendo (cola de pez): 50—:35, 100—1:26

Traccionando (crawl): 50—:29,4, 100—1:08, 200—2:27,8, 400—5:10

Traccionando (mariposa): 50—:31,8, 100—1:15

Ada Kok

Holandesa detentora del récord mundial de los 100 metros mariposa en —1:04,5 y de los 200 metros mariposa en —2:21,0. Edad, 19 años; altura, 1,83; peso, 86,5 quilos.

Entrevista con el autor, en diciembre de 1965

Ada monta en bicicleta todos los días (de 1 a 2 horas) al ir y volver de las prácticas. En invierno, la mayor parte del tiempo trabaja duramente sólo una vez al día, efectuando de 1.000 a 1.500 metros en una piscina llena de aficionados. Ejecuta muy poco batido; más tracción que batido. Procura hacer todos los días una dura tanda de repeticiones, como 5×200. Los ejecuta en un promedio de tiempo de alrededor de 2:45 (piscina corta), con entre 2 y 4 minutos de intervalos de descanso. El tiempo total de la sesión es aproximadamente de 1 hora. Otra tanda que ejecuta en días alternos es de 8 a 10×100, promedio de 1:18 a 1:20. En muchos de sus ejercicios le gusta nadar en estilo libre.

En verano, Ada trabaja aproximadamente 1 hora por la mañana en una piscina cubierta de 25 metros y alrededor de una hora por la tarde en una piscina de 50 metros. Durante el verano de 1964, en entrenamientos para los Juegos Olímpicos, trabajó hasta cuatro horas diarias, y cree que este trabajo tan duro perjudicó su preparación para los Juegos. Afina 3 días y reduce sus ejercicios alrededor de 500 metros. Se desentumece muy poco haciendo generalmente de 300 a 400 metros, no efectuando en ellos carreras rápidas.

Susan Pitt

Campeona nacional AAU en los 100 y 200 metros mariposa. Mejores tiempos (piscina larga): 100 metros, —:65,5; 200 metros, —2:26,6; (piscina corta): 50 yardas, —28,0; 100 yardas, —:59,2; 200 yardas, —2:09,6. Edad, 17 años; altura, 1,76; peso, 59,8 quilos. Empezó a nadar en competiciones a la edad de 10 años.

Preparada por Frank Elm, de la Rutgers University.

Sue no ha hecho ni levantamiento de pesas ni contracciones isométricas. Realiza los ejercicios de tracción con un tablero de batir sostenido entre sus piernas. Durante la temporada, Sue trabaja duramente dos veces al día, en ocasiones lo ha hecho tres veces por día.

Ejercicio favorito (piscina larga)

Posiblemente Sue realice en un día dos de los siguientes ejercicios:

I. 1. Desentumecerse nadando suavemente 400 en estilo libre.
2. Nadar de 4 a 8×200 partidos (I.D.—10 seg. después de cada 50 y unos pocos minutos entre cada 200 partidos). Tres o cuatro de éstos se ejecutarán en mariposa, y los restantes en los otros estilos, o en estilos individual.
3. Batir 8×100, 30 seg. I.D.
4. Traccionar 8×100, 30 seg. I.D.
5. Nadar a toda velocidad algunos 25.

II. 1. Desentumecerse nadando suavemente 400 en estilo libre.
2. Nadar 2×400 individual estilos, en 6 min. cada uno.
3. Nadar 2×400 partidos de individual estilos, parándose 15 seg. después de cada 100.
4. Batir 800 metros empleando todos los estilos.
5. Traccionar 800 metros empleando todos los estilos.
6. Nadar de 8 a 10×50, la mitad de ellos o más en mariposa.

III. 1. Desentumecerse nadando suavemente 400 en estilo libre.
2. (a) Nadar de 4 a 6×200 partidos, con 15 segundos de descanso después de cada 50. Mejor tiempo de unos 200 metros piscina larga—2:16+. El promedio de Sue es alrededor de 2:20 a 2:24; después de cada 200 partidos se concede un prolongado descanso de 3 a 5 minutos.
(b) Nadar de 8 a 10×100 partidos, con 10 segundos de descanso después de los primeros 50. El mejor tiempo de Sue en 100 partidos es :63, el promedio de tiempo se halla entre 66 y 69 seg. Después de cada 100 partidos se concede un prolongado descanso de 2 a 4 min.
3. Nadar algunas carreras rápidas de 25 con descanso prolongado.

Afinamiento

Sue inicia el afinamiento 5 ó 6 días antes de los Campeonatos Nacionales. Para los encuentros de menor importancia no afina. Durante el afinamiento, se concentra en velocidad y concede descansos más prolongados entre las repeticiones.

1. Desentumecimiento nadando suavemente 400 en estilo libre.
2. Nadar en mariposa 2×200 partidos.
3. Batir de 200 a 400 suavemente.
4. Traccionar de 200 a 400 suavemente.
5. Nadar de 2 a 8×50 en mariposa (duramente).
6. Nadar a darlo todo 4×25 en mariposa.

Desentumecimiento previo a la competición

Antes de la eliminatoria:

1. Nadar suavemente alrededor de 400 en estilo libre.
2. Batir suavemente de 200 a 400 en cola de pez y en estilo libre.
3. Traccionar suavemente de 200 a 400 estilo libre (principalmente).
4. Nadar 200 (o hasta relajarse) cualquier estilo, en su mayor parte, estilo libre.
5. Nadar 4 ó 5×50, empezando con estilo libre a esfuerzo medio y terminando en mariposa al 90 por ciento de esfuerzo.
6. Nadar duramente en mariposa 1 ó 2×25.
7. Relajarse nadando 100 muy suaves.

Antes de las finales:

1. Nadar hasta sentirse relajada.
2. Batir suavemente 100 ó 200.
3. Traccionar suavemente 100 ó 200, en su mayor parte estilo libre.
4. Nadar un poco suave (100 ó 200) para relajarse.
5. Nadar 2, 3 ó 4×50, vigorizando en forma equitativamente fuerte hasta los últimos 50 de mariposa.
6. Nadar 1 ó 2×25 a darlo todo.
7. Nadar unos 100 suavemente *sueltos* (3).

Antes de las finales de 100, en sus ejercicios de desentumecimiento, Sue acentúa el trabajar más la velocidad que cuando lo hace para finales de 200.

MEJORES REPETICIONES

Piscina corta (yardas)				Piscina larga (metros)			
		Promedio				Promedio	
Dist.	No.	Tiempo	I.D.	Dist.	No.	Tiempo	I.D.
50	4	:30-:33	10-20 seg.	50	4	:32-:35	10-20 seg.
(Sue hará de 3 a 6×200 partidos en una sesión, con varios min. de descanso entre cada tanda.)				(Varios min. de descanso entre cada tanda.)			
100	2	1:06-1:11	15-20 seg.	100	2	1:06-1:11	15-20 seg.
Los siguientes 200 son ejecutados como tandas partidas.							
200	4 a 8	2:25-2:32	3 min.				

(3) La expresión «sueltos» es utilizada por muchos nadadores para referirse al período del desentumecimiento que sigue a los duros esfuerzos de velocidad, en los que se siente que se nada con gran soltura.

Kevin Berry

Campeón olímpico del año 1964 en los 200 metros mariposa, con el tiempo, récord mundial, de 2:06,6. Mejores tiempos (piscina larga): 100 metros, —:58,5; (piscina corta): 100 yardas, —:51,7; 200 yardas, —1:53,7. Edad, 20 años; altura, 1,77; peso, 87,54 quilos. Empezó a nadar en competiciones a la edad de 11 años.

Preparado por Don Talbot, de Sydney, y James Counsilman, de la Universidad de Indiana.

Kevin realiza ejercicios en seco con pesas y también contracciones isométricas. Realiza la mayoría de sus ejercicios nadando el estilo mariposa.

Ejercicios favoritos (piscina larga)

I. 1. Nadar suavemente 400 de «crawl» (desentumecimiento).
   2. Batir 400 (cola de pez).
   3. Nadar 4×400 mariposa, 6 min. I.D., promedio de 5:06 a 5:12.
   4. Nadar a velocidad 6×25.
   5. Nadar en «crawl» 400 suavemente.

II. 1. Nadar 400 de «crawl» (desentumecimiento).
   2. Nadar 2×400 partidos (8×50, 10 seg. I.D.), los primeros 400 en menos de 5 min., los segundos en menos de 4:40.
   3. Batir suavemente 200.
   4. Batir 4×100 (cola de pez) en 3 min., promedio 1:30.
   5. Traccionar suavemente 200 en «crawl».
   6. Traccionar 8×50 mariposa en 60 seg., promedio de 36 a 38 seg.

III. «Yo he nadado solamente un par de veces los siguientes ejercicios, pero creo que son muy buenos.»
   1. Desentumecerse con 200 en «crawl» suave.
   2. Ejecutar las siguientes repeticiones, intentando ejecutar tanta mariposa como sea posible; descanso razonablemente prolongado, 800, 400, 200, 100, 50, 50, 100, 200, 400, 800.

Afinamiento

De seis a ocho días antes de la gran carrera. «Cuando empiezo mi afinamiento, me place reducir drásticamente el volumen de los ejercicios, pues hace que me sienta bien, en particular mentalmente. Me gusta hacer más trabajo de velocidad y hacer más severos los 50 y los 25.»

Desentumecimiento previo a la competición

1. Nadar 400 o más de suave «crawl».
2. Nadar a toda velocidad 6×25.
3. Nadar a cadencia 50 de zambullida, a la velocidad a que deseo marchar en mi paso para los 200.

MEJORES REPETICIONES

Piscina corta (yardas)				Piscina larga (metros)			
Dist.	No.	Promedio Tiempo	I.D.	Dist.	No.	Promedio Tiempo	I.D.
50	30	:28,0	en 1 min.	50	30	:30,8	en 1 min.
100	15	:59+	en 2 min.	50	32	:35	en 10 seg.
200	8	2:03+	en 5 min.	100	15	1:08+	en 2½ min.
440	4	4:51	en 12 min.	100	20	1:09+	en 2 min.
				200	8	2:21+	en 6 min.
				200	16	2:28	de 30 a 45 seg.

Mejores tiempos en batido y en tracción

Batiendo:	50—:34, 100—1:15, 200—2:37, 440—6:12	Batiendo:	50—:39, 100—1:27, 200—3:15, 400—6:51
Traccionando:	50—:28, 100—:65, 200—2:21, 440—5:52	Traccionando:	50—:35, 100—1:16, 200—2:50

Fred Schmidt

Ganador, como componente del equipo de relevos estilos, de una Medalla de Oro en los Juegos Olímpicos de 1964; su tiempo en su relevo de mariposa fue de :56,9. Ganador de la Medalla de Bronce de la prueba de 200 metros mariposa (2:08,0), su mejor tiempo en piscina larga; en piscina corta, 100 mariposa, —:50,9 y 200 mariposa, —1:51,4. Edad, 21 años; altura, 1,87; peso, 82,500 quilos. Empezó a nadar en competiciones a la edad de 8 años.

Preparado por James Counsilman, de la Universidad de Indiana.

A Fred le place realizar ejercicios en seco, principalmente trabajar con las pesas y con el aparato dilatador, tanto fuera de la temporada como durante la de competición, hasta dos semanas antes de los grandes encuentros.

Ejercicios favoritos

I. 1. Nadar 400 yardas.
2. Nadar 16×50 en 60 seg., mitad libres, mitad mariposa; promedio piscina corta—:31, piscina larga—:36.
3. Batir 400, en seguida 8×50 en 60 seg.. promedio piscina corta—:31, piscina larga—:36.

4. Traccionar 400, en seguida 8×50 en 60 seg. (utilizando un pequeño tubo neumático alrededor de los tobillos), promedio piscina corta—:32, piscina larga—:37.
5. Nadar 30×50 en 60 seg., promedio piscina corta—:28,5, piscina larga—:32.

II. El 1 y el 2, igual que los precedentes.
3. Batir 400, en seguida 4×100 en 3 min., promedio piscina corta—1:08, piscina larga—1:16.
4. Traccionar 400, en seguida 4×100 en 3 min., promedio piscina corta—1:08, piscina larga—1:19.
5. Nadar 8×150 en 5 min., promedio piscina corta—1:33, piscina larga—1:48.

III. Del 1 al 4, igual que los ejercicios del II precedentes.
5. Nadar 15×100 en 2 ½ min., promedio piscina corta—:59,0, piscina larga—1:09.

Afinamiento

Las dos últimas semanas que preceden al gran encuentro, realiza más trabajo de velocidad y de cadencia.

1. Nadar 400.
2. Nadar 8×50 en 60 seg.
3. Batir 400, en seguida 4×50.
4. Traccionar 400.
5. Nadar 6×100 en 3 min.
6. Nadar 6×100 en 1 ½ min.

Desentumecimiento previo a la competición

1. Nadar 400
2. Batir 400.
3. Traccionar 400.
4. Nadar 8×50 progresivos, 1 min. I.D.

MEJORES REPETICIONES

Piscina corta (yardas)				Piscina larga (metros)			
Dist.	No.	Promedio Tiempo	I.D.	Dist.	No.	Promedio Tiempo	I.D.
50	36	:27,7	en 1 min.	50	30	:30	en 1 min.
100	15	:60+	en 3 min.	100	15	1:09+	en 3 min.
200	6	2:07	en 5 min.	200	6	2:27	en 6 min.
400	3	4:45	en 12 min.	400	3	5:17	en 12 min.

Mejores tiempos en batido y en tracción

Batiendo:	50—:27+, 100—:60+, 200—2:15, 400—4:47, 440—5:14	Batiendo:	50—:33, 100—1:13, 200—2:37, 400—5:32
Traccionando:	50—:29, 100—1:05, 200—2:19, 400—5:00, 440—5:28	Traccionando:	50—:34, 100—1:15, 200—2:42, 400—5:49

Carl Robie

Ganador de la Medalla de Plata en la prueba de los 200 metros mariposa de los Juegos Olímpicos de 1964, en el tiempo de 2:07,5. Mejores tiempos (piscina corta): 100 yardas, —:52,1; 200 yardas, —1:52,1; (piscina larga): 100 metros, —:58,1. Edad, 21 años; altura, 1,77; peso, 75,5 quilos. Empezó a nadar en competiciones a la edad de 10 años.

Preparado por Gus Stager, de la Universidad de Michigan.

Carl efectúa la mayor parte de sesiones prácticas empleando el estilo «crawl». No realiza ejercicios en seco. Tiene una gran capacidad para practicar nados repetidos. Cuando entrena duramente, lo hace dos vcees al día.

Ejercicios favoritos (piscina larga)

I. 1. Nadar 400 estilo libre (desentumecimiento).
2. Batir 400.
3. Traccionar 400 (pies trabados).
4. Nadar 4×400 estilo libre, 5 min. I.D., promedio 4:32.
5. Batir 800.
6. Traccionar 800.
7. 12×50 (mariposa o estilo libre), 30 seg. I.D.

II. 1. Nadar 400 (desentumecimiento).
2. Nadar 6×200 mariposa, 2 ½ min., I.D. promedio 2:17.
3. Batir 2×200 mariposa.
4. Tracionar 2×200 estilo libre.
5. Nadar 16×50, 30 I.D.

Afinamiento

De cinco a siete días; más trabajo de velocidad. Ejercicios como el precedente n.º 2, pero los nados repetidos reducidos a la mitad y realizados a ritmo más rápido.

Desentumecimiento previo a la competición

1. Nadar de 400 a 800 en estilo libre como desentumecimiento.
2. Batir 200.
3. Nadar 4×50.

MEJORES REPETICIONES

Piscina corta (yardas)				Piscina larga (metros)			
Dist.	No.	Promedio Tiempo	I.D.	Dist.	No.	Promedio Tiempo	I.D.
50	20	:29+	30 seg.	50	16	:31+	30 seg.
100	10	:60	1 min.	100	12	1:07+	1 min.
200	4	2:05	2½ min.	200	4	2:17	2½ min.

Mejores tiempos en batido y en tracción

Batiendo:	50—:31, 100—1:07, 200—2:30	Batiendo:	50—:34, 100—1:14, 200—2:42, 400—5:31,5
Traccionando:	50—:28,0, 100—:58,0, 200—2:02	Traccionando:	50—:30, 100—:64, 200—2:21

ESPALDISTAS

Cathy Fergusson

Campeona olímpica (1964) en los 100 metros espalda, estableciendo en dicha prueba el récord del mundo (1:07,7). Mejores tiempos (piscina larga): 200 metros, 2:27,4; (piscina corta): 50 yardas, —:28,8; 100 yardas, — 60,9; 200 yardas, —2:12,7. Edad, 18 años altura, 1,76; peso, 61,3 quilos. Empezó a nadar en competiciones a la edad de 10 años.

Preparada por Peter Daland, de Los Angeles Athletic Club.

Cathy realiza un solo tipo de ejercicios en seco, poleas de pesas.

Ejercicios favoritos

I. 1. Desentumecimiento, 8×50, 20 seg. I.D.
   2. Nadar 8×400 yardas estilo libre, 1 min. 20 seg. I.D. (promedio piscina corta 400 yardas—4:45, piscina larga 400 metros—5:05).

II. 1. Nadar de desentumecimiento, 8×50, 20 seg. I.D.
   2. Nadar 4×200 espalda (promedio piscina corta 200 yardas—2:22,0, piscina larga 200 metros—2:38,0).

3. Batir 400, sin tiempo.
4. Traccionar 400, sin tiempo.
5. Nadar 8×50 estilo libre (promedio piscina corta 50 yardas—:29,0, piscina larga 50 metros—:31,0..

III. 1. Nadar de desentumecimiento 8×50.
2. Nadar 5×800 estilo libre (piscina larga, promedio—10:32).
3. Batir 400, sin tiempo.
4. Traccionar 400, sin tiempo.

Afinamiento

Entre diez y catorce días; trabaja más la velocidad y mayor descanso.

1. Nadar 8×50.
2. Nadar 4×100 espalda, de 3 a 5 min.
3. Batir 200.
4. Traccionar 200.
5. Nadar 3×50, de 3 a 5 min. I.D.

Desentumecimiento previo a la competición

1. Nadar 4×50 estilo libre.
2. Nadar 400 estilo libre, sin tiempo.
3. Batir 200 estilo libre.
4. Batir 200 espalda.
5. A toda velocidad 3 ó 4×50, con prolongado I.D.

MEJORES REPETICIONES

Piscina corta (yardas)				Piscina larga (metros)			
Dist.	No.	Promedio Tiempo	I.D.	Dist.	No.	Promedio Tiempo	I.D.
50	4	:33	10 seg.	50	4	:35,0	10 seg.
100	4	1:06	25 seg.	100	4	1:15,0	25 seg.
200	4	2:22	1 min.	200	4	2:38,0	1 min.

Mejores tiempos en batido y en tracción

Batiendo	50—:41, 100—1:28, 200—3:02	Batiendo:	50—:50, 100-1:42, 200—3:23
Traccionando:	50—:37, 100—1:17, 200—2:42	Traccionando:	50—:40, 100—1:30, 200—3:00

Judy Humbarger

Campeona nacional AAU. de espalda. Mejores tiempos (piscina larga): 50 metros espalda, —:32,4; 100 metros, —1:09,0; 200 metros, —2:28,0; (piscina corta): 50 yardas, —28,8; 100 yardas, —1:01,5; 200 yardas, —2:11,8. Edad, 17 años; altura, 1,73; peso, 64,86 quilos. Empezó a nadar en competiciones a la edad de 7 años.

Preparada por Stefano Hunyadfi, del Club Olimpya de Fort Wayne, Indiana. Judy realiza algo de levantamiento de pesas y algunas contracciones isométricas. Entrena para espalda, estilo libre, y estilo individual. En los encuentros menores compite en todas las pruebas a excepción de la braza de pecho, pero en las competiciones importantes limita su participación a la espalda y a estilos individual. Se prepara durante 10 meses del año aproximadamente; en los momentos cumbres de la temporada de piscina cubierta, entrena dos veces al día, y en los cumbre al aire libre, de 2 a 3 veces al día.

Ejercicios favoritos

Piscina corta (yardas):
1. Nadar 400 estilo libre.
2. Batir 5×100 en 2 ½ min., tiempo—1:25.
3. Nadar 4×400 estilo libre en 6 min., promedio 4:50.
4. Traccionar 10×50 en 1 min., nadar 2×50 de cada estilo y 4×50 de estilo libre.
5. Nadar 10×100 espalda en 1 ½ min., promedio de tiempo—1:08 1:10.

Piscina larga (metros):

Mañana:
1. Nadar 400 estilos individual.
2. Batir 3×200 en 5 min., 2 de ellos en estilo libre y 1 en espalda.
3. Nadar 5×400 partidos estilo libre en 8 min., promedio de tiempo—5:15.
4. Nadar 10×50 en 1 min., 5 de ellos en mariposa; tiempo :39,5 de ellos en espalda, tiempo :36.

Tarde:
1. Traccionar 200 de desentumecimiento.
2. Batir 200 de desentumecimiento.
3. Nadar 4×800 estilo libre en 15 min., promedio de tiempo :11,15.
4. Nadar 8×50 en 1 ½ min., 2 en cada estilo.

Afinamiento (transcripción)

«Lo inicio 10 días antes del concurso nacional. Empiezo suavizando los ejercicios. Realizo más ejercicios de velocidad con descansos más prolongados y una gran cantidad de nados largos y suaves.»

Piscina corta (yardas):
1. Desentumecimiento 800, un poco de cada-nadar, batir, traccionar.
2. Nadar 1×200 espalda — salir suave, terminar duramente, alrededor 2:21.
3. Nadar 2×100 espalda, el primero en 1:07. el segundo en 1:03.
4. Nadar 4×50 estilo libre, con prolongado descanso, tiempo de—:25 + a :27 +.
5. Nadar 10×25 a toda velocidad con prolongado descanso 2 en cada estilo, 4 en estilo libre.
6. Nadar 1×100 suavemente.

Desentumecimiento previo a la competición

1. Nadar 400.
2. Batir 400.
3. Traccionar 200.
4. Nadar de 200 a 400 yardas.
5. Nadar 1×100 a cadencia y en el estilo que se nade este día.
6. Nadar duramente 2×50.
7. Nadar 4 ó 5×25 en todos estilos.'
8. Nadar 200 suavemente.

MEJORES REPETICIONES
(todas en espalda)

Piscina corta (yardas)				Piscina larga (metros)			
Dist.	No.	Promedio Tiempo	I.D.	Dist.	No.	Promedio Tiempo	I.D.
50	10	:30+	1 min.	50	10	:34+	1:15
100	10	1:10	1½ min.	100	10	1:16	2 min.
200	8	2:22	3½ min.	200	4	2:40	4 min.

Mejores tiempos en batido y en tracción

Piscina corta

Batiendo: 50 yardas—:37, 100 yardas—1:23, 200 yardas—2:55
Traccionando: (con banda de goma alrededor de los tobillos): 50 yardas—:31, 100 yardas—1:10, 200 yardas—2:35

Piscina larga

Batiendo: 50 metros—:41. 100 metros—1:38, 200 metros—3:30
Traccionando: 50 metros—:35, 100 metros—1:19

Charles Hickcox

Campeón nacional y detentor del récord del mundo, de los 100 y 200 metros espalda. Mejores tiempos (piscina larga): 100

metros espalda, —:59,1; 200 metros espalda, —2:09,4; 100 metros estilo libre, —:53,6 (salida en relevos); 200 metros estilo libre, —2:00,1 (salida en relevos); 400 metros estilo libre, —4:20,1; 1.500 metros estilo libre, —17:43,1; 100 metros mariposa, —57,8; 200 metros mariposa, —2:13,2; 100 metros braza de pecho, —1:19,1; 200 metros, —2:56,2; 200 metros estilos individual, —2:15,0; 400 metros, —4:53,1; (piscina corta): 100 yardas espalda, —52,6; 200 yardas espalda, —1:53,3; 100 yardas estilo libre, —:47,6; 200 yardas estilo libre, —1:46,1; 50 yardas mariposa, —:23,0; 100 yardas mariposa, —:51,1; 200 yardas mariposa, —1:56,1; 100 yardas braza de pecho, —1:07,1; 200 yardas braza de pecho, —2:25,2; 200 yardas estilos individual, —1:57,9; 400 yardas estilos individual, —4:16,3. Edad, 20 años; altura, 1,86; peso, 78,5 quilos. Empezó a nadar en competiciones a la edad de 13 años.

Preparado por James Counsilman, de la Universidad de Indiana. Charles realiza levantamiento de pesas y contracciones isométricas. Sus ejercicios le colocan entre los espaldistas, a pesar de que podría figurar muy bien entre los nadadores de estilos individual. Es también uno de los más excelentes nadadores del mundo en mariposa. En la temporada de piscina cubierta entrena dos veces al día y en la de verano dos o tres. Reúne, en sin par combinación, una tremenda velocidad de marcha con una resistencia por encima de lo común. Charles tracciona con un tubo de goma enrollado alrededor de los tobillos.

Ejercicios favoritos (piscina larga)

Un día típico de verano, con tres sesiones.

Sesión matinal:

1. Nadar 15×100 en tandas progresivas (aumentando la velocidad en cada 100) en 1:45. En estilo libre los tiempos empiezan en 1:20 y terminan en 1:01, en espalda empiezan en 1:25 y terminan en 1:06.
2. Nadar a cadencia 400 metros estilo libre en 4:40 o espalda en 5:00.
3. Batir suavemente 400, 100 en cada estilo.
4. Batir 4×100, 1 en cada estilo, en 2:30.
5. Traccionar 400 suavemente, 100 de cada estilo.
6. Traccionar 4×100, 1 en cada estilo, en 2:30.
7. Nadar 20×50 en 60 seg., promedio de tiempo en estilo libre—:30, en espalda—:33 y en mariposa—:31.

Sesión de mediodía:

1. Nadar 400 estilos individual, sin tiempos.
2. Nadar 3×400 con 5 min. descanso. Tiempos: 400 estilo libre—4:38, 400 estilos individual—5:07, 400 espalda por debajo de los 5 min.

Sesión de tarde:

1. Nadar 16×50 en 60 seg., cuatro en cada estilo.

2. Cadenciar, bien unos 400 o unos 800, estilo libre o espalda.
3. Batir 300.
4. Traccionar 8×50, dos en cada estilo.
5. Nadar 5×100 con de 4 a 5 min. descanso (nadar por lo menos 2 ó 3 estilos). Buena tanda típica: 100 estilo libre—1:02, 100 estilo libre—1:01, 100 espalda—1:06,1, 100 espalda—1:03,8, 100 mariposa—:59,3.

Afinamiento

A Charles le gusta afinar todo lo más una semana. Reduce sus sesiones a dos al día, con una distancia total por día de menos de 4.000 metros.

1. Nadar 8×100 en tandas progresivas, en menos de 2 min.
2. Batir 400.
3. Batir 2×100.
4. Traccionar 400.
5. A cadencia 400, espalda por debajo de los 4,55 o en estilo libre por debajo de 4,35.
6. Nadar duramente 3×100.
7. Nadar a toda velocidad 3×50.

Desentumecimiento previo a la competición

Antes de las eliminatorias de una carrera de espalda:

1. Nadar alrededor de 600 a 800 en todos los estilos.
2. Nadar 8×50 en todos los estilos, terminando los últimos 2×50 de espaldas en —:30 o menos aún.
3. Batir suavemente de 300 a 500.
4. Nadar de 3 a 4×25 por lo menos 2 de espalda alrededor de :13,6.
5. Nadar relajándose 200.

Antes de las finales

1. Nadar de 400 a 600, mayormente en estilo libre, los últimos 100 ó 200 en espalda.
2. Nadar 3×50 progresivos, de espalda.
3. Nadar 2×25, tiempo de :13,6 a 13:,9.
4. Relajarse con un nado de 100.

Al desentumecerse antes de nadar en estilos individual, pone en todos los estilos intensidad igual.

MEJORES REPETICIONES
(todas las anotadas corresponden al estilo de espalda)

Piscina corta (yardas)				Piscina larga (metros)			
Dist.	No.	Promedio Tiempo	I.D.	Dist.	No.	Promedio Tiempo	I.D.
50	30	:29,0	en 1 min.	50	30	:32,6	en 1 min.
100	15	:60,5	en 2½ min.	100	15	1:08,3	en 2½ min.
200	8	2:04,4	en 5 min.	200	6	2:22,9	en 6 min.
440	4	4:51,2	en 10 min.	400	2	4:51,6	en 12 min.
880	1	9:34,2		800	1	9:59,2	

Mejores tiempos en batido y en tracción

Piscina corta

Batiendo: 50 yardas—:35,2, 100 yardas—1:12,2, 440 yardas—6:01
Traccionando: 50 yardas—:31,2, 100 yardas—1:08,4, 440 yardas—5:32,7

Piscina larga

Batiendo: 50 metros—:38,7, 100 metros—1:29
Traccionando: 50 metros—:34,9, 100 metros—1:19,2

Gary Dilley

Ganador de la Medalla de Plata de los 200 metros espalda (2:10,5) en los Juegos Olímpicos de 1964. Mejores tiempos (piscina corta): 100 yardas, —:52,5; 200 yardas, —1:56,2. Edad, 20 años; altura, 1,86; peso, 77 quilos. Empezó a nadar en competiciones a la edad de 12 años.

Preparado por Glenn Hummer, de Huntington, Indiana YMCA, y por Charles MarCaffree, de la Universidad del Estado de Michigan.

A Gary le place nadar muchos de sus largos de prácticas en estilo libre, y ha nadado las 100 yardas estilo libre en ligeramente más de 47 segundos.

Ejercicios favoritos

I. 1. Nadar 8×400 en 8 min.
2. Nadar 32×50 en 1 min.
3. Traccionar 14×100 en 2 min. (pies trabados).
4. Batir 8×100 en 2 ½ min.
5. Nadar suavemente 400.

II. 1. Nadar 100×300 en 7 min.
2. Nadar 32×50 en 1 min.
3. Traccionar 7×200 en 4 min.
4. Batir 4×200 en 6 min.
5. Nadar suavemente 800.

Afinamiento

Durante 2½ o 3 semanas, concentrándose en ejercicios cortos de velocidad.

Una sesión de muestra:
1. Traccionar 400.
2. Batir 400.
3. Nadar de 10 a 15×50 entre 1 ½ a 2 min.
4. Nadar suavemente 400.

Desentumecimiento previo a la competición

1. Después de relajarse un tanto, cronometrar un nado de 200 metros alrededor de 2:30.
2. Nadar 1×50 a darlo todo.
3. Nadar 3×25 a velocidad progresiva.
4. Nadar un rato para relajarse.

MEJORES REPETICIONES

Piscina corta (yardas)				Piscina larga (metros)			
Dist.	No.	Promedio Tiempo	I.D.	Dist.	No.	Promedio Tiempo	I.D.
100	25	1:03	en 3 min.	50	25	:33,3	en 1 min.
200	15	2:10,3	en 5 min.	100	15	1:10,0	en 3 min.
				200	6	2:27	en 5 min.
				400	4	5:22	en 15 min.

Mejores tiempos en batido y tracción

Batiendo:	50—:33, 100—1:15	Batiendo:	50—:37, 100—1:27, 200—3:21, 400—6:51
Traccionando:	100—1:08, 200—2:20	Traccionando:	50—:34, 100—1:19, 200—2:40

Jed Graef y Thompson Mann

Estos dos nadadores entrenaban juntos en los veranos bajo la preparación de Robert Alexander, del North New Jersey Swim Club. Sus ejercicios eran similares, por lo que se registran aquí de consuno. Jed Graef ganó en los Juegos Olímpicos de 1964 la prueba de los 200 metros espalda en el tiempo, récord del mundo, de 2:10,3. Jed, de 23 años, de una altura de 2,01 m. y con un peso de 90,7 quilos, había empezado a nadar competitivamente a la edad de 10 años. Thompson Mann era componente del equipo olímpico vencedor en 1964 de los relevos de 400 metros estilos. Su tiempo en el largo del relevo de los 100 metros espalda dejó establecido el récord del mundo de los 100 metros en el tiempo de :59,6. Thompson, de 21 años, con una altura de 1,86 y un peso de 77 quilos, había empezado a nadar en competiciones a la edad de 9 años. Los ejercicios siguientes fueron practicados diariamente en el verano de 1964 por un período de 2 semanas del mes de agosto, antes de su ajuste en el equipo olímpico. La distancia total nadada al día era de 2.000 a 3.000 metros, con aproximadamente cinco minutos de intervalo de descanso entre ellos.

1. Traccionar 50, batir 50, y nadar 50.
2. Batir 100 moderadamente fuerte.
3. Nadar 100 metros, doble «over»,* de espalda.
4. Nadar 150 metros tomando el tiempo (informarse del tiempo).
5. Batir 100 suavemente.
6. Nadar duramente 200 metros acentuando la sensación de un ataque fuerte y seguro.
7. Traccionar 50, batir 50, nadar 50.
8. Traccionar 2×50 a toda velocidad (pies trabados).
9. Batir 2×50 a toda velocidad.
10. Nadar 100 metros contra el cronómetro.
11. Nadar 200 fuertes, pero no a darlo todo.

Unicamente se cronometran los reconocidos 4 y 10.

Una vez que los muchachos formaron parte del equipo olímpico, realizaron ejercicios idénticos a los que efectuaban los demás componentes del mismo. Jed fue colocado en la categoría de medio fondo y Thompson en la de los velocistas; su distancia total diaria fue incrementada entre 4 y 5 millas.

Afinamiento

Se inicia tres semanas antes de la gran competición. Realizan más trabajo en velocidad y menos distancia. La distancia diaria al iniciarse las tres semanas antes de la gran competición es de alrededor de 1.200 metros. Dos semanas antes del encuentro esta distancia se reduce a alrededor de 1.000 metros.

* N. del T. — Doble «over»: ambos brazos traccionan y recuperan en forma similar al «crawl», pero las piernas baten en forma parecida a la de la braza de pecho.

Desentumecimiento previo a la competición

Distancia total aproximada: 1.000 a 1.500 metros.
1. Nadar 200 suavemente.
2. Batir 100, traccionar 100, nadar 100.
3. Nadar 200 suavemente.
4. Batir 2×100 suavemente.
5. Traccionar 2×100 suavemente.
6. Nadar cronometrados 4×50, de 1 a 2 min. I.D.
7. Nadar 100 suavemente.

Mejores tiempos en nados repetidos

JED GRAEF

Piscina corta (yardas)				Piscina larga (metros)			
Dist.	No.	Promedio Tiempo	I.D.	Dist.	No.	Promedio Tiempo	I.D.
50	10	:27,0	en 1 min.	50	20	:33,6	en 1 min.
100	6	:58,0	en 5 min.	100	15	1:11,2	en 2½ min.
200	6	2:05	en 7 min.	200	8	2:23	en 5 min.

Mejores tiempos en batido y en tracción (piscina larga)

Batiendo: 100—1:38, 200—3:31, 400—7:33
Traccionando: 100—1:19, 200—2:58, 400—6:20

THOMPSON MANN

Piscina corta (yardas)				Piscina larga (metros)			
Dist.	No.	Promedio Tiempo	I.D.	Dist.	No.	Promedio Tiempo	I.D.
50	16	:29,5	en 30 seg.	50	40	:34,0	en 1 min.
100	12	:59,0	en 4 min.	100	10	1:08,9	en 5 min.
				200	6	2:21,1	en 6 min.
				400	4	5:02,4	en 12 min.

Mejores tiempos en batido y en tracción (piscina larga)

Batiendo: 100—1:39, 200—3:40,1 400—7:53
Traccionando: 200—2:56, 400—6:44

Robert Bennett

Ganador de la Medalla de Bronce de los 100 metros espalda en los Juegos Olímpicos de 1960, y nuevamente en los Juegos Olímpicos de 1964 la de los 200 metros espalda (2:13,1). Edad, 21 años; altura, 1,86; peso, 84 quilos. Empezó a nadar en competiciones a la edad de 10 años.

Preparado por Kris Kristensen, de la Escuela de Natación Kris Kristensen, y por Peter Daland, de la Universidad de California del Sur.

Ejercicios favoritos

1. Desentumecerse nadando 400.
2. Batir 400 (Bob realiza el batido y la tracción empleando la mayor parte de las veces el estilo libre).
3. Traccionar 400.
4. Nadar 4×200 espalda en 5 min., promedio 2:29.
5. Nadar suavemente 200 metros, descansar 5 min.
6. Nadar 5×100 en 2 ½ min., promedio :66.0.
7. Nadar suavemente 100 metros estilo libre, 5 min. I.D.
8. Nadar 8×50 en 1 min.

Afinamiento

Dos semanas antes del encuentro, Bob reduce los ejercicios a 1.500 metros al día. Una semana antes de la carrera, los reduce nuevamente a 800 metros al día.

Desentumecimiento previo a la competición

1. Nadar 400.
2. Batir 200.
3. Practicar virajes durante 10 min.
4. Nadar 2×50 alrededor de :33,0.
5. Nadar 1×50 a :29,5.
6. Nadar 300 suavemente

MEJORES REPETICIONES

Piscina corta (yardas)				Piscina larga (metros)			
Dist.	No.	Promedio Tiempo	I.D.	Dist.	No.	Promedio Tiempo	I.D.
50	20	:30,0	en 1 min.	50	20	:34	en 1 min.
100	10	1:02	en 2½ min.	100	10	1:10	en 2½ min.
200	8	2:15	en 3 min.	200	8	2:40	en 3 min.
				400	4	5:20	en 10 min.

Thomas Stock

Antiguo detentor del récord del mundo de los 100 metros espalda (1:00,9) y de los 200 metros espalda (2:10,9). Mejores tiempos (piscina corta): 100 yardas, —:53,6; 200 yardas, —1:55,9. Edad, 20 años; altura, 1,70; peso, 60,78 quilos. Empezó a nadar en competiciones a la edad de 11 años.

Preparado por James Counsilman. Tom goza de una resistencia tremenda y nada los ejercicios repetidos y tomas de tiempo de fondo en espalda como ningún nadador de los que tengo noticia. Nadó unas 880 yardas de espalda en 9:25,2 y unas 1.650 yardas (piscina corta) en 18:07,7. En piscina larga repetidamente batió los 10 minutos en los 800 metros y sus mejores 400 metros en espalda fueron 4:36,7. Trabajaba duramente en ejercicios en seco empleando pesas, contracciones isométricas y el aparato dilatador doble.

Ejercicios favoritos (piscina larga)

I. 1. Desentumecimiento, nadar 400 metros.
2. Batir suavemente 400.
3. Cronometrar 400 de batido, tiempo alrededor de 6:30.
4. Traccionar suavemente 400.
5. Cronometrar 400 de tracción, tiempo aproximado de 5:40 (tubo de goma alrededor de los tobillos).
6. Nadar 4×400, 6 min. I.D., promedio por debajo de 5 min.

II. 1. Desentumecimiento, nadar 400 metros.
2. Nadar 16×50 en 1 min., promedio :33+.
3. Batir suavemente 400.
4. Batir 4×100 en 3 min., promedio 1:30+.
5. Traccionar suavemente 400.
6. Traccionar 4×100 en 3 min., promedio 1:19.
7. Nadar 8×200 en 6 min., promedio 2:24.

III. Ejercicio favorito de la sesión (segunda) de la tarde.
1. Desentumecimiento, 500 suaves.
2. Batir 500 suaves.
3. Traccionar 500 suaves.
4. Nadar 8×100, 3 min. I.D., promedio :65+.
5. Nadar 4×50 en 3 min. I.D., promedio :31+.

Afinamiento

Diez días — acortar la distancia total y acelerar los nados repetidos.

1. Desentumecimiento, nadar 400.
2. Nadar de 12 a 16×50, moderadamente al principio, y aumentar progresivamente la velocidad.

3. Batir 500 suavemente, de 2 a 4×50 batidos duramente.
4. Traccionar 400 suavemente, de 2 a 4×50 traccionados duramente.
5. Bien de 3 a 4×200, o bien de 6 a 8×100, descanso prolongado.
6. Velocidad 2×50 a darlo todo.

Desentumecimiento previo a la competición

1. Nadar de 500 a 800.
2. Batir 200.
3. Nadar 8×50, unos sí, otros no duros.
4. A cadencia 1×100 «si todavía no me siento relajado».

MEJORES REPETICIONES

Piscina corta (yardas)				Piscina larga (metros)			
Dist.	No.	Promedio Tiempo	I.D.	Dist.	No.	Promedio Tiempo	I.D.
50	30	:29+	en 1 min.	50	30	:31+	en 1 min.
100	15	:60,2	en 2½ min.	100	15	:67+	en 2½ min.
200	8	2:02+	en 5 min.	200	8	2:21,6	en 6 min.
440	4	4:46	en 10 min.	400	4	4:48,6	en 12 min.
880	1	9:25,2		800	2	9:56,4	en 24 min.
1.650	1	18:07,7					

Mejores tiempos en batido y en tracción

Batiendo:	50—:33, 100—1:11, 200—2:32, 440—5:52	Batiendo:	50—:37, 100—1:19, 200—2:52, 400—6:02
Traccionando:	50—:29, 100—1:04, 200—2:18, 440—5:26	Traccionando:	50—:33, 100—1:12, 200—2:36, 400—5:39

BRACISTAS

Catie Ball

Campeona nacional AAU de los 100 y 200 metros braza de pecho. Mejores tiempos (piscina corta): 100 yardas, —1:06,6; 200 yardas, —2:25,0; (piscina larga): 100 metros, —1:14,6; 200 metros, —2:39,5. Edad, 16 años; altura, 1,64; peso, 56,7 quilos. Empezó a nadar en competiciones a la edad de 8 años.

Preparada por George Campbell, de Jacksonville, Florida. En las épocas culminantes de las temporadas de concursos de piscina cubierta y al aire libre, Catie normalmente trabaja dos sesiones diarias. Cada sesión le toma 1 1/2 horas. Realiza la mayor parte de sus prácticas en una piscina corta (25 yardas).

Catie efectúa algo de levantamiento de pesas, pero no ejecuta contracciones isométricas. Realiza sus batidos suspendida en un tablero y sus ejercicios de tracción con un flotador (un soporte de plástico para las piernas).

Ejercicios favoritos (piscina corta)

I. 1. Desentumecimiento con 800 estilo libre.
2. Nadar 2×400, 2 estilo libre y 1 estilo individual.
3. Nadar 4×200, 2 braza de pecho, y 2 estilo individual.
4. Nadar 8×100, 2 braza de pecho, 2 estilos individual, 2 estilo libre, y 2 en cualquiera de los estilos.
5. Varias carreras de 50 yardas a toda velocidad.
Distancia total: alrededor de las 3.600 yardas.

II. 1. Desentumecerse con 400 estilo libre.
2. Desentumecerse con 400 estilos individual.
3. Batir 2×200.
4. Traccionar 2×200.
5. Batir 4×100.
6. Traccionar 4×100.
7. Batir 4×50.
8. Traccionar 4×50.
9. Nadar duramente 12×50, 3 en cada estilo.
Distancia total: 3.400 yardas.

III. 1. Desentumecerse con 400 batidos de estilos individual.
2. Nadar 10×200, alternando estilos individual y braza de pecho.
3. Batir 2×100 braza de pecho.
4. Traccionar 2×100 braza de pecho.
5. Nadar 2×100 braza de pecho.
6. Nadar 2×100 estilo libre.
7. Nadar 2×100 estilos individual.
8. Nadar 12×50, 3 de cada estilo.
Distancia total: de 3.900 a 4.000 yardas.

Afinamiento

Empieza dos semanas antes de los campeonatos nacionales de piscina cubierta y tres semanas antes de los nacionales al aire libre. Durante la fase de afinamiento Catie realiza más ejercicios de velocidad.

1. Desentumecimiento con 4×100 de batido, I.D. 1 min.
2. Desentumecimiento con 4×100 de tracción, I.D. 1 min.
3. Nadar 5 ó 6×200, normalmente estilos individual o estilo libre. El intervalo de descanso es largo (o hasta que Catie se siente bien dispuesta).

4. Nadar 8 ó 10×100 normalmente estilos individual o estilo libre. El intervalo de descanso, como en el punto tres precitado.

Desentumecimiento previo a la competición

1. Nadar 200 estilos individual.
2. Batir 200 estilos individual.
3. Traccionar 200 estilos individual.
4. Batir de 200 a 300 braza de pecho.
5. Traccionar de 100 a 200 braza de pecho.
6. Nadar 1 ó 2× 50 de cada estilo.
7. Nadar 2 ó 3×50 braza de pecho.
8. Nadar 5 ó 6×25 braza de pecho.

Mejores repeticiones

Catie no siempre cronometra sus repeticiones y realiza la mayor parte de sus series de repeticiones nadando solamente una parte de ellas en braza de pecho. Los tiempos anotados a continuación corresponden a la parte de braza de pecho de las series.

		Piscina corta (yardas)	
Dist.	No.	Promedio Tiempo	I.D.
50	5	:33,5	en 1½ min.
100	4	1:09,6	en 4 min.
200	2	2:32,0	en 8 min.

Mejores tiempos en batido y en tracción

Batiendo (piscina corta): 100 yardas—1:19, 200 yardas—2:50
Batiendo (piscina larga): 100 metros—1:30, 200 metros—3:05

Claudia Kolb

Medalla de Plata en los 200 metros (2:47,6) braza de pecho en los Juegos Olímpicos de 1964. Mejores tiempos (piscina corta): 50 yardas, —:32,2; 100 yardas, —1:09,1; 200 yardas, —2:27,4; (piscina larga): 50 metros, —:36,2; 100 metros, —1:17,1. Edad, 16 años; altura, 1,70; peso, 62 quilos. Empezó a nadar en competiciones a la edad de 7 años.

Preparada por George Haines, del Santa Clara Swim Club. Claudia se entrena también para los estilos individual.

Claudia no realiza ejercicios de levantamiento de pesas, pero sí los hace con las cuerdas extensibles y efectúa algunas contracciones isométricas.

Aun cuando Claudia figura aquí inscrita como bracista, está también especializada en estilos individual, en los que detenta el récord del mundo de los 200 y los 400 metros.

Ejercicios favoritos

I. (piscina corta)
1. Desentumecimiento, 400.
2. Nadar 8×25 moderados.
3. Nadar 2×800 estilo libre, 7 min. I.D. Tiempos—9:10 y 8:55.
4. Batir 4×200 braza de pecho, cada 4 min. Tiempos—2:51, 2:47, 2:45 y 2:42.
5. Traccionar 1.000, tiempo 11:23 (utiliza una pequeña tabla para sustentar los pies).
6. Nadar 8×25 en todos los estilos, sale cada 30 seg. Total—4.200 yardas.

II. (piscina larga)
1. Desentumecimiento, 400.
2. Nadar 4×50 en 1 min.
3. Nadar 8×100 estilo libre en 2 min., promedio entre 1:08 y 1:10.
4. Traccionar 4×300 en cada 5 ½ min. (2×100 mariposa, 1×100 braza de pecho, y 1+100 estilo libre).
5. Batir 8×100 braza, en 2 min., promedio de 1:32 a 1:35.
6. Nadar 12×50 (6×50 mariposa de 34 a 35 seg., 6×50 braza de pecho entre 40 y 41 seg.).

Total: 3.600 metros.

III. (piscina larga)
1. Nadar 400 metros de desentumecimiento.
2. Nadar 8×200 en 4 min. (4×200, tiempo de 2:25 a 2:30; 4×200, tiempo de 2:58 a 3:00).
3. Batir 2×400 braza de pecho en 8 min., promedio 6:30.
4. Traccionar 3×300 estilo libre en 6 min.
5. Nadar 8×50 en 1 min., todos los estilos.

Total: 4.300 metros.

Afinamiento

Dos semanas — más trabajo en velocidad y en batido.
1. Desentumecimiento, 400.
2. 200 en total, batido, nado o tracción.
3. Nadar a toda velocidad 8×25.
4. Batir 4×200 en braza de pecho.
5. Nadar 4×100 a cadencia, prolongado descanso.
6. Traccionar 8×50.

7. Nadar 8×50, de zambullida.
8. Nadar 10×25.
9. Nadar 200 para relajarse.

Desentumecimiento previo a la competición

1. Nadar 500.
2. Traccionar 400.
3. Batir 400.
4. Batir a velocidad algunos 25.
5. «Si compito en una carrera de más de 100, nado 4×50 y 8×25 de zambullida. Si compito en unos 100 o menos, nado mayormente 25.»
6. Nadar suavemente 200.

MEJORES REPETICIONES

Piscina corta (yardas)				Piscina larga (metros)			
Dist.	No.	Promedio Tiempo	I.D.	Dist.	No.	Promedio Tiempo	I.D.
50	10	:34,0	en 1½ min.	50	10	:38+	en 1½ min.
100	8	1:12+	en 2½ min.	100	8	1:22+	en 2½ min.
200	8	2:35	en 5 min.	200	4	2:53+	en 5 min.

Mejores tiempos en batido y en tracción

Batiendo:	50—:36, 100—1:16, 200—2:39, 400—5:35, 800—11:50	Batiendo:	50—:42, 100—1:25, 200—2:58, 400—6:15, 800—13:04
Nadando:	400—5:18, 800—11:10	Nadando	400—6:04, 800—12:52

Claudia realiza la mayor parte de sus ejercicios de tracción en estilo libre, y por esta razón no tiene tiempo para sus ejercicios de tracción en braza.

Chester Jastremski

Antiguo detentor del récord del mundo y campeón nacional AAU, ganador de la Medalla de Bronce de los 200 metros braza de pecho en la Olimpíada de 1964 (ver también la Tabla 13-1). Mejores tiempos (piscina larga): 100 metros, —1:07,5; 200 metros, —2:28,2; (piscina corta): 100 yardas, —:58,5; 200 yardas, —2:09,0. Edad, 22 años; altura, 1,80; peso, 72,5 quilos. Empezó a nadar en competiciones a la edad de 8 años.

Preparado por James Counsilman, de la Universidad de Indiana. Chet realizaba levantamiento de pesas y contracciones isométricas hasta los dos últimos años de natación de competición, época en que se dio cuenta de que era suficientemente fuerte. Desde entonces sus ejercicios en seco quedaron circunscritos a trabajar la dilatación. Chet tenía una tracción de brazos muy poderosa y un batido de piernas relativamente débil. Nadaba con buenos tiempos las grandes distancias de braza de pecho: piscina larga, 400 metros, —5:21,2; piscina corta, 400 yardas, —4:50; 440 yardas, —5:19,8; 880 yardas, —11:01,2. Durante la temporada, Chet trabajaba dos veces al día y en ocasiones tres veces. Aproximadamente del 80 al 90 por ciento de su entrenamiento era efectuado en braza de pecho. Traccionaba con un tubo de goma arrollado a sus tobillos.

Ejercicios favoritos

(Piscina corta en yardas, los dos siguientes ejercicios pueden ser realizados el mismo día.)

Por la mañana, antes de las clases, 7,30 a las 8,30:
1. Nadar suavemente 400 de desentumecimiento.
2. Batir 400.
3. Traccionar 400.
4. Cronometrar 440 braza de pecho entre 5,45 y 5,30.
5. Nadar 400 partidos en braza de pecho (4×100 con 15 seg. descanso, promedio de tiempo 1:12).
6. Nadar a velocidad de 4 a 6×25.

Sesión de tarde:
1. Desentumecimiento con 400 en «crawl» y braza de pecho.
2. Nadar 16×50 en 1 min., incrementando progresivamente la velocidad con los últimos 50 en :31+.
3. Nadar fuertemente 440 braza de pecho, promedio de tiempo 5:38; mejor tiempo 5:19,8.
4. Batir suavemente 400 en «crawl» o braza de pecho.
5. Batir 4×100 en 3 min., mejorando el tiempo de 1:30 a 1:23 o mejor aún.
6. Traccionar suavemente 400 en «crawl» o en braza de pecho.
7. Traccionar 4×100 en 3 min. braza de pecho, mejorando el tiempo de 1:23 a 1:15 o mejor aún.
8. Nadar 15×100 en 2 ½ braza de pecho, promedio de tiempo 1:11 o mejor cuando estaba en forma. A Chet también le gustaba nadar 8×200.
9. Nadar de 3 a 5×25 a velocidad y de zambullida, tratando de pasar por los 13 seg. y ocasionalmente en menos.

Ejercicios favoritos

(Piscina larga en metros, los dos ejercicios que siguen pueden ser realizados el mismo día.)

Sesión matinal:
1. Desentumecerse con 200 suaves, nadando «crawl» o braza de pecho.
2. Nadar para desentumecerse 8×50 en braza de pecho en 1 min. (algunas veces se ejecutan como unos 400 partidos con 10 seg. I.D. entre cada 50).
3. Cronometrar unos 800 metros relativamente duros (alrededor de los 12 minutos y en ocasiones por debajo).
4. Batir suavemente 400.
5. Batir 8×50 en braza de pecho en 1 ½ min., empezando alrededor de 55 seg., e ir bajando los tiempos hasta los últimos 50 en 45 seg.
6. Traccionar suavemente 400.
7. Traccionar 8×50 en braza de pecho en 1 ½ min., empezando alrededor de 45 seg., e ir bajando los tiempos hasta los últimos 50 en 39 seg.
8. Nadar 1×400 braza de pecho alrededor de 6 min.
9. Nadar 8×100 en 3 min., promedio de tiempo 1:18.
10. Nadar 400 braza de pecho por debajo de los 6 min.
11. Nadar de 2 a 3×50 a darlo todo, cada uno aproximadamente entre 33,5 y 35 seg.

Sesión de tarde:
1. Desentumecerse nadando 500.
2. Desentumecerse batiendo 500.
3. Desentumecerse traccionando 500.
4. Nadar unos pocos 50 para conjuntar los movimientos.
5. Nadar 3 fuertes 200 metros en braza de pecho con alrededor de 5 min. I.D. entre cada uno; promedio de tiempo 2:47, 2:43, intentando en el último bajar de los 2:40.
6. Nadar 8×50 de braza de pecho con descanso prolongado.

Afinamiento

Chet iniciaba el afinamiento alrededor de dos semanas antes del gran encuentro, reduciendo la cantidad de trabajo en las prácticas y orientándolo en gran parte a la cadencia, especialmente a los primeros 50 y 100 de la carrera. Continuaba con las dos sesiones diarias de ejercicios.

Sesión matinal (piscina larga):
1. Nadar de desentumecimiento 12×50, practicando todos los estilos.
2. Batir 400 suavemente.
3. Batir 2×100 para la velocidad.
4. Traccionar de 200 a 400 suavemente.

5. Nadar a cadencia suave 400 de braza de pecho, tiempo alrededor de 5:50.
6. Nadar 2 ó 3×200, uno estilo individual y el otro o los otros en braza de pecho.
7. Nadar algunos recorridos de velocidad, tales como 2 ó 3×50, ó 1×50 y 1×100.

Sesión de tarde (piscina larga):
1. Nadar de 8 a 12×50 braza de pecho, de desentumecimiento.
2. Batir suavemente de 200 a 400.
3. Nadar de 3 a 4×100 braza de pecho, incrementando progresivamente la velocidad de 1:21 a 1:12.
4. Nadar unos suaves 400 (sin tiempo).
5. Unos pocos recorridos de velocidad, de 25 o de 50.

Los tres días que preceden al encuentro, Chet reduce su trabajo a alrededor de 1.800 ó 2.400 metros, según cómo se siente. Le gusta realizar prácticas de velocidad justamente hasta el día de la gran competición (tales como 2 ó 3×100, o de 5 a 6×50).

Desentumecimiento previo a la competición (piscina larga)

1. Antes de las eliminatorias, entre 10 y 15 minutos de dilatación.
2. Nadar 400 de suave desentumecimiento, en «crawl» o en braza de pecho.
3. Nadar 8×50 en 1 ½ min., incrementando progresivamente la velocidad de 50 a 36 seg.
4. Batir de 200 a 400 suavemente para relajar las piernas.
5. Nadar 1×100 a cadencia, aproximadamente entre 1:18 y 1:20.
6. Nadar algunos duros largos de velocidad con impulsión de la pared (tales 2×50 ó 3×25).

Antes de las finales:
1. Desentumecerse con 200 ó 400 nadando braza de pecho y «crawl».
2. Nadar de 4 a 6×50 progresivamente.
3. Nadar unos suaves 100 ó 200 para relajarse.
4. Nadar algunos duros largos de velocidad, 1 ó 2×50 ó 2 ó 3×25.

MEJORES REPETICIONES

Piscina corta (yardas)						Piscina larga (metros)					
		Promedio						Promedio			
Dist.	No.	Tiempo	I.D.			Dist.	No.	Tiempo	I.D.		
50	30	:31,8	en	60	seg.	50	30	:38,1	en	60	seg.
50	8	:30,2	en	3	min.	50	4	:33,4	en	5	min.
100	15	1:09,1	en	2½	min.	100	15	1:18,3	en	2½	min.
100	4	1:03,2	en	5	min.	100	4	1:14,4	en	6	min.
200	8	2:23	en	5	min.	200	8	2:48	en	6	min.
200	4	2:18	en	8	min.	200	3	2:41	en	10	min.
400	4	5:00	en	12	min.	400	4	5:52	en	12	min.
440	4	5:30	en	12	min.	800	2	12:02	en	24	min.
880	3	12:04	en	24	min.						

Mejores tiempos en batido y en tracción

Piscina corta (yardas)		Piscina larga (metros)	
Batiendo:	50—:37,100—1:19, 200—2:51, 400—6:03, 440—6:39, 880—13:52	Batiendo:	50—:39,7, 100—1:29, 200—3:17, 400—6:47, 800—14:09
Traccionando:	50—:32,8, 100—1:11, 200—2:37, 400—5:28, 440—6:01, 880—12:27	Traccionando:	50—:36,8, 100—1:19, 200—2:51,6, 400—6:08

Tom Trethewey

Componente del equipo olímpico de los Estados Unidos del año 1964 y campeón nacional AAU de los 100 metros en piscina descubierta, —1:08,3. Mejores tiempos (piscina larga): 200 metros, braza de pecho, —2:30,3; (piscina corta): 50 yardas, —:27,2; 100 yardas, —:60,6; 200 yardas, —2:10,4 (récord N.C.A.A.). Edad 21 años; altura, 1,85; peso, 74 quilos. Empezó a nadar en competiciones a la edad de 13 años.

Preparado por James Counsilman, de la Universidad de Indiana.

Tom realiza levantamiento de pesas, contracciones isométricas y ejercicios de dilatación. Tracciona con un tubo de goma parcialmente hinchado, arrollado alrededor de los tobillos. Realiza en braza de pecho entre el 80 y el 90 por ciento de sus ejercicios.

Ejercicios favoritos (piscina corta)

I. Nadar 400 de desentumecimiento, algunos en «crawl».
  2. Nadar 16×50 en 60 seg.
  3. Traccionar 400 suavemente.
  4. Traccionar 4×100 en 2 ó 2 ½ min., promedio de tiempo 1:18.
  5. Batir 400.
  6. Batir 2×200 en 6 min., promedio de tiempo 2:50.
  7. Nadar 15×100 en 2 ó 2½ min., promedio de tiempo de 1:09 a 1:13.

II. 1. Nadar 400 de desentumecimiento.
  2. Nadar 20×50 en 60 seg., alternando unos 50 duros con otros 50 suaves.
  3. Traccionar 400 suavemente.
  4. Traccionar 2×200 cronometrados, 3 min. I.D.
  5. Batir 400 suavemente.
  6. Cronometrar 440 de batido (alrededor de 6:16 —el mejor tiempo era 6:01).
  7. Nadar duramente 5×150, prolongado descanso de 3 a 5 min., promedio de tiempo 1:45.

Afinamiento

Empieza diez días antes del gran encuentro y en ellos efectúa más trabajo en velocidad.

1. Nadar 400 de desentumecimiento.
2. Nadar 16×50 en 60 seg., alternando uno duro con otro suave.
3. Batir 200 suaves.
4. Batir duramente 4×50, promedio de tiempo :37+.
5. Traccionar 200 suaves.
6. Traccionar duramente 4×50, promedio de tiempo :38+.
7. Nadar de 4 a 6×100 con prolongado descanso alrededor de 3 min., promedio de tiempo 1:05 o mejor.
8. Nadar a velocidad algunos 25 con zambullida por debajo de 13 seg.

Desentumecimiento previo a la competición

1. Nadar entre 400 y 800 en estilo libre y braza de pecho suaves.
2. Batir suavemente 400.
3. Traccionar suavemente 400.
4. Nadar 8×50 alternando los 50 duros con los suaves.
5. Nadar duramente 4×25.

MEJORES REPETICIONES

Piscina corta (yardas)				Piscina larga (metros)			
Dist.	No.	Promedio Tiempo	I.D.	Dist.	No.	Promedio Tiempo	I.D.
50	30	:32,0	en 1 min.	50	30	:38+	en 1 min.
100	15	1:09+	en 2½ min.	50	20	:37,2	en 1 min. 10 seg.
200	8	2:24+	en 6 min.	100	15	1:21,2	en 2½ min.
440	4	5:38,0	en 12 min.	200	8	2:50,0	en 6 min.
880	1	11:16,0		400	4	5:56,2	en 12 min.

Mejores tiempos en batido y en tracción

Piscina corta

Batiendo: 50 yardas—:32,8, 100 yardas—1:11,6, 200 yardas—2:35, 400 yardas—5:25

Traccionando: 50 yardas—:35, 100 yardas—1:15,0, 200 yardas—2:38, 400 yardas—5:29

Piscina larga

Batiendo: 50 metros—:38, 100 metros—1:21, 200 metros—2:56, 400 metros—6:07

Traccionando: 50 metros—:41, 100 metros—1:28, 200 metros—3:07, 400 metros—6:26

NADADORES DE ESTILOS INDIVIDUAL

Edward «Ted» Stickles

Antiguo detentor del récord del mundo de los 400 metros y de las 440 yardas estilos individual (4:51,0) y de los 200 metros estilos individual (2:15,9). Mejores tiempos (piscina corta estilos individual): 100 yardas, —:55,9; 200 yardas, —1:59,5; 400 yardas, —4:16,2. Edad, 21 años; altura, 1,58; peso, 72,6 quilos. Empezó a nadar en competiciones a la edad de 14 años. Ted realizaba ejercicios en seco en forma de entrenamiento para pesas, contracciones isométricas y ejercicios de dilatación.

Preparado por James Counsilman, de la Universidad de Indiana.

Ted fue uno de los primeros nadadores que entrenó para los estilos individual. En el verano de 1961 llegó a ser el primer nadador en romper la barrera de los 5 minutos en los 400 metros de estilos individual, en piscina larga. También fue el primer nadador en romper la barrera de los 2 minutos en los 200 metros estilos individual, en piscina corta.

Ted no entrena todos los días con ejercicios de estilos individual. Tiene un modelo general de ejercicios que varía un tanto de semana en semana. A continuación se describe un modelo de ejercicios que ejecutó durante una semana en la temporada de 1964 (febrero) de piscina cubierta.

Lunes mañana. Trabajar el estilo en que nadará el encuentro del sábado. En este caso el estilo es mariposa y realiza 10×100 en 2 min., promedio de tiempo :63+.

Lunes tarde. Trabajar en todos los estilos.
1. Nadar 500.
2. Batir 500, en seguida 8×50 (2 de cada estilo).
3. Traccionar 20, en seguida traccionar 400 est. ind., promedio 5:30.
4. Nadar 30×50 en 60 seg. — 7×50 mariposa, promedio 1:30; 8×50 espalda, promedio :30+; 8×50 braza, promedio :34+; 7×50 estilo libre, promedio :28+.

Martes mañana. Nadar en el estilo más flojo, en este caso el libre — nadar 50×200, promedio 2:01.

Martes tarde.
1. Nadar 500 de desentumecimiento.
2. Nadar 8×50 — 2×50 en cada estilo.
3. Batir 18, en seguida 4×100 (1 en cada estilo).
4. Traccionar 18, en seguida 4×100 (1 en cada estilo).
5. Nadar 4×440 (espalda—5:06, braza—5:37, libre—4:46, estilos individual de las cuales las últimas 140 yardas en estilo libre—4:58).

Miércoles mañana. Trabajar en espalda y braza. nadando 20×50, alternando los estilos.

Miércoles tarde
1. Nadar 300 de desentumecimiento.
2. A toda velocidad 8×25.
3. Batir 18, en seguida 4×50, 8×25 — todos los estilos.
4. Traccionar 18, en seguida 4×50, 8×25 — todos los estilos.
5. Nadar 15×100 — 2 en cada estilo, los últimos 7 en estilos individual.

Jueves mañana. Cronometrar 880 estilo libre, por debajo de 9:40.

Jueves tarde.
1. Nadar 500 de desentumecimiento.
2. Nadar 400 estilos individual partidos, 10 seg. I.D. después de cada 50, tiempo por debajo de 4:30.
3. Batir, en seguida, 200 de cada estilo.
4. Traccionar 800 estilos individual, nadando alternativamente 1 largo lento, 1 largo rápido.
5. Nadar 8×200 en 6 min. (los primeros 4— uno en cada estilo; el quinto 100 mariposa y 100 espalda, tiempo 2:10; el sexto —100 espal-

da y 100 braza de pecho, tiempo 2:24; el séptimo—100 braza y 100 estilo libre, tiempo 2:15; el octavo—un estilos individual completo, tiempo 2:11). Acabar el ejercicio con unos 50 a darlo todo en cada estilo—tiempos :50 mariposa :25+, 50 espalda :27+, 50 braza—:31+ y 50 libre—:24+.

Viernes mañana. Nadar suavemente 880 estilo libre, bajando los 10 min. Nadar 16×25, 4 de cada estilo.

Viernes tarde

1. Nadar 500 de desentumecimiento.
2. Nadar 16×50, uno sí y otro no rápidos, todos los estilos.
3. Batir 20, en seguida 4×100, 1 en cada estilo.
4. Traccionar 10, en seguida 4×100, 1 en cada estilo.
5. Nadar 8×100 en 3 min. (2×100 mariposa, 1×100 espalda, 1×100 braza, 1×100 libre, 1×100 libre, 1×100 (50 mariposa—50 espalda), 1×100 (50 espalda—50 braza), 1×100 (50 braza—50 libre), 1×100 estilos individual.

Sábado. Encuentro dual, sin una gran competencia (de no ser así, los ejercicios del día anterior se habrían reducido).

Desentumecimiento previo a la competición (piscina corta)

1. Nadar 36 largos (9 libre, 9 espalda, 9 braza, 9 mariposa).
2. Nadar 8×25 estilo libre progresivos.
3. Batir 16—4 de cada estilo.
4. Nadar 8×50—2 de cada estilo, 1 suave y 1 duro.
5. 4×25 duros, 1 de cada estilo.
6. Nadar suavemente 200.

MEJORES REPETICIONES
(estilos individual)

Piscina corta (yardas)				Piscina larga (metros)			
		Promedio				Promedio	
Dist.	No.	Tiempo	I.D.	Dist.	No.	Tiempo	I.D.
200	6	2:11+	en 5 min.	200	4	2:26+	en 5 min.
400	4	4:26+	en 10 min.	400	3	5:07+	en 10 min.
800	1	9:06+					

Richard Roth

Ganador de la Medalla de Oro de los 400 metros estilos individual—4:45,4 en los Juegos Olímpicos de 1964. Mejores tiempos (piscina larga): 200 metros estilos individual, —2:14,9; 100 metros estilo libre, —:53,6 (salida de relevos); 200 metros estilo libre, —1:58,3 (salida de relevos); 400 metros estilo libre, —4:18,8; 100 metros espalda, —1:04,1; 200 metros espalda, —2:20,4; 100 metros mariposa, —:60+; 200 metros mariposa, —2:15,4; 100 metros braza de pecho, —1:14,4; 200 metros braza de pecho, —2:41,1; (piscina corta): 200 yardas estilos individual, —1:56,0; 400 yardas estilos individual, —4:09,5; 100 yardas estilo libre, :—48,1; 200 yardas estilo libre, —1:46,0+; 400 yardas estilo libre, —3:49+; 100 yardas espalda, —:54,9; 200 yardas espalda, —1:57,9+; 100 yardas mariposa, —:54+; 200 yardas mariposa, —2:01+; 100 yardas braza, —1:03+; 200 yardas braza, —2:18+. Edad, 20 años; altura, 1,86; peso, 88 quilos.

Preparado por George Haines, de Santa Clara, California.

Dick no realiza levantamiento de pesas ni contracciones isométricas. Tracciona con la mitad de un tablón de batir, sujeto entre sus piernas por una banda de goma. Dick es extremadamente fuerte y, con todo, relativamente flexible. Entrena en primer lugar para la prueba de estilos individual. En la temporada normalmente trabaja dos veces al día y, en ocasiones, tres veces.

En respuesta a las tres preguntas anotadas a continuación, Dick dio las siguientes respuestas:

Pregunta: ¿Cómo divide usted sus ejercicios en lo que concierne a estilos?

Respuesta: Procuro dividirlo todo tan simplemente como puedo, es decir, si voy para unos 8×200, pasaré por 2 de cada. Al presente noto que obtengo más rendimiento de las series si intento realizarlas enteramente en un estilo y consigo reducir mi tiempo. Algunas veces, en series de 200 yardas, nado la mitad divididas y la mitad en estilos individual; las 400 yardas nado el primer par en estilo libre y las últimas 1 ó 2 en estilos individual. Pienso que mis nados evidencian que la máxima fuerza en mis ejercicios se producen en el libre y en la braza. Muchas veces me aparto y nado con los nadadores de fondo en estilo libre, o bien con los bracistas. Este año también me ha demostrado que no he trabajado suficientemente la espalda. Tiempo atrás observé esto en la mariposa y dediqué mucho tiempo a ella, y ahora debo hacer lo mismo con la espalda. Siempre realizo los batidos en braza o en mariposa, principalmente en braza.

Pregunta: ¿Qué cree usted que es lo más importante que un nadador de estilos individual debe someter a tensión en su preparación?

Respuesta: Creo que lo que el nadador necesita para ganar unos estilos individual es conseguir unos buenos 200 últimos. A efectos de contar con ellos, yo tracciono siempre en libre, y bato casi siempre en braza. Hago esto por la teoría de que la braza de pecho es el estilo donde las piernas trabajan más que en ningún otro. En este punto es donde quiero que mis piernas asuman el trabajo, porque los brazos han hecho la tarea principal en los primeros 200. Mis brazos descansan más o menos y se hallan prestos para el libre. Por ello creo que un nadador de estilos individual debe tener una braza de pecho potente, pero más todavía un poderoso batido de braza (creo que esta razón es por lo que Chet cayó bien en los estilos individual y, en cambio, una figura como Saari se hundió). Naturalmente, el estilo libre es el más esencial, y Ralph y Ted se hallaban incómodos en él. Mi consejo personal a cualquier aspirante a nadar estilos individual es que se asegure de que sus últimos dos estilos sean muy poderosos.

En los 200 creo que donde más sufro es en mariposa. No tengo suficiente velocidad. Todo iba muy bien hasta este año, en que he nadado contra uno que posee un libre y una braza verdaderamente fuertes. Estoy seguro que habría sucedido lo propio contra Saari, si nos hubiésemos enfrentado. Debo declarar que lo más importante en los 200 es la mariposa y el libre, pero no se puede hacer gran cosa sin una buena braza.

Pregunta: Anote algunas sugerencias que considere que pueden ser de utilidad a los nadadores jóvenes que aspiran a ser buenos especialistas en estilos individual.

Respuesta: En general, mi consejo es que se mantengan apartados de un programa de preparación prematura hasta tener por lo menos 10 años y preferiblemente 12. Creo que la presión y la preparación a lo largo del año, desde los 7 a los 12, puede matar la afición a nadar; un caso a propósito es........................... Cuando uno entra en un programa de esta clase, creo que debe hacerlo para participar en todas las pruebas y fijarse la consiguiente meta a vencer en cada una de ellas. Esta fue mi meta, y con el tiempo fue realizada.

Pienso que cada uno tiene un ídolo al que debe esforzarse en vencer. Si no lo tiene, debería tenerlo, y debe, ciertamente, hallarlo en el estilo en que nada. El mío era Ted Stickles, y puedo decir lo mucho que el estar siempre apuntando contra él precipitó mi subida a la cumbre. Más aún, traté de imitarle en todo lo que hacía y llegué casi a pensar que era Dios.

Ejercicios favoritos

(Pueden practicarse en piscina larga y corta.)

I. 1. Nadar 600 de desentumecimiento.
   2. Batir 200.

3. Traccionar 200.
4. Nadar 8×50 en 1 min.
5. Nadar 2×800, 10 min. I.D.
6. Traccionar 3×300, 4 min. I.D.
7. Nadar 8×50 en 1 min.

II. 1. Nadar 600 de desentumecimiento.
2. Batir 200 de desentumecimiento.
3. Traccionar 200 de desentumecimiento.
4. Nadar 8×50 en 1 min.
5. Nadar 4 tandas de 10×50 en 1 min. (2 min. entre cada tanda).
6. Batir 4×200 en 5 min.
7. Nadar 8×50 en 1 min.

III. 1. Nadar 600 de desentumecimiento.
2. Batir 200 de desentumecimiento.
3. Traccionar 200 de desentumecimiento.
4. Nadar dos tandas de 10×100 en 2 min. (2 min. I.D. entre las tandas).
5. Batir 10×50 en 1 ½ min.
6. Nadar 2 tandas de 10×50 en 1 min. (2 min. I.D. entre las tandas).

Afinamiento (transcripción)

«Afinamos una semana o una semana y media antes de los nacionales y aproximadamente un día antes que el resto del equipo. Efectúo más trabajo en velocidad pensando en los 200 metros estilos individual. Ahora bien, si los 400 vienen en primer lugar, olvido la velocidad y pienso en los 400. Después de los 400 nado mayormente 50 y 25. Los ejercicios durante el afinamiento son similares a los precedentes, pero con desentumecimientos más prolongados y menos cantidad total de trabajo.

»En el lugar del encuentro, unos pocos días antes del mismo:

1. Nado de 1.000 a 1.500 de desentumecimiento por mi cuenta ejecutando todos los estilos, nado, bato y tracciono.
2. Ejecuto en seguida con el equipo algunos nados de 50 ó 100 (8 ó 10) cronometrados.
3. Nado muy esmeradamente 100, 200 ó 400, generalmente en estilo libre.
4. Termino con algunos nados de velocidad —50— 4 ó 5.»

Desentumecimiento previo a la competición

1. Nado en frío de 400 a 600 estilo libre, en seguida de 200 a 300 en los otros estilos.
2. Bato 200-400.
3. Algunas veces tracciono un poco, aunque no a menudo.
4. Nado por mi cuenta de 3 a 4 fuertes 50, y en seguida realizo lo que sigue:

5. A. Previo a unos 400
   1. Nado de 2 a 3×50 mariposa.
   2. Nado 1×25 mariposa.
   3. Nado 1×25 libres.

   B. Previo a unos 200.
   1. Nado 1 ó 2× mariposa.
   2. Nado 4 ó 5×25 todos los estilos.

»Si no me siento adecuadamente relajado, mi trabajo de desentumecimiento puede prolongarse.»

MEJORES REPETICIONES

Piscina corta (yardas)				Piscina larga (metros)			
Dist.	No.	Promedio Tiempo	I.D.	Dist.	No.	Promedio Tiempo	I.D.
E.I.				E.I.			
200	4	2:07	en 5 min.	200	3	2:24	en 5 min.
400	2	4:22	en 10 min.	400	4	5:03	en 10 min.
Mariposa				Mariposa			
100	4	:58	en 2 min.	100	4	1:07	en 2 min.
Espalda				Espalda			
100	4	1:01	en 2 min.	100	4	1:10	en 2 min.
Braza de pecho				Braza de pecho			
100	4	1:10	en 2 min.	100	4	1:19	en 2 min.
Estilo libre				Estilo libre			
100	8	:54	en 2 min.	50	8	:27,0	en 3 min.
400	3	4:04	en 10 min.	100	4	:57,0	en 10 min.
				200	4	2:12	en 5 min.
				400	4	4:40	en 10 min.
				800	3	9:30	en 20 min.

EJERCICIOS DEL EQUIPO OLIMPICO

Los siguientes ejercicios son los que practicaba en septiembre de 1964, a lo largo de una semana de entrenamiento, el equipo olímpico masculino del año 1964, en preparación de los Juegos Olímpicos que tuvieron lugar un mes más tarde en Tokyo (Japón). Las fechas de las pruebas de natación olímpica eran del 11 al 18 de octubre.

El equipo trabajaba dos veces al día y seis días a la semana, con los domingos de asueto. El equipo al completo trabajaba al mismo tiempo, pero en la mayoría de ejercicios estaba dividido en tres grupos: 1) nadadores de fondo, o sea aquellos que entrenaban para 400 y 1.500 metros estilo libre; 2) mediofondistas, o sea los que entrenaban para distancias de 200 metros (éste incluía algunos de los nadadores de los varios estilos), y 3) velocistas, o sea los que entrenaban para los 100 estilo libre y los relevos estilos.

Aquellos nadadores que, como Schollander (quien entrenaba para los 100 y los 400 estilo libre), debían nadar pruebas en 2 de las precedentes categorías, podían nadar parte de su tiempo con los nadadores de fondo y parte con los mediofondistas. Este era también el caso de Dick Roth, que se entrenaba para los 400 estilos individual.

En muchos de los ejercicios las actuaciones de algunos de los nadadores son registradas. No se ha hecho ningún intento para dar una recopilación completa de cada esfuerzo de nado, batido o traccionado repetido efectuados por el equipo entero. De las anotaciones de los ejercicios recopilados, el lector podrá observar que la mayoría de nadadores varían un tanto en sus actuaciones de un día a otro. No obstante, hay por parte de algunos nadadores una tendencia a ser buenos «repetidores», es decir, en las prácticas realizar consecuentemente buenos tiempos. Carl Robie y Don Schollander entran en los de esta categoría.

Los nadadores nadaban los estilos para los que estaban clasificados, a no ser que se anote de otra manera.

Septiembre, 14 (sesión matinal):

A. *Nadadores de fondo*

1. Nadar 400 de desentumecimiento.
2. Batir 400 de desentumecimiento.
3. Nadar 4×50 de desentumecimiento.
4. Nadar 3.000 metros a cadencia fuerte.

Tiempos: Saari—36:48,4, Farley—36:51,6, Nelson—38:07.5.

B. *Mediofondistas*

1. Nadar 400 de desentumecimiento.
2. Batir 400 de desentumecimiento.
3. Nadar 4×50 de desentumecimiento.
4. Nadar 15×100 en 2 ½ min.
5. Batir 800 partidos, 10 seg. descanso después de cada 100.
6. Traccionar 800 partidos, 10 seg. descanso después de cada 100.
7. Nadar duramente 8×50, de zambullida.

Promedios de tiempos en las repeticiones de 15×100.
Bracistas: Jastremški—1:21, Trethewey—1:21, Anderson—1:22.
Espaldistas: Graef—1:13, Dilley—1:13, Bennett (nadó solamente 8 en espalda, tiempo medio—1:11, el resto fue nadado estilo libre).

Mariposistas: Robie—1:06, Riker—1:09, Schmidt (nadó solamente 8 en mariposa, tiempo medio—1:04,5, el resto fue nadado en estilo libre).
Libristas: Schollander—:63,5. Ilman—1:04, Wall—1:04, Townsend—:68+.

C. *Velocistas*

1. Nadar 400 de desentumecimiento.
2. Batir 400 de desentumecimiento.
3. Nadar 4×50 de desentumecimiento.
4. Nadar 8×100 en 5 min.
5. Batir 400 partidos (10 seg. descanso después de cada 50).
6. Traccionar 400 partidos (10 seg. descanso después de cada 50).
7. Nadar duramente 4×50 de zambullida.

Promedios de tiempos en las repeticiones de 8×100:

Bracistas: Mann—1:11, McGeagh—1:15.
Mariposistas: Schulhof—1:10, Richardson—1:13+.
Bracistas: Craig—1:28, Luken—1:23.
Libristas: Clark—1:04,5, Townsend—1:08, Austin—1:09.

D. *Nadadores de estilos individual*

Dick Roth realizó los mismos ejercicios que los nadadores de medio fondo, pero nadó 16×100 en vez de 15. Nadó 4×100 de cada estilo. Sus promedios de tiempo fueron: mariposa, —1:10; espalda, —1:12; braza de pecho, —1:23, y estilo libre, —1:04,5.

Septiembre, 14 (sesión de tarde)

En esta sesión, los nadadores de los tres grupos realizaron los mismos ejercicios.

1. Nadar suavemente 400 de desentumecimiento.
2. Nadar una tanda progresiva-regresiva de 15×50 en 5 seg.
3. Nadar cronometrados 400 (cadencia de nado de forma que los segundos 200 tengan el mismo tiempo que los primeros).
4. Batir suavemente 400.
5. Nadar 200 a cadencia.
6. Nadar 4×100 con 30 seg. de descanso.
7. Nadar 5×100 de zambullida, en 4 min.
8. Nadar 8×50 de zambullida, en 2 min.

Mejores tiempos de los puntos 3, 5 y 7 de la sesión del 14 de septiembre

	(3) Cadencia 400		(5) Cadencia 200		(7) Promedio de los 5×100	
Bracistas						
Jastremski	5:50		2:48,5		1:21	
Anderson	6:05		2:50,7		1:22	
Trethewey	5:58		2:49,2		1:22,6	
Luken	6:35		3:02		1:32	
Espaldistas						
Dilley	5:17		2:32		1:12	
Graef	4:59		2:21		1:10	
Mann	5:08		2:22		1:09	
Bennett	5:01,5		2:25		1:11	
Mariposistas						
Robie	4:31,7	libre	2:16,8	mariposa	1:05	mariposa
Schmidt	5:06	mariposa	2:25	mariposa	1:06	mariposa
Riker	5:03	libre	2:37	mariposa	1:09	mariposa
Richardson	5:18	libre	2:38	mariposa	1:13	mariposa
Schulhof	5:06	libre	2:22	mariposa	1:08	mariposa
Libristas						
Schollander	4:34,8		2:10,0		1:04,0	
Saari	4:35,6		2:18,4		1:06,6	
Nelson	4:35,6		2:11,3		1:05,2	
Farley	4:39,5		2:18,1		1:06,0	
Clark	4:47,7		2:13,0		1:06,1	
Ilman	4:40,1		2:16,2		1:07,0	
Lyons	5:16,0		2:33,0		1:08,0	
Mettler	4:40,0		2:24,3		1:05+	
Townsend	5:01,7		2:10,6		1:04+	
Wall	4:36,8		2:12,5		1:05,0	
Austin	5:24,2		2:40,1		1:11,0	
Roth (nadó todos estos ejercicios en estilo libre)	4:37,8		2:12,6		1:04,5	

TABLA 14-1. Tiempos repetidos de los puntos 2, 4, 6 y 7 de la sesión del 15 de septiembre

	Tres 400 partidos			Batido 400	Traccionar 400		Nados 4×400		
Bracistas									
Jastremski	5:48	5:32	5:18	6:59	6:37	6:00,1	5:51,2	5:48	5:46,9
Anderson (Fr.)	5:55	5:35	5:31	6:10	7:48	6:14	5:55,2	5:53	5:50,2
Trethewey	5:50	5:42	5:36	6:39	7:31	6:01	6:01,7	5:55,2	5:50,4
Espaldistas									
Graef	5:04	5:00	5:02	7:25	6:20	5:07,8	5:14,1	5:08	5:03,7
Dilley	5:20	5:00	5:30	7:33	5:46,2	5:19	5:19	5:12,8	5:05,4
Mann	5:05	5:05	5:00	7:35	6:44,2	5:09,2	5:01,4	5:06	4:54
Mariposistas								Libre	Libre
Schmidt	4:52	4:42	4:42	5:35,6	5:47,6	5:07	5:02,3	4:50	4:46
Libristas									
Schollander	4:28	4:22	4:11	6:02	4:46,6	4:35,2	4:45,4	4:42,5	4:38
Clark	4:38	4:31	4:26	6:40,5	5:10,2	4:49,4	4:45	4:42,5	4:43,5
Nelson	4:30	4:25	4:12	7:33	5:08	4:36,5	4:45	4:47	4:38
Robie	4:22	4:17	4:16	5:32	4:40	4:30,3	4:39	4:34,9	4:30

Septiembre, 15 (sesión matinal)

Todos los nadadores realizan los mismos ejercicios.

1. Nadar 400 de desentumecimiento.
2. Nadar 3×400 partidos (cada 400 partidos, consiste de 8×50 con 10 seg. I.D. después de cada 50). Cada sucesivo 400 partidos debe ser más rápido que el que le precede, 6 min. I.D. entre cada 400 partido.
3. Batir suavemente 400.
4. Batir 400 cronometrados.
5. Traccionar suavemente 400.
6. Traccionar 400 cronometrados.
7. Nadar 4×400 entre de 6 a 7 min. I.D.

Septiembre, 15 (sesión de tarde)

1. Nadar 400 de desentumecimiento.
2. Batir 400 suavemente.
3. Nadar 400 a cadencia.
4. Nadar 40×50 en 60 seg. en 4 tandas de 10 cada una, cada tanda más larga que la precedente, y con 3 min. I. D. entre cada tanda.
5. Traccionar, batir, o nadar unos suaves 400.

TABLA 14-2. Tiempos repetidos de cuatro tandas de 10×50

	Primera tanda 10×50	Segunda tanda 10×50	Tercera tanda 10×50	Cuarta tanda 10×50
Bracistas				
Jastremski	:41,0	:39,2	:38,8	:37,0
Anderson	:43,5	:41,5	:39,5	:39,1
Trethewey	:40,0	:39,3	:38,4	:37,1
Espaldistas				
Graef	:35,5	:34,5	:33,8	:33,0
Dilley	:36,0	:34,2	:34,1	:33,6
Mann	:36,0	:35,2	:34,1	:33,5
Mariposistas				
Robie	:33,0	:32,6	:32,0	:31,8
Schmidt	:34,0	:33,0	:31,0	:30,5
Riker	:34,0	:34,0	:34,0	:33,0
Libristas				
Schollander	:32,0	:31,0	:30,0	:28,8
Clark	:33,0	:31,5	:30,3	:29,4
Nelson	:33,0	:32,1	:31,0	:29,9
Saari	:33,0	:32,0	:30,5	:29,5

Septiembre, 16 (sesión matinal)

Todos los nadadores

1. Desentumecimiento, 400.
2. Batir 1×400.
3. Traccionar 1×400.
4. Nadar 8×50 en 60 seg.
5. A. Nadadores de fondo.
   6×400 en 8 min.
   B. Mediofondistas
   Nadar 1×400 con 5 min. I.D.
   Nadar 2×200 con 3 min. I.D.
   Nadar 4×100 con 2 min. I.D.
   Nadar 8×50 con 1 min. I.D.
   C. Velocistas
   Nadar 1×400 con 5 min. I.D.
   Nadar 1×200 con 5 min. I.D.
   Nadar 2×100 con 3 min. I.D.
   Nadar 8×50 con 1 min. I.D.

TIEMPOS REPETIDOS EN LOS 6×400 DE LOS NADADORES DE FONDO

	Primero	Segundo	Tercero	Cuarto	Quinto	Sexto
Schollander	4:41,1	4:42,2	4:40,0	4:34,4	4:30,5	4:25,2
Saari	4:42,0	4:43,5	4:39,0	4:35,0	4:34,0	4:31,4
Nelson	4:42,5	4:40,0	4:37,0	4:33,8	4:41,5	4:27,5
Farley	4:42,0	4:43,0	4:40,8	4:35,0	4:33,0	4:29,8

TIEMPOS REPETIDOS DE LOS MEDIOFONDISTAS

	Nado de 400	Nado de 200	Nado de 200	Promedio de tiempo 4×100	Promedio de tiempo 8×50
Bracistas					
Jastremski	6:01	2:54	2:51	1:22,5	:39,0
Anderson	5:30 libre	2:53	2:45	1:20,6	:40,0
Trethewey	5:53	2:51	2:53	1:22+	:38,8

Espaldistas					
Graef	5:11	2:29,0	2:23,2	1:09+	:34+
Dilley	5:23	2:32,1	2:29,4	1:07,7	:33,6
Bennett	5:18	2:33,2	2:30,0	1:07,2	:33,8
Mariposistas					
Robie	4:36 libre	2:14	2:17,0	1:05,7	:31,8
Schmidt	4:52 libre	2:27	2:23	1:06,2	:31,1
Riker	5:01 libre	2:37	2:21 libre	1:09,2	:31,7

TIEMPOS REPETIDOS DE LOS VELOCISTAS

	Nado de 400	Nado de 200	Promedio de tiempo 2×100	Promedio de tiempo 8×50
Bracistas				
Luken	5:30 libre	3:10	1:24	:41
Craig	6:02 libre	2:45 libre	1:18	:39
Espaldistas				
McGeagh	5:16	2:32	1:05	:33,4
Mann	5:00	2:22	1:05	:31,8
Mariposistas				
Schulhof	4:54 libre	2:21	1:04,4	:31,1
Estilo Libre				
Clark	4:38,2	2:14,5	:59,5	:29,8
Ilman	4:39,0	2:12,8	:60,1	:30,2
Lyons	5:00,1	2:24,4	:65,2	:32,0
Mettler	4:59,0	2:14,0	:61,2	:30,5
Townsend	5:02,1	2:15,6	:59,2	:29,9

Septiembre, 16 (sesión de tarde)

1. Nadar 400 de desentumecimiento.
2. Nadar 8×100, velocidad moderada, con 10 seg. I.D.
3. Batir 6×100 con 1 ½ min. I.D.
4. Traccionar 3×100 con 3 min. I.D.
5. Nadar: A. Nadadores de fondo: 1×800.
   B. Velocistas: 3×100.
   C. Velocistas: 3×100.
6. Nadar a toda velocidad 4×50.
   Nadar a toda velocidad 4×25.

Septiembre, 17 (sesión matinal)

Todos los nadadores realizan los mismos ejercicios.

1. Nadar 400 de desentumecimiento.
2. Nadar 5×200 con 3 min. I.D.
3. Batir 400.
4. Traccionar 4×100 en 2 min.
5. Nadar 400 partidos, 10 seg. I.D. después de cada 100.
6. Nadar 200 partidos, 10 seg. I.D. después de cada 50.

Septiembre, 17 (sesión de tarde)

1. Nadar 400 de desentumecimiento.
2. Nadar 16×50 en 50 seg.
3. Batir 400.
4. A. Nadadores de fondo.
   Nadar 1×400 (por debajo de 4:30), 1×200 (por debajo de 2:10), 2×100 (por debajo de :60).

TIEMPOS REPETIDOS DE LOS NADADORES DE FONDO

	400	200	100	100
Schollander	4:23,5	2:08,5	:58,5	:57,4
Saari	4:27,4	2:07,7	:58,5	:58,1
Nelson	4:24,1	2:08,2	:59,5	:58,8

B. Mediofondistas y velocistas.
   Nadar 1×200, 1×150, y 2×100.

TIEMPOS REPETIDOS DE LOS MEDIOFONDISTAS Y VELOCISTAS

	200	150	100	100
Bracistas				
Jastremski	2:36,1	1:56,0	1:13,4	1:12,9
Anderson	2:37,9	1:57.0	1:17,1	1:16,0
Trethewey	2:43,1	1:59,2	1:15,5	1:15,1
Espaldistas				
Graef	2:17,0	1:44,2	1:06,4	1:05,4
Dilley	2:18,2	1:44,8	1:07,2	1:06,9
Mann	2:15,4	1:48,0	1:06,0	1:06,2

Mariposistas				
Robie	2:09,0	1:37,0	1:02,5	1:02,0
Schmidt	2:16,3	1:38,0	1:01,4	1:01,0
Richardson	2:24,2	1:50,4	1:14,1	1:10,2
Libristas				
Clark	2:06,9	1:31,3	:57,2	:56,4
Ilman	2:03,5	1:31,1	:58,5	:58,1

Septiembre, 18 (sesión matinal)

Este día era un viernes y teníamos programadas para el día siguiente pruebas contra reloj. Todos los nadadores realizaron ejercicios idénticos.

1. Nadar 400 de desentumecimiento.
2. Nadar 20×50 en 60 seg.
3. Traccionar 400 (sin tiempo).
4. Nadar 20×50 en 60 seg.

TIEMPOS REPETIDOS DE LAS 2 TANDAS DE 20×50

	Nadado 20×50	Nadado 20×50
Bracistas		
Jastremski	:49,0	:38,2
Anderson	:39,4	:38,6
Trethewey	:39,0	:38,3
Luken	:41,0	:40,0
Craig	:42,0	:39,5
Espaldistas		
Graef	:37,0	:32,0
Dilley	:33+	:32,2
Bennett	:37,0	:33,4
Mann	:37,0	:33,0
McGeagh	:34,4	:33,2
Mariposistas		
Robie	:31,1	:28,8 libre
Schmidt	:32,0	:31,0
Richardson	:35,0	:34,0
Schulhof	:33,3	:32,1

Libristas		
Schollander	:31,0	:29,0
Ilman	:31,0	:29,2
Saari	:31,0	:29,1
Clark	:32,0	:30,0
Nelson	:33,1	:29,2
Austin	:33,0	:34,0
Farley	:34,0	:30,0
Mettler	:30,2	:30,2
Wall	:33,0	:29,4

Septiembre, 18 (sesión de tarde)

Nuevamente todos los nadadores realizan ejercicios idénticos.

1. Desentumecerse con 400.
2. Nadar progresivamente 8×100.
3. Batir suavemente 200.
4. Nadar a cadencia 4×100 de zambullida.
5. Traccionar 200.

Septiembre, 19 (sábado)

Mañana

Ejercicios «en familia». (Cada nadador es invitado a que realice los ejercicios que desee con la única condición de que debe cubrir una distancia total de dos millas o más; cada nadador somete al preparador una cartulina en la que se reseñan los ejercicios que ha seleccionado.)

Tarde

1. Se dispone que cada nadador se desentumezca en la forma en que lo hará antes de las finales de los Juegos Olímpicos.
2. Nadar 10×100 duros, en relevo continuo 5 ó 6 hombres por relevo. (Esto hace que los nadadores dispongan de aproximadamente 5 ó 6 minutos de descanso entre cada repetición de 100. A cada nadador le es dado como meta un tiempo que debe mejorar. Si nada dos veces por encima de este tiempo, no se le acepta como nadado un largo de 100.)

TABLA 14-3. Tiempos de las componentes del equipo olímpico de 1964 en los nados de 10×100 metros

	Meta	1	2	3	4	5	6	7	8	9	10	11
Bracistas												
Jastremski	1:17,5	1:18,2	1:18,3	1:16,9	1:17,1	1:16,7	1:17,2	1:16,1	1:16,3	1:17,4	1:15,2	1:10,3 *
Trethewey	1:17,5	1:16,4	1:15,4	1:15,7	1:14,4	1:16,9	1:17,1	1:16,8	1:15,1	1:17,0	1:13,7	
Anderson	1:17,5	1:17,0	1:15,0	1:16,1	1:15,3	1:15,7	1:16,2	1:17,4	1:15,5	1:16,7	1:15,2	
Craig	1:19,0	1:15,5	1:18,3	1:16,0	1:15,5	1:17,4	1:17,1	1:18,2	1:18,2	1:17,3	1:16,1	
Espaldistas												
Graef	1:08	1:06,5	1:06,7	1:06,0	1:08,5	1:07,8	1:06,2	1:07,6	1:07,1	1:08,5	1:06,1	
Dilley	1:08	1:07,0	1:07,7	1:06,4	1:07,7	1:06,7	1:07,1	1:06,4	1:06,5	1:06,7	1:05,7	
Mann	1:08	1:04,1	1:06,0	1:04,4	1:06,5	1:05,9	1:06,7	1:06,9	1:06,8	1:06,4	1:03,7	
Mariposistas												
Robie	1:03	1:02,5	1:02,1	1:01,5	1:02,0	1:01,8	1:01,9	1:02,4	1:02,4	1:02,3	1:01,8	
Schmidt	1:03	1:01,0	1:02,9	1:02,8	1:01,8	1:02,0	1:02,4	1:02,3	1:02,7	1:01,7	1:00,4	
Richardson	1:06	1:02,5	1:03,5	1:04,3	1:04,1	1:05,2	1:04,9	1:05,3	1:05,7	1:06,2	1:03,7	
Libristas												
Schollander	:58,5	1:02,5	:58,1	:57,3	:57,4	:57,5	:56,7	:57,7	:58,1	:57,8	:56,1	
Clark	:59	1:00,5	:58,8	:58,5	:57,9	:58,0	:58,8	:58,2	:57,9	:57,7	:56,1	
Saari	:59	1:00,1	:58,9	:58,6	:58,8	:57,6	:58,7	:58,8	:58,2	:57,1	:56,6	
Nelson	1:00	:58,0	:59,1	:59,8	:60,0	:58,8	:59,6	:59,1	:59,4	:58,9	:59,0	
Roth	1:00	:58,7	:58,4	:59,4	:59,5	:60,1	:59,3	:58,8	:58,4	:58,9	:58,4	

* Los segundos y terceros nados de 100 metros de Jastremski fueron más lentos que el tiempo meta señalado; por esta razón tuvo que nadar otros cien adicionales.

Indice